KLARTEXT

Achim Nöllenheidt / Thomas Kirfel

RuhrKOMPAKT

Der Ruhrgebiet-Erlebnisführer

DANKSAGUNG

Die Autoren bedanken sich herzlich bei allen Personen und Institutionen, die ihnen mit Rat und Tat zur Seite gestanden haben.

Bibliografische Information der Deutschen Nationalbibliothek
Die Deutsche Nationalbibliothek verzeichnet diese Publikation in der Deutschen Nationalbibliografie; detaillierte bibliografische Daten sind im Internet über http://dnb.dnb.de abrufbar.

IMPRESSUM

1. Auflage März 2020
Redaktionsschluss: März 2018

Umschlagfotos: Stefan Ziese, Witten
Umschlaggestaltung: Ina Zimmermann
Satz und Gestaltung: Achim Nöllenheidt
Druck und Bindung: Griebsch & Rochol Druck GmbH, Gabelsbergerstr. 1, 59069 Hamm

ISBN 978-3-8375-2259-4
www.klartext-verlag.de

KLARTEXT
Jakob Funke Medien Beteiligungs GmbH & Co. KG
Jakob-Funke-Platz 1, 45127 Essen
info@klartext-verlag.de, www.klartext-verlag.de

INHALT

STÄDTE

GESCHICHTE

KUNST & KULTUR

INDUSTRIEKULTUR

SPORT

NATUR & ERHOLUNG

FREIZEIT & ENTERTAINMENT

CITYLIFE

ANHANG

VORWORT

RuhrKOMPAKT – das ist der umfassende Überblick: Die Erlebnislandschaft Ruhrgebiet mit allen Daten und Fakten zur Geschichte, Kultur, Natur und Freizeitgestaltung.
Es ist die Aussicht auf eine einzigartige Region. Über 150 Jahre Industriegeschichte haben ihr die heutige Struktur gegeben, sie zu einem der größten europäischen Ballungszentren, zu einem Schmelztiegel der Nationen und Kulturen gemacht. Kohle und Stahl waren ihre Synonyme – am Ende dieser Epoche standen sie symbolisch für wirtschaftliche und soziale Not. Der notwendige Strukturwandel kam nicht über Nacht, doch inzwischen verspricht er Zukunft. Eine Neuorientierung, die neben neuen Inhalten auch die Verarbeitung der montanen Vergangenheit brachte. Während sich das Ruhrgebiet heute als modernes Dienstleistungszentrum etabliert, werden Zechen, Schlote, Hochöfen und Bergehalden innerhalb der „Route der Industriekultur" musealisiert und/oder neuen Nutzungen zugeführt. Deren sanierte architektonische und landschaftliche Sehenswürdigkeiten – durch namhafte Lichtkünstler als nächtliche „Landmarken" stolz erleuchtet – bilden das Herzstück einer für den ehemaligen „Kohlenpott" noch vor Jahren nicht für möglich gehaltenen touristischen Zukunft. Welchen Stellenwert die Industriekultur des Ruhrgebiets einzunehmen vermag, verdeutlicht auch die Ernennung der Zeche Zollverein zum UNESCO-Welterbe. Eine Selbstverständlichkeit, dass die Stätten der Industriekultur in einem eigenen Kapitel berücksichtigt werden.

RuhrKOMPAKT richtet den Blick aber nicht nur auf ein illuminiertes Industrierelikt, sondern auf eine gewachsene Kultur, die Königshöfe, Wasserschlösser und Adelshäuser sowie bedeutende religiöse Zentren, Kathedralen und Kirchenbauten aufweist – eine frühe „Route des Reviers", die das Ruhrgebiet, mit seiner verkehrstechnisch günstigen Lage an Rhein und Ruhr und der Entwicklung seiner Hellwegstädte zu bedeutenden Handelszentren, als wichtigen Bestandteil nationaler und europäischer Geschichte kennzeichnet. Tradition zeigt das Ruhrgebiet auch in der Kunst, mit einer über 100-jährigen Theatergeschichte, mit überregional bedeutsamen Museen, die zum Teil als avantgardistische Vorläufer frühzeitig Impulse aufnahmen und weitergaben. Vor allem die Durchführung der Ruhrtriennale seit 2002 und die Ernennung zur Europäischen Kulturhauptstadt RUHR.2010 dokumentieren dies im Hinblick auf ein internationales Kulturinteresse.

RuhrKOMPAKT – das ist ebenso der Blick auf eine vielfältige Naturlandschaft, deren Wälder, Seen, Parks und Gärten alle hartnäckigen Vorurteile über den so tristen „Ruhrpott" mühelos widerlegen. Vom reizvollen Ruhrtal bis zu den idyllischen Rheinauen, von den Revierparks bis zu renaturierten Industriebrachen – das Ruhrgebiet bietet alle Attribute einer Erholungslandschaft. Eine Bestätigung dessen – zu verstehen aber auch als eine große Auszeichnung für die Restrukturierung und Neuorientierung der Region – ist die 2017 erfolgte Ernennung der Stadt Essen zur Grünen Hauptstadt Europas.

RuhrKOMPAKT – das mag das Vorangegangene unterstreichen – lenkt den Blick auf ein zusammenhängendes Ruhrgebiet, das seine Stärken nur als eine Region zeigen und entwickeln kann. Der vorliegende Band präsentiert das Ruhrgebiet aus diesem Grund nicht städte-, sondern erlebnisorientiert, als offene Region mit einem geradezu überbordenden Angebot. Für diejenigen, die sich auf einen Blick über die Attraktionen einer Stadt informieren möchten, steht ein nach Städten geordnetes Register zur Verfügung.

RuhrKOMPAKT – das ist schließlich auch im praktischen Sinne zu verstehen. Griffbereit informiert der Band über Sehenswürdigkeiten und Erlebnismöglichkeiten im Ruhrgebiet, übersichtlich führt und begleitet er den Reisenden von Station zu Station, aufmerksam machend, beschreibend und vermittelnd, dabei um Wesentliches bemüht, denn die Vielfalt des zu Entdeckenden ließe sich natürlich mühelos erweitern.

Achim Nöllenheidt / Thomas Kirfel

Blick vom Rathaus in Essen auf die beleuchtete Kirche St. Gertrud in Richtung Nordviertel in der Nacht

STÄDTE

DAS RUHRGEBIET

Das Ruhrgebiet besteht aus den Kreisen Wesel, Recklinghausen, Ennepe-Ruhr und Unna sowie den kreisfreien Städten Bochum, Bottrop, Dortmund, Duisburg, Essen, Gelsenkirchen, Hagen, Hamm, Herne, Mülheim und Oberhausen.

Landschaftlich uneinheitlich und durch die Dreiteilung in die Regierungsbezirke Arnsberg, Münster und Düsseldorf auch verwaltungspolitisch heterogen, ist das Ruhrgebiet vor allem geprägt durch mehr als 150 Jahre Industriegeschichte, die die Städtelandschaft zwischen Duisburg und Hamm zu einer wirtschaftsgeographischen Einheit und zu einem der größten europäischen Ballungszentren formte.

Das Verbandsgebiet des Regionalverbandes Ruhrgebiet (RVR), der 2009 nach mehr als 30 Jahren die bisher bei den Bezirksregierungen in Düsseldorf, Münster und Arnsberg liegende Hoheit für Regionalplanung des Ruhrgebiets zurückerhalten hat, ist 4.436 Quadratkilometer groß und mit ca. 5,1 Millionen Einwohnern der am dichtesten besiedelte und bevölkerungsreichste Teil Nordrhein-Westfalens. Ein Drittel der Landesbevölkerung Nordrhein-Westfalens lebt hier auf nur 13 Prozent der Landesfläche.

Die größte flächenmäßige Ausdehnung beträgt in Nord-Süd-Richtung 67 Kilometer, von Osten nach Westen 116 Kilometer. Zu den einwohnerstärksten Städten (Stand: Juni 2018) zählen Dortmund (586.001), Essen (583.381), Duisburg (498.207), Bochum (364.291) und Gelsenkirchen (260.325), zu den kleinsten Gemeinden gehören Sonsbeck (8.709) und Breckerfeld (8.894). Dabei zeigt sich die Region multikulturell: Ende 2018 lebten 690.571 Ausländer im Ruhrgebiet, die meisten in Duisburg (114.370) und Dortmund (114.085).

Entgegen des Vorurteils einer verstädterten Gesamtfläche bestehen 58,1 Prozent des Ruhrgebiets aus Vegetationsflächen. Der größte Anteil dieser Vegetationsflächen entfällt auf die Landwirtschaft (36,8 Prozent der Metropole Ruhr), gefolgt von Waldfläche (17,6 Prozent). 2,9 Prozent der Region sind Gewässer.

Wirtschaftlich hat sich das Ruhrgebiet trotz einer weiterhin überdurchschnittlich hohen Arbeitslosenquote von den

Panoramaaufnahme von Bochum mit dem markanten Deutschen Bergbau-Museum

fatalen Folgen der Monostruktur „Kohle und Stahl" weitgehend gelöst: Während zu Spitzenzeiten um 1956 im Bergbau über 470.000 Menschen arbeiteten, waren es 2016 weniger als 6.000 Beschäftigte. Schon 2014 waren nur noch drei Prozent aller Arbeitnehmer im Bergbau und in der Stahlindustrie beschäftigt. Der größte Beschäftigungssektor ist mit über 70 Prozent mittlerweile der Dienstleistungsbereich. 2018 schloss mit Prosper Haniel in Bottrop die letzte Zeche des Ruhrgebiets.

Ein wichtiger Faktor zur Bewältigung des Strukturwandels sind sicherlich die Fördermittel der Europäischen Union. Laut Angaben des NRW-Ministeriums für Bundes- und Europaangelegenheiten kamen in den Jahren 2000 bis 2006 etwa zwei Milliarden Euro der strukturpolitischen Entwicklung der Metropolregion Ruhr zugute. 1,17 Milliarden Euro aus den europäischen Struktur- und Investitionsfonds EFRE, ESF und ELER (davon 633 Millionen Euro Fördermittel der EU) folgten nach einem Bericht des Regionalverbandes Ruhr neben anderen EU-Zuschüssen zwischen 2007 und 2013.

Zu einem zentralen Bestandteil wurde auch das in den letzten fünf Jahrzehnten geschaffene Bildungsangebot. Schließlich wurde erst 1965 (!) mit der Ruhr-Universität in Bochum die erste Hochschule eröffnet. Angaben des Regionalverbandes Ruhrgebiet zufolge waren im Wintersemester 2016/2017 an den Universitäten Bochum, Dortmund, Duisburg-Essen sowie an der Privat-Universität Witten-Herdecke, der Fernuniversität Hagen (im Wintersemester 2018/2019 mit ca. 64.000 eingeschriebenen Studenten die größte Universität in Deutschland) und den Fachhochschulen insgesamt ca. 275.000 Studenten eingeschrieben. Seit 2009 wurde das universitäre Angebot weiter ausgebaut mit drei neuen Fachhochschulen mit jeweils einigen tausend Studienplätzen (Hochschule Hamm-Lippstadt, Hochschule Rhein-Waal mit den Standorten Kleve und Kamp-Lintfort sowie die Hochschule Ruhr West mit den Standorten in Mülheim an der Ruhr und Bottrop) sowie der 2010 gestarteten Hochschule für Gesundheit in Bochum (über 1.300 Studienplätze).

DAS RUHRGEBIET IM ÜBERBLICK

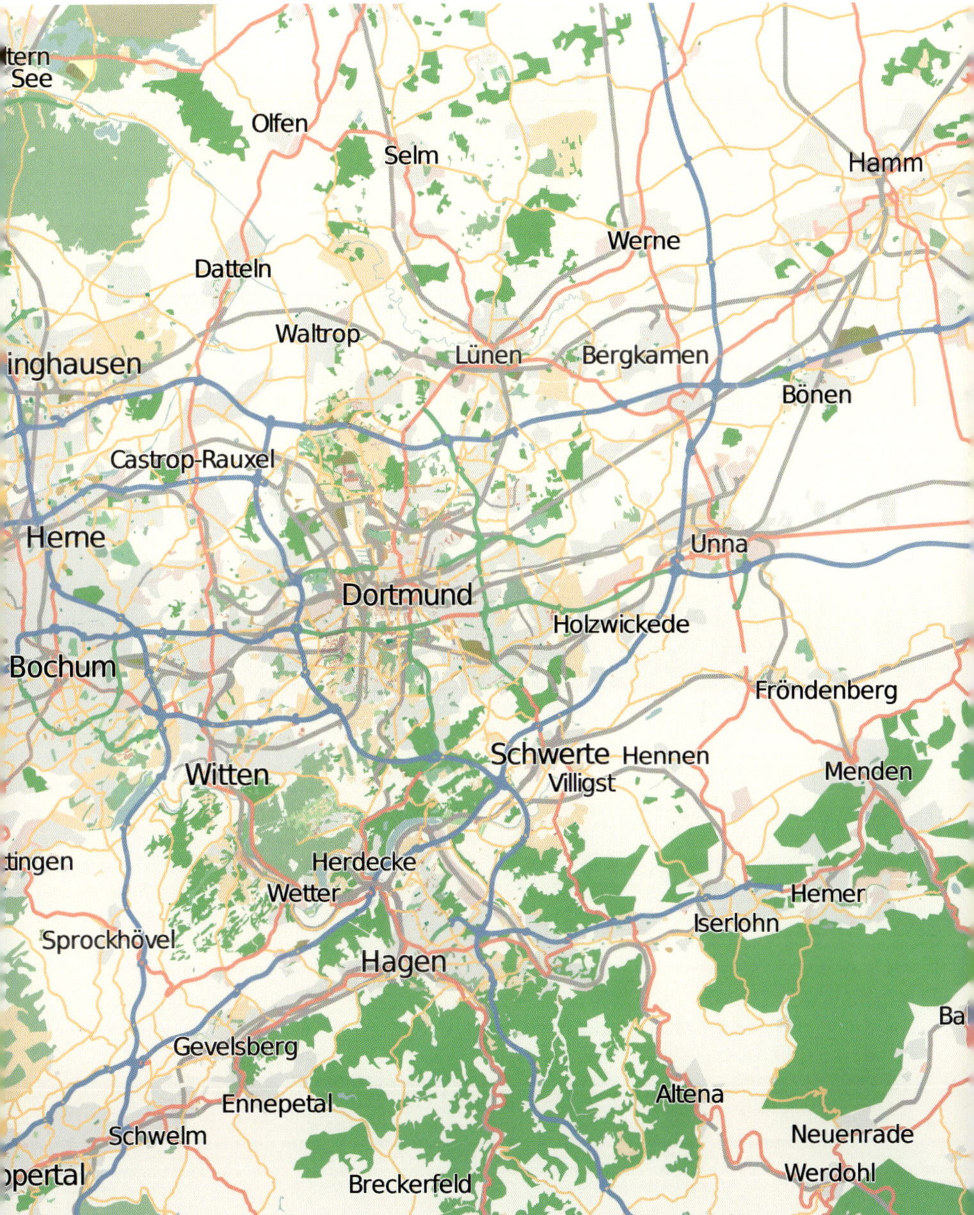
ltern
See
Olfen
Selm
Hamm
Werne
Datteln
Waltrop
Lünen
Bergkamen
inghausen
Bönen
Castrop-Rauxel
Herne
Unna
Dortmund
Holzwickede
Bochum
Fröndenberg
Schwerte
Hennen
Witten
Villigst
Menden
tingen
Herdecke
Wetter
Hemer
Iserlohn
Sprockhövel
Hagen
Ba
Gevelsberg
Altena
Ennepetal
Schwelm
Neuenrade
Werdohl
pertal
Breckerfeld

STÄDTE

Alpen

Die Gemeinde Alpen mit den Ortsteilen Bönninghardt, Menzelen und Veen befindet sich ganz im Westen der Metropole Ruhr. Alpen, 1074 erstmalig urkundlich erwähnt, erhielt 1354 Stadtrecht. Die noch bis ins 18. Jahrhundert hinein bewohnte Burg wurde Anfang des 19. Jahrhunderts abgetragen. Die evangelische Kirche zu Alpen (1602–1603) ist der älteste frühbarocke Kirchenbau am Niederrhein und die älteste reformierte Pfarrkirche in Deutschland. Das Grabmal (Epitaph) der Kurfürstin Amalia, die letzte niederrheinische Denkmalsorgel von J. E. Teschemacher und die Kanzel sind die Prachtstücke des Innenraumes.

Die Gemeinde ist Standort für circa 500 Unternehmen aus den Bereichen Handel, Handwerk und Gewerbe mit ca. 3.500 Beschäftigten. Dabei reicht die Palette der Unternehmen vom Familienbetrieb über das mittelständische Handwerksunternehmen bis hin zum weltweit operierenden Anbieter.

Die ländliche Gemeinde am linken Niederrhein mit ihren von der Landwirtschaft geprägten Dörfern zeichnet sich durch vielfältige Freizeitmög-

Neues Stadtquartier in zentraler Lage: der Phoenix-See in Dortmund

lichkeiten, ein ansehnliches Kulturangebot und großräumige Erholungswälder mit zahlreichen Rad-, Reit- und Wanderwegen aus. Für den Familienausflug bieten sich die 37 km lange Radwanderroute „Alpentour am Niederrhein“ oder der Freizeitsee in Menzelen-Ost mit seinen Wassersportmöglichkeiten, die Waldungen der Bönninghardt mit dem schönen Waldspielplatz oder die Leucht mit über 114 km markierten Wanderwegen an. In der Bönninghardt findet man alte Edelkastanien, sogenannte Hausbäume, die in der Häufigkeit, wie sie dort auftreten, einmalig sind. In der Leucht hat der Heimat- und Verkehrsverein Alpen eine Pfostenmarkierung vorgenommen, so dass unterschiedliche Strecken im Wald leicht erwandert werden können. Einen Besuch wert ist die über 100 Jahre alte restaurierte Dorfschmiede in Menzelen-Ost, die günstig an den Radstrecken Römer- und Nieder-Rheinroute, Boxteler Bahn und Alpentour am Niederrhein liegt.

Informationen

Gemeinde Alpen
Rathausstr. 5
46519 Alpen
Tel. 02802/912-0

info@alpen.de
www.alpen.de
Einwohnerzahl: 12.979
Fläche: 59,6 qkm
(Stand: 01.01.2017)

Bergkamen

Die junge Stadt Bergkamen liegt im Kreis Unna, am Rand des östlichen Ruhrgebiets zwischen Dortmund und Hamm. 1966 schlossen sich die fünf Gemeinden Rünthe, Bergkamen, Weddinghofen, Oberaden und Heil zur Stadt Bergkamen zusammen; als sechster Stadtteil kam 1968 die Gemeinde Overberge hinzu. 2016 feierten Einwohner und Besucher gemeinsam das 50-jährige Stadtjubiläum.

Der Raum Bergkamen blickt auf eine eindrucksvolle Geschichte zurück. Vor über 2000 Jahren, um 11 v. Chr. zur Zeit des Kaisers Augustus, avancierte das Römerlager Oberaden dank des Feldherrn Drusus zum größten römischen Militärlager nördlich der Alpen. Archäologen legten Funde frei, die zu den eindrucksvollsten in ganz Westfalen gehören. Heute lässt der Römerpark Bergkamen die Besucher hautnah das Leben der Römer nachempfinden. Im Zuge der Industrialisierung gegen Ende des 19. Jahrhunderts bis zum Ende des 20. Jahrhunderts hatte der Bergbau großen Einfluss auf die Stadtentwicklung im Bergkamener Raum, der zuvor weitgehend ländlich geprägt war. Bergkamen entwickelte sich in dieser Zeit zur größten Bergbaustadt Europas.

Nach der aktiven Bergbauzeit ist in Bergkamen der Strukturwandel überall sichtbar: Alte Industriebrachen entwickeln sich zu modernen Gewerbegebieten, weite Teile des Stadtgebietes sind von Wald- und Grünflächen bedeckt. Auf dem Gelände der ehemaligen Zeche „Haus Aden" wird voraussichtlich 2026 die „Wasserstadt Aden" entstehen – ein innovatives Wohn-, Arbeits- und Freizeitquartier mit eigenen Bootsanlegestellen und besonderer Atmosphäre rund um den neuen „Adensee". Weitere Freizeitareale rund um den Datteln-Hamm-Kanal sind in Planung.

Zu Bergkamens touristischen Highlights zählen das Westfälische Sportbootzentrum – Marina Rünthe, die Bergehalde Großes Holz und der Römerpark Bergkamen. Zu den landschaftlich reizvollsten Attraktionen zählen zudem die Naherholungsgebiete „Lippeaue" (unweit der Ökologiestation Kreis Unna), „Beversee" (in direkter Nähe zum Westfälischen Sportbootzentrum – Marina Rünthe) und „Mühlenbruch". Kultureller Mittelpunkt sind das Stadtmuseum Bergkamen, das verschiedene Ausstellungsschwerpunkte (z. B. Römer, Bergbau, Erdgeschichte) zeigt, sowie die Städtische Galerie „sohle 1". Veranstaltungen, wie das überregional bekannte „Hafenfest" mit rund 70.000 Besuchern (Juni), die Veranstaltungsreihe „Sommer in Bergkamen" (Juli/August, u. a. „Weingenuss am Wasser"), das „Museumsfest" und das „Römerfest" (September, im jährlichen Wechsel), bereichern das Stadtleben.

■ **Informationen**

Stadt Bergkamen
Rathausplatz 1
59192 Bergkamen
Tel. 02307/965-0
info@bergkamen.de
www.bergkamen.de
Einwohnerzahl: 50.161
Fläche: 44,8 qkm
(Stand: Dezember 2016)

Bocholt

Bocholt (= Buchenholz) im Münsterland, im Grenzbereich zwischen dem Niederrhein und den Niederlanden gelegen, tauchte erstmals 779 urkundlich auf. Im Jahre 1222 erhielt die Gemeinde die Stadtrechte. Schon frühzeitig waren Handwerk und Gewerbe die bestimmenden Wirtschaftszweige der Stadt. Der Niedergang erfolgte im 17. Jahrhundert mit dem Ausbau Bocholts zur Festungsstadt.

Erst der Anschluss an die Eisenbahn (1878) sowie die Modernisierung der traditionellen Baumwollindustrie durch den Einsatz von Dampfmaschinen ließen die Stadt wieder erblühen. In der Folge-

Blick auf Bergkamen

zeit spielte neben der Textilindustrie auch die Eisenverarbeitung eine wesentliche Rolle. Von 1923 bis 1975 durfte sich Bocholt „kreisfreie Stadt" nennen, heute zählt der Ort zum Landkreis Borken. Aufgrund seiner wirtschaftlichen Vergangenheit als wichtiger Textilstandort gilt Bocholt bis heute als attraktive Einkaufsstadt mit Großstadtniveau. Ebenso wirtschaftlich bildet Bocholt die Metropole der Region mit dem größten erschlossenen Industriepark Nordrhein-Westfalens, internationalen Konzernbereichen und innovativen mittelständischen, oft inhabergeführten Unternehmen.

Kulturgeschichtlich sehenswert sind einige historische Bauten wie die St.-Georg-Kirche (15. Jahrhundert), die St. Agnes-Kapelle (15. Jahrhundert) und das Historische Rathaus (17. Jahrhundert), das zu einem der schönsten Rathäuser Deutschlands gehört.

Landschaftlich reizvoll sind der Aa-See und der Stadtwald, aber auch die von Landwirtschaft geprägte Umgebung. Bocholt – das als fahrradfreundlichste Stadt Deutschlands ausgezeichnet wurde – bietet mit seinem ausgebauten Radwegenetz ein wahres „Fahrradies" für Radler.

Im Jahre 1993 erhielt Bocholt den Europapreis, höchste Auszeichnung für die Pflege internationaler Kontakte auf der Basis von Städtepartnerschaften. Die Fachhochschule der Stadt ist anerkanntes Bildungszentrum für Maschinenbau, Wirtschaft und Elektrotechnik.

Im Zentrum des kulturgeschichtlichen Lebens Bocholts steht das TextilWerk. Mit seinen zwei Standorten, der Weberei und der Spinnerei, stellt das Textilmuseum Bocholt ein einmaliges historisches Ensemble der Textilproduktion dar und ist einer der Standorte des Westfälischen Industriemuseums. Zu einem Besuch laden außerdem ein: Handwerksmuseum, Stadtmuseum, Schulmuseum und Kunsthaus.

■ **Informationen**

Tourist-Info Bocholt
Nordstraße 14

46399 Bocholt
Tel. 02871/5044
info@tourist-info-bocholt.de
www.bocholt.de
Einwohnerzahl: 71.433
Fläche: 11,9 qkm
(Stand: Januar 2015)

Bochum

Die Stadt Bochum liegt geografisch gesehen im Zentrum des Ruhrgebiets. Vorgeschichtliche Funde belegen, dass im heutigen Stadtgebiet schon während der Jungsteinzeit (4000–1800 v. Chr.) Siedlungen existierten. Im Jahre 1041 wird Bochum dann erstmals urkundlich erwähnt, knapp 300 Jahre später (1321) erhielt es die Stadtrechte.

Die Industrialisierung gab der Stadt einen enormen Aufschwung, Stahl- und Kohlebergbau ließen Zechen und Fabriken wie Pilze aus dem Boden schießen. Die Einwohnerzahl stieg explosionsartig an, 1904 zählte die Stadt bereits mehr als 100.000 Einwohner (Großstadt), durch Eingemeindungen in den nachfolgenden Jahrzehnten (z. B. Wattenscheid 1975) kamen bis dato weitere knapp 300.000 hinzu.

Durch den Niedergang des Bergbaus in der Region sind heute im Stadtgebiet alle Zechen stillgelegt. Auch das mehr als ein halbes Jahrhundert Arbeit und Identität stiftende Opel-Werk wurde abgerissen. An ihrer Stelle haben sich neue Industrien (Baugewerbe, verarbeitendes Gewerbe, Handel, Energie- und Wasserversorgung, Dienstleistung) sowie verschiedene Technologie-Zentren angesiedelt. Seit 1965 ist Bochum Universitätsstadt, mehrere Fachhochschulen und das Landesspracheninstitut NRW ergänzen das Bildungsangebot und ziehen junges Publikum in die Stadt. Heute sind es mehr als 58.000 Studenten (WS 2017/2018) an acht Hoch-

Bermuda3Eck, Bochum

Ruhr-Universität, Bochum

schulen. Bochum ist zweitgrößter Hochschulstandort in Nordrhein-Westfalen, sechstgrößter in Deutschland.

Auf dem Kultur- und Freizeitsektor hat Bochum einiges zu bieten: Zahlreiche Museen (Deutsches Bergbau-Museum, das Museum unter Tage im Schlosspark Weitmar, Teil des musealen Ensembles der Situation Kunst, Eisenbahnmuseum, Kunstmuseum Bochum) und Theater (Schauspielhaus Bochum, Theater Total, Rottstr. 5-Theater) genießen einen hervorragenden Ruf, als Einrichtungen haben sich der Starlight Express, die Jahrhunderthalle Bochum, das Zeiss Planetarium und das Kulturzentrum Bahnhof Langendreer etabliert. Und der Tierpark wird nicht nur vom jüngeren Publikum geschätzt.

Jedes Jahr ziehen renommierte Musik- und Theaterveranstaltungen, wie das Zeltfestival Ruhr, Bochum Total, Urbanatix, das Figurentheaterfestival FIDENA, die Ruhrtriennale oder das Klavier-Festival Ruhr, mehrere hunderttausend Besucher in die Stadt. Neuestes Prunkstück der Stadt ist das Anneliese Brost Musikforum Ruhr, die historische Marienkirche wurde in das Konzerthaus integriert. Ein Hingucker im öffentlichen Raum sind die zahlreichen Skulpturen von Richard Serra.

Als urbanes Stadt- und Nachtlebenquartier hat Bochum längst einen überregionalen Ruf. Das so genannte Bermuda3Eck, die Kneipenmeile im Zentrum, erstreckt sich im Sommer als schier endloser Freiluft-Biergarten auf einer Fläche von ca. zwei Quadratkilometern, bietet mehr als 7.000 Plätze in der Gastronomie, 3.000 Freisitzplätze und zählt über drei Millionen Gäste pro Jahr.

Sehenswerte Denkmäler der Stadt sind der Helfs Hof mit Heimatmuseum, die Bartholomäus Pilgerkapelle, die Stiepeler Dorfkirche, das Rathaus, der Malakowturm der Zeche Hannover, die zum Ruhrtriennale-Standort um- und ausgebaute Jahrhunderthalle Bochum, die Erzbahntrasse sowie die Arbeitersiedlung Dahlhauser Heide. Erholung und Entspannung verschaffen mehr als 40 Grünanlagen (z. B. Stadtpark, Botanischer Garten) sowie der Ümminger und Kemnader See als Wassersport-Eldorado. Ein Ausflug zur Wasserburg Kemnade ist lohnenswert.

Informationen

Bochum Touristinfo
Huestr. 9
44787 Bochum
Tel. 0234/963020
touristinfo@bochum-marketing.de
www.bochum-tourismus.de
www.bochum.de
Einwohnerzahl: 364.291
Fläche: 145,4 qkm
(Stand: Juni 2018)

Bönen

Die Wurzeln der heutigen Gemeinde Bönen reichen bis ins frühe Mittelalter zurück: Spätestens seit der ersten Jahrtausendwende befand sich die Bönener Kirche im Besitz der Kölner Erzbischöfe. So ist belegt, dass sie im Jahre 1032 dem von Erzbischof Pilgrim gegründeten Kloster Deutz als Ausstattung übertragen wurde. Der bis heute erhaltene Turm der Kirche, zugleich ältestes Baudenkmal der Gemeinde, dürfte Mitte des 12. Jahrhunderts errichtet worden sein.

Mit dem Ausbau der Eisenbahnstrecke Unna-Hamm im Jahre 1865 wurden die Gemeinden Bönen und Altenbögge an den überörtlichen Verkehr angebunden. Der entscheidende Schritt in der Entwicklung zur Industriegemeinde setzte jedoch erst mit der Inbetriebnahme der Zeche Königsborn III/IV am 16. Juni 1899 ein. Der stetige Anstieg der Einwohnerzahlen und die damit verbundene Siedlungsentwicklung führten im Jahr 1951 zum Zusammenschluss der Orte Bönen und Altenbögge zur Doppelgemeinde. Im Zuge der kommunalen Neuordnung bildete sich 1968 durch den Anschluss weiterer fünf Kommunen die jetzige Großgemeinde Bönen, die heute zum Kreis Unna gehört.

1981 wurde die Zeche Königsborn geschlossen. Der vom namhaften Industriearchitekten Alfred Fischer errichtete Förderturm wurde unter Denkmalschutz gestellt. Ein Teil des ehemaligen Zechengeländes bildet heute die gemeindliche Mitte. Des Weiteren wurde im Jahr 2008 auf der Fläche die neu errichtete Goethe-Grundschule eingeweiht. Der Grundstein für das angrenzende Hallenbad mit Sauna ist gelegt. Das Industriegebiet „Am Mersch“ hat sich zu einem gefragten Standort für den Umschlag von Gütern und logistischen Dienstleistungen etabliert.

Beliebte Kultur- und Freizeiteinrichtungen sind die Alte Mühle und das Jugendzentrum „Go in“. Naturnahe Erholungsgebiete liegen in unmittelbarer Nähe.

Informationen

Gemeinde Bönen, Gemeindeverwaltung
Am Bahnhof 7
59199 Bönen
Tel. 02383/933-0
post@boenen.de
www.boenen.de
Einwohnerzahl: 18.437
Fläche: 38 qkm
(Stand: 1. Januar 2016)

Bottrop

Am Nordrand des Ruhrgebiets – an der Grenze zwischen Rheinland, Niederrhein und Münsterland – liegt die Stadt Bottrop. Erste urkundliche Erwähnung fand die Stadt als Dorf namens „Borgthorpe“ im Jahre 1150, danach wurde es recht still um die Marktgemeinde. Der große Aufschwung kam Mitte des 19. Jahrhunderts, als auch in Bottrop die Industrialisierung einsetzte. 1856 wurde zum ersten Mal Kohle abgebaut, ein halbes Jahrhundert später (1919) erhielt Bottrop die Stadtrechte.

Eine entscheidende Rolle in der wirtschaftlichen Entwicklung sollte auch hier die Kohle spielen. Das Verbundbergwerk Prosper-Haniel ist die letzte deutsche Zeche, die Ende 2018 geschlossen worden ist, was auch das Ende einer über anderthalb Jahrhunderte währenden Wirtschafts- und Aufschwungsgeschichte in Deutschland bedeutet.

Die Zukunft ist damit längst nicht mehr überwiegend mit der Kohle verbunden, die einstige Zechenstadt hat sich inzwischen zu einer modernen Großstadt gewandelt. Beispiele für überregional bedeutende Einrichtungen auf dem Kultur- und Freizeitsektor sind das Josef Albers Museum Quadrat, das „junge Museum“ (erstes seiner Art in NRW), die Freizeitstätte „Movie Park Germany“ im nördlichen Stadtteil Kirchhellen (eine Gemeinde, die seit 1976 zu Bottrop gehört) sowie das Tetraeder, eine begehbare Stahlskulptur, die auf einer ehemaligen Bergehalde im Süden der Stadt errichtet wurde und zum Symbol für den städtischen und regionalen Strukturwandel geworden ist. Im Stadtwesten, an der Grenze zu Oberhausen, befindet sich außerdem der Revier-

Das letzte aktive Steinkohlebergwerk zwischen Rhein und Ruhr: Prosper-Haniel in Bottrop ist Ende 2018 geschlossen worden

park Vonderort, eine Freizeiteinrichtung mit großem Angebot für die aktive Erholung. Eine der spektakulärsten Einrichtungen im Revier steht ebenfalls in Bottrop: Auf einer ehemaligen Abraumhalde ist – direkt gegenüber des Tetraeders – mit dem „alpincenter" die längste überdachte Skihalle der Welt errichtet worden.

Stadtgeschichtlich sehenswert ist Schloss Beck, eines der schönsten noch erhaltenen Spätbarock-Baudenkmäler Westfalens.

Wirtschaftlich ist Bottrop heute durch die Ansiedlung unterschiedlicher Industriezweige (chem. Industrie, Metallverarbeitung, Lebensmittel) sowie Technologie- und Logistikzentren geprägt. Mit dem Ende 2010 in einem ruhrgebietsweiten Wettbewerb erworbenen Titel der „Innovation City" kann sich Bottrop als Energiewandel- und Klimaschutz-Modellstadt verwirklichen.

Erstaunlicherweise besitzt Bottrop trotz seiner industriellen Vergangenheit mehr als 60 Prozent Grünflächen. Die Kommune ist damit eine der grünsten Großstädte in ganz Deutschland. Beliebt ist vor allem die Kirchheller Heide, eine Wald- und Heidelandschaft, durch die über 100 Kilometer markierte Rad- und Wanderwege führen.

Informationen

Stadt Bottrop
Ernst-Wilczok-Platz 1
46236 Bottrop
Tel. 02041/70-30
stadtverwaltung@bottrop.de
www.bottrop.de
Einwohnerzahl: 116.895
Fläche: 10,1 qkm
(Stand: Dezember 2016)

Breckerfeld

Die Hansestadt Breckerfeld ist seit 1986 staatlich anerkannter Erholungsort. Mit rund 9.000 Einwohnern ist die Stadt zwar kleinste Gemeinde im Ennepe-Ruhr-Kreis, besitzt dafür aber eine große Anzahl reizvoller Natur- und Freizeiträume. Über 100 Kilometer markierte Rundwanderwege führen durch das Stadtgebiet, außerdem sind Schwimmen, Reiten, Alpinski, Rodeln und Langlauf möglich.

Ein Blick in die Historie der Stadt zeigt, dass der Breckerfelder Raum bereits um 800 besiedelt war. Erste schriftliche Zeugnisse sind jedoch erst im 12. Jahrhundert (1184) nachweisbar. Die Stadtrechte erhielt der Ort im Jahre 1396 durch den Grafen Dietrich von der Mark, das Recht zur Münzprägung folgte acht Jahre später. Aus dieser Zeit stammt auch die Ev. Jakobuskirche, einzige hochgotische Basilika Westfalens mit bedeutendem Schnitzaltar. Sehenswert sind des Weiteren die Kath. Pfarrkirche St. Jakobus mit Pietà um 1700, die Finkenberger Wassermühle (1861) sowie Reste der alten Stadtmauer.

Seine wirtschaftliche Blütezeit erlebte der Ort zur Zeit des Hansebundes (15. Jahrhundert), heute herrscht in der Stadt ein gesunder Branchenmix, u. a. mit Land- und Forstwirtschaft sowie Metallwaren- und Kleineisengewerbe. Um das Arbeitsplatzangebot durch die Ansiedlung von Unternehmen mit verschiedenen Produktionszweigen zu erweitern, wurde das Gewerbegebiet „Südlich Königsheide" erschlossen und weitgehend vermarktet.

Insgesamt drei Talsperren stellen die Trinkwasserversorgung der Bürger sicher, die Glörtalsperre dient als regionaler Erholungsschwerpunkt. Seit 1972 pflegt Breckerfeld städtepartnerschaftliche Beziehungen, mit ein Grund dafür, dass die Stadt 1993 mit dem Europadiplom und 1996 mit der Europafahne ausgezeichnet wurde.

Kath. Pfarrkirche St. Jakobus, Breckerfeld

Informationen

Stadt Breckerfeld, Stadtverwaltung
Frankfurter Str. 38
58339 Breckerfeld
Tel. 02338/809-0
info@breckerfeld.de
www.breckerfeld.de
Einwohnerzahl: 8.894
Fläche: 58,68 qkm
(Stand: Juni 2018)

Castrop-Rauxel

Die Stadt Castrop-Rauxel, seit 1962 mit dem Ehrentitel „Gemeinde Europas“ ausgezeichnet, zählt zum Kreis Recklinghausen und liegt inmitten des Ruhrgebiets zwischen den Städten Recklinghausen, Herne und Dortmund.

Urkundlich nachgewiesen ist der Ort Castrop als „Villa Castorp“ seit 834. Das Abteufen der ersten Zeche zu Beginn des 19. Jahrhunderts brachte den ersehnten wirtschaftlichen Aufschwung. Im Jahre 1902 wird Castrop zur Stadt erhoben, 25 Jahre später entsteht durch Eingemeindungen die Großkommune Castrop-Rauxel.

Die Krise des Bergbaus führte auch hier zum einschneidenden strukturellen Wandel: Anstelle der Montanindustrie sind inzwischen mehrere zukunftsorientierte Unternehmen verschiedener Branchen (Gesundheitswirtschaft, industrienahe Dienstleistungen, Chemie) in Castrop-Rauxel beheimatet. Alte Zechenflächen wurden zu Gewerbegebieten für mittelständische Unternehmen entwickelt, auf dem Gelände der ehemaligen Zeche Erin entstand z. B. in Zusammenarbeit mit der IBA der moderne Dienstleistungs-, Gewerbe- und Landschaftspark ERIN. Künstlerische Umgestaltung fand die Bergehalde Schwerin, auf der jetzt eine Sonnenuhr die Zeit in Richtung Zukunft weist, rund um den Förderturm der ehemaligen Zeche wurde in Erinnerung an den Zechen-Gründer Thomas Mulvany ein keltischer Baumkreis angelegt.

Über 60 Prozent der Gesamtfläche Castrop-Rauxels sind heute unbebaute Natur- und Landschaftsgebiete. Denn zum einen gibt es hier immer noch landwirtschaftliche Betriebe mit Ackerland, Weiden und Wäldern. Und zum anderen setzt die Stadt einen Schwerpunkt auf dem Gebiet der ökologischen Neugestaltung: Vorhandene Grünflächen wurden und werden ausgebaut, neue naturnahe Erholungsräume geschaffen, Flüsse renaturiert und von Abwässern befreit (Emscherumbau).

Kulturell wartet die Stadt mit dem Westfälischen Landestheater auf, einem der renommiertesten Theater der Region. Von historischer Bedeutung sind Haus Goldschmieding (16. Jahrhundert), Wasserschloss Bladenhorst (13. Jahrhundert) sowie die St. Lambertuskirche in Castrop (13. Jahrhundert).

Informationen

Stadt Castrop-Rauxel
Europaplatz 1, 44575 Castrop-Rauxel
Tel. 02305/106-1
stadtverwaltung@castrop-rauxel.de
www.castrop-rauxel.de
Einwohnerzahl: 75.809
Fläche 51,67 qkm
(Stand: 31.12.2016)

Datteln

An der Grenze zwischen Ruhrgebiet und Münsterland, zugehörig zur Emscher-Lippe-Region, liegt die Stadt Datteln. Durch die Lage an den vier Kanälen des Reviers wurde Datteln zum größten Kanalknotenpunkt der Welt. Die Wasserwege eröffnen der Stadt Zugang zu den wichtigsten Wirtschaftsgebieten Deutschlands, Europas und der Welt. Darüber hinaus übernehmen die Kanäle zusammen mit der Lippe eine bedeutsame Funktion als Naherholungs- und Freizeitgebiet.

Erstmals urkundlich erwähnt wird Datteln in einem Dokument aus dem Jahre 1147, das eine Kirche in Datteln nennt, die heutige St.-Amandus-Kirche, die wahrscheinlich bereits um 800 auf dem früheren Königshof Hofstedde errichtet worden war.

Der Ort war zunächst ländlich geprägt. Nachdem der Dortmund-Ems-Kanal im Jahr 1899 fertiggestellt worden war, wandelte sich Datteln im folgenden 20. Jahrhundert zu einer Bergbaustadt. 1906 wird die Schachtanlage Emscher-Lippe 1/2 in Betrieb genommen, mehrere Arbeitersiedlungen entstehen. 1936 erhielt die wachsende Zechen- und Industriegemeinde die Stadtrechte.

Nach der Schließung der Zeche Emscher-Lippe im Jahr

1972 sind die wesentlichen Wirtschaftszweige in Datteln heute Zinkverarbeitung, bauchemische Industrie, Energieerzeugung und das Gesundheitswesen. Größter Arbeitgeber ist die Vestische Caritas Kliniken GmbH, die unter anderem das St.-Vincenz-Krankenhaus und die Vestische Kinder- und Jugendklinik unterhält.

Kulturell wartet Datteln mit der Stadthalle als zentralem Veranstaltungsort auf, in der Comedians wie Dieter Nuhr oder Atze Schröder, aber auch Musiker wie Klaus Lage oder Herman van Veen auftreten.

Einen Abstecher wert ist auch das Rathaus, das 1913 eingeweiht wurde. Seit 1985 steht es unter Denkmalschutz – unter anderem deshalb, weil es den Verwaltungsbau in eine künstlerisch ansprechende Form verwandelt hat. Im Stil des Neoklassizismus erbaut, war das Rathaus von Anbeginn ein repräsentatives und sehenswertes Gebäude.

In die Denkmalliste eingetragen ist auch der frühere Dorfschultenhof, in dem sich das Hermann-Grochtmann-Museum seit 1969 mit verschiedenen Sammlungen präsentierte. Ab Mitte 2017 wird das Museum Heimat der Dattelner Volkshochschule sein. Einige der wichtigen Ausstellungsstücke wie die ältesten Gussstahlglocken Deutschlands und ein Präzisionskirchturm-Uhrwerk werden dort weiterhin zu besichtigen sein.

Informationen

Stadt Datteln, Stadtverwaltung
Postfach 1465, 45705 Datteln
Tel. 02363/107-1
verwaltung@stadt-datteln.de
www.datteln.de
Einwohnerzahl: 35.810
Fläche: 66,08 qkm
(Stand: November 2016)

Dinslaken

Dinslaken, die Stadt an der Schnittstelle von Niederrhein und Ruhrgebiet, an der die Emscher in den Rhein fließt, ist seit 1163 durch ein Kastell des Geschlechts „de Dincelachen" urkundlich nachweisbar. Bereits im Jahre 1273 wurden der umliegenden Gemeinde die Stadtrechte verliehen.

Nach der wirtschaftlichen Blütezeit im Mittelalter durch Tuchgewerbe, Handwerk und Handel konnte der Abstieg zur eher unbedeutenden Ackerbürgerstadt seit Mitte des 17. Jahrhunderts erst durch Betriebsgründungen der Großindustrie im 20. Jahrhundert abgefangen werden.

Ende 2005 endete mit der Schließung der Zeche Lohberg-Osterfeld nach knapp hundert Jahren die Bergbau-Ära in Dinslaken. Heute ist die Wirtschaft geprägt durch einen gesunden Branchenmix traditioneller Unternehmen aus dem produzierenden Sektor und jüngerer Betriebe mit dem Schwerpunkt innovativer Technologien.

Stadtgeschichtlich sehenswert sind die Denkmalgruppe „Drei Kreuze" (um 1500), die Wind- und die Wassermühle in Hiesfeld (17. und 19. Jahrhundert), die Pfarrkirche St. Vincentius (14. Jahrhundert), das historische Rittertor sowie Reste des alten Kastells, dem heutigen Rathaus.

Für Abwechslung sorgt ein buntes Programm an geführten Rundgängen zu verschiedenen Themen aus den Bereichen Heimatgeschichte, Städtebau und Architektur. Auch Erlebnisstadtführungen, geführte Segway-Touren oder Planwagenfahrten finden sich im Programm.

Veranstaltungsangebote in Hülle und Fülle finden sich im städtischen Online-Veranstaltungskalender. Doch auch Natur- und Grünflächen gibt es in Dinslaken zur Genüge (Rotbachsee, Hohe Mark, Rheinauen); und für Freizeitspaß sorgen diverse Angebote und Einrichtungen, so unter anderem die Trabrennbahn, einzige Halbmeilenbahn Deutschlands.

Informationen

Stadt Dinslaken
Platz d'Agen 1, 46535 Dinslaken
Tel. 02064/66-0
info@dinslaken.de
www.dinslaken.de
Einwohnerzahl: 71.061
Fläche: 47,67 qkm
(Stand: Dezember 2015)

Das Alte Rathaus am Marktplatz in Dorsten

Dorsten

Die Stadt Dorsten mit rund 76.000 Einwohnern in elf Stadtteilen ist flächenmäßig die größte Stadt im Kreis Recklinghausen.

Unweit der Siedlung Durstina (röm. Durstinon) hatten schon 12 v. Chr. Römer ein Marschlager errichtet. Die Siedlung vergrößerte sich mit den Jahrhunderten, der agile Marktflecken Dorsten erhielt 1251 die Stadtrechte und konnte sich als Handelsplatz mit Lippebrücke und Hafen im Verbund der Hanse behaupten. In den nachfolgenden Jahrhunderten war die Stadt häufig Schauplatz von Kriegen. Erst Mitte des 18. Jahrhunderts wurde Dorsten zu einer ruhigen Gemeinde von Ackerbürgern mit Feldern und Gärten vor den Überresten der alten Stadtmauern.

Mit der Industrialisierung kam die Eisenbahn, erste Fabriken nutzten die Kraft des Wassers und der Kohle, die Zeche Baldur wurde 1911 abgeteuft. Im Zuge des Betriebes der Schachtanlage Fürst Leopold entstand die Gartenstadt Hervest, Drahtwerke, metallverarbeitende Betriebe, aber auch Textilfabrikation siedelten sich im Umfeld Dorstens an. Mit dem Ende der Montanindustrie wurde aus dem Areal der Schachtanlage ein kreatives Feld für Künstler, aber auch ein neuer Freizeitbereich für Bürgerinnen und Bürger mit Restaurants und Outdoor-Events. Das Zechengelände selbst ist für Gewerbebetriebe erschlossen, im Maschinenhaus werden von Zeit zu Zeit gigantische Dampfmaschinen zum Leben erweckt.

Freizeit und Erholung spielen sich in Dorsten rund um die Lippe, den Wesel-Datteln-Kanal und im Naturpark Hohe Mark ab. Radtouren erschließen auch den Hervester Bruch, der mit Heckrindern beweidet wird. 80 Prozent des Stadtgebietes sind mit Wäldern und Ackerflächen bedeckt, zahlreiche Touren für Wanderer, Radfahrer und Reiter sind ausgeschildert und von der Homepage herabladbar. Auf dem Sektor Kultur- und Stadtgeschichte wartet Dorsten mit der Tüshaus-Mühle, dem Jüdischen Museum Westfalen, dem

Alten Rathaus und dem berühmten Wasserschloss Lembeck auf.

■ **Informationen**
stadtinfo
Recklinghäuser Straße 20
46282 Dorsten
Tel. 02362/30808-0
stadtinfo@dorsten.de
www.dorsten.de
www.stadtinfo-dorsten.de
Einwohnerzahl: 75.940
Fläche: 171 qkm
(Stand: März 2015)

Der Alte Markt bildet das historische Zentrum der Stadt Dortmund

Dortmund

Die älteste schriftliche Erwähnung Dortmunds ist in einem Verzeichnis der Einkünfte des Klosters Werden an der Ruhr dokumentiert und geht auf die Zeit um 880 zurück. Im 10. Jahrhundert gewann Dortmund rasch an Bedeutung, wurde Sitz einer Königspfalz und schließlich 1236 zur freien Reichsstadt erhoben. Wirtschaftliche Bedeutung erlangte Dortmund durch den Beitritt zur Hanse sowie durch die strategisch günstige Lage am Hellweg, in früherer Zeit bedeutendster Handelsweg im nordwestdeutschen Raum.

Der Dreißigjährige Krieg beendete zunächst die wirtschaftliche Blütezeit, erst mit Beginn des Montanzeitalters (Zeche Zollern II/IV, Kokerei Hansa) konnte Dortmund wieder an seine alte Größe anknüpfen. 20 Zechen förderten in Dortmund, bereits 1987 schloss die letzte.

Wirtschaftliche Schwerpunkte heute sind Informationstechnologie (IT), Logistik, Mikro-, Nano- und Biotechnologie, Gesundheitswirtschaft, Handel, Finanz- und Versicherungswirtschaft sowie nach wie vor ein industrieller Kern.

Die Technische Universität Dortmund, Fachhochschulen und Akademien erweitern das städtische Bildungsangebot, mehr als 50.000 Studierende beleben das Stadtbild. Längst ist die Stadt international angesehener Standort für innovative Zukunftsbranchen. Im größten Technologiepark Deutschlands mit dem TechnologieZentrumDortmund wurde und wird an ambitionierten Projekten in den unterschiedlichsten Technologiebereichen gearbeitet.

Nur fünf Kilometer von der Dortmunder City entfernt ist ein neues Stadtquartier für moderne Lebens- und Arbeitsformen Wirklichkeit geworden. PHOENIX, ein Standort, annähernd so groß wie 300 Fußballfelder, mit hervorragender Anbindung an die City, an Autobahnen und den Dortmunder Flughafen.

Wo vor wenigen Jahren noch Hochofen- und Stahlwerk das Arbeiten und Leben im Stadtbezirk Hörde prägten, sind heute zahlreiche neue Arbeitsplätze in den Schlüsselbranchen der Zukunft und attraktive Wohnquartiere mit hohem Freizeitwert entstanden. Der PHOENIX See ist in Dortmund zu einem ganz besonderen Anziehungspunkt geworden. Ein neuer Wirtschafts-, Arbeits- und Lebensraum in einem Stadtkonzept der kurzen Wege. Übrigens können sich Besucherinnen und Besucher bei Führungen über den sogenannten Skywalk einen Überblick über das gesamte Areal verschaffen und gleichzeitig einen ehemaligen Hochofen erklimmen.

Hoch oben auf dem Dortmunder U

Aufsehenerregend ist auch das Zentrum für Kunst, Kreativität und Wirtschaft im „Dortmunder U" auf dem Gelände der ehemaligen Union-Brauerei. Die U-Turm-Bilderuhr des Filmemachers Adolf Winkelmann an der Dachkrone sendet weithin sichtbare Filmbilder in den Himmel über der Stadt.

Die Westfalenhallen Dortmund sind das lebendige Zentrum für Geschäftstreffen oder Freizeitaktivitäten. Hier finden große Publikums- und Fachmessen, mitreißende Events, Weltmeisterschaften sowie zahlreiche Kongresse und Tagungen statt. Außerdem wird hier seit 1925 deutsche und europäische Veranstaltungsgeschichte geschrieben.

Einwohner und Besucher schätzen gleichermaßen die vielen Freizeitangebote in Dortmunds Natur, denn mehr als die Hälfte der Stadt ist grün. Geschätzt werden besonders der Westfalenpark, der Revierpark Wischlingen, der Romberg- und der Fredenbaumpark sowie der Zoo. Fußballbegeisterte kommen im

Beliebte Naherholungsanlage: der PHOENIX See in Dortmund

Signal Iduna Park des Fußball-Bundesligisten Borussia Dortmund sowie im neuen Deutschen Fußballmuseum direkt am Hauptbahnhof auf ihre Kosten. Und die City lockt mit ihren vielfältigen Shopping-Möglichkeiten.

Für kultur- und stadtgeschichtlich Interessierte empfiehlt sich ein Besuch der Burgruine Hohensyburg (8. Jahrhundert), des Wasserschlosses Haus Bodelschwingh, des Adlerturms (um 1300, nach Zerstörung wiedererrichtet), der Reinoldikirche (13. Jahrhundert, nach dem Krieg wiederaufgebaut) und der kunst- und kulturgeschichtlichen Museen (Museum Ostwall, Museum für Kunst und Kulturgeschichte, Museum für Naturkunde, LWL-Industriemuseum Zeche Zollern). Mit der DASA Arbeitswelt Ausstellung, der Kokerei Hansa, dem Konzerthaus und dem Theater mit seinen fünf Sparten setzt Dortmund weitere kulturelle Glanzlichter.

Informationen

DORTMUNDtourismus e.V.
Max-von-der-Grün-Platz 5-6
44137 Dortmund
Tel. 0231/18999-0
info@dortmund-tourismus.de
www.dortmund-tourismus.de
www.dortmund.de
Einwohnerzahl: 586.001
Fläche: 280 qkm, (Stand: Juni 2018)

Duisburg

Die erste urkundliche Erwähnung Duisburgs findet man in der Chronik des Abtes Regino von Prüm aus dem Jahre 883, frühere Siedlungen der Franken (5. Jahrhundert) gelten als wahrscheinlich.

Die unmittelbare Nähe zum Rhein ließ die Stadt schnell zu einem bedeutenden Wirtschaftsstandort werden. Ein Aufstieg, der durch die Verlagerung des Rheins sowie machtpolitische Interessenkonflikte zwischenzeitlich jedoch gebremst wurde.

Der Wiederaufstieg erfolgte erst durch die Industrialisierung und den damit verbundenen Bedarf an geeigneten Transportwegen. Duisburgs Rang als Wirtschaftszentrum wuchs mit der Bedeutung des Rheins als Handelsweg. Die Schifffahrt wurde wesentlicher Bestandteil der Wirtschaftskraft, Werften und Häfen wurden gebaut, Kohle-, Eisen- und Stahlfabriken (Thyssen, Krupp, Klöckner) ließen sich nieder. Doch die Krise der Montanindustrie traf zum Ende des 20. Jahrhunderts auch Duisburg: Mit der Schließung der Hüttenwerke Rheinhausen 1993 ging ein Stück Wirtschaftsgeschichte spektakulär zu Ende, eher in aller Stille wurde am 30. Juni 2008 mit dem Bergwerk Duisburg-Walsum das letzte Steinkohlenbergwerk auf Duisburger Boden stillgelegt.

Der Innenhafen mit dem Schwanentor, der Salvatorkirche und dem Rathaus in Duisburg

Trotz des industriellen Wandels ist Duisburg aber dennoch größte Stahlstadt Europas geblieben, mit dem Binnenhafen besitzt die Stadt den größten seiner Art in der Welt.

Verkehrsgünstig gelegen, hat sich Duisburg inzwischen von einer monostrukturierten Industriestadt zu einem bedeutsamen Dienstleistungs- und Logistikzentrum gewandelt, Mikroelektronik und Umwelttechnologie sind gefragte Wirtschaftszweige. Die Universität Duisburg-Essen ist heute bildungspolitisches Zentrum Duisburgs. 2003 als Fusion der Universitäten-Gesamthochschulen Duisburg und Essen entstanden, gehört sie als jüngste Hochschule Nordrhein-Westfalens zu den zehn größten deutschen Universitäten.

Neue Akzente setzt auch die Duisburger Innenstadt. Das CityPalais wurde Anfang 2007 fertiggestellt und beinhaltet

u. a. das modernste Spielcasino Deutschlands sowie das neue Konzert- und Kongresszentrum – die Mercatorhalle. Im September 2008 eröffnete das Forum Duisburg, das größte innerstädtische Einzelhandelszentrum in Nordrhein-Westfalen. Das insgesamt 190 Millionen Euro teure Projekt bietet auf ca. 60.000 Quadratmetern verteilt auf vier Stockwerke rund 90 Geschäfte.

Mehr Urbanität und zukunftsweisende Lebenskultur stehen auch im Mittelpunkt des Projekts „Duisburg an den Rhein“, im Zuge dessen der RheinPark Duisburg auf einer rund 50 Hektar großen Industriebrache in Hochfeld sowohl als Dienstleistungsstandort als auch als Wohn-, Freizeit- und Kulturquartier mit Uferpromenade entwickelt wird.

Freizeit und Sport spielen sich rund um den Wedau-Sportpark, die Sechs-Seen-Platte, den Toeppersee, im Revierpark Mattlerbusch mit Niederrhein-Therme sowie im Zoo ab. Die Hälfte des Stadtgebiets ist mit Grün- und Erholungsflächen bedeckt.

Das 1902 im Stil der historisierenden Frührenaissance fertiggestellte Duisburger Rathaus

Kulturelle Schwerpunkte setzen die „Duisburger Akzente“ sowie etliche kulturgeschichtliche Museen und Theater (Stiftung Wilhelm Lehmbruck Museum, Deutsches Binnenschifffahrtsmuseum, Deutsche Oper am Rhein). Industriegeschichtliches Highlight ist der Landschaftspark Duisburg-Nord, ehemaliges Hüttenwerk und heute Veranstaltungsort für Freizeit-, Sport-, Kunst- und Kulturevents. Ein beliebtes Freizeitziel ist auch der Innenhafen geworden, der neben dem attraktiven Museum Küppersmühle für moderne Kunst – das alte Mühlen- und Speichergebäude wurde 1997–1999 von den Baseler Architekten Herzog & de Meuron umgestaltet – zahlreiche gastronomische Betriebe aufweist. Seit 2014 befindet sich hier auch das Landesarchiv NRW, ein wellenförmiger Bau mit einem markanten Turm auf einem ehemaligen Getreidespeicher –

Blickfang und Treffpunkt im Duisburger Zentrum: der Lifesaver-Brunnen der französischen Künstlerin Niki de St. Phalle

architektonisch wie in puncto Baukosten extrem.

Duisburg war eine der fünf Portalstädte der Kulturhauptstadt RUHR.2010, von denen aus sich das kulturtouristische Angebot der gesamten Region erschloss.

■ **Informationen**

Tourist Information Duisburg
Ein Service der Duisburg Kontor GmbH
Königstr. 86
47051 Duisburg
Tel. 0203/28544-0
service@duisburgkontor.de
www.duisburg-tourismus.de
www.duisburg.de
Einwohnerzahl: 498.207
Fläche: 232,82 qkm
(Stand: Juni 2018)

Ennepetal

Die Stadt Ennepetal, zwischen Hagen und Wuppertal am Südrand des Ruhrgebiets gelegen, entstand durch den Zusammenschluss der beiden Gemeinden Milspe und Voerde im Jahre 1949. Auf dem heutigen Stadtgebiet haben erste Siedlungen mit großer Wahrscheinlichkeit bereits um 800 n. Chr. existiert. Schriftliche Belege lassen sich jedoch erst Mitte des 12. Jahrhunderts nachweisen. Trotz des Zusammenschlusses haben sich die beiden Gemeindeteile Voerde und Milspe bis heute eine gewisse Eigenständigkeit bewahrt.

Die Wirtschaftsstruktur der Stadt wird durch traditionsgewachsenes Gewerbe bestimmt. Der hier gewonnene Raseneisenstein wurde verhüttet und in wasserbetriebenen Werkstätten weiterverarbeitet. Heute zeigen sich neben den alteingesessenen Industriezweigen auch neu entstandene Gewerbegebiete wie das in Oelkinghausen und nicht zuletzt eine intensive Wirtschaftsförderung dafür verantwortlich, dass die Stadt Ennepetal die niedrigste Arbeitslosenquote im gesamten RVR-Gebiet aufweisen kann. Das produzierende Gewerbe – u. a. Herstellung von Metallerzeugnissen, Maschinenbau – ist eine Stärke der Stadt. Einige Unternehmen, z. B. für Tür- und Sicherungstechnik sowie für Aluminium-

Veredelung, gehören zur Weltspitze in ihrem Bereich.

Kulturelle Sehenswürdigkeiten sind die Barockkirche „Johannes der Täufer", Schloss Ahlhausen und das Straßenindustriemuseum.

Auf dem Freizeitsektor wartet Ennepetal mit der Kluterthöhle, größte Naturhöhle Deutschlands und anerkannte Asthma-Naturheilstätte, auf. An der Höhle liegt auch der Veranstaltungsort Haus Ennepetal. Das Hülsenbecker Tal ist beliebtes Naherholungsgebiet. Insgesamt besteht gut die Hälfte des Stadtgebietes aus Wald und landwirtschaftlicher Nutzfläche. Drei Talsperren sorgen für die Trinkwasserversorgung der Region.

Informationen
Stadt Ennepetal, Stadtverwaltung
Bismarckstr. 21
58256 Ennepetal
Tel. 02333/979-0
stadt@ennepetal.de
www.ennepetal.de
Einwohnerzahl: 29.926
Fläche: 57,42 qkm
(Stand: 31.12.2015)

Essen

Seit 2003 ist Essen mit heute knapp 590.000 Einwohnern nach Dortmund erstmals nur die zweitgrößte Stadt des Ruhrgebiets. Hervorgegangen ist die Metropole am Südrand des Reviers aus zwei Klöstern: der Reichsabtei Werden (796) und dem Frauenstift Essen (852). Im 13. Jahrhundert erhielt die zusammengewachsene Gemeinde die Stadtrechte, ein Jahrhundert später (1377) wurde Essen als Reichsstadt anerkannt. Zeugen der kirchlichen Vergangenheit sind die Basilika St. Ludgerus in Essen-Werden und das Essener Münster in der City, dessen Münsterschatz mit der Goldenen Madonna zu den bedeutendsten Sammlungen sakraler Kunst in Deutschland zählt.

Die Industrialisierung begann 1809 mit dem Kohletiefbau. 1811 gründete Friedrich Krupp die erste Gussstahlfabrik. Vor allem unter seinen Nachkommen Alfred und Friedrich Alfred Krupp expandierte das Unternehmen zum Stahlgiganten, der der Stadt Essen den Beinamen „Kruppstadt" einbrachte.

Die erste Hälfte des 20. Jahrhunderts brachte dann den rasanten Aufstieg zur größten Bergbaustadt Europas mit den Anlagen Zeche und Kokerei Zollverein. Die Zeche Zollverein, in den 1920er Jahren modernste Schachtanlage der Welt, wurde seit ihrer Schließung 1986 unter Denkmalschutz gestellt und ist im Dezember 2001 von der UNESCO-Kommission zum Weltkulturerbe ernannt worden. Sie fungiert als Besucherzentrum der im Zuge der IBA Emscher Park gestalteten „Route der Industriekultur" und gleichzeitig als attraktives Kunst- und Kulturzentrum (u. a. das im Frühjahr 2010 in der ehemaligen Kohlenwäsche eröffnete Ruhr Museum und das Design-Zentrum Nordrhein-Westfalen im alten Kesselhaus). Die Kokerei öffnete mit der erfolgreichen Ausstellung „Sonne, Mond und Sterne" im Jahre 1999 erstmals ihre Pforten für die Öffentlichkeit.

Den Weg von der Bergbaumetropole zu einer Konzern-, Messe- und Einkaufsstadt hat Essen längst hinter sich. Den Wandel zu einer modernen und leistungsfähigen Großstadt beweist die Ruhrstadt schon im wirtschaftlichen Bereich. Allein neun der 100 bzw. 20 der 500 umsatzstärksten Unternehmen Deutschlands haben ihren Hauptsitz in Essen, darunter führende deutsche Energiefirmen wie RWE, RAG und die E.ON Ruhrgas AG, millionenschwere Unternehmen wie Karstadt, Hochtief, Evonik, Schenker, die Deichmann- und die Funke Mediengruppe sowie nicht zuletzt die ThyssenKrupp AG, für dessen neu errichteten Hauptsitz ein 150 Hektar großes Gelände östlich der City völlig neu entwickelt wurde. Der insgesamt 230 Hektar große „Krupp-Gürtel" besteht auch aus einem 23 Hektar großen Park mit einem 9.100 Quadratmeter großen See, der ausschließlich mit Regenwasser des ThyssenKrupp-Quartiers

Domkirche des Ruhrbistums in Essen

Blick auf den Essener Burgplatz mit dem Denkmal von Wilhelm I., links der Dom und dahinter das Rathaus

Die Villa Hügel thront über dem Baldeneysee

Publikumsmagnet in Essen: das Museum Folkwang

gespeist wird. Auch der Regionalverband Ruhrgebiet, der Stifterverband für die Deutsche Wissenschaft, das Ruhrbistum, das Landesumweltamt sowie der Deutsche Wetterdienst sind in der neuntgrößten Stadt der Bundesrepublik heimisch. Technologiezentren wie der TechnologieParkEssen (TPE), der Technologiepark Münchener Straße, das Kompetenzzentrum für Kommunikation und Informationstechnologie ComIn, das Essener Technologie und Entwicklungs-Centrum (ETEC), das medizinische Zentrum und das ZukunftsZentrumZollverein (Triple Z) initiieren und bündeln innovative Zukunftsunternehmen. Als einflussreicher Faktor des Wirtschaftslebens fungiert schließlich auch die Messe Essen mit der renommierten Grugahalle, die sowohl Treffpunkt für internationale Fachbesucher als auch Publikumsmagnet ist.

Ein Signal für die Zukunft ist auch die Titelvergabe „Grüne Hauptstadt Europas – Essen 2017" durch die Europäische Kommission. Der im Juni 2015 erst zum zweiten Mal nach Deutschland (Hamburg, 2011) vergebene Titel zeichnet Essen als Stadt aus, die nachweislich hohe Umweltstandards erreicht hat und sich weiterhin ambitionierte Ziele zur Verbesserung des Umweltschutzes und für die nachhaltige Entwicklung setzt. Gerade im Hinblick auf das schwere Erbe der prägenden Montanzeit ist dieser Erfolg ein weiterer wichtiger Schritt im Strukturwandel der Stadt und der Region.

Der Einkaufssektor hat ebenfalls neue Impulse erlebt: Neben den bereits bestehenden ca. 700 Einzelhandelsgeschäften im Innenstadtbereich sowie in der Rathaus Galerie wurde 2009 mit dem „Limbecker Platz Essen" ein gigantisches Einkaufszentrum der gehobenen Klasse fertiggestellt.

Seit 1972 ist Essen Universitätsstadt. Neben der Universität Duisburg-Essen mit rund 39.000 Studierenden und der renommierten „Folkwang Universität der Künste" ist auch die Fachhochschule für Oekonomie und Management (FOM) im Bildungssektor als Deutschlands größte private Hochschule führend.

Wie bereits durch die Wahl Essens und des Ruhrgebiets zur Kulturhauptstadt Europas 2010 – und des dafür ausgegebenen Mottos „Wandel durch Kultur – Kultur durch Wandel“ – ehrenvoll bestätigt, zeigt Essen auch in kultureller Hinsicht eine außergewöhnliche Qualität. Zahlreiche Museen (u. a. das bis 2010 völlig neu gebaute Museum Folkwang, Ruhr Museum, Villa Hügel, Domschatzkammer) und Theater (Aalto-Theater, Grillo-Theater, PACT Zollverein) sowie die 2004 eröffnete Philharmonie, die Veranstaltungsstätte Colosseum, die Lichtburg als größter deutscher Filmpalast und die Folkwang-Hochschule sind Aushängeschilder der Stadt.

Geschichtlich sehenswert sind das Essener Münster, die Kruppsche Villa Hügel, das Kloster Werden, Schloss Hugenpoet, Schloss Borbeck sowie die Alte Synagoge. Freizeit und Erholung bietet vor allem der Essener Süden mit Grugapark, Baldeneysee, Heissiwald und Stadtgarten.

Informationen

Stadt Essen,
Essen Marketing GmbH
Rathenaustraße 2
45127 Essen
Tel. 0201/19433
Tel. 0201/88-7200
info@essen-marketing.de
www.essen-marketing.de
www.essen.de
Einwohnerzahl: 583.381
Fläche: 210,32 qkm
(Stand: Juni 2018)

Blick auf den Stadtteil Bausenhagen von Fröndenberg

Fröndenberg/Ruhr

Eingebettet in die herrliche Landschaft zwischen der Flussterrasse der Ruhr und den Höhen des westlichen Haarstrangs liegt Fröndenberg/Ruhr – die südöstlichste Stadt des Kreises Unna – direkt vor den Toren des Hönnetals.

Fröndenberg/Ruhr – seit 1952 auch mit Stadtrechten versehen – setzt sich aus dem Stadtkern und weiteren dreizehn Stadtteilen, von denen jeder für sich eigene Sehenswürdigkeiten und Besonderheiten bietet, zusammen. Die insgesamt rund 23.000 Einwohner schätzen nicht nur die attraktive Wohnlage mit der guten Infrastruktur und den schnellen Verkehrswegen in den Ballungsraum Ruhrgebiet, sondern vor allem die dörflichen Gemeinschaften und das rege Vereinsleben.

Die Ruhrstadt lockt auch im Freizeitbereich: Anziehungspunkte sind die beiden idyllisch gelegenen Golfanlagen mit über 45 Spielbahnen, zahlreiche Reitsport- und Wanderangebote und die heute als Familientour geführte Runde des ehemaligen Radstars Erik Zabel.

Darüber hinaus queren der RuhrtalRadweg, der Ruhr-Lenne-Achter und der Westfalenwanderweg das Stadtgebiet Fröndenberg und laden die Besucher ein, die Schönheiten der Stadt auf dem Rad oder auf Schusters Rappen zu erkunden.

Die besondere Lage im Ruhrtal – bis Fröndenberg war der Fluss schiffbar – war einer der Auslöser für die Entstehung einer über das gesamte jetzige Stadtgebiet verstreuten Metallindustrie. Bis in die 90er Jahre des vergangenen Jahrhunderts war der Markenname „Union Fröndenberg“ ein Qualitätsbegriff, schließlich fuhr fast jedes Fahrrad im Land mit Radlagern oder Lampen aus der Ruhrstadt. Ein besonders erfolgreicher Zweig der Metallindustrie war die Kettenproduktion. Von der Handarbeit am Schmiedefeuer bis zur weitgehend automatisierten Produktion reicht die Entwicklungsgeschichte dieses Industriesektors.

Zeugnis der erfolgreichen industriellen Zeit sind der „Fröndenberger Trichter“ – ein Relikt der Papierindustrie – und das „Kettenschmiedemuseum“, das an jedem 1. Sonntag von April bis November zu Vorführungen am Schmiedefeuer einlädt.

Prof. Markus Lüpertz bewahrte 1997 durch seine mannshohe Signatur auf dem Trichter diesen vor dem sicheren Tod durch Abriss und erklärte ihn dadurch zum Kunstwerk.

Aber auch der Kulturbereich bietet zahlreiche Möglichkeiten für Mußestunden in Fröndenberg/Ruhr: Kabarettveranstaltungen, Konzerte, Theateraufführungen und Ausstellungen finden sich im umfangreichen Kulturkalender. Und mit dem Umbau des Brunnens vor der Sparkasse zu einer lichtakustischen Inszenierung durch den Berliner Lichtkünstler Tilman Küntzel setzt die Stadt seit Sommer des Jahres 2005 einen weiteren beachteten Baustein in der Kulturregion „Hellweg – ein Lichtweg“.

Die gotische Stiftskirche mit ihrem Marienaltar aus der Werkstatt des Conrad von Soest und das Damenstift bilden die mittelalterliche Keimzelle der Stadt, deren dokumentierte Geschichte mit der urkundlichen Erwähnung als „Frundeberg“ bis in das Jahr 1197 zurückreicht.

Informationen

Stadt Fröndenberg/Ruhr
Bahnhofstr. 2
58730 Fröndenberg/Ruhr
Tel. 02373/976-0
Tourist-Information Fröndenberg/Ruhr
Ruhrstraße 9
58730 Fröndenberg/Ruhr
Tel. 02373/976-444
tourismus@froendenberg.de
www.froendenberg.de
Einwohnerzahl: 21.601
Fläche: 56,21 qkm
(Stand: April 2016)

Die VELTINS-Arena, Spielstätte des Fußball-Bundesligisten FC Schalke 04

Die 18 Meter hohe Skulptur „Herkules" von Markus Lüpertz krönt den Förderturm des Schachtes 2 der Zeche Nordstern

Gelsenkirchen

Gelsenkirchen liegt im Herzen des Ruhrgebiets und gehört zum Regierungsbezirk Münster. Zur Deutung des Namens „Gelsenkirchen" gibt es verschiedene Herleitungen. Während die eine sich auf die Erwähnung „Geilistirinkirkin" („Kirche [am Bach] der üppigen Stiere" bzw. „Kirche am Platz, wo sich geile Stiere tummelten") um 1150 bezieht, verweist die andere auf „Gelstenkerken" („Kirche bei den Siedlern im Bruchland") im Jahre 1265.

Im Jahre 1875 wurden der Stadt Gelsenkirchen die Stadtrechte verliehen.

Mit der Industrialisierung wuchs Gelsenkirchen zu einer Industriegroßstadt heran, die zeitweise die bedeutendste Kohlestadt Europas war, nahezu 400.000 Einwohner aufwies und den Beinamen „Stadt der tausend Feuer" erhielt. Mit dem Niedergang der Montanindustrie musste sich auch Gelsenkirchen mit dem Strukturwandel auseinandersetzen. In einem schwierigen Prozess, der noch nicht abgeschlossen ist, hat sich die Stadt gewandelt. Heute ist die Gelsenkirchener Wirtschaft breiter aufgestellt. Das Wirtschaftsleben in Gelsenkirchen ist heute weniger geprägt durch einzelne Großunternehmen, sondern ist kleinteiliger, innovativer und damit zukunftsfähiger geworden. Der Dienstleistungssektor bildet dabei einen Schwerpunkt der wirtschaftlichen Tätigkeit in Gelsenkirchen.

Das kulturelle Angebot ist reichhaltig: Vom Musiktheater im Revier (MiR) über den Kulturraum „die flora" und das kultur.gebiet CONSOL bis zum Kunstmuseum Gelsenkirchen – zahlreiche Institutionen und Vereine bieten ein breites Spektrum an Kunst und Kultur.

Freizeit, Erholung und Abwechslung verschaffen die zahlreichen Grünflächen wie zum Beispiel die Berger Anlagen, der Gesundheitspark Nienhausen, der Nordsternpark oder der Stadtgarten. Einen Besuch wert sind das barocke Schloss Berge, Lüttinghof_Die

Burg im Wasser, Schloss Horst und die ZOOM Erlebniswelt. Ebenso spannend: die multifunktionale VELTINS-Arena, Spielstätte des FC Schalke 04 und moderner Veranstaltungsort.

Informationen
Stadt- und Touristinfo im Hans-Sachs-Haus
Ebertstraße 11
45879 Gelsenkirchen
Tel. 0209/169-3968 oder -3969
touristinfo@gelsenkirchen.de
www.gelsenkirchen.de
Einwohnerzahl: 260.325
Fläche: 104,94 qkm
(Stand: Juni 2018)

Gevelsberg

Die 32.000-Einwohner-Stadt an der Ennepe liegt an der Grenze zum Sauerland und Bergischen Land im Ennepe-Ruhr-Kreis. Durch diese Lage zeichnet sie sich durch sehr gute Verkehrsanbindungen zu den benachbarten Zentren Düsseldorf, Dortmund, Wuppertal und Hagen aus. Die Gründung der prosperierenden Mittelstadt geht auf ein Sühnekloster zurück, das an die Ermordung des Kölner Erzbischofs und Reichsverwesers Engelbert I. im Jahre 1225 erinnern sollte. Um das Zisterzienserinnenkloster bildete sich das alte Dorf.

1886 erhielt Gevelsberg die Stadtrechte. In wirtschaftlicher Hinsicht war Gevelsberg über lange Zeit eine typisch industriell geprägte Stadt, in der die Eisenverarbeitung vorherrschte. Heute prägen Unternehmen im Bereich Metall- und Kunststoffverformung, Maschinen- und Apparatebau, Beschläge, Elektrogeräte und Werkzeuge und aus dem Dienstleistungssektor die Wirtschaftsstruktur. Eine neu gestaltete attraktive Innenstadt, die zum Einkaufen und Flanieren einlädt, viel Kunst im öffentlichen Raum und vielfältigste Naherholungsmöglichkeiten, wie das FFH-Gebiet „Gevelsberger Stadtwald“ mit 530 Hektar und das „Stefansbachtal“, bestimmen das heutige Erscheinungsbild. Erlebnisvergnügen verschaffen der größte Indoor-Spielplatz Nordrhein-Westfalens „Erlebnispark Gevelsberg“, das Sport- und Freizeitbad „Schwimm in“, die Kartbahn „Cool Runners“ und der Golfplatz des GC Gut Berge Gevelsberg/Wetter e.V.

Kunst und Kultur präsentieren die Konzertreihe der Konzertgesellschaft, das städtische Veranstaltungsangebot mit Theater, Kabarett, Comedy und Musik in der Aula des Schulzentrums West, das Bürgerhaus Alte Johanneskirche, Bücherei, Projektkino filmriss, Musikschule, Galerien und Vereine.

Informationen
Stadt Gevelsberg
Rathausplatz 1
58285 Gevelsberg
Tel. 02332/771-0
rathaus@stadtgevelsberg.de
www.gevelsberg.de
Einwohnerzahl: 31.833
Fläche: 26,27 qkm
(Stand: November 2016)

Gladbeck

Seit 1976 gehört Gladbeck, an der Schwelle zwischen nördlichem Ruhrgebiet und Münsterland gelegen, zum Kreis Recklinghausen. Erfolgreich hatte sich die Gemeinde 1975 gegen einen Zusammenschluss mit den benachbarten Orten Bottrop und Kirchhellen zur Wehr gesetzt und ist seither als selbständige Stadt Teil des Landkreises.

Erste Besiedelungen im heutigen Stadtgebiet fanden bereits in vorchristlicher Zeit (um 1000 v. Chr.) statt. Als Kirchspiel existierte Gladbeck wohl um 800 n.Chr., schriftliche Zeugnisse lassen sich aber erst um 1019 nachweisen.

Seit Ende des 19. Jahrhunderts wurde die Gladbecker Wirtschaftsstruktur durch den Kohlebergbau geprägt, Flöze, Fördertürme und Kohlehalden bestimmten das Erscheinungsbild bis in die 1970er Jahre. Doch auch hier fördert wie andernorts heute keine Zeche mehr. Stattdessen haben sich nach erfolgreichen Umstrukturierungsmaßnahmen zahlreiche Klein-, Mittel- und Großbetriebe angesiedelt, die neue Arbeitsplätze schufen und Gladbeck zu einer jungen, attraktiven Stadt werden ließen.

Der INNOVA-Park Wiesenbusch in Gladbeck

Mit dazu beigetragen haben neu geschaffene Gewerbegebiete wie beispielsweise der Gewerbepark Gladbeck-Brauck auf einem ehemaligen Zechengelände. Ein idealer Standort für kleine und mittlere Betriebe, die zukunftsgerichtete Technologien und produktionsorientierte Dienstleistungen anbieten, ist der INNOVA-Park Wiesenbusch, in seiner Mitte das Innovationszentrum Wiesenbusch mit dem Schwerpunkt „regenerative Energien".

Viel Grün bedeckt das Umfeld, das Angebot an Kultur-, Sport- und Freizeitaktivitäten ist vielseitig. Eine gern besuchte Theater-, Kabarett- und Konzertstätte ist die Mathias-Jakobs-Stadthalle im Kulturzentrum, während jährlich vier Ausstellungen namhafter wie talentierter junger Künstler in der Neuen Galerie stattfinden. Sehenswert ist das Wasserschloss Wittringen, ein traditionsreicher Rittersitz, dessen Ursprünge im 17. Jahrhundert zu finden sind.

Als imposantes Industriedenkmal offenbart sich die Maschinenhalle Zweckel, in der seit 1997 Veranstaltungen verschiedener Art stattfinden, u. a. spektakuläre Aufführungen der Ruhrtriennale. An die Bergbauvergangenheit erinnern auch Zechensiedlungen, die ehemalige Königlich-preußische Berginspektion, heute Musikschule der Stadt, und mehrere begrünte Halden, die zum Teil im „Halden-Hügel-Hopping" des Vests eingebunden sind.

Informationen

Stadt Gladbeck, Gladbeck Information
Willy-Brandt- Platz 2
45964 Gladbeck
Tel. 02043/99-2244
info@stadt-gladbeck.de
www.gladbeck.de
Einwohnerzahl: 77.837
Fläche: 35,9 qkm
(Stand: 31.12.2016)

Hagen

Die Stadt Hagen liegt an der Schnittstelle zwischen Ruhrgebiet und Sauerland, dort, wo Ennepe, Lenne und Volme in die Ruhr fließen. Das Stadtbild ist geprägt von vielen Grünflächen, neben den vier genannten Flüssen kennzeichnen sanfte Täler und Berghänge das Erscheinungsbild. Als Oberhof des Erzbischofs von Köln taucht Hagen erstmals um 1000 n. Chr. in den Chroniken auf.

Danach versank der Ort jahrhundertelang in Bedeutungslosigkeit. Erst die Ansiedlung Solinger Klingenschmiede im Jahre 1661 änderte die Situation. In der Folgezeit ließen sich zahlreiche Betriebe aus dem Bergischen Land nieder,

Der Friedrich-Ebert-Platz mit Volme Galerie und Rathausturm, Hagen

auch Tuchfabriken und Webereien zogen nach.

Zwei Jahrhunderte später sollte die eisenverarbeitende Industrie in Gestalt des Hasper Hüttenwerkes prägend für die Stadt werden. Neben der Stahlverarbeitung, die noch heute wesentlicher Wirtschaftsfaktor ist, sind inzwischen Dienstleistungsbetriebe, Papierfabriken sowie Unternehmen der Lebensmittelbranche in Hagen heimisch geworden. Auch ein Technologie- und Gründerzentrum ist hier beheimatet.

Kultur-Stadt ist Hagen seit langem: Karl Ernst Osthaus, Bürger und Mäzen der Stadt, holte aus ganz Europa Künstler und Architekten in die Stadt. Die zwischen 1900 und 1920 geschaffenen Bauten sind unter dem Stichwort „Hagener Impuls" zusammengefasst, ein Museum bietet Einblicke in die zur Zeit Osthaus' prägende zeitgenössische Kunst.

Mehrere Kulturzentren (Pelmke, Werkhof, Stadthalle, Hasper Hammer) sowie zahlreiche Theater, Galerien und Museen – vor allem das 2009 eröffnete Kunstquartier mit dem umgebauten und erweiterten Osthaus Museum und dem Neubau des Emil Schumacher Museums – bereichern die kulturelle Vielfalt der Stadt. Aushängeschilder sind das Westfälische Freilichtmuseum sowie die Fernuniversität, die einzige staatliche und deutschsprachige Fernuniversität weltweit und mit über 75.000 Studierenden (Stand: 2018) auch die größte Universität in Deutschland.

Als lohnende Ausflugsziele bieten sich Sternwarte, Wildpark, Harkort- und Hengsteysee, Schloss Hohenlimburg sowie das Wasserschloss Werdringen mit dem Museum für

Ur- und Frühgeschichte an. Letzteres gilt als ältestes Baudenkmal der Stadt.

■ **Informationen**

HAGENagentur
Elberfelder Str. 95
58095 Hagen
Tel. 02331/80999-0
info@hagenagentur.de
www.hagenagentur.de
www.hagen.de
Einwohnerzahl: 194 096
Fläche: 160,4 qkm
(Stand: September 2016)

Haltern am See

Inmitten des Naturparks Hohe Mark, am Nordrand des Ruhrgebiets, liegt die Stadt Haltern am See. Die grüne Stadt wurde urkundlich erstmals 948 erwähnt, auch wenn bereits unter Kaiser Augustus (9 n. Chr.) die Römer in Haltern ihr Lager aufschlugen. Neueste archäologische Funde weisen sogar eine Besiedelung vor über 50.000 Jahren nach. 1289 erhielt der Ort die Stadtrechte.

Wegen seiner geografisch günstigen Lage am Übergang der Lippe sowie als Hansestadt (14.–17. Jahrhundert) findet Haltern am See in den Geschichtsbüchern der Folgezeit häufig Erwähnung. Das Alte Rathaus (1577) und der Siebenteufelsturm (1502) erinnern an diese bedeutsame Epoche. Die sprunghafte industrielle Entwicklung im 19. und 20. Jahrhundert blieb hingegen den Nachbarstädten vorbehalten.

Erst der Bau eines Wasserwerks im Jahre 1908, eines der größten in Europa, verhalf der Stadt zu wirtschaftlicher Bedeutung. In den 1920er Jahren wurde der Halterner Stausee angelegt, heute Eldorado für Freizeit- und Wassersport, 1985 der Hullerner Stausee, der der stillen Erholung vorbehalten ist. Das heutige Stadtgebiet entstand im Rahmen der kommunalen Gebietsreform im Jahre 1975.

Aufgrund der Nähe zu zwei Seen, zu den Flüssen Lippe und Stever sowie zu den ausgedehnten Wald- und Heidegebieten wird Haltern am See auch gern als „grüne Lunge“ des Ruhrgebiets bezeichnet. Viele Freizeiteinrichtungen für Wanderer, Radfahrer und Wassersportler stehen zur Verfügung.

Auch kulturell hat Haltern am See einiges zu bieten: Ausstellungen, Theater, Konzerte und Kleinkunst zeigen ein abwechslungsreiches Programm. Das LWL-Römermuseum mit dem Römerpark Aliso ist weit über die Stadtgrenzen hinaus bekannt.

■ **Informationen**

Stadtagentur/Tourist-Information
Altes Rathaus
Markt 1
45721 Haltern am See
Tel. 02364/933-365/-366
stadtagentur@haltern.de
www.haltern-am-see.de
Einwohnerzahl: 38.638
Fläche: 158,34 qkm
(Stand: Dezember 2016)

Das Alte Rathaus in Haltern am See

Hamm

An den Ufern von Ahse, Lippe und Datteln-Hamm-Kanal gelegen und mit viel Grün im gesamten Stadtgebiet liegt am nordöstlichen Rand des Ruhrgebiets die Großstadt Hamm. Geschichtliche Daten belegen, dass Hamm 1226 erstmals als „tom Hamme" urkundlich erwähnt wurde und kurze Zeit später vom Grafen Adolf I. von der Mark die Stadtrechte erhielt. Wirtschaftliche Blütezeit erlebte die Stadt im 14. und 15. Jahrhundert durch den Beitritt zur Hanse. Von den Verwüstungen während des Dreißigjährigen Krieges (1618–1648) erholte sich Hamm nur schwer: Die Stadt wurde fast vollständig zerstört.

Neue Impulse lieferte die preußische Verwaltung im 16. Jahrhundert. Die Schiffbarmachung der Lippe (1820), der Anschluss an die Köln-Mindener-Eisenbahn (1847) sowie der Bergbau (Gründung der ersten Zeche 1902) führten zum wirtschaftlichen Wiederaufschwung.

Durch die kommunale Neugliederung im Jahre 1975 wurde Hamm zu einer der flächengrößten Städte im gesamten Bundesgebiet. Seit 2010 ist der Bergbau in Hamm Geschichte, heute spielen in der Stadt chemische Industrie, Maschinenbau, Stahlverarbeitung – darunter Drahtindustrie –, Elektrotechnik und Logistik eine Rolle. Das spiegelt sich auch im Ausbildungssektor wider: Seit einigen Jahren ist Hamm Hochschulstandort mit der SRH Hochschule für Logistik und Wirtschaft, seit 2010 untergebracht im neuen Heinrich-von-Kleist-Forum. Zudem ist Hamm Standort der Hochschule Hamm-Lippstadt, auf deren Campus überdies die Hamm Business School und das Fraunhofer Anwendungszentrum SYMILA zu finden sind.

Der gläserne Elefant im Maximilianpark – eine zu einer begehbaren Plastik verwandelte ehemalige Kohlenwäsche der Zeche Maximilian

Bekannt ist Hamm auch als Sitz des Oberlandesgerichtes, das 1820 von Kleve nach Hamm verlegt wurde und heute das größte in Deutschland ist.

1984 führte Hamm die erste Landesgartenschau Nordrhein-Westfalens auf dem Gelände der ehemaligen Zeche Maximilian (heute Maximilianpark) durch. Neben diesem zum Familienpark ausgebauten Gelände, auf dem der berühmte Glaselefant, das Wahrzeichen der Stadt, steht, wartet Hamm außerdem auf mit dem neu geschaffenen Lippepark, der Erlebnistherme Maximare oder dem Tierpark. Schöne Spaziergänge ermöglicht ein neues Wegenetz in der Lippeaue.

Kulturelle Highlights sind das Gustav-Lübcke-Museum, die Musik-Events Klassik Sommer, Internationales Jazzfest und Hammer Kunst-Dünger, die Musikschule, die Waldbühne Hamm-Heessen mit ihren Kammerkonzerten sowie der Musikpavillon des Kurhauses Bad Hamm, der im Sommer Klassik, Jazz und mehr bietet. Stadtgeschichtlich sehenswert sind die historischen Bürgerhäuser (16./17.Jahrhundert), der neobarocke Bahnhof, Wasserschloss Heessen, Haus Uentrop, Schloss Oberwerries sowie die Paulus- und Reginenkirche.

■ **Informationen**

„insel" – Verkehr & Touristik
Verkehrsverein Hamm e. V.
Willy-Brandt-Platz
59065 Hamm
Tel. 02381/234-00
info@verkehrsverein-hamm.de
www.verkehrsverein-hamm.de
www.hamm.de
Einwohnerzahl: 179.921
Fläche: 226,2 qkm
(Stand: Dezember 2015)

Hamminkeln

Die Stadt Hamminkeln liegt am rechten Niederrhein zu zwei Dritteln im Naturpark Hohe Mark. Sie ist die jüngste Stadt des Kreises Wesel und besteht aus sieben Ortsteilen, von denen sechs ehemals selbständig waren.

Erste urkundliche Erwähnung fand Hamminkeln 1145 als „Hamwinkle". Im heutigen Ringenberg errichtete Freigraf Sueder I. um 1200 eine Burg von großer strategischer Bedeutung. Die in der Folgezeit an der Burg entstandene ringförmige Siedlung zählt zu den besterhaltenen ihrer Art in Nordrhein-Westfalen. Die Burg wurde während des Dreißigjährigen Krieges zerstört. An ihrer Stelle steht heute das Schloss Ringenberg, das der Derik-Baegert-Gesellschaft als Künstler- und Atelierzentrum von internationalem Rang dient.

Ein Zentrum moderner sakraler Kunst ist die Klosterkirche Marienthal mit ihren bedeutenden Werken der Stilrichtung „Rheinischer Expressionismus". Weit über die Stadtgrenzen hinaus bekannt sind die „Marienthaler Abende", eine Kulturveranstaltungsreihe, die im Sommer als Open-Air-Veranstaltung auf dem Klostervorplatz – oder wetterbedingt im Festzelt – und im Winter in der Klosterkirche stattfindet.

Das Humberghaus in Dingden dient mit der akribisch recherchierten Familiengeschichte der Familie Humberg als Geschichtsort für die jüdische Vergangenheit in diesem Ortsteil.

Sehenswert in Hamminkeln sind auch die architektonisch bestechende katholische Kirche in Ringenberg, gebaut von Prof. Dominikus Böhm, Gut Venninghausen, Gut Rodehorst, die Fresken in den evangelischen Kirchen Hamminkeln und Wertherbruch, das Heimathaus Dingden, die Turmwindmühlen, die historische Industriemühle mit Ferienwohnung in Wertherbruch, die Brennerei Bovenkerck und das Naturschutzgebiet „Dingdener Heide", eines der größten Feuchtwiesenreservate Nordrhein-Westfalens.

Auf mehr als 230 Kilometern Radwander- und über 220 Kilometern Wanderwege kann man die Stadt erkunden und sich aktiv erholen. 34 Kilometer ausgeschilderte Wanderreitrouten führen durch das Stadtgebiet, in dem ansonsten das Reiten überall erlaubt ist, wo es per Gesetz zulässig ist.

Als international anerkannte Bildungsstätte ist die Akademie Klausenhof, größte Weiterbildungseinrichtung ihrer Art in Deutschland, im Stadtteil Dingden beheimatet.

In wirtschaftlicher Hinsicht ist Hamminkeln geprägt von Landwirtschaft, Textilindustrie, Anlagen- und Maschinenbau, Bergbauindustrie, Beton- und Verbundsteinherstellung sowie Handel, Handwerk und Dienstleistung. Ebenfalls vorhanden sind Brauerei, Brennerei und Obstkelterei. Der einzige Winzer des Niederrheins bietet im Ortsteil Wertherbruch nicht nur Weinseminare und -verkostungen an, sondern zeigt in einem kleinen Wein-Freilichtmuseum auch Exponate rund um die Weinherstellung.

Informationen

Stadt Hamminkeln
Brüner Str. 9
46499 Hamminkeln
Tel. 02852/88-0
info@hamminkeln.de
www.hamminkeln.de
Einwohnerzahl: 27.836
Fläche: 164,44 qkm
(Stand: Dezember 2016)

Hattingen

Die Stadt Hattingen liegt am südlichen Rand des Ruhrgebiets zwischen Witten und Essen. Bekannt ist die Stadt durch den mittelalterlichen Altstadtkern, der etwa 150 liebevoll restaurierte Fachwerkhäuser aufweist.

Das Dorf Hattingen (ehemals „Hatneghen") wurde im Jahre 990 erstmals urkundlich genannt und erhielt Ende des 14. Jahrhunderts (1396) die Stadtrechte. Seit dem 17. Jahrhundert entwickelte sich Hattingen zur Textilstadt. Der Niedergang der Textilindustrie wurde durch die Gründung der Henrichshütte (1854) aufgefangen, die dem Ort zu wirtschaftlicher Blüte verhalf.

Die Krise der Montanindustrie traf die Stadt schwer, tausende Arbeitsplätze gingen verloren. Heute hat sich Hattingen von den wirtschaftlichen Spannungen des ausgehenden 20. Jahrhunderts weitgehend erholt, viele kleine und mittlere Gewerbebetriebe haben sich angesiedelt. Die ehemals bekannte Thyssen-Henrichshütte ist heute Standort des LWL-Industriemuseums. Den Schwerpunkt dieses bedeutenden Industriemuseums bildet das Hüttenwesen, andere Bereiche beschäftigen sich mit den Themen Umwelt und Natur, ein neu eingerichtetes Labor widmet sich ökologischen Fragen der Zukunft.

Weitere Museen in Hattingen sind das Stadtmuseum, das Feuerwehr-Museum und das Bandwebereimuseum Elfringhausen neben weiteren vier Einrichtungen.

Im Freizeitsektor hat Hattingen aufgrund seiner geografischen Lage viele attraktive Angebote: Zwischen Ruhrtal und Bergischem Land gelegen, bietet sich dem Erholungsuchenden insbesondere die Elfringhauser Schweiz für ausgedehnte Wanderungen an. Weitere lohnende Ausflugsziele sind der Kemnader See sowie die drei Burgen Blankenstein, Isenburg und Haus Kemnade. In Hattingen können Sie eine Fahrt mit der Museumseisenbahn kombinieren mit einer Bootsfahrt über den Kemnader See und einer Radtour durch das Ruhrtal.

Touristisches Aushängeschild ist und bleibt jedoch die Altstadt, in der neben den historischen Bürgerhäusern vor allem die St.-Georgs-Kirche, das Bügeleisenhaus, das alte Zollhaus und das Alte Rathaus sehenswert sind. Letzteres ist heute kultureller Veranstaltungsort der Stadt.

Informationen

Stadt Hattingen
Hattingen Marketing / Tourist-Info
Haldenplatz 3
45525 Hattingen
Tel. 02324/951395

In der Hattinger Birschel-Mühle wurde früher Getreide gemahlen

info@hattingen-marketing.de
www.hattingen-marketing.de
www.hattingen.de
Einwohnerzahl: 56.469
Fläche: 71,39 qkm
(Stand: 30.06.2016)

Herdecke

Herdecke liegt an der Grenze von Ruhrgebiet und Sauerland und gehört zum Ennepe-Ruhr-Kreis. Im Jahre 818 gründete sich auf dem heutigen Stadtgebiet ein Kanonissenstift. Erste Siedlungen in näherer Umgebung des Klosters sind um 1100 erstmals schriftlich fixiert. Mitte des 14. Jahrhunderts erhielt Herdecke die Marktrechte. 400 Jahre später (1739) wird die Gemeinde zur Stadt erhoben.

Prägend für die Wirtschaft der Stadt waren neben der Sandsteingewinnung lange Zeit die Textilindustrie und der Kornhandel, dessen Preise für ganz Westfalen verbindlich waren. Im 20. Jahrhundert kamen kleinere metallverarbeitende und chemische Betriebe sowie ein Wärmekraftwerk hinzu. Heute befinden sich vorwiegend klein- und mittelständische Unternehmen in der Stadt. Der Dienstleistungssektor ist mit einem Arbeitnehmeranteil von über 60 Prozent am stärksten vertreten. In den Gewerbegebieten Loerfeld und Gahlenfeld sind überwiegend technologieorientierte Firmen sowie Forschungs- und Produktionsstätten der Medizintechnik angesiedelt.

Im Jahre 1983 wurde als erste Privatuniversität der

Bundesrepublik die anthroposophisch ausgerichtete Universität Witten/Herdecke gegründet, der das Gemeinschaftskrankenhaus Herdecke als Ausbildungsstätte für Mediziner dient.

Mit Harkort- und Hengsteysee sowie dem angrenzenden Ruhrtal und Sauerland besitzt die Stadt ein großes Freizeit- und Erholungsangebot. Zwei Drittel des Stadtgebietes bestehen aus Wald-, Wiesen- und Wasserflächen. Sehenswert sind die vielen restaurierten Fachwerkhäuser der Altstadt sowie die Ev. Pfarrkirche aus der Zeit Karls d. Gr. (9. Jahrhundert), eine der ältesten Kirchen Deutschlands.

Informationen

Stadt Herdecke
Stadtmarketing & Tourismus
Kirchplatz 3
58313 Herdecke
Tel. 02330/611-298
touristinfo@herdecke.de
www.herdecke.de
Einwohnerzahl: 22.648
Fläche: 22,34 qkm
(Stand: Juni 2014)

Herne

Die Stadt Herne liegt im Zentrum des Ruhrgebiets, eingerahmt von den Städten Bochum, Gelsenkirchen, Herten, Recklinghausen und Castrop-Rauxel. Seit der Gebietsreform von 1975 gehört zu Herne die 1926 gegründete Stadt Wanne-Eickel. Herne selbst wird unter dem Namen „Villa Haranni" (Anhöhensiedlung) im 9. Jahrhundert erstmals in den Heberegistern der Benediktinerabtei Werden erwähnt. Um 100 Jahre älter sind die schriftlichen Zeugnisse über Eickel, dessen Herkunft sich von einer Burg namens „Eclo" (Eichenwald) ableiten lässt. Wanne hingegen wird erst in Schriften aus dem 13. Jahrhundert, damals noch unter dem Namen Bickern, erwähnt.

Bis zur Industrialisierung besteht der Raum Herne aus Bauernschaften. Im Jahre 1847 erfolgt die Anbindung an die Köln-Mindener-Eisenbahnstrecke. Die Abteufarbeiten für den ersten Schacht der Zeche Shamrock läuten 1857 die Entwicklung Hernes zur Bergbaustadt ein. Der Bergbau bestimmt bis in die 1950er Jahre die Wirtschaftsstruktur der Stadt. Heute vollzieht Herne den Wandel von der monostrukturierten Bergbauindustrie hin zu einem vielseitig ausgerichteten, leistungsfähigen Wirtschaftsstandort im Zentrum der Metropole Ruhr. Von der zentralen Lage und den hervorragenden Anbindungen profitieren nicht zuletzt die umsatzstarken Betriebe aus den Bereichen Logistik, Gesundheitswirtschaft, dem verarbeitenden Gewerbe sowie Maschinen- und Anlagenbau. Das Innovationszentrum, einige Gewerbeparks, die Akademie Mont-Cenis und der Hochschul- und Unternehmensverbund RuhrValley haben neue Perspektiven geschaffen.

Herne überrascht durch Lebensqualität mit viel Grün und Wasser. Als erste Stadt im Revier richtete Herne einen Revierpark ein: Der 1970 eröffnete Gysenbergpark bietet viele Freizeit- und Erholungsmöglichkeiten im Grünen. Auf den Gebieten Kunst und Kultur hat sich in den letzten Jahren einiges getan. Hervorzuheben sind das 2003 eröffnete LWL Museum für Archäologie, der Mondpalast von Wanne-Eickel, das Kulturzentrum, die Flottmann-Hallen, der Kunstwald Teutoburgia sowie die Kuboshow und die Tage Alter Musik.

Stadthistorisch sehenswert ist Schloss Strünkede im Norden der Stadt, ehemaliger Sitz der Ritter von Strünkede, die über Jahrhunderte die Geschicke des Ortes prägten. Wer Spaß und Abwechslung sucht, sollte die alljährlich im August stattfindende Cranger Kirmes nicht versäumen, die größte ihrer Art in NRW.

Informationen

Stadtmarketing Herne GmbH
Kirchhofstr. 5
44623 Herne
Tel. 02323/919050
info@stadtmarketing-herne.de
www.stadtmarketing-herne.de
www.herne.de
Einwohnerzahl: 161.217
Fläche: 51,41 qkm
(Stand: November 2016)

Herten

Die Stadt Herten liegt am nördlichen Rand des Ruhrgebiets und gehört zum Kreis Recklinghausen. Unter „Herthene" wird sie erstmals um 1050 in den Registern der Abtei Werden schriftlich genannt. 1872 begann man mit dem Abteufen des ersten Kohleschachtes, die Entwicklung schritt rasch voran. Die Krise des Bergbaus traf deshalb gerade Herten besonders heftig. Mit der Schließung der letzten Zeche im April 2000 ging die über ein Jahrhundert währende Bergbaugeschichte Hertens zu Ende.

Die ehemals größte Bergbaustadt Europas beginnt nun, sich von der übermächtigen Dominanz des Bergbaus zu lösen und ökonomisch neu zu orientieren. Auf den ehemaligen Zechenstandorten Ewald und Schlägel & Eisen sind Gewerbegebiete entstanden. Zudem werden die Flächen für kulturelle Angebote wie die ExtraSchicht genutzt. Der RevuePalast Ruhr auf Ewald ist weit über das Ruhrgebiet hinaus bekannt. Die ehemaligen Zechengelände sind somit zu einem Treffpunkt in wirtschaftlicher und kultureller Hinsicht geworden.

Weit über die Stadtgrenzen hinaus sichtbar, erhebt sich das Wahrzeichen Hertens: die monumentalen Bögen auf der Halde Hoheward – das Horizontobservatorium. Von hier aus sind Naherholungsgebiete, das Münsterland, aber auch bekannte Metropolen schnell erreicht. Herten ist angebunden an die Autobahnen A43, A2 und A42 und ermöglicht so auch für viele Logistiker einen sehr guten Ausgangspunkt.

Herten bietet ein vielfältiges und abwechslungsreiches Kultur- und Weiterbildungsprogramm. Einen guten Überblick

Das Wasserschloss Herten liegt direkt am Rande der Hertener Innenstadt

bietet der Online-Veranstaltungskalender der Stadt unter www.herten.de. Städtischer Ansprechpartner für alle Fragen rund um Kultur, Bildung, Freizeit und Sport ist der Fachbereich Kultur. Unter seinem Dach finden Sie unter anderem das Kulturbüro, das Großveranstaltungen wie den Kunstmarkt zu Pfingsten organisiert. Auch sorgt das Team für die Koordination und Organisation aller städtischen Kulturveranstaltungen. Die Hertener Kultureinrichtungen wie das Glashaus, das Wasserschloss Herten und die Freizeit- und Begegnungsstätte Westerholt bieten nicht nur Programm, sondern eignen sich auch für Tagungen und Feiern.

Das Wasserschloss Herten, das im Herzen des Schlossparks liegt, eignet sich zudem auch für Feiern und besondere kulturelle Veranstaltungen – besonders beliebt sind die Hertener Schlosskonzerte. Rund um das Schloss hat sich der Pfingst-Kunstmarkt mit tausenden Besucherinnen und Besuchern als jährlicher Veranstaltungshöhepunkt fest etabliert. Einen Schatz besonderer Art birgt der Stadtteil Westerholt: Mit seinen 80 gut erhaltenen Fachwerkhäusern gilt das „Alte Dorf" als „Westfälisches Rothenburg". Einen Bummel durch die historischen Straßen kann man bei einem Kaffee in einer der urigen Gaststätten oder im Biergarten des feudalen Schlosses Westerholt perfekt ausklingen lassen.

Informationen

Stadt Herten, Stadtverwaltung
Kurt-Schumacher-Str. 2
45699 Herten
Tel. 02366/303-0
stadtverwaltung@herten.de
www.herten.de
www.herten.eu
Einwohnerzahl: 62.371
Fläche: 37,33 qkm
(Stand: Oktober 2016)

Holzwickede

Holzwickede, zwischen den Städten Dortmund und Unna gelegen, ist eine Gemeinde mit mehr als 18.000 Einwohnern. Im Zuge der Gebietsreform von 1968 wurden die bis dahin selbständigen Kommunen Hengsen, Holzwickede und Opherdicke zur heutigen Gemeinde Holzwickede zusammengeschlossen, so dass sich das Gemeindegebiet nunmehr auf einer Fläche von rund 22 Quadratkilometern erstreckt.

Erste Nachweise einer Besiedelung des Raumes sind um 1100 belegt. Bereits Ende des 16. Jahrhunderts fand man in dem Gebiet erstmals Kohle, mit der Errichtung der Zeche Caroline (1854) setzte dann der eigentliche Industrialisierungsschub ein. Auch eisen- und metallverarbeitende Betriebe ließen sich in der Emschergemeinde nieder, der Bau einer Bahnstation (1855) verhalf der Wirtschaft Holzwickedes zu weiterem Aufschwung.

Nach der Bergbaukrise, die schon im Jahre 1951 zur Schließung der Zeche „Caroline" führte, konnten in den vergangenen Jahrzehnten Klein- und Mittelbetriebe – auch international aktive Unternehmen – vor allem aus Lebensmittel-, Kaufhaus- und Bekleidungsbranche, des Anlagenbaus und Hersteller anderer Industrie- und Konsumgüter für den Standort gewonnen werden. Dazu beigetragen haben insbesondere gute verkehrsmäßige Anbindungen sowie die Erschließung neuer Gewerbeflächen. Holzwickede verfügt heute über fünf Gewerbegebiete, vor allem der Norden der Gemeinde ist ein gefragter Standort für Handel und Gewerbe, der Süden ist dörflich geblieben.

Ein kultureller Mittelpunkt Holzwickedes ist Haus Opherdicke, ein alter Rittersitz aus dem 12. Jahrhundert, der durch Initiative des Kreises Unna zum Kultur- und Begegnungszentrum ausgebaut wurde. Zum bunten kulturellen Leben der Gemeinde gehören Theater und Konzert, der Künstlermarkt, der Holzwickeder Frühling und zur Winterszeit ein über die Gemeindegrenzen hinweg beliebter Weihnachtsmarkt.

Sehenswert sind darüber hinaus die Kirche Opherdicke, eine romanische Kleinbasilika aus dem 13. Jahrhundert, und der „Hilgenbaum", um den sich die Sage rankt, dass hier in früherer Zeit Zettel („Hilgen") angeheftet worden seien, um Reisenden den Weg zu weisen. Freizeit und Erholung bieten das Waldgebiet „Schöne Flöte", die Emscherquelle und der Hixterwald.

Informationen

Gemeinde Holzwickede,
Gemeindeverwaltung
Allee 5
59439 Holzwickede
Tel. 02301/915-0
info@holzwickede.de
www.holzwickede.de
Einwohnerzahl: 17.505
Fläche: 22,36 qkm
(Stand: 31.12.2015)

Hünxe

Der Name der Gemeinde Hünxe, malerisch am unteren Lippetal im Städtedreieck Wesel-Schermbeck-Dinslaken gelegen, lässt sich bis in das Jahr 1092 zurückverfolgen, als das Rittergeschlecht „von Hungese" hier ansässig war und das Gemeindeleben bis ins 14. Jahrhundert prägte. Bodenfunde aus der Region zeigen sogar, dass der Raum Hünxe bereits in der jüngeren Steinzeit (ca. 2000 v. Chr.) besiedelt war. Unter der Herrschaft der Herzöge von Kleve blieb Hünxe jahrhundertelang eine eher unbedeutende Bauernschaft. Mit der kommunalen Neuordnung 1975 gliederten sich mehrere Gemeinden an, so dass der Ort heute über eine Fläche von rund 107 qkm verfügt. Einen angenehmen Eindruck hinterlassen die Ortsteile Drevenack und Krudenburg, die sich zumindest teilweise ihren dörflichen Charakter bewahren konnten. Memoriensteine aus dem 9./10. Jahrhundert in der Ev. Kirche in Drevenack sowie Haus Schwarzenstein in Krudenburg, ein alter klevischer Herrensitz, von dem heute nur noch der Turm von 1664 steht, sind sehenswerte Bestandteile der Geschichte der Gemeinde.

Schloss Gartrop in Hünxe

Die ökonomische Struktur ist durch Karosseriebau, Mineralölversorgung, Tongewinnung sowie durch Handel, Handwerk, Logistik und Landwirtschaft geprägt. Knapp 50 Prozent aller Beschäftigten arbeiten im Dienstleistungsbereich. Durch die Anbindung an den Naturpark Hohe Mark ist Hünxe ein geeigneter Ort für Ruhe- und Erholungsuchende. Unter den vielen Wald-, Wiesen- und Heideflächen wären insbesondere Lippeaue, Gartroper Busch, Testerberge und Hünxer Bachtal zu nennen. Außerdem durchziehen die Lippe und der Wesel-Datteln-Kanal das Gemeindegebiet. Für den Geschichts- und Kulturinteressierten bieten sich das Otto-Pankok-Museum, Schloss Gartrop mit seit Kurzem als Museum restaurierter Wassermühle sowie die Ev. Kirche in Hünxe an. Einen Besuch wert ist auch das Heimatmuseum Hünxe.

Informationen

Gemeinde Hünxe

Dorstener Str. 24
46569 Hünxe
Tel. 02858/69-0
info@huenxe.de
www.huenxe.de
Heimat- und Verkehrsverein Hünxe e.V.
www.heimatverein-huenxe.de
Einwohnerzahl: 14.286
Fläche 106,8 qkm
(Stand: Dezember 2015)

Kamen

Die Stadt Kamen liegt zentral im Kreis Unna, der geographischen Mitte des Landes Nordrhein-Westfalen und gehört zur Ballungsrandzone des östlichen Ruhrgebietes. Durch das Stadtgebiet führen die Bundesautobahnstraßen der A1 und A2, deren Schnittpunkt das vielen Autofahrern bekannte „Kamener Kreuz" bildet. Der Kamener Bahnhof liegt an einer der wichtigsten deutschen Eisenbahnlinien, der ehemaligen „Köln-Mindener Eisenbahn".

Eine Ansiedlung mit dem Namen Kamen wird um 1050 im Besitztumsverzeichnis der Abtei Werden genannt, jedoch muss die Pfarrei Kamen schon älter gewesen sein. Der heutige mächtige grüne Sandsteinturm der Pauluskirche stammt noch aus der Mitte des 12. Jahrhunderts. Der schiefe Turmhelm, das Wahrzeichen Kamens, entstand 200 Jahre später. Er ist bewusst gegen die Hauptwindrichtung, also nach Südwesten geneigt, gebaut worden.

Der Ort wurde nach 1243 mit einer Mauer und einem Grabensystem befestigt. Nachdem die Bürgersiedlung eine gewisse Größe erreicht hatte, erhielt Kamen, wahrscheinlich in der Mitte des 13. Jahrhunderts, vom Landesherrn städtische Freiheiten wie z. B. eine eigene Verfassung und das Marktrecht. Das älteste erhaltene Stadtsiegel stammt aus dem Jahr 1284. Die Stadtrechte wurden den Kamenern erst 1346 vom Landesherrn bestätigt. Am Ende des Mittelalters war Kamen Mitglied der Hanse, es gab mindestens acht Zünfte in der Stadt, die Einwohnerzahl lag bei etwa 1.500, die Fläche innerhalb der Ummauerung betrug rund 29 Hektar.

Auf die wirtschaftliche Blüte Kamens folgte seit dem Endes des 15. Jahrhunderts eine Zeit des Niederganges. Sie sollte etwa 400 Jahre andauern. Zu der wirtschaftlichen Stärkung Kamens kam es allmählich, als im Jahr 1847 die Strecke der „Köln-Mindener Eisenbahn" das Stadtgebiet berührte. Nun konnten sich langsam auch hier industrielle Betriebe ansiedeln. Nach dem Einzug des Bergbaus veränderte sich Kamen erheblich. Auf der 1873 entstandenen Zeche „Monopol" begann 1879 mit dem Schacht „Grillo 1" die Kohleförderung in 400 Metern Tiefe.

Im Jahr 1983 wurde die Schachtanlage „Grillo" der Zeche „Monopol" in Kamen nach genau 110 Jahren stillgelegt. Die Gelände der ehemaligen Zechen werden nun für moderne Projekte zur Verfügung gestellt; so entstand auf dem Monopolgelände der „Wohn-, Freizeit- und Technologiepark". Auf dem Gelände der ehemaligen Schachtanlage „Königsborn 2/5" entsteht das Gewerbegebiet „Am Mühlbach".

Informationen

Stadt Kamen, Stadtverwaltung
Rathausplatz 1
59174 Kamen
Tel. 02307/148-0

rathaus@stadt-kamen.de
www.stadt-kamen.de
Einwohnerzahl: 45.646
Fläche: 40,93 qkm
(Stand: 31.12.2016)

Kamp-Lintfort

Die Geschichte der Stadt Kamp-Lintfort, seit 1975 dem Kreis Wesel zugehörig, ist eng verknüpft mit der Zisterzienserabtei Kamp, der ersten Niederlassung des Ordens im deutschsprachigen Raum (1123). Mönche aus dem lothringischen Kloster Morimond errichteten die Abtei in einer einsamen Gegend, die allgemein „campus", Feld, genannt wurde. Kamp entwickelte sich zu einer der bedeutendsten Kunst- und Kulturstätten am Niederrhein, blieb trotz aller Kriegszerstörungen in den nachfolgenden Jahrhunderten vermögend. Nach der Säkularisation 1802 wurde Kamp Postkutschenstation, große Teile der Anlage verfielen. Erst 150 Jahre später wurde das Kloster wieder von Mönchen bezogen: Karmeliter lebten hier zwischen 1954 und 2003.

Die zweite Traditionslinie der Stadt Kamp-Lintfort ist der Bergbau, der im Ortsteil Lintfort zu Beginn des 20. Jahrhunderts einsetzte und von einer rasanten Einwicklung des Kamp-Lintforter Gebietes begleitet wurde. Der erste Spatenstich erfolgte 1907 in der „Kleinen Halde", 1912 nahm die Steinkohlenbergwerk Friedrich Heinrich AG die Förderung für den Absatz auf. Östlich des Zechengeländes wurde bis 1930 eine Bergarbeitersiedlung nach den Gestaltungsprinzipien einer Gartenstadt aufgebaut. 1934 wurden die bisherigen Ämter Kamp, Hoerstgen und Vierquartieren

Die St.-Margarethen-Kirche in Kamen-Methler

zu der Gemeinde „Kamp-Lintfort" zusammengelegt, die 1950 die Stadtrechte erhielt.

Nach dem Rückgang des Kohlebergbaus hat sich Kamp-Lintfort durch einen erfolgreich eingeleiteten Strukturwandel zu einem Technologie-, Logistik- und Hochschulstandort entwickelt. Der neue Campus Kamp-Lintfort der Hochschule Rhein-Waal wurde 2014 eingeweiht. 2012 endete die Kohleförderung in Kamp-Lintfort, ein Masterplan zur sinnvollen Folgenutzung des im Zentrum der Stadt gelegenen Zechenareals und der arrondierenden Flächen wurde erstellt – in Aussicht steht ein Gebiet zum Wohnen, Leben und Arbeiten. Die Landesgartenschau 2020 in Kamp-Lintfort dient als Motor, um Stadtentwicklungsprojekte schnell und nachhaltig umzusetzen.

Mitten im grünen Landschaftsgebiet des Niederrheins gelegen bietet Kamp-Lintfort eine Reihe von Freizeit- und Erholungsmöglichkeiten (Waldgebiet Leucht, Rossenrayer See, Freizeitpark Pappelsee, Segel- und Motor-Flugplatz in Saalhoff). Höchstes Kulturgut und Wahrzeichen der Stadt ist jedoch die ehemalige Abtei Kamp, heute „Geistliches und Kulturelles Zentrum", mit diversen Veranstaltungen („Kamper Konzerte", „Kamper Nacht", Freilicht-Theater), aber auch das Museum Kloster Kamp und das Museum „Haus des Bergmanns" sind besuchenswert.

Wer auf den Spuren der Vergangenheit wandeln will, sollte die Ev. Pfarrkirche in Hoerstgen, die Reste der alten Wasserstraße „Fossa Eugeniana" (17. Jahrhundert) sowie – nach Absprache – Haus Frohnenbruch und die Kapelle der alten Burg Eyll besichtigen.

Informationen

Stadt Kamp-Lintfort
Am Rathaus 2, 47475 Kamp-Lintfort
Tel. 02842/912-0
info@kamp-lintfort.de
www.kamp-lintfort.de
Einwohnerzahl: 37.683
Fläche: 63,12 qkm
(Stand: 31.12.2015)

Lünen

An der Nahtstelle zwischen Ruhrgebiet und Münsterland liegt am südlichsten Bogen der Lippe die Stadt Lünen, mit 88.000 Einwohnern größte Stadt im Kreis Unna. Zum ersten Mal wird der Ort unter dem Namen „Liunon" im 9. Jahrhundert erwähnt. Im Jahre 1262 erhielt die bereits als Stadt bezeichnete Gemeinde einen Jahrmarkt, 1341 die Stadtrechte. Die Hansestadt lebte lange Zeit vor allem vom Handel, bis 1826 mit der Gründung der Eisenhütte Westfalia die Industrialisierung begann. Ende des 19. Jahrhunderts kam der Kohlebergbau hinzu, Lünen wurde Bergbaustadt.

Seit der Schließung der letzten Zeche 1992 hat sich die Kohlewirtschaft vollständig zurückgezogen. Es dominieren nunmehr neue Industriebereiche, neben Maschinen- und Stahlbau zählen dazu Kupferrecycling, Kreislaufwirtschaft, Elektronik und Glasproduktion. Auffälligste Kennzeichen des Strukturwandels sind das Technologiezentrum „LÜNTEC" und der Seepark Lünen auf dem Gelände der ehemaligen Landesgartenschau 1996. Neben dem beliebten Seepark laden der Cappenberger See, der Wasserwanderrastplatz Preußenhafen oder der Flusspark direkt an der Lippe zu ausgiebigen Verweilmöglichkeiten ein. Insgesamt sind mehr als 60 Prozent des Stadtgebietes von Wald-, Wiesen- und Wasserflächen bedeckt.

Besonders für sein Kultur- und Veranstaltungsangebot ist Lünen weit über die Grenzen der Stadt hinaus bekannt. Bei nahezu 100 Veranstaltungstagen bietet das einzige Volltheater im Kreis Unna, das Heinz-Hilpert-Theater, ein buntes und abwechslungsreiches Bühnenprogramm. Jedes Jahr aufs Neue präsentiert die Lippestadt eine Vielzahl von traditionellen, aber auch neuen Veranstaltungen – viele davon mit überregionaler Bedeutung. Lünen bietet zudem großes Kino. Tausende Filmfans pilgern jährlich im November zum Kinofest nach Lünen.

Mittlerweile ein Wahrzeichen Lünens: das „Colani-Ufo" im Technologiezentrum „LÜNTEC"

Vier Tage lang dreht sich alles um neue deutsche Filme. Wer sich für die Stadtgeschichte interessiert, sollte die Ev. Stadtkirche St. Georg und die St. Marien-Kirche besichtigen sowie das Museum der Stadt Lünen und die Alte Kaffeerösterei besuchen, die seit 2014 in die Route der Industriekultur integriert sind. Ein gut ausgebautes Radwegenetz (Fahrradverleihstationen) führt den Besucher zu allen Sehenswürdigkeiten: Nicht umsonst gilt Lünen deshalb als fahrradfreundlichste Stadt der Region.

Informationen

Stadt Lünen
Rathaus
Willy-Brandt-Platz 1, 44532 Lünen
Tel. 02306/104-0
info@luenen.de
www.luenen.de
Einwohnerzahl: 88.145
Fläche: 59,17 qkm
(Stand: Dezember 2016)

Marl

Die Stadt Marl befindet sich am Nordrand des Ruhrgebietes zwischen den Städten Haltern und Dorsten. Bereits im Jahre 890 wird der Ort an der Lippe in den Heberegistern der Benediktiner-Abtei Werden als „Meronhlare" erstmals beurkundet. Viele Jahrhunderte lang war Marl ein eher unbedeutendes Dorf, das durch Ackerlandschaft und Bauerntum geprägt war.

Der eigentliche Aufschwung erfolgte erst zu Beginn des 20. Jahrhunderts mit dem einsetzenden Kohlebergbau, der schnell zum strukturbestimmenden Wirtschaftsfaktor wurde und aus dem unscheinbaren Heidedorf eine florierende Industriestadt machte. Wenig später spielte neben dem Bergbau die Chemische Industrie (Gründung der Chemischen Werke Hüls 1938, heute Evonik) eine entscheidende Rolle. Etwa zur gleichen Zeit wurde Marl zur Stadt erhoben.

Noch ist der Chemiepark Marl der größte Arbeitgeber der Stadt, es konnten aber auch zahlreiche kleinere und mittelständische Unternehmen für den Standort Marl gewonnen werden, darunter Betriebe des Stahl-, Maschinen-, Apparate- und Fahrzeugbaus sowie traditionelle Betriebe aus Handwerk und Handel. Neue Akzente setzen außerdem der Interkommunale Industriepark Dorsten / Marl, das Technologiezentrum Marl und mehrere Gewerbegebiete.

Dennoch ist nur gut ein Drittel des Stadtgebietes städtebaulich erschlossen, der größte Teil besteht aus Grünflächen, weshalb Marl auch als „Industriestadt im Grünen" bezeichnet wird. Neben innerstädtischen Parkanlagen (City-See, Volkspark Alt-Marl, Hülser Gänsebrink) sind das Waldgebiet Haard, das Naturschutzgebiet Die Burg, die Lippe und der Wesel-Datteln-Kanal zur Erholung verfügbar.

Im Zentrum des kulturellen Lebens stehen mit dem Skulpturenmuseum „Glaskasten" und dem Adolf-Grimme-Institut zwei Institutionen, die über die Stadtgrenzen hinaus bekannt sind. Die Erlöserkirche, erbaut 1957, wurde nach ihrer Entwidmung 2015 zum Kulturzentrum umgewandelt.

Stadtgeschichtlich sehenswert ist die Pfarrkirche St. Georg (13. Jahrhundert), das Stadt- und Heimatmuseum mit historischer Wassermühle und das Hotel Loemühle mit der Kornkammer, an der sich ebenfalls eine historische Wassermühle befindet. Sehenswerte moderne Architektur repräsentieren die Scharounschule, erbaut 1964 bis 1970, ein organhafter Bau des Architekten Hans Scharoun, das Rathaus mit seinen zwei Türmen, 1968 im „Merkur" als „das kühnste und verwegenste Rathaus der Deutschen gefeiert", und die Ende der 1960er Jahre errichteten Hügelhäuser, die „Pyramiden des Ruhrgebiets".

Informationen

Stadt Marl
Stadtinformationsbüro i-Punkt
Marler Stern 10d
45768 Marl
Tel. 02365/9943-10
i-punkt@marl.de
www.marl.de
Einwohnerzahl: 86.874 (Stand: 30.11.2016)
Fläche: 87,62 qkm (Stand: Juni 2015)

Moers

Das Jahr 2000 war für Moers ein Grund zum Feiern: Die Stadt beging ihr 700-jähriges Bestehen. Man schrieb das Jahr 1300, als das Dorf Moers (im 9. Jahrhundert erstmals unter dem Namen „Murse" urkundlich erwähnt) von König Albrecht I. die Stadtrechte erhielt. Bereits im 1. Jahrhundert v. Chr. hatten die Römer im heutigen Gebiet von Moers-Asberg ein Kastell angelegt. Später errichteten die Grafen von Moers eine Burg, deren ältester heute erhaltener Teil aus dem 12. Jahrhundert stammt. Noch vor 1580 entstand die westliche Neustadt, durch eine Brücke mit der Altstadt verbunden. Nach dem Tode der letzten Gräfin von Moers (1600) gelangte die Stadt durch Erbschaft an die Oranier, Moers wurde zu einer wohlhabenden und sicheren Stadt. Mit dem Jahre 1702 wird Moers für über 200 Jahre preußisch.

Die Industrialisierung setzte um 1900 mit dem Steinkohlebergbau ein, der die Stadt bis in die 1990er Jahre prägte. Die Einwohnerzahl stieg sprunghaft an, große Zechen- und Arbeitersiedlungen entstanden.

Heute ist Moers größte Stadt des Kreises Wesel, seit der kommunalen Neuordnung von 1975 gehören auch die Gemeinden Kapellen und Rheinkamp zum Stadtgebiet. Nach dem Rückzug des Bergbaus (1990 und 1993 wurden die Moerser Schachtanlagen Rheinpreußen und Pattberg geschlossen) wurde der notwendige Strukturwandel mit der Erschließung des Technologieparks Eurotec und dem Ausbau des Grafschafter Gewerbeparks Genend offensiv betrieben.

Gleichzeitig besann sich Moers auf seine eigentlichen Stärken als Zentrum von Handel, Gewerbe, Verwaltung und Kultur. Für die Zukunft stellt die Stadt mit dem „MoersKonzept/Masterplan Innenstadt" strukturelle Weichen in den Bereichen bebaute Umwelt, Stadtstruktur und Stadtraum. Wichtige Bausteine des Konzepts sind die Entwicklung einer familienfreundlichen und generationengerechten Innenstadt mit Flächen zur Erholung und Entspannung, die Stärkung des Einzelhandels, die Profilierung von attraktiven Tourismusangeboten, der Erhalt und Ausbau im Bereich Freizeit und Erholung, das Erlebbarmachen der historischen Wall- und Grabenanlage sowie die Aufwertung des Standortes durch besondere Wohnformen.

Kulturell hat die Stadt am Niederrhein einiges zu bieten: Ob das international renommierte moers festival, das überregional beliebte Internationale Comedy Arts Festival, städtische Konzerte (Martinstift) oder Theateraufführungen des Schlosstheaters (Moerser Schloss), das Kulturprogramm ist abwechslungsreich und üppig.

In der lebendigen Altstadt warten viele kleine Gassen mit guten Einkaufsmöglichkeiten und einer bunten Gastronomie auf ihre Besucher. Stadtgeschichtliche Highlights sind das Moerser Schloss mit Grafschafter Museum und Schlosstheater, die Ev. Stadtkirche, die Kath. Kirche St. Joseph, das Preußen-Denkmal, das klassizistische Peschkenhaus (heute Galerie) sowie einzelne

Bekannt für renommiertes Straßentheater: Moers

Kirchen und Herrensitze der Stadtteile Rheinkamp und Kapellen.

Ihre Freizeit verbringen die Bürger im Erholungsgebiet Schwafheim mit dem Bergsee, am Bettenkamper Meer, im Jungbornpark sowie im innerstädtischen Schloss- und Freizeitpark Moers.

Informationen

Stadt Moers
Rathausplatz 1
47441 Moers
Tel. 02841/201-0
info@moers.de
www.moers.de
Einwohnerzahl: 104.715
Fläche: 67,70 qkm
(Stand: März 2016)

Mülheim an der Ruhr

Die Stadt Mülheim an der Ruhr liegt zu Füßen des grünen Ruhrtals zwischen Rheinischem Schiefergebirge und Niederrheinischer Tiefebene. Geschichte und Entwicklung der Stadt sind eng mit der Ruhr verbunden, die sich auf 14 Kilometer Länge durch das Stadtgebiet erstreckt. Die frühe Nutzung des Fließgewässers als Verkehrsader belegen bereits Urkunden aus den Jahren 1033 und 1145. Die Mühlen, die an den Ufern des Flusses standen, haben der Stadt ihren Namen gegeben. Mülheim selbst wird in Schriften aus dem Jahre 1093 erstmals erwähnt. Mehr als 200 Jahre älter ist Schloß Broich, eine Befestigungsanlage von 883/884, die älteste karolingische Burganlage im deutschen Sprachraum. Aus einer frühen Hofkapelle erwuchs um 1200 eine Kirche (heute Ev. Petrikirche), kurze Zeit später gründete sich das Kloster Saarn. Bis zur Stadterhebung im Jahre 1808 führte das Kirchdorf Mülheim unter der Herrschaft des Schlosses Broich bzw. später des Herzogtums Berg ein eher bescheidenes Dasein.

Stadt am Wasser: Mülheim an der Ruhr

Bestimmend für die Wirtschaft waren die Frachtschifffahrt sowie die Leder- und Textilindustrie, die sich den Wasserweg zunutze machten. Der Aufschwung erfolgte zu Beginn des 19. Jahrhunderts mit der Gründung der Firma Stinnes (1808) und der Friedrich-Wilhelm-Hütte (1811). Später kamen der Bergwerksverein August Thyssen (1898) und der Kohlekontor (1904) hinzu. Bis in die Mitte der 1960er Jahre blieben Bergbau, Eisen- und Metallverarbeitung von entscheidender Bedeutung, seit der Stilllegung aller Hochöfen vollzieht sich jedoch auch in Mülheim der strukturelle Wandel. Inzwischen haben Großbetriebe des Maschinenbaus (Thyssen, Siemens, Mannesmann) sowie einige große Handelsketten (Tengelmann, Stinnes, Aldi) ihren festen Standort in der Stadt am Fluss. Mülheims Rhein-Ruhr-Hafen ist einer der leistungsfähigsten des Ruhrgebiets. Die Stadt gilt als eine bedeutende Handels- sowie Industrie- und Dienstleistungsstadt mit großer Branchenvielfalt und internationaler Ausstrahlung. Seit 1912 ist Mülheim Sitz der Max-Planck-Institute für Kohlenforschung und Chemische Energiekonversion. Zudem ist Mülheim seit der Eröffnung der Hochschule Ruhr West auch ein Hochschulstandort.

Im Bereich der Stadtentwicklung wartet die Kommune mit dem ehrgeizigen Projekt Ruhrbania auf, das die Stadt unter dem Motto „Wohnen, leben, arbeiten am Wasser" seit 2014 wieder mit dem Fluss verbindet. Kernstück ist die neue Ruhrpromenade, die mit der Ansiedlung von Gastronomie und Dienstleistungsbetrieben, aber auch durch neue Wohngebäude auf einer Länge von 500 Metern eine Öffnung der Innenstadt zur Ruhr darstellt.

Auf dem Freizeitsektor wartet die Stadt auf mit großflächigen Wald-, Wiesen- und Parklandschaften (MüGa-Park, Ruhrufer), mehr als die Hälfte des Stadtgebietes ist begrünt. Gern besuchtes Ausflugsziel ist der Wasserbahnhof mit Anlegestelle der Personenschifffahrt Weiße Flotte.

Das kulturelle Leben wird geprägt durch die Theatertage „Stücke", das eigene Theaterensemble „Theater an der Ruhr", das Kunstmuseum in der Alten Post, das Museum zur Vorgeschichte des Films mit der weltweit größten begehbaren Camera Obscura, das Aquarius Wassermuseum, Haus Ruhrnatur, das 2008 eröffnete Gründer- und Unternehmermuseum, das Leder- und Gerbermuseum sowie das Klostermuseum Saarn und das Kulturzentrum Ringlokschuppen. Stadtgeschichtlich sehenswert sind die historische Altstadt, die Schlösser Broich und Styrum, der Bismarckturm und das Dorf und Kloster Saarn.

Für sportliche Abwechslung sorgt die Galopprennbahn am Raffelberg.

■ Informationen

Stadt Mülheim an der Ruhr
Mülheimer Stadtmarketing und Tourismus GmbH (MST)
Touristinfo im MedienHaus
Synagogenplatz 3
45468 Mülheim an der Ruhr
Tel. 0208/96096-42
touristik@mst-mh.de
www.muelheim-tourismus.de
Einwohnerzahl: 172.593
Fläche: 91,29 qkm
(Stand: Dezember 2016)

Neukirchen-Vluyn

Neukirchen-Vluyn liegt am linken Niederrhein und gehört zum Kreis Wesel. Auf einer Fläche von 43,5 qkm bietet die Stadt rund 28.000 Einwohnern eine attraktive Heimat mit vielfältigen Freizeiteinrichtungen. Durch ihre Lage und die gute Anbindung an die Autobahnen A40 und A57 bildet sie die Verbindung zwischen Niederrhein und der pulsierenden Region Rhein/Ruhr sowie zu den benachbarten Niederlanden.

Aber Neukirchen-Vluyn war nicht immer eins. Das heutige Stadtgebiet setzt sich aus den Stadtteilen Neukirchen und Vluyn nebst den Ortschaften Niep, Rayen, Dong, Hochkamer und Luit zusammen. Erstmals urkundliche Erwähnung findet das heutige Stadtgebiet in Urkunden aus dem Jahr 900 des Klosters Werden bei Essen. Es wird als „In Fliunnia" (eine Landschaft westlich von Moers) beschrieben und ist Teil eines Gebietes, das durch die zahlreichen Rheinarme und ihre jahrhundertelangen Überschwemmungen geprägt wurde. 1297 wird erstmals urkundlich neben der Landschaftsbezeichnung ein Siedlungsgebiet mit „In der Flunen" ausgewiesen. Daraus entwickelte sich über die Jahrhunderte der heutige Name „Vluyn". Die erste urkundliche Erwähnung von Neukirchen stammt bereits aus dem Jahr 1230. Der Eintrag erfolgte anlässlich des Baus einer neuen Kirche in den Flunen, die dem Hl. Quirinus geweiht war. Die Neue Kirche gilt als der Ursprung des Namens Neukirchen.

Wirtschaftlich spielte in Vluyn zu Beginn des 19. Jahrhunderts die Textilindustrie eine bedeutende Rolle, die sich aus der traditionellen Leinenweberei entwickelt hatte. Der um 1912 beginnende Bergbau prägte im 20. Jahrhundert das Leben der Stadt. Das Neukirchen-Vluyner Bergwerk Niederberg – die Steinkohleförderung wurde 2001 eingestellt – gehörte einst zu den größten Anthrazitförderanlagen der Welt.

Ein besonderer Anziehungspunkt ist die 102 Meter hohe Halde Norddeutschland mit den beiden Landmarken Hallenhaus und Himmelstreppe. Das als Kunstwerk konzipierte Hallenhaus, in den Abendstunden beleuchtet, begrüßt den Besucher schon aus der Ferne. Zahlreiche Wanderwege und Nordic-Walking-Routen führen zum Haldentop.

Niederrheintypische Mühlen aus dem 18./19. Jahrhundert, Bergbaukolonien und das Wasserschloss Bloemersheim sind Zeugen der bewegten Geschichte. Historische Stadtrundgänge und das ortsgeschichtliche Museum zeigen die Einflüsse der Landwirtschaft und des Bergbaus auf die Entwicklung Neukirchen-Vluyns. Das Museum befindet sich in der Kulturhalle, in der Kleinkunst und Musik regelmäßig eine Bühne finden. Die klassischen Schlosshofkonzerte haben ebenfalls ihren festen Platz im Terminkalender der Stadt.

Für sportliche Aktivitäten und Erholung bietet Neukirchen-Vluyn zahlreiche Reit- und Wanderwege und einen Golfplatz. Über die NiederRheinroute, Deutschlands längstes Radwegenetz, ist die Stadt mit dem gesamten Niederrhein verbunden. Familienspaß für Groß und Klein bietet das Freizeitbad mit einer großzügigen Saunalandschaft.

Neukirchen-Vluyns Gäste erleben Geschichte und Charme der Stadt während historischer oder Nachtwächter-Führungen, per Segway wird die Halde Norddeutschland erkundet, Radtouren führen zu alten Hofanlagen.

■ Informationen

Stadt Neukirchen-Vluyn
Stadtmarketing und Öffentlichkeitsarbeit
Hans-Böckler-Straße 26
47506 Neukirchen-Vluyn
Tel. 02845/391-166
stadtmarketing@neukirchen-vluyn.de
www.neukirchen-vluyn.de
Einwohnerzahl: 28.432
Fläche: 43,48 qkm
(Stand: Juni 2015)

Oberhausen

Die Stadt Oberhausen gehört zum Kernbereich des Ruhrgebiets. Bis in das Jahr 1758 war die Region unter der Herrschaft der Abtei Werden, des Klosters Sterkrade und später der Grafen von Mark durch Bauernschaften und dörfliches Leben gekennzeichnet. Mit dem Bau der ersten modernen Eisenschmelze am Elpenbach in Osterfeld Mitte des 18. Jahrhunderts setzte die Industrialisierung ein. 1860 begann die erste Zeche mit der Förderung von Kohle. Nach Bildung einer Landgemeinde erhielt Oberhausen im Jahre 1874 die Stadtrechte. Durch Eingemeindungen der Städte Osterfeld, Sterkrade und Alt-Oberhausen (1929) entstand das heutige Stadtgebiet. Kohle und Stahl waren wie andernorts lange Zeit die bestimmenden Wirtschaftsfaktoren der Stadt. Die ab 1846 erbaute Siedlung Eisenheim ist als älteste Arbeiterkolonie des Reviers noch heute ein Zeugnis dieser Zeit.

Nach erfolgreicher Zukunftsorientierung ist das heutige Wirtschaftsgefüge durch eine Vielfalt an Branchen geprägt: Dienstleistung, Tourismus, Forschung und Technikentwicklung. Technologiezentren wie das Fraunhofer-Institut für Umwelt-, Sicherheits- und Energietechnik UMSICHT, das TZU – Technologiezentrum für Umweltschutz Oberhausen – und der Oberhausener Industrie und Technologie Gewerbepark WERK STADT sind hier längst beheimatet.

Als Ausdruck des rasanten Strukturwandels der Region entstand Mitte der 1990er Jahre auf einer ehemaligen Industriebrache das größte Einkaufszentrum Europas (CentrO) mit angrenzender Gastronomiemeile, multifunktionaler Veranstaltungshalle und Musical-Theater. Unweit setzen das Sea Life Aquarium Oberhausen, Deutschlands größtes Süß- und Salzwasseraquarium, und die Heinz-Schleußer-Marina direkt am Rhein-Herne-Kanal weitere Maßstäbe im Freizeitbereich. Mit jährlich 23 Millionen Gästen allein im CentrO ist die „Neue Mitte Oberhausen" ein zentraler ökonomischer Motor nicht nur für Oberhausen geworden.

Auf dem Gebiet Kunst und Kultur ist Oberhausen über die Stadtgrenzen hinaus bekannt durch die Ausstellungserfolge im Gasometer und die Internationalen Kurzfilmtage, eines der bedeutendsten Filmfestspiele der Bundesrepublik. Wichtige Veranstaltungsorte sind das Kongresszentrum Oberhausen / Luise-Albertz-Halle, das Theater Oberhausen und das Ebertbad. Zahlreiche renommierte Museen und Ausstellungsorte (Gasometer, Ludwig Galerie Schloss Oberhausen, LVR-Industriemuseum) befinden sich auf städtischem Gebiet, als Zeugen der

Anziehungspunkte am Rhein-Herne-Kanal: der Kaisergarten am Schloss Oberhausen, die Brücke „Slinky Springs to Fame" und der Gasometer

tausendjährigen Vergangenheit der Stadt laden das Kastell Holten (1307) und Burg Vondern (15./16. Jahrhundert) ein. An der Stadtgrenze zu Bottrop befindet sich der Revierpark Vonderort als zentrale Freizeit- und Erholungsstätte.

Insgesamt stehen in Oberhausen 1.400 Hektar Grünflächen zur Verfügung, nennenswert sind darunter die Naturschutzgebiete Hiesfelder und Sterkrader Wald, die Uferzone des Rhein-Herne-Kanals, das Gelände der Landesgartenschau (OLGA Park) und der Kaisergarten am Schloss Oberhausen. Ein optisches Highlight am Kaisergarten ist „Slinky Springs to Fame", die aus 496 Spiralen bestehende, nachts bunt leuchtende Fußgängerbrücke des Architekten Tobias Rehberger, die über den Rhein-Herne-Kanal zur Emscherinsel führt.

Informationen

Tourist Information
Ruhr.Infolounge am Hbf
Willy-Brandt- Platz 2
46045 Oberhausen
Tel 0208/82457-0
tourist-info@oberhausen.de
www.oberhausen-tourismus.de
www.oberhausen.de
Einwohnerzahl: 211.888
Fläche: 77,11 qkm
(Stand: 31.12.2015)

Oer-Erkenschwick

Oer-Erkenschwick ist eine zukunftsorientierte Mittelstadt im Grünen. Die Stadt liegt geografisch am nördlichen Rand des Ruhrgebiets und bildet das „Tor zum Münsterland". Erstmals urkundlich erwähnt wurde Erkenschwick im Jahr 1150. Etwa aus der gleichen Zeit stammen auch die Aufzeichnungen über den damaligen Reichshof Oer. Deutliche Spuren früherer Siedlungen reichen jedoch sogar in die Zeit von 800 bis 1000 v. Chr. zurück.

Bis ins 19. Jahrhundert war die dörfliche Gemeinde fast ausschließlich durch Land- und Forstwirtschaft geprägt. Mit dem Einzug des Bergbaus änderte sich die Situation. Im Jahre 1899 begann die Abteufung des ersten Bergwerks, Arbeitersiedlungen entstanden und die Einwohnerzahl erhöhte sich drastisch. Aufgrund der rasanten Entwicklung gab es eine rege Bautätigkeit, die Infrastruktur wurde verbessert, Handelsgeschäfte entstanden und das Handwerk erlebte eine erste Blüte. Im Jahr 1926 wurde Oer-Erkenschwick zur eigenständigen Gemeinde erhoben.

Der wirtschaftliche Aufschwung wurde jedoch durch die Stilllegung der Zechen 1931–1938 jäh gebremst. Mehr als 80 Prozent der Bevölkerung verloren ihre Arbeit und Oer-Erkenschwick wurde für einige Jahre zur ärmsten Gemeinde Preußens.

Nach der Währungsreform im Jahre 1948 normalisierte sich allmählich das Leben. In kürzester Zeit wurde eine beachtliche Wiederaufbauleistung vollbracht. Am 2. März 1953 erhielt die Gemeinde die Stadtrechte und damit die volle Selbständigkeit.

Heute bildet die Nahrungsmittelindustrie die industrielle Basis der Stadt. Darüber hinaus ist Oer-Erkenschwick eine beliebte Wohn- und Freizeitstadt sowie ein funktionsfähiges Mittelzentrum im Grünen mit 30.782 Einwohnern. Allein 80 Prozent des insgesamt rd. 38,84 qm² großen Stadtgebietes sind Grünflächen für die Land- und Forstwirtschaft. Erholungsuchende aus dem gesamten Ruhrgebiet und darüber hinaus begeistern sich besonders für die landschaftlich schöne, hügelige und waldreiche Haard im Naturpark Hohe Mark mit der Freizeitstätte Stimbergpark. Seit Eröffnung des „Haard Walking Parks“ im Jahr 2005 ist die Haard nicht nur ein El Dorado für Wanderer, Radfahrer und Reiter, sondern auch für Nordic Walker. Zunehmender Beliebtheit erfreut sich auch das Bergbau- und Geschichtsmuseum, in dem Bergbau erlebt und mittlerweile sogar der Bund fürs Leben geschlossen werden kann.

Das kulturelle Angebot ist vielfältig und hat für jeden Geschmack etwas zu bieten wie z. B. Ausstellungen, Kleinkunst, Musicals und vieles mehr. Sehenswert sind auch die Pfarrkirche Oer mit mittelalterlichem Glockenturm, der Stadtteil Alt-Oer mit Fachwerkhäusern aus dem 19. Jahrhundert sowie eine Seilscheibe, die an die Zeit des Bergbaus erinnert.

Informationen

Stadt Oer-Erkenschwick
Rathausplatz 1
45739 Oer-Erkenschwick
Tel. 02368/691-0
Rathaus@Oer-Erkenschwick.de
www.oer-erkenschwick.de
Einwohnerzahl: 30.766
Fläche: 38,84 qkm
(Stand: November 2015)

Recklinghausen

Die Stadt Recklinghausen, kultureller und wirtschaftlicher Mittelpunkt des bevölkerungsreichsten Kreises der Bundesrepublik, liegt an der Randzone zwischen nördlichem Ruhrgebiet und Münsterland. Im Jahre 1017 ist der Name „Ricoldinchuson“, der aus einem Herrschaftssitz Karls des Großen (um 800) hervorging, erstmals urkundlich bezeugt. Unter der Herrschaft der Kölner Erzbischöfe (1150–1802) erlebte die Gemeinde (wie auch das gesamte Umland „Vest Recklinghausen“) eine wirtschaftliche Blütezeit: Die Siedlung wird zu einer befestigten Stadtanlage ausgebaut, 1236 erhält Recklinghausen die Stadtrechte, das älteste Stadtsiegel stammt aus dem Jahre 1253. Von 1316 bis 1618 ist Recklinghausen Mitglied der Hanse.

Einen weiteren ökonomischen Aufschwung erlebt die Stadt während des Industriezeitalters: 1869 wird die erste Zeche in Betrieb genommen,

Urbanes Leben am Altstadtmarkt in Recklinghausen

1870 folgt die Eisenbahn, 1914 der Rhein-Herne-Kanal. Nach mehreren Eingemeindungen wird Recklinghausen 1949 Großstadt, ein Vierteljahrhundert später Kreishauptstadt. Die aktuelle Wirtschaftsstruktur der Stadt wird bestimmt durch die Bereiche Handel, Verwaltung und Dienstleistung, denen zwei Drittel aller Arbeitsplätze zufallen. An zweiter Stelle liegt das produzierende Gewerbe (Bergbau, Metallindustrie, Textilien, Kunststoffe) mit einem Anteil von über 33 Prozent.

Zum Inbegriff des kulturellen Lebens Recklinghausens wurden die gleichnamigen Ruhrfestspiele, die jedes Jahr mehrere zehntausend Besucher aus ganz Europa in die Stadt locken. Schauspiel, Tanz, Musical, Konzerte, Ausstellungen und Symposien stehen dann auf dem Programm. In kultureller Hinsicht bemerkenswert sind außerdem die Einrichtungen Kunsthalle und Ikonen-Museum, Letzteres beherbergt die bedeutendste Sammlung orthodoxer Sakralkunst in Westeuropa. Im Bereich Musik hat sich die Neue Philharmonie Westfalen über die Stadtgrenzen hinaus einen Namen gemacht.

Viel Atmosphäre verspricht die Altstadt, die „Gute Stube" des Ruhrgebiets, in der traditionelle Fachwerkbauweise mit moderner Architektur der Neuzeit verbunden ist. Erst 2014 eröffnete die Shoppingmall „Palais Vest". Sehenswerte Zeugen der Vergangenheit sind: Propsteikirche St. Peter, Engelsburg sowie das Rathaus am Kaiserwall, eines der vier Rathäuser, die Recklinghausen in sieben Jahrhunderten erbauen ließ.

Auf Grund der Nähe zum Münsterland besitzt die Stadt einige sehr schöne Grünflächen: Südpark, Schimmelsheider Park, Brandheide und Hohewardhalde laden zu erholsamen Spaziergängen ein. Letztere wartet mit einer besonderen Attraktion auf: Hier ist mit dem Horizontobservatorium und dem über zehn Meter hohen Edelstahlobelisken der großen Sonnenuhr eine Landmarke für das gesamte Ruhrgebiet entstanden.

Informationen
Stadt Recklinghausen
Rathausplatz 3/4
45657 Recklinghausen
Tel. 02361/50-0
stadtverwaltung@recklinghausen.de
www.recklinghausen.de
www.recklinghausen.eu
Einwohnerzahl: 120.328
Fläche: 66,43 qkm
(Stand: Juni 2016)

Rheinberg

Erste urkundliche Erwähnung fand die Stadt Rheinberg, zu der seit 1975 auch die Ortsteile Orsoy, Borth und Budberg gehören, im Jahre 1003 unter dem germanischen oder keltischen Namen „Berke" oder Berca". Der Aufbau der Stadtbefestigung erfolgte 1233 mit der Verleihung der Stadtrechte durch den Kölner Erzbischof Heinrich von Molenark, seit 1293 sicherten ein Schloss und ein Zollturm die Zollstätte. Einen ähnlichen Aufschwung erlebte Orsoy, das seit 1139 schriftlich belegt ist und um 1273 die Stadtrechte erhielt.

Für „Rhein-Berck" (Stadtname ab 1590) und Orsoy folgten im 17. und 18. Jahrhundert unsichere Zeiten, wiederholt wurden die Städte belagert und erobert, geplündert und gebrandschatzt. Eine Verbesserung der Situation ging im 19. Jahrhundert einher mit der Aufnahme der Zigarrenproduktion (1851) und der Gründung der Firma Underberg (1846).

Das industrielle Zeitalter beginnt 1906 mit dem Bau des Salzschachtes Borth, aus dem sich das größte Salzbergwerk Europas entwickelte. Seit 1907 produziert die Deutsche Solvay in Rheinberg Soda. Nach dem Zweiten Weltkrieg kamen weitere Industriezweige aus den Bereichen Maschinenbau, Textil, Stahl, Druck und Chemie hinzu. Neben den Solvay Werken ist heute die Semper Idem Underberg AG ein national wie international bekanntes Unternehmen in Rheinberg; andere Unternehmen gehören den Sparten Logistik (Amazon), Kranbau, Print/Kommunikation, Gartenbau und Salzgewinnung an.

Kennzeichnend für die Stadt am Niederrhein ist aber vor allem der hohe Freizeitwert, bedingt durch den Rhein (Wassersport) und ausgedehnte Landschaftsflächen (Budberger Seenplatte, Orsoyer Rheinbogen, Rheinwiesen). Die Nähe zur Natur erlaubt vielseitige Ausflüge zu Fuß, per Rad oder auf dem Pferderücken.

Zu den bedeutenden historischen Sehenswürdigkeiten

Haus Ossenberg, Rheinberg

Rheinbergs zählen das 1449 erbaute Rathaus, die um 1200 errichtete Kath. Pfarrkirche St. Peter, das Underberg-Stammhaus, erbaut von 1869 bis 1874, sowie der Marktplatz mit seinen alten Bürgerhäusern. Aus alten Festungsstadt-Zeiten stammen noch der Zoll- und Pulverturm, alte Wallanlagen sowie Reste der Stadtmauer. In Orsoy, wo typische Niederrhein-Romantik herrscht, sollte man die Ev. Kirche (15. Jahrhundert) besichtigen oder einen Spaziergang auf dem Rheindamm unternehmen. Haus Ossenberg, ein Anwesen mit Rokokoportal und Schlosskapelle (heute in Privatbesitz), liegt nördlich von Rheinberg an der Schlossstraße. Kulturelle Treffpunkte der Stadt sind das Stadthaus und der „Schwarze Adler", eine weit über die Grenzen Rheinbergs bekannte Kulturkneipe. Alljährlich, zumeist direkt nach den Sommerferien, steigt in der Innenstadt das map-Festival mit Musik, Kunst und Kultur. Für Besucher der Stadt gibt es verschiedene erlebnisreiche Stadtführungen und Arrangements.

Informationen

Stadt Rheinberg
– Tourismus – Barbara Gumpert
Kirchplatz 10, 47495 Rheinberg
Tel. 02843/171-114
barbara.gumpert@rheinberg.de
www.rheinberg.de
Einwohnerzahl: 32.472
Fläche: 75,14 qkm
(Stand: März 2016)

Schermbeck

Die Gemeinde Schermbeck, dem Kreis Wesel zugehörig, liegt am Nordrand des Ruhrgebiets; das gesamte Gemeindegebiet ist Teil des Naturparks Hohe Mark – Westmünsterland. Ihre erste namentliche Erwähnung fand die Gemeinde im Jahre 799, als dem Kloster Werden Ländereien des sächsischen Adelshofes „Scirenbeke" als fromme Schenkung übergeben wurden. Zur Sicherung ihrer Grenzen gegen Münster bauten die Grafen von Kleve um 1300 die Wasserburg Schermbeck und lieferten damit den Kern von Neuschermbeck. 1329 wird die Gerichtshoheit geteilt, die Verwaltungsgrenze, die zwischen dem östlichen Altschermbeck und dem westlichen Schermbeck verläuft, sollte bis ins Jahr 1975 bestehen bleiben. Um 1416 wird eine Stadtbefestigung mit Mauern, Gräften, zwei Toren und acht Türmen errichtet, ein Jahr später wird Schermbeck erstmals als „Stadt" genannt. In den darauffolgenden Jahrhunderten übersteht Schermbeck mehrere Brände und wechselnde Herrschaften. Um 1800 gewinnt das Tuchgewerbe an Bedeutung (56 Spinnerei- und Webereibetriebe), später kommen ein Ziegelwerk sowie mehrere Töpferbetriebe hinzu. 1930 wird der Wesel-Datteln-Kanal eingeweiht.

In seiner jetzigen Form besteht Schermbeck seit 1975, als im Zuge der Gebietsreform die Trennung von Altschermbeck und Schermbeck aufgehoben und die Orte Gahlen, Bricht, Damm, Overbeck, Dämmerwald und Weselerwald dem Gemeindegebiet zugeordnet wurden. Wirtschaftlich ist der Raum geprägt durch Tonverarbeitung (überregional bekannte Dachziegelindustrie), Holzverarbeitung, Metallindustrie, Elektrotechnik, Anlagenbau, Mess- und Regeltechnik, Nahrungsmittelproduktion und Informationsverarbeitung. Wie andernorts spielen auch Dienstleistung, Handwerk und Handel eine Rolle. Einige Ortsteile sind land- und forstwirtschaftlich orientiert.

Durch die waldreichen Regionen im Norden und Westen (Naturschutzgebiete) sowie durch Lippe und Wesel-Datteln-Kanal ist Schermbeck vor allem von einer wunderschönen Naturlandschaft geprägt. Rad- und Wandertouren auf ausgeschilderten Routen führen dabei auch an kulturellen und historischen Sehenswürdigkeiten vorbei.

Bei einem Rundgang durch den Ortskern lassen sich die Zeugen der geschichtlichen Vergangenheit Schermbecks erkunden: ehem. Wasserschloss Schermbeck, Kath. Pfarrkirche St. Ludgerus, Ev. Pfarrkirche St. Georg, untere und obere Burgmühle sowie Reste der Stadtmauer. Für Freizeitvergnügen sorgen Kanu- und Paddeltouren sowie Kutsch- und Planwagenfahrten. Wer den Überblick behalten will, entscheidet sich für eine Ballonfahrt.

Kulturell wartet Schermbeck auf mit dem Heimatmuseum und dem 1996 eröffneten soziokulturellen Zentrum, in dem die Gemeindebücherei untergebracht ist. Einen schönen Rahmen für das Programm der Kulturstiftung Schermbeck bietet die ehemalige reformierte Kirche (Einweihung 1786).

Informationen

Gemeinde Schermbeck
Weseler Str. 2
46514 Schermbeck
Tel. 02853/910-0
info@schermbeck.de
www.schermbeck.de
Einwohnerzahl: 14.023
Fläche: 110,71 qkm
(Stand: 31.12.2015)

Schwelm

Die Stadt Schwelm ist Kreisstadt im Ennepe-Ruhr-Kreis mit knapp 30.000 Einwohnern. An der Grenze zwischen Rheinland und Westfalen gelegen, ist Schwelm gern besuchtes Naherholungsziel für die Bevölkerung benachbarter Großstädte des Ruhrgebiets.

Der Ursprung der Stadt ist vermutlich ein Herrenhof, der schon im 7. Jahrhundert existiert haben muss. Erste schriftliche Zeugnisse dieses so genannten „Fronhofs" stammen aus der Zeit um 950. Von einer ersten Kirche des Ortes „Suelmiu" gibt eine Urkunde aus dem Jahre 1085 Kenntnis. Im 14. Jahrhundert wird Schwelm Sitz eines Hochgerichts, ein Jahrhundert später (1496) erhält der Ort durch Herzog Johann II. von Cleve-Mark die Stadtrechte.

Schwelms Wirtschaft ist vielschichtig strukturiert, zahlreiche Firmen und Behörden haben ihren Sitz in der Kreisstadt, einige Unternehmen sind Weltmarktführer in ihren Bereichen. Zu den bekanntesten Wirtschaftsunternehmen zählt sicherlich die Papierfabrik Erfurt & Sohn, Erfinder der Raufaser-Tapete. Ein industrieller Schwerpunkt ist die Metallerzeugung, -verarbeitung und -verwertung, zudem sind Kunststoffherstellung und -verarbeitung sowie Logistikunternehmen angesiedelt. Traditionell sind viele Betriebe Automobilzulieferer, produziert werden z. B. Netzsysteme für alle Fahrzeuge.

Das städtische Kulturbüro präsentiert ein buntes Veranstaltungsprogramm mit Kabarett, Konzerten, Lesungen und Ausstellungen. Aushängeschild der Stadt ist Haus Martfeld, eine ehemalige Wasserburg aus dem 15. Jahrhundert, die heute Stadtarchiv und Heimatmuseum beherbergt. Kulturelle Events finden zudem im Ibach-Haus statt, einem im 19. Jahrhundert erbauten Industriegebäude. Beliebt ist auch das jährliche Schwelmer Heimatfest mit Festzug der 13 Nachbarschaften.

Stadthistorisch sehenswert sind die Christuskirche, der Altstadtkern mit Fachwerk- und Schieferhausbau sowie Haus Friedrichsbad, ein im Stil des Klassizismus errichtetes Herrenhaus von 1789. Entspannung und Erholung versprechen die umliegenden Waldbezirke (Stadtwald, Roter Busch) und das Freizeitareal rund um Haus Martfeld.

Informationen

Stadt Schwelm, Stadtverwaltung
Hauptstr. 14
58332 Schwelm
Tel. 02336/801-0
info@schwelm.de
www.schwelm.de
Einwohnerzahl: 29.549
Fläche: 20,5 qkm
(Stand: 31.12.2016)

Schwerte

Die Stadt Schwerte befindet sich am Südostrand des Ruhrgebiets zwischen den Städten Dortmund und Hagen. Reizvoll inmitten des grünen Ruhrtals gelegen ist sie die waldreichste Stadt im Landkreis Unna. Seit der kommunalen Neugliederung (1975) umfasst der Ort eine Fläche von ca. 56 Quadratkilometern, zum Stadtgebiet zählen seither die ehemaligen Ämter Westhofen und Ergste.

Die erste urkundliche Nennung erfährt Schwerte im Jahre 962 im Zuge einer Schenkung durch den Werdener Abt Engelbert. Besiedelt war der Raum jedoch schon in vor- und frühgeschichtlicher Zeit. 1096 wird Ergste („Argeste"), 1248 Westhofen schriftlich beurkundet. Im Jahre 1397 erhält Schwerte die Stadtrechte.

Als Mitglied der Hanse begann für die Stadt im 15. und 16. Jahrhundert der wirtschaftliche Aufschwung, metallverarbeitende Betriebe standen dabei im Vordergrund. Die Bürger organisierten sich in sog. Schichten, einer in Westfalen einzigartigen Form der Interessenvertretung, die ihre Pflicht in der Brandbekämpfung, Straßenreinigung oder Pflege nachbarschaftlicher Kontakte sah.

Die Altstadt mit dem Turm der St. Viktor-Kirche in Schwerte

Das heutige wirtschaftliche Leben der Stadt ist geprägt von einem vielfältigen Branchenmix: Neben dem traditionellen Schmiedehandwerk sowie dem Maschinen- und Apparatebau sind das TechnologieZentrum und das Institut für Wasserforschung der Dortmunder Stadtwerke heimisch geworden. Für die meisten Arbeitsplätze sorgt der Dienstleistungsbereich mit einem Beschäftigungsanteil von über 50 Prozent.

In Sachen Kultur ist Schwerte bekannt geworden durch überregionale Einrichtungen wie die Kath. Akademie des Erzbistums Paderborn, die zentralen kirchlichen Einrichtungen der Ev. Landeskirche Westfalen, die Märkische Kunstakademie sowie das Ruhrtalmuseum. Heute ist vor allem das Kulturzentrum „Rohrmeisterei Schwerte" mit seinem vielfältigen und anspruchsvollen Programm weit über die Stadtgrenzen hinaus bekannt. Ebenso renommiert sind die vom Schwerter Kulturbüro veranstalteten Festivals wie das „Welttheater der Straße" und die „Kleinkunstwochen".

Facettenreich präsentiert sich das Vereinsleben der Stadt mit über hundert verschiedenen Angeboten, im sportlichen Bereich gilt Schwerte als Hochburg für Volleyball, Kanusport und Wettkampfgymnastik. Naherholungsuchende werden ausgedehnte Wald- und Wiesenflächen (Ruhrauen) vorfinden, mehr als zwei Drittel des Stadtgebietes sind begrünt.

Historisch sehenswert sind die im 14./15. Jahrhundert errichtete St. Viktor-Kirche, die Fachwerkhäuser in der Mühlen- und Kötterbachstraße sowie die Herrensitze Haus Ruhr und Haus Villigst.

Informationen

Touristik-Information Schwerte
Brückstraße 14

58239 Schwerte
Tel. 02304/104-777
i-schwerte@ruhrtalmuseum.de
www.schwerte.de
Einwohnerzahl: 48.148
Fläche: 56,2 qkm
(Stand: 28.02.2017)

Selm

Die Stadt Selm, ein Zusammenschluss der ehemals selbständigen Gemeinden Selm und Bork mit dem Ortsteil Cappenberg, liegt im äußersten Nordwesten des Kreises Unna. Der Name „Seliheim" ist seit 858 schriftlich belegt, die wohl älteste Siedlung ist der Hof Schulze Weischer. Aus dem 12. Jahrhundert stammt die Burg Botzlar, ehemalige Vasallenburg der Bischöfe von Münster, in der heute Rat und Verwaltung der Stadt tagen. Bekanntester Stadtteil Selms ist Cappenberg: Hier errichteten die damaligen Herren, die Grafen von Cappenberg, im Jahre 1122 eine Prämonstratenserabtei (heute Schloss Cappenberg).

Während des Dreißigjährigen Krieges wurde das Schloss größtenteils zerstört und 1708 neu aufgebaut. Seit dem Jahr 1824 war das Schloss in Besitz des preußischen Staatsministers Heinrich Friedrich Karl Freiherr vom und zum Stein, der hier bis zu seinem Tode im Jahr 1831 wohnte.

In wirtschaftlicher Hinsicht war Selm bis in die 1920er Jahre vom Bergbau bestimmt, heute herrscht ein ausgewogenes Angebot an Industrie- und Gewerbebetrieben. Dominierend sind Handwerks- und Einzelhandelsunternehmen, vertreten sind außerdem Firmen der Entsorgungswirtschaft, des Hoch- und Tiefbaus, des Maschinenbaus, der Filtertechnik und des Fahrzeugbaus.

Landschaftlich ist Selm durch das angrenzende Münsterland geprägt, die ländliche Umgebung (Cappenberger Höhenrücken, Ternscher See) ist ein beliebtes Ziel für Naherholungsuchende aus den südlicheren Ballungszentren. Freunde des Radsports finden in der waldreichen Region ideale Bedingungen vor.

Besondere Anziehungspunkte im innerstädtischen Gebiet sind die Friedenskirche in Selm (11. Jahrhundert), die St. Stephanus-Kirche in Bork (18. Jahrhundert), das Bürgerhaus und Burg Botzlar sowie Schloss Cappenberg mit Wildpark (12. Jahrhundert), Schlosstheater und den überregional beachteten Ausstellungen des Kreises Unna sowie des Landesmuseums für Kunst und Kulturgeschichte des Landschaftsverbandes Westfalen-Lippe. Neben dem umfangreichen Freiherr-vom-Stein-Archiv befindet sich ein großer Kulturschatz in der Stiftskirche des Schlosses, zu dem insbesondere der „Barbarossakopf" gehört, das vergoldete Kopfbildnis des Kaisers Friedrich Barbarossa, älteste abendländische Porträtplastik aus den Händen Aachener Goldschmiedekünstler.

■ **Informationen**

Stadt Selm, Stadtverwaltung
Adenauerplatz 2
59379 Selm
Tel. 02592/69-0
info@stadtselm.de
www.selm.de
Einwohnerzahl: 26.407
Fläche: 60 qkm
(Stand: März 2016)

Sonsbeck

Die landschaftlich reizvolle Gemeinde Sonsbeck liegt im Westen des Kreises Wesel im niederrheinischen Städtedreieck Geldern-Kevelaer-Xanten. Erzbischof Adolph von Köln gewährte im Jahre 1203 der Gemeinde Sonsbeck, die um 1000 erstmals urkundlich genannt wird, die Pfarrrechte. Die Selbständigkeit begann mit der Verleihung der Stadtrechte 1320 durch den Grafen von Kleve, 1431 erhielt die Stadt auch das Marktrecht. In den darauffolgenden Jahrhunderten teilte sich Sonsbeck die Geschichte des Niederrheins mit allen anderen Gemeinden der Region: Kriege, Brände (1604 und 1717) und die Pest (1635) hinterließen ihre Spuren, auch das Stadtrecht ging verloren. Im Zweiten Weltkrieg wurde Sonsbeck zu 85 Prozent zerstört.

Wunderschöne Hügellandschaft: die Sonsbecker Schweiz

Bei der kommunalen Neugliederung 1969 schlossen sich die Ortsteile Sonsbeck, Hamb und Labbeck zur heutigen Gemeinde Sonsbeck zusammen. Zentral auf niederrheinischem Gebiet gelegen, eignet sich Sonsbeck besonders gut für Fahrradtouren in schöner Umgebung, nicht ohne Grund gilt die Gemeinde als „grüne Perle" am Niederrhein. Zu beschaulichen Wanderungen auf ausgeschilderten Wegen lädt die Hügellandschaft Sonsbecker Schweiz mit geologischem Wanderweg und Aussichtsturm, das Hochwaldgebiet Tüschenwald mit den Waldteichen am Hasenacker und der Winkelsche Busch ein, Letzterer ausgestattet mit Reitzentrum und einziger Amateur-Pferderennbahn am Niederrhein, Waldlaufbahn und ausgedehnten Esskastanienbeständen. Abwechslung und Erholung versprechen des Weiteren die Freizeitanlage Pauenhof und das dort befindliche Traktorenmuseum, das größte seiner Art in der Bundesrepublik. Stadtgeschichtlich sehenswert ist die Gerebernuskapelle mit seltenem Kriechaltar (13. Jahrhundert), die Kath. Pfarrkirche St. Maria Magdalena mit dem freiplastischen Friedhofsmonument „Kalvarienberg", die Ev. Kirche in Sonsbeck mit Barockportal aus Sandstein sowie die Gräflich Klevische Mühle (15. Jahrhundert), die im Volksmund auch Römerturm genannt wird, da einst an ihrer Stelle ein römischer Wachturm stand. Die Wirtschaftsstruktur der Gemeinde ist gekennzeichnet durch den Dienstleistungssektor, in dem knapp die Hälfte der Beschäftigten tätig ist. Zusätzlich spielen Tierzucht, Landwirtschaft, Holzverarbeitung, Mineralgusstechnologie und Maschinenbau eine Rolle. Kulturelle Veranstaltungsstätten sind das „Kastell", das in den 1980er Jahren an der Stelle des ehemaligen mittelalterlichen Kastells erbaut wurde, und die Begegnungsstätte „Gommansche Mühle", die auch eine Keramikausstellung beherbergt.

Informationen

Gemeinde Sonsbeck
Gemeindeverwaltung, Rathaus
Herrenstr. 2, 47665 Sonsbeck
Tel. 02838/36-0
info@sonsbeck.de
www.sonsbeck.de
Einwohnerzahl: 8.709
Fläche: 55,41 qkm
(Stand: Juni 2018)

MAGNETEN DER MASSEN – MESSEN

Messe Essen

Die Messe Essen war von Beginn an ein großer Publikumsmagnet: Bereits im Eröffnungsjahr 1913 konnte sie bei einer Gewerbeschau innerhalb eines Monats knapp 300.000 Besucher verzeichnen. Doch der Erste Weltkrieg und die wirtschaftlichen Krisensituationen der zwanziger Jahre brachten das Essener Ausstellungswesen fast völlig zum Erliegen. Erst die Große Ruhrländische Gartenbau-Ausstellung (GRUGA) von 1929 brachte wieder einen großen Zulauf.

Wirklich aufwärts ging es jedoch erst nach dem Zweiten Weltkrieg. Die Messe Essen verfügt heute über 110.000 Quadratmeter Ausstellungsfläche. 18 Messehallen plus Galeria stehen zur Verfügung. Zur Messe Essen gehört das Congress Center Essen (CCE): drei Center mit 28 Kongressräumlichkeiten für bis zu 1.000 Personen und die Grugahalle, eine Multifunktionshalle für bis zu 10.000 Personen mit jährlich mehr als 200.000 Besuchern.

Seit 2016 hat sich der Umbau zu einem der technisch modernsten Messegelände Deutschlands vollzogen. Am Messehaus Ost ist ein 2.000 qm großes Glasfoyer mit markantem Vordach entstanden, der

MOTOR SHOW
in der Messe Essen

neue Eingangsbereich Ost. Bis Ende 2019 werden Hallen abgetragen, modernisiert, ergänzt und neu gebaut. Im südlichen Teil der neuen Halle 6 wurden eine Messelounge mit transparentem Look und das neue Service-Center gebaut. Acht großräumige, eingeschossige Hallen bieten perfekte Ausstellungsbedingungen.

Jährlich besuchen ca. 1,5 Millionen Menschen das Gelände. Damit nimmt die Messe Essen im Vergleich zu anderen deutschen Messeplätzen einen vorderen Rang ein. Zu den wichtigsten Fach- und Publikums-Ausstellungen zählen E-world energy & water (Februar), Reise + Camping International (Februar/März), Equitana (zweijährlich März), Techno-Classica (März/April), Internationale Spieltage SPIEL, (Oktober), Mode Heim Handwerk (November) sowie die MOTOR SHOW (Dezember). Die Messe Essen bietet rund 5000 messenahe Parkplätze und zusätzlich etwa 7000 Parkmöglichkeiten im Park-and-ride-System.

Informationen
Norbertstraße
45131 Essen
Tel. 0201/7244-0
info@messe-essen.de
www.messe-essen.de

Messe Westfalenhallen Dortmund

Neben Köln, Düsseldorf und Essen ist die Stadt Dortmund viertgrößter Messestandort in Nordrhein-Westfalen. Rund eine Million Besucher zählt das Messezentrum in den Westfalenhallen jährlich. Mit einer Gesamtausstellungsfläche von rund 60.000 Quadratmetern bietet das Messezentrum ideale Voraussetzungen zur Durchführung verschiedenster Ausstellungen und Messen.

Insgesamt neun Hallen unterschiedlicher Größe, darunter die Westfalenhalle 1, deren markanter Kuppelbau längst zu einem Wahrzeichen der Stadt geworden ist, stehen zur Verfügung. An die Hallen angegliedert ist auch ein Kongresszentrum für Vorträge und Seminare jeglicher Art, in dem bis zu 10.000 Personen Platz finden.

Optimal ist auch die Anbindung an das Verkehrsnetz: Das Messegelände ist bequem mit dem Auto, dem Flugzeug (über den Flughafen Dortmund) sowie den öffentlichen Verkehrsmitteln zu erreichen.

Zu den wichtigsten Publikums-Ausstellungen gehören: Jagd & Hund (Februar), Int. Motorrad-Ausstellung (März), Creativa (März), Bau! Messe! NRW! (März), TasteFest (März), Intermodellbau (April), FAIR FRIENDS (September), InterTabac (September) sowie der mehrmals im Jahr stattfindende Dortmunder Antik- und Sammlermarkt. 2018 kamen rund 1,58 Mio. Besucher zu 44 Messen, 117.000 Personen fanden sich zu 1.105 Zusammenkünften im Kongresszentrum ein.

Nach der Modernisierung des Kongresszentrums in den Jahren 2015 und 2016 wurde das Projekt „Welcome 2018“ umgesetzt. Dazu gehörte ein neues Eingangsportal, eine 4.500 Quadratmeter große Glashalle, und eine neue Besucherpassage zu den Messehallen. Zusätzlich wurden neue Gastronomiebereiche geschaffen. Auch die Außenflächen vor den Westfallenhallen 2, 3A und 3B präsentieren sich nun als moderner, attraktiver Messevorplatz mit zusätzlicher Outdoor-Ausstellungsfläche.

Informationen
Strobelallee 45
44139 Dortmund
Tel. 0231/1204-521
medien@westfalenhallen.de
www.westfalenhallen.de

Messe Niederrhein (Rheinberg)

Die Messe Niederrhein hat sich seit ihrer Eröffnung 1999 zu einem leistungsstarken Messe-Zentrum am linken Niederrhein entwickelt. Über 25 Veranstaltungen im Jahr locken jährlich rund 200.000 Besucher auf eine Freifläche von 30.000 qm und eine Ausstellungsfläche von 10.000 qm.

Zum vielfältigen Programm gehören u. a. die Baumesse „Bauen Wohnen Renovieren Modernisieren“, die türkische Buch- und Kulturmesse „Astec“, die Messen „Niederrhein-Kreativ“ und „Gartenträume“ und sowie Antik- und Trödelmärkte.

Informationen
An der Rheinberger Heide 5
47495 Rheinberg
Tel. 02843/924-100
info@messe-niederrhein.de
messe-niederrhein.de

Westfalenhalle Dortmund

Sprockhövel

Sprockhövel liegt südlich der Ruhr zwischen Gevelsberg und Hattingen. Als „Spurkinhuvelo" („spurk" bedeutet Wacholder, „huvel" Hügel) wird die Bauernschaft im 11. Jahrhundert zum ersten Mal urkundlich erwähnt. 1147 besaß Sprockhövel bereits eine Kirche, die dem Kloster Deutz unterstand, um 1400 erhält das Dorf das Marktrecht.

Neben den Erwerbszweigen Landwirtschaft und Metallfabrikation wurde vor allem die Gewinnung von Steinkohle und Eisenstein schon frühzeitig wirtschaftliche Grundlage der Gemeinde. Da der Sprockhöveler Raum zu den ältesten Regionen des Steinkohlebergbaus im Ruhrgebiet zählt, wird er auch gerne als „Wiege des Ruhrbergbaus" bezeichnet. Doch das Zechensterben an der Ruhr trifft auch Sprockhövel mit ungewohnter Härte: Die Schließung der letzten Zeche 1969 beendet die über 500 Jahre währende Bergbautradition.

Im Zuge der kommunalen Neugliederung wird ein Jahr später aus mehreren selbständigen Gemeinden die Stadt Sprockhövel mit gegenwärtig rund 26.000 Einwohnern gebildet. Heute sind in der zum Ennepe-Ruhr-Kreis gehörenden Stadt insbesondere Klein- und Mittelbetriebe ansässig. Neue Gewerbegebiete sind entwickelt worden, ein gesunder Branchenmix ist entstanden, u. a. mit den Sparten Metallverarbeitung und Maschinenbau sowie mit Textilbetrieben – darunter weltweit handelnde Etiketten-Hersteller –, die die Tradition der Bandweberei in Sprockhövel in modernstem Gewand fortsetzen.

Mehr als 77 Prozent des Stadtgebietes bestehen aus landwirtschaftlich genutzten Flächen und Wald. Das Freizeit- und Erholungsangebot ist vielseitig, kennzeichnend sind vor allem abwechslungsreiche Wander- und Radwanderwege. Sieben Bergbauwanderwege („Auf der Spur der Kohle") führen an Zechen und Halden, insgesamt an 40 Stätten und Objekten der regionalen Bergbaugeschichte vorbei. Ebenfalls interessant sind der kultur-historisch-geologische „Agenda-Pfad" und zwei Radwege auf alten Bahntrassen. Zu den denkmalgeschützten Gebäuden zählt der Schultenhof (19. Jahrhundert), das Speicherbackhaus (16. Jahrhundert) auf der Hofanlage Großer Siepen, das Schul- und Bethaus (18. Jahrhundert) sowie der Malakow-Turm der ehemaligen Zeche „Alte Haase" (19. Jahrhundert), Symbol der Bergbauvergangenheit und jüngster der noch erhaltenen Malakow-Türme im Ruhrgebiet. Im Bereich Kultur und Bildung präsentiert Sprockhövel den Industrie- und Kulturpark rund um diesen Malakowturm sowie das IG-Metall Bildungszentrum.

Informationen

Stadt Sprockhövel, Stadtverwaltung
Rathausplatz 4
45549 Sprockhövel
Tel. 02339/917-0
info@sprockhoevel.de
www.sprockhoevel.de
Einwohnerzahl: 25.656
Fläche: 47,78 qkm
(Stand: November 2015)

Unna

Die Kreisstadt Unna bildet an der östlichen Randzone des Ruhrgebiets die Brücke zwischen Münsterland, Soester Börde und Sauerland. Keimzelle des heutigen Unna ist ein ehemaliger karolingischer Königshof (8./9. Jahrhundert), der im Jahre 1032 erstmals schriftlich in einem alten Dokument des Klosters Deutz aufgeführt wird. 1243 wird Unna aufgrund einer Erbschaft dem Grafen Adolf von der Mark zugesprochen, 1290 erhält die Gemeinde die Stadtrechte.

Zwischen 1350 und 1550 erlebt die Hansestadt am Hellweg eine wirtschaftliche Blütezeit: Neben der Landwirtschaft waren Bierbrauerei, Branntweinbrennerei und Salzgewinnung die wichtigsten Erwerbszweige. Mitte des 18. Jahrhunderts wird die staatliche Saline Königsborn gegründet, in der 1799 die erste Dampfmaschine des Ruhrgebiets zum Einsatz kommt. Der Stadtteil Königsborn galt lange Zeit als anerkanntes Soleheilbad.

Un(n)a Festa Italiana in der Innenstadt von Unna

Das Industriezeitalter beginnt in Unna mit dem Anschluss an das Eisenbahnnetz (1855), noch im selben Jahr wird die erste Zeche abgeteuft. 1930 wird Unna Kreisstadt, 1968 werden elf ehemals selbständige Gemeinden in das Stadtgebiet eingegliedert. Während Salzgewinnung und Kurbad bereits 1940 aufgegeben worden waren, wurde die Bierbrauerei 1979 eingestellt.

Seit den 1960er Jahren gehört auch der Bergbau in Unna der Vergangenheit an, neue Industriezweige haben sich angesiedelt, die Wirtschaftsstruktur ist vielseitig und zukunftsorientiert. Neben den traditionellen Betrieben der Metallverarbeitung und des Maschinenbaus sind Handel und Dienstleistung tragende Säulen im Wirtschaftsleben der Stadt, hinzu kommen Innovations-, Technologie- und Forschungszentren sowie Gewerbe- und Industrieparks.

Einen hohen Stellenwert genießt in Unna der Natur- und Landschaftsschutz: Mehr als ein Drittel des Stadtgebietes steht bereits unter solch besonderem Schutz, zusätzlich wächst der Unnaer Osten zu einem großen Biotopverbund zusammen. Als grüne Oasen der Stadt gelten der Kurpark und das Bornekamptal.

In der 1991 beim ZDF-Städteturnier zur Kulturstadt gekrönten Kreisstadt hat sich eine facettenreiche Kulturszene mit vielfältigem Angebot etabliert. Im Zentrum steht dabei das Kultur- und Kommunikationszentrum Lindenbrauerei, wo einst das bekannte Lindenpils gebraut wurde. Heute genießt der Standort den Status eines Industriedenkmals, in dem Konzerte, Theater, Kabarett, Ausstellungen und Lesungen stattfinden sowie das „Zentrum für Internationale Lichtkunst“ mit dem Kunstwerk von James Turrell untergebracht ist. Einen guten Ruf genießen außerdem die vielen Freiluftveranstaltungen in den Sommermonaten wie das Un(n)a Festa Italiana sowie als dauerhafte Einrichtung das

Hellwegmuseum mit seinem bedeutenden Goldschatz.

Aus stadthistorischer Sicht sehenswert ist die Ev. Stadtkirche (14.-15. Jahrhundert), die als das bedeutendste Baudenkmal Unnas gilt, die Ev. Pfarrkirche Lünern (12.-15. Jahrhundert) und einige gut erhaltene Fachwerkhäuser (Nicolaiviertel, 16.-18. Jahrhundert) innerhalb der alten Stadtbefestigung.

Informationen

Stadt Unna, i-Punkt im zib
Lindenplatz 1, 59423 Unna
Tel. 02303/103-777
zib-i-punkt@stadt-unna.de
www.unna.de
Einwohnerzahl: 59.111
Fläche: 88,53 qkm
(Stand: 31.12.2015)

Voerde

Die im Kreis Wesel gelegene Kommune Voerde liegt in einer typisch niederrheinischen Auenlandschaft. Die Wasserburg Haus Voerde, die bereits 1344 als Lehnsgut der Abtei Werden erwähnt wurde, lag ursprünglich an einer „Fuerdt" (Furt) des Altrheins, woraus sich später der Name der Stadt entwickelte. Nachdem Voerde 1652 zu einer „Herrlichkeit" erhoben wurde, gehörte es zu Beginn des 19. Jahrhunderts zur Bürgermeisterei Götterswickerhamm, die 1911 in Voerde umgetauft wurde. Nach Auflösung des Amtes Voerde und des Zusammenschlusses aller umliegenden Gemeinden entstand 1950 die neue Kommune Voerde, die 1981 schließlich den Titel Stadt erhielt.

Mit seinem früher eher ländlich-bäuerlichen Charakter hat sich Voerde mittlerweile zu einer Stadt mit besonderem Flair entwickelt. Direkt am Rhein zwischen den Städten Dinslaken und Wesel gelegen, besitzt die Stadt gute Verkehrsanbindungen in den Ruhrballungsraum.

Einen besonderen Reiz bietet die niederrheinische Landschaft, in der Bürger und Besucher ihre Freizeit naturnah und aktiv gestalten können. An drei Seiten von Wasser umgeben (Rhein, Lippe, Wesel-Datteln-Kanal), ergeben sich in Voerde schöne Wegstrecken für Paddel- und Wanderfreunde. Insgesamt 200 Kilometer Rad- und Wanderwege führen an der Rheinpromenade im Ortsteil Götterswickerhamm entlang, durch das Naturschutzgebiet Mommniederung, vorbei an Denkmälern und Sehenswürdigkeiten. Auch eine größere Waldfläche (Wohnungswald) sowie ein Naturschutzgebiet (Speller Heide) östlich des Ortsteils Friedrichsfeld stehen für ausgedehnte Spaziergänge zur Verfügung.

Einen Ausflug wert sind nicht nur die Wasserschlösser Haus Voerde und Haus Wohnung, die Pfarrkirche in Spellen sowie die Ev. Kirche in Götterswickerhamm. Ein Erlebnis ist auch ein Besuch der Schleuse Friedrichsfeld am Wesel-Datteln-Kanal, der ersten Station für Schiffe, die vom Rhein kommend ins weiterführende Kanalsystem einfahren. „Schiffe gucken" kann man auch besonders gut in den direkt am Rhein gelegenen idyllischen Ausflugslokalen in Götterswickerhamm.

Vom Musical über Kabarett und Kindertheater bis zur Lesung – ein abwechslungsreiches Kulturprogramm organisiert der Volkshochschulzweckverband Dinslaken-Voerde-Hünxe im Auftrag der Stadt Voerde.

Wirtschaftlich bietet Voerde einige Industrie- und Gewerbegebiete in verkehrsgünstiger Lage, es dominieren Anlagenbau, Kunststoffverarbeitung, Getriebeanlagentechnik, Stahl- und Maschinenbau, Aluminiumerzeugung, Logistik sowie Handel, Handwerk, Dienstleistung und Landwirtschaft.

Informationen

Stadt Voerde
Rathausplatz 20
46562 Voerde
Tel. 02855/800
info@voerde.de
www.voerde.de
Einwohnerzahl: 36.900
Fläche: 53,48 qkm
(Stand: Dezember 2015)

Waltrop

Zwischen den Zentren Münster und Dortmund liegt am

Vielbesucht: das Alte Schiffshebewerk Henrichenburg in Waltrop

Nordrand des Ruhrgebiets die Stadt Waltrop. Aufgrund der Nähe zum landschaftlich reizvollen Münsterland besitzt die „Stadt im Grünen“ eine Fülle von Freiflächen und Parkanlagen (z. B. Moselbachpark), die stille Erholung oder aktive Fitness versprechen. Mit dem Dortmund-Ems-Kanal sowie dem Datteln-Hamm-Kanal ist die Stadt nicht nur an das westdeutsche Kanalnetz angeschlossen, die beiden Wasserwege bieten außerdem weitere Freizeitangebote für Einwohner und Besucher.

Erstmals erwähnt wurde zunächst ein Reichshof in der Bauerschaft „Elmenhorst“ als „Walltorpe“, was so viel heißt wie „Dorf im Walde“, der von Karl dem Großen (747–814) gegründet wurde, der Ort selbst taucht schriftlich im Jahre 1032 auf.

Als kleiner ländlicher Marktplatz gehörte er bis Ende des 18. Jahrhunderts zu Kurköln. Die industrielle Entwicklung begann mit dem Abteufen der ersten Zeche (1903), die bis 1979 Bestand haben sollte. 1939 wurden Waltrop die Stadtrechte verliehen.

Der heutige Wirtschaftsstandort ist geprägt von knapp 1.800 Betrieben aus Industrie und Gewerbe, vor allem aber durch große Arbeitgeber aus der Arzneimittelindustrie, aus dem Fahrzeugspezialbau oder aus dem Dienstleistungsbereich wie das überregional bekannte Versandhaus „Manufactum“, das auf dem Gelände der ehemaligen Zeche Waltrop, dem heutigen Gewerbepark Zeche Waltrop, beheimatet ist.

Dem stadtgeschichtlich Interessierten bietet Waltrop eine Reihe von Sehenswürdigkeiten, u. a. den historischen Stadtkern mit Fachwerkhäusern – darunter der „Tempel“, ein Gebäude von 1575 –, die Kirche St. Peter, den Kiepenkerlbrunnen sowie die alten Zechenbauten der Zeche Waltrop, die komplett unter Denkmalschutz stehen.

Über die Stadtgrenzen hinaus bekannt gemacht haben

Waltrop jedoch die Schiffshebewerke: Das Alte Hebewerk Henrichenburg, 1899 von Kaiser Wilhelm II. eingeweiht und bis 1970 in Betrieb, gilt als das größte und spektakulärste Bauwerk am Dortmund-Ems-Kanal. Heute ist das Monument Teil des LWL-Industriemuseums, der Schleusenpark (mit neuem Hebewerk) lädt ein zu einem Erkundungsgang zur Geschichte der deutschen Binnenschifffahrt und ihrer Schleusen und Hebewerke.

Im Zentrum des kulturellen Lebens der Stadt steht die Stadthalle mit einem niveauvollen Kunst- und Kulturprogramm. Konzerte, Lesungen und Ausstellungen finden zudem in einer ehemaligen Krankenhaus-Kapelle (Kulturforum Kapelle) statt, Kino- und Poetry-Slam-Abende, Musik-Events und Partys im Jugendcafé Yahoo.

■ Informationen

Stadt Waltrop
Münsterstr. 1
45731 Waltrop
Tel. 02309/930-0
stadtverwaltung@waltrop.de
www.waltrop.de
Einwohnerzahl: 29.289
Fläche: 46,98 qkm
(Stand: 31.12.2014)

Werne

Die historische Hansestadt Werne, seit 1975 dem Kreis Unna zugeordnet, befindet sich nördlich der Lippe an der Grenze zwischen Ruhrgebiet und Münsterland. Um 800 ließ der spätere Bischof von Münster, der Hl. Liudger, am Ort der heutigen Christophorus-Kirche eine Kapelle errichten, urkundlich erwähnt wurde „Werina" erstmals im Jahre 834.

Seine Blütezeit erlebte Werne vom 13. bis 17. Jahrhundert, als die Gemeinde in ein Friedens- und Handelsabkommen („Werner Bund", 1253) mit den Städten Münster, Dortmund, Soest und Lippstadt trat. Dieses Bündnis galt nicht nur als Vorläufer der Hanse, sondern auch als eines der dauerhaftesten im deutschsprachigen Raum. Im Jahre 1302 begann man mit der Stadtbefestigung, 1362 wurde der Gemeinde das Marktrecht und 1385 das „Wigboldrecht", eine Art minderes Stadtrecht, verliehen. Vom 15. bis 17. Jahrhundert gehörte Werne der Hanse an, die Lippe gewann zunehmend an Bedeutung für Handel und Verkehr.

Die Industrialisierung setzte relativ spät mit dem Abteufen der ersten Zeche 1899 ein. Bis 1975 blieb Werne Bergbaustadt, heute herrscht ein ausgewogener Branchenmix – vom produzierenden Gewerbe bis zur Dienstleistung, vom Handel bis zur medizinischen Versorgung.

1873 entdeckte man bei Bohrungen nach Kohle eine heiße Solequelle, die Werne kurze Zeit später den Titel „Kurbad" verlieh. 1905 floss die Sole bedingt durch den Bergbau unterirdisch ab. Die Solequelle wurde 1935 wieder erschlossen, das Werner Freibad zum Warmquellen-Sole-Freibad umgestaltet.

Zu den historischen Sehenswürdigkeiten der Stadt zählen der sanierte Altstadtkern mit malerischem Fachwerkbau („Wärmehäuschen"), Kath. Pfarrkirche St. Christophorus, Kapuzinerkloster, Altem Amtshaus (heute Karl-Pollender-Stadtmuseum) und Judenfriedhof. Das historische Rathaus wurde 1561 fertiggestellt und prägt nach wie vor das Werner Stadtbild.

Als beliebte Freizeiteinrichtung gilt das Natur-Solebad, das nach einer Umbauphase voraussichtlich 2019 wiedereröffnet wird. Erholung und Entspannung versprechen außerdem die innerstädtische Parklandschaft (Stadtpark mit See, Steintorpark) sowie die umliegende, typisch münsterländische Natur mit ihren Rad- und Wanderwegen.

Kulturelle Mittelpunkte der Stadt bilden der Simon-Juda-Markt (in Erinnerung an die Verleihung des Marktrechts) und die Aufführungen in der Freilichtbühne. Seit 2016 wird das StraßenFESTIVAL durchgeführt.

■ Informationen

Stadt Werne, Stadtverwaltung
Konrad-Adenauer-Platz 1
59368 Werne

Tel. 02389/71-0
verwaltung@werne.de
www.werne.de
Werne Marketing GmbH
Nicole Neuhaus
Konrad-Adenauer-Platz 1
59368 Werne
Tel. 02389/71204
n.neuhaus@werne.de
www.werne-tourismus.de
www.werne-stadtmarketing.de
Einwohnerzahl: 31.597
Fläche: 76,03 qkm
(Stand: Dezember 2015)

Wesel

Die Kreisstadt Wesel am Niederrhein wird unter dem Namen „Wesele" (Stelle, wo Wiesel leben) im 8. Jahrhundert erstmals urkundlich belegt. An der Stelle des heutigen Willibrordi-Doms stand in dieser Zeit eine kleine Kirche, die zum Kern der späteren Siedlung wurde. Im 10. Jahrhundert ging der Reichshof Wesel an Lothringen und wurde um 1135 klevisch, als Graf Arnold II. die Herzogtochter Ida von Brabant heiratete. 1241 wurden dem Dorf die Stadtrechte verliehen und Wesel entfaltete sich dank zahlreicher Privilegien und seiner geographisch günstigen Lage an Rhein, Lippe und alten Oststraßen zu einer blühenden Handelsstadt (Beitritt zur Hanse 1407), die ummauert und befestigt wurde.

Der wirtschaftliche Niedergang kam mit der Besetzung der Stadt durch Spanier, Niederländer und Franzosen, der Ausbau der Festung unter preußischer Herrschaft (17./18. Jahrhundert) schränkte den Handel und Verkehr weiter ein. Nach kurzem Aufschwung Ende des 19. Jahrhunderts wurde die historische Altstadt im Zweiten Weltkrieg fast gänzlich vernichtet, Wesel insgesamt zu 98 Prozent zerstört. Erhalten blieb jedoch die größte Festungsanlage des Rheinlandes, die 1688–1722 errichtete Zitadelle, in der heute das LVR-Niederrheinmuseum Wesel und das Schillmuseum untergebracht sind.

Zeugnis preußischer Militärmacht: die Zitadelle in Wesel

Weitere kulturelle Einrichtungen im heutigen Stadtgebiet sind das Städtische Museum Galerie im Centrum, das Heimat- und Rhein-Deich-Museum Bislich, die Weseler Dom-Konzerte, Schauspiel und Konzerte im Bühnenhaus sowie Kammermusik im Lutherhaus.

Zu den sehenswerten Baudenkmälern der Stadt zählen die rekonstruierte historische Rathausfassade, der Willibrordi-Dom (15. Jahrhundert, größte evangelische Kirche des Rheinlandes), das Berliner Tor (1722), das Schill-Denkmal (1835), das Peter-Minuit-Denkmal (1963), die Schlosskirche in Diersfordt (1775/78) und das Alte Wasserwerk mit Wasserturm (1886).

Akzente setzt Wesel auch im Bereich Freizeit und Erholung: Erwähnenswert sind hier die Lippeaue, die Rheinaue mit dem Naherholungsgebiet Auesee und Yachthafen, Fahrten auf dem Rhein mit der „River Lady“ sowie das attraktive Wanderwege- und das 180 Kilometer lange Radwegenetz. Ein lohnendes Ausflugsziel ist der Diersfordter Wald, in dem der Heideweiher „Schwarzes Wasser“ und das Heidemoor „Großes Veen“ liegen. Seit 1578 trägt Wesel den Ehrentitel „Vesalia Hospitalis“ – gastliches Wesel –, eine Tradition, die sich heute in der gemütlichen Altstadtatmosphäre rund um den Kornmarkt fortsetzt.

Ein gesunder Branchenmix charakterisiert das Mittelzentrum Wesel. Schwerpunkte in der Wirtschaftsstruktur sind neben Handel und Dienstleistung der Maschinen-, Fahrzeug- und Apparatebau, Sanitärkeramik, Chemie, Glasverarbeitung, Energiewirtschaft sowie Hoch- und Tiefbau. Durch den neuen Hafenverbund DeltaPort wird zukünftig auch die Logistik eine große Rolle spielen.

Informationen

Stadt Wesel
WeselMarketing GmbH
Großer Markt 9, 46483 Wesel
Tel. 0281/2032606
info@weselmarketing.de
www.wesel-tourismus.de
www.wesel.de
Einwohnerzahl: 62.973
Fläche: 122,64 qkm
(Stand: 31.12.2015)

Der Harkortsee in Wetter

Wetter

Am südlichen Rand des Reviers, zwischen Hagen und Witten, befindet sich die Stadt Wetter. Geographisch wird der Ort charakterisiert durch das Ardeygebirge, den Harkortsee sowie die Ruhr, die durch das Stadtgebiet fließt. Bereits im Jahre 1214 wird in einer Urkunde der Herrensitz Wetter schriftlich benannt.

Die umliegende Siedlung (Alt-Wetter), die der Herrschaft der Grafen von der Mark unterstand, trägt seit 1355 den Titel Stadt. Eine zweite Siedlung, die sich rund um die Pfarrkirche gebildet hatte, schloss sich im 19. Jahrhundert mit Alt-Wetter zu einem gemeinsamen Ort zusammen, der 1909 die Stadtrechte erhielt. 1970 kam im Zuge der Gebietsreform zu Wetter auch Volmarstein hinzu, ein Ortsteil, dessen historischer Kern eine vom Erzbischof von Köln errichtete Burg aus dem Jahre 1100 bildet.

Schon frühzeitig wird die Region vom Kohlebergbau bestimmt. Einen entscheidenden Beitrag zum wirtschaftlichen Aufschwung leistete der Industrielle Friedrich Harkort, der 1819 in der alten Burg Wetter die „Mechanischen Werkstätten" gründete. Aus diesem Unternehmen ging später die Firma Mannesmann Dematic AG (heute: Demag Cranes & Components GmbH) hervor, weltweit führend auf dem Gebiet der Fördertechnik. Neben hochspezialisierten Betrieben der Großindustrie existieren in Wetter viele Klein- und Mittelbetriebe (Eisenindustrie, Maschinenbau, Schlossindustrie), die zum Teil eine lange Tradition aufweisen. Mehrere Gewerbegebiete ziehen neue Unternehmen in die Stadt.

Landschaftlich bietet Wetter reizvolle Grünflächen und Flussbereiche (Harkortsee, Elbschetal, Ruhrauen), die man zu Fuß oder per Rad erkunden kann. Zu den denkmalgeschützten Gebäuden, die eine Besichtigung wert sind, zählen die Burgruinen Wetter und Volmarstein, die reformierte Kirche in Alt-Wetter sowie die zahlreichen restaurierten Fachwerkhäuser/5-Giebel-Eck (Leimkasten). Zentrale Aufführungsorte für kulturelle Veranstaltungen sind der Stadtsaal, die Villa Vorsteher und das Kulturzentrum Lichtburg.

Informationen

Stadt Wetter, Stadtverwaltung
Kaiserstr. 170, 58300 Wetter
Tel. 02335/840-0
stadtverwaltung@stadt-wetter.de
www.stadt-wetter.de
Einwohnerzahl: 28.220
Fläche: 31,5 qkm
(Stand: Dezember 2014)

Witten

Im Städtedreieck Bochum, Dortmund und Hagen liegt die Ruhrstadt Witten mit Grenzlage zum Bergischen Land und zum Sauerland. 1214 wird der Ort in einer Urkunde erstmals schriftlich erwähnt. Die Gerichtshoheit über das Gebiet lag zu damaliger Zeit noch bei der Adelsfamilie Witten-Steinhausen. Im Jahre 1675 erhält die Gemeinde das Markt-, 1825 das Stadtrecht.

Bis zum Ende des 18. Jahrhunderts führte Witten ein eher unauffälliges Dasein, erst die beginnende Industrialisierung führte zu einer Belebung der Wirtschaft. Neben dem Kohlebergbau, der im Wittener Raum früher als andernorts einsetzte (um 1559) und die Stadt bis in die 1920er Jahre prägte, stärkten die Eisenverarbeitung und Glasherstellung den Wirtschaftsstandort an der Ruhr. Inzwischen gehört die Montanindustrie der Vergangenheit an, bergbaugeschichtliche Rundwege (Muttental) und Museen erinnern an diese lange Tradition.

Die heutige Wirtschaftsstruktur ist gekennzeichnet durch ein breitgefächertes Angebot (Stahlindustrie, Maschinenbau, Chemie, Glasfabrikation, Elektrotechnik, Schiffsgetriebebau). Vertreten sind sowohl Großbetriebe als auch kleinere und mittlere Handwerks- und Dienstleistungsbetriebe. Die Nähe zur Privatuniversität Witten-Herdecke, an die ein Forschungs- und Entwicklungszentrum grenzt, wirkt sich positiv auf den Standort aus, ihr wissenschaftliches Potenzial fördert den Technologie- und Innovationstransfer.

Herausragende Bedeutung besitzt Witten ebenso auf dem Freizeitsektor: Zwei Drittel des Stadtgebietes sind mit Grünanlagen, Wäldern und Gewässern bedeckt, überregional bekannt sind die Naherholungsanlagen an der Ruhr (Wassersport), im Borbachtal und am Kemnader See (Freizeitzentrum). Klassische Ausflugsziele sind Haus Herbede (11. Jahrhundert), die Burgruine Hardenstein (14. Jahrhundert, auch Haltestelle des Museumszugs) und der Hohenstein mit Bergerdenkmal und Freizeitpark hoch über der Stadt.

Die Kulturszene wird charakterisiert durch das Märkische Museum, das Hebezeugmuseum, die Wittener Tage für Neue Kammermusik und das Kulturzentrum Saalbau Witten.

Industriegeschichte zum Anfassen gibt es im Muttental, der Wiege des Ruhrbergbaus. Hier sind eine einzigartige Zusammenschau der ehemaligen Bergbautradition mit Originalrelikten und detailgetreuen Nachbauten zu finden, die auf einem Rundweg erkundet werden können. Im Besucherbergwerk der Zeche Nachtigall besteht die Möglichkeit, ein echtes Kohleflöz zu sehen.

Informationen

Stadtmarketing Witten GmbH
Tourist & Ticket Service
Marktstr. 7, 58452 Witten
Tel. 02302/19433
info@stadtmarketing-witten.de
www.stadtmarketing-witten.de
www.witten.de
Einwohnerzahl: 98.637
Fläche: 72,40 qkm (Stand: 31.12.2015)

Xanten

Die Stadt Xanten, seit 2014 staatlich anerkannter Luftkurort sowie Kultur- und Freizeitzentrum am Niederrhein, blickt auf eine über zweitausendjährige Geschichte zurück. Als sich die Römer in Niedergermanien niederließen, entstand neben einem Militärlager (um 12 v. Chr.) die Veteranensiedlung „Ulpia Traiana“ (um 100 n. Chr.), der kurz nach ihrer Gründung die Stadtrechte verliehen wurden. Nachdem die Stadt nach zahlreichen Angriffen der Franken im 5. Jahrhundert aufgegeben wurde, entwickelte sich im frühen Mittelalter

Dom St. Viktor, Xanten

ein neuer Siedlungskern, der außerhalb des ursprünglichen Stadtkerns über einem Gräberfeld lag. Der Name des damaligen Dorfes Sanctos“ (Zu den Heiligen) sollte an das Märtyrertum des Hl. Viktor und seiner Gefährten erinnern, die hingerichtet worden waren, weil sie sich geweigert hatten, heidnischen Göttern zu opfern. Die Marktsiedlung, die sich rund um das damals zu Ehren des Hl. Viktor gegründete Kanonikerstift gebildet hatte, erhielt 1228 die Stadtrechte.

In den nachfolgenden Jahrhunderten wurde Xanten zu einem religiösen Zentrum und reichen Handelsort, verarmte jedoch im 16. Jahrhundert, als sich der Rhein vom Zentrum der Stadt weg verlagerte. In seiner heutigen Form besteht Xanten seit der kommunalen Neugliederung von 1969, in deren Folge das Stadtgebiet durch Eingemeindungen stark erweitert wurde. Klein- und Mittelbetriebe (Anlagen- und Apparatebau, Maschinen-, Stahlbau, Landwirtschaft) sowie Unternehmen der Branchen Handel, Handwerk und Dienstleistung sind heute hier angesiedelt.

Aushängeschild der Stadt ist der historische Ortskern, zu dessen Hauptattraktionen der Dom St. Viktor, die alte Stadtbefestigung mit Wällen, Türmen und Toren, die Kriemhildmühle, die Ev. Kirche und der Marktplatz zählen. Die einzelnen Stadtteile warten auf mit einigen beachtenswerten Baudenkmälern, darunter vor allem Kirchen. In Xanten-Birten befindet sich auf dem Boden des ersten römischen Militärlagers ein Freilichttheater, das auf ein antikes Amphitheater (1. Jahrhundert n. Chr.) zurückgeht.

Hauptanziehungspunkt für Kultur- und Geschichtsinteressierte ist der LVR-Archäologische Park Xanten (APX), ein einzigartiges Freilichtmuseum mit Rekonstruktionen von Bauwerken der ehemaligen römischen Colonia Ulpia Traiana.

Reichhaltig ist das Angebot an Freizeiteinrichtungen: Es bieten sich Wanderungen und Radtouren in der Xantener Hees, am Fürstenberg und in den Rheinauen an, mit dem Freizeitzentrum Xanten (Wassersport an Nord- und Südsee) besitzt die Stadt ein attraktives, überregional bekanntes Naherholungsgebiet. Neben dem LVR-Archäologischen Park Xanten mit RömerMuseum bestimmen das Stiftsmuseum Xanten, das SiegfriedMuseum Xanten und Musik sowie viele Konzerte und Kunstausstellungen das kulturelle Leben.

■ **Informationen**

Tourist-Information Xanten
Kurfürstenstr. 9, 46509 Xanten
Tel. 02801/772-200
info@xanten.de
www.xanten.de
Einwohnerzahl: 22.090
Fläche: 72,38 qkm, (Stand: Januar 2016)

HOCH HINAUS – FLUGHÄFEN

Regionalflughafen Essen-Mülheim

Im Jahre 1925 wurde der Flughafen Essen-Mülheim als Verkehrsflughafen offiziell eingeweiht, obwohl hier bereits sechs Jahre zuvor die ersten Maschinen landeten – allerdings nur für den Transport von Luftpost.

In der Folgezeit erlebte der Flughafen einen enormen Aufschwung: Linienflüge nach Paris, London, Brüssel oder Antwerpen werden zum Standardprogramm, schon bald kamen ein neues Abfertigungsgebäude, ein Restaurant sowie eine Flugzeughalle hinzu. Bei einer Flugschau im Jahre 1931 landete erstmals – unter begeisterten Zurufen der staunenden Menge – ein Zeppelin auf dem Flughafengelände.

Der Zweite Weltkrieg stoppte jedoch jäh den bis dato so erfolgreichen Weg: Die Luftwaffe beschlagnahmte das gesamte Areal und richtet einen Fliegerhorst ein. Nach 1945 nutzte die britische Militärregierung das Flughafengelände als Parkplatz für ausrangierte Armeeflugzeuge. Damals hatte man sich auch für den Standort Düsseldorf als Hauptflughafen der Region entschieden, Essen-Mülheim wurde auf den zweiten Rang verwiesen.

Dortmund Airport

Die heutige Bedeutung des Flughafens lässt sich dennoch sehen: Mit einer Fläche von ca. 140 Hektar ist er immerhin so groß wie 250 Fußballfelder. Flugzeuge bis 20 Tonnen Gewicht mit bis zu 50 Passagieren können hier starten und landen. Der Hauptschwerpunkt des Flugverkehrs liegt bei Trainings- und Schulungsflügen, rund 220 Piloten erhalten hier jährlich ihre Ausbildung. Die übrigen Flüge gelten dem Geschäftsverkehr, auch dem (standortbezogenen) Frachtverkehr sowie dem Sportflug.

Aushängeschild des Regionalflughafens ist – damals wie heute – der Bau von Luftschiffen in einer extra für diesen Zweck angefertigten Halle. Die Westdeutsche Luftwerbung, Betreiberin der Anlage, ist eines von zwei Unternehmen in Deutschland, die Luftschiffe herstellen und warten. Die Zeppeline, die in Mülheim gefertigt wurden, sind in der ganzen Welt im Einsatz.

Die Zukunft des Regionalflughafens ist derzeit allerdings ungewiss. Die Räte der Städte Essen und Mülheim an der Ruhr beschlossen im Herbst 2016 im Anschluss an ein Gutachten zum Ausstieg aus dem Flugbetrieb, diesen bis 2024 weiterzuführen. Wohnbebauung oder Gewerbeansiedlung ist für die Zeit danach aber angedacht, 2034 wäre ein endgültiger Ausstieg möglich.

Informationen
Brunshofstr. 3
45470 Mülheim a.d. Ruhr
Tel. 0208/992330
info@flughafen-essen-muelheim.com
www.flughafen-essen-muelheim.com
www.wdl-worldwide.de

Dortmund Airport
Palma de Mallorca, Antalya, Thessaloniki, Malaga – seit Ende 2000 mischt der Dortmund Airport Flughafen auf dem Ferienflieger-Markt mit. Die Flieger starten auf der 2.000 Meter langen Start- und Landebahn, Passagiere werden im neuen, ca. 183 Millionen Mark teuren Terminal abgefertigt.

1993 vom Verkehrslandeplatz zum Regionalflughafen ausgebaut, soll die vor allem von der umliegenden Bevölkerung heftig bekämpfte neuerliche Flughafenerweiterung ein enormes Verkehrsaufkommen bringen: 1992 zählte man 250.000 Fluggäste, 720.000 Ende des Jahres 2000, über 2,7 Millionen waren es 2019. Zudem wurden 2014 die Betriebszeiten am Flughafen Dortmund erweitert, Flugzeuge dürfen demnach plan-

mäßig bis 22.30 Uhr starten und bis 23 Uhr landen.

Auf dem Gelände zwischen Dortmund-Wickede, Unna-Massen und Holzwickede herrscht jedoch nicht nur Urlaubsstimmung. Der Dortmund Airport hat ein weiteres starkes Standbein im Bereich der Geschäftsreisen und des ethnischen Verkehrs. Regelmäßig starten Linienflüge zu bundesdeutschen Großstädten und europäischen Metropolen wie London, Bukarest, Sofia oder Porto. Fluggäste profitieren auch von der Anbindung des Flughafens an das Luftdrehkreuz des Münchener Airports, der Flüge in die ganze Welt offeriert. Im Galeriebereich verfügt der Flughafen über drei Konferenzräume für 20 bis 110 Personen.

Neben den Verwaltungsgebäuden der Flughafengesellschaft und dem Abfertigungsgebäude befinden sich auf dem Gelände eine große Wartungshalle, eine Frachtumschlagshalle sowie eine Hubschrauberhalle der Polizei-Hubschrauber-Staffel Westfalen.

Informationen

Flugplatz 21, 44319 Dortmund
Tel. 0231/9213-01
Tel. 0231/9213-530 (Führungen)
service@dortmund-airport.de
www.dortmund-airport.de

Dortmund Airport

Herausragendes Beispiel für die Zeit der Spätgotik: das Wasserschloss Herten

GESCHICHTE

SCHLÖSSER – BURGEN – HERRENHÄUSER

Haus Weitmar (Bochum)

Nur noch schemenhaft gibt die mitten im gepflegten Schlosspark liegende Ruine von Haus Weitmar Auskunft über ihre Vergangenheit: ein Bombenangriff 1943 hat von dem 1592 durch Johann von Hasenkamp errichteten zweigeschossigen Renaissancebau auf einem ehemals zur Abtei Werden gehörenden Schultenhof (1464 erstmals errichtet) nur noch Teile der Umfassungsmauern übrig gelassen. Zu Haus Weitmar gehören die Ruine der Sylvesterkapelle und der Schlosspark. Ein guter Platz zum Träumen bleibt es allemal.

Besonderer Blickfang ist der 2010 anlässlich des Kulturhauptstadtjahres in der Ruine des Hauses Weitmar eröffnete gläserne Kubus, der auf rund 1.200 Quadratmetern Raum für Wechselausstellungen und Veranstaltungen, Büros, Lager und Künstlerappartements bietet und gleichzeitig die unter Denkmalschutz stehende Ruine Haus Weitmar dauerhaft sichert. Das MuT – Museum unter Tage –, ebenso wie der Kubus Teil der (Kunst-Architektur-Natur-)Gesamtanlage „Situation Kunst", wurde hier im Schlosspark 2015 eröffnet.

Adresse

Hattinger Straße, 44795 Bochum

Diente über Jahrhunderte als Residenz der Essener Äbtissinnen: Schloss Borbeck

Rittergut Haus Laer (Bochum)

Ehemaliger Rittersitz aus dem 10. Jahrhundert, 1243 erstmals urkundlich erwähnt. Die 940 gegründete, in ihrer äußeren Gestalt fast erhaltene, ehemals wehrhafte Anlage mit Vor- und Hauptburg weist neben dem kleineren mittelalterlichen Burghaus, dessen Fundamente aus Eichenpfählen bestehen, ein zur Hauptburg gehörendes, massives Keller- und Erdgeschoss mit aufstehendem Fachwerk und Satteldach auf.

Zu der seit 1480 im Besitz der Familie von der Leithen-Frielinghaus befindlichen Anlage gehört ein im angrenzenden Park gelegener historischer Friedhof mit Grabplatten ab 1642.

Die heutige Nutzung ist vielfältig: Im historischen Gästehaus stehen Zimmer, Appartements und Suiten für einen Aufenthalt zur Verfügung; Kavalierssaal, Großer Festsaal und Rittersaal, weitere Repräsentationsräume und Salons können für Veranstaltungen unterschiedlichster Art genutzt werden. Darüber hinaus dient Haus Laer auch als Museum. Gelegentlich gibt es Konzerte, öffentliche Vorträge oder auch das Krimi-Dinner.

■ **Adresse / Informationen**
Höfestr. 45
44803 Bochum
Tel. 0234/383044
www.rittergut-haus-laer.de

Schloss Beck (Bottrop)

Das zu den schönsten Baudenkmälern des Spätbarock in Westfalen zählende Wasserschloss ist eines der wenigen erhaltenen Bauwerke des bedeutenden Architekten Johann Conrad Schlaun (1695-1773). Ab 1766 für Friedrich Florenz Rhaban als Herrensitz erbaut, besticht der Komplex durch das im Stil des französischen „maison de plaisance" erbaute Haupthaus mit polygonalem Mittelrisalit und doppelläufiger Freitreppe, das zusammen mit den Nebengebäuden einen rechteckigen Hof bildet.

Ein repräsentatives Anwesen mit Torhäusern, Vorburg, Wassergräben, Teichen und einem Park, das im 20. Jahrhundert allerdings zu verfallen drohte. Erst 1966 begann ein privater Käufer mit den dringend erforderlichen Restaurierungsarbeiten. Um die notwendigen Kosten aufbringen zu können, wurde das Schloss durch Freizeitangebote nach und nach der Öffentlichkeit zugänglich gemacht.

Der daraus entstandene Freizeitpark ist heute einer der beliebtesten der Region (s. Freizeit & Entertainment/ Freizeitzentren) und finanziert noch immer Maßnahmen wie die Wiederherstellung des barocken Hubertus-Altars in der Hauskapelle.

■ **Adresse / Informationen**
Am Dornbusch 39
46244 Bottrop
Tel. 02045/5134
becki@schloss-beck.de
www.schloss-beck.de

Haus Goldschmieding (Castrop-Rauxel)

Weil von der ursprünglichen Gestalt des Hauses Goldschmieding kaum noch etwas übrig geblieben ist, gilt die Aufmerksamkeit heute seinem Inneren, genauer gesagt dem prächtigen Renaissancekamin des niederrheinischen Bildhauers Vernukken. 1597 errichtet, gehört der mit wunderbaren Reliefs versehene Kamin zu den kunsthistorischen Kostbarkeiten der Region. Die einstige, in ihren Anfängen bis ins 13. Jahrhundert zurückgehende Wasserburg diente vor mehr als 400 Jahren einer westfälischen Adelsfamilie als Herrensitz. Heute sind nur der frei zugängliche historische Park und eine Hälfte des im 16. Jahrhundert erbauten Herrenhauses verblieben. Die ehemalige Gräfte ist eingeebnet. Heute wird das Haus als Restaurant genutzt. Ein Hotelneubau ist angeschlossen.

■ **Adresse / Informationen**
Dortmunder Str. 55
44575 Castrop-Rauxel
Tel. 02305/301-0 (Schlosshotel)

Wasserschloss Bladenhorst (Castrop-Rauxel)

Imposantes Wasserschloss, dessen Ursprünge zwar bis ins 14. Jahrhundert zurückreichen, dessen heutige Form aber aus dem 16. Jahrhundert stammt. Von der ursprünglich vierflügeligen Anlage wurde im 19. Jahrhundert der Nordostflügel mitsamt viertem Turm abgerissen. Ältester Teil des Komplexes ist das halbkreisförmige Torhaus, dessen Backsteinfassade zur Innenseite hin einen fünfstufigen Treppengiebel präsentiert. Hier, wie auch im Herrenhaus und an den Türmen, befinden sich die für Westfalen einmaligen grünen Kachelfriese in den Formen des gotischen Vierpasses. Da die Wohnungen im Schloss vermietet sind, ist es innen nicht zu besichtigen. Im und am Schloss finden aber von Zeit zu Zeit Veranstaltungen statt (Überblick auf Webseite) und zum Tag des offenen Denkmals (September) werden Führungen angeboten.

■ **Adresse**
Westring 346
44579 Castrop-Rauxel
www.schlossbladenhorst.de

Burg Dinslaken

Im 12. Jahrhundert als Kastell erstmals erwähnt (Reste des ursprünglichen Steinhauses sind in den Grundmauern des heutigen Kreishauses erhalten), wurde die Anlage im 15. Jahrhundert zur Burg

Wasserschloss Lembeck, Dorsten

ausgebaut. Sie diente zunächst als Ruhesitz der Witwen der Grafen von Kleve, später als Drostensitz.

1627 durch die Niederländer zerstört, folgte im 18. Jahrhundert der Wiederaufbau als dreiflügelige Anlage mit Hauptturm und Zufahrt im Süden. Ein Wassergraben umschloss die Burg und eine weitere Insel, die als Ziergarten benutzt wurde und einen eigenen Zugang hatte. Dass auch dieser Zustand bis heute nicht erhalten bleiben konnte, liegt an der fast völligen Vernichtung im Zweiten Weltkrieg.

Unter Erhaltung einiger älterer Gebäudeteile (Sockel des Hauptturmes, Teile der Südostmauer mit dem Torbau, Auffahrtsrampe und zweibogige Brücke) wurde die Burg, in der seit 1984 das Rathaus untergebracht ist und deren 1934 eingerichtete Freilichtbühne (s. Kultur/Konzert-, Theater- und Opernhäuser) als zentraler kultureller Veranstaltungsort der Stadt zählt, zwischen 1950 und 1952 wieder aufgebaut.

■ **Adresse**
Platz d´Agen
46535 Dinslaken

Wasserschloss Lembeck (Dorsten)

Eines der schönsten Wasserschlösser Westfalens. Ursprünglich als wehrhaftes Gut im 12. Jahrhundert erbaut, wurde es mehr und mehr zu einem repräsentativen Herrenhaus.

Die barocke dreiflügelige Schlossanlage ist von einem Graben umgeben und liegt inmitten eines englischen Parks. Sehenswert ist die Innengestaltung des Nordflügels der Hauptburg, dessen Großer Saal mit Eichenholztäfelung, Marmorkaminen und Stuckdecke versehen ist. Die Pläne hierzu stammen, ebenso wie die Entwürfe für die prächtige Gartenanlage, von Johann Conrad Schlaun. Das Schloss ist in Familienbesitz, der Schlaunsche Saal und Teile der ehemaligen Wohnräume, das Heimatmuseum und der Park können besichtigt werden.

Im Schloss werden Trauungen durchgeführt, Theater und Konzerte, Kunst- und Antiquitätenmärkte und Oldtimertreffen stehen auf dem Jahreskalender der gräflichen Familie.

Im Schloss ist ein Hotel mit ansprechender Gastronomie untergebracht.

Adresse / Informationen

Graf von Merveldt'sche Rentei
Schloss 2
46286 Dorsten
Tel. 02369/7167
schloss-lembeck@t-online.de
www.schlosslembeck.de

Haus Bodelschwingh (Dortmund)

Wasserschlossromantik pur. Die auf Eichenholzpfählen ruhende, mittelalterliche Anlage mit gotischem Kernbereich stammt zwar aus dem 13. Jahrhundert (erbaut von Ritter Giselbert I., genannt Speke), ist durch viele Erweiterungen aber vor allem ein Bauwerk des 16. und 17. Jahrhunderts – es verbindet westfälische Barockarchitektur mit Renaissanceformen.

Während von der ebenfalls barocken Gartenanlage kaum etwas übrig blieb, erzählt ein aus dem 16. Jahrhundert stammender Kamin im Inneren des Herrenhauses Familiengeschichte: Das historische Gerichtsmotiv des Kambyses erinnert an die Grafen von Bodelschwingh als „Freigrafen der Feme".

In Sachen Stammbaum herrscht im Haus Bodelschwingh übrigens bis heute eine bemerkenswerte Tradition: Als einziger Dortmunder Adelssitz wird er noch immer von den Nachfahren seiner Erbauer bewohnt.

Haus Bodelschwingh, Dortmund

Park und Schloss sind nur sehr selten der Öffentlichkeit zugänglich.

Informationen

Schloßstr. 75, 44357 Dortmund
Tel. 0231/288620-60
verwaltung@zuknyphausen.de
www.schloss-bodelschwingh.de

Haus Brünninghausen (Dortmund)

Das Torhaus Rombergpark ist das einzige Überbleibsel des Wasserschlosses der Freiherrn von Romberg. Ursprünglich als wasserumwehrte Burg im 14. Jahrhundert entstanden, ließ Konrad Philipp von Romberg die Anlage 1681 zum Schloss umbauen. Diese wurde zu Beginn des 19. Jahrhunderts von August Reinking durch eine neue Schlossanlage im klassizistischen Stil ersetzt, im Zweiten Weltkrieg jedoch – bis auf das halbrunde Torhaus – völlig zerstört. Das Torhaus Rombergpark wird heute als Kunstgalerie für Wechselausstellungen und als Konzertstätte genutzt.

Ende 2011 wurden bei Arbeiten zur Renaturierung der Schondelle Burgmauern freigelegt und als schützenswert eingestuft.

■ **Informationen**

Am Rombergpark 50
44225 Dortmund
Tel. 0231/50-23194
Öffnungszeiten: Di-Sa 14-18 Uhr, So 10-18 Uhr

Haus Dellwig (Dortmund)

Das 1238 erstmals urkundlich erwähnte Wasserschloss – bis 1727 Residenz der Familie von Dellwig – wurde im Dreißigjährigen Krieg stark zerstört. Das zweistöckige Herrenhaus wurde von 1658 bis 1690 wieder aufgebaut und erweitert, während die dreiflügelige Vorburg Anfang des 18. Jahrhunderts entstand. Das seit 1997 unter Denkmalschutz stehende Haus ist heute im Besitz der Stadt Dortmund, Haupt- und Nebengebäude plus Ländereien sind verpachtet. Eine Besichtigung des bewohnten Herrenhauses ist nicht möglich. Im östlichen Vorhofgebäude ist das Heimatmuseum Lütgendortmund 1988 e. V. beheimatet.

Haus Rodenberg, Dortmund

■ **Informationen**

Dellwiger Str. 130
44388 Dortmund
Tel. 0231/604186 (Museum)
info@museum-luedo.de
www.museum-luedo.de

Haus Rodenberg (Dortmund)

Von dem auf das 13. Jahrhundert zurückgehenden Wasserschloss sind lediglich die 1698 erbaute zweiflügelige Vorburg und ein Torturm übrig geblieben. Erstmals zerstört wurde die Burg 1420 im klevisch-märkischen Krieg. Der Wiederaufbau folgte im 17. Jahrhundert – ein kompletter Neubau des Herrenhauses, das jedoch im folgenden Jahrhundert mehr und mehr verfiel und schließlich 1810 abgerissen wurde.

Nach umfassender Renovierung, die Mitte der 1990er Jahre abgeschlossen wurde, beherbergt Haus Rodenberg heute die Volkshochschule, die Märchenbühne und einen Gastronomiebetrieb.

■ **Adresse**

Rodenbergstr. 36
44287 Dortmund

Haus Wenge (Dortmund)

Erstmals um 1300 als Sitz der „Ritter von Weynghe“ genannt, wurde Haus Wenge im Spanischen Erbfolgekrieg zerstört. Der um 1600 erfolgte Neubau ließ das heute sichtbare, zweigeschossige, wasserumwehrte Herrenhaus mit Staffelgiebeln – das einzige erhaltene Adelshaus im Raum Dortmund mit gotischen Formen – entstehen.

Das Haus wurde zwischen 1962 und 1966 umfassend restauriert.

■ **Adresse**

Alekestr. 4
44329 Dortmund

Haus Westhusen (Dortmund)

Haus Westhusen wurde als Wasserschloss 1332 errichtet. Nach Bränden und Zerstörungen ist heute nur das zweigeschossige, mit Stufengiebeln versehene Herrenhaus von 1620 erhalten. Der polygonale Wohnturm auf der Hofseite stammt aus dem Jahre 1886. Das Haus wird heute als Seniorenwohnheim und als Hochzeitsstätte genutzt.

Adresse
Schloss Westhusener Str. 71
44357 Dortmund

Hohensyburg (Dortmund)

Auf dem Gelände einer ehemaligen sächsischen Fliehburg, die 775 von den Franken unter Karl dem Großen erobert worden war, wurde die Syburg von Kaiser Heinrich IV. um 1070 aus Ruhrsandstein errichtet.

Nach ihrer Zerstörung 1287 durch Graf Eberhard I. von der Mark befinden sich hier nur noch Ruinen: Zwei Bergfriede, Palas (Zweikammersystem), der Mauerring und die vorgelagerten Wälle um die Hofanlage sind noch zu erkennen.

Über die Burgreste hinaus bedeutsam sind drei Denkmäler – der 1857 zu Ehren des ersten Oberpräsidenten Westfalens, Freiherr Ludwig von Vincke, errichtete Vincketurm, das 1902 westlich der Burgruine entstandene Kaiser-Wilhelm-Denkmal und das von Fritz Bagdons 1930 geschaffene Kriegerdenkmal zur Erinnerung an die Toten des Ersten Weltkrieges im Innern der Burg. Die Burg selbst mit ihrem herrlichen Ausblick über die Täler von Ruhr und Lenne hat sich zu einem beliebten Ausflugsziel entwickelt.

Adresse
Hohensyburgstraße
44625 Dortmund

Haus Böckum (Duisburg)

Ehemalige Wasserburg, von der die viereckige Vorburg aus Backstein, ein dreigeschossiger Vierkantturm mit geschweifter Haube, eine gemauerte Bogenbrücke sowie eine Toreinfahrt erhalten sind. Die Burg soll zur Wohnnutzung umgestaltet werden.

Hohensyburg, Dortmund

■ **Adresse**
Böckumer Burgweg 61
47259 Duisburg

Oberhof (Duisburg)

Vom Verkehrslärm der A42 umgeben, liegt eines der wenigen erhaltenen Zeugnisse niederrheinischer Renaissance-Architektur. Der 1665 errichtete zweigeschossige Backsteinbau präsentiert sich mit einem besonderen Schweifgiebel in drei Stufen.

Das heutige Haus wurde als Ersatz für den alten Oberhof gebaut, einen alten Adelssitz aus dem 9. Jahrhundert, der 947 von Otto I. dem Stift Essen übertragen, im Mai 1659 jedoch durch einen Brand zerstört worden war. Heute ist der Oberhof Bürger- und Stadtteilzentrum mit Café.

■ **Adresse**
Friedrich-Ebert-Str. 364
47139 Duisburg

Gut Ahlhausen (Ennepetal)

Die bereits Mitte des 11. Jahrhunderts urkundlich erwähnte Gutsanlage Ahlhausen besteht aus einem zweigeschossigen Herrenhaus im Baustil des Frühbarocks von 1678 und einem höhenversetzten Seitentrakt mit eingelassenem, verschiefertem Zwiebelturm. Die Hofgebäude stammen aus dem 18. Jahrhundert. Ebenfalls einen Besuch wert ist der im umgebenden Wald befindliche Privatfriedhof der Familie Boelling (18./19. Jahrhundert), dessen Inschriften bis 1726 zurückreichen.

Burgruine Altendorf, Essen

■ **Adresse**
Ahlhausen 1
58256 Ennepetal

Burgruine Altendorf (Essen)

Die vermutlich auf Resten einer älteren Anlage Ende des 12. Jahrhunderts entstandene Wasserfestung mit Vor- und Hauptburg ist nur noch in Resten erhalten. Wahrzeichen der um 1750 aufgegebenen Anlage ist sicherlich der 18 Meter hohe, viergeschossige Wohnturm, der gemeinsam mit Resten der Ringmauer und Fundamenten der Rundtürme zwischen 1960 und 1969 denkmalpflegerisch gesichert wurde.

■ **Adresse**
Burgstr. 2
45289 Essen-Burgaltendorf

Haus Baldeney (Essen)

Die erstmals im 13. Jahrhundert erwähnte ehemalige Wasserburg, die heute aus einem Herrenhaus mit Wohnturm (14. Jahrhundert), zwei Erweiterungsbauten (17./18. Jahrhundert) und der 1337 gestifteten Kapelle besteht, war über Jahrhunderte Sitz der Erbkämmerer des Stiftes Essen und Erbmarschälle der Äbte zu Werden. Seit Mitte des 19. Jahrhunderts für mehr als 200 Jahre im Besitz der Familie Bottlenberg gen. Schirp (deren Wappen noch heute das Portal ziert), wurde die frühere Ritterburg 2002 von privater Seite komplett saniert. Schloss Baldeney ist auch heute in Privatbesitz. Keine Besichtigung.

■ **Adresse**
Freiherr-vom-Stein-Str. 386 A
45133 Essen

Haus Heisingen (Essen)

Entstanden aus einer vermutlich bereits im 11. Jahrhundert bestehenden Anlage, wurde Haus Heisingen seit 1464 für ca. 200 Jahre von den Herren von Stael von Holstein bewohnt, bevor 1709 Abt Coelestin von Werden das Gut erwarb. Nach einer umfassenden Renovierung diente es den Äbten von Werden ein knappes Jahrhundert als Sommerresidenz. Nach der Säkularisierung hatte Haus Heisingen wechselnde Besitzer. Seit 1890 ist die aus Burghaus, Portal, Vorburg, Wehrmauern und den Resten eines Rundturms bestehende Anlage in Privatbesitz.

■ **Adresse**

Haus Heisingen 1-13
45259 Essen

Haus Oefte (Essen)

Am Südufer der Ruhr zwischen Werden und Kettwig liegt das Haus Oefte. Als Hof der Abtei Werden bereits um 820 erwähnt, entwickelte sich die Anlage im 12./13. Jahrhundert zum Adelssitz. Wechselnde Besitzer veränderten mehrfach das Aussehen der Anlage, deren heutige Gestalt (zweigeschossiger Bau mit vorgelagertem Mittelturm) hauptsächlich von einem Umbau Mitte des 19. Jahrhunderts geprägt ist.

Die seit 1985 mitsamt dem sie umgebenden Park unter Denkmalschutz stehende Schlossanlage wird heute von einem Golfclub genutzt.

■ **Adresse**

Oefte 1 (Laupendahler Landstraße)
45219 Essen

Ruine Neu-Isenburg, Essen

Ruine Neu-Isenburg (Essen)

Die oberhalb des Baldeneysees gelegene Ruine ist mit einem Skandal des Mittelalters verbunden, demzufolge der Essener Schirmvogt Friedrich von Isenberg den Kölner Erzbischof Engelbert 1225 nach einem ungelösten Territorialstreit ermorden ließ. Isenberg wurde daraufhin geächtet, sein Stammsitz „Isenburg" bei Hattingen in Schutt und Asche gelegt und er selbst schließlich 1226 auf das Rad gebunden und hingerichtet.

Isenbergs Sohn Dietrich errichtete um 1240 dann oberhalb von Haus Baldeney die Neu-Isenburg, die im Zuge der Streitigkeiten zwischen weltlicher und kirchlicher Macht bereits 1288 durch Graf Eberhard II. von der Mark wieder zerstört wurde. Erst bei Ausgrabungen zwischen 1928 und 1932 konnten die heute begehbaren Reste der Burg wie Ringmauer und Graben wieder vollends freigelegt werden. Ein 2002 eingerichteter historischer Erlebnispfad informiert auf sechs Tafeln über die Geschichte der Burg und das Leben seiner Bewohner.

Adresse

Bottlenberg
45134 Essen

Schloss Borbeck [Essen]

Ehemals Rittersitz, gelangte das mittelalterliche Wasserschloss 1227 in den Besitz des Stifts Essen und diente über Jahrhunderte als Residenz der Essener Äbtissinnen. Der heutige dreigeschossige Rechteckbau mit Schweifgiebeln und zwei Ecktürmen mit geschweiften Hauben existiert seit dem 1744 von Fürstäbtissin Franziska Christine veranlassten Umbau.

Nach der Auflösung des Stifts 1803 ging das Schloss in preußischen Besitz über, wechselte mehrfach den Besitzer, bevor es 1941 von der Stadt Essen erworben wurde. Heute ist die Anlage mit ihrem 42 Hektar großen Park öffentlich zugänglich.

Im Mai 2006 wurden der Residenzsaal, die auf 200 Quadratmetern repräsentativ gestaltete Historische Dauerausstellung „Schloß Borbeck und die FürstÄbtissinnen" und die Kapelle nach umfangreichen Umbau- und Renovierungsarbeiten neu eröffnet – mit Standesamt und Gastronomie.

Adresse / Informationen

Schlossstr. 101
45355 Essen
Tel. 0201/8844219 (Kulturzentrum)
Tel. 0201/8833499 (Trauungen – Anmeldung Standesamt Gildehof)
Tel. 0201/681425 (Gastronomie)
kulturzentrum@schlossborbeck.essen.de
www.schloss-borbeck.essen.de

Schloss Hugenpoet [Essen]

Barockes Wasserschloss aus dem 17. Jahrhundert mit mehreren Vorleben. Eine bereits 778 als Königsgut Karls des Großen erwähnte Anlage lag 200 Meter westlich, weitere Vorgänger wurden 1478 durch Brand und 1633 durch schwedische und kaiserliche Truppen zerstört. Der von 1647 bis 1696 durch Johann Wilhelm von Nesselrode-Hugenpoet errichtete Neubau hat bis heute seine Gestalt unverändert behalten.

Die sehenswerte Inneneinrichtung besticht durch mehrere, ursprünglich zum Schloss Horst gehörende Renaissancekamine, die Fürstenbergsche Gemäldesammlung (16./17. Jahrhundert) sowie Portal und Treppenhaus aus dem sehr seltenen schwarzen Ratinger Marmor.

Heute hat sich das Schloss in eine Nobelherberge verwandelt, so dass diese Kostbarkeiten leider Hotelgästen vorbehalten sind. Eigentümer seit 2014 ist Maximilian Freiherr von Fürstenberg.

Schloss Hugenpoet, Essen

■ **Adresse / Informationen**
Schlosshotel Hugenpoet GmbH & Co. KG
August-Thyssen-Straße 51
45219 Essen-Kettwig
Tel. 02054/1204-0
info@hugenpoet.de
www.hugenpoet.de

Schloss Landsberg [Essen / Ratingen]

Das 1276 durch die Grafen von Berg erbaute Schloss Landsberg gehört zwar seit 1975 zum Stadtgebiet Ratingen, liegt aber nur 500 Meter von Schloss Hugenpoet entfernt. Geheimnisvoll im Landsberger Wald gelegen, ist die mittelalterlich geprägte Anlage aus Ruhrsandstein, die im 17. und 18. Jahrhundert durch einen neuen Palas (Wohnhaus) sowie einen Terrassengarten modernisiert worden ist, 1903 von dem Mülheimer Industriellen August Thyssen erworben und zum Wohnsitz umgebaut worden.

Seit 1984 kontinuierlich restauriert, beherbergt das leider nur von außen zu besichtigende Schloss heute eine Seminar- und Fortbildungsstätte der Thyssen Krupp AG.

■ **Adresse**
August-Thyssen-Straße 1
45219 Essen

Schloss Schellenberg, Essen

Schloss Schellenberg [Essen]

Die Ursprünge des ehemaligen Wasserschlosses lassen sich nicht genau datieren. Erstmals erwähnt wird die Anlage im 14. Jahrhundert. 1452 gelangt sie in den Besitz der Familie Vittinghoff gen. Schell, deren Freiherren vier Jahre später von der Essener Fürstäbtissin das Amt des Erbdrosten übertragen bekommen.

Zu der Anlage, die seit 2005 einen Mix aus Büro-, Schulungs- und Mieteinrichtungen beherbergt, gehören als älteste Teile der Bergfried mit angebautem Steinhaus und die Kapelle. Nach mehreren Umbauten und Erweiterungen im 17. Jahrhundert entstand 1820 das neue, im klassizistischen Stil gehaltene Wohnhaus. Im parkähnlichen Garten liegt ein 1674 erbauter barocker Pavillon mit achteckigem Dach und Zwiebelhaube.

■ **Adresse**
Renteilichtung 1
45134 Essen

Villa Hügel [Essen]

>> Industriekultur / Route der Industriekultur

Bismarckturm [Fröndenberg/Ruhr]

Angeregt durch einen Antrag der deutschen Studentenschaft, entstand 1898 auf einem der höchsten Punkte des Kreises Unna (214 Meter über NN) eine Bismarcksäule als Aussichtsturm mit Feuerkorb. Die Pläne erstellte Prof. Bruno Schmitz aus Düsseldorf, der zahlreiche Monumentalbauten wie u. a. die Kaiser-Wilhelm-Denkmale an der Porta Westfalica und am Deutschen Eck, das Kyffhäuser- und Völkerschlachtdenkmal entworfen hat. Neben seiner Erinnerungs- und Aussichtsfunktion erfüllte er seit 1919 die Aufgabe eines trigonometrischen Messpunktes erster Ordnung. Die Feuerschale auf der Turmspitze wurde 1989 entfernt und durch ein Stahlrohrgerüst mit Tafelkreuz (Messpunkt) ersetzt. Im Inneren des Turms führt eine 60-stufige Wendeltreppe zur Aussichtsetage.

■ **Adresse / Informationen**
Hubert-Biernat-Straße
58730 Fröndenberg/Ruhr
www.bismarcktuerme.de
Bismarckturm-Verein Unna in Fröndenberg e.V.
www.bismarckturm-verein-unna.de

Wasserburg Haus Berge [Gelsenkirchen]

Spätbarockes Schmuckstück der Stadt Gelsenkirchen, deren Anfänge sich bis ins 13. Jahrhundert zurückverfolgen lassen. Das Wasserschloss war Sitz der Familien Strünkede, Backem, Boenen und Westerholt-Gysenberg und wurde schließlich 1924 von der damaligen Stadt Buer gekauft, die drei Jahre später die Vorburg mitsamt Wirtschaftsgebäuden und neugotischer Kapelle abreißen ließ. Übrig blieb die – allerdings erst Ende des 18. Jahrhunderts in dieser Form als Um- und Erweiterungsmaßnahme entstandene – dreiflügelige Anlage.

Sehenswert sind auch der aus dem 17. Jahrhundert stammende Barockgarten im Südbereich sowie der ca. 100 Jahre ältere englische Garten weiter westlich. Im Sommer 2004 umgebaut, wird Haus Berge heute als multifunktionales Kongress-Zentrum genutzt, inklusive gehobener Gastronomie und Hotelbereich.

■ **Adresse / Informationen**
Adenauerallee 103
45894 Gelsenkirchen
Tel. 0209/1774-0
info@schloss-berge.de
www.schloss-berge.net

Schloss Horst [Gelsenkirchen]

Das zwischen 1554 und 1572 erbaute, wahrscheinlich bedeutendste Renaissanceschloss des nord-westdeutschen Raumes ist heute eine Mischung aus alter originaler Bausubstanz und modernen Ergänzungen. Bereits vor 1200 hatte sich das spätere Ministerialengeschlecht von der Horst hier niedergelassen.

Vom Burgherrn Rütger von Horst schließlich als vierflüge-

Schloss Horst, Gelsenkirchen

Lüttinghof – Die Burg im Wasser, Gelsenkirchen

liger Bau angelegt, verfiel der vor allem an der Fassade und bei den Kaminen mit erlesenen Steinmetzarbeiten verzierte Komplex im Laufe der Jahrhunderte so sehr, dass nur noch der Eingangsflügel und das Erdgeschoss des sog. Herrenflügels erhalten blieben.

Diese bildeten den Kern für die in den 1990er Jahren erfolgte grundlegende Renovierung des 1988 von der Stadt Gelsenkirchen gekauften Schlosses. Nach den Plänen von Prof. Jourdan wurde der Eingangsflügel in altem Stil restauriert und gleichzeitig ein Turm sowie der über Eck angrenzende Hauptflügel partiell wieder aufgebaut. Der ehemalige Innenhof wurde als Glashalle akzentuiert, die als Versammlungsort für Traugesellschaften und – ebenso wie der Rittersaal und das Kaminzimmer – als Stätte für Kulturveranstaltungen dient.

Das Museum Schloss Horst nimmt die Besucherinnen und Besucher mit auf eine Zeitreise in die Renaissance – ausprobieren und anfassen ausdrücklich erwünscht. Die historische Druckwerkstatt in der Vorburg des Schlosses lädt dazu ein, einmal selbst eine mächtige historische Druckerpresse zu bedienen.

Adresse
Turfstr.21
45899 Gelsenkirchen

Informationen
Hans-Joachim Siebel (Leitung)
Tel. 0209/169-6162
hans-joachim.siebel@gelsenkirchen.de
www.gelsenkirchen.de
Förderverein Schloß Horst e. V.
Tel. 0209/516622
foerderv@gelsennet.de
www.schloss-horst.de
Öffnungszeiten Museum: Mo-Fr 15-18 Uhr, So 11-18 Uhr

Lüttinghof – Die Burg im Wasser (Gelsenkirchen)

Die mittelalterliche Wehrburg aus dem 14. Jahrhundert besticht durch ihre weitgehend erhalten gebliebene Silhouette. Von der ursprünglich vom Kölner Erzbischof zur territorialen Sicherung des Vestes Recklinghausen auf zwei Inseln mit Vorburg und Wirtschaftsgebäuden erbauten Anlage blieb der winkelförmige Baukörper des Herrenhauses sowie die steinerne Hauptbrücke bestehen.

1976 kaufte die Stadt Gelsenkirchen die inzwischen ziemlich verwahrloste Burg, nahm erste konstruktive Sicherungsmaßnahmen vor, übereignete die Burg jedoch 1986 dem Landschaftsverband Westfalen Lippe. Der LWL rekonstruierte ab 1988 die Hauptburg und baute die Vorburg neu auf und nutzte diese als Restaurationswerkstätten. Diese Nutzung wurde 2003 aufgegeben, und seit 2005 residiert neben freiberuflichen Büros das „Studienseminar für Lehrämter an Schulen in Gelsenkirchen" der Bezirksregierung Münster in der Vorburg.

Die Burg ist heute auch Kultur- und Veranstaltungszentrum, regelmäßig finden Klassik- und Jazzkonzerte statt. Die Gastronomie für Festivitäten lässt Besucher das schöne Ambiente erleben, ein Kuchengarten wartet auf Gäste, in den Schlechtwetter-Monaten weicht man ins Kreuzgewölbe aus.

■ Adresse / Informationen

Lüttinghofallee 3-5
45896 Gelsenkirchen
Tel. 0209/604956-10
info@luettinghof.de
www.luettinghof.de

Wasserschloss Wittringen (Gladbeck)

Erstmals im Jahre 1263 als Besitztum des Ritters Ludolph von Wittringen erwähnt, wurde der Adelssitz in der Folgezeit mehrfach verändert. Später im Besitz der Adelsfamilien von Oefte, van der Capellen und von Vittinghoff-Schell, verfiel die Anlage in einen ruinösen Zustand. 1922 von der Stadt Gladbeck erworben, wurde das Schloss im nachempfundenen Renaissancestil umgebaut. Inmitten des 94 Hektar großen Stadtparks liegend, hat sich die Anlage heute als beliebtes Freizeitziel mit Städtischem Museum, Restaurant, Biergarten im Schlosshof und großzügigen Sportanlagen etabliert. Im Gildensaal des Schlosses finden Dinner-Shows wie Krimi- und Zauberdinner und andere Events, z. B. „Kunst im Schloss", statt.

■ Adresse / Informationen

Burgstr. 64
45964 Gladbeck
Tel. 02043/22323 (Restaurant)
info@wasserschloss-wittringen.de
www.wasserschloss-wittringen.de

Haus Harkorten (Hagen)

Ein Herrenhaus als hervorragendes Beispiel bergischer Rokoko-Architektur. Der zweigeschossige Fachwerkbau mit Bruchsteinsockel wurde auf dem älteren Gut der Familie Harkort vermutlich durch die Schwelmer Meisterschule als Wohnhaus gebaut. Mit seiner achsial ausgerichteten Allee nimmt die Anlage, deren parkartige Gestaltung heute weitgehend verloren ist, ein Motiv des Schlossbaus auf. Sehenswert ist das über eine halbrunde Freitreppe zu erreichende, reich geschnitzte Portal mit verziertem Oberlicht. Teile des Ensembles „Haus Harkorten" wurden in den letzten Jahren saniert, die anstehende Sanierung des Herrenhauses wird mit Geldern des Bundes eingeleitet; ein Konzept zur künftigen Nutzung wird erarbeitet.

■ Adresse

Harkortstr. 1
58135 Hagen

Haus Harkorten, Hagen

Rathaus Recklinghausen

STADTGESCHICHTE – RATHÄUSER

Es gibt sie in jedem Ort. Oftmals sind sie das Herz einer Gemeinde, prägen seit Jahrhunderten das Bild der Stadt: die Rathäuser im Ruhrgebiet. Nicht selten blicken sie auf eine lange Geschichte zurück. So z. B. das Alte Rathaus in Haltern am See, das zwischen 1575 und 1577 errichtet wurde. Leider zerstörte der letzte Krieg große Teile des Gebäudes, es ist heute nur noch in vereinfachter Form erhalten.

Noch älter als das Halterner Rathaus ist das Rathaus von Rheinberg: Es wurde bereits 1449 in gotischem Stil mit spitzer Turmhaube und Zinnenfries erbaut. Im 18. und 19. Jahrhundert erfuhr das Haus architektonische Umgestaltungen, die es bis heute charakterisieren.

Die kunstvolle spätgotisch-flämische Rathausfassade in Wesel gilt als Symbol der reichen Hansestadt und wurde in den Jahren 1472 bis 1476 errichtet. Der Turm bekam 1801 eine barocke Haube. Das Rathaus wurde im Zweiten Weltkrieg zerstört, doch mithilfe einer Bürgerinitiative wurde das Geld für eine Rekonstruktion der Fassade aufgebracht. Seit 2011 schmückt das Kunstwerk wieder den Großen Markt in Wesel.

Rathaus Haltern am See (o.) und Rathaus Bottrop

Das Bottroper Rathaus ist noch eines der wenigen, welches ein eigenes Behördenviertel bildet. In den Jahren 1914–1916 im Neorenaissance-Stil erbaut, ist es bis heute eines der beeindruckendsten Gebäude der Stadt. Besonders schön ist das dreigeschossige Hauptgebäude mit seinen Arkadengängen an der Frontseite.

Das Historische Rathaus von Bocholt wurde im 17. Jahrhundert erbaut und gilt bis heute als eines der schönsten in ganz Deutschland.

Gleich vier Rathäuser kennt die Stadt Recklinghausen: Das erste, 1256 errichtet, fiel einem Brand zum Opfer; das zweite (1509) und dritte (1847) wurde zu klein und erforderte den vierten Bau (1908), ein Monument repräsentativen Bürgerstolzes im Stile Deutscher Renaissance.

Von architektonischer Besonderheit ist schließlich auch das Mülheimer Rathaus: Das markante Gebäude an der Friedrich-Ebert-Straße wurde 1915 fertiggestellt und in den 1970er Jahren um einige Gebäudeteile erweitert. Es gehört zu denjenigen Rathäusern des Ruhrgebiets, die aufgrund ihrer Lage sowie ihrer imposanten Gestalt zum Wahrzeichen einer Stadt wurden.

Der Hohenhof (Hagen)

>> Kunst & Kultur / Museen

Schloss Hohenlimburg (Hagen)

Das auf einer Anhöhe inmitten dichtbewachsenen Waldes oberhalb des Hagener Stadtteils Hohenlimburg gelegene Schloss ist die einzige noch weitgehend in der ursprünglichen Baugestalt erhaltene mittelalterliche Höhenburg in Westfalen.

Erstmals als Burg Limburg 1242 urkundlich erwähnt, gelangte sie nach wechselhafter Geschichte in den Besitz der Grafen von Bentheim, deren Nachfahre Graf Moritz Casimir die Anlage um 1740 erheblich umbaute und erweiterte. Der Komplex ist in Vorburg – u. a. mit dem sogenannten Nassauer Schlösschen (1615), Wirtschaftsgebäuden (1741) und Resten eines Wehrturmes – und innerem Schlossteil mit rundem Bergfried, Rauchhaus (1610), älterem und neuerem, spätbarocken Palasgebäude sowie dem ehemaligen Küchen- und Kastellanhaus (1738) gegliedert. Die barocke Gartenanlage von Graf Moritz Casimir wurde 2006 nach historischen Aufzeichnungen rekonstruiert.

Adresse / Informationen

Alter Schlossweg 30
58119 Hagen
Tel. 02334/2771 (Verwaltung)
buero@schloss-hohenlimburg.de
schloss-hohenlimburg.de
Öffnungszeiten: Oktober, November und März: Sa/So 12-18 Uhr; April bis September: Mi-Fr 14-18 Uhr, Sa/So/Fei 12-18 Uhr; Dezember bis Februar: während des Weihnachtsmarkts und der Lichtspiele

Wasserschloss Werdringen (Hagen)

Romantisches Kleinod am Südufer des Harkortsees, dessen Ursprung vermutlich in der Zeit der Herren von Volmarstein (1134–1324) liegt. Der Kern der heutigen Anlage entstand im 15. Jahrhundert, wurde 1852 von Friedrich Wilhelm III. von der Recke-Volmarstein allerdings in neugotischem Stil umgebaut. 1977 von der Stadt Hagen erworben, erstrahlt das zwischen 1990 und 1995 grundlegend sanierte Schloss wieder in neuem Glanz. Die Räume werden für kulturelle Zwecke genutzt. Im November 2004 eröffnete hier das „Museum für Ur- und Frühgeschichte – Wasserschloss Werdringen“ (s. Kunst & Kultur/Museen) der Stadt Hagen.

Wasserschloss Heessen, Hamm

Wasserschloss Oberwerries, Hamm

Adresse / Informationen
Schloss Werdringen
Werdringen 1
58089 Hagen
Tel. 02331/3067266
info@historisches-centrum.de
www.historisches-centrum.de

Wasserschloss Heessen (Hamm)

Der Name der wasserumwehrten Anlage wird bereits 975 urkundlich erwähnt. Allerdings handelt es sich bei der Erwähnung um einen Vorgängerbau des heute zu besichtigenden Schlosses, das im 15. Jahrhundert durch Dietrich von der Recke errichtet wurde. Nach mehreren im Geiste des Barocks und des Klassizismus durchgeführten Umbauten und Erweiterungen ist das heutige Erscheinungsbild erst zwischen 1905 und 1908 entstanden, als der damalige Besitzer Freiherr Dietrich von Böselager das Haus nach Vorlagen aus dem 16. Jahrhundert durch den Architekten Alfred Heessen in neugotischem Stil umgestalten ließ.

Heute ist dort ein Gymnasium mit einem angeschlossenen Internat untergebracht. Und manchmal ist das Schloss auch Kulisse für Filmaufnahmen wie „Die wilden Hühner".

Adresse
Schlossstr. 1, 59073 Hamm

Wasserschloss Oberwerries (Hamm)

Repräsentative Barockanlage, die 1667 begonnen und 1692 von der Witwe des Eigentümers, Ida Freifrau von Beverförde-Werries, vollendet wurde. Als Baumeister fungierte der Kapuzinermönch Ambrosius von Oelde, der ein rechtwinklig angelegtes Herrenhaus mit Südflügel und eckigem Pavillonturm errichten ließ. Die von Johann Conrad Schlaun 1730–1735 um einen Marstall erweiterte Vorburganlage blieb die letzte bauliche Veränderung eines Anwesens, das nur bis 1781 bewohnt war und in der folgenden Zeit allmählich verfiel. 1942 schließlich kaufte die Stadt Hamm das Schloss, ließ es grundlegend renovieren und benutzt es heute zu repräsentativen Zwecken. Zudem dient es als Bildungs- und Begegnungsstätte. Außenbesichtigungen möglich.

Adresse
Zum Schloss Oberwerries, 59073 Hamm

Besichtigungen leider nicht möglich (Hamm)

Zu den als Kulturdenkmäler wichtigen Herrenhäusern in Hamm gehören auch Haus Ermelinghof (Geinegge 38), Haus Hohenover (Rhynernstr. 2), Haus Kentrop (Stadtteil Hamm-Mark), Haus Reck (Huckenhollweg 42) und Haus Uentrop (Zollstr. 2). Allerdings ist deren Besichtigung nicht möglich.

Zu den reizvollsten Ausflugszielen gehören sicherlich die Wasseranlagen von Haus Reck (der Kern des Herrenhauses stammt aus dem 15. Jahrhundert) und Haus Uentrop (erbaut 1720, die Vorgängerburg vom Ende des 12. Jahrhunderts brannte ab).
Gleich einigen Gemäuern halten bisweilen auch die Familientraditionen auf den Adelssitzen den Jahrhunderten stand. So wurde Haus Uentrop seit seiner Übernahme durch Hermann von der Recke im Jahre 1393 bis zum Jahr 1990 von dessen Nachfahren bewohnt.

Schloss Ringenberg (Hamminkeln)

Um 1200 von Freigraf Sueder I. als Burg erbaut, ist die Schlossgeschichte zunächst eng mit ihrer günstigen strategischen Lage im „Dreiländereck" der Herrschaftsbereiche des Erzbistums Köln, des Bistums Münster und der Grafschaft Kleve und deren territorialer Zwiste verbunden. Im Dreißigjährigen Krieg völlig zerstört, wird sie durch Alexander Freiherr von Spaen im Stile des niederländischen Barock als Wasserschloss wieder aufgebaut und 1661 fertiggestellt.

Seit 1989 befindet sich die Anlage, die nach schweren Schäden im Zweiten Weltkrieg stilgerecht erneut aufgebaut wurde, im Besitz der Stadt Hamminkeln, die es nach einer umfassenden Restaurierung an die Derik-Baegert-Gesellschaft zur Förderung zeitgenössischer Kunst verpachtet hat, welche Jahr für Jahr wechselnde Stipendiaten dort beherbergt. Heute finden regelmäßig Ausstellungen und Konzerte im Schloss statt, das im Gewölbekeller auch über ein Restaurant verfügt.

■ **Adresse**

Schlossstraße 8
46499 Hamminkeln
Tel. 02852/507540 (Restaurant)

Burg Blankenstein (Hattingen)

Als Nachfolgeburg der Isenburg (s. Isenburg) 1226/7 durch Graf Adolf I. von der Mark auf dem „blanken Steyne" errichtet. Im 14. und 15. Jahrhundert wurde sie als Drostensitz zu einer der märkischen Hauptburgen ausgebaut.

Durch den Anschluss der Grafschaft Mark an Brandenburg-Preußen 1614 verlor der Sitz allerdings seine herausragende Funktion, woraufhin der Große Kurfürst Friedrich Wilhelm I. sie 1662 kurzerhand abreißen ließ. Übrig blieben lediglich der Torturm und ein Teil der Burgmauer.

Obwohl auf Hattinger Stadtgebiet stehend, kaufte die Stadt Bochum 1922 die Burg, weil ihr hier durch Graf Engelbert II. von der Mark 1321 die Stadtrechte verliehen worden waren.

Die in den 1960er Jahren gründlich renovierte Burgruine, aufgrund ihres herrlichen Ausblicks auf das Ruhrtal mit Haus Kemnade und dem Kemnader Stausee längst ein beliebtes Ausflugsziel, beherbergt heute ein Restaurant mit Biergarten. Sehenswert ist auch der historische Ortskern von Blankenstein, malerisch neben der Burg Blankenstein über der Ruhr gelegen ist er Sitz des Stadtmuseums von Hattingen.

■ **Adresse / Informationen**

Burgstraße
45527 Hattingen
Tel. 02324/33231 (Restaurant)
info@BurgBlankenstein.de
www.burgblankenstein.de

Burgruine Isenburg (Hattingen)

Die um 1200 von Graf Arnold von Altena errichtete Burg auf dem bis zu 200 Meter über das

Wasserburg Kemnade, Hattingen/Bochum

Ruhrtal ragenden Isenberg hat trotz ihrer strategisch günstigen Lage und einer riesenhaften Längsausdehnung von 240 Metern eine der kürzesten Burghistorien überhaupt.

Denn bereits 1225 wurde sie als Racheakt für die Verschwörung von Arnolds Sohn, Friedrich von Isenberg, gegen Erzbischof Engelbert geschleift. Die Ruine blieb über Jahrhunderte nur als Steinbruch interessant, so auch für den Düsseldorfer Hofbaumeister Custodis, der sich der Einfachheit halber seinen Landsitz auf dem Burggelände baute. In diesem Haus sind heute Exponate zur Geschichte der Burg ausgestellt.

Adresse / Informationen

Verein zur Erhaltung der Isenburg e.V.
Am Isenberg 2
45529 Hattingen
info@burg-isenberg.de
www.burg-isenberg.de

Wasserburg Kemnade (Hattingen/Bochum)

Die zweiteilige Wasserburg aus Vor- und Hauptburg mit gotischer Kapelle geht auf eine mittelalterliche Anlage zurück und ist heute Besitz der Stadt Bochum. Die erhaltenen Gebäude in typischem Renaissance-Stil stammen aus dem 17. und 18. Jahrhundert. Im Innern beeindrucken eine überraschende Vielzahl von Renaissance- und Barockkaminen sowie bemalte und stuckierte Balkendecken. Die in der malerischen Landschaft des Ruhrtals gelegene Wasserburg beherbergt in ihren Gebäuden eine Musikinstrumenten- und eine geldgeschichtliche Sammlung, eine ostasiatische Kunstsammlung und ein Bauernhausmuseum (s. Kunst & Kultur/Museen). Darüber hinaus finden Konzerte (Burghof), Tagungen und weitere kulturelle Veranstaltungen statt. Ein Restaurant bietet anspruchsvolle Küche.

Adresse

An der Kemnade 10
45527 Hattingen
Tel. 02324/30268
briefkasten@fv-hauskemnade.de
www.fv-hauskemnade.de

Haus Mallinckrodt, Herdecke

Haus Mallinckrodt (Herdecke)

Feuersbrünste und Kriege – gleich dreimal wurde das erstmals 1324 errichtete Gut zerstört. Von der 1620 wieder aufgebauten Anlage ist heute lediglich das Westgebäude erhalten geblieben, es wird sinnigerweise „Alte Burg" genannt. Verschwunden sind auch spätere Neubauten, wie das 1825 errichtete Herrenhaus – die Vorfahren der heutigen Besitzerfamilie ließen es kurzerhand abreißen und durch ein schlossartiges Anwesen im Stil der flämischen Gotik ersetzen. Eine Besichtigung ist leider nicht möglich.

■ **Adresse**
Gederner Str. 20
58313 Herdecke

Gut Schede (Herdecke)

Denkmalgeschützte Gutshofanlage auf einer Kuppe der Ardeyhöhen, die sich zwar seit dem 9. Jahrhundert nachweisen lässt, deren älteste Bausubstanz (Gutshaus) aber aus dem 17. Jahrhundert stammt. Im 18. Jahrhundert in den Besitz der Fabrikantenfamilie Harkort gekommen, entstand zwischen 1804 und 1810 das zweigeschossige Herrenhaus aus Ruhrsandstein. Entsprechend dem gesellschaftlichen Anspruch der Besitzer wurden Anfang des 20. Jahrhunderts die Innenräume neu gestaltet. Der berühmte belgische Architekt Henry von de Velde entwarf zwei Zimmer und die geschwungene Innentreppe im Jugendstil. Nach einem Entwurf von Peter Behrens, dem damaligen Leiter der Kunstschule Düsseldorf, wurde in der nordwestlichen Ecke des Wirtschaftsflügels 1904 ein „Blauer Salon" eingefügt.

■ **Adresse**
Schede
58313 Herdecke

Wasserschloss Strünkede (Herne)

Einst Sitz des alten Edelgeschlechts gleichen Namens, ist Schloss Strünkede eines der schönsten Wasserschlösser Westfalens. Der heutige Renaissancebau aus dem 16. und 17. Jahrhundert, von dessen kastellartigem Vorgängerbau ein dreigeschossiger Pavillonturm und zwei niedrigere Flügel übrig blieben, bietet zwei

Attraktionen: Das im Emschertalmuseum (s. Kunst & Kultur/Museen) ausgestellte, zu Beginn des 17. Jahrhunderts angefertigte Grabdenkmal des Adligen Jobst von Strünkede, dessen diplomatisches Geschick sich die Herzöge von Kleve-Mark zunutze machten, und die im Schlosspark befindliche, aus dem Jahre 1272 stammende Schlosskapelle, heute immerhin das älteste erhaltene Bauwerk im Stadtgebiet.

■ **Adresse**

Karl-Brandt-Weg 5, 44629 Herne

Schloss Westerholt (Herten)

Direkt am alten Dorf in Herten-Westerholt liegt die von Gräften umgebene Schlossanlage. Sie ist Stammsitz des Grafengeschlechts derer von Westerholt, das sich später „von Westerholt zu Gysenberg" nannte. Nachdem ein Feuer die ursprünglichen Gebäude 1830 stark beschädigte, wurde 1833 das heutige Schloss mit zwei Geschossen errichtet. Die Erinnerung an alte Zeiten wird von kostbaren Ölgemälden, Stuckdecken, alten Stichen und einem romantischen Innenhof wachgehalten. Das Schloss wurde 1993 zum Hotel und Restaurant umgebaut, direkt hinter ihm erstreckt sich der 18-Loch-Platz des Golfclubs Westerholt.

■ **Adresse / Informationen**

Schlossstr. 1
45701 Herten
Tel. 0209/14894-0
info@schlosshotelwesterholt.de
www.schlosshotelwesterholt.de

Wasserschloss Herten

Die Wasserburg Herten ist ein herausragendes Beispiel für die Zeit der Spätgotik. Erstmals im Jahre 1376 urkundlich erwähnt, stammt ihr Erscheinungsbild aus dem 16. Jahrhundert, als Bertram von Nesselrode das Schloss, mit auf zwei Inseln liegender Vor- und Hauptburg, großzügig um- und ausbaute. Markant sind die drei mächtigen runden Ecktürme der Hauptburg um den trapezförmigen, geschlossenen Innenhof. Aus dieser Zeit stammen auch das Wirtschaftsgebäude und die Kapelle auf der Vorburg.

Um 1650 und nach einem Großbrand 1687 sind weitere Umbauten belegt, die im Inneren der Hauptgebäude eine beeindruckende barocke Gestaltung hinterlassen haben, wie das in Westfalen einzigartige Decken-Fresko im großen Saal des Ostflügels. 1974 erwarb der Landschaftsverband Westfalen-Lippe das Schloss und ließ es grundlegend restaurieren. Gemeinsam mit dem Schlosspark (inkl. der Ruine einer Orangerie von 1725 und einem 1795 erbauten Tabakhäuschen) und dem angrenzenden

Schloss Westerholt, Herten

Schlosswald bildet das Schloss eine selten zu findende Gesamtanlage als Einheit von Architektur, gestaltender und gestalteter Landschaft. Schloss und Schlosspark dienen heute als Kulisse für verschiedene bedeutende Kulturveranstaltungen der Region, so für die Hertener Schlosskonzerte und den Pfingst-Kunstmarkt, der allein jährlich einige tausend Besucherinnen und Besucher nach Herten lockt.

■ Adresse
Im Schlosspark
45699 Herten

Haus Opherdicke (Holzwickede)

1182 erstmals als „Burg Opherdicke" der Herren von Herreke erwähnt, erhielt die Anlage zwischen 1682 und 1687 ihre heutige Gestalt. Das barocke dreigeschossige Herrenhaus ist von zwei verschieden breiten Türmen mit welschen Hauben eingefasst. Zum Haus gehören außerdem noch Wirtschaftsgebäude, ein Gästehaus (1895), zwei Torbauten (Inschriften: 1695 und 1726) und das Brauhaus von 1738. Der 1980 vom Kreis Unna erworbene und bis zum Frühjahr 2011 aufwändig restaurierte Adelssitz wird heute für vielfältige kulturelle und gesellschaftliche Veranstaltungen genutzt, darunter Jazz-, Rock- und Folk-Veranstaltungen, eine Kammermusikalische Reihe und Kunstausstellungen. Der ca. 30.000 Quadratmeter große, im Stil eines englischen Gartens angelegte Park ist öffentlich zugänglich.

■ Informationen
Dorfstr. 29
59439 Holzwickede
Tel. 02301/9183972
www.kreis-unna.de

Haus Esselt (Hünxe)

Der zweigeschossige Ziegelbau aus dem 17. Jahrhundert steht vermutlich auf den Grundmauern einer älteren Anlage, die bereits 1482 urkundlich datiert ist. 1958 wurde der Adelssitz (u. a. die Wohnstätte der Freiherren von der Capellen und der Freiherren von Wylich zu Diersfordt) vom Maler, Grafiker und Bildhauer Otto Pankok erworben. Nach seinem Tod wurde die frühere Scheune zu einem Museum umgestaltet, in dem die Werke des Expressionisten ausgestellt sind.

■ Adresse
Otto-Pankok-Weg 4
46569 Hünxe
www.pankok-museum-esselt.de

Wasserschloss Gartrop (Hünxe)

Die zu den schönsten Wasserschlössern am Niederrhein gehörende Anlage stammt aus dem 17. Jahrhundert. Aufgrund urkundlicher Erwähnungen werden an dieser Stelle mittelalterliche Vorgängerbauten vermutet, die auf die Herren von Gardapen zurückzuführen sind. Zu dem zweigeschossigen, von Albert Gisbert von Hüchtenbruck errichteten Vierflügel-Schloss mit einem Turm oberhalb des Eingangs gehören eine neugotische Saalkirche (1698), eine Wassermühle und zwei Gartenhäuser. Auffallend bereits am Eingangstor: die plastischen Darstellungen der Göttinnen Athene und Concordia.

■ Adresse
Schlossallee
46569 Hünxe
www.schlosshotel-gartrop.de

Haus Heeren (Kamen)

Das von einer Gräfte umschlossene Herrenhaus wurde 1687 von den Freiherren von Plettenberg als Nachfolgebau einer 1302 von den Grafen von der Mark errichteten, bei kriegerischen Auseinandersetzungen aber zerstörten Burg gebaut. Auf der Vorburg steht ein dreiflügeliger Wirtschaftsgebäude-Komplex, ergänzt durch Zufahrtsallee, Wächterhäuschen, den Resten einer ehemaligen Orangerie und einer privaten Grabanlage. Seit Juni 2014 werden Räumlichkeiten für Trauungen und Seminare angeboten.

■ Adresse
Heerener Str. 177
59174 Kamen

Haus Dieprahm (Kamp-Lintfort)

Gut erhaltener, schlossähnlicher Backsteinbau aus dem 17. Jahrhundert, an dessen

Wasserschloss Gartrop, Hünxe

Stelle früher wahrscheinlich ein Hof aus fränkischer Zeit stand. In dem rechteckigen, zweigeschossigen Gebäude mit zwei Ecktürmen soll der Legende nach einmal Napoleon I. nach seiner Niederlage in Russland (1812) genächtigt haben. Das Haus befindet sich in Privatbesitz und kann leider nicht besichtigt werden.

■ Adresse

Dieprahmsweg / Rundstraße
47475 Kamp-Lintfort

Haus Eyll (Kamp-Lintfort)

Dass hier einmal der älteste Rittersitz der Gegend stand, lässt sich kaum erahnen. Als Überbleibsel der Geschichte sind nur eine Begrenzungsmauer mit Schießscharten, heute Außenmauer eines Stalls, ein 1986 restaurierter alter Eckturm und die außerhalb des Areals liegende Kapelle mit Friedhof vorhanden. Die Kapelle, vermutlich 1430/32 erbaut, war wie die Burg Eigentum der Herren von Eyll, von Pallant und von Eerde und wurde 1835 zur Pfarrkirche erhoben (siehe auch „Pfarrkirche St. Mariä Himmelfahrt [Kamp-Lintfort]“ im Kapitel Geschichte / Kirchen & Klöster).

Besichtigungen sind nach Terminabsprache mit dem Pfarrbüro St. Josef möglich.

■ Informationen

Eyller Str. 344
47475 Kamp-Lintfort
Tel. 02842/91170 (Pfarrbüro St. Josef)
pfarrbuero.josef@st-josef-kamp-lintfort.de

Haus Heideck (Kamp-Lintfort)

Auf dem bereits 1301 als Rittersitz bekannten Anwesen, auf der u. a. die Familie von Eyll wohnte, zählt heute nur noch die Landwirtschaft. Daneben gibt es noch einen anderen Geschichtszweig: Das zweigeschossige Gebäude mit einem Wehrturm beherbergte vom Ende des 19. Jahrhunderts bis 1948 eine Schnapsbrennerei.

Nur auf eigene Gefahr und nach telefonischer Absprache kann die noch im Originalzustand erhaltene Brennereianlage besichtigt werden.

■ Informationen

Heidecker Weg 65, 47475 Kamp-Lintfort
Tel. 02843/50306
(Besitzer Familie Struken)

Hiesfelder Wassermühle, Dinslaken

WINDE DER NORDSEE – MÜHLEN

Die Windmühlen sind seit Jahrhunderten markante Wahrzeichen des westlichen Ruhrgebiets. Sie bilden Bestandteile der Landschaft und prägen das Bild vieler Dörfer und Gemeinden. Insbesondere in der niederrheinischen Region rund um Dinslaken, Moers, Hamminkeln und Xanten sind sie ein sichtbares Zeichen dafür, dass die kräftigen Winde der Nordsee, die über das flache Land jagen, nur etwa 300 Kilometer entfernt sind. Im Laufe der Jahrhunderte wurden viele verschiedene Mühlenbauten entwickelt, die sich in ihrer architektonischen Gestalt und ihrem Funktionsspektrum unterschieden.

Die meisten Mühlen am Niederrhein sind Bockwind-, Turmwind-, Koker- und Holländerwindmühlen. Sie dienten zum Teil nicht nur dem Mahlen von Getreide, sondern auch der Entwässerung umliegender Gebiete. Auch als Verteidigungspunkt, etwa durch die Eingliederung in die Stadtmauer, konnten die Mühlen herangezogen werden. Stand das Kornmahlen im Vordergrund, wurde unweit der Mühle ein Hauptgebäude für den Mühlenbetrieb sowie ein Wohnhaus für den Müller errichtet. Viele dieser Einrichtungen sind während des Zweiten Weltkriegs zerstört und nicht wieder aufgebaut worden. Auch der Beruf des Windmüllers gehört längst der Vergangenheit an.

Dankenswerterweise haben sich einige Gemeinden dennoch bemüht, der Bedeutung des Mühlenwesens für die Region Rechnung zu tragen und die zerstörten Gebäude in mühevoller Kleinarbeit zu restaurieren und wieder funktionsfähig zu machen. Viele Mühlen

Tüshaus Mühle, Dorsten (o.), Obere Burgmühle, Schermbeck, Wassermühle Sythen, Haltern

sind inzwischen Privateigentum und zu Wohneigentum umgebaut.

In Dinslaken-Hiesfeld befindet sich in der Wassermühle aus dem 17. Jahrhundert ein Mühlenmuseum, das tiefergehende Aufklärung über das Mühlenwesen liefert. Originalgetreue Modelle von europäischen Wind- und Wassermühlen sind hier ausgestellt (s. Kunst & Kultur / Museen). Die Gerritzens-Mühle in Emmerich-Elten ist ein so genanntes „Museum im laufenden Betrieb“: Hier kann man eine Windmühle mal so richtig in Aktion sehen und sich ein Bild von dem Arbeitsablauf eines Müllers machen (Besichtigung nach Absprache). Weitere sehenswerte Mühlen sind: Tüshaus-Mühle (Dorsten), Lohmann-Mühle (Duisburg), Wassermühle (Haltern-Sythen), Windmühle Weßling, Turmwindmühle Nordbrock und Roßmühle (Hamminkeln), Loemühle (Marl), Wassermühle (Moers), Wassermühle Benninghoff, Windmühle Damm und Obere Burgmühle (Schermbeck), Biermanns- und Kriemhildmühle (Xanten).

Eine spezielle Funktion hat die 1852 errichtete und 1925 stillgelegte Turmwindmühle „Königsmühle“ in Hamminkeln. Zur Gedenkstätte für die Gefallenen der beiden Weltkriege umgebaut, beherbergt sie als „Ehrenmal Dingden“ seit 1964 die Bronzefigur „Die Trauernde“ des Bildhauers Heinz Hölker.

Informationen

Niederrhein Tourismus GmbH
Willy-Brandt-Ring 13
41747 Viersen
Tel. 02162/817903
info@niederrhein-tourismus.de
www.niederrhein-tourismus.de

Haus Frohnenbruch (Kamp-Lintfort)

Vor über 700 Jahren war Haus Frohnenbruch ein Rittersitz, Johann von Stralen erhielt 1304 die „Burg Vronenbroeck" vom Grafen Reinald von Geldern als Lehen übertragen. Von etwa 1533 an gehörte die Anlage für mehr als 200 Jahre den Herren von Millendonk. Eine Zeichnung belegt, dass das Anwesen zum Ende des 17. Jahrhunderts eine Vorburg und ein Haupthaus mit vier Türmen, umgeben von Wassergräben mit Brücken, zusätzlich Garten, Acker und anderes Land umfasste. Die ehemalige Wasserburg befindet sich seit 1846 im Besitz der Familie Bird, Gebäude und Ländereien werden bereits in sechster Generation landwirtschaftlich genutzt, seit 2002 in Form eines Biolandhofes. Noch heute ist Haus Frohnenbruch von drei Seiten mit Wasser umgeben, die ältesten Gebäude sind von 1622.

■ Informationen

Schlossallee 81
47475 Kamp-Lintfort
Tel. 02842/41000
www.frohnenbruch.de
Besichtigungen sind nach Terminabsprache mit Familie Bird möglich.

Schloss Schwansbell (Lünen)

Das heutige Schloss zählt zu den jüngsten Adelshäusern in Westfalen. Der dreigeschossige Bau im Stil der englischen Neugotik mit einem Untergeschoss, flankiert von zwei achteckigen Türmen an der Nordseite, wurde 1872 bis 1875 nach Plänen des Dortmunder Baumeisters Fritz Weber im Auftrag der Familie von Westerholt erbaut, deren Wappen sich als Schmuckelement über dem Portal befindet.

Schloss Schwansbell war einst Stammsitz der gleichnamigen Familie, die seit dem 12. Jahrhundert urkundlich belegt ist. Die mittelalterliche Burganlage ist in ihren Fundamenten erhalten. 1929 erwarb die Stadt Lünen das Schloss, das wechselnd genutzt wurde.

1982 wurde das Haus durch die Privatinitiative des Unternehmers Herbert Hillebrandt, der die seit Jahren leer stehende Anlage kaufte und restaurieren ließ, gerettet. Im Wirtschaftsgebäude, das aus dem Jahr 1853 stammt, ist heute das Museum der Stadt Lünen (s. Kunst & Kultur/Museen) untergebracht.

■ Adresse / Informationen

Schwansbeller Weg 32
44532 Lünen

Haus Lauersfort (Moers)

Mittelalterlicher Rittersitz, der im 14. Jahrhundert als Besitz der Herren von Friemersheim erstmals erwähnt wurde. Ehemals mit Doppelgräben, Wällen und Wehrtürmen stark befestigt, entstand die heutige Anlage hauptsächlich im 18. und 19. Jahrhundert. Einen Sonderfall stellt das von zwei viereckigen Türmen flankierte Herrenhaus dar, das 1716 im Stil der Spätrenaissance errichtet wurde, dessen älteste Bauteile aber aus dem 15. und 17. Jahrhundert stammen. Die dreiflügelige Vorburg mit Torbau wurde 1742, die Wirtschaftsgebäude 1770 errichtet. Die Anlage befindet sich heute in Privatbesitz.

■ Adresse / Informationen

Lauersforter Str. 34/36, 47447 Moers
www.moers.de

Moerser Schloss

Als Rundburg bereits im 9. Jahrhundert auf einer Insel zwischen moorigen Rheinarmen errichtet, präsentiert das Schloss als ältesten Bauteil einen Tuffsteinturm aus dem 12. Jahrhundert, für dessen Unterbau noch römische Ziegel verwendet wurden. Das Moerser Schloss ist nach neuen archäologischen Erkenntnissen eine der ältesten im Rheinland erhaltenen hochmittelalterlichen Ringburganlagen. Erhaltene Reste bilden die äußere Umfassungsmauer, ein viergeschossiger Torturm und der ehemalige Westflügel.

Bis 1600 Landesburg der Grafen von Moers, stellte die Anlage von 1601 bis 1763 das Zentrum der von Moritz von Oranien neu angelegten Festung dar. 1813 kaufte der Fabrikant Friedrich Wintgens das Schloss, ließ den Ost- sowie den Südteil abreißen und 1836 durch Maximilian Friedrich

Grafschafter Museum im Moerser Schloss

Weyhe den Schlosspark im englischen Stil anlegen.

1905 übernahm die Stadt das Schloss und eröffnete hier 1908 das Grafschafter Museum (s. Kunst & Kultur/Museen). Darüber hinaus befindet sich in den Gewölben das Schlosstheater Moers.

■ **Adresse**
Kastell 9
47441 Moers
Informationen
www.moers.de

Schloss Broich (Mülheim an der Ruhr)

Erst Ende der 1960er Jahre ließen archäologische Arbeiten des Rheinischen Landesmuseums Bonn keinen Zweifel mehr zu: Ausgegrabene und teils rekonstruierte Fundamente zeigen Schloss Broich als älteste Burganlage nördlich der Alpen, die sich aus spätkarolingischer Zeit erhalten hat. Bereits 883/84 vom ostfränkischen Herzog Heinrich als Abwehrbollwerk gegen die Normannen errichtet, ist die Anlage im Laufe der Geschichte natürlich mannigfach umgebaut und erweitert worden.

Im 11. Jahrhundert zum Wohnsitz hergerichtet, wurde sie 1188 vom Kölner Erzbischof erneut zur Festung, u. a. durch Anlegen einer neuen, stärkeren Ringmauer, umgebaut. Nach mehrfacher Zerstörung (1443 durch kölnische, 1598 durch spanische Truppen) erhielt die Anlage ihre heutige Form im Wesentlichen 1644–1648 durch Graf Wilhelm Wirich von Daun-Falkenstein, gefolgt von einem umfangreichen Umbau im 18. Jahrhundert.

Seit 1938 ist das Schloss Eigentum der Stadt. Seit dem Jahr 2000 beherbergt es das Historische Museum und ist heute auch Firmensitz der Mülheimer Stadtmarketing und Tourismus GmbH (MST).

Schloss Broich, Mülheim an der Ruhr

Darüber hinaus wird das Schloss für Ehrungen und Empfänge genutzt. Tipp: Eine attraktive Zeitreise ins Mittelalter bietet der einmal im Jahr um das Schloss herum und im Schlosshof stattfindende Historische Markt.

■ **Adresse / Informationen**

Am Schloß Broich 28
45479 Mülheim a.d. Ruhr
Tel. 0208/940960 (Info)
touristik@mst-mh.de
www.muelheim-tourismus.de

Schloss Styrum (Mülheim an der Ruhr)

An der Stelle des 1067 erstmals urkundlich erwähnten Hofguts ließen Graf Dietrich I. von Isenberg-Limburg und sein Sohn Eberhard I. 1289 ein erstes Burghaus errichten. Nach Erweiterungen im 14. und 15. Jahrhundert wurde das Schloss 1658 durch Hermann Georg zu Limburg zu einer barocken Anlage umgestaltet. Neben dem Rittersaal im Obergeschoss des Herrenhauses ist besonders der sechseckige Turm mit geschweifter Haube markant.

Nachdem der Unternehmer August Thyssen 1890 das Schloss erwarb und es als Wohnsitz umbauen ließ, geriet die Anlage 1959 als Stiftung in den Besitz der Stadt Mülheim. 1992 grundlegend renoviert, sind hier heute ein gastronomischer Betrieb, Künstlerateliers sowie eine Altentagesstätte untergebracht.

■ **Adresse**

Moritzstr. 102
45476 Mülheim a.d. Ruhr

Schloss Bloemersheim (Neukirchen-Vluyn)

Das Wasserschloss Bloemersheim liegt am Nordrand des Niepkuhlenzuges, auch Nieper Altrhein genannt, in sumpfigem Gelände. Es gehört zu den ältesten historischen Gebäuden im Stadtgebiet. 1406 erstmals als „Bloemerts Hof" erwähnt, wurde Bloemershem im Laufe der Jahrhunderte zu einem Rittersitz und schließlich zur heute noch erhaltenen Schlossanlage umgebaut. Der Herrensitz wurde wie auch die unmittelbar an der Stadtgrenze von Neukirchen-Vluyn gelegene Leyenburg 1802 vom Krefelder Seiden-Fabrikanten Friedrich Heinrich von der Leyen erworben.

Das Schloss dient noch heute als Stammsitz der Familie von der Leyen und beherbergt die Frhr. von-der-Leyensche Gutsverwaltung Bloemersheim (Obstanbau, Land- und Forstwirtschaft). Die Gutsverwaltung bewirtschaftet neben Bloemersheim auch den Pachtbetrieb Schloss Dyck/Nikolauskloster in der Gemeinde Jüchen bei Grevenbroich und Haus Meer in Meerbusch.

Regelmäßig finden auf Schloss Bloemersheim Schlosshofkonzerte und der in der ganzen Region bekannte Weihnachtsmarkt Bloemersheim statt.

■ **Adresse / Informationen**

Bloemersheim 1
47506 Neukirchen
Tel. 02845/95920
verwaltung@bloemersheim.de
www.bloemersheim.de

Kastell Holten (Oberhausen)

1307 als Grenzwehranlage von den Grafen von der Mark erbaut, ist heute nur noch der Ostflügel der vermutlich im 16. Jahrhundert erneuerten Hauptburg erhalten. Er beherbergt die Versammlungs- und Übungsstätte der Schützengilde, die das Kastell 1968 übernahm und in Eigenregie restaurierte.

■ **Adresse**

Kastellstr. 58
46147 Oberhausen

Schloss Oberhausen

Anfang des 19. Jahrhunderts vom Architekten August Reinking für den Reichsgrafen Maximilian Friedrich von Westerholt-Gysenberg erbaut, ist Schloss Oberhausen einer der letzten Schlossbauten im Rheinland. Nach dem Wiederaufbau des im Zweiten Weltkrieg schwer beschädigten Hauptgebäudes besteht die Anlage heute aus dem dreiflügeligen Herrenhaus mit einem vorspringenden dreigeschossigen Haupttrakt sowie drei eingeschossigen Wirtschaftsgebäuden, die an den Ecken durch flache Rundbauten „zusammengehalten" werden und auf diese Weise einen „Ehrenhof" bilden. Ende 1997 neuerlich umgebaut und modernisiert sowie durch einen von dem Düsseldorfer Architekturbüro Eller & Eller angefügten gläsernen Baukörper (dient als Foyer des Museums) ergänzt, hat sich das Schloss mittlerweile als attraktive Kulturadresse etabliert (s. Kunst & Kultur / Museen).

■ **Adresse / Informationen**

Konrad-Adenauer-Allee 46
46049 Oberhausen
Tel. 0208/4124928
info.ludwig-galerie@oberhausen.de
www.ludwiggalerie.de

Wasserburg Vondern (Oberhausen)

Die Entstehungsgeschichte der 1277 erstmals urkundlich erwähnten Burg Vondern ist ungeklärt. Auch wenn Reste eines ringförmigen Erdwalls Vermutungen nähren, dass hier einst

Wasserburg Vondern, Oberhausen

eine Turmhügelburg stand – tatsächlich ist heute eine ebenso mächtige wie malerische Vorburg aus dem frühen 16. Jahrhundert das älteste erhaltene Bauwerk.

Von Wessel von Loë erbaut, besteht sie aus einem von zwei massiven Rundtürmen flankierten Torbau mit wehrhaft anmutenden Schießscharten und spätgotischen Zierformen in Gesimsen, Fenstern und Gewölben. Aus dem späten 17. Jahrhundert stammt das Haupthaus, dessen Westfassade wohl dem mittelalterlichen Vorgängerbau zuzuordnen ist. Das Wirtschaftsgebäude auf der Südseite ist im 19. Jahrhundert dazugekommen.

Dass die Burg überhaupt noch besichtigt werden kann, ist einem Förderkreis zu verdanken, auf dessen Initiative hin die historischen Teile mit Bundes-, Landes- und städtischen Mitteln seit 1982 gesichert wurden. Heute ist Burg Vondern auch eindrucksvolle Kulisse für Veranstaltungen wie Konzerte, Ritterspektakel oder Mittelalterfeste.

■ Adresse
Arminstraße
46117 Oberhausen
Tel. 0208/896297

Engelsburg (Recklinghausen)

1701 für den kurfürstlichen Richter Clamor Ernst Münch erbaut, ging die Engelsburg 1819 an den Herzog von Arenberg über, der dort seinen Verwaltungssitz unterbrachte. Die dreiflügelige Anlage mit malerischem Ehrenhof inmitten Recklinghausens wurde als münsterländer Adelssitz errichtet. Sehenswert ist der große Gartensaal mit einer gut erhaltenen barocken Stuckdecke und einem schwarzen Marmorkamin, über dem das Wappen der Herzöge von Arenberg prangt. Die heute zum Hotel-Restaurant umgebaute Engelsburg befindet sich unmittelbar neben der mittelalterlichen Stadtmauer mit dem Stephansturm, der als einziger von ehemals 16 Stadttürmen erhalten geblieben ist.

■ Adresse
Augustinessenstr. 10
45657 Recklinghausen

Haus Ossenberg (Rheinberg)

Das erstmals 1176 erwähnte, nördlich von Rheinberg liegende Haus Ossenberg wurde 1721 von Graf Truchseß von Waldenburg neu gebaut und weist ein Herrenhaus mit bemerkenswerten Rokokozimmern sowie eine Schlosskapelle aus dem 18. Jahrhundert auf, die, unterstützt von der NRW-Stiftung, vom Verein zur Erhaltung der Ossenberger Schlosskapelle e.V. vor dem drohenden Verfall gerettet wurde. Eine weitere Attraktion ist die wiederhergestellte Bibliothek.

Eine Besichtigung von Haus Ossenberg ist zwar leider nicht möglich, doch die heutigen Besitzer, Herzogin und Herzog von Urach, machen ein weitaus exklusiveres Angebot: Vier individuell gestaltete Doppelzimmer und ein Kaminzimmer im Nordtrakt locken Übernachtungsgäste mit einem stilvollen Erlebnis.

■ Adresse / Informationen
Schlossstr. 81
47495 Rheinberg
Tel. 02843/160395
info@schloss-ossenberg.de
www.schloss-ossenberg.de
Infos zur Kapelle:
Verein zur Erhaltung der Ossenberger Schlosskapelle e.V.
Mühlenweg 30 a
47495 Rheinberg

Burg Schermbeck (Schermbeck)

Zur Sicherung ihrer Grenzen gegen Münster bauten die Grafen von Kleve um 1300 die Wasserburg Schermbeck und lieferten damit den Kern von Neuschermbeck. Die mit einer Zugbrücke versehene, in Vor- und Hauptburg unterteilte Anlage, die über Jahrhunderte als Amtssitz der klevischen Amtmänner diente und später an Brandenburg-Preußen fiel, war mit der Stadtbefestigung verbunden und wurde mehrfach zerstört, beschädigt und umgebaut. Zu den wenigen erhaltenen Resten gehört das Torhaus. Die Burg befindet sich in Privatbesitz seit 1662.

■ Adresse
Burgstr. 10
46514 Schermbeck

Haus Martfeld, Schwelm

Haus Martfeld (Schwelm)

Bereits im 14. Jahrhundert erwähnte, wasserumwehrte Wehrburg, die zunächst kölnischen Burgmannen, später den Grafen von der Mark gehörte. Im 17. Jahrhundert wurde die Anlage von der Familie Raitz von Frentz unter Beibehaltung mittelalterlicher Reste (Rundturm an der Nordseite, Teile des Ostflügels) zum barocken Adelssitz ausgebaut. Durch den Abriss des Westflügels ging allerdings die geschlossene Hofanlage verloren.

1954 wurde die Anlage von der Stadt Schwelm erworben. Nach grundlegender Restaurierung, zu der auch die Auffüllung eines Teils der Gräften gehörte, präsentiert sich Haus Martfeld heute als schmucke Dreiflügelanlage, in deren Räumen das Städtische Museum und ein Café/Bistro untergebracht sind.

Adresse

Haus Martfeld 1
58332 Schwelm
Tel. 02336/914438 (Museum)
Tel. 02336/4725527 (Café/Bistro)
www.schwelm.de

Haus Ruhr (Schwerte)

Zwischen dem 17. und 19. Jahrhundert entstandenes, dreiflügeliges Herrenhaus mit Eck- und Treppenturm, das Reste eines mittelalterlichen Vorläuferbaus enthält. Sehenswert sind die am Haupt- und Torhaus erhaltenen Wappensteine. Seit 1987 befindet sich die Ruhr-Akademie in den Räumen von Haus Ruhr. Im Innenhof befindet sich die älteste Rosskastanie Westfalens.

Adresse / Informationen

Ruhr-Akademie
Privates Lehrinstitut für Kunst, Design und Medien
Hagener Str. 241
58239 Schwerte
Tel. 02304/996000
kontakt@ruhrakademie.de
www.ruhrakademie.de

Haus Rutenborn (Schwerte)

Das heutige Haus Rutenborn entstand anstelle einer älteren mittelalterlichen Anlage als wasserumwehrter Adelssitz mit

Schloss Cappenberg, Selm

Vorburg und Herrenhaus. Während das Hauptgebäude mit großem Erker an der Rückfront 1719 errichtet wurde, stammt die dreiflügelige Vorburg aus dem 17. Jahrhundert. Reizvoll ist auch die unterhalb des Hausteichs am Mühlenstrang gelegene alte Wassermühle.

■ **Adresse**
Dorfstr. 39
58239 Schwerte

Haus Villigst (Schwerte)

Das zuerst im Jahre 1170 erwähnte Rittergut hat mehrfach sein Gesicht verändert, wobei von den mittelalterlichen Bausubstanzen leider nichts übrig geblieben ist. Das heutige Aussehen beruht vielmehr auf einem klassizistischen Neubau von 1819, den der Elberfelder Baumeister Engelbert Kleinhanz im Auftrag des damaligen Besitzers Ludwig von Elverfeld errichtete. Haus Villigst beherbergt heute ein Tagungszentrum der Evangelischen Kirche von Westfalen.

■ **Adresse**
Iserlohner Str. 25
58239 Schwerte

Schloss Cappenberg (Selm)

Schloss Cappenberg zählt zu den bedeutendsten Beispielen westfälischer Klosterbaukunst des Barock. Das ehemals bedeutende Prämonstratenserkloster, 1121 von Gottfried von Cappenberg gestiftet, wurde nach der Säkularisation der Altersruhesitz des bekannten preußischen Verwaltungsreformers Reichsfreiherr Karl vom und zum Stein.

In seiner jetzigen Form errichtete man das dreiflügelige Schloss, dessen barocke Innenausstattung mit Ausnahme des dreiflügeligen Treppenhauses und einiger Stuckdecken im Westflügel nicht mehr erhalten ist, zwischen 1696 und 1739. Für den mit der Zeit eher verschwenderischen als enthaltsamen Orden, dem nur Adlige angehörten, kamen im 18. Jahrhundert Orangerie und Lusthaus, Tiergarten und Brauerei im Klostergarten hinzu.

Komplettiert wird die Gesamtanlage durch die neben der Schlossanlage liegende Stiftskirche, eine dreischiffige romanische Pfeilerkirche auf kreuzförmigem Grundriss mit Pfarrhaus, eine Toranlage mit Torhäusern, Scheune, Remise und den aus dem 19. Jahrhundert stammenden sechsgeschossigen Wasserturm an der Ostseite.

Von 1946 bis 1983 wurde ein Teil der Gebäude durch das Museum für Kunst- und Kulturgeschichte der Stadt Dortmund genutzt, seit 1983 werden u. a. durch den Kreis Unna mit der Stiftung Preußischer Kulturbesitz Berlin wechselnde Ausstellungen im Schloss durchgeführt sowie in der Stiftskirche Orgelkonzerte und Vespermusiken aufgeführt.

■ **Informationen**

Schlossberg
59379 Selm
Tel. 02303/71170 (Kulturamt Kreis Unna)
www.kreis-unna.de

Burg Unna [Unna]

Die gegen Ende des 14. Jahrhunderts durch Graf Engelbert III. von der Mark erbaute Burg lag nahe der Stadtmauer und stellte ein zusätzlich zu Graben und Stadttoren sicherndes Element dar. Im 19./20. Jahrhundert baulich verändert, besteht die Anlage heute aus einem zweigeschossigen Putzbau und einem vorgelagerten runden Wehrturm. 1929 von der Stadt gekauft, ist die Burg seit 1936 Sitz des Hellweg-Museums (s. Kunst & Kultur/Stadtmuseen).

■ **Adresse**

Burgstr. 8
59423 Unna

Haus Westhemmerde [Unna]

Die Vorgeschichte des Guts ist erst ab dem 16. Jahrhundert belegt. Damals ließ ein Ritter von Broel ein zweigeschossiges Herrenhaus erbauen, dem einige Jahrzehnte später ein quadratisches Treppenhaus angefügt wurde. Aus dem 18. Jahrhundert stammen der Südflügel und – anstelle eines vormaligen Wirtschaftstraktes – der polygonale Eckturm. Die Staffelgiebel am Herrenhaus sind im 19. Jahrhundert ergänzt worden. Das Gut wird heute landwirtschaftlich genutzt (mit Hofladen).

■ **Adresse**

Gutsweg 3
59427 Unna
www.hauswesthemmerde.de

Rahlenbeckscher Hof [Unna]

Der einzige erhaltene Adelshof in der Innenstadt ist im 17. Jahrhundert auf mittelalterlichen Fundamenten erbaut worden. Benannt wurde er nach der Besitzerfamilie im 19. Jahrhundert.

■ **Adresse**

Klosterstr. 44
59423 Unna

Haus Götterswick [Voerde]

Von der ehemaligen Wasserburg, einst Stammsitz der Edelherren von Götterswick und mit einer an Zerstörungen reichen Geschichte, ist lediglich die Hauptburg erhalten, eine zweigeschossige Winkelanlage in weißgeschlämmtem Backstein. Allerdings ist die Burganlage mit trockenem Wassergraben noch sichtbar. Von 1854 bis 2011 wurde das Anwesen als Pfarrhaus der Evangelischen Kirchengemeinde Götterswickerhamm genutzt, heute ist es in Privatbesitz.

■ **Adresse**

Oberer Hilding 10
46562 Voerde

Haus Wohnung [Voerde]

Der Adelssitz wurde zwar bereits 1327 erstmals erwähnt, das heutige Erscheinungsbild stammt jedoch aus dem Ende des 17. Jahrhunderts. Zu dieser Zeit ließ Johann Carselius von Ulft-Doornick ein wasserumwehrtes, dreiflügeliges Herrenhaus errichten, von dem nach schweren Kriegszerstörungen allerdings nur ein Teil – Haupttrakt, Seitenflügel und Flankierturm – wiederaufgebaut wurde. Sehenswert sind auch der umgebende Landschaftspark und die nahe historische Kornmühle, die seit 1994 wieder regelmäßig in Betrieb ist. Die Anlage befindet sich in Privatbesitz.

■ **Adresse**

Frankfurter Str. 433
46562 Voerde

Wasserschloss Haus Voerde [Voerde]

Die erste urkundliche Erwähnung stammt aus dem Jahr 1344, als Lehen der Abtei Werden soll Haus Voerde jedoch wesentlich älter (um 1200) sein. Es wird angenommen, dass die Wasserburg wirtschaftlicher Mittelpunkt der Bauernschaft im Mittelalter war. Nach zahlreichen Um- und Ausbauten wurde sie 1688 zur Dreiflügelanlage mit quadratischem Eckturm erweitert. Ein erneuter tiefgreifender Umbau im 18. Jahrhundert formte die heutige klassizistische Anlagengestaltung. Neben einer schönen Parkanlage rund um die Burganlage, in dem die „Schlossabende" im Sommer Open-Air-Programme auf die Bühne bringen, beherbergt Haus Voerde heute das Standesamt und eine Gastronomie im Gewölbekeller. Im Saal des Hauses finden u. a. Theateraufführungen, Dichterlesungen und Kunstausstellungen statt.

■ **Adresse**
Allee 65, 46562 Voerde

Schlossruine Wilbringen (Waltrop)

Von der mittelalterlichen Wasserburg, einst kurkölnische Landesfeste, ist nicht mehr viel übrig geblieben. Einzig die Giebelwand und ein Turm der ehemaligen Hauptburg, die bereits seit dem 19. Jahrhundert unbewohnt blieb, konnten dem Verfall trotzen. Die im Kern aus dem 18. Jahrhundert stammenden Gebäude der Vorburg sind bewohnt. Die Ruine des Haupthauses kann nur am „Tag des offenen Denkmals" besichtigt werden.

■ **Adresse**
Wilbringen 1
45731 Waltrop

Schloss Diersfordt (Wesel)

Das zweigeschossige, um 1780 umgebaute Herrenhaus von Schloss Diersfordt wurde nach einem Brand 1929/31 durch einen Neubau ersetzt. Von der mittelalterlichen Vorburg sind nur noch das Stallgebäude und Reste des Wehrgangs übrig geblieben. Einst war Schloss Diersfordt eine der bedeutendsten Burganlagen des Herzogtums Kleve, als dessen Lehen es 1407 auch erstmals genannt wird. Besitzer der ursprünglich zweiteiligen Anlage waren die Herren von Wilich und die Grafen zu Stolberg-Wernigerode. Neben dem Schloss steht die 1774–1780 im Stile des Rokoko errichtete Schlosskirche. Jährlich Ende August findet am Schloss das Sommerton Festival statt.

■ **Adresse**
Am Schloss 3
46487 Wesel

Burgruine Volmarstein (Wetter)

Die 1100 errichtete mittelalterliche Burg wurde einst als Lehen des Kölner Erzbischofs an die Herren von Volmarstein vergeben. Wegen ihrer strategisch günstigen Position auf einem Bergrücken oberhalb der Ruhr war die Anlage jedoch heftig umkämpft. So wurde sie 1288 und 1324 von den Grafen von der Mark eingenommen und beide Male zerstört, um danach gleich wieder aufgebaut zu werden. Erst das Aussterben des Geschlechts derer von Volmarstein sowie Wind und Wetter vollbrachten, was kriegerische Auseinandersetzungen nicht vermocht hatten: Die Burg verfiel im 15. Jahrhundert endgültig. Neben Mauerresten sind heute lediglich die Ruinen des viereckigen ehemaligen Torturmes sowie zweier Rundtürme erhalten.

■ **Adresse**
Kramerweg
58300 Wetter

Burgruine Wetter (Wetter)

Die bis 1274 von den Grafen von der Mark als Vorposten gegen die Kurkölnische Burg Volmarstein genutzte Befestigung hat wohl eine der kuriosesten Burghistorien im Revier. Denn neben der Bedeutung als mittelalterlicher Vorposten, von dem heute nur noch der 26 Meter hohe Bergfried sowie Fundamentreste des Palas und Teile der Schutzmauer erhalten sind, wurde die Burg im 19. Jahrhundert auch zu industriellen Zwecken genutzt. 1819 richtete Friedrich Harkort, einer der wichtigsten Industriepioniere des Ruhrgebiets, hier seine „Mechanischen Werkstätten Harkort & Co." ein, eine der ersten Maschinenbaufirmen im Ruhrgebiet. Von diesem Industriestandort ist heute allerdings nichts mehr

Burgruine Hardenstein, Witten

zu sehen. Ein Teil der Gebäude ist zu Wohnungen umgebaut worden. Ausflügler schätzen vielmehr den schönen Aussichtspunkt auf den Harkortsee.

Adresse
Freiheit
58300 Wetter

Haus Hove (Wetter)

Rittersitz aus dem 15. Jahrhundert, der ab 1452 zunächst dem Ritter Steven von Hoete (später durch Namensänderung „Hoive", dann „Hove"), seit 1743 Otto von Schwachenberg als Wohnsitz diente, danach dann mehrfachen Besitzerwechseln und Erneuerungen ausgesetzt war. 1754 und 1898 bereits völlig umgebaut, verdankt Haus Hove seine heutige Form einem Wiederaufbau von 1921, wobei allerdings ältere Bauteile verwendet wurden. Älteste Elemente sind ein Rundturm aus Bruchstein aus dem Jahr 1616 und eine Bruchsteinmauer mit wappengeschmücktem Torpfeiler. Hoffmann von Fallersleben, der Dichter des Deutschlandliedes, war hier um 1820 oft zu Gast. Seit 2008 ist im Haus Hove die Kunstakademie Wetter beheimatet.

Informationen
Kunstakademie Wetter
Haus Hove 9
58300 Wetter
Tel. 02335/971587
info@kunstakademie-wetter.de
www.kunstakademie-wetter.de

Burgruine Hardenstein (Witten)

Hardenstein soll im 14. Jahrhundert als Erweiterung einer romanischen Turmanlage entstanden sein und ist Schauplatz sagenumwobener Geschichten um den Ritter Nevelung und den Zwergenkönig Goldemar, um Karl den Großen und den Sachsenführer Wittekind. Bis 1469 Wohnsitz der Familie Hardenstein, verfiel sie in den nächsten Jahrhunderten trotz wechselnder Besitzer immer mehr, so dass sie Mitte des 18. Jahrhunderts aufgegeben wurde. Erst seit 1974 wurden die Reste der Anlage – Teile des Haupthauses mit zwei mächtigen Ecktürmen – denkmalpflegerisch gesichert. Tipp:

Haus Herbede, Witten

Die RuhrtalBahn macht mit ihrem nostalgischen Schienenverkehr zwischen Bochum und Hagen hier Station.

■ **Adresse**
Hardensteiner Weg
58456 Witten

Haus Herbede (Witten)

Die Anlage, deren Anfänge wohl im 12./13. Jahrhundert liegen, wurde im 16. Jahrhundert zunächst zu einer dreiflügeligen Wasserburg, zwei Jahrhunderte später zu einer geschlossenen, vierflügeligen Hofanlage ausgebaut. Architektonisch vereinigt der ehemalige Wohnsitz der Familie von Elverfeldt (1313–1889) Stilelemente von der Gotik bis zur Renaissance. Sehenswert ist vor allem die aus dem 16. Jahrhundert stammende Innenhoffassade, die einen von zwei korinthischen Säulen begrenzten, aus fünf Feldern bestehenden Renaissance-Fries zeigt, der neben einer Inschrift in der Mitte die Wappen der Elverfeldter sowie allegorische Darstellungen von Lucretia und Justitia präsentiert (der Fries ist allerdings eine Replik, das Original befindet sich im Märkischen Museum). Bis Anfang der 1980er Jahre in einem baufälligen Zustand und eigentlich zum Abriss vorgesehen, konnte der ehemalige Adelssitz durch private Initiative erhalten werden. Heute sind hier eine öffentliche Begegnungsstätte, eine Dauerausstellung zur Geschichte des Hauses, eine Kunstgalerie und eine Gastronomie mit Biergarten untergebracht.

■ **Adresse**
Von-Elverfeldt-Allee 12
58456 Witten

Schloss Steinhausen (Witten)

Von den Herren von Witten vermutlich im 13. Jahrhundert errichtet, ist die Geschichte von Schloss Steinhausen geprägt durch Zerstörung und Wiederaufbau. Erhalten geblieben sind das Giebelhaus im Renaissancestil (1607), ein älterer Rundturm, dessen Zinnenkranz allerdings aus dem 19. Jahrhundert stammt, die Schlosskapelle (1648, mit späteren Jugendstilelementen) sowie das klassizistische Herrenhaus (Anfang 19. Jahrhundert). Schloss Steinhausen beherbergt heute ein Restaurant mit Biergarten, ein Hochzeitszimmer, einen Skulpturengarten mit afrikanischer Kunst und einen Steinmetzbetrieb mit Steinbildhauerei.

■ Adresse / Informationen
Auf Steinhausen 30, 58452 Witten
Tel. 02302/399990 (Restaurant)
Tel. 02302/9787428 (SHONA-ART)
www.stadtmarketing-witten.de

Haus Witten

Herrschaftshaus, Industriellensitz, Kultureinrichtung – die Entwicklung von Haus Witten ist durchaus Ruhrgebiets-typisch. Der ehemalige Adelssitz der Familie von Witten-Steinhausen wurde im 15. Jahrhundert errichtet und diente ab 1790 als Betriebsgebäude der Stahlfabrik des Industriellen Friedrich Lohmann. Im Zweiten Weltkrieg zur Ruine gebombt, wurde Haus Witten erst 1996 restauriert und der Öffentlichkeit zugänglich gemacht. Heute sind hier die Musikschule der Stadt Witten und ein kleineres Bistro untergebracht. Beliebt ist vor allem der vom Kulturforum Witten veranstaltete Kultursommer, der Live-Musik und Kleinkunst in den Burghof bringt.

Haus Witten

■ Adresse / Informationen
Ruhrstr. 86, 58452 Witten
Tel. 02302/581-2433
kulturforum@stadt-witten.de
www.kulturforum-witten.de

Bischofsburg [Xanten]

Von der ehemals stolzen Bischofsburg, die um 960 errichtet wurde und im westlichen Bereich der Immunität stand, sind heute nur noch der Nordwestturm aus dem 11. Jahrhundert (nur sichtbar von der Klever Straße) – der sogenannte Romanische Turm – sowie Reste des Mauerwerks erhalten.

■ Adresse
Klever Straße
46509 Xanten

Burg Winnenthal [Xanten]

Leider hat die von Herzog Adolf I. von Kleve im 14. Jahrhundert erbaute Wasserburg die Zeiten nicht unbeschadet überdauert. Nord- und Südosttrakt der in Haupt- und Vorburg unterteilten, jeweils dreiflügeligen Anlage wurden 1822 abgerissen, die Vorburg gleichzeitig mit einem neuen Wirtschaftshof mit Torturm versehen. Älteste Elemente sind heute die Umfassungsmauern des nordöstlichen Flügels und die Gewölbekeller. Die Burg ist heute Sitz einer Seniorenresidenz.

■ Adresse
Winnenthal 11
46509 Xanten
www.burgwinnenthal.de

Altstadt Hattingen

MALERISCH – ALTSTÄDTE

Wer die Altstädte des Ruhrgebiets durchwandert, unternimmt eine Reise in die Vergangenheit. Kopfsteinpflaster, Fachwerkhäuser, Kirchplatz und Stadtmauer sind lebendige Zeugen des Städtebaus früherer Zeiten. So mancher gerät beim Gang durch die kleinen, engen Gassen und beim Anblick der liebevoll restaurierten Fassaden ins Schwärmen. Nicht in jeder Stadt sind diese Denkmale der Geschichte heute noch zu finden – der Krieg hat auch hier vieles zerstört. Manches wurde wieder aufgebaut, anderes neuen Nutzungen preisgegeben. Eine ganze Reihe von Altstädten ist jedoch in ihrem ursprünglichen Charakter erhalten und deshalb in jedem Falle sehenswert.

Altstadt Kettwig (Essen)
Das Städtchen Kettwig, das seit 1975 zu Essen gehört, ist weitgehend im Originalzustand erhalten. Malerisch an der Ruhr auf einer Anhöhe gelegen, ist der historische Stadtkern bereits von weitem sichtbar. Zahlreiche alte Fachwerkhäuser aus dem 17. bis 19. Jahrhundert, kleine verwinkelte Gassen, dazwischen Cafés und Restaurants – all das

Altes Dorf Westerholt, Herten (o.) und Altstadt Unna

macht den Charme der Altstadt Kettwig aus.

Das „Dorf" (Gevelsberg)
Der älteste Stadtteil Gevelsbergs zeigt, was in ihm steckt: Geschichtliche Vergangenheit und lebendige Gegenwart, verbunden mit Gepflegtheit und vielen reizvollen optischen Eindrücken. Der Wandel vom Kloster zum Stift und die Entstehung einer Ansiedlung, die bis zum Ersten Weltkrieg eine eigene Infrastruktur aufwies, wurden in letzter Zeit durch Informationstafeln erkennbar und nachvollziehbar gemacht.

Altstadt Hattingen
Der historische Stadtkern von Hattingen blieb weitgehend von den Bombenangriffen des Zweiten Weltkrieges verschont. Seit den 1980er Jahren steht die Altstadt unter Denkmalschutz, fast alle noch erhaltenen Häuser sind restauriert und saniert worden. Zwischen den alten Fachwerkhäusern findet besonders in den Abendstunden ein reges Treiben statt: Zahlreiche Lokale laden zu Speisen und Getränken ein, das Ambiente ist originell und empfehlenswert.

Altstadt Herdecke
Nach Zerstörungen im letzten

Altes Dorf Westerholt, Herten

Krieg entschloss sich die Stadt Herdecke, den alten Stadtkern, dessen Zentrum ein Damenstift aus dem 9. Jahrhundert bildet, wiederaufzubauen und zu erneuern. Besonders sehenswert ist das Bachviertel mit seinem reizvollen Ensemble an Fachwerkhäusern. Hier steht auch das kleinste Hotel Deutschlands, ein 1604 erbautes Fachwerkhaus von nur sechs Metern Breite.

Altes Dorf Westerholt (Herten)

Das alte Dorf Westerholt mit mehr als 60 Fachwerkhäuschen hat seinen eigenen Charme. Balkeninschriften erinnern an Gottesfurcht, Feuersbrünste und eine Sonnenuhr verrät auch ohne Batterie die Uhrzeit. Der Name Westerholt stammt aus der Bezeichnung „Holz im Westen", im Westen von Recklinghausen. Der Begriff „Holz" steht dabei für „Wald". Die fast vollständig erhaltenen Fachwerkhäuser aus dem frühen 17. Jahrhundert bilden heute mit der alten Pfarrkirche, dem Stadttor und der Burganlage eine „historische Altstadt", die auch das „westfälische Rothenburg" genannt wird. Die erste urkundliche Nennung von Westerholt erfolgte 1047 in der „Urbare", einem Güteverzeichnis des Klosters Werden. Die Herren von Westerholt werden schon im Jahre 1193 urkundlich erwähnt.

Altstadt (Moers)

Kleine Gassen mit vielen Einkaufsläden durchziehen die lebendige Altstadt von Moers. Vorbei an historischen Plätzen (z. B. Altmarkt) bietet die Mischung aus attraktiven Geschäften mit einem hochwertigen Warenangebot und den vielen kleinen Cafés und Restaurants ein buntes Bild. Beliebt sind vor allem die

Altstadt Essen-Kettwig

Steinstraße, Burg- und Friedrichstraße sowie Alt- und Neumarkt. Direkt verbunden mit der Altstadt ist die Homberger Straße mit verschiedensten Ladenlokalen und der „Grafschafter Passage". Nach einem Einkaufsbummel bietet sich ein Besuch des angrenzenden Schlosses mit weitläufigem Park an.

Altstadt Unna

Das älteste Fachwerkhaus Unnas ist das Haus Nr. 19 in der Gürtelstraße. Eine Hälfte des Gebäudes wurde im 19. Jahrhundert leider Opfer der Flammen, die andere Hälfte belegt jedoch durch eine Balkeninschrift eindeutig das Baudatum: 1577. Noch etwas älter als dieses Wohnhaus ist der Eulenturm, ein mittelalterlicher Wehrturm, der 1475 errichtet wurde und in dem sich heute ein Restaurant befindet. Zahlreiche Fachwerkhäuser aus dem 16. und 17. Jahrhundert bilden die Kulisse dieses sehenswerten historischen Stadtkerns.

Altstadt Xanten

Xanten besitzt unter den Städten im Umland des Reviers den wohl größten und bedeutsamsten Altstadtkern. Trotz der Tatsache, dass die Stadt während des Zweiten Weltkrieges zu fast 85 Prozent zerstört wurde, konnte Xanten seinen mittelalterlichen Charakter bewahren. Der alte Stadtgrundriss und das Straßengefüge blieben bestehen, und neben dem berühmten Dom St. Viktor sind zahlreiche andere Bauten in ihren historischen Zustand zurückversetzt worden. Die alte Stadtbefestigung mit ihren Toren und Türmen ist noch ebenso gut zu erkennen wie der ehemalige Marktplatz und die vielen hübsch restaurierten Häuser.

KIRCHEN & KLÖSTER

Ev. Kirche (Alpen)

Der italienische Baumeister Bartolomeo Salla entwarf 1718 die barocke ev. Kirche von Alpen. Er übernahm dabei Mauerwerke des 1602 erbauten Gotteshauses, das nach einem Brand (1716) zum Teil zerstört wurde. Im Inneren schmückt das von Löwen bewachte marmorne Grabmal der 1602 auf der Burg Alpen verstorbenen Kurfürstin Amalia von der Pfalz die Kirche. Beachtenswert sind unter anderem die Teschemacher-Orgel (von seinem Nachfolger Gerhard Schrey 1782 vollendet) und die Kanzel (1719) im niederländischen Stil. Die Kirche ist die älteste reformierte Pfarrkirche Deutschlands und der älteste frühbarocke Kirchenbau am Niederrhein.

Adresse

An der Vorburg 2a (Gemeindebüro)
46519 Alpen
Tel. 02802/4140
www.evangelische-kirchengemeinde-alpen.de

St. Georg (Bocholt)

Die katholische Pfarrkirche St. Georg ist ein spätgotischer Hallenbau, der von 1415–1486 errichtet wurde. An die Kirche angegliedert ist seit 1980 ein Erweiterungsbau mit neuer Sakristei und Kunstraum. Die Kammer sammelt wertvolle Kunstgegenstände der Bochol-

Kreuzgang der Domkirche des Ruhrbistums, Essen

ter Georgs-Gemeinde aus früherer Zeit, darunter vor allem Goldschmiedearbeiten, Gemälde, Plastiken, Handschriften und Frühdrucke.

■ **Adresse**
St. Georg-Platz
46399 Bocholt

Ev. Christuskirche (Bochum)

Zwischen 1877 und 1879 als neugotische Basilika erbaut, wurde die ev. Christuskirche im Zweiten Weltkrieg fast vollständig zerstört. Nur der ehemalige Glockenturm blieb unversehrt. Neben ihm wurde 1957 nach Plänen des Architekten Dieter Oesterlen ein neues Kirchenschiff errichtet, beide Elemente zusammen bilden heute ein Mahnmal gegen Krieg und Zerstörung. Charakteristische Merkmale des Neubaus sind seine bilderlosen Wände, die verglasten, scheibenartig aufgegliederten Seitenwände, der trapezförmige Grundriss des Hauptraumes sowie eine expressionistisch wirkende Faltdecke.

Die Christuskirche fungiert heute als „Kirche der Kulturen" mit zahlreichen Veranstaltungen. Seit 2000 wird hier alle zwei Jahre der angesehene Hans-Ehrenberg-Preis verliehen, benannt nach dem Theologen Hans Philipp Ehrenberg, einem der Mitbegründer der Bekennenden Kirche und Mitverfasser des „Bochumer Bekenntnis“, das sich 1933 demonstrativ gegen die nationalsozialistische Ideologie und den Antisemitismus aussprach.

Adresse
Platz des europäischen Versprechens
44787 Bochum
www.christuskirche-bochum.de

Ev. Kirche am Alten Markt (Bochum)

Herausragendes Kunstwerk der ev. Kirche in Wattenscheid ist der mächtige Barockaltar, den der damals namhafte Künstler Diedrich Körmann 1694 entwarf. Später kam anstelle des Hauptbildes eine Kanzel mit Figuren der Evangelisten hinzu. Die Kirche selbst, ein dreiachsiger Saalbau mit fünfseitigem Chor, wurde 1763 eingeweiht, nachdem ihr Bau bereits 1676 beschlossen worden war. Wiederholt hatte sich der Bau, auch wegen finanzieller Schwierigkeiten, verzögert. Noch später erhielt das Gotteshaus den steinernen Plattenfußboden, der noch heute in der Kirche liegt, der Orgelprospekt entstand zwischen 1766 und 1772. Nach aufwendiger Sanierung wurde die denkmalgeschützte Kirche im Mai 2015 wiedereröffnet.

Adresse
Alter Markt
44866 Bochum

Ev. Christuskirche, Bochum

Ev. Pauluskirche (Bochum)

Die Pauluskirche gilt als älteste protestantische Kirche der Stadt. In den Jahren 1655–1659 als einfacher Renaissance-Bau errichtet, fiel sie 1943 einem Bombenangriff zum Opfer. Kurze Zeit später wurde die Kirche jedoch in Anlehnung an das ursprüngliche Erscheinungsbild wieder aufgebaut. Erhalten blieb das Westportal mit Wappen einiger Adelsfamilien aus der Umgebung. Als „Mahnmal des Friedens“ steht vor der Kirche

Propsteikirche St. Gertrud von Brabant, Bochum

die von Professor Gerhard Marcks stammende Plastik einer trauernden Frau, die an die verheerenden Bombenangriffe auf Bochum im November 1944 erinnern soll.

Adresse

Grabenstraße, 44787 Bochum

Pilgerkapelle St. Bartholomäus (Bochum)

Von der 1395 erstmals urkundlich erwähnten Pilgerstation, die auf der berühmten Pilgerstraße zum Grab des Heiligen Jacobus im spanischen Santiago de Compostela lag, ist heute nur noch die Kapelle zu sehen. Ursprünglich in gotischem Stil errichtet, wurde die Kapelle 1661 im Renaissance-Stil umgebaut. Heute lädt sie als Autofahrerkapelle zur Rast und zum Gebet ein. Seit 2011 führt der neu angelegte Pilgerweg wieder hier vorbei.

Adresse

Wattenscheider Hellweg 251
44867 Bochum

Propsteikirche St. Gertrud von Brabant (Bochum)

Die neugotische, fünfschiffige Kirche im Zentrum Wattenscheids wurde in den Jahren 1868 bis 1872 auf den Ruinen mittelalterlicher Vorgängerbauten errichtet. Archäologische Funde weisen darauf hin, dass bereits in karolingischer Zeit hier die „Wattenscheider Kirchenburg" stand, der eine ottonische Basilika im 12. Jahrhundert und eine gotische Hallenkirche im 15. Jahrhundert folgten. Aus der frühen Zeit des Gotteshauses erhalten geblieben ist ein Glockenturm, der 1895 um mehrere Meter erhöht und mit einem Spitzhelm versehen wurde.

Eindrucksvoll im Inneren der Kirche ist ein um 1000 n.Chr. geschaffener, frühromanischer Taufstein, der von vier steinernen Löwen getragen wird und in Reliefform Darstellungen aus dem Leben Jesu zeigt. Er gilt als einer der ältesten Figurentaufsteine Deutschlands.

Propsteikirche St. Peter und Paul

■ **Adresse**
Auf der Kirchenburg 1
44866 Bochum

Propsteikirche St. Peter und Paul (Bochum)

Diese historische Kirche gilt als ältester Sakralbau Bochums. Man nimmt an, dass an der Stelle der heutigen Kirche früher eine kleine Missionskapelle aus der Karolingerzeit stand. Nach mehrfachen Erweiterungen und Umbauten in romanischem und gotischem Stil wurde sie 1517 bei einem Stadtbrand zerstört und bis 1547 als spätgotische Hallenkirche mit Netz- und Sterngewölbe wieder aufgebaut. Nach den Zerstörungen im 2. Weltkrieg wurde sie rekonstruiert. Der Turm, eines der Wahrzeichen der Stadt, ist rund 68 Meter hoch.

Sehenswert sind der romanische Taufstein aus der Zeit um 1175, der Reliquienschrein der Heiligen Perpetua und ihrer Sklavin Felicitas (ältester Teil um 1100) sowie das aus dem Jahr 1352 stammende „Bladenhorster Kruzifix" über dem Hochaltar.

■ **Adresse**
Untere Marktstraße
44787 Bochum

Stiepeler Dorfkirche (Bochum)

Die Stiepeler Dorfkirche zählt zu den ältesten Baudenkmä-

Stiepeler Dorfkirche, Bochum

lern Bochums. Über ein Jahrtausend reicht die Geschichte der Kirche zurück, bis ins Jahr 1008, als Gräfin Imma von Stiepel das Gotteshaus errichten ließ.

Im 12. Jahrhundert wurde die Kirche dann als romanische Basilika völlig neu gebaut. Ihre jetzige Form als Hallenkirche erhielt sie vermutlich gegen Ende des 15. Jahrhunderts.

Bei Restaurierungsarbeiten in den 1950er und 1960er Jahren wurden Wand- und Deckenmalereien von unschätzbarem Wert freigelegt. Sie sind zwischen dem 12. und dem 16. Jahrhundert entstanden. Weitere Kostbarkeiten sind ein Taufbecken aus dem 14. Jahrhundert sowie ein spätgotisches Sakramenthäuschen aus dem 15. Jahrhundert.

Auf dem Kirchhof befinden sich zahlreiche alte Grabsteine, deren Anfertigung bis ins 17. Jahrhundert zurückreicht.

Adresse
Brockhauser Straße 72a
44797 Bochum

St. Vinzentiuskirche (Bochum)

Die ev. St. Vinzentiuskirche in Bochum-Harpen geht auf eine erste Steinkirche aus der Zeit um 1000 n. Chr. zurück. Zeuge dieses Vorgängerbaus sind Reste eines alten Fundaments, die bei Renovierungsarbeiten in den 1970er Jahren zutage

Glasfenster mit Szenen aus dem Bergbau, St. Vinzentiuskirche, Bochum

kamen. Die heutige Dorfkirche geht im Wesentlichen auf eine im 12. Jahrhundert erbaute romanische Pfeilerbasilika zurück, die später in gotischem Baustil verändert wurde.

Der südliche neugotische Anbau mit der Empore (1905) birgt als Besonderheit vier Glasfenster, die Szenen aus dem Alltag Bochumer Bergleute darstellen. Im Innern des Hauptschiffes sind vor allem der Barockaltar (1699), das spätgotische Sakramentshaus, das Reliquienglas aus dem Dreikönigsaltar sowie die Peternell-Orgel sehens- bzw. hörenswert.

Adresse
Vinzentiusweg 13
44805 Bochum

Wallfahrtskirche St. Marien mit Zisterzienserkloster [Bochum]

Die Einweihung der Zisterzienser-Abtei im Jahre 1990 in Bochum-Stiepel war eine kleine Sensation: Seit über 600 Jahren hatte sich kein neues Kloster des österreichischen Stiftes Heiligenkreuz auf deutschem Boden mehr gegründet.

Nunmehr befindet sich im Herzen des Ruhrgebiets diese im modernen Stil erbaute Anlage, in deren Zentrum die 1914/15 errichtete Wallfahrtskirche St. Marien mit dem Gnadenbild der „Schmerzhaften Mutter von Stiepel" steht. Seine Gründung verdankt das Kloster Kardinal Franz Hengsbach, ehemaliger Bischof des Bistums Essen, der seit langem ein neues geistliches Zentrum für diese Region gefordert hatte.

Adresse
Am Varenholt 9, 44797 Bochum

Alte Kirche [Bönen]

Die Kirche ist das älteste Kulturdenkmal der Gemeinde. Als Geschenk des Erzbischofs Pilgrim von Köln an das Kloster in Deutz (1032) wird sie erstmals namentlich bestätigt. Ältester Teil des Gotteshauses ist der Glockenturm, der vom romanischen Vorgängerbau aus dem 12. Jahrhundert übrig geblieben ist. Das heutige Kirchenschiff wurde 1846 eingeweiht, nachdem das vorige Gebäude wegen Baufälligkeit im Jahre 1836 abgebrochen werden musste.

■ **Adresse**
Kirchplatz
59199 Bönen

Kulturkirche Heilig-Kreuz [Bottrop]

Als herausragendes Beispiel für den zeitgenössischen Kirchenbau gilt die Heilig-Kreuz-Kirche im Stadtzentrum Bottrops. Der moderne Bau nach Entwürfen des Architekten Rudolf Schwarz wurde von 1955 bis 1957 erbaut, ihr Grundriss kennzeichnet eine parabelartige Form, die der Bauherr als Symbol für ein mit beiden Händen ausgeworfenes Seil („Heiliger Wurf") verstanden wissen wollte.

In der Spitze der wie ein Schiffsbug wirkenden Kirche befindet sich ein Fenster, in dem das Auge Gottes eingearbeitet ist. Gegenüber, an der Westfront, wird der Kirchenbau durch ein weiteres, mächtiges Glasfenster dominiert, das eine nach außen offene Spirale mit bunten, abstrakt gestalteten Elementen darstellt. Das Gebäude steht seit 1988 unter Denkmalschutz, wird aber seit 2008 nicht mehr als Kirche genutzt. 2013 gründete sich der Förderverein Kulturkirche Heilig Kreuz e.V. mit dem Ziel der Erhaltung und Nutzung der früheren Pfarrkirche.

■ **Adresse**
Scharnhölzstraße
46236 Bottrop
kulturkirche-heiligkreuz.de

Pfarrkirche Herz-Jesu [Bottrop]

Die in den Jahren 1901/02 aufgebaute kath. Pfarrkirche musste bereits 1927 wegen Bergschäden wieder abgerissen werden, nur der Turm blieb stehen. Das heutige Aussehen verdankt die Kirche den Entwürfen des Architekten Josef Franke, der den Glockenturm 1928/29 durch sechs kubische Baukörper aus Ziegelstein erweiterte.

Vier Evangelistenfiguren sind sehenswert im Inneren des Gotteshauses, das insgesamt sehr schlicht und sachlich wirkt. Von Bedeutung ist auch die Gedächtniskapelle, die an die Gefallenen des Ersten Weltkrieges erinnert.

Die Pfarrei St. Cyriakus wird die Herz-Jesu-Kirche bis spätestens 2025 aufgeben.

■ **Adresse**
Brauerstraße 55
46236 Bottrop

Pfarrkirche St. Joseph [Bottrop]

Die kreuzförmige Basilika im Stadtteil Batenbrock, 1915-1919 entstanden, kombiniert Einflüsse aus Romanik, Barock und Jugendstil. Josef Franke, auch „Dom-Meister von Bottrop" genannt, entwarf das Kirchenschiff mit gewölbeartiger, sternförmig aufgefächerter Stuckdecke und Säulengang sowie den wuchtigen Glockenturm, der später mit einer geschweiften Zwiebelhaube ver-

Epiphanias-Kirche [Bochum]

Direkt an der A40 in Bochum-Hamme ist 2010 mit der evangelisch-lutherischen Epiphanias-Kirche die erste Autobahnkirche in der Metropole Ruhr eröffnet worden. Das ökumenische Projekt im denkmalgeschützten Gotteshaus – ein Beitrag der Kirche zum Kulturhauptstadt-Jahr 2010 – steht Autofahrern als „Oase der Stille" täglich von 8 bis 20 Uhr offen.

■ **Informationen**
Epiphanias-Gemeinde
Dorstener Str. 263
44809 Bochum
Tel. 0234/57376
epiphanias.bochum@selk.de

sehen wurde. Den Altarbereich prägen sechs hohe Fenster, die der Künstler Josef Krampe gestaltete.

Adresse
Förenkamp
46238 Bottrop

Pfarrkirche St. Ludger (Bottrop)

Die kath. Pfarrkirche im Stadtteil Fuhlenbrock zählt zu den bedeutenden expressionistischen Sakralbauten des Ruhrgebiets. Auch hier trat Josef Franke als Architekt in Erscheinung. Das Haupthaus ist wie eine Parabeltonne gestaltet, die an den Seiten durch fünf ebenfalls parabelartige Räume ergänzt wird. Über dem Altar befindet sich der Glockenturm, durch dessen Fenster hinter dem Triumphbogen helles Licht auf den Chor erstrahlt.

Adresse
Birkenstraße
46242 Bottrop

Pfarrkirche St. Mariä Himmelfahrt (Bottrop)

Die heutige einschiffige Dorfkirche im Stadtteil Feldhausen geht auf eine Begräbniskapelle zurück, die erstmals 1473 erwähnt wird. Reste davon sind noch in Teilen des Chors erhalten.

Besonderheit der kath. Pfarrkirche sind die ebenfalls aus den Gründerjahren stammenden spätgotischen Glasfenster, die als einzig erhaltene Verglasungen einer Dorfkirche im Ruhrgebiet gelten. Weitere wertvolle Kunstwerke sind die Muttergottesfigur (um 1300), ein Kruzifix (um 1500) sowie zwei barocke Bischofsbilder, die wahrscheinlich um 1767 entstanden sind.

Adresse
Kapellenstraße
46244 Bottrop

Propsteikirche St. Cyriakus (Bottrop)

Die Kirche entstand 1861/62 nach Entwürfen des Architekten E. von Manger. Zuvor hatte hier bereits ein Vorgängerbau aus dem 12. Jahrhundert gestanden, den man jedoch abriss, als er für die wachsende Gemeinde zu klein wurde. Der Neubau ist eine breite Hallenkirche aus Backstein im Stile der Neugotik, die in den 1960er und 1980er Jahren aufgrund von Schädigungen durch den nahegelegenen Kohleabbau komplett saniert wurde.

Wertvolle Kunstschätze aus früheren Jahrhunderten sind im Innenraum der Kirche zu sehen, darunter der spätgotische Schnitzaltar mit Vesperbild (um 1460), eine gotische Pietà (um 1490) sowie die barocke Skulptur des Kirchenpatrons Cyriakus (um 1730).

Adresse
Kirchplatz, 46236 Bottrop
www.st-cyriakus.de

Ev. Jakobuskirche (Breckerfeld)

Die Kirche, vermutlich in der ersten Hälfte des 13. Jahrhunderts erbaut, zählt zu den bedeutendsten Kunststätten im süd-östlichen Ruhrgebiet. Zudem ist die hochgotische Basilika in ihrer heutigen Form die einzige noch erhaltene ihrer Art in Westfalen.

Das Mittelschiff bildet mit Querschiff und Chor ein Kreuz, das durch Seitenschiffe ergänzt wird. Insgesamt besticht die Kirche durch ihre klare und ebenmäßige Form. Wertvollstes Stück im Innenraum ist der um 1520 geschaffene Schnitzaltar aus Eichenholz, der im Mittelschrein die Figuren Maria mit Jesuskind, Christopherus und Hl. Jakobus, im unteren Bereich Darstellungen der Fußwaschung und des Abendmahls enthält. Erwähnenswert sind zudem die barocke Kanzel, auch aus Eichenholz und 1740 aus Schwelm erworben, sowie eine gemalte Szene vom Jüngsten Gericht.

Adresse/Informationen
Ev. Kirchengemeinde Breckerfeld
Schulstr. 3, 58339 Breckerfeld
Tel. 02338/1539
www.ev-kg-breckerfeld.de

Pfarrkirche St. Antonius (Castrop-Rauxel)

Die kath. Pfarrkirche im Stadtteil Ickern wurde in den Jahren 1922–1925 nach Plänen des Industriearchitekten Alfred Fischer gebaut. Die parabelartige Form war die erste ihrer Art in Deutschland. Das Innere der Kirche prägt ein schlichtes,

St. Lambertuskirche, Castrop-Rauxel

tonnenartiges Gewölbe mit Rundstrebebögen, in deren Mitte ovale Fenster eingearbeitet sind. Die Decke ist mit pastellfarbigen Mosaiken verziert. Das Äußere, insbesondere der Glockenturm, ist durch kubische Formen geprägt.

Adresse / Informationen

Kirchstr. 109, 44581 Castrop-Rauxel

St. Lambertuskirche (Castrop-Rauxel)

Einer der ältesten Sakralbauten im Vest Recklinghausen ist die kath. Pfarrkirche St. Lambertus in Alt-Castrop. Bereits im 10. Jahrhundert hat an der Stelle der heutigen Kirche vermutlich ein Gotteshaus gestanden, dem um 1250 eine dreischiffige Halle folgte. Heute sind von diesem Vorgängerbau nur das Mittelschiff und ein Seitenschiff mit spätgotischem Sakramentshäuschen und einer Monstranz erhalten geblieben. In den Jahren 1889–90 wurde an die Reste der alten, romanisch-gotischen Kirche ein Neubau angegliedert, dessen Innenraum ein harmonisches Ensemble aus Säulen, Kapitellen und Gewölbeformen bildet.

Adresse

Lambertusplatz, 44575 Castrop-Rauxel

St.-Amandus-Kirche (Datteln)

Die jetzige St.-Amandus-Kirche geht auf einen Bau aus dem 12. Jahrhundert zurück, von dem bis heute der Glockenturm romanischen Stils erhalten blieb. 1911/12 wird das Gotteshaus zur neugotischen Hallenkirche erweitert. Der Zweite Weltkrieg führte zur beinahe vollständigen Zerstörung der Kirche, sie wird Ende der 1940er Jahre neu errichtet. Zur Innenausstattung zählt das Amandus-Kreuz aus Eichenholz (vermutlich 13. Jahrhundert), welches Christus als Triumphator über den Tod zeigt. Beachtenswert sind außerdem ein Sakramentshäuschen (um 1520), Reliefs spätgotischer Schnitzaltäre, Apostelfiguren aus dem 14.–16. Jahrhundert sowie ein Standbild des Heiligen Amandus (18. Jahrhundert).

Adresse

Kirchstraße 25, 45711 Datteln

Ev. Pfarrkirche Hiesfeld [Dinslaken]

Die auf einer Anhöhe gelegene ev. Pfarrkirche im Ortsteil Hiesfeld geht vermutlich auf eine erste Kirchengründung im 10. Jahrhundert zurück. Brände zerstörten das Gotteshaus in der Folgezeit mehrfach. Im späten 12. Jahrhundert erfolgte schließlich der Bau einer Saalkirche mit einem Kirchturm. Der romanische Westturm ist im Wesentlichen bis heute bestehen geblieben. Das Langhaus mit spätgotischem Kreuzrippengewölbe stammt aus dem 15. Jahrhundert. Im Innenraum sehenswert sind drei Leuchterkronen aus dem 17. Jahrhundert sowie Epitaphe aus dem 18. Jahrhundert.

■ **Adresse**

Sterkrader Str. 267
46539 Dinslaken

Ev. Stadtkirche [Dinslaken]

Seit 1603 existiert in Dinslaken eine reformierte Gemeinde, die in den Jahren 1649–1653 die erste Kirche errichten ließ. Ein Brand zerstörte das Gebäude 1717. Wenige Jahre später wird die Kirche nach Plänen des italienischen Architekten Bartholomeo Salla neu erbaut. Es handelt sich hierbei um eine einschiffige Saalkirche aus Backstein mit Turm. Den Innenraum dominiert eine wertvolle Kanzel aus Eichenholz, ein Schnitzwerk des Weseler Künstlers Teodorus Snoeck aus dem Jahre 1723. Auffallende Kunstwerke sind außerdem zwei holländische Leuchterkronen aus dem 17. Jahrhundert sowie der dreiteilige Orgelprospekt.

■ **Adresse**

Duisburger Straße
46535 Dinslaken

St. Vincentiuskirche [Dinslaken]

Die dem Hl. Vincentius geweihte Kirche wurde um 1480 als dreischiffige Hallenkirche fertiggestellt. Wenige Jahre später wurden an den Backsteinbau zwei Kapellen angefügt. Im Zweiten Weltkrieg wurde die Kirche weitgehend zerstört, erhalten blieben jedoch der spätgotische Chor sowie die beiden östlichen Langhausjoche. Unversehrt blieb auch der Hochaltar aus dem 15. Jahrhundert, der in prachtvollen Schnitzereien und Bildern die Passion Christi darstellt. Dominiert wird das Innere darüber hinaus durch ein 2,5 m hohes Kruzifix, das vermutlich um 1400 gefertigt wurde. An der Außenmauer der Kirche steht die Skulpturengruppe „Drei Kreuze“ aus dem Jahre 1501, eines der bedeutendsten Werke Weseler Bildhauerkunst.

■ **Adresse**

Gartenstraße 22
46535 Dinslaken

Pfarrkirche Herz-Jesu [Dorsten]

Die Herz-Jesu-Kirche, im Jahre 1943 errichtet, gilt als wichtiges Beispiel für moderne Sakralarchitektur. Erbaut von Prof. Dr. Dominikus Böhm, berühmter Kirchenbaumeister aus Köln, zeichnet sich die Kirche durch ihren Stil der „Bauhauskunst“ aus. Auffallend ist vor allem die Konzeption und Ausleuchtung des Altarraumes: Die großen Fenster im Hintergrund lassen das Licht direkt auf den Altar scheinen und erwecken so den Eindruck einer Verschmelzung.

■ **Adresse**

Kirchweg, 46286 Dorsten

St. Agathakirche [Dorsten]

In Sichtweite zum Marktplatz und dem Alten Rathaus steht in Dorsten die kath. Pfarrkirche St. Agatha. Die einstige gotische Hallenkirche des 14./15. Jahrhunderts wurde im Laufe ihrer rund 700-jährigen Geschichte oftmals durch Brände zerstört, so dass heute nur noch wenige Kunstwerke an den alten Prachtbau erinnern. So findet man heute im Inneren der Kirche noch ein Taufbecken aus dem 13. Jahrhundert, ein Vesperbild aus Holz (16. Jahrhundert) sowie drei Grabmale aus dem frühen 17. Jahrhundert.

■ **Adresse**

An der Vehme
46282 Dorsten
www.st-agatha-dorsten.de

Ev. Marienkirche (Dortmund)

Der Turm der Marienkirche bildet zusammen mit dem der Reinoldikirche das Wahrzeichen der Innenstadt Dortmunds. Die dreischiffige, dreijochige Gewölbebasilika in spätgotischem Stil mit Arkadenpfeilern stammt aus dem 12. Jahrhundert und ist somit vermutlich der älteste Gewölbebau Westfalens. 1833 konnte die vom Abriss bedrohte Kirche durch den Einsatz Dortmunder Bürger sowie des preußischen Kronprinzen Friedrich Wilhelm gerettet werden.

Zu sehen sind heute der prächtige Marienaltar des Künstlers Conrad von Soest (ca. 1420), eines der beeindruckendsten Zeugnisse westfälischer Tafelmalerei. Zu den einzelnen Kunstgegenständen zählen außerdem ein Passionsaltar (Ende 14. Jahrhundert), die Marienskulptur von 1230 im Sakramentshäuschen, ein Triumphkreuz (ca. 1450) sowie das niederrheinische Chorgestühl (um 1520).

■ **Informationen**

Kleppingstr. 5
44135 Dortmund
www.st-marien-dortmund.de

Ev. Pfarrkirche Brackel (Dortmund)

Die Kirche im Ortsteil Brackel ist eine der ältesten Dorfkirchen auf Dortmunder Stadtgebiet. Ende des 12. Jahrhunderts als gewölbte romanische Basilika errichtet, übernahm der Deutsche Ritterorden gegen Ende des 13. Jahrhunderts das Patronat über die Kirche. Der gotische Chor stammt aus dieser Zeit und vermutlich auch der mächtige quadratische Westturm. Zwei Jahrhunderte später wurde das Gotteshaus in spätgotischem Stil zur Hallenkirche ausgebaut.

Im Innern sind bemerkenswert ein romanischer Taufstein (barocke Überarbeitung), Altar und Kanzel (Barock) sowie einige mittelalterliche Fresken, von deren Existenz man erst in den 1950er Jahren erfuhr.

■ **Adresse**

Brackeler Hellweg 142
44309 Dortmund

Ev. Pfarrkirche Brechten (Dortmund)

Die kleine Dorfkirche im Stadtteil Brechten ist eine der wenigen mittelalterlichen Kirchen, die außerhalb des alten Stadtkerns lagen und bis heute erhalten geblieben sind. Als zweijochige Hallenkirche mit Chor und romanischem Westturm Mitte des 13. Jahrhunderts gebaut, war sie ursprünglich St. Johann Baptist geweiht.

Sehenswert sind ein gotischer Taufstein, Altar und Kanzel aus der Zeit des Barock sowie die romanischen und gotischen Gemälde, unter denen die Darstellungen des Weltgerichts im Chorgewölbe sowie eine ausgemalte Maßwerkrosette besonders beeindruckend sind.

■ **Adresse**

Widumer Platz
44339 Dortmund

Ev. Pfarrkirche St. Peter (Dortmund)

Im Jahre 776 ließ Karl d. Gr. hoch über der Ruhr in der sächsischen Fliehburg Sigiburg (heute Hohensyburg) eine Wehrkirche errichten, die heute als ältester Sakralbau Dortmunds gilt. Die Weihung der Kirche erfolgte 799 durch Papst Leo III.

Die heutige Form geht auf einen flachgedeckten Saalbau aus dem 12. Jahrhundert zurück, der Ende des 12. Jahrhunderts einen gedrungenen, wehrhaften Westturm erhielt. Der Chor in gotischem Stil

Ev. Pfarrkirche St. Peter, Dortmund

Propsteikirche St. Johannes der Täufer, Dortmund

stammt aus dem 17. Jahrhundert. Im Mittelalter hatte die Kirche große Bedeutung als Wallfahrtsort und Ablasskirche.

Nach Zerstörungen im Zweiten Weltkrieg wurde sie Anfang der 1950er Jahre wieder aufgebaut. Dabei konnten auch Fundamente des romanischen Vorgängerbaus freigelegt werden.

Als außerordentliche Besonderheit befinden sich (neben dem Friedhof mit über 200 alten Grabplatten) im Innern der Kirche ein merowingischer Grabstein (um 650) und zwei karolingische Grabsteine (um 800), einer davon (einmalig in Westfalen) mit Inschrift.

Adresse

Syburger Kirchstraße 14
44265 Dortmund

Propsteikirche St. Johannes der Täufer (Dortmund)

Die spätgotische Hallenkirche stammt aus dem 14. Jahrhundert. Der Orden der Dominikaner hatte 1330 an der Stelle der heutigen Kirche eine kleine Kapelle errichtet, die kurze Zeit später einen Chor sowie im 15. Jahrhundert ein Langhaus erhielt. Bis ins Jahr 1816 blieb sie Kirche des Dominikanerklosters, danach wurde sie Eigentum der kath. Pfarrgemeinde Dortmund.

Von der ehemaligen Innenausstattung der weitläufigen Halle mit Sterngewölbe ist die Tafelmalerei des Hochaltars von Derick Baegert von besonderer Bedeutung. Vermutlich um 1468 geschaffen, gilt das kostbare Triptychon nicht nur als eines der Hauptwerke des berühmten Weseler Künstlers, sondern auch als wohl größter bemalter Altar der Spätgotik.

Adresse

Propsteihof 3
44137 Dortmund

Ev. St. Reinoldikirche (Dortmund)

Vermutlich im 10. Jahrhundert entstand in Dortmund ein Gotteshaus, das als Pfalzkapelle und Pfarrkirche des nahegelegenen Königshofes diente. Eine Legende bringt die Kirche sogar mit Karl d. Großen und seinem Kreis in Verbindung. Später wurde sie dem Hl. Reinold als Patron der Stadt und ritterlichem Beschützer der Kommune gewidmet.

Mitte des 13. Jahrhunderts wird die mittlerweile zum dritten Mal zerstörte Kirche als dreischiffige Pfeilerbasilika frühgotischen Stils wiederaufgebaut. Kennzeichnend sind die hohen Seitenschiffe, die den Eindruck einer monumentalen Hallenkirche hervorrufen, sowie der 1421–1450 geschaffene Chor, der als Meisterwerk spätgotischer Baukunst gilt. Ab 1443 wird der 112 Meter hohe Glockenturm hochgezogen, der 1661-1671 nach einem Einsturz neu zu errichten ist und in barocker Form eine zweiteilige Zwiebelhaube erhält.

Zahlreiche wertvolle Ausstattungsstücke stehen im Inneren der Kirche, darunter eine zwei Meter hohe, geschnitzte Holzfigur von St. Reinold, die um 1300 gefertigt wurde, eine Plastik Karls des Großen (16. Jahrhundert), eine schöne, spätgotische Skulptur der Maria mit Kind sowie ein geschnitzter Flügelaltar, der um 1420 wohl in Flandern entstand.

■ **Adresse**
Ostenhellweg 2
44135 Dortmund

St. Petrikirche (Dortmund)

Die gotische Hallenkirche aus dem 14. Jahrhundert birgt als besonderen Kunstschatz den erst 2006 restaurierten Antwerpener Schnitzaltar der Lukasgilde (um 1521), der schon im Mittelalter den Beinamen „Wunder von Dortmund“ trug: Er besteht aus rund 30 religiösen Szenen (Leben und Leiden Christi), die von Hunderten aus Eichenholz geschnitzten, mit Gold überzogenen Figuren dargestellt werden. Hinzu kommen 54 Tafelbilder, die diese Szenen ergänzen. Geschaffen wurde das monumentale Werk ursprünglich für das Dortmunder Franziskanerkloster. Der Flügelaltar von St. Petri ist mit 7,4 Meter geöffneter Breite und 5,6 Meter Höhe der größte flämische Altar des Mittelalters und eines der größten kirchlichen Bildwerke der Gotik überhaupt.

■ **Adresse**
Petrikirchhof
44137 Dortmund

Abteikirche St. Johann Baptist und Prämonstratenserkloster (Duisburg)

Das Kloster Hamborn gründete sich 1136 als Prämonstra-

Die Propsteikirche und die St. Petrikirche, Dortmund

tenserkonvent. 1806 erfolgte die Auflösung, erst Ende der 1950er Jahre zogen wieder Mitglieder des Konvents in die Abtei ein. Die zugehörige Kirche St. Johann Baptist stammt ebenfalls aus dem 12. Jahrhundert, ihr Ausbau zu einer dreischiffigen Hallenkirche mit Chor erfolgte zwei Jahrhunderte später.

Aus dieser Zeit übriggeblieben ist ein romanischer Turm sowie ein Kreuzgang, der als einzigartig im Ruhrgebiet gilt. Bemerkenswerte Kunstschätze im Innern sind Taufsteine aus dem 14. und 15. Jahrhundert sowie eine Holzskulptur der Maria mit Kind (15. Jahrhundert). Monatlich gibt es eine öffentliche Führung durch die Abtei (Kirche, Kreuzgang und Schatzkammer).

■ **Adresse**

An der Abtei 4-6
47166 Duisburg
Tel. 0203/57890 – 0
abtei-hamborn.net

Ev. Salvatorkirche (Duisburg)

Markantes Wahrzeichen Duisburgs ist die Salvatorkirche im Stadtzentrum. Die dreischiffige, kreuzförmige Basilika wurde bereits im 14./15. Jahrhundert erbaut, mehrere Gotteshäuser (darunter ein einfacher Holzbau aus dem 9. Jahrhundert) gingen voraus. Der damals vollendete Kirchturm war mit 106 Metern der höchste in Norddeutschland, ging jedoch durch Brand verloren. Bekannt wurde die Kirche vor allem wegen ihrer kunstvoll bemalten Fenster (Abrahamfenster).

Sehenswert sind auch ein Taufstein aus dem 15. Jahrhundert, eine Renaissancekanzel aus dem Jahre 1664 sowie eine Gedächtnistafel für Duisburgs berühmten Kartographen Gerhard Mercator.

Die Kirche ist dienstags bis samstags von 9 bis 17 Uhr zur Besichtigung geöffnet, sonntags von ca. 11 bis 13 Uhr; an jedem ersten Sonntag im Monat findet von 15 bis 16 Uhr eine öffentliche Führung statt.

■ **Adresse**

Burgplatz
47051 Duisburg

Ev. Salvatorkirche, Duisburg

Karmelkirche (Duisburg)

Erste Nachweise eines Gotteshauses an der Stelle der heutigen Karmelkirche stammen aus den Anfängen des 14. Jahrhunderts. Damals stand hier eine Minoritenkirche, eine Saalkirche frühgotischer Prägung, die der Bettelorden der Minoriten errichten ließ. Teile davon konnten freigelegt werden und sind der Besichtigung zugänglich.

Nach 1945 erhielt die Kirche ein neues, modernes Gesicht: In dem einschiffigen Neubau fallen vor allem die lichtspendenden Fenster im Altarraum angenehm auf. Das Gotteshaus wurde nach über hundertjähriger Unterbrechung ab 1961 wieder von einem Orden (Unbeschuhte Karmeliter) als Klosterkirche genutzt. Bis 2002 lebten Karmelitinnen in einem Klostergebäude neben der Kirche.

■ **Adresse**

Karmelplatz 7
47051 Duisburg

Marienkirche (Duisburg)

Als erste Niederlassung des Johanniterordens auf deutschem Boden steht seit ca. 1145/1150 in Duisburg die Marienkirche. Ein Gedenkstein erinnert noch heute an diese frühe Zeit. Die Kirche besaß damals vermutlich ein zweischiffiges Langhaus, einen Querbau, einen Chor und zwei Türme.

Im Jahre 1797 wurde die Kirche wegen Baufälligkeit teilweise abgetragen, es entstand ein Neubau in klassizistischem Stil mit schlichter Ausstattung. Der Altarraum wurde nach Westen verlagert, der neue Turm erhielt einen barocken Helm aus Holz. 1869/1870 erhielt die Kirche schließlich Emporen und eine Hochkanzel.

■ **Adresse**

Josef-Kiefer-Straße 4, 47051 Duisburg

Pfarrkirche St. Dionysius (Duisburg)

Sie ist die besterhaltene mittelalterliche Dorfkirche Duisburgs. Die Anfänge der dem Hl. Dionysius geweihten Kirche gehen bis ins 10. Jahrhundert zurück. Im 12. Jahrhundert erhielt das Gotteshaus einen Glockenturm, zur Zeit der Staufer (13. Jahrhundert) erfolgte der Ausbau zur dreischiffigen Gewölbebasilika.

Nach Zerstörungen im Zweiten Weltkrieg wurde die Kirche in schlichter Form wieder aufgebaut. Unbeschadet überstanden haben den Bombenhagel ein spätgotisches Tafelbild, die schön gefertigten Kapitelle mit Knospen- und Vogelmotiven sowie mehrere Holzskulpturen aus dem 15. bis 18. Jahrhundert, darunter die des Kirchenpatrons.

■ **Adresse**

Uerdinger Str. 183A, 47259 Duisburg

Domkirche des Ruhrbistums (Essen)

Etwa im Jahre 845 gründete der sächsische Adelige Altfrid auf dem Gut Astnidhi (= Essen) ein Frauenstift. Wenige Jahre später (852) veranlasste er den Bau einer Stiftskirche mit Kreuzgang und Konventsgebäuden. Nach einem Brand (946) wurde das Gebäude um ein Westwerk und eine östliche Außenkrypta erweitert. Erneute Umbaumaßnahmen folgten 100 Jahre später, als die Äbtissin Theophanu die baufällige Kirche durch eine spätottonische Basilika ersetzen ließ. 1275 zerstörte ein Brand erneut das Gotteshaus, es folgte eine gotische Hallenkirche in Gestalt eines Münsters, die den verbliebenen Westbau und die Krypta mit einbezog.

Seit 1958 ist die Kathedrale Bischofskirche des Bistums Essen. Sie birgt bis heute viele bedeutsame Kunstschätze, was auf die großzügige Förderung durch die Essener Äbtissinnen zurückzuführen ist. Einzigartig sind die Goldene Madonna (10. Jahrhundert, älteste Marienstatue des Abendlandes) und der siebenarmige Leuchter (um 1000, ältestes christliches Werk dieser Art). Weitere wertvolle Kunstgegenstände (so z. B. die Lilienkrone, die wahrscheinlich Mitte des 11. Jahrhunderts gefertigt wurde) sind in der nach aufwändigem Umbau bis Anfang 2009 erweiterten Domschatzkammer zu besichtigen.

■ **Adresse/Informationen**

Domschatzkammer Essen
Burgplatz 2
45127 Essen

Tel. 0201/2204-206
domschatz@bistum-essen.de
www.domschatz-essen.de
Öffnungszeiten Domschatzkammer:
Di-So 11-17 Uhr

Ev. Auferstehungskirche [Essen]

Die Kirche zählt zu den neuzeitlichen Gotteshäusern im Ruhrgebiet: 1929/30 von dem renommierten Architekten Otto Bartning errichtet, wurde der Rundbau im Stahlskelett zu einem Vorreiter für den modernen Sakralbau. Einiges erinnert an die Industriearchitektur damaliger Zeit, darunter besonders der Einsatz von Ziegelsteinen, die, ebenso wie die Fenster, in die Zwischenräume des Stahlskeletts eingemauert wurden. Zentrum der Kirche ist die Rotunde, in deren Mitte Kanzel, Altar und Orgel stehen, die zusammen einen einheitlichen Aufbau bilden.

■ **Adresse**
Steubenstraße/Manteuffelstraße
45138 Essen

Ev. Marktkirche [Essen]

Im Jahre 1056 wird die jetzige Marktkirche erstmals unter dem Namen „Gertrudiskirche" erwähnt. In Teilen ist die ehemalige Basilika, die im 15. Jahrhundert zur gotischen Hallenkirche umgebaut wurde, auch heute noch erhalten. Nach langjährigem Konflikt zwischen Protestanten und Katholiken um das Eigentum der Kirche fiel diese im 17. Jahrhundert endgültig in den Besitz der Ev. Gemeinde Essen.

Nach schweren Bombenschäden wurde das Gebäude in den 1950er Jahren wiedererrichtet. Beachtenswert ist das bronzene Portal mit dem „Apokalyptischen Reiter", das Hermann Schardt 1963 fertigte.

■ **Adresse**
Markt
45127 Essen

Domkirche des Ruhrbistums, Essen

Pfarrkirche St. Lambertus [Essen]

Im Zentrum des Ortsteils Rellinghausen befindet sich die kath. Pfarrkirche St. Lambertus. Sie gehörte ursprünglich zu einem im 10. Jahrhundert gegründeten Frauenstift, das die Essener Äbtissin Mathilde ins Leben gerufen hatte. Von der dreischiffigen, romanischen Pfeilerbasilika dieser Zeit ist noch der Glockenturm erhalten, die übrigen Bauten wurden nach Baufälligkeit im Jahre 1822 abgerissen. Unter Mitwirkung des berühmten Baumeisters Karl Friedrich Schinkel entstand in den Jahren 1826–1829 ein klassizistisch überformter Neubau, der den alten Westturm einbezog. Sehenswert im Innern ist ein romanischer Taufstein des mittelalterlichen Vorgängerbaus.

Adresse
Am Glockenberg
45134 Essen

Pfarrkirche St. Lucius [Essen]

Als erste klosterunabhängige Kirche Deutschlands wird die Pfarrkirche St. Lucius in den Jahren 995–1063 errichtet. Sie ist somit eine der ältesten Pfarrkirchen nördlich der Alpen. Die im 12. Jahrhundert zur Basilika umgestaltete, romanische Saalkirche wurde nach Kriegszerstörungen im 20. Jahrhundert renoviert und so weit als möglich in den mittelalterlichen Zustand zurückversetzt.

Die nördliche Chorwand zeigt noch Reste von Fresken aus dem 11. Jahrhundert. Beachtenswert sind des Weiteren das wehrhaft erscheinende Westwerk, der gestaffelte Chor mit drei halbrunden Apsiden sowie im Hauptschiff das Wechselspiel zwischen Säulen und Pfeilern, das auch als „Rheinischer Stützenwechsel“ bezeichnet wird.

Adresse
Luziusstraße
45239 Essen

Pfarrkirche St. Nikolaus [Essen]

Nach dem Vorbild antiker italienischer Baukunst schuf der Kölner Architekt Carl Moritz in Essen-Stoppenberg die kath. Pfarrkirche St. Nikolaus. Mit ihren vielen Jugendstilelementen (Kreuzigungsgruppe, Schwanhild-Brunnen) ist die 1906/07 erbaute Kirche die einzige Jugendstilkirche Deutschlands.

Der Innenraum wird durch ein weiträumiges Tonnengewölbe mit schmalen Säulen auf beiden Seiten charakterisiert, das romanische und gotische Stilelemente vereint. Das breite Mittelschiff verschafft einen freien Blick zu Chor und Altar. Farbige Neugestaltung erfuhr die Kirche im Zuge von Renovierungsmaßnahmen in den 1970er Jahren.

Adresse
Essener Straße 4
45141 Essen

Basilika St. Ludgerus [Essen]

Im Stadtteil Werden steht die Propsteikirche St. Ludgerus. Sie wird 1256 auf den Grundmauern der im Jahre 796 von Friesen-Missionar Liudger gegründeten Klosterkirche als letzter Monumentalbau der

Basilika St. Ludgerus, Essen

Staufschen Romanik im Rheinland errichtet. Skulpturen, Reliefs, Bilder sowie die Krypta mit dem Schrein des Heiligen Liudger erinnern bis heute an den Namenspatron.

Bis in das Jahr 1803 war das zur Benediktinerabtei erhobene Gotteshaus einer der kulturellen, religiösen und wirtschaftlichen Mittelpunkte Deutschlands. 1993 wird sie durch den Papst zur Basilika geweiht.

Die Schatzkammer, in der wertvolle Kunstgegenstände (zum Teil aus dem 5. Jahrhundert) aufbewahrt werden, ist von großer kirchengeschichtlicher Bedeutung. Im Westwerk sind noch Wandmalereien des 10. Jahrhunderts zu erkennen, das Innere der Kirche besticht durch seine barocke Ausstattung (Hochaltar).

■ **Adresse/Informationen**

Schatzkammer
Brückstr. 54
45239 Essen
Tel. 0201/491801 (Schatzkammer)
Tel. 0201/490050 (Pfarrbüro)
schatzkammer@st.ludgerus-werden.de
st.ludgerus.essen-werden@bistum-essen.de
www.schatzkammer-werden.de
www.st-ludgerus.net
Öffnungszeiten Schatzkammer:
Di-So 10-12 und 15-17 Uhr

Siechenkapelle [Essen]

Die in leuchtendem Kaisergelb gestrichene Siechenkapelle neben dem Hotel Arosa an der Rüttenscheider Straße ist das älteste Gebäude des urbansten Essener Stadtteils. Sie wurde von 1422 bis 1445 an der alten Wegstrecke zwischen der Stadt Essen und der Abtei Werden errichtet zur geistigen Erbauung aller Aussätzigen und Leprakranken, die bis etwa 1726 in dem im Wald versteckten Siechenhof Zuflucht und Behandlung fanden.

Im Zweiten Weltkrieg zerstört und 1950/51 wiederaufgebaut, ist die der Gottesmutter Maria geweihte Kapelle heute ein stiller Ort der Andacht inmitten des Trubels entlang der Rüttenscheider Straße.

■ **Adresse**

Rüttenscheider Str. 147
45130 Essen

Stiftskirche Maria in der Not und Karmelitinnenkloster [Essen]

Im Jahre 1073 ließ die Essener Äbtissin Swanhild auf einem Hügel (heute Ortsteil Stoppenberg) eine dreischiffige romanische Pfeilerbasilika errichten, die ein Jahr später die Weihung erfuhr. Im 12. Jahrhundert gehörte die Kirche zu einem Doppelkloster der Prämonstratenser, das bereits im 13. Jahrhundert als reines Frauenkloster diente und im 15. Jahrhundert in ein Frauenstift umgewandelt wurde. Im Wesentlichen erhalten ist der Zustand der Kirche nach einem Umbau von 1241. Der Stift wurde im Zuge der Säkularisation 1803 aufgehoben, Stiftsgebäude in der Folgezeit abgetragen. 1965 erfolgte die Einweihung eines neu gebauten Karmelitinnenklosters, in dem bis heute Ordensschwestern leben.

Im Innern der Kirche, die seit 1967 den Namen „Stiftskirche vom Karmel Maria in der Not“ trägt, ist vor allem ein romanisches Taufbecken aus dem 12. Jahrhundert sehenswert.

■ **Adresse**

Kapitelberg, 45141 Essen

Stiftskirche [Fröndenberg/Ruhr]

Um 1230 ließ Graf Otto von der Mark nahe des ehem. Zisterzienserinnenklosters eine Kirche errichten, in deren Verlauf fünf Grafen von der Mark, zuletzt 1391 Engelbert III., ihre letzte Ruhestätte fanden.

Die im Stile der Romanik und Gotik gestaltete, einschiffige Hallenkirche mit Querbau erhielt um 1500 eine Sakristei, der Westturm wurde um 1900 erbaut. Beachtenswert ist das Mittelstück des gotischen Flügelaltars mit den Darstellungen aus dem Marienleben, ein Werk des jungen Conrads von Soest. Hervorzuheben ist auch die zwischen 1673 und 1690 von Tobias Bader aus Unna gebaute Barockorgel, die nach dessen Tode von Peter Henrich Varenholt 1692 vollendet wurde.

■ **Adresse**

Kirchplatz
58730 Fröndenberg/Ruhr

Ehemalige Pfarrkirche Heilig-Kreuz, Gelsenkirchen

Ev. Bleckkirche – Kirche der Kulturen (Gelsenkirchen)

Die Kirche ist das älteste Gotteshaus auf Gelsenkirchener Stadtgebiet. 1745/46 wird sie nach Entwürfen Johann Conrad Schlauns als kleiner, einschiffiger Saalbau mit Kreuzgratgewölbe errichtet. Nachdem die Kirche Ende des 19. Jahrhunderts zu klein wurde, erfolgten eine Erweiterung des Altarraumes sowie der Anbau eines Querschiffes mit Apsis. Auch ein Glockenturm kam hinzu.

Wertvollstes Stück der Kirche ist ein in Stein gehauener Renaissance-Altar von 1574 mit Darstellungen des Abendmahls. Ursprünglich Bestandteil von Schloss Grimberg, wurde der Altar bereits 1738 in die Bleckkirche überführt, der Meister ist bis heute unbekannt.

Heute finden in der Kirche regelmäßig auch weltliche Konzerte und Ausstellungen, Tanz und Theater statt.

■ **Adresse/Informationen**

Bleckstraße 1
45889 Gelsenkirchen
Kontakt:
Pfr. Thomas Schöps
Tel. 0209/595984
mail@bleckkirche.info
www.bleckkirche.info

Ehemalige Pfarrkirche Heilig-Kreuz (Gelsenkirchen)

Zwischen 1927 und 1929 entstand nach Plänen des Architekten Josef Franke die Pfarrkirche Heilig-Kreuz, ein Backsteinhaus expressionistischen Stils. Die farbige Ausgestaltung wurde nach Anweisungen A.W. Balins ausgeführt. Der helle Chor steht im Gegensatz zum eher dunkel gehaltenen Hauptraum, der durch parabelförmige Bögen gegliedert wird. Mit Klinkerfassade und expressionistisch bekröntem Turm bildet die Kirche ein sichtbares Zeichen des Stadtteils Ückendorf.

Die Kirche wird nicht mehr für religiöse Zwecke genutzt, 2008/2009 fand dort die Ausstellung „Götter – Geister – Dämonen“ statt. Nach einer Umbauphase wird sie wahrscheinlich ab 2020 als Multifunktionshaus dienen.

■ **Adresse**

Bochumer Str. 155
45886 Gelsenkirchen

Liebfrauenkirche (Gelsenkirchen)

Der Bau der heutigen Liebfrauenkirche erfolgte im Jahre 1894, zwei Jahre später wird sie geweiht. Bis zur Errichtung der Ev. Auferstehungskirche (1910/11) in unmittelbarer Nähe war die Liebfrauenkirche ortsbildbeherrschendes Gotteshaus in der Neustadt. Besonders eindrucksvoll waren zur Gründerzeit die beiden Doppelturmfassaden romanischen Stils. Später mussten die Spitzhelme wegen Einsturzgefahr leider niedrigeren Pyramidendächern weichen.

Hauptgestaltungselement im Innern ist der romanische Formenreichtum, der sich an Vorbildern der rheinischen Spätromanik orientiert.

■ **Adresse**

Neustadtplatz
45879 Gelsenkirchen

Propsteikirche St. Augustinus [Gelsenkirchen]

Vor knapp 1.000 Jahren ließ das Stift Essen im Stadtzentrum Gelsenkirchens eine erste Kirche errichten. Die damalige St. Georg Kirche (heute Ev. Altstadtkirche) wurde jedoch, ebenso wie ein erster Nachfolgebau aus dem Jahre 1845, rasch zu klein. Nach Übertragung der alleinigen Eigentumsrechte an die ev. Kirchengemeinde (1843) entschließt sich die kath. Pfarrei 1874 zur Gründung eines eigenen Gotteshauses in unmittelbarer Nachbarschaft. Die Kirche, die dem Hl. Augustinus geweiht ist, wird dreißig Jahre später durch päpstlichen Erlass zur Propsteikirche erhoben. Sie beherbergt die mit 72 Registern größte Orgel des Bistums Essen. Sehenswert ist außerdem die große Fensterrosette über dem Hauptportal sowie Ausstattungsstücke aus der Gründerzeit (Taufstein, Pietà).

■ Adresse
Ahstraße, 45879 Gelsenkirchen

St. Engelbert [Gevelsberg]

Die neugotische Pfarrkirche wurde von 1868 bis 1871 erbaut und von 1964 bis 1966 aufgrund der wachsenden Gemeindegliederzahl erweitert. Die Optik der Kirche wird insbesondere geprägt durch die von H. O. Krause geschaffenen Glasfenster. Das Hauptmotiv zeigt die Erschlagung Engelberts von Berg am 7. November 1225 im Hohlweg am Gevelsberge. Die im Kirchraum stehende Engelbertstatue wurde 1870 von Wilhelm Pohl (Aachen) geschnitzt.

■ Adresse
Rosendahler Straße
58285 Gevelsberg

Altes Äbtissinnenhaus, Gevelsberg

Erlöserkirche der Ev. Kirchengemeinde Gevelsberg

1830 erfuhr die aus Bruchstein gefertigte Saalkirche im Stile des Klassizismus ihre Weihung. Das Gebäude beruht in seiner Gesamtheit auf Entwürfen des preußischen Reichsbaumeisters Karl Friedrich Schinkel, der die Kirche sachlich und klar gliederte. Eine Überarbeitung dieses Konzeptes erfolgte in den 1960er Jahren durch die Künstlerin Liesel Altenrichter-Dieke.

■ Adresse
Elberfelder Straße
58285 Gevelsberg

Altes Äbtissinnenhaus [Gevelsberg]

Die „Alte Abtei" ist das besterhaltene Gebäude des ehemaligen Zisterzienserinnenklosters und war Wohnhaus der jeweiligen Äbtissin. 1545 bis 1547 erbaut und in der 1990er Jahren renoviert. Im Zuge der Reformation zwischen 1570 und 1577 wurde das Kloster in ein freiheitliches Damenstift umgewandelt.

■ Adresse
Im Stift 9, 58285 Gevelsberg

Pfarrkirche Heilig-Kreuz [Gladbeck]

In der Heilig-Kreuz-Kirche im Gladbecker Stadtteil Butendorf wurden 1913/14 unter der Leitung des Baumeisters Otto Müller-Jena architektonisch unterschiedliche Bauelemente zu einer in sich geschlossenen Einheit zusammengefasst. Dem Gesamtkonzept zugrunde liegt die Vorstellung, dass Christus Mittelpunkt allen irdischen Lebens ist. Der 22 Meter hohe, zehneckige Zentralbau mit Kuppeldach, dem zwei Querarme und das Chorhaus angegliedert sind, ist in Form eines Kreuzes angelegt. Der Glockenturm steht separat, alle Fassaden sind mit roten Ziegelsteinen verblendet, die Dächer mit grünlichem Kupfer gedeckt. Das Innere der Kirche ist nach Neugestaltung durch Klaus Iserlohe in Pastellfarben gehalten.

Adresse
Horster Str. 133
45968 Gladbeck

Ev. Kirche Dahl (Hagen)

Im Ortsteil Dahl steht die kleine Ev. Dorfkirche, die ehemals dem Hl. Matthäus geweiht war. In schlichter Manier bestand die Kirche nur aus einem Hauptschiff aus Bruchstein mit sechseckigem Chor, den Westturm krönte ein achtseitiger Helm. Nach einem Brand wurde das Gotteshaus 1730 wiedererrichtet. Von der ursprünglichen Innenausstattung blieben ein holzgeschnitzter Altaraufsatz (18. Jahrhundert) und ein Taufstein (17. Jahrhundert) erhalten. Besondere Beachtung verdienen die alten Wandmalereien aus dem 14. Jahrhundert, die bei Restaurierungsarbeiten freigelegt werden konnten.

Adresse
Dahler Straße
58091 Hagen

Ev. Kirche Elsey (Hagen)

Die heutige Elsey-Kirche wurde ursprünglich als Stiftskirche des nahegelegenen Prämonstratenserklosters (gegründet 1222/23 durch Mathilde von Isenberg) errichtet. Das Kloster ging jedoch im Zuge der Säkularisation verloren, dem Abriss der Gebäude (1811) entging nur die Kirche. Dem schlichten Hallenbau mit Querschiff folgten 1881–1882 eine Erweiterung des Chors sowie eine Neugestaltung des Innenraumes. Da die Kirche seit dem 17. Jahrhundert den Grafen von Hohenlimburg als Begräbnisstätte diente, sind aus dieser Zeit zahlreiche, wertvolle Epitaphe erhalten, darunter das des Limburger Grafen Conrad Gumprecht von Bentheim.

Adresse
Elseyer Kirchplatz
58119 Hagen

Stiftskirche St. Maria Magdalena (Haltern am See)

An den Ufern der Lippe, im heutigen Ortsteil Flaesheim, gründete 1166 Graf Otto von Ravensberg ein Prämonstratenserkloster mit Kirche. Das Gotteshaus war ursprünglich als dreischiffige romanische Basilika konzipiert. 1550 wurde das Kloster freiweltliches Damenstift, 1803 erfolgte die Aufhebung. Die Stiftsgebäude wurden 1790 zerstört, lediglich der Westturm konnte gerettet werden. Im Inneren der Kirche befindet sich noch heute ein prächtiger, dreigeteilter Hochaltar aus Sandstein, Marmor und Alabaster, versehen mit vollplastischen Figuren, datiert auf das Jahr 1658, der die Kreuzigungsgruppe mit der Schutzpatronin Maria Magdalena zeigt.

Adresse
Stiftsplatz 7
45721 Haltern am See

Pfarrkirche St. Sixtus (Haltern am See)

Die kath. Pfarrkirche St. Sixtus mit markant kupferbedecktem Turm ist die Hauptkirche Halterns. Auf den Resten eines romanischen Vorgängerbaus 1875/79 errichtet, galt sie lange als Vorzeigebau neugotischer Sakralkunst. Die Kirche beherbergt einige sehr wertvolle Kunstgegenstände, so z. B. ein prachtvolles, aus Eichenholz bestehendes Gabelkruzifix aus dem 14. Jahrhundert, ein barockes Grabmal aus dem Jahre 1710 sowie den sog. Antwerpener Schnitzaltar, der aus dem 16. Jahrhundert stammt und die Menschwerdung und Leidensgeschichte Christi darstellt.

■ **Adresse**
Marktplatz
45721 Haltern am See

Sri Kamadchi Ampal Tempel (Hamm)

In Hamm steht einer der größten erbauten südindischen Tempel Europas, der hinduistische Sri Kamadchi Ampal Tempel. Im Sommer 2002 wurden Sri Kamadchi, die neun Planetengötter und die weiteren Gottheiten feierlich in dem großen neuen Hallentempel inthronisiert.

Der Tempel ist streng nach rituellen Vorgaben konzipiert, die Göttin blickt vom Zentralschrein in Richtung Osten, zur aufgehenden Sonne. Der Innenraum des Tempels ist 700 Quadratmeter groß, das Tempelportal 17 Meter hoch.

2015 wurde in Hamm ein deutschlandweit erstes Grabfeld für Hindus eingeweiht, sternförmig angelegt in Anlehnung an das religiöse Symbol „Rad des Dharma".

■ **Informationen**
Siegenbeckstraße 4, 59071 Hamm
Tel. 02388/302223
info@kamadchi-ampal.de, kamadchi-ampal.olanko.de

Ev. Pauluskirche (Hamm)

Den Namen Pauluskirche erhielt das Gotteshaus erst im Jahre 1912, nachdem es ursprünglich dem Hl. Laurentius und dem Hl. Georg geweiht war. Auffallend an der Hauptkirche Hamms ist das weitgefasste Querschiff, das in der Zeit zwischen Früh- und Spätgotik entstanden sein muss. Andere Bauelemente (z. B. das Südportal) sind vermutlich noch viel älter: Sie lassen sich bis ins 13. Jahrhundert zurückdatieren. Ein Brand vernichtete die dreischiffige Hallenkirche Mitte des 18. Jahrhunderts, beim Wiederaufbau erhielt das Mittelschiff ein neues Gewölbedach. Sein heutiges Aussehen (markant sind seit eh und je die wuchtigen Säulen im Kircheninnern) verdankt das Gebäude Restaurierungs- und Wiederaufbaumaßnahmen nach dem Zweiten Weltkrieg.

■ **Adresse**
Marktplatz
59065 Hamm

Ev. Kirche St. Pankratius (Hamm)

Die mittelalterliche Dorfkirche im Stadtteil Mark zählt aufgrund ihrer kostbaren Malereien im Kircheninnern zu den wertvollsten Sakralbauten Westfalens. Zu Beginn des 12. Jahrhunderts wird die Kirche errichtet und dem Hl. Pankratius geweiht. Neben Langhaus und Westturm werden im 14. Jahrhundert ein Querschiff, das Chorjoch und die Apsis hinzugefügt. Zu dieser Zeit entstehen auch die Wandausmalungen, die erst 1908/09 entdeckt wurden. Sie zeigen Christus als Weltenrichter und -herrscher, Heiligendarstellungen sowie diverse schriftliche Zeugnisse. Bemerkenswert ist außerdem die Innenausstattung mit romanischem Taufstein (13. Jahrhundert), Altar (um 1500) und lebensgroßem Kruzifix (15. Jahrhundert). Atypisch ist, dass es in der Kirche mehrere Teufelsdarstellungen gibt.

■ **Adresse**
Marker Kirchplatz
59071 Hamm

Pfarrkirche St. Regina [Hamm]

Die Gründung der Reginenkirche im Ortsteil Rhynern geht zurück auf das letzte Drittel des 12. Jahrhunderts. Als dreischiffige Basilika angelegt, besitzt die Kirche einen Glockenturm sowie ein ungewöhnlich breites Querschiff. Zur Ausstattung gehören ein romanischer Taufstein mit Blattfries (13. Jahrhundert), ein spätgotisches Sakramentshäuschen (15. Jahrhundert), ein vergoldeter Reliquienschrein der Kirchenpatronin (1457) und eine barocke Orgel von 1772. Besondere Beachtung verdient jedoch ein prachtvoller flandrischer Schnitzaltar, der um 1520 entstanden sein muss und das Leben und Leiden Christi thematisiert.

■ **Adresse**
St.-Reginen-Platz
59069 Hamm

Schlosskapelle Heessen [Hamm]

Die kleine Kapelle muss wohl um 1909 Freiherr von Boeselager in Auftrag gegeben haben. Sie wird heute als kleine Kostbarkeit neugotischer Baukunst gefeiert. Ein Fächergewölbe überspannt den mit hellem Sandstein verblendeten Innenraum. Auffallend sind die reichen Verzierungen an Kanzel, Altar und Empore.

■ **Adresse**
Schlossstraße 1
59073 Hamm

Klosterkirche St. Mariä Himmelfahrt [Hamminkeln]

Die Klosterkirche Marienthal und der angrenzende Friedhof im Ortsteil Brünen-Marienthal weisen eine Vielzahl moderner sakraler Kunstwerke auf. Pfarrer Augustinus Winkelmann holte in der Zeit seines Wirkens in Marienthal (1924–1954) zeitgenössische Künstler in das kleine Isseldorf. So entstanden in und an der von Sueder von Ringenberg gestifteten Kirche (1253) Kunstwerke von internationalem Rang wie das Kirchenportal von Ewald Mataré, das in einem Atemzug mit den Portalen von Giacomo Manzù in Salzburg und Mailand genannt wird.

Die Kirche gehörte bis 1806 zum ältesten Augustiner-Eremitenkloster Deutschlands, das heute Karmeliter-Kloster ist. Neben Werken aus dem rheinischen Expressionismus, die Winkelmann in die Kirche holte, verdienen einige wertvolle Ausstattungsstücke der Gotik und Renaissance (Kreuzigungsgruppe, Chorgestühl, Malereien) besondere Beachtung.

■ **Adresse**
An der Klosterkirche
46499 Hamminkeln

Pfarrkirche St. Georg [Hattingen]

Die Ev. St.-Georgs-Kirche, ältester Sakralbau Hattingens, ist mit ihrem schiefen Turm längst zu einem Wahrzeichen der Stadt geworden. Um 1200 bereits wurde das Gotteshaus auf den Resten eines noch älteren Vorgängerbaus (um 1000) errichtet. Erste große Erweiterungen erfolgten im 13. Jahrhundert, zweihundert Jahre später musste die Kirche nach einem Brand, bei dem nur der romanische Turm sowie Teile des Kirchenschiffs verschont blieben, wiederaufgebaut werden. Die heutige Form entspricht einer letzten Umbaumaßnahme zu Beginn des 19. Jahrhunderts, in Folge derer eine Saalkirche mit quadratischem Grundriss und dreiseitiger Empore im Stile des Klassizismus entstand.

■ **Adresse**
Kirchplatz
45525 Hattingen

Pfarrkirche St. Mauritius (Hattingen)

Der Wiener Architekt Friedrich von Schmidt ließ in den Jahren 1858–1861 an den Westturm einer alten, noch aus der Romanik stammenden Kirche, eine Hallenkirche neugotischen Stils errichten. Aufgrund ihrer für eine Dorfkirche ungewöhnlichen Größe wurde die Pfarrkirche auch als „Dom" bezeichnet. Schmale Rundpfeiler strukturieren das klar gegliederte Innere der Kirche, deren wertvollste Kunstschätze ein neugotischer Hochaltar aus Tuffstein sowie der achteckige Taufstein aus der Spätromanik sind.

Eine Ausstellung ist dem Andenken an NS-Widerstandskämpfer Nikolaus Groß gewidmet und befindet sich in einem Nebengebäude der Kirchengemeinde St. Mauritius unweit des Domes. Sie ehrt den überzeugten Katholiken, den sein Glaubensverständnis in der Zeit der menschenverachtenden NS-Diktatur dazu brachte, sich dem Widerstand gegen Hitler anzuschließen.

■ **Adresse**
Domplatz 2
45529 Hattingen

Ev. Pfarrkirche St. Marien (Herdecke)

Die Ev. Pfarrkirche Herdecke geht zurück auf eine ehemalige Stiftskirche, die im 9. Jahrhundert in Anlehnung an ein Frauenstift gegründet worden war. Fraglich bleibt bis heute, ob Frederuna, eine Nichte Karls d. Gr., die großzügige Spenderin war. Ein alter Steinsarkophag im Innern der Kirche soll jedenfalls ihre als selig verehrten Gebeine enthalten haben. Das Damenstift, das seit 1538 freiweltlich war, bestand bis 1811.

Die Kirche, die noch Reste des karolingischen Vorgängerbaus enthielt und später eine Erweiterung zur romanischen Pfeilerbasilika erfuhr, wurde im 13. Jahrhundert gotisch eingewölbt. Jüngstes Bauelement ist der Glockenturm, der erst 1908 entstand.

■ **Adresse**
Alte Stiftstraße
58313 Herdecke

Pfarrkirche St. Philippus und Jakobus (Herdecke)

Nicht weit von der alten, zu klein gewordenen kath. Pfarrkirche im Herdecker Stadtzentrum entfernt ließ der Baumeister Gustav Adolf Fischer 1861–1864 einen Neubau errichten. Die dreischiffige Hallenkirche in neugotischem Stil zeichnet sich durch vier Joche mit schönen Maßwerkfenstern, einen Fünfachtelchor, Rundsäulen mit Blattkapitellen sowie ein Kreuzrippengewölbe aus. Aus der alten Kirche wurde eine gotische Kanzel des 15. Jahrhunderts übernommen.

■ **Adresse**
Wetterstraße
58313 Herdecke

Ev. Lutherkirche (Herne)

Neben der Christuskirche ist die Lutherkirche das zweite große Gotteshaus im Stadtteil Herne-Wanne. Die aufwendig gestaltete Eingangsfassade, die (wie das übrige Gebäude) in Anlehnung an die norddeutsche Backsteingotik entstand, fällt dem Betrachter sofort ins Auge. Architekt des Kirchenbaus, der sich auf das Jahr 1907 datieren lässt, war der Barmer Baumeister R. Fischer, Sohn des bekannt gewordenen Gustav Adolf Fischer. Kunstvolles Schmuckwerk aus Backstein (Rosetten, Friese, Flechtbänder) kennzeichnet den Kirchenbau ebenso wie die neuzeitlichen, abstrakt gestalteten Glasfenster über den Emporen, die einzelne, um die Jahrhundertwende übliche Berufsgruppen symbolisieren.

■ **Adresse**
Unser-Fritz-Straße
44649 Herne

Pfarrkirche St. Josef (Herne)

Als Vorbild für die neuromanische Pfarrkirche St. Josef, deren imposantes, doppeltoriges Eingangsportal von drei ruhenden Steinlöwen ge-

Schlosskapelle Strünkede, Herne

schmückt wird, die die Säulen des Portals auf ihren Rücken tragen, fungierte die aus dem 12. Jahrhundert stammende San-Zeno-Kirche im italienischen Verona. Der Bochumer Architekt Karl Pinnekamp ließ sich für seinen Bauentwurf von diesem Muster inspirieren und schuf in den Jahren 1909–1911 eine aus Ruhrsandstein bestehende, dreischiffige Basilika mit Querschiff, Chorquadrat, Apsis und achteckigem Turm mit Zeltdach. Statt der geplanten zwei Westtürme konnte aus Geldmangel nur einer verwirklicht werden, dessen Bekrönung ebenfalls unvollendet blieb.

■ **Adresse**
Hauptstraße
44651 Herne

Pfarrkirche St. Laurentius (Herne)

Nicht weit von der St. Josef-Kirche entfernt steht die katholische Hauptkirche Wannes, die Pfarrkirche St. Laurentius (1884–1892). Kunst aus sechs Jahrhunderten, vor allem in Form von Skulpturen, ist das Kennzeichen dieses Gotteshauses.

Bemerkenswert sind vor allem Holzfiguren aus Spätgotik und Barock, Ikonen aus Russland und Bulgarien sowie Skulpturen von Gerhard Marcks und Ernst Barlach. Auch die modernen, 1979–1989 von Georg Meistermann geschaffenen Glasfenster verdienen große Beachtung. Kunst regt an und überwindet Grenzen – unter diesem Motto will der Kunstsammler Franz-Josef Hoffmann, ehemals Pfarrer der Gemeinde, seine mit Unterstützung der Gemeinde zusammengetragene Präsentation innerhalb des Gotteshauses verstanden wissen.

■ **Adresse**
Hauptstr. 319, 44649 Herne

Schlosskapelle Strünkede (Herne)

Schlossherr Bernd von Strünkede ließ im Jahre 1272 neben seinem Herrensitz eine Kapelle errichten, Teile davon sind, wie man annimmt, noch heute in der Südwand der jetzigen Kirche erhalten. Der eigentliche Kirchenbau, eine zweijochige Saalkirche gotischer Form, geht auf das 14./15. Jahrhundert zurück. 1686 wird das

Gotteshaus reformierte Kirche von Herne. Im 19. Jahrhundert geriet das Gebäude in Vergessenheit, verfiel oder wurde zweckentfremdet. Erst das Engagement der Stadt in der zweiten Hälfte des 20. Jahrhunderts ließ das Kirchlein wieder auferstehen. Sehenswert sind heute alte Grabplatten an den Wänden sowie ein barocker Altaraufsatz, der ursprünglich Teil der (nicht mehr bestehenden) Herner Dionysiuskirche war.

Adresse
Karl-Brand-Weg, 44629 Herne

Pfarrkirche St. Antonius (Herten)

Die 1882 bis 1884 neu erbaute St. Antoniuskirche war als dreischiffige Basilika gedacht. Auch hier war, dem Zeitgeist entsprechend, die neugotische Form beherrschendes Stilelement. Als Architekt zeichnete sich der Münsteraner August Hanemann aus, der Teile der alten katholischen Kirche, die vor 1882 an der Stelle der Antoniuskirche gestanden hatte, in das neue Bauwerk integrierte. So sind z. B. ein altgotisches Chorgestühl aus Eichenholz, ein achteckiger Taufstein sowie eine barocke Skulptur der Madonna erhalten geblieben. Ein Denkmal für den Heiligen Antonius in der Nähe der Kirche erinnert an den Schutzheiligen des Gotteshauses.

Adresse
Antoniusplatz, 45699 Herten

Ev. Kirche Opherdicke, Holzwickede

Pfarrkirche St. Martinus (Herten)

Zu Beginn des 20. Jahrhunderts entstand im Ortsteil Westerholt nach Plänen des Münsteraner Architekten Kersting eine große Kirche neuromanischen Stils, deren hoher Glockenturm bis heute weithin sichtbar ist. 1903 wurde das Gotteshaus, ausgestattet mit Hochaltar, Orgel und Chorgestühl, schließlich geweiht. Bemerkenswert sind die an byzantinische Stilformen erinnernden Ausmalungen, die 1928–1930 unter Leitung des Düsseldorfer Künstlers Bernhard Gauer entstanden.

Adresse
Freiheit 14
45701 Herten

Ev. Kirche Opherdicke (Holzwickede)

Die Kirche ist der älteste Sakralbau der Gemeinde. Als kleine, romanische Basilika entstand sie vermutlich zwischen 1120 und 1150. Wohl noch älter ist der Westturm, quadratisch, 30 Meter hoch, der 1913 beinahe wegen seines schlechten baulichen Zustandes abgerissen worden wäre. 1868 bis 1870 erfolgte durch den Baumeister Hartmann aus Worbis eine beträchtliche Erweiterung des Kirchbaus nach Osten. Die Innenausstattung charakterisieren ein gotisches Sakramentshäuschen, eine Jakobus-Statue aus dem 15. Jahrhundert, eine Holzkanzel aus dem 17. Jahrhundert sowie die reich verzierten Kapitelle der das Langhaus und Seitenschiff trennenden Säulen.

Adresse
Unnaer Str. 70
59439 Holzwickede
www.evk-opherdicke.de

Pfarrkirche Liebfrauen [Holzwickede]

Die dreischiffige Hallenkirche in neugotischem Stil wurde 1903–1904 erbaut. Die Nachbildung einer wertvollen gotischen Pietà (Original als Leihgabe im Diözesanmuseum Paderborn) steht im nördlichen Seitenschiff. Ebenso auffallend sind fünf bewegliche Stelen, die den Altarraum seit 2011 nach hinten begrenzen, und eine aus Eiche geschnitzte Schutzmantel-Madonna vor der Stirnwand der Kirche. Wunderschön auch die in der Königlich-Sächsischen Hofglas-Malerei in Düsseldorf angefertigten Glasfenster, unter ihnen sieben Marienfenster, eine Taufdarstellung Jesu und ein Christusfenster über dem Haupteingang.

Adresse
Hauptstr. 51
59439 Holzwickede
www.liebfrauen-holzwickede.de

Ev. Kirche Drevenack [Hünxe]

Die Gründung der heutigen Ev. Kirche im Ortsteil Drevenack geht auf das 9./10. Jahrhundert zurück. Memoriensteine, in den Turmraum eingemauert, verweisen auf die Entstehungszeit. Aus der ehemaligen Kapelle wuchs in der Folgezeit eine einschiffige Dorfkirche mit fünfseitigem Chor. Der Westturm wurde vermutlich im 12. Jahrhundert angebaut, das nördliche Seitenschiff entstand zwei Jahrhunderte später. Sehenswert im Innern sind eine Kanzel (17. Jahrhundert), ein Taufstein (18. Jahrhundert) sowie ein barocker Orgelprospekt.

Adresse
Am Kirchplatz
46569 Hünxe

Ev. Kirche Hünxe

In ihrer heutigen Form entstammt die Ev. Kirche dem 14. Jahrhundert. Man nimmt jedoch an, dass bereits um 1000 an derselben Stelle ein Kirchlein gestanden hat. Im 16. Jahrhundert erhielt die gotische Säulenbasilika eine Kapelle, die dem Hl. Antonius geweiht war. Als Besonderheit weist das Gotteshaus ein barockes Steingrab auf, eines der wenigen, die am Niederrhein noch erhalten sind. Es erinnert an den Freiherrn Albrecht Georg von Hüchtenbroeck und weist einige sehr schöne Verzierungen auf. Ebenfalls beachtenswert sind zwei mittelalterliche Altartische und ein barocker Taufstein.

Adresse
Dorstener Str. 7
46569 Hünxe

Margarethenkirche [Kamen]

Die prachtvollen Wand- und Gewölbemalereien sowie die schön geschmückten Kapitelle der Säulen machen die Margarethenkirche in Methler zu einem außergewöhnlichen Kunstobjekt unter den heimischen Sakralbauten. Die Kirche selbst wurde als spätromanische Hallenkirche aus grünem Sandstein Mitte des 13. Jahrhunderts errichtet. Von einem Vorgängerbau stammt noch der Westturm.

Im Innern der Kirche beeindrucken neben den Gemälden und reichhaltig verzierten Säulen eine geschnitzte Kanzel aus dem 18. Jahrhundert, Figuren des Apostels Johannes (13. Jahrhundert), der Hl. Margareta (14. Jahrhundert) und der Muttergottes (15. Jahrhundert) sowie ein Sakramentshäuschen aus dem 15. Jahrhundert.

Adresse
Lutherplatz
59174 Kamen

Pauluskirche [Kamen]

Als Wahrzeichen Kamens steht bis heute der schiefe Turmhelm der Pauluskirche im Stadtzentrum. Der mächtige, aus grünem Sandstein gefertigte Turm stammt aus der Mitte des 12. Jahrhunderts, der

Kloster Kamp, Kamp-Lintfort

Turmaufsatz wurde 200 Jahre später angebracht. Er ist nach Südwesten, also gegen die Windrichtung geneigt, erbaut worden. Ein Langhaus in schlichten, klassizistischen Formen erhielt die dem Hl. Severin geweihte Kirche Mitte des 19. Jahrhunderts. Als Architekt zeichnete sich der Soester Baumeister F.W. Buchholtz aus. Bemerkenswert ist die 1897 erneuerte, im Holzbalkenmosaik verzierte Decke.

Adresse

Kirchplatz
59174 Kamen

Abteikirche Kloster Kamp (Kamp-Lintfort)

1123 ist das Gründungsjahr von Kloster Kamp, dem ältesten Zisterzienserkloster auf deutschem Boden. Im Truchsess-Kölnischen Krieg 1582-1589 wurde das Kloster, das sich zum geistigen Zentrum der Region entwickelt hatte, zerstört und erst nach dem Westfälischen Frieden von 1648 erneuert. Mit dem Wiederaufbau der Abteikirche, so wie sie heute noch zu sehen ist, begann man 1683. Die Schlichtheit des Kirchenbaus und der einfache, rechteckig geschlossene Chorraum sind Zeichen zisterziensischer Architektur. Die beiden Turmaufbauten mit geschweiftem Dach, untypisch für Zisterzienserkirchen, sind später hinzugefügt worden.

Als Kloster Kamp im Zuge der Säkularisierung 1802 aufgehoben wurde, verfielen die Gebäude und der Terrassengarten, die Klosterkirche entging der Enteignung. 1954 belebten Mönche des Karmeliter-Ordens das Kloster erneut, das sie 2002 wegen Nachwuchsmangels wieder aufgaben und das danach zu einem Geistlichen und Kulturellen Zentrum umgewandelt wurde.

Sehenswert im Innern der Kirche sind u. a. einige wertvolle alte Gemälde (16. Jahrhundert), ein barocker Orgelprospekt sowie die 1714 geweihte sechseckige Marienkapelle.

Ein 2005 neu konzipiertes Museum zeigt durch Filme und wertvolle Exponate die Geschichte des Klosters, das Leben und Wirken der Zisterzienser. Kostbarstes Ausstellungsstück ist das Antependium, eine reich bestickte Altarbekleidung aus dem 14. Jahrhundert.

Adresse/Informationen
Geistliches und Kulturelles Zentrum
Kloster Kamp e.V.
Abteiplatz 13
47475 Kamp-Lintfort
Tel. 02842/927540
zentrum-kloster-kamp@t-online.de
kloster-kamp.eu
Öffnungszeiten Museum:
Di-Sa 14-17 Uhr, So/Fei 11-17 Uhr
Öffnungszeiten Abteikirche:
täglich 9-17 Uhr

Pfarrkirche St. Mariä Himmelfahrt (Kamp-Lintfort)

Im Ortsteil Eyll steht die Kath. Pfarrkirche St. Mariä Himmelfahrt, die Ritter Tillmann von Eyll 1430 als Hauskapelle neben der ehemaligen Wasserburg Eyll errichten ließ. Sehenswert sind die 1982 bei einer Renovierung wiederentdeckten Deckenmalereien, die die Handschrift des berühmten Kirchenmalers Friedrich Stummel (1850–1919) tragen. Vor der Kirche liegt der romantisch an einem Berghang liegende Friedhof mit den Gräbern derer von Eyll und von Eerde. Beeindruckend auch der Grabstein des Ritters Friedrich von Pallant aus dem frühen 16. Jahrhundert. Das Epitaph wurde nach einer Renovierung in den 1960er Jahren in der Kapelle untergebracht. Es zeigt den Besitzer der Burg, von der heute leider kaum noch etwas übrig ist, in voller Lebensgröße mit Rüstung, geschmückt mit Wappen seiner Ahnen und seiner Gemahlin.

Adresse
Eyller Str. 341
47475 Kamp-Lintfort
Besichtigungen nach Absprache mit dem Pfarrbüro St. Josef (Tel. 02842/91170).

Pfarrkirche St. Georg (Lünen)

Um 1360 wird die dem Hl. Georg geweihte Pfarrkirche errichtet. Nach einem Brand im Jahre 1512 wird die in Mitleidenschaft gezogene dreischiffige, spätgotische Backsteinhallenkirche wiedererrichtet. Als wertvollstes Stück beherbergt die Kirche heute einen berühmten Flügelaltar aus dem Umkreis des Meisters von Liesborn (um 1470). Er zeigt bei ausgeklappten Altarflügeln Leben und Leiden Christi. Von Bedeutung sind außerdem das Triumphkreuz (15. Jahrhundert), ein spätgotisches Sakramentshaus, der Taufstein aus der Zeit um 1500, Wand- und Deckenmalereien (16. Jahrhundert) sowie die mit Schnitzereien versehene Orgelempore mit Orgelprospekt (17. und 18. Jahrhundert).

Adresse
St.-Georg-Kirchplatz
44532 Lünen

St.-Marien-Kirche (Lünen)

In der Kirche, die als Nachfolgebau eines mittelalterlichen Gotteshauses in den Jahren 1894 bis 1896 errichtet wurde, befindet sich das älteste Mariengnadenbild des Bistums Münster: die „Lünener Madonna“, eine Holzskulptur von 1260/70, die seit jeher als Gnadenbild verehrt wird. Sie gehört zu den wertvollen Ausstattungsstücken, die vom Vorgängerbau übernommen werden konnten. Die Kirche, als neugotische Backsteinbasilika mit Querhaus konzipiert, beherbergt außerdem zwei weitere Marienfiguren (13. Jahrhundert), ein Triumphkreuz (14. Jahrhundert) sowie einen reich verzierten Taufstein (13. Jahrhundert).

Adresse
St.-Marien-Kirchplatz
44534 Lünen

Pfarrkirche St. Georg (Marl)

Ihre erste Erwähnung fand die Kirche um 1000 n. Chr. als Schenkung an das Kloster Deutz in Köln. Bis ins Jahr 1823 gehörte die Kirche dem Erzbistum an. Im 12./13. Jahrhundert wird das Gotteshaus zu einem zweischiffigen Gebäude romanischen Stils ausgebaut, das im 15. Jahrhundert um einen gotischen Chor erweitert wird. Ihr heutiges Aussehen verdankt die Kirche einem neugotischen Neubau nach Entwürfen des Architekten Vincenz Statz. Vom Ursprungsbau erhalten blieben ein romanischer Taufstein aus dem 12. Jahrhundert sowie das Untergeschoss des Glockenturms.

Adresse
An St. Georg 3
45768 Marl

Pauluskirche (Marl)

Die 1913 im Stadtteil Hüls erbaute Ev. Pauluskirche besitzt eine der wenigen noch erhaltenen romantischen Orgeln im Ruhrgebiet. Sie wurde 1914 von der Firma Faust hergestellt und 1987 komplett restauriert. Bemerkenswert ist der jugendstilartige Prospekt, der sich auf einer Empore über dem Altar erhebt. Im Übrigen wird die Kirche durch barocke Raumvorstellungen und einen zentralen Innenraum geprägt.

Adresse
Römerstraße 57
45772 Marl

Ev. Stadtkirche (Moers)

Die Ev. Stadtkirche geht auf eine Kapelle aus dem 14. Jahrhundert zurück, die dem Hl. Johannes geweiht war. Teile dieses Kapellenbaus lassen sich im späteren Sakralbau, der 1448 als Kirche des Karmeliterklosters vom Kölner Dompolier Tilmann erbaut wurde, wiedererkennen. 1655/56 wird das Gotteshaus mit Seitenschiffen und Querhaus zur Pfarrkirche erweitert, 1890 kommt ein neugotischer Turm hinzu. Bemerkenswert sind für den Betrachter Reste der mittelalterlichen Malerei aus dem 15. Jahrhundert, die Orgel von 1787 sowie sieben flämische Kronleuchter.

Nach über fünf Jahren Sanierung wurde die Stadtkirche im Mai 2016 wieder eröffnet.

Adresse
Meerstraße, 47441 Moers

Pfarrkirche Kapellen (Moers)

Ältester Teil der heutigen Ev. Pfarrkirche ist ein fünfseitiger gotischer Chor, der im 15. Jahrhundert erbaut wurde. Von den beiden Vorgängerbauten, einer dem Hl. Liudger geweihten Holzkapelle aus dem 9./10. Jahrhundert sowie einer ersten steinernen Kirche aus dem 12./13. Jahrhundert, ist leider nichts mehr zu erkennen. Zu Beginn des 17. Jahrhunderts wird die gotische Tuffsteinhalle um ein Langhaus und den Glockenturm erweitert. Besondere Aufmerksamkeit verdient im Innern der Kirche eine Teschemacher-Orgel, die etwa 250 Jahre alt ist.

Adresse
Moerser Straße, 47447 Moers

Pfarrkirche Repelen (Moers)

Die Pfarrkirche gilt als älteste Kirche im Moerser Raum. Auch wenn das genaue Entstehungsdatum nicht bekannt ist, so weiß man doch, dass das Kirchlein bereits um 700 n. Chr. geweiht wurde. Teile einer romanischen Basilika aus dem 12. Jahrhundert, darunter Mittel- und Seitenjoche, sind in der heutigen Hallenkirche aus Tuffstein mit gotischem Chor (14. Jahrhundert) enthalten. Der Backsteinturm ist neueren Datums: Er ersetzte 1792 seinen alten Vorgänger, der wenige Jahre zuvor wegen Einsturzgefahr abgerissen werden musste.

Seit 2010 beherbergt der Turm der Kirche das Turmmuseum zum kirchlichen Leben in der Grafschaft Moers im Mittelalter und davor (geöffnet nur nach Absprache, Tel. 02841/74177).

Adresse
An der Linde, 47445 Moers

Pfarrkirche St. Josef (Moers)

Die mächtige dreischiffige Backsteinbasilika wurde in den Jahren 1868–1871 nach Plänen des Baumeisters Franken in neugotischem Stil errichtet, nachdem eine kleinere Kirche in der Nähe für die Gemeindemitglieder zu klein geworden war. Zusammen mit dem Turm der Ev. Stadtkirche prägt das mit hohem Westturm ausgestattete Gebäude das Erscheinungsbild der Moerser Altstadt. Besonders bemerkenswert ist im Innern die barocke Figurengruppe Mariä Heimsuchung. Sie ist aus Holz gefertigt und stammt aus dem frühen 18. Jahrhundert.

Adresse
Kleine Allee
47441 Moers

Kloster Saarn (Mülheim an der Ruhr)

Im Jahre 1214 wurde im Ortsteil Saarn ein Zisterzienserinnenkloster gegründet, das als

Kloster Saarn, Mülheim an der Ruhr

Tochterkloster der Abtei Kamp unterstellt war. Ihr heutiges Aussehen verdankt die Anlage einer barocken Überarbeitung im 17. Jahrhundert. Nach der Auflösung des Klosters im Zuge der Säkularisation (1808) zog zunächst eine Gewehrfabrik, später eine Tapetenfabrik ein. Heute nutzen der Kulturbetrieb Mülheim, die Kirchengemeinde Saarn sowie zahlreiche andere Institutionen die Gebäude. Die Konzertreihe „Musik im Kloster Saarn“ mit dem Höhepunkt der „Saarner Orgeltage“ besitzt überregionales Niveau. Die zum Kloster gehörende Kirche, von deren Ursprungsbau noch das Langhaus und zwei kreuzrippengewölbte Joche erhalten sind, wurde Ende des 19. Jahrhunderts restauriert und dient seitdem als Pfarrkirche. Sie beherbergt eine schöne spätgotische Pietà, ein um 1400 geschaffenes Gabelkreuz sowie mehrere reich verzierte Kirchenbänke.

■ **Adresse/Informationen**

Klosterstr. 53
45481 Mülheim an der Ruhr
Tel. 0208/487555
www.muelheim-ruhr.de
www.musik-im-kloster-saarn.de

Petrikirche (Mülheim an der Ruhr)

Wahrzeichen der Altstadt Mülheims ist die Ev. Petrikirche. Für das Jahr 1093 ist an dieser Stelle bereits eine erste, den Herren von Mulinhem zugehörende Kapelle nachweisbar. Im 13. Jahrhundert erfolgt der Ausbau zur romanischen Basilika, die in den folgenden Jahrhunderten gotisch überformt wird. Weitere Umbaumaßnahmen zur dreischiffigen Hallenkirche werden im 16. und 19. Jahrhundert in Angriff genommen. Schwere Kriegsschäden in den 1940er Jahren machen eine erneute Renovierung notwendig.

Heute trägt das Langhaus der Kirche deshalb statt des alten Kreuzgratgewölbes nun eine flache Kassettendecke, wieder eingewölbt wurden jedoch die beiden letzten Joche vor der Chorapsis.

Adresse
Bogenstraße
45468 Mülheim an der Ruhr

Pfarrkirche St. Laurentius (Mülheim an der Ruhr)

Im Ortsteil Mintard befindet sich die Kath. Pfarrkirche St. Laurentius. Der Glockenturm, der aus dem 11. Jahrhundert stammt, beherbergt noch heute eine 800 Jahre alte Glocke. Das heutige Aussehen der Kirche basiert auf einem Neubau von 1660.

Während des Zweiten Weltkrieges wurde die Kirche so zerstört, dass sie von der Polizei geschlossen werden musste. Erst umfassende Renovierungsarbeiten in der Folgezeit machten das Gotteshaus wieder öffentlich zugänglich. Neben der barocken Ausstattung des Kircheninnern ist heute auch ein alter Taufstein aus dem 13. Jahrhundert zu bewundern.

Adresse
August-Thyssen-Str. 100
45481 Mülheim an der Ruhr

Pfarrkirche St. Mariae Geburt (Mülheim an der Ruhr)

Die Kirche zählt zu den bedeutendsten Sakralbauten der frühen Moderne im Rheinland. Der Monumentalbau auf dem Mülheimer Kirchenhügel wurde von dem Architekten Emil Fahrenkamp 1928/29 entworfen.

Dem Bauhausstil verschrieben, zeigt er in der Hauptsache kubische Formen. Die Wände sind mit rotem Ziegelstein verblendet und werden durch extrem hohe Rundbögen sowie den quadratischen Glockenturm markiert. Das Kircheninnere besticht durch seine schlichte basilikale Form.

Sehenswerte Ausstattungsstücke einiger Vorgängerbauten sind ein romanisches Altarkreuz aus vergoldeter Bronze (12. Jahrhundert), ein spätgotischer Reliquienschrein (15. Jahrhundert) sowie eine Figurendarstellung der Muttergottes (18. Jahrhundert).

Adresse
Althofstr. 1-5
45468 Mülheim an der Ruhr

Dorfkirche Neukirchen (Neukirchen-Vluyn)

Die Anfänge der Dorfkirche gehen bis auf das Jahr 1230 zurück, als nachweislich bereits ein Pfarrer im Dorf ansässig war. Der ursprünglich einschiffige Sakralbau wurde als „neue Kirche“ des Kirchspiels Repelen erbaut und gab dem Ortsteil damit seinen Namen. Die ursprünglich dem heiligen Quirin geweihte Kirche wurde 1580 evangelisch reformiert und dient bis heute der evangelischen Gemeinde als Sakralraum. In dieser Zeit wurde das Gotteshaus um seine Seitenschiffe erweitert.

Adresse
Hochstr. 13
47506 Neukirchen-Vluyn

Dorfkirche Vluyn (Neukirchen-Vluyn)

Im Ortsteil Vluyn wurde 1482 die St. Antonius-Kapelle urkundlich erwähnt. Nach der Reformierung der Grafschaft Moers im Jahr 1580 wurde sie zur evangelischen Dorfkirche und ist seit 1614 selbständige Pfarre. Teile des Glockenturms stammen noch aus dem 15. Jahrhundert. Die Saalkirche wurde im letzten Jahrzehnt aufwändig restauriert.

Adresse
Schulplatz 2
47506 Neukirchen-Vluyn

Christuskirche (Oberhausen)

An der Nohlstraße (Architekt: Maximilian Nohl) steht die Ev. Hauptkirche der Stadt, die Christuskirche. Sie wurde 1863/64 in klassizistischen Formen mit Elementen aus der rheinischen Neugotik errichtet. Man vermutet, dass als Baustoff in Anlehnung an die bereits florierende Industrialisierung hauptsächlich Gusseisen verwendet wurde. Die dreischiffige Backsteinhalle mit streng voneinander abgegrenzten Baukörpern, die in der Folgezeit mehrfach umgestaltet wurde, brannte in den Kriegsjahren völlig aus, wurde jedoch nach altem Vorbild wiedererrichtet.

■ **Adresse**

Nohlstr. 7
46045 Oberhausen

Pfarrkirche Holten (Oberhausen)

Um 1450 als dreischiffige Backsteinkirche mit Westturm und fünfseitig schließendem Chor erbaut, ist die Ev. Pfarrkirche in Holten die einzige Kirche der Stadt, die noch Gebäudeteile aus dem Mittelalter aufzuweisen hat. Im Zuge von Umbaumaßnahmen in den folgenden Jahrhunderten erhielt das Gotteshaus unter anderem auch ein neues, klassizistisch überarbeitetes Dachwerk.

Nach Bombenschäden im Zweiten Weltkrieg wurde die Kirche teilweise im Hinblick auf den gotischen Vorgängerbau rekonstruiert. In Ergänzung zu dem so wiedererstandenen alten Seitenschiff wurde eine hell leuchtende Saalkirche gesetzt, deren Mosaikfenster der Künstler Jupp Gesing gestaltete.

■ **Adresse**

Kastellstr. 42
46147 Oberhausen

Pfarrkirche St. Marien (Oberhausen)

Der renommierte Architekt Friedrich von Schmidt, der sich bereits beim Bau des Kölner Doms ausgezeichnet hatte, entwarf nun auch in den Jahren 1891–1894 die Pläne für die Kath. Marienkirche an der Mülheimer Straße. Die stattliche neugotische Basilika mit Querhaus besitzt zwei 75 Meter hohe Türme, die 1902 fertiggestellt werden konnten.

Nachdem das Gotteshaus im Bombenhagel der Alliierten schwer beschädigt wurde, musste der Innenraum der Kirche neugestaltet werden. Als Architekt trat dieses Mal Rudolf Schwarz in Erscheinung, der das Langhaus in sachlich-nüchterner Form gestaltete.

■ **Adresse**

Mülheimer Straße
46045 Oberhausen

Pfarrkirche St. Pankratius (Oberhausen)

Die neugotische Hallenkirche im Ortsteil Osterfeld, 1893–1895 errichtet, ersetzte eine alte gotische Dorfkirche an gleicher Stelle, die jedoch für die wachsende Gemeindezahl zu klein geworden war und abgerissen werden musste.

Die neue Kirche, die dem als Märtyrer verehrten Hl. Pankratius geweiht wurde, besitzt als Besonderheit über dem Hauptportal einige lebensgroße Sandsteinfiguren, die der Kirche ein auffallendes Erscheinungsbild geben. Das Innere der Kirche ist hingegen eher schlicht und einfach gehalten. Bemerkenswert ist dennoch ein Gemälde des 18. Jahrhunderts, das die Leiden des Hl. Nepomuk darstellt, sowie ein neugotisches Sakramentshäuschen.

■ **Adresse**

Bottroper Str. 173, 46117 Oberhausen

Pfarrkirche Christus-König (Oer-Erkenschwick)

Der Gelsenkirchener Architekt Josef Franke zeichnete verantwortlich für den Kirchenbau in Klein-Erkenschwick, der 1929 seine Weihung erfuhr. Das Bauwerk brach radikal mit der bisherigen, für Kleinstädte typischen Architektur, wobei expressionistische Stilelemente mit denen der sog. neuen Sachlichkeit gemischt wurden.

Der Innenraum, der zweckrational gestaltet ist, wirkt in seiner Größe zugleich nüchtern und feierlich. Beachtenswert sind eine Pietà aus Holz und eine Madonnendarstellung aus Keramik. Auffallend an der Außenfassade sind die frühmodernen Steinfiguren der vier Evangelisten, die über dem Doppelportal am Haupteingang angebracht sind.

■ **Adresse**

Barbarastraße
45739 Oer-Erkenschwick

Christuskirche (Recklinghausen)

Die Christuskirche ist der größte Sakralbau im Vest Recklinghausen. Nach Entwürfen des Elberfelder Architekten Arno Eugen Fritsche zu Beginn des 20. Jahrhunderts in Jugendstil-Formen erbaut,

Propsteikirche St. Peter, Recklinghausen

kennzeichnete das Kircheninnere ursprünglich eine Einheit von Altar, Kanzel, Empore und Orgel. Diese Zentralisierung wurde jedoch in den 1950er Jahren im Verlauf einiger Renovierungsarbeiten verändert, wobei dem Altarraum eine exponierte Stellung auf einer erhobenen Bühne zugewiesen wurde. Schön anzusehen sind bis heute die Muschelkalkquader, die mit Jugendstilornamenten reich verziert sind.

Adresse

Limperstraße
45657 Recklinghausen

Gastkirche (Recklinghausen)

Die Entstehungsgeschichte der Gastkirche reicht ins 14. Jahrhundert zurück: Als sich die Stadt entschloss, ein Armenhaus zu errichten, wurde zeitgleich auch der Grundstein zum Bau der Kirche gelegt. Das Gotteshaus, ein einfacher, frühgotischer Saalbau, der inmitten der Recklinghauser Innenstadt steht, lädt die Gläubigen ein, für ein paar Minuten innezuhalten und im Gebet Ruhe und Trost zu finden. Als Kunstgegenstände weist die Kirche einen bedeutenden Kreuzaltar mit Steinrelief (um 1400), eine gotische Madonna aus Eichenholz (15. Jahrhundert) sowie Reste mittelalterlicher Malereien auf, die bei Restaurierungsarbeiten freigelegt werden konnten. Die Kommunität im angeschlossenen „Gasthaus" arbeitet durchgängig vom Mittelalter bis heute.

Adresse

Heilig-Geist-Straße
45657 Recklinghausen

Propsteikirche St. Peter (Recklinghausen)

Die Propsteikirche ist das älteste sakrale Bauwerk der Stadt. Nach einem Stadtbrand im Jahre 1247 wurde die Kirche auf den Ruinen des Vorgängerbaus als spätromanische Hallenkirche westfälischen Typs errichtet. Im 16. Jahrhundert wurde das Gotteshaus durch ein zweites, sterngewölbtes Querschiff mit zwei Jochen sowie eine Sakristei erweitert. Etwas später wurde die Michaeliskapelle angefügt.

Dem Anbau weichen mussten jedoch die beiden alten Osttürme. Zahlreiche Kunstwerke schmücken das Kircheninnere: der barocke Hochaltar mit Nachbildungen von Rubens-Gemälden, mehrere spätgotische Figuren, ein lebensgroßes Triumphkreuz (15. Jahrhundert) sowie ein im alten Querhaus eingemauerter Steinkopf, der sog. Baumeisterkopf aus der Zeit der Spätromanik.

Das Südportal ist ein einzigartiges Beispiel spätromanischer Portalornamentik in Westfalen. Bemerkenswert ist auch die neue Schatzkammer von St. Peter.

Adresse
Kirchplatz
45657 Recklinghausen

Pfarrkirche Orsoy (Rheinberg)

Die Ev. Pfarrkirche im schönen Ortsteil Orsoy beherbergt eine der ältesten evangelischen Kanzeln des Niederrheins. Der steinerne Fuß stammt aus dem Jahre 1540, das Gehäuse aus dem Jahre 1555. Ursprünglich hatte an der Stelle der dreischiffigen gotischen Backsteinhalle, die im 15. Jahrhundert erbaut wurde, eine Kapelle gestanden, die auf das Jahr 1230 datiert wird. 1883 wird ein neuromanischer Turm angefügt, nach dem Zweiten Weltkrieg erfolgt ein Choranbau. Bei Restaurierungsarbeiten wurden die Enden der westlichen Seitenschiffe mit Maßwerkgalerie und Eckfialen versehen und somit zur Schaufassade umgestaltet.

Adresse
Egerstraße
47495 Rheinberg

Pfarrkirche St. Peter (Rheinberg)

Die Kath. Pfarrkirche St. Peter bildet die östliche Grenze des Marktes von Rheinberg. Erste Erwähnung fand das Gotteshaus im Jahre 1106. Der Westturm und das Langhaus entstammen den Jahren um 1200, ab 1392 erfolgten Ausbauarbeiten wie die Errichtung einer gotischen Hallenchoranlage, die Erhöhung des Mittelschiffes mit gotischer Gewölbeausstattung (ab 1472) und die Beifügung von Seitenschiffen (Ende 15. Jahrhundert).

Prunkstück im Innern ist der Hochaltar, der im 19. Jahrhundert aus zwei spätgotischen Schnitzaltären, die aus der Zeit um 1500 stammen, zusammengesetzt wurde.

Adresse
Kirchplatz
47495 Rheinberg

St. Georgskirche (Schermbeck)

An der Stelle einer alten Kapelle wurde Mitte des 15. Jahrhunderts die Ev. Kirche erbaut, die dem Hl. Georg geweiht war. Im Stile der Spätgotik errichtete man eine dreischiffige Backsteinhalle mit Chor und dreigeschossigem Westturm. Seit 1730 schmückt ein goldener „Lutherschwan“ den Turmhelm.

Kunstschatz der Kirche ist ein dreiteiliges, spätgotisches Altarbild, das um 1500 in der Werkstatt des Weseler Künstlers Derik Baegert entstand. Es zeigt in eindrucksvollen Bildern die Passionsgeschichte mit Szenen von der Verkündigung der Geburt Jesu bis zur Pfingstgeschichte. Ergänzt wird das Triptychon durch Heiligendarstellungen des Cornelius, Hubertus, Georg und Antonius.

Adresse
Georgstr. 15
46514 Schermbeck

Christuskirche (Schwelm)

Die Ev. Christuskirche in der Altstadt Schwelms zählt zu den größten Saalkirchen Westfalens. Die Gründung einer ersten Kirche an dieser Stelle lässt sich für das Jahr 1085 belegen. Zahlreiche Neubauten romanischen und gotischen Stils folgten, sie alle mussten nach verheerenden Bränden abgerissen werden.

1842–1849 wurde schließlich die jetzige Saalkirche klassizistischen Stils entworfen, als Architekt zeichnete sich Friedrich Wilhelm Buchholz aus. Nach Zerstörungen im Zweiten Weltkrieg musste das Gotteshaus erneut wiedererrichtet werden, wobei man auch Elemente des einstigen romanischen Vorgängerbaus

St. Viktor-Kirche am Markt, Schwerte

wiederbelebte. 1992 schließlich erhielt die Kirche eine neue Orgel von Baumeister Reinhart Tzschöckel.

Adresse
Kirchplatz 9
58332 Schwelm

St. Viktor-Kirche am Markt (Schwerte)

Die St. Viktor-Kirche in Schwerte kann auf eine fast 1000-jährige Geschichte zurückblicken. Das ursprüngliche Kirchengebäude aus dem 11. Jahrhundert wurde im 13. Jahrhundert um die Vierung vor dem heutigen Chorraum sowie um das Querhaus und die Apsis erweitert. Im 15. Jahrhundert kamen die Seitenschiffe auf der Nord- und Südseite und der Turm hinzu. 1508 entstand der spätgotische Chor, der 1523 den goldenen Antwerpener Schnitzaltar aufnahm.

Bemerkenswert im Inneren sind außerdem der nicht mehr komplett erhaltene Siebenschmerzenaltar eines westfälischen Meisters (1518), ein Kreuzigungsfresko (um 1310) sowie die Kanzel im Stil des bäuerlichen Barock (1666).

Adresse
Am Markt 1
58239 Schwerte

Pfarrkirche St. Johannes Evangelist (Selm)

Im Zusammenhang mit dem Bau des ersten Prämonstratenserklosters auf deutschem Boden in Selm-Cappenberg (1122) wurde auch eine Kirche errichtet. Der Bau, eine kreuzförmige romanische Basilika, konnte 1149 fertiggestellt werden. Der Ausbau zur dreischiffigen Basilika gotischen Stils mit Maßwerkfenstern, Kreuz- und Sterngewölbe sowie neuem Chor erfolgte im 14./15. Jahrhundert.

Zur Innenausstattung gehört ein spätgotisches Chorgestühl, das mit seinen figürlichen Schnitzereien zu einem der schönsten in Westfalen zählt. Den beiden Stiftern der Kirche, Gottfried und Otto von Cappenberg, wurde ein Grabmal im Stile der Hochgotik geweiht, das als Meisterstück westfälischer Bildhauerkunst gilt. Viele weitere Kunstschätze sind in der Kirche zu bestaunen, darunter ein Flügelaltar des Künstlers Jan Baegert (um 1530), ein spätromanisches Kruzifix (1225) sowie der vergoldete Porträtkopf Kaiser Barbarossas, ältestes plastisches Abbild eines deutschen Kaisers.

Adresse/Informationen
Schlossplatz
59379 Selm
Tel. 02306/50511 (Führungen)
www.stiftskirche-cappenberg.de

Gerebernus-Kapelle [Sonsbeck]

Erzbischof Adolph von Köln gewährte im Jahre 1203 der Gemeinde Sonsbeck die Pfarrrechte, und noch im selben Jahr wurde auf dem Hof der Klever Grafen die Gerebernus-Kapelle fertiggestellt. Nach der Erhebung zur Stadt (1320) wurde die inzwischen zur dreischiffigen Kirche ausgebaute Kapelle zur Pfarrkirche erhoben, die Weihung erfolgte 1430. Von einem romanischen Vorgängerbau blieb bis heute der Glockenturm erhalten. Neben Schnitzbildern der Kalkarer Schule und einer gotischen Madonna (um 1450) ist die Kirche mit einem bemerkenswerten und seltenen Kriechaltar ausgestattet: Durch ihn krochen die Wallfahrer, um Linderung bei schmerzhaften Krankheiten zu finden.

Adresse

Dassendaler Weg
47665 Sonsbeck

Pfarrkirche St. Maria Magdalena [Sonsbeck]

Die Kath. Pfarrkirche St. Maria Magdalena auf der Kirchstraße wurde 1431 erbaut, eine spätgotische Basilika aus Backstein mit weiten Seitenschiffen und einem vorangesetzten dreigeschossigen Westturm. Heute befindet sich im Innern das einzig erhaltene freiplastische Friedhofsmonument im Rheinland – der Kalvarienberg. Die symmetrisch komponierte Gruppe von 1483 besteht aus einem Hochkreuz, an das eine Lanze gelehnt ist, sowie einer lebensgroßen Jesusfigur. Weitere wertvolle Bestandteile der Innenausstattung sind ein Taufstein (13. Jahrhundert), ein Sakramentshäuschen (16. Jahrhundert) und ein spätgotischer Schnitzaltar (16. Jahrhundert).

Adresse

Kirch-/Herrenstraße
47665 Sonsbeck

Ev. Stadtkirche [Unna]

Die Stadtkirche wurde als dreischiffiger Hallenbau in gotischem Stil in der Zeit von 1322 bis 1467 erbaut. Zuvor hatte an ihrer Stelle bereits eine Kirche gestanden, eine Schenkung des Kölner Erzbischofs an das Kloster von Deutz. Der Turm, der nach einem Blitzschlag 1863 einen neugotischen Helm erhielt (Baumeister: Ernst Friedrich Zwirner), ist 84 Meter hoch und wird von zwei mächtigen Säulen mit neun Meter Umfang gestützt. Zwei wertvolle Sandsteinfiguren, ein achteckiger Taufstein sowie eine barocke Kanzel schmücken das Innere der Kirche.

Ev. Stadtkirche, Unna

Adresse

Kirchplatz
59423 Unna

Pfarrkirche Lünern [Unna]

Im 14./15. Jahrhundert wurde im heutigen Stadtteil Lünern die Ev. Pfarrkirche errichtet. Zunächst entstand ein dreijochiger Saalbau mit fünfseitigem Chor, in den der mächtige Turm eines romanischen Vorgängerbaus integriert wurde. Im 19. Jahrhundert wurde das Hauptschiff der Kirche dann um ein Querhaus erweitert. Im Kirchenraum lassen sich ein flandrischer Schnitzaltar (um 1520), ein romanischer Taufstein (12. Jahrhundert) und eine aus der Werkstatt Johann Sasses stammende Kanzel (17. Jahrhundert) bewundern.

Adresse

Lünerner Kirchstraße
59427 Unna

Ev. Kirche Götterswickerhamm [Voerde]

Der älteste Teil der Kirche ist die Basis des dreigeschossigen Westturms. Er gehörte zu einem romanischen Vorgängerbau, der bis ins 14. Jahrhundert Bestand hatte. Danach wurde das Gebäude von einem gotischen Nachfolgebau abgelöst, der im 19. Jahrhundert, das Kircheninnere betreffend, neuzeitlich umgestaltet wurde (Architekt: Carl Gottlieb Heermann). Bei Zerstörungen im letzten großen Krieg ging vieles verloren, die neugotische Gestaltung wurde nur in Teilen wiedererrichtet. Als bedeutsames Stück beherbergt das Gotteshaus bis heute einen romanischen Taufstein aus dem 12. Jahrhundert.

■ **Adresse**

Dammstraße, 46562 Voerde

Pfarrkirche St. Peter (Waltrop)

Die erste urkundliche Erwähnung fand die Kirche im 11. Jahrhundert als Schenkung an das Kloster Deutz. Wahrscheinlich ist jedoch, dass bereits zur Regierungszeit Ottos d. Gr. (936-973) ein Gotteshaus existiert hat. Um 1500 wurde der romanische Bau im gotischen Stil zur dreischiffigen Hallenkirche ausgebaut, wobei der Turm jedoch erhalten blieb. Ende des 19. Jahrhunderts gab es weitere Veränderungen: Der Chor wurde abgerissen und durch ein Querhaus mit Sterngewölbe und neuem Chor ersetzt (Architekt: Hilger Hertel). Die Kirche besitzt einige wertvolle Ausstattungsstücke, darunter den ältesten romanischen Taufstein (12. Jahrhundert) im Vest Recklinghausen sowie eine vergoldete Silbermonstranz in Form eines spätgotischen Sakramentshäuschens (verschlossen in der Sakristei).

Pfarrkirche St. Christophorus, Werne

■ **Adresse**

Kirchplatz, 45731 Waltrop

www.st-peter-waltrop.de (mit ausführlichem Kirchenführer)

Kloster und Klosterkirche St. Petrus und Paulus (Werne)

Seit 1659 leben Kapuzinermönche in Werne. Ihr Kloster und die dazugehörige Kirche wurden zwischen 1671 und 1680 errichtet. Gewidmet ist die Kirche laut einer Inschrift über dem Mittelportal der

Hl. Dreifaltigkeit sowie den Aposteln Petrus und Paulus. Ein Pesthäuschen auf der Klostermauer erinnert noch heute an die Hauptaufgabe der nach den Regeln des Hl. Franz von Assisi wirkenden Brüder: Hilfe und Einsatz für Notleidende und Bedürftige. Als Architekt der Kirche zeichnete sich der Ordensbruder Ambrosius von Oelde aus. Bemerkenswert im Innern sind die drei barocken Altäre, die jeweils von gedrehten Säulen eingerahmt werden. Beachtung verdienen außerdem ein altes Pilgerkreuz sowie die Bilder der beiden Kirchenpatrone.

■ **Adresse**
Südmauer 5, 59368 Werne

Pfarrkirche St. Christophorus (Werne)

Die gotische Hallenkirche bildet einen der Mittelpunkte der Stadt an der Lippe. Man nimmt an, dass bereits um 800 auf Initiative des Hl. Liudger hin eine Kirche gegründet worden war. Gesichert ist diese Information jedoch nicht. Fest steht jedoch, dass im Jahre 1154 eine Steinkirche romanischen Stils errichtet worden war. Nach einem Stadtbrand (1400), der auch die Kirche stark in Mitleidenschaft zog, entschloss man sich 1446 zu einem Neubau. Der Dortmunder Architekt Rosier ließ eine dreischiffige gotische Hallenkirche bauen, die in den folgenden Jahrhunderten immer

Willibrordi-Dom, Wesel

wieder erweitert und vergrößert wurde. Erhalten blieb aus der Gründerzeit eine Sakramentsnische, sehenswert sind auch eine Strahlenkranzmadonna (um 1500), ein achteckiger Taufstein sowie eine überlebensgroße Christophorusfigur aus Lindenholz aus dem Jahre 1842.

■ **Adresse**
Kirchhof
59368 Werne

Willibrordi-Dom (Wesel)

Die alte Weseler Stadtkirche ist einer der bedeutendsten Kirchenbauten am unteren Niederrhein. Sie gründet sich auf eine erste Missionskirche, die um 800 erbaut worden war und in der Folgezeit durch einen romanischen (11./12. Jahrhundert) und einen gotischen Bau (13. u. 15./16. Jahrhundert) ersetzt wurde. Nachdem die Kirche 1945 bis auf die Umfassungsmauern zerstört worden war, restaurierte man das Gotteshaus gemäß seiner Bauform aus dem 16. Jahrhundert als spätgotische Basilika mit fünf Kirchenschiffen, die den Westturm des Vorgängerbaus einbezog. Im Innern sind das große Westfenster, die neue Domorgel, der moderne Altar, die Heresbach-Kapelle sowie die Standbilder des Großen Kurfürsten und des Kaisers Wilhelm I. besonders interessant. Die einstige prunkvolle Ausstattung mit 38 Altären gilt seit der Reformation als verschollen.

■ **Adresse**
Großer Markt
46483 Wesel

Pfarrkirche St. Mariä Himmelfahrt (Wesel)

Von der einstigen Klosterkirche der Dominikaner, die in den Jahren 1291–1296 als kreuzrippengewölbte Saalkirche errichtet und später barock überformt worden war, ist heute leider nichts mehr zu sehen. Sie wurde Opfer eines Neubaus, der zu Beginn des 20. Jahrhunderts in Auftrag gegeben worden war und zunächst die Klosterkirche miteinbeziehen sollte. Die Gemeinde wollte es jedoch anders, und so verfiel die Kirche allmählich und musste 1920 abgerissen werden. Der Neubau, eine repräsentative spätgotische Hallenkirche, erlitt während des Zweiten Weltkriegs schwere Schäden. Es entstand ein zweiter Neubau in abstrakten Formen mit halbrundem Altarraum und eindrucksvoller Wandgestaltung. Aus der Barockzeit des Vorgängerbaus ist eine Kreuzigungsgruppe sehenswert.

■ **Adresse**
Pastor-Janßen-Straße
46483 Wesel

Pfarrkirche Volmarstein (Wetter)

Die Kirche hat ihren Ursprung im 12. Jahrhundert, Langhaus und Westturm werden auf das 18. Jahrhundert datiert. Zu den ältesten Kunstwerken der Kirche gehört die gotische Sakristei an der Südseite, die ein kuppelartiges Kreuzgewölbe besitzt. Beachtenswert sind außerdem einige Ausstattungsstücke aus der Zeit des Barock, darunter ein Altarbild (1678), ein Taufstein (1668) sowie die mit 1731 Pfeifen ausgestattete Orgel, die Gerd von Holy 1733 erbauen ließ und die als schönste Altarorgel Westfalens gilt. An der Außenwand der Kirche sollte man schließlich nicht die Grabsteinplatten übersehen, die aus dem 16. bis 19. Jahrhundert stammen.

■ **Adresse**
Hauptstraße
58300 Wetter

Johanniskirche (Witten)

Die Johanniskirche im Stadtzentrum Wittens stammt aus dem Jahre 1752. Ein alter Vorgängerbau, dessen Entstehung vermutlich ins 9./10. Jahrhundert zurückreicht, war nach einem Blitzeinschlag baufällig geworden, ein Neubau musste her. So entstand nach den Plänen des Baumeisters Johann Heinrich Gerling die heutige Johanniskirche, deren Gestalt jedoch beim Wiederaufbau nach Bombenschäden im letzten großen Krieg stark verändert wurde. Als Architekt trat dieses Mal der Wittener Paul Kestner in Erscheinung, der das Kircheninnere moderner gestaltete und dem Turm statt der alten Barockhaube eine spitze Krone aufsetzte.

■ **Adresse**
Hauptstraße
58452 Witten

Dom St. Viktor (Xanten)

Die Stiftskirche St. Viktor wurde 1263 von Friedrich von Hochstaden als gotischer Bau gebaut. Vorangegangen war eine Gedächtniskapelle zu Ehren des Hl. Viktor, 752 wurde dann die erste von mehreren Kirchen aus Stein erbaut. Ab 1213 wurde der heutige Westbau mit zwei staufischen Türmen errichtet, der ab 1263 durch den gotischen Anbau

Dom St. Viktor, Xanten

ergänzt wurde. Endgültig fertiggestellt wurde das Prestigeobjekt jedoch erst im 16. Jahrhundert. Die reichhaltige und kostbare Ausstattung des Domes St. Viktor versinnbildlicht den Reichtum der mittelalterlichen Stadt Xanten. Der Hochaltar mit Reliquienschrein, 17 bedeutende restaurierte Altäre, Steinskulpturen, flandrische Wandteppiche, kunstvolle Schnitzereien, einzigartige Glasbilder, aber auch die Krypta und der schöne Kreuzgang machen die Besonderheit des Gotteshauses aus. Den wertvollen Kirchenschatz beherbergt das StiftsMuseum.

■ **Adresse**

Kapitel
46509 Xanten

Ev. Kirche (Xanten)

Erst als Xanten 1614 an die Kurfürsten von Brandenburg fiel, konnten evangelische Christen an den Aufbau einer Kirche denken. Errichtet wurde in den Jahren 1648–1649 ein schlichter Backsteinsaal. Zu seiner Einweihung im Jahre 1649 war der Große Kurfürst Friedrich Wilhelm von Brandenburg-Preußen anwesend. Der Kirchturm mit seiner geschweiften Haube und der bekrönenden Laterne wurde erst 1662 fertig gestellt. Jeden Abend nach 21 Uhr läutet ihre Glocke, als wolle sie noch immer dem Mädchen, das sich im 19. Jahrhundert bei dichtem Nebel in den Sümpfen vor der Stadt verirrte, den Heimweg weisen.

■ **Adresse**

Kurfürstenstraße, 46509 Xanten

SYNAGOGEN & NS-GEDENKSTÄTTEN

Jüdisches Museum Westfalen (Dorsten)

Am Anfang stand eine kleine Forschungsgruppe, die ab 1982 unter dem Titel „Dorsten unterm Hakenkreuz" die Geschichte des Dritten Reiches und der jüdischen Gemeinde Dorsten untersuchte. Aus ihren regionalgeschichtlichen Forschungen ist ein wichtiges Museum mit überregionaler Bedeutung entstanden. Seit 1992 wird hier nicht nur die Judenverfolgung während der Hitlerdiktatur dokumentiert, sondern darüber hinaus ein umfassender Einblick in die jüdische Geschichte und Religion geboten. Am Beispiel von Biographien, die bis ins 14. Jahrhundert zurückreichen, wird gezeigt, wie sich das jüdische Leben in Westfalen entwickelte. Alltags- und Kulturgegenstände zum religiösen Leben, zu jüdischen Festen, zu den westfälischen Juden, zur Geschichte des Antisemitismus – das Jüdische Museum Westfalen macht im Dienste der Völkerverständigung eine hierzulande leider noch immer fremde Welt sichtbar. Zum Programm des Museums gehören neben wechselnden Ausstellungen auch Seminare und Vorträge, Filmabende und Musikveranstaltungen.

Untergebracht in einem alten Dortmunder Polizeigefängnis: die Mahn- und Gedenkstätte Steinwache in Dortmund

■ **Informationen**
Julius-Ambrunn-Str. 1
46282 Dorsten
Tel. 02362/45279
info@jmw-dorsten.de
www.jmw-dorsten.de
Öffnungszeiten: Di-Fr 10-12.30 u. 14-17 Uhr, Sa/So/Fei 14-17 Uhr
Führungen nach Vereinbarung

Mahn- und Gedenkstätte Steinwache (Dortmund)

Die 1992 als Mahn- und Gedenkstätte eröffnete Steinwache erinnert mit der aus über 1.000 Exponaten bestehenden ständigen Ausstellung „Widerstand und Verfolgung in Dortmund 1933–1945" an die Zeit der national-sozialistischen Diktatur in Deutschland. Die Ausstellung befindet sich in dem ehemaligen Polizeigefängnis Steinwache, das im Dritten Reich eine der berüchtigten Folterstätten der Gestapo war und in dem von 1933 bis 1945 mehr als 66.000 Personen inhaftiert wurden. Die Gestaltung der Ausstellung und ihre inhaltlichen Schwerpunkte berücksichtigen den Charakter des ehemaligen Gefängnisses. Zusätzlich werden regelmäßig Abendvorträge angeboten und Sonderausstellungen präsentiert.

■ **Informationen**
Steinstr. 50

Jüdisches Museum Westfalen, Dorsten

44147 Dortmund
Tel. 0231/50-25002
www.dortmund.de
www.ns-gedenkstaetten.de
Öffnungszeiten: Di-So/Fei 10-17 Uhr
Eintritt frei

Synagoge Dortmund

Die vom Kölner Architekten Helmut Goldschmidt entworfene Synagoge Dortmund wurde 1956 als eine der ersten Nachkriegssynagogen in Nordrhein-Westfalen eingeweiht. Zu dem 600 Quadratmeter großen Gebäudekomplex gehören auch ein Gemeindezentrum und Verwaltungseinrichtungen.

Die Zahl der Synagogenplätze (ca. 200) erwies sich in den 1990er Jahren allerdings als zu klein, um die seit 1991 vor allem aus der ehemaligen Sowjetunion eingewanderten jüdischen Familien und Einzelpersonen aufnehmen zu können. Vor dem Hintergrund, dass die Mitgliederzahl der Jüdischen Kultusgemeinde in Dortmund von 300 (1991) auf 3.008 (März 2000) anstieg, wurde das Gemeindezentrum 1998 umgebaut und erweitert.

In der neuen, multifunktionalen Einrichtung finden heute nicht nur die Gottesdienste an hohen Feiertagen, sondern auch Konzerte, gesellige Veranstaltungen und Versammlungen statt.

Informationen
Prinz-Friedrich- Karl-Str. 9
44135 Dortmund
Tel. 0231/557472-0
www.jg-dortmund.de
(mit Kontakt-Formular)

Gemeindezentrum / Synagoge Duisburg

Unweit des Standortes der alten Synagoge in der Junkernstraße, die 1874 gebaut und 1938 in der Pogromnacht zerstört wurde, hat die Jüdische Gemeinde Duisburg/Mülheim/Oberhausen von 1996 bis 1999 am Innenhafen Duisburg ein Gemeindezentrum mit Synagoge errichtet.

Zu dem nach Plänen des israelischen Architekten Zvi

Gemeindezentrum / Synagoge Duisburg

Hecker gestalteten Bau gehören neben der Synagoge ein Mehrzweckraum, eine Bibliothek, ein Büro sowie drei Wohnungen. Wie notwendig das neue Zentrum war, lässt sich an den Mitgliederzahlen der Jüdischen Gemeinde ablesen: 1990 hatte die Gemeinde ca. 140 Mitglieder, heute sind es rund 2.500. Das 1960 hergerichtete Gemeindehaus in der Kampstraße aber war nur für 60 Leute vorgesehen. Am neuen Gemeindezentrum erstreckt sich auch der „Garten der Erinnerungen", entworfen vom israelischen Künstler Dani Karavan.

Informationen

Springwall 16, 47051 Duisburg
Tel. 0203/2983076
info@jgduisburg.de
www.jgduisburg.de

Dokumentationszentrum „Wilhelmine Struth Mathias Thesen" Duisburg im Widerstand 1933–1945

Der Grundstein für das bis 2016 auf dem Gelände der Gemeinschaftsgrundschule an der Wrangelstraße beheimatete Dokumentationszentrum wurde mit einem zweibändigen Buchprojekt („Tatort Duisburg") gelegt. Daraus entwickelte sich 1994 eine Wanderausstellung, die 1997 in eine feste Einrichtung mündete.

Auf über 120 Tafeln wird die Geschichte des Duisburger Widerstandes und der Verfolgungen während der Nazizeit dokumentiert; dazu kommen Exponate aus Konzentrationslagern und aus dem Widerstand. Darüber hinaus zeigt das Zentrum in einer kleinen Sonderausstellung aktuelles Propagandamaterial der letzten Jahre aus der rechten Szene Duisburgs. Benannt ist das Zentrum nach der Arbeiterfrau Wilhelmine Struth (1933 in Duisburg von der Nazis erschossen) und dem Reichtagsabgeordneten Mathias Thesen, der 1944 im KZ Sachsenhausen ermordet wurde.

Dem Dokumentationszentrum wurde 2016 gekündigt, die neue Adresse steht noch nicht sicher fest.

Alte Synagoge, Essen

Informationen
VVN-BdA Kreisvereinigung Duisburg
Hans-Peter Speer
Tel. 0203/664371
vvn-bdaduisburg@t-online.de
www.nrw.vvn-bda.de

Alte Synagoge [Essen]

Die vom Architekten Professor Edmund Körner errichtete Synagoge wurde 1913 eingeweiht. Der mit einer 38 Meter hohen Hauptkuppel versehene Bau galt als eine der größten und schönsten jüdischen Religionsstätten und bot ca. 1.400 Personen Platz. Am 9. November 1938 brannte sie während der Reichspogromnacht aus.

Bereits seit 1980 mit der Ausstellung „Verfolgung und Widerstand in Essen 1933–1945" versehen, wurde zwischen 1986 und 1988 die Innenraumgestaltung der Synagoge weitgehend in den ursprünglichen Zustand versetzt. Das als Gedenkstätte fungierende Haus bot Dauer- und Wechselausstellungen zur jüdischen Kultur und zur Geschichte des Antisemitismus und diente dazu als historisch-politisches Dokumentationsforum.

Zum Kulturhauptstadt-Jahr 2010 wurde nach zweijährigem Umbau die Alte Synagoge in Essen zu einem „Haus jüdischer Kultur" ausgebaut, das in fünf Ausstellungsbereichen die Vielfalt jüdischer Kultur und Religion sichtbar macht und als Veranstaltungs- und Begegnungsraum fungiert. Eine neue urbane Qualität erhalten hat auch das äußere Umfeld, bestehend aus dem Ensemble Alte Synagoge, Altkatholische Friedenskirche und Jahrhundertbrunnen.

Informationen
Edmund-Körner-Platz 1
45127 Essen
Tel. 0201/88-45218
alte-synagoge@essen.de
www.alte-synagoge.essen.de
Öffnungszeiten: Di-So 10-18 Uhr
Eintritt frei, ein Audio-Guide kann kostenlos ausgeliehen werden

Neue Synagoge Gelsenkirchen

Neue Synagoge Gelsenkirchen

Genau an der Stelle, an der die 1885 eingeweihte und 1938 in der Reichspogromnacht zerstörte alte Synagoge gestanden hatte, wurde Anfang 2007 das neue jüdische Gemeindezentrum Gelsenkirchen feierlich eröffnet. Die neue Synagoge bietet neben dem Gebetsraum für rund 400 Gläubige auch Möglichkeiten für Unterricht und Versammlung.

Das seit 1958 als Bet- und Versammlungsort dienende, für die nach 1990 gewachsene Mitgliederzahl nicht mehr ausreichende Haus in der Von-der-Recke-Straße wurde mit Unterstützung des Landes Nordrhein-Westfalen zu einer Kultur- und Begegnungsstätte umgebaut, in der neben Ausstellungen zur jüdischen Geschichte auch Veranstaltungen zur Erwachsenenbildung stattfinden sollen.

Adresse
Georgstraße 2
45879 Gelsenkirchen

Dokumentationsstätte „Gelsenkirchen im Nationalsozialismus"

Die 1994 eröffnete Dokumentationsstätte „Gelsenkirchen im Nationalsozialismus" befindet sich an einem der wenigen erhaltenen historischen Orte aus der Zeit des Nationalsozialismus.

Von 1933 bis 1945 wurden Räume des Gebäudes von der Ortsgruppenleitung der NSDAP Buer-Erle und der örtlichen SA genutzt. An zentraler Stelle gibt eine Wandinschrift das 25-Punkte-Programm der NSDAP von 1920 wieder.

Kern der Dokumentationsstätte ist eine 2014/15 überarbeitete Dauerausstellung, in der schwerpunktmäßig die Ursachen und Folgen des Nationalsozialismus am Beispiel der Ruhrgebietsstadt Gelsenkirchen dokumentiert werden. Darüber hinaus dient die Einrichtung der politischen Bildung und bietet Möglichkeiten zur lokalen Auseinandersetzung mit der NS-Geschichte.

Synagoge Recklinghausen

Die verschiedenen Angebote, u. a. Führungen, Vortragsreihen, integrierte Programme „nach Maß“ sowie die Präsenzbibliothek, stehen Gruppen und Einzelbesuchern kostenfrei zur Verfügung.

Die Dokumentationsstätte ist Bestandteil des Instituts für Stadtgeschichte in Trägerschaft der Stadt Gelsenkirchen.

■ **Informationen**

Cranger Straße 323
45891 Gelsenkirchen
Tel. 0209/1698557
isg@gelsenkirchen.de
www.gelsenkirchen.de
Öffnungszeiten: Di-Fr 10-17 Uhr, Fei/Ferien geschlossen
Eintritt frei, Führungen nach Vereinbarung

Alte Synagoge Hohenlimburg (Hagen)

Die 1870 vom Baumeister Liesenhoff aus Oestrich errichtete Synagoge in Hohenlimburg diente der jüdischen Gemeinde Hohenlimburg und Hagen bis in die 1930er Jahre als Gotteshaus. Nachdem die Synagoge am 10. November 1938 von Nationalsozialisten und deren Anhängern im Inneren weitgehend vernichtet und die Gemeinde gezwungen worden war, das Gebäude zu verkaufen, diente es einem Hohenlimburger Unternehmer als Fabrikationshalle.

1975 wurde der Innenraum sowie der Dachstuhl des Gebäudes durch ein Feuer erneut zerstört. Der nachfolgende Verfall wurde erst durch eine 1980 gegründete Bürgeraktion „Synagoge Hohenlimburg“ gestoppt. Die Synagoge wurde restauriert und 1986 als Mahn- und Gedenkstätte der Stadt Hagen der Öffentlichkeit übergeben.

■ **Adresse**

Jahn Str. 46
58119 Hagen
Informationen
Jüdische Kultusgemeinde Hagen
Potthofstr. 16
58095 Hagen
Tel. 02331/13289

Geschichtsort Humberghaus (Hamminkeln)

Im Haus in der Hohen Straße 13 in Dingden wohnte bis 1941 die jüdische Familie Humberg. Die Eltern, Rosalia und Abraham, und ihre sieben Kinder waren geschätzte Mitglieder der Dorfgemeinschaft. Doch die Familie Humberg wurde – wie Millionen Juden – zum Opfer der systematischen Diskriminierung, Verfolgung und Ermordung durch die Nationalsozialisten. Vier Geschwister wurden ermordet, drei konnten mit ihren Familien nach Kanada auswandern.

Seit Juni 2012 lädt der „Geschichtsort Humberghaus Dingden“ ein, diese einfache und zugleich ergreifende Geschichte zu entdecken. Das Humberghaus ist kein Museum, sondern ein Ort der Erinnerung, des Nachdenkens und des Lernens. Ein interaktiver Medien-Guide sowie Führungen und Angebote für Schulklassen ermöglichen einen individuellen Zugang.

■ **Informationen**

Hohe Straße 1
46499 Hamminkeln-Dingden
info@humberghaus.de
www.humberghaus.de
Öffnungszeiten: So 14-18 Uhr und nach Vereinbarung
Eintritt: frei
Führungen: Tel. 02852/9656831 (Heinrich Hoffmann)

Gedenkhalle Schloss Oberhausen

>> Kunst & Kultur / Museen

Synagoge Recklinghausen

1997 als Nachfolgebau der ehemaligen, 1904 eingeweihten Synagoge an der Limperstraße/Ecke Westerholter Weg (heute steht dort eine Synagogen-Gedenktafel am Finanzamt Recklinghausen) eröffnet. Das schlichte, weiße Gebäude – vom Münsteraner Architekten Nathan Schächter entworfen – weist 165 Sitzplätze auf. Es integriert auf zwei Wänden fünf dreieckige Fenster, die aus der alten, zu klein gewordenen Synagoge (1952) stammen. Ein trauriger Umstand ist die Tatsache, dass aus Angst vor Anschlägen für die Fenster an der Seite und im Dachbereich Panzerglas benutzt wurde und in den Wänden Stahlgerüste verarbeitet sind.

Neben der Synagoge befindet sich das Rabbi-Selig-Auerbach-Haus, eine ehemalige jüdische Schule, die im Keller eine „Mikwe", ein rituelles jüdisches Tauchbad, beherbergt.

Informationen

Am Polizeipräsidium 3
46657 Recklinghausen
Tel. 02361/184678

Alte Synagoge Bork (Selm)

Um 1800 erbaut, gehört der einfache Fachwerkbau mit Walmdach zum Typ der sogenannten Landsynagogen. Einzige äußerliche Besonderheit sind die nach Osten und Süden sichtbaren Rundbogenfenster. Die Synagoge, einst religiöses Zentrum der Synagogengemeinde Olfen und Bork, blieb bis zu ihrer Plünderung in der Reichspogromnacht vom 9. November 1938 verschont. Durch einen Verkauf an den Nachbarn, der das Gebäude in den Folgejahren als Kohlenlager nutzte, entging die Synagoge einem Abriss. In der Nachkriegszeit immer mehr dem Verfall ausgesetzt, konnte der vom Eigentümer beabsichtigte und vom Rat der Stadt Selm 1981 schon beschlossene Abriss nur auf ministerielle Weisung verhindert werden. Heute steht die Synagoge unter Denkmalschutz und dient nach einer 1994 abgeschlossenen, grundlegenden Restaurierung der Öffentlichkeit als Ort des Gedenkens und Erinnerns sowie als kultureller Veranstaltungsort für Klezmerkonzerte und Vorträge zur historisch-politischen Bildung.

Adresse

Synagogenweg, 59379 Selm
Informationen
VHS & Kulturbüro im FoKuS Selm AöR
Willy-Brandt-Platz 2, 59379 Selm
Tel. 02592/922-0
vhs@stadtselm.de
Öffnungszeiten nach Absprache

Jüdische Kultusgemeinden

Jüdischen Gemeinde Bochum-Herne-Hattingen
Erich-Mendel-Platz 1
44791 Bochum
Tel. 0234/417560-0
info@jg-bochum.de
www.jg-bochum.de

Jüdische Kultusgemeinde Groß-Dortmund
Prinz-Friedrich-Karl-Str. 9
44135 Dortmund
Tel. 0231/5574720
www.jg-dortmund.de

Jüdische Kultusgemeinde Duisburg-Mülheim/Ruhr-Oberhausen
Springwall 16
47051 Duisburg
Tel. 0203/29812-05 (-42)

Jüdische Kultusgemeinde Essen
Sedanstr. 46, 45138 Essen
Tel. 0201/95996-0
info@jg-essen.de
www.jg-essen.de

Jüdische Kultusgemeinde Gelsenkirchen
Georgstraße 2, 45879 Gelsenkirchen
Tel. 0209/155231-0

Jüdische Gemeinde Hagen
Potthofstraße 16, 58095 Hagen
Tel. 02331/13289

Jüdische Gemeinde Kreis Recklinghausen
Am Polizeipräsidium 3
45657 Recklinghausen
Tel. 02361/15131

Im Treppenhaus des Dortmunder U setzt sich die Filminszenierung von Adolf Winkelmann fort und macht das Rolltreppenfahren zum Erlebnis. In der Vertikalen werden neun Bildfenster auf eine große Wand projiziert.

KUNST & KULTUR

STADTMUSEEN

Stadtmuseum Bergkamen

Das Bergkamener Stadtmuseum bietet in der Dauerausstellung einzigartige Exponate aus der römischen Epoche. Kinder können am großen „Multi-Touch-Table" das römische Lager virtuell selbst gestalten. In der archäologischen Abteilung werden Besucherinnen und Besucher in die Steinzeit versetzt – außergewöhnliche Fossilien machen die Erdgeschichte begreifbar. In der stadtgeschichtlichen Abteilung findet man einen Tante-Emma-Laden aus den 1920er Jahren und ein historisches Klassenzimmer.

Im Kellergeschoss ist die Bergbau-Abteilung mit einzigartigem Barbara-Stollen untergebracht. Spannende Geschichten aus der Epoche der Steinkohle-Förderung erleben Gruppen auf der „Kleinen Grubenfahrt". Im Museumshof wird es in Kürze eine bergmännisch-technische Ausstellung und einen einzigartigen Lehrstollen im Original-Maß geben.

Informationen

Jahnstraße 31
59192 Bergkamen
Tel. 02306/3060210
info@stadtmuseum-bergkamen.de
www.stadtmuseum-bergkamen.de
Öffnungszeiten: Di-Fr 10-12 u. 14-17 Uhr, Sa 14-17 Uhr, So 11-18 Uhr

Museum der Stadt Gladbeck im historischen Fachwerkbau des Schlosses Wittringen

Stadtmuseum Bocholt

Das 1992 eröffnete Museum bietet vielfältige Einblicke in Geschichte, Archäologie, Kunst und Kultur von Bocholt. Stadtgeschichtlich: Bocholter Erdgeschichte über die Vor- und Frühgeschichte und die erste Erwähnung Bocholts bis hin zur jüngsten Vergangenheit, Wirtschafts- und Sozialgeschichte im 20. Jahrhundert. Abteilung Bildende Kunst: Werke des in Europa bedeutenden Bocholter Bühnenbildners Josef Fenneker (1895–1956). Kupferstichsammlung Israhel van Meckenem (ca. 1450–1503). Das 2. Obergeschoss widmet sich der historischen Alltagswelt, erfahrbar gemacht beispielsweise durch die Hauswebkammer und eine umfangreiche Sammlung alter Kinderspielzeuge.

Informationen

Osterstr. 66
46397 Bocholt
Tel. 02871/184579
kontakt@stadtmuseum-bocholt.de
www.stadtmuseum-bocholt.de
Öffnungszeiten: Di-So 11-13 u. 15-18 Uhr
Führung nach Vereinbarung

Hermann-Grochtmann-Museum (Datteln)

Die Sammlungen umfassen: Entwicklung des Dattelner

Raums von der Erdgeschichte über die Vor- und Frühgeschichte, Industrialisierung bis hin zur Kriegs- und Nachkriegszeit. Sozialgeschichtlich: herrschaftliche Adels- und Klerus-Strukturen im Zusammenhang mit der Alltagsgeschichte der einfachen Leute (Exponate aus Handel und Handwerk). Darüber hinaus finden im Dachgeschoss wechselnde Ausstellungen zu heimatkundlichen und kulturgeschichtlichen Themen statt.

Das Hermann-Grochtmann-Museum beherbergt auch die Stadtinformation, die reichhaltiges Infomaterial für Bürger und Touristen bereithält. Zurzeit ist das Museum wegen des Umbaus zur neuen Heimat der VHS geschlossen.

■ **Informationen**
Genthiner Straße 7
45711 Datteln
Tel. 02363/107-412
geschichte@stadt-datteln.de
www.datteln.de
Öffnungszeiten: Mi-So 11-17 Uhr
Eintritt frei

Museum Voswinckelshof (Museum der Stadt Dinslaken)

Stadthistorisches Museum in einem ehemaligen Adelssitz, welches in einer Dauerausstellung die Stadtentwicklung zeigt. Bäuerliche und bürgerliche Alltags- und Arbeitskultur vom 18. Jahrhundert an. Kleine Abteilung Vor- und Frühgeschichte. Regelmäßig finden Wechselausstellungen zu historischen Themen sowie Kunstausstellungen statt.

■ **Informationen**
Elmar-Sierp-Platz 6
46535 Dinslaken
Tel. 02064/2449 (Kasse)
museum-voswinckelshof@dinslaken.de
www.dinslaken.de
Öffnungszeiten: Di-So 14-18 Uhr

Stadtgeschichtliche Ausstellung im Hans-Sachs-Haus (Gelsenkirchen)

Im Hans-Sachs-Haus mit seiner backsteinexpressionistischen Fassade aus dem Jahr 1927, dem Rathaus, findet der Besucher auf drei Etagen die Ausstellung „Wandlung ist immer ...". Auf der Ebene des Ratssaals in der zweiten Etage dreht sich alles um Wirtschaft und Arbeit. In der dritten Etage werden die Gestaltung der Stadt und die lokale Politik thematisiert. Eine Etage darüber behandelt die Ausstellung das Leben der Gelsenkirchener.

■ **Informationen**
Ebertstr. 11
45875 Gelsenkirchen
Tel. 0209/169-3968 oder -3969
(Stadt- und Touristinfo)
touristinfo@gelsenkirchen.de
Öffnungszeiten: Mo-Fr 8-18 Uhr
Eintritt frei

Museum der Stadt Gladbeck

Die zuletzt 1989 neugestaltete Ausstellung dokumentiert vielschichtig die Entwicklung Gladbecks bis ins 20. Jahrhundert. Schwerpunktartig wird Bergbaugeschichte (vor allem die Arbeits- und Lebenswelt der Bergleute) am Beispiel der Stadt dargestellt. Eine weitere Abteilung beschäftigt sich mit den geologischen Grundlagen der Region. Das Museum präsentiert seine Themen anhand von über 500 Exponaten, aber auch durch szenische Darstellungen und audiovisuelle Medien. Sonderausstellungen und Veranstaltungen ergänzen die Inhalte.

Das Museum befindet sich im historischen Herrenhaus und Torhaus des Wasserschlosses Wittringen.

■ **Informationen**
Burgstr. 64
(Wasserschloss Wittringen)
45946 Gladbeck
Tel. 02043/23029
museum@stadt-gladbeck.de
www.museum-gladbeck.de
Öffnungszeiten: April bis Oktober:
Di-So 11-18 Uhr;
November bis März:
Di-Sa 12-18 Uhr, So 11-18 Uhr

Stadtmuseum Hagen

Die Dauerausstellung bietet einen Überblick über die historische Entwicklung der Stadt und Region vom Frühmittelalter bis in die Gegenwart. Multimedia-Stationen, ein Ausstellungskino und vieles mehr führen durch 1.200 Jahre Geschichte. Das Museum wird gegenwärtig in die Innenstadt Hagens verlagert, die Wieder-

Stadtmuseum Hattingen

eröffnung am Museumsplatz findet im April 2021 anlässlich des 275-jährigen Stadtjubiläums statt.

■ **Informationen**

www.hagen.de

Stadtmuseum Hattingen

Das 2001 eröffnete moderne Stadtmuseum bietet weit mehr als lokale Historie. Das Motto „Geschichte, Kunst und Kultur unter einem Dach" wird deutlich in der geschickten Kombination von Stadt- und Regionalgeschichte mit einem auf einer Rondellwand umlaufenden Zeithorizont, der Eckdaten und Begriffe zur europäischen

Heimatmuseum Unser Fritz, Herne

Stil- und Geistesgeschichte erklärt. Exponate aus dem Besitz der Stadt sind u. a. Abbildungen, Fahnen, Münzen, Uhren, Mobiliar. Objektgruppen und Themenbücher zur regionalen Geschichte.

Darüber hinaus präsentieren wechselnde Ausstellungen zeitgenössische Kunst und Themen der Kulturgeschichte.

Informationen

Marktplatz 1-3
45527 Hattingen
Tel. 02324/204-3523
stadtmuseum@hattingen.de
www.stadtmuseum.hattingen.de
Öffnungszeiten: Mi-Fr 15-18 Uhr, Sa/So 11-18 Uhr

Emschertal-Museum / Museum Schloss Strünkede (Herne)

Die Dauerausstellung wurde 2013 unter dem Titel „Land und Leute" neu gestaltet. Die seit 1948 im Schloss untergebrachten Sammlungen des Emschertal-Museums präsentieren Ur- und Frühgeschichte (Hauptattraktion: Riesenhirsch und Mammutknochen), Volkskunde, Regional-, Stadt- und Schlossgeschichte. Waffen der Strünkeder, Zeitmesser (u. a. Sand- und Sonnenuhren), geschlossenes Ensemble eines Jugendstil-zimmers. Glassammlung aus vielen Jahrhunderten.

Informationen

Karl-Brandt-Weg 5, 44629 Herne
Tel. 02323/162611
emschertal-museum@herne.de
www.herne.de
Öffnungszeiten: Di-Fr 10-13 u. 14-17 Uhr, Sa 14-17 Uhr, So/Fei 11-17 Uhr
Führungen nach Vereinbarung

Heimatmuseum Unser Fritz (Herne)

Nach einer kompletten Neukonzeption kann das Museum seit Mai 2017 wieder besucht werden. Die neue Dauerausstellung in der ehemaligen Volksschule des Stadtteils Unser Fritz zeigt sich dabei erfrischt und bürgernah. Unter dem Titel

„Herzkammer" dokumentieren zahlreiche originale und originelle Exponate die Sozialgeschichte von Herne und Wanne-Eickel von 1890 bis 1980. Das Bergarbeiterleben von einst wird dem Besucher ebenso nahegebracht wie das Wirtschaftswunderland der 1950er Jahre und die Probleme des Strukturwandels an Ruhr und Emscher. Historische Räume wie die Jugendstil-Drogerie Kleffmann und das „Klassenzimmer anno 1900", eine Dauerleihgabe des mittlerweile geschlossenen Bochumer Schulmuseums, sind weitere Höhepunkte. Der Spaziergang rund um das Museum mit Rhein-Herne-Kanal, Malakowturm, Trinkhalle und Zechenkasino lässt zudem das alte Ruhrgebiet noch einmal erfahrbar werden.

Informationen

Unser-Fritz-Straße 108, 44653 Herne
Tel. 02325/75255
emschertal-museum@herne.de
www.herne.de
Öffnungszeiten: Di-Fr 10-13 u. 14-17 Uhr, Sa 14-17 Uhr, So/Fei 11-17 Uhr
Führungen nach Vereinbarung

Städtisches Museum [Kamen]

Das im Jahr 2001 eingeweihte „Haus der Stadtgeschichte" beheimatet neben dem Stadtarchiv und der wissenschaftlichen Bibliothek ein Museum, das Stadt- und Heimatgeschichte von der Ur- und Frühgeschichte bis zur Gegenwart präsentiert.

Informationen

Bahnhofstr. 21
59174 Kamen
Tel. 02307/553412
museum@stadt-kamen.de
Öffnungszeiten: Di-Do 10-12 u. 14-17 Uhr, Fr 10-12 Uhr, So 14-17 Uhr
Eintritt und Führungen kostenfrei

Museum der Stadt Lünen

Fünf in der Kulturgeschichte Lünens wurzelnde Schwerpunkte weist das 1937 gegründete Museum der Stadt Lünen auf. Die Abteilung Wohnkultur zeigt mit originalen Ensembles in fünf Räumen das Wohnen und Leben von Arbeiterfamilien zwischen 1840 und 1930. Etwa den gleichen Zeitraum berücksichtigt die umfangreiche Sammlung an Spielzeug und Puppen, die als Zeugnisse ihrer Zeit ebenso über sich hinausweisen wie die zahlreichen Exponate der drei industrie- und handwerksgeschichtlichen Bereiche: Gusseisen und Öfen aus der Produktion der ehemals vier Lüner Eisengießereien; Keramikerzeugnisse (nicht nur) aus Lüner Töpfereien; drei Bäcker- und Schumacher-Werkstätten. Das bäuerliche Leben wird schließlich anhand landwirtschaftlicher Haus- und Arbeitsgeräte nachvollzogen. Ein passender Ort. Schließlich befindet sich das Museum genau genommen im 1853 erbauten Wirtschaftsgebäude von Schloss Schwansbell – von dort aus wurde früher die Landwirtschaft betrieben.

Informationen

Schwansbeller Weg 32, 44532 Lünen
Tel. 02306/104-1649
oder Kulturbüro der Stadt Lünen
Tel. 02306/104-2299
www.luenen.de
Öffnungszeiten: April bis September: Di-Fr 14-18 Uhr, Sa/So 13-18 Uhr; Oktober bis März: Di-Do 14-17 Uhr, Sa/So 13-17 Uhr

Stadt- und Heimatmuseum [Marl]

Dokumentiert wird die Geschichte der Stadt Marl von der Ur- und Frühgeschichte über die Entwicklung des Handwerks bis zum Bergbau. Das Museum ist in zwei benachbarte Standorte aufgeteilt, die ehemalige Wassermühle im Volkspark und die Scherersche Villa. Einblicke in die Arbeitswelt des Bergbaus gibt ein kleiner Kohlestreb, der einem Stollen der ehemaligen Zeche Auguste Victoria nachempfunden ist. Die benachbarte Scheune präsentiert eine funktionstüchtige Schmiede. Mineralogische und geologische Sammlung.

Informationen

Am Volkspark 6 (Scherersche Villa)
Am Volkspark 14 (Mühlengebäude)
45768 Marl
Tel. 02365/56919
www.heimatverein-marl.de
Öffnungszeiten: Di-So 15-17 Uhr
Eintritt kostenlos
Führungen nach Anmeldung

Grafschafter Museum [Moers]

Das 1908 im Moerser Schloss eröffnete Museum widmet sich

der Kulturgeschichte und Volkskunst der Moerser Region. Sammlungen zur Geschichte der Stadt, zur Kulturgeschichte der Grafschaft Moers und des Niederrheins mit beachtlichen Beispielen der Volkskunst. Große Beachtung finden vor allem die zahlreichen Sonderausstellungen. Ein Besucher-Highlight ist erst seit wenigen Jahren zu sehen: Bei den Sanierungsmaßnahmen am Schloss entdeckte man mittelalterliche Verteidigungsmauern mit Schießkammern und Schießscharten, darüber hinaus einen Lehmkuppelofen aus der Zeit um 1200. Der Ausgrabungsbereich ist mittlerweile zugänglich gemacht.

■ **Informationen**

Kastell 9
47441 Moers
Tel. 02841/201-68200
grafschafter-museum@moers.de
www.grafschafter-museum.de
Öffnungszeiten: Di-Fr 10-18 Uhr,
Sa/So/Fei 11-18 Uhr

Museum Neukirchen-Vluyn

Mit Hilfe eines deutschlandweit einzigartigen 55“-Multimedia-Tisches lässt sich die Geschichte Neukirchen-Vluyns interaktiv erleben. Historisches und aktuelles Kartenmaterial lassen sich übereinander legen. Filme, Tonaufnahmen, Fotos und antike Schriftstücke erwachen zu neuem Leben.

Außerdem hält das Museum im Obergeschoss der Kulturhalle einen kompletten Kaufmannladen, einen Friseursalon und andere Objekte zum Beispiel zur Geschichte der Seidenweberei oder des Bergbaus in der Stadt bereit.

■ **Informationen**

Von-Der-Leyen-Platz 1
47506 Neukirchen-Vluyn
Tel. 02845/20657
info@museum.neukirchen-vluyn.de
www.museum-neukirchen-vluyn.de

Ruhrtalmuseum [Schwerte]

Das Ruhrtalmuseum war bis 2018 gemeinsam mit dem Stadtarchiv in dem 1547 erbauten Alten Rathaus von Schwerte untergebracht. Nach dem derzeitigen Umbau und die Neugestaltung des Zentrums rund um die St. Viktor Kirche zieht das Ruhrtalmuseum wieder zurück in das dort entstehende Ensemble.

■ **Informationen**

Brückstr. 14
58239 Schwerte
Tel. 02304/104822

Hellweg Museum [Unna]

Das 1928 durch eine Initiative des Museumsvereins gegründete Haus wurde 1947 von der Stadt Unna übernommen. Seit 1982 präsentiert das Museum eine Dauerausstellung zur Stadtgeschichte mit den drei Schwerpunkten Vor- und Frühgeschichte des Hellweg-Raumes, Unna im Mittelalter und Unna bis zur Industrialisierung mit dem Schwerpunkt Saline Königsborn. Um 2000/2001 wurde die Sammlung hinsichtlich der Beziehungen zwischen Unna und dem Handelsweg Hellweg entscheidend erweitert. Eine der bekanntesten Abteilungen des Museums widmet sich dem „Goldschatz von Unna“, der 1952 von Bauarbeitern in der Altstadt von Unna entdeckt wurde.

■ **Informationen**

Burgstr. 8
59423 Unna
Tel. 02303/256445
hellweg-museum@stadt-unna.de
www.unna.de
Öffnungszeiten: Mi/Fr 10-12 u. 15-17 Uhr,
Do 15-17 Uhr, Sa/So/Fei 14-17 Uhr

Altes Amtshaus / Karl-Pollender-Stadtmuseum [Werne]

Das kulturhistorische Museum am Kirchhof beherbergt auf vier Etagen die Vor- und Frühgeschichte, das Mittelalter und die Stadtgeschichte von Werne. Das bedeutendste Exponat ist die in der St. Christophorus Kirche gefundene Kasel – ein Priestergewand aus dem 14./15. Jahrhundert.

Mit zahlreichen Sonderthemen, Stadtführungen und Angeboten für Kinder ist das Stadtmuseum Werne das meistbesuchte Museum im Kreis Unna und darüber hinaus. Eine Stadtführung in mittelalterlichen Kostümen zählt zu den beliebtesten Angeboten. Kinder und Jugendliche haben die Möglichkeit, eine moderne GPS-Schnitzeljagd durch die Altstadt zu unternehmen.

Hellweg Museum, Unna

■ **Informationen**
Kirchhof 13
59368 Werne
Tel. 02389/780773
museum@werne.de
www.museum-werne.de
Öffnungszeiten: Di-Fr 10-12 Uhr und 14-17 Uhr, So 14-17 Uhr
Eintritt frei

Städtisches Museum Wesel

Das Museum besteht aus drei verschiedenen Standorten, die sich jeweils verschiedenen Themenschwerpunkten widmen. In den historischen Kasematten der Zitadellenanlage wird, besser gesagt, wurde bis 2013 der Geschichte der Festung Wesel nachgegangen und die Entwicklung von der befestigten Stadt des Mittelalters bis nach dem Ersten Weltkrieg dargestellt. Die Brisürenkasematte wird bis 2018 saniert und eventuell ohne die Abteilung Festungsgeschichte wiedereröffnet.

Im Haupttorgebäude der Zitadelle wird in der Abteilung Schill die Erschießung der elf Schill'schen Offiziere in Wesel im Jahre 1809 dokumentiert. In der Galerie im Centrum am Kornmarkt ist die Schatzkammer untergebracht, in der spätmittelalterliche Tafelmalereien sowie das historische Weseler Silber präsentiert werden. Darüber hinaus finden hier Wechselausstellungen mit aktueller und historischer Kunst statt.

■ **Informationen**
Galerie
Ritterstr. 12-14
46483 Wesel
Tel. 0281/203-2350
staedtischesmuseum@wesel.de
www.wesel-tourismus.de
Öffnungszeiten: Di-Fr 10.30-18.30 Uhr, Sa 10-13 Uhr, So 11-17 Uhr

Abteilung Schill / Abt. Festungsgeschichte
An der Zitadelle 6 / An der Zitadelle 14-20
46483 Wesel
Tel. 0281/26623
Öffnungszeiten Abt. Schill ab Juni 2017: Mi-So 10-13 Uhr

MUSEEN

Städtische Galerie „sohle 1" (Bergkamen)

1970 als erste kommunale Galerie der BRD gegründet, zeigt die Städtische Galerie „sohle 1" Werke renommierter Künstler und junger Gegenwartskünstler. Daneben gibt die Galerie Einblicke in die Kunstszene der Bergkamener Partnerstädte, wie z. B. Wieliczka (Polen). Ein Teil des umfangreichen städtischen Kunstbesitzes bildet den Grundbestand der ARTOTHEK, die es seit 1994 ermöglicht, Originalgrafiken aus den städtischen Sammlungsbeständen gegen geringe Gebühr auszuleihen.

Neben den Ausstellungen können Besucherinnen und Besucher auch Kleinkunst auf der Bühne erleben, z. B. im Rahmen der Veranstaltungsreihe „mittwochsMIX".

Informationen

Jahnstr. 31, 59192 Bergkamen-Oberaden
Tel. 02306/30602111
info@stadtmuseum-bergkamen.de
www.stadtmuseum-bergkamen.de
Öffnungszeiten: Di-Fr 10-12 u. 14-17 Uhr, Sa 14-17 Uhr, So 11-18 Uhr
Eintritt frei

Römerpark Bergkamen

Vor über 2.000 Jahren eroberten die Römer Teile des heutigen Stadtgebietes und schlugen hier das größte Militärlager nördlich der Alpen auf.

Der Römerpark bietet mit einer authentisch rekonstruier-

Museum Ostwall im Dortmunder U

ten Holz-Erde-Mauer, einer Römerabteilung im nahegelegenen Stadtmuseum und einem Archäologischen Lehrpfad einen besonderen Einblick in die römische Geschichte Bergkamens und der gesamten Region. Hinzu kommen ein umfangreiches Angebot an Führungen, museumspädagogische Programme, Kinderferienaktionen wie das „Drusus-Camp" und spezielle Aktionen der Römergruppe „Classis Augusta Drusiana". Man kann sich u. a. bei römischer Wellness verwöhnen lassen oder kulinarische Köstlichkeiten der damaligen Zeit probieren. In ungeraden Jahren erfreut sich das internationale Römerfest rund um die Holz-Erde-Mauer großer Beliebtheit.

Informationen

Römerpark Bergkamen / Stadtmuseum Bergkamen
Jahnstraße 31
59192 Bergkamen
Tel. 02306/3060210
info@roemerpark-bergkamen.de
www.roemerpark-bergkamen.de
Öffnungszeiten (zentrale Anlaufstelle Stadtmuseum): Di-Fr 10-12 u. 14-17 Uhr, Sa 14-17 Uhr, So 11-18 Uhr

Kunstkammer St. Georg (Bocholt)

Die 1980 als Erweiterungsbau an der Pfarrkirche St. Georg fertiggestellte Kunstkammer bietet wertvolle Kunstgegenstände aus der Vergangenheit der Bocholter Georgsgemeinde. Die gesammelten Goldschmiedearbeiten, Paramente, Gemälde (Tafelbilder), Plastiken, Handschriften und Frühdrucke gehen bis ins 14. Jahrhundert zurück.

■ **Informationen**

St. Georg-Platz
46399 Bocholt
Besichtigung nach Abstimmung mit dem Pfarrbüro
Tel. 02871/2544-0

LWL-Industriemuseum – TextilWerk Bocholt

Das TextilWerk Bocholt ist 1989 als eine Museumsfabrik nach historischen Vorbildern eröffnet worden. Als einer von acht Standorten des LWL-Industriemuseums dokumentiert es an zwei Standorten – der Weberei und der Spinnerei – in verschiedenen Stationen den kompletten Produktionsablauf einer münsterländischen Baumwollweberei um 1900. Dazu gehören Kessel- und Maschinenhaus mit der Dampfmaschine und ein Websaal mit Meisterbude und Kontor unter den Sheddächern der Fabrikationshalle.

Auch heute werden in der Weberei noch an über 30 Originalmaschinen Textilien aus der historischen Museumskollektion produziert. Im komplett eingerichteten Arbeiterhäuschen samt Gemüsegarten spiegelt sich das karge Alltagsleben der Weberfamilien wider.

Geadelt wurde das TextilWerk Bocholt 2012 mit der Aufnahme in die Europäische Route der Industriekultur als einer der „attraktivsten Textilstandorte in Europa".

Zu den speziellen Angeboten zählen neben museumspädagogischen Programmen für Schulklassen und Themenführungen auch Sonderausstellungen zu wechselnden Themen.

Auf der anderen Seite des Flusses Aa findet der Besucher die Spinnerei (Industriestraße 5). Seit Herbst 2016 dreht sich hier auf drei Etagen alles um die Geschichte (20.000 Spindeln drehten sich einst in der Spinnerei Herding!) und Gegenwart des Textilen, um Techniken, Modedesign und Textilkunst.

■ **Informationen**

Uhlandstr. 50
46397 Bocholt
Tel. 02871/21611-0 (Weberei)
textilwerk@lwl.org
www.lwl.org
Öffnungszeiten:
Weberei: ganzjährig Di-So/Fei 10-18 Uhr (letzter Einlass 17.30 Uhr)
Spinnerei: Di-So/Fei 10-18 Uhr
Führungen: So 14 Uhr (Spinnerei), 16 Uhr (Weberei) kostenlos (Eintrittsgeld ist zu zahlen) und nach Vereinbarung

Handwerksmuseum (Bocholt)

Das 1993 eröffnete Museum geht auf eine Privatinitiative des Bocholter Tischlermeisters Walter Dues zurück und bietet einen umfassenden Einblick in die Geschichte des Handwerks. Auf insgesamt über 920 Quadratmetern begegnet man 34 Handwerksberufen, deren Aufgaben und Herstellungstechniken anhand von über 5.000 Werkzeugen, Maschinen, Zeichnungen, Büchern und sonstigen Utensilien anschaulich gemacht werden.

Um eine möglichst große Authentizität zu erreichen, wurde sogar ein Fachwerkhaus aus dem Jahre 1770 wiedererrichtet. Komplettiert wird die Schau durch die Einrichtung einer Handwerkerwohnung im Stile der Jahrhundertwende.

Ausprobieren erwünscht! Das Museum zum Anfassen ist ein besonderes Erlebnis für Kinder, auch für Schulklassen.

■ **Informationen**

Köcherstr. 4
46395 Bocholt
Tel. 02871/15426 o. 182346
www.bocholter-handwerksmuseum.de
Öffnungszeiten: Di-Do 15-18 Uhr, So 14-18 Uhr; Führungen – auch auf Plattdeutsch – nach telefonischer Absprache
Flexible Öffnungszeiten für Gruppen
Führung nach Vereinbarung

Privat-Brauerei Moritz Fiege (Bochum)

Bochums Hausmarke ist das Fiege-Bier. Und die Brauerei eine Bochumer Institution, denn seit 1878 liegt der Firmensitz im Zentrum der Stadt.

Die kleine Sammlung der Bochumer Privat-Brauerei Moritz Fiege gibt anhand von Accessoires, historischen Gerätschaften und Souvenirs einen Einblick in die Welt von Was-

Deutsches Bergbau-Museum, Bochum

ser, Hefe, Hopfen und Malz. Zeitgeschichtlich interessant und einfach hübsch anzusehen sind außerdem die präsentierten Werbemittel wie Bierseidel, Gläser, Bierdeckel, Flaschen und Aschenbecher. Das Museum und die Brauerei sind im Rahmen der Führung „BrauKultTour" zu besichtigen.

Auch das ist Fiege: Für einige Wochen im Sommer ist der Brauhof Open-Air-Kino mit täglichem Programm.

Informationen
Moritz-Fiege-Str. 1
44787 Bochum
Tel. 0234/6898-0
info@moritzfiege.de
www.moritz-fiege.de
Führungen: Mo-Do 18.30-21.30 Uhr, Fr 16-19 Uhr

Deutsches Bergbau-Museum (Bochum)

Wetterschacht, Schlagwetter, Seilfahrt, Mergelsohle, Hängebank ... – wer diese und andere Begriffe, wer den Kosmos der Kohle zwischen Weiß- und Schwarzkaue, zwischen Förderturm und Kohlenhobel verstehen und erleben will, der darf sich einen Besuch des Deutschen Bergbau-Museums nicht entgehen lassen. Als weltgrößtes Fachmuseum zum Thema Bergbau bietet das 1930 eröffnete Museum auf rund 12.000 Quadratmetern Ausstellungsfläche die komplette Geschichte des Bergbaus von

Deutsches Bergbau-Museum, Bochum

der Frühzeit bis zur Gegenwart. Neben technischem Gerät und Fördermaschinen dokumentieren zahlreiche Alltagsgegenstände die Lebenswelt der Bergleute. Über die ständige Präsentation hinaus finden jährliche Sonderausstellungen zum Thema Bergbau statt.

Einer der Höhepunkte des Museumsangebotes ist natürlich die Einfahrt in das ca. 20 Meter tiefe Anschauungsbergwerk, das auf einem 2,5 Kilometer langen Streckennetz anhand von Großmaschinen vor allem das Wissen über die moderne Untertagewelt „vertieft". Und seit 2014 gibt es als neue Attraktion einen Seilfahrt-Simulator, der die Besucher eine Förderkorbfahrt bis in 1.200 Meter Tiefe erleben lässt. Mittels Hydraulik- und Druckluftzylindern, Beamerprojektion, Bildschirmdarstellungen und Soundsystemen wird die Fahrt in Szene gesetzt. Eine Wetterschleuse, in der hohe Temperaturen wie in 1.200 Meter Tiefe herrschen, macht die Illusion perfekt.

Zurück im Tageslicht lohnt sich gleich der direkte Lift auf die Aussichtsplattform des 71,5 Meter hohen Doppelförderturms. Das vom bekannten Industriearchitekten Fritz Schupp errichtete Industriedenkmal ist – obwohl 1973 von der Dortmunder Zeche Germania importiert – längst das Wahrzeichen von Museum und Stadt und bietet in 60 Metern Höhe eine wirkungsvolle City-Aufsicht.

Mitte 2008 wurde das Deutsche Bergbau-Museum um den so genannten „Schwarzen Diamanten" erweitert. Das mehrfach preisgekrönte Gebäude mit der markanten tiefschwarzen Fassade nimmt durch Gänge, Stollen und Rampen das Thema Bergbau gestalterisch auf und bietet auf 860 Quadratmetern Platz für Sonderausstellungen.

Das Deutsche Bergbau-Museum ist seit 2017 umfassend

Eisenbahnmuseum Bochum-Dahlhausen

saniert worden und bietet seit Mitte 2019 eine komplett neu konzipierte Dauerausstellung an. Insgesamt vier Rundgänge präsentieren mithilfe modernster Medien die komplette Geschichte des Steinkohlenbergbaus von der Frühzeit bis zur Gegenwart. Umfassend werden die technischen und sozialen Entwicklungen sowie die gesellschaftlichen und kulturellen Bedingungen in Beziehung gesetzt. Auch die Themen Bodenschätze sowie Kunst und Kultur im Bergbau werden dargestellt.

Informationen

Am Bergbaumuseum 28
(Besuchereingang Europaplatz)
44791 Bochum
Tel. 0234/5877-126/128
(Besucherinformation)
service@bergbaumuseum.de
www.bergbaumuseum.de
Öffnungszeiten: Di-Fr 8.30-17 Uhr, Sa/So/Fei 10-17 Uhr
Gruppen-Führungen nach Vereinbarung, Führungstermine vor Ort für individuelle Besucher, Kurzführungen durch das Anschauungsbergwerk alle halbe Stunde zwischen 11 und 14.30 Uhr (Dauer: ca. 30-40 Minuten)

Eisenbahnmuseum Bochum-Dahlhausen

Einmal im Speisewagen des legendären Orientexpresses sitzen? Kein Problem, das Eisenbahnmuseum Bochum-Dahlhausen verschafft ungehindert Einlass. Untergebracht im historischen Bahnbetriebswerk der Königlich-Preußischen Eisenbahnen aus dem Jahre 1916, ist das seit 1977 bestehende Museum mit seinen rund 120 zumeist funktionstüchtigen Lokomotiven und Draisinen Deutschlands derzeit größtes privates Eisenbahnmuseum. Neben einer kleinen Ausstellung im Inneren sind die Augen der Besucher vor allem nach draußen gerichtet. Dort stehen neben dem besagten Orientexpress-Speisewagen ein kompletter Abteilwagen- und Plattformwagenzug sowie ein Postwagen. Ein neueres

Exponat ist ein Salonwagen, in dem deutsche Geschichte zwischen 1937 und 1970 nacherzählt wird. In ihm saßen Adenauer, Queen Elisabeth II., Willy Brandt ...

Darüber hinaus gibt es zahlreiche Sonderveranstaltungen, spezielle „Museumstage" und alljährliche Tages-Sonderfahrten mit historischen Fahrzeugen unter Dampf oder Diesel.

Informationen

Dr. C.-Otto-Str. 191, 44879 Bochum
Tel. 0234/492516
info@eisenbahnmuseum-bochum.de
www.eisenbahnmuseum-bochum.de
Öffnungszeiten: Di-Fr/So/Fei 10-17 Uhr
(ab Mitte November Winterpause)

Helfs Hof / Heimatmuseum [Bochum]

Dass er der Überlieferung zufolge ein mittelalterlicher „Galgenhof" gewesen sein soll, auf dem der Bauer für die Zubereitung der Henkersmahlzeit zuständig war und damit die Pächter-Zehntpflicht ableistete, ist nur eine Episode des Helfs Hofs. Denn seine Korbbogen-Kellergewölbe weisen auf eine Entstehungszeit um das 11. Jahrhundert hin. Erstmalig im 13. Jahrhundert erwähnt, stammt das Haupthaus des heutigen Hofes, ein Vierständer-Fachwerkhaus mit großer Fleetküche, aus dem 16. Jahrhundert, während Deele und Anbau im 17. bzw. 19. Jahrhundert entstanden.

Ab 1972 grundlegend saniert, öffnete sich der Helfs Hof 1974 als Heimatmuseum erstmals dem Publikum. Auf 200 Quadratmetern werden zahlreiche Exponate aus der landwirtschaftlichen und handwerklichen Arbeitswelt sowie aus der bäuerlichen und bürgerlichen Wohnkultur gezeigt. Eine Sammlung wertvoller Urkunden und Bilder dokumentiert die historische Entwicklung Wattenscheids.

Informationen

In den Höfen 37, 44867 Bochum
Tel. 02327/33150
Öffnungszeiten: Do-So 11-17 Uhr

Kunstmuseum Bochum

Das 1960 in der gründerzeitlichen Villa Markhoff eröffnete und 1983 durch einen großangelegten Anbau (3.000 Quadratmeter Fläche) der dänischen Architekten Bo und Wohlert wesentlich erweiterte Museum Bochum hat seine Schwerpunkte in zeitgenössischer, ost- und mitteleuropäischer Kunst. Neben Spezialsammlungen der Künstlergruppen „Cobra" (Jorn, Appal, Constant, Corneille) und „Zero" (Mack, Piene, Uecker, von Graevenitz) glänzt das Museum mit Einzelwerken u. a. von Francis Bacon, František Kupka, E. R. Matta, Guiseppe Capogrossi, Jean Arp oder Joseph Beuys. Im Eigenbesitz, der insgesamt etwa 4.000 Bilder, Skulpturen und Objekte umfasst, befinden sich auch Gemälde und Grafiken aus einer umfangreichen Sammlung deutscher Kunst nach 1945 (u. a. Nay, Schumacher, Siepmann, Marcks, Belling und Skulpturen von Barlach), dem einstigen Museumsschwerpunkt.

Informationen

Kortumstr. 147, 44777 Bochum
Tel. 0234/910-4230
museum@bochum.de
www.kunstmuseumbochum.de
Öffnungszeiten: Di/Do-So 10-17 Uhr,
Mi 10-20 Uhr
Jeden Sonntag um 11 Uhr findet eine öffentliche Führung durch die aktuelle Ausstellung statt

Campusmuseum. Sammlung Moderne [Bochum]

Zugehörig dem auf zwei Orte verteilten Kunstmuseum der Ruhr-Universität Bochum (s. a. „Situation Kunst"): europäische und US-amerikanische Kunst seit 1945 neben griechischer, römischer Kunst der Antike und Kunstobjekten Persiens. Die im Untergeschoss der Universitätsbibliothek eingerichtete Kunstsammlung besteht aus verschiedenen Sammlungen. Die Antiken-Abteilung enthält als größte ihrer Art in Deutschland griechische Vasen und griechisch-römische Portraitplastiken. Ebenfalls in die Antike zurück geht die Ausstellung der Münzsammlung von Karl Welz. Kontrastierend wirkt schließlich die Sammlung zeitgenössischer Malerei, Plastik und Objektkunst mit Werken u. a. von Giacometti, Beuys, Serra, Albers.

Medizinhistorisches Museum, Bochum

Informationen
Universitätsstr. 150 – Forumsplatz
44801 Bochum
Tel. 0234/32-26782
kunstsammlungen-moderne@rub.de
www.kusa-rub-moderne.de
Öffnungszeiten: Di-So/Fei 11-17 Uhr
Eintritt frei

LWL-Industriemuseum Zeche Hannover [Bochum]

>> Industriekultur / Industrieanlagen

Medizinhistorisches Museum [Bochum]

Das Gebäude ein Industriedenkmal, die Innenausstattung eine bedeutende Sammlung – der Weg nach Bochum-Querenburg lohnt sich doppelt. Seit 1990 untergebracht in dem 1875 erbauten Malakowturm der ehemaligen Zeche Julius Philipp, ein burgartiger Backsteinbau mit einer klassizistisch-romanischen Formenvielfalt, geht die Sammlung des Medizinhistorischen Museums auf insgesamt 400 Quadratmetern mit mehr als 10.000 medizinischen Instrumenten, Geräten und Apparaturen der Entwicklung der abendländischen Medizin nach. Die Sammlung ist eine der umfangreichsten in Deutschland und wurde vom Institut für Geschichte der Medizin (Ruhr-Universität) zusammengetragen. Seit 2013 ist die Medizinhistorische Sammlung Mitglied im Netzwerk der Bochumer Wissenschaftlichen Sammlungen.

Informationen
Malakowturm
Markstr. 258a
44799 Bochum
Tel. 0234/32-28652
joerg-stefan.schulz@rub.de
www.ruhr-uni-bochum.de/mhs
Öffnungszeiten: Mi 9-12 Uhr
Öffentliche Führungen finden an jedem 1. Sonntag im Monat um 14 Uhr statt

Situation Kunst (für Max Imdahl), Bochum

Situation Kunst [für Max Imdahl] [Bochum]

Ein außerordentlicher Kunstort, der sich bedeutenden Werken der Gegenwartskunst widmet, im Park von Haus Weitmar beheimatet ist und als komplexes Gebäudeensemble ein gelungenes Zusammenspiel von Kunst, Architektur und Natur bietet.

Schwerpunkte der als Teil der Kunstsammlungen der Ruhr-Universität geltenden Einrichtung (s. „Campusmuseum") sind die Gebäude mit den Rauminstallationen der amerikanischen Künstler Maria Nordman, David Rabinowitch und Richard Serra. Gleich nebenan werden Werkgruppen der europäischen Künstler Gotthard Graubner, Norbert Kricke, Arnulf Rainer und Jan J. Schoonhoven präsentiert, während ein weiterer Gebäudekomplex Werke der internationalen Gegenwartskunst (Gianni Colombo, Dan Flavin, Lee Ufan und François Morellet) und Objekte alter Kunst aus Afrika und Asien zeigt.

Besonderer Blickfang ist der 2010 in der Ruine des ehemaligen Rittersitzes Haus Weitmar eröffnete Kubus, der auf rund 1.200 Quadratmetern Raum für Wechselausstellungen und Veranstaltungen, Büros, Lager und Künstlerappartements bietet.

Informationen

Nevelstr. 29c
(im Parkgelände von Haus Weitmar)
44795 Bochum
Tel. 0234/2988901
info@situation-kunst.de
www.situation-kunst.de
Öffnungszeiten: Mi-Fr 14-18 Uhr,
Sa-So/Fei 12-18 Uhr
Der Eintritt in die Dauerausstellung ist frei

Museum unter Tage [Bochum]

Die Museumslandschaft des Ruhrgebiets ist um eine Attraktion reicher. Als weiterer Baustein des Ensembles „Situation Kunst" besteht seit Ende 2015 im Schlosspark Weitmar ein spektakulärer Kunstort. Auch wenn das 9,5 Millionen Euro teure Museum tatsächlich unter Tage liegt und sich in seiner Architektur auf die Bergbauvergangenheit des Ruhrgebiets bezieht, ist es inhaltlich jedoch nicht dem Thema Bergbau gewidmet. Auf der unterirdisch angelegten Fläche von rund 1.500 Quadratmetern ist mit der Dauerausstellung „Weltsichten – Landschaft in der Kunst seit sechs Jahrhunderten" vor allem Landschaftskunst ab dem 15. Jahrhundert ausgestellt, ein Drittel der Fläche wird für Wechselausstellungen genutzt. Drei kleinere Kuben weisen oberirdisch auf die neue Schatzkammer in sieben Meter Tiefe hin. Das Museum wurde anlässlich des 50. Geburtstags der Ruhr-Universität Bochum realisiert.

Informationen

Nevelstr. 29c
(im Parkgelände von Haus Weitmar)
44795 Bochum
Tel. 0234/3228523
info@situation-kunst.de
www.situation-kunst.de
Öffnungszeiten: Mi-Fr 14-18 Uhr,
Sa-So 12-18 Uhr

Museen in Haus Kemnade [Bochum/Hattingen]

Die malerische Wasserburg, 1921 von der Stadt Bochum erworben, beherbergt neben den zum Hause gehörenden Kostbarkeiten erstens die Musikinstrumentensammlung des ehemaligen Bochumer Kammermusikers Hans Grumbt und seiner Frau Hede, die auch die 55 Instrumente umfassende Klarinettensammlung von Johan van Kalker und die Lieselotte-Stohlmann-Stiftung einschließt, zweitens die Ostasiatika-Sammlung Ehrich, u. a. mit meisterlich geschnitzten Netsuke-Figuren, drittens in den ehemaligen Stallungen die „Schatzkammer Kemnade", die geldgeschichtliche Sammlung der Sparkasse Bochum, und viertens hinter der Burg das Bauernhausmuseum zu Lebensgewohnheiten des 18. und 19. Jahrhunderts.

Informationen

An der Kemnade 10
45527 Hattingen
Tel. 02324/30268
briefkasten@fv-hauskemnade.de
www.fv-hauskemnade.de
Öffnungszeiten: Mai bis Oktober: Di-So 12-18 Uhr, November bis April: 11-17 Uhr;
Bauernhaus-Museum: nur Mai bis Okt.

Josef Albers Museum Quadrat Bottrop

Josef Albers Museum Quadrat Bottrop

Ein Ausstellungscocktail mit vier ganz verschiedenen Zutaten, so präsentiert sich das Josef Albers Museum Quadrat Bottrop. Das 1983 eröffnete Josef Albers Museum zeigt das umfangreiche künstlerische Erbe des in Bottrop geborenen Malers und Bauhauskünstlers Josef Albers (1888–1976), vor allem die sein gesamtes künstlerisches Schaffen begleitenden „Huldigungen an das Quadrat", nach denen das Zentrum benannt ist. Erst 2010 konnte eine wichtige Werkgruppe von 26 Malereien des Künstlers erworben werden. Und 2013 wurde die Attraktivität weiter gesteigert: Anlässlich des 125. Geburtstags des Künstlers kaufte das Josef Albers Museum Quadrat Bottrop für 1,5 Millionen US-Dollar eine Gruppe von sieben Albers-Gemälden von der Josef and Anni Albers Foundation. Der Erwerb ist der größte in der Geschichte des Bottroper Kunstmuseums. 2016 folgte der Ankauf von 28 fotografischen Montagen des Künstlers (wiederum aus dem Bestand der Foundation) – das „Quadrat" ist jetzt in der Lage, Albers' künstlerisches Werk in Malerei, Arbeiten in Glas, Gravuren und Druckgrafik umfassend vorstellen.

Gleich nebenan setzt die Moderne Galerie ganz auf konstruktiv-konkrete Kunst. Sie versteht sich dabei nicht nur als Sammelstelle, sondern auch als Vermittlungsstätte zeitgenössischer Kunst. Die Studio-Galerie dagegen ist durch vielbeachtete Foto-Ausstellungen bekannt geworden. Den „Exoten" auf der Museumsinsel spielt das Museum für Ur- und Ortsgeschichte mit einer der europaweit größten Sammlungen eiszeitlicher Funde. Neben der Urzeit wird hier aber auch die Stadtgeschichte Bottrops dokumentiert. Ein naturkundlicher Teil beschäftigt sich schließlich mit der Entwicklung der heimischen Flora und Fauna.

Welchen Stellenwert das Museumszentrum besitzt, bewies eine Ehrung Ende 2006: da wurde das Haus von der deutschen Sektion des Internationalen Kunstkritikerverbandes (AICA) erstmals zum „Museum des Jahres 2006“ gewählt. Auch 2010 lag das Museum in einer Umfrage unter Kunstkritikern überregionaler Medien ganz vorne.

Bis 2021 ist eine Museumserweiterung geplant.

Informationen

Josef Albers Museum Quadrat Bottrop
Im Stadtgarten 20, 46236 Bottrop
Tel. 02041/29716
quadrat@bottrop.de
www.quadrat-bottrop.de
Öffnungszeiten: Di-Sa 11-17 Uhr,
So/Fei 10-17 Uhr
Der Eintritt in die Sammlungen ist frei!

junges museum [Bottrop]

>> Freizeit / Kinder

Mühlenmuseum Hiesfeld [Dinslaken]

„Es klappert die Mühle am rauschenden Bach“ – Volksweise und Sinnbild purer Romantik. Beiderseits des Rotbachs liegen die 1693 als Fachwerkhaus errichtete, denkmalgeschützte Wassermühle und ein später errichteter großer Backsteinbau, der als Hauptgebäude für den Mühlenbetrieb sowie als Wohnhaus für den Müller genutzt wurde. Dazwischen das mittelschlächtige Wasserrad. Ein stimmungsvolles Ensemble mit interessantem Innenleben. Nach umfassender Renovierung eröffnete 1991 hier der Mühlenverein Hiesfeld ein Museum, das neben den alten Gerätschaften des Betriebes etwa 60 Modelle von Mühlen aus aller Welt präsentiert. Als zweites Museum dieser Art in der Bundesrepublik ist die Ausstellung sicherlich einmalig am Niederrhein und in NRW.

Informationen

Am Freibad 5, 46539 Dinslaken
Tel. 02064/94188
www.muehlenmuseum-dinslaken-hiesfeld.de
Öffnungszeiten: ganzjährig
So 10.00-12.30 Uhr
Eintritt frei
Führung nach Vereinbarung

Jüdisches Museum Westfalen [Dorsten]

>> Geschichte / NS-Gedenkstätten

Museum Schloss Lembeck [Dorsten]

>> Geschichte / Schlösser, Burgen, Herrenhäuser

Tüshaus-Mühle [Dorsten]

>> Mühlen

„eins eins null“ – Polizeiausstellung Dortmund

Unfälle, Betrug, Brandstiftung, Raub, Mord – mit diesen Begriffen ist die Alltagsgeschichte Dortmunds aus Sicht der Polizei verbunden. Die Ausstellung vermittelt Einblicke in die polizeiliche Arbeit und präsentiert spannende Fälle aus den Ermittlungsakten. Im historischen Teil fördert die Verbindung von Kriminalität und Stadtgeschichte oft unbekannte Fakten zu Tage. Wichtig ist, dass auch die Rolle der Dortmunder Polizei in der Zeit des Nazi-Regimes dokumentiert wird.

Informationen

Polizeipräsidium Dortmund
Markgrafenstr. 102
44139 Dortmund
Tel. 0231/132-1034
polizeiausstellung.dortmund@polizei.nrw.de
www.polizei.nrw.de/dortmund
Öffnungszeiten: Do-Di 9-19 Uhr

Ausbüttels Apothekenmuseum [Dortmund]

Bislang war das private Museum in den Tiefkellern der Adler Apotheke beheimatet. Auf einer Fläche von 130 qm wurden eine „historische Apotheke“ mit Offizin (Handverkaufsraum), Bibliothek mit Mörsersammlung, Fayencernraum, Materialkammer, Labor, Vorratsraum I und II sowie eine Kräuterkammer aus dem Ende des 19. Jahrhunderts ausgestellt. Rund 6.000 Exponate, darunter längst aus dem Handel genommene Arzneimittel und Verbandstoffe, aber auch Werkzeuge und Gerätschaften wie Mörser, Fayencen und unterschiedlichen Waagen, dokumentieren die historische Entwicklung des Apothekerberufs. Ein historisches Zeugnis ist übrigens auch die Adler Apotheke selbst. Sie wurde erstmals 1322 urkundlich erwähnt und ist damit laut den Besitzern die älteste Apotheke in

Nordrhein Westfalen. Derzeit allerdings zieht das Museum in neue und größere Räume um.

■ **Informationen**
Markt 4, 44137 Dortmund
Tel. 0231/84010076
hermann@ausbuettels.de
www.apotheken-museum.de
Öffnungszeiten: nur im Rahmen von angemeldeten Führungen

BINARIUM – Deutsches Museum der digitalen Kultur [Dortmund]

Commodore 64, Schneider CPC, Atari 2600, die gute, alte Floppy Disk: Lange ist es her, aber viele werden sich noch an ihren ganz persönlichen Einstieg ins digitale Zeitalter erinnern. Unterstützt werden sie dabei seit Neuestem vom BINARIUM, dem Museum, das die Geschichte von Personal Computern und Videospielkonsolen in vier Räumen auf einer Etage nachvollzieht. 700 Exponate, 250 Telespiele und Spielekonsolen, 200 Heimcomputer, Medienstationen – da klappern die Tastaturen und summen die Systeme, denn angetestet werden darf hier vieles.

Im Café/Bistro NETZWERK können nach dem Besuch bei Kaffee und Kuchen dann wieder die feinstelektronischen Nachkömmlinge der Exponate angeknipst werden, die Smartphones, die Tablets ...

Das Museum ist in einem ehemaligen Verwaltungsgebäude der Zeche Hansa untergebracht und Ende 2016 eröffnet worden.

BINARIUM – Deutsches Museum der digitalen Kultur, Dortmund

■ **Informationen**
Hülshof 28, 44369 Dortmund
Tel. 0231/53315125 (Café/Bistro)
info@retrobude.de
binarium.de
Öffnungszeiten: Di-So 10-17 Uhr

Automobil-Museum [Dortmund]

Ständig wechselnde Ausstellung mit funkelnden Oldtimern von Ferrari, Jaguar, Horch, Mercedes u. a., gelegentlich sind auch die Autos Prominenter zu sehen. Eine Sammlung historischer Motorräder kann gleichfalls bewundert werden. Zudem steht ein Formel-1-Simulator bereit.

■ **Informationen**
Brandisstr. 50
44265 Dortmund
Tel. 0231/4756979
info@oldiemuseum.de
www.oldiemuseum.de
Öffnungszeiten: Mi-Mo 12-18 Uhr

Borusseum [Dortmund]

>> Sport / Stadien

Brauerei-Museum [Dortmund]

Dortmund als Stadt des Strukturwandels und der Musealisierung – das gilt nicht nur für Kohle und Stahl, sondern auch für das Bier. Die Braugeschichte ist lang: Bereits 1250 wird das Dortmunder Bier erstmals urkundlich erwähnt, ab dem 15. Jahrhundert bis ins Rheinland, im 19. Jahrhundert sogar international exportiert. Ein Industriezweig von Weltruf, der Dortmund den Ruf als „Braustadt des Reviers" einbrachte, im Zuge der allgemeinen industriellen Konzentrationsbewegung jedoch längst untergetaucht ist.

Passenderweise zum „Tag des Bieres" ist im April 2006 in Dortmund das neue Brauerei-Museum im historischen Maschinenhaus der ehemaligen Hansa-Brauerei eröffnet worden. Auf insgesamt 1.100 Quadratmetern wird alles Wissenswerte über den Sieben-Minuten-Liebling der Massen erzählt sowie über die westfälische Geschichte des Bieres aufgearbeitet – vom Grutbier im mittelalterlichen Holzbottich über das Braunbier und das untergärige Lagerbier „bairischer" Brauart bis zum „Dortmunder Bier", das als Markenzeichen erst seit 1904 geschützt ist. Die verschiedenen Themen werden dabei mit der Industrie- und Stadtgeschichte verknüpft. Neben Fotos und Filmen sind auch alte Produktionsanlagen zu sehen, genauso wie ein historischer Lastkraftwagen der Union-Brauerei von 1922 und eine vollständig erhaltene Thekenanlage aus den 1920er Jahren aus der ehemaligen „Westfalia-Brauerei" in Lütgendortmund.

Vom Empfangsbereich des Museums aus gelangt man auch zum restaurierten historischen Sudhaus und auf das Gelände der Brauerei.

Informationen

Steigerstr. 16
44145 Dortmund
Tel. 0231/8400200
brauereimuseum-dortmund@radeberger-gruppe.de
www.brauereimuseum.dortmund.de
Öffnungszeiten: Di/Mi/Fr/So 10-17 Uhr, Do 10-20 Uhr, Sa 12-17 Uhr

DASA Arbeitswelt Ausstellung (Dortmund)

Die 1993 teil- und 2000 gesamteröffnete DASA präsentiert auf 13.000 Quadratmetern Frei- und Ausstellungsfläche alle Aspekte der industriellen Dreifaltigkeit „Mensch, Arbeit, Technik". Dass sich hinter dem Kürzel DASA ein ganz besonderes Museum versteckt, macht schon das Hausmotto „Begreifen durch Be-Greifen" klar – ein Ort des Entdeckens und Experimentierens.

Im Mittelpunkt des innovativ konzipierten, mehrfach

DASA Arbeitswelt Ausstellung, Dortmund

preisgekrönten Museums, das bereits im Oktober 2012 den dreimillionsten Besucher feierte und allein 2015 mehr als 190.000 Eintritte zählte, stehen in zwölf Ausstellungseinheiten Themen des Arbeitsschutzes, dessen alltägliche Notwendigkeit und Gefährdung z. B. durch den Eintritt in die „Stresskammer" oder den „Gehörgang" hautnah nachvollzogen werden kann. Im Kontext von Gesundheit und Sicherheit am Arbeitsplatz werden mit Originalmaschinen, Bild- und Tondokumenten sowie mit audiovisuellen Medien sämtliche Arten, Orte und Dimensionen des menschlichen Arbeitslebens dargestellt: von der Walzstraße zur Buchdruckerwerkstatt, vom Webstuhl zum Hubschraubercockpit, von der Fabrik- zur Bürotätigkeit, von der Fließband- zur Schichtarbeit, von sinnlich wahrnehmbaren zu unsichtbaren (chemischen) Gefahren. Seit 2006 gibt es zusätzlich eine Kinderbaustelle, die dem Nachwuchs spielerische Einblicke in die Arbeitsabläufe des Bauwesens gewährt. Und 2016 eröffnete ein echtes Highlight: Der dem Tower des Dortmunder Flughafens nachempfundene Flugtower-Simulator ist europaweit einzigartig und ergänzt den direkt nebenan stehenden Airbus A320-Flugsimulator.

Ergänzt wird die facettenreiche Schau durch künstlerische und wissenschaftliche Sonderausstellungen.

■ Informationen

Friedrich-Henkel-Weg 1-25
44149 Dortmund
Tel. 0231/9071-2479
Tel. 0231/9071-2645 (Führungen)
besucherdienst-dasa@baua.bund.de
www.dasa-dortmund.de
Öffnungszeiten: Mo-Fr 9-17 Uhr,
Sa/So 10-18 Uhr
Führungen nach Vereinbarung

Deutsches Fußballmuseum (Dortmund)

Das im Oktober 2015 eröffnete Haus bietet eine multimediale Inszenierung von über 150 Jahren deutscher Fußballgeschichte. Auf drei Etagen mit insgesamt über 7.000 Quadratmetern Fläche und mehr als 1.600 Exponaten wird die Kicker-Historie in den fünf Ausstellungsbereichen „Anstoß" (der erste WM-Gewinn, das Wunder von Bern), 1. Halbzeit (nationaler Fußball: die größten Momente des Nationalteams u. a.), „Halbzeitpause" (Training und Taktik), „2. Halbzeit" (die Welt des Vereinsfußballs) und „Nachspielzeit" (unterwegs mit dem Bus der Nationalelf) facettenreich und spannend dokumentiert.

Dazu gehören natürlich auch die Schatzkammer mit den wertvollsten Pokalen der Nationalmannschaft und des Klubfußballs sowie eine „Hall of Fame" mit den herausragenden deutschen Spielerpersönlichkeiten. Sonderausstellungen, Lesungen, TV-Produktionen, Preisverleihungen, Pressekonferenzen und andere Veranstaltungen sollen dazu beitragen, dass das Fußballmuseum lebendig bleibt und zu einem Forum der Begegnung und Diskussion wird. Für die jüngeren Besucher gibt es eine Kinderspur mit Maskottchen „Paule", Entdeckerhefte und eine Museumsrallye.

■ Informationen

Platz der deutschen Einheit 1
44137 Dortmund
Tel. 0231/476466-0
info@fussballmuseum.de
www.fussballmuseum.de
Öffnungszeiten: Di-So/Fei 10-18 Uhr
Führungen nach Vereinbarung

Deutsches Kochbuchmuseum/Bibliothek (Dortmund)

Nach 22 Jahren hat das Deutsche Kochbuchmuseum Anfang 2011 sein Domizil im Dortmunder Westfalenpark verlassen. Mit einer neuen Konzeption zu den Themen kulturelle Vielfalt und gesunde Ernährung wird es als Außenstelle des Museums für Kunst und Kulturgeschichte in die Innenstadt ziehen. Dezember 2019 waren neue Adresse und Eröffnungstermin noch nicht festgelegt. Die historische und in ihrer Art einzigartige Bibliothek mit mehr als 10.000 Titeln bleibt vorerst am alten Standort.

■ Informationen

Bibliothek des Deutschen
Kochbuchmuseums

Deutsches Fußballmuseum, Dortmund

An der Buschmühle 3
44139 Dortmund
Tel. 0231/50-25741
kochbuchmuseum@stadtdo.de
www.dortmund.de
Öffnungszeiten der Bibliothek:
Mi 10-14 (Beratung)

Giraffenmuseum (Dortmund)

Es ist schon bemerkenswert, was sich alles zu einem Spezialthema zusammentragen lässt. Die deutschlandweit einzigartige Privatsammlung umfasst weit über 30.000 verschiedene Exponate aus der ganzen Welt, von winzigen Verzierungen über Schmuckstücke und Spielzeuge bis zu einem Giraffen-Ventilator und zu einer lebensgroßen Nachbildung vor dem Haus. Giraffen in allen Formen, Größen und aus den verschiedensten Materialien.

Das Museum wird nach einem Umbau voraussichtlich 2017 wieder öffnen.

■ **Informationen**
Wickeder Hellweg 25
44319 Dortmund
Tel. 0231/2864577
info@giraffen-museum.de
www.giraffen-museum.de

Hoesch-Museum (Dortmund)

Hoesch – der Name ist in der 2005 eröffneten Ausstellung im historischen Portierhaus der Westfalenhütte Programm. Der 1871 von Leopold Hoesch gegründete Traditionskonzern, dessen Name 1999 endgültig aus dem Handelsregister gestrichen wurde, nachdem Thyssen das Unternehmen übernahm und zu Thyssen-Krupp Stahl umfirmierte, steht wie kein anderer für die Dortmunder Stahl- und Stadtgeschichte. Mitte der 1960er Jahre arbeiteten mehr als 15.000 Menschen auf der Westfalenhütte, rund 40.000 Beschäftigte waren es insgesamt an den verschiedenen Dortmunder Stahlstandorten. Die Ausstellung geht dieser Historie anhand von zahlreichen historischen Exponaten nach, erzählt vom Schicksal einer Branche, aber auch vom Strukturwandel und dokumentiert technische Innovationen aus heutiger Zeit. Der multimediale Ausstellungsbereich „3D Erlebnis Stahlwerk“ lässt die Besucher visuell und akustisch die besonderen Bedingungen in einem realen Stahlwerk erleben. 2010 wurde der Lehrpfad „Vom Eisenerz zum Stahl“ eingeweiht.

■ **Informationen**
Eberhardstr. 12
44145 Dortmund
Tel. 0231/8445856
hoesch-museum@web.de
www.dortmund.de
Öffnungszeiten: Di/Mi 13-17 Uhr,
Do 9-17 Uhr, So 10-17 Uhr,
an Feiertagen geschlossen

Kindermuseum Adlerturm (Dortmund)

>> Freizeit & Entertainment / Kinder & Familien

Museum für Kunst und Kulturgeschichte (Dortmund)

Meisterwerke neben profanen Alltagsgegenständen – der Besuch im ältesten kulturgeschichtlichen Museum des Ruhrgebiets ist eine echte Entdeckungsreise. Gleichzeitig Kunst- und Geschichtsmuseum, finden in den erst im Sommer 2000 nach grundlegender Renovierung wiedereröffneten Räumen Sammlungen zur Ur- und Frühgeschichte, Antike, Stadtgeschichte Dortmunds, zu Kunsthandwerk, Malerei, Grafik, Fotografie und Design Platz. Funde aus der Altsteinzeit, Keramiken und Waffen aus dem Römerlager Oberaden, das mittelalterliche romanische Triumphkreuz und die gotischen Madonnen des Conrad von Soest, das Raritätenkabinett der Renaissance, der fürstliche Fliesensaal des 18. Jahrhunderts, Malereien von Caspar David Friedrich, Carl Spitzweg, Max Liebermann oder Lovis Corinth – ein umfassendes Kultur-Mosaik.

■ **Informationen**
Hansastr. 3
44137 Dortmund
Tel. 0231/50-25522
mkk@stadtdo.de
www.mkk.dortmund.de
Öffnungszeiten: Di/Mi/Sa/So 11-18 Uhr, Do/Fr 11-20 Uhr

Museum für Kunst und Kulturgeschichte, Dortmund

Naturmuseum Dortmund

Der Mensch und seine Geschichte als winziger Teil der Erdgeschichte – das Naturmuseum Dortmund macht es überdeutlich. Klein fühlt sich der Besucher nicht nur, wenn er im Lichthof einem lebensgroßen Dinosaurier gegenübersteht.

Auch die zeitlichen Dimensionen sind enorm: So präsentiert das nach vollständiger Sanierung unter neuem Namen wiedereröffnete Museum ab 2020 als neues Highlight ein 2,45 Meter hohes Wollhaar-Mammut, das einzige komplett montierte Skelett einer Wollhaar-Mammutkuh aus der letzten Eiszeit, das in Deutschland zu sehen ist.

Neu ist auch das Konzept der Dauerausstellung: Sie stellt die Lebensräume im heutigen und vergangenen Dortmund in den Mittelpunkt und erzählt sie als zusammenhängende, ökologisch komplexe Lebensgemeinschaften.

Die Besucher können die Exponate mit allen Sinnen erleben, dafür sorgt modernste digitale Technik.

■ **Informationen**
Münsterstr. 271
44145 Dortmund
Tel. 0231/50-24850
naturkundemuseum@stadtdo.de
www.dortmund.de

Museum Ostwall (Dortmund)

In Sachen moderner und zeitgenössischer Kunst nimmt das 1947 gegründete Museum Ostwall eine herausragende Stellung im Revier ein. Gemälde, Skulpturen, Objekte, Fotos des 20. Jahrhunderts konzentrieren sich schwerpunktmäßig auf Klassische Moderne, Expressionismus, Nouveau Réalisme, die Malerei des Informel und Werke aus dem Umfeld der Gruppe Zero, Fluxus und Happening. Die Skulpturensammlung u. a. von Maillol über Lehmbruck, Archipenko, Moore, Calder, Wotruba, Arp und Spagnulo zeigt einen Querschnitt moderner Bildhauerei. Ebenso zur Sammlung gehören über 2.500 graphische Blätter aus der klassischen Moderne bis zur aktuellen Gegenwart sowie einer der bedeutendsten deutschen Bestände von Werken des Malers Alexej von Jawlensky.

Unter dem Titel „Sammlung in Bewegung" präsentiert das Museum Ostwall einmal im Jahr einen Teil seiner Sammlung neu. Über die Dauerausstellung hinaus hat sich das seit 2010 im „Dortmunder U" beheimatete Museum durch Wechselausstellungen internationales Renommee erworben, ohne den Blick für neue Strömungen zu verlieren: Im Studio steht experimentelle und aktuelle Kunst unter Einbeziehung der „Neuen Medien" auf dem Programm. Seit 2013 vergibt das Museum zudem einmal im Jahr den „MO-Kunstpreis".

■ Informationen

Leonie-Reygers-Terrasse 2
44137 Dortmund
Tel. 0231/50-24723
mo@stadtdo.de
www.dortmund.de
Öffnungszeiten: Di/Mi/Sa/So 11-18 Uhr, Do/Fr 11-20 Uhr

Steinwache [Dortmund]

>> Geschichte / NS-Gedenkstätten

Tridelta Magnetmuseum [Dortmund]

Die Tridelta AG hat 2013 an ihrem Standort in Dortmund das erste deutsche Magnetmuseum nach siebenjähriger Pause wiedereröffnet. In fünf großen Ausstellungsräumen dokumentieren Exponate von der Jahrhundertwende bis hin zur Gegenwart die Geschichte der Magnetherstellung.

■ Informationen

Ostkirchstr. 177, 44287 Dortmund
Tel. 0231/4501-271
museum@tridelta.de
www.tridelta.de
Öffnungszeiten: Di 11-15 Uhr, Do 11-18 Uhr

LWL-Industriemuseum Zeche Zollern [Dortmund]

>> Industriekultur / Route der Industriekultur

Westfälisches Schulmuseum [Dortmund]

500 Jahre Dortmunder und westfälische Schulgeschichte – das seit 1910 bestehende Westfälische Schulmuseum hat so ziemlich alles gesammelt, was unzählige Schülergenerationen bis heute wahrscheinlich vergeblich zu vergessen suchen. Ursprünglich als Einrichtung zur Lehrerfortbildung und als Lehrmittelschausammlung für die Lehrer Dortmunds und Westfalens gegründet, ist die schulhistorische Sammlung inzwischen eine der größten in Deutschland. Ca. 7.000 Schulwandbilder, 20.000 Schulbücher, jede Menge Lehr- und Lernmittel sowie technische Unterrichtsgeräte veranschaulichen die inhaltlichen, Schulmöbel und Schulbänke vom 16. Jahrhundert bis zur Gegenwart die äußerlichen Gegebenheiten. Die Fülle der Exponate setzt vor allem bei der Geschichte des Rechenunterrichts und der Entwicklung der Schulmöbel Schwerpunkte. Letztere Abteilung beeindruckt denn auch mit einem komplett eingerichteten Klassenraum aus der Zeit um 1900 mit Viererbänken, Pult, Tafel, Pausenglocke bis hin zum Kanonenofen.

■ Informationen

An der Wasserburg 1, 44379 Dortmund
Tel. 0231/613095
schulmuseum@stadtdo.de
www.dortmund.de
Öffnungszeiten: Di-So/Fei 10-17 Uhr (während der Sommerferien geschlossen)
Angebote für Schulklassen nach telefonischer Voranmeldung

Baukunstarchiv NRW [Dortmund]

Das Baukunstarchiv archiviert Nachlässe aus den Bereichen Architektur, Innenarchitektur, Landschaftsarchitektur und Städtebau sowie des Ingenieurbaus, arbeitet diese wissenschaftlich auf und macht sie sowohl der Forschung als auch – in den ehemaligen Räumen des „Museum am Ostwall" – der interessierten Öffentlichkeit zugänglich.

■ **Informationen**
Ostwall 7, 44135 Dortmund
Tel. 0231/22250150
info@baukunstarchiv.nrw
www.baukunstarchiv.nrw
Öffnungszeiten: Di–So 14-17 Uhr,
Do 14-20 Uhr

Haniel-Museum (Duisburg)

Hört sich nach Firmenmuseum an. Ist es auch, und doch viel mehr als das. Denn das Gebäude selbst ist museal. 1756 ist es als eines der ersten Häuser außerhalb der Ruhrorter Stadtmauern als Wohn- und Packhaus von Johann Wilhelm Noot entstanden, bevor es zum Stammhaus seines berühmten Enkels Franz Haniel wurde. Die verschiedenen Ausstellungsschwerpunkte – Geschichte des Gründerhauses, lokale Geschichte Ruhrorts und die Firmengeschichte – fließen in den zum Teil noch original eingerichteten Räumen also sinnvoll zusammen.

■ **Informationen**
Franz-Haniel-Platz 1, 47119 Duisburg
Tel. 0203/806-231
museum@haniel.de
www.haniel.de
Regelmäßige Sammelführungen für Einzelbesucher; Gruppenführungen nach Terminabsprache

Kultur- und Stadthistorisches Museum, Duisburg

Kultur- und Stadthistorisches Museum (Duisburg)

In Duisburg „erkundete" er die Erde, schuf Globen und Karten, die wegen ihrer Präzision in der ganzen Welt gefragt waren – Gerhard Mercator, geboren 1512 in Rupelmonde bei Antwerpen, 1552 nach Duisburg gekommen und dort 1594 gestorben, ist einer der berühmtesten „Söhne" der Stadt. Das seit 1902 bestehende, 1991 an den Innenhafen umgezogene Kultur- und Stadthistorische Museum verfügt in seiner 2013 neu eröffneten Mercator-Ausstellung „Schätze der Kosmographie", die eine der bedeutendsten Europas ist und ehrfürchtig „Schatzkammer" genannt wird, neben Atlanten und Karten über zwei sehr seltene und noch dazu sehr gut erhaltene Originale, einen Erd- und einen Himmelsglobus.

Weitere Dauerausstellungen widmen sich der Stadtgeschichte Duisburgs von der Spätantike bis zur Gegenwart – unter anderem wird im Altbautrakt des Museums, einem Getreidesilo von 1902, die Geschichte der Mühlenindustrie am Innenhafen veranschaulicht – sowie den Münzen und Antiken aus der Sammlung Köhler-Osbahr. Ergänzend finden wichtige Wechselausstellungen statt. Und aufgepasst, „Tatort"-Fans: „Schimanskis Jacke" ist hier auch zu finden!

■ **Informationen**
Johannes-Corputius-Platz 1
47051 Duisburg
Tel. 0203/283-2656 (Sekretariat)
Tel. 0203/283-2640 (Führungen)
ksm@stadt-duisburg.de
www.stadtmuseum-duisburg.de
Öffnungszeiten: Di-Sa 10-17 Uhr, So 10-18 Uhr

Museum der Deutschen Binnenschifffahrt (Duisburg)

Eine Badeanstalt mit Jugendstilfassade und einem historischen Segelschiff in der ehemaligen Männerschwimmhalle bietet Museales. Gibt's nicht? Doch, in Duisburg, genauer gesagt im alten, 1985 geschlossenen Ruhrorter Hallenbad. Hier, wo es einst für die Belegschaft des Hüttenwerkes „Phoenix" nach Schichtende zum bitter nötigen Duschen ging, zeigt seit 1998 das Museum der deutschen Binnenschifffahrt auf drei Etagen einen umfassenden Rundblick auf die Technik-, Wirtschafts- und Sozialgeschichte der Binnenschifffahrt.

Die moderne Schau im historischen Gemäuer ist mit Hör- und Videostationen ausgestattet, zeigt über eine Großfilmprojektion die spannende Reise eines Binnenschiffes auf dem Rhein, hat in der ehemaligen Damenschwimmhalle das Spielschiff „Hermann", den begehbaren Nachbau eines Binnenschiffes, aufgebaut, und bietet als Clou mit der Tjalk „Goede Verwachting" einen Lastensegler aus dem Jahre 1913 im Badebecken der Herren. Im Museumshof erzählt Bibo 2, in den 1950er Jahren das erste auf Gewässerschutz spezialisierte Schiff auf dem Rhein, von frühen Umweltsünden.

Drei weitere Museumsschiffe im nahen Ruhrorter Hafen, die „Oscar Huber" von 1921, der Eimerketten-Dampfbagger „Minden" von 1882 und das 2012 sanierte Kranschiff „Fendel 147" aus dem Jahr 1922, sowie der erst 2013 restaurierte historische Hafen-Dampfkran von 1897 am Gustav-Sander-Platz komplettieren die Reise in die Welt der Häfen, Werften und Flussfahrten.

Informationen

Apostelstr. 84, 47119 Duisburg
Tel. 0203/80889-40
service@binnenschifffahrtsmuseum.de
www.binnenschifffahrtsmuseum.de
Öffnungszeiten Museum und Museumsschiffe: Di-So 10-17 Uhr
Führungen nach telefonischer Voranmeldung

Museum DKM [Duisburg]

Das nach dreijähriger Neu- und Umbauzeit im Januar 2009 eröffnete Museum umfasst Teile der Sammlung der Privatgründer Dirk Krämer und Klaus Maas. Auf 2.700 Quadratmeter Ausstellungsfläche über fünf Ebenen in 51 indivi-

Museum DKM, Duisburg

MKM Museum Küppersmühle für Moderne Kunst, Duisburg

duell dimensionierten Räumen werden 700 Werke ausgestellt, die einen bemerkenswerten Querschnitt aus 5.000 Jahren Kultur- und Kunstgeschichte präsentieren.

Internationale Kunst der Gegenwart – Skulpturen, Malerei, Zeichnungen, druckgrafische Folgen und installierte Räume –, Reisefotografien aus dem 19. Jahrhundert, Paravents aus der japanischen Edo-Periode, buddhistische Skulpturen aus Gandhra und epochenübergreifendes Kunstgewerbe – im DKM werden große Teile der seit über 30 Jahren von Dirk Krämer und Klaus Maas zusammengetragenen Sammlung DKM – die weit über 1.000 Ausstellungsstücke umfasst – erstmals öffentlich zugänglich gemacht.

Die beiden Gründer haben 1999 die Stiftung DKM ins Leben gerufen und betreuen zusätzlich durch Unterstiftungen den Nachlass des Bildhauers Ernst Hermanns sowie das bildhauerische Werk von Ulrich Rückriem.

Informationen

Güntherstr. 13-15, 47051 Duisburg
Tel. 0203/9355547-0
mail@museum-dkm.de
www.museum-dkm.de
Öffnungszeiten: Sa/So/Fei und jeden 1. Fr im Monat 12-18 Uhr, die übrigen Tage nach Vereinbarung

MKM Museum Küppersmühle für Moderne Kunst (Duisburg)

Außen Denkmal, innen Musentempel – beides einzigartig! In den Räumen der zwischen 1906 und 1916 errichteten Küppersmühle im Duisburger Innenhafen ballt sich mit der Sammlung Ströher ein bedeutendes Kapitel deutscher Gegenwartskunst. Schlüsselwerke der 1.500 Werke zählenden Sammlung, die Kunst von der unmittelbaren Nachkriegszeit bis in die Gegenwart umfasst, darunter Arbeiten und ganze Werkgruppen u. a. von Joseph Beuys, Georg Baselitz, Markus Lüpertz, Blinky Palermo, Anselm Kiefer, Gerhard Richter, Rosemarie Trockel und Katharina Sieverding, werden konzentriert im Dialog mit sich selbst präsentiert, bleiben entgegen dem üblichen enzyklopädischen Prinzip raumweise sich selbst überlassen, unterstützt durch die reduzierte Architektur der Schweizer Jacques Herzog und Pierre de Meuron. Ein seltenes Kunsterlebnis mit einer ganz eigenen Atmosphäre.

Zusätzlich zeigt das MKM drei bis vier Wechselausstellungen pro Jahr. Und im Duisburger Innenhafen vor dem MKM

„ankert“ seit 2013 das „Kunst-U-Boot“ mit dem Titel „ICH KANN, WEIL ICH WILL, WAS ICH MUSS“, das als kooperatives Projekt des Künstlers Andreas M. Kaufmann und des Bildwissenschaftlers und Kunsthistorikers Prof. Dr. Hans Ulrich Reck für das Kulturhauptstadtjahr RUHR.2010 geschaffen wurde. Jetzt gehört es als „Außenposten“ zur ständigen Sammlung des MKM.

Seit Jahren fehlt es dem Museum allerdings an Raum, um die Ströher-Sammlung in ihrer ganzen Breite zu präsentieren. Ein für den Herbst 2011 geplanter spektakulärer Erweiterungsbau, im Zuge dessen ein moderner Quader in 36 Metern Höhe als „T-Stück“ rechts und links der Küppersmühle frei schweben sollte, scheiterte an eklatanten Baumängeln. Aber das nächste Projekt ist bereits angelaufen: Seit Herbst 2016 wird bis voraussichtlich Herbst 2020 an einem viergeschossigen Erweiterungsbau gearbeitet, der über die dann erstmals für Besucher geöffneten historischen Silos mit dem Stammhaus des MKM verbunden sein wird. Die Ausstellungsfläche vergrößert sich um rund 2.500 Quadratmeter.

Informationen

Philosophenweg 55, 47051 Duisburg
Tel. 0203/301948-11
office@museum-kueppersmuehle.de
www.museum-kueppersmuehle.de
Öffnungszeiten: Mi 14-18 Uhr,
Do-So/Fei 11-18 Uhr

RADIOmuseum Duisburg

Ein Nierentisch mit eingebautem Radio, Röhrengeräte aus den 1920er Jahren, Volksempfänger oder Musiktruhen Marke „Gelsenkirchener Barock“ – Hunderte von ausgestellten Rundfunkgeräten in allen Formen, Farben und aus allen Zeiten warten auf Empfang. Dazu wird die Entwicklung des Rundfunks in Deutschland dokumentiert.

Das 1994 durch Privatinitiative gegründete Radio Museum Duisburg wird ehrenamtlich betrieben.

Informationen

Bergiusstr. 27
47119 Duisburg
Tel. 0203/5008755
info@radiomuseum-duisburg.de

Lehmbruck Museum, Duisburg

www.radiomuseum-duisburg.de
Öffnungszeiten: Do 11-18 Uhr, So 11-14 Uhr

Lehmbruck Museum [Duisburg]

Ein beeindruckendes Skulpturen-Special, und das innen und außen. Der Name Lehmbruck ist Programm: Auf 5.000 Quadratmetern Innen- und 70.000 Quadratmetern Grünfläche werden hier Plastiken im wahrsten Sinne begehbar gemacht. Die Sammlung internationaler Skulptur des 20. Jahrhunderts besteht aus insgesamt 300 Exponaten, darunter das Lebenswerk von Wilhelm Lehmbruck, das erst Ende 2008 dauerhaft für das Museum gesichert wurde. Durch ein Public-Private-Partnership-Modell konnte die Stiftung den gesamten Nachlass Wilhelm Lehmbrucks, insgesamt 1.141 Werke (33 Skulpturen, 18 Gemälde, 11 Pastelle, 819 Zeichnungen und 260 Druckgraphiken), für 15 Millionen Euro von der Erbengemeinschaft des Künstlers erwerben. Im Lehmbruck-Trakt werden die Werke Lehmbrucks zusammen mit den Exponaten geistesverwandter Künstler präsentiert.

Mehr als 40 Werke „von Lehmbruck bis heute" zieren den angrenzenden Immanuel-Kant-Park, der die in zwei Phasen nach Plänen von Manfred Lehmbruck und der Architektengemeinschaft Lehmbruck/Hänsch errichtete Kulturstätte (1964, 1987) auf ungewöhnliche Weise dem Stadtgeschehen öffnet.

Neben den Plastiken beherbergt das Museum eine Sammlung mit Malerei des 20. Jahrhunderts, darunter Werke von Kokoschka, Macke und Rohlfs. Bedeutende internationale Wechselausstellungen sowie Rauminszenierungen auch unter Einbeziehung der Neuen Medien ergänzen das Angebot.

■ **Informationen**
Friedrich-Wilhelm-Str. 40
47051 Duisburg
Tel. 0203/283-2630 o. -3294
info@lehmbruckmuseum.de
www.lehmbruckmuseum.de
Öffnungszeiten: Di-Fr 12-17 Uhr,
Sa-So 11-17

Alte Synagoge [Essen]

>> Geschichte / NS-Gedenkstätten

Design Zentrum Nordrhein-Westfalen / Red Dot Design Museum [Essen]

1954 als „Verein Industrieform" durch die Firma Krupp und den Bundesverband der Deutschen Industrie (BDI) gegründet, ist das Design Zentrum Nordrhein- Westfalen seit April 1997 im ehemaligen Kesselhaus der im Bauhausstil errichteten Zeche Zollverein zu Hause. Vom britischen Stararchitekten Sir Norman Foster zum Ausstellungs- und Tagungshaus umgebaut, hält die exklusive Industriearchitektur im Inneren, was sie von außen verspricht. Denn im „Red Dot Design Museum" begegnet man der weltweit größten Dauerausstellung internationalen Industriedesigns. Die rund 2.000 Exponate jeglicher Couleur auf über 4.000 Quadratmetern Fläche werden jährlich von rund 150.000 Besuchern bestaunt.

Hier wird auch in jedem Jahr der international renommierte, weltweit größte Designwettbewerb – der Red Dot Award – ausgeschrieben, der von namhaften Designexperten in den Kategorien Product Design, Communication Design und Design Concept ausgewählt und verliehen wird.

Weitere red dot design museen wurden in Singapur und Taipei eröffnet.

■ **Informationen**
Gelsenkirchener Str. 181
Welterbe Zollverein
Areal A [Schacht XII], Kesselhaus [A7]
45309 Essen
Tel. 0201/30104-60
museum@red-dot.de
www.red-dot-design-museum.de
Öffnungszeiten: Di-So/Fei 11-18 Uhr,
Mo auch in NRW-Schulferien

Deutsches Plakat-Museum [Essen]

Werbung kann süchtig machen. Das Deutsche Plakat-Museum auch, mit Reklame. Einzigartig in Deutschland, hat sich das Essener Museum der Werbung auf Wänden verschrieben. Hervorgegangen aus einem kleinen Bestand der Grafikdesigner-Abteilung der

Design Zentrum Nordrhein-Westfalen / Red Dot Design Museum, Essen

Folkwangschule mit französischen Exponaten der Jahrhundertwende, zählt die Sammlung heute insgesamt mehr als 350.000 historische und zeitgenössische Plakate.

2010 zog das Museum in das zum Kulturhauptstadtjahr wiedereröffnete Museum Folkwang.

Informationen
Museumsplatz 1
(Navigation: Bismarckstraße 60)
45128 Essen
Tel. 0201/8845-108
info@plakatmuseum.essen.de
www.museum-folkwang.de
Öffnungszeiten Museum Folkwang: Di/Mi /Sa/So/Fei 10-18 Uhr, Do-Fr 10-20 Uhr

Domschatzkammer Essen

Die „Schatzkammer“ muss wörtlich genommen werden. Sakrale Kostbarkeiten aus allen Epochen, vor allem die Goldene Madonna – mit über 1.000 Jahren die älteste vollplastische Marienfigur des Abendlandes – oder der älteste christliche siebenarmige Leuchter, aber auch die älteste Lilienkrone Europas, mit der Otto III. 983 gekrönt wurde, machen den in der Essener Münsterkirche und der anliegenden Domschatzkammer gehüteten Bestand zu einem der wertvollsten Europas.

Nach einem aufwändigen Umbau der Schatzkammer und dem damit verbundenen Umzug des Domschatzes in das Ruhr Museum auf der Zeche Zollverein wurde die Domschatzkammer im Frühjahr 2009 wieder geöffnet.

Informationen
Burgplatz 2
45127 Essen
Tel. 0201/2204-206
domschatz@bistum-essen.de
www.domschatz-essen.de
Öffnungszeiten: Di-So 11-17 Uhr
Individuelle Führungen (60 Minuten) nach Vereinbarung, Tel. 0201/2204-412

Halbachhammer [Essen]

>> Industriekultur / Industrieanlagen

Markt- und Schaustellermuseum [Essen]

Kirmes, Jahrmärkte, Schausteller, Wanderkinos – die faszinierende Welt der „fahrenden

Gesellen" wird hier mit Karussells, Jahrmarkts-Spielautomaten über Moritatentafeln, Marktkarren bis hin zu Wanderkinoausrüstungen und Schaustellerwohnwagen vielseitig zum Leben erweckt. Eine Instrumentensammlung zeigt u. a. noch funktionstüchtige Drehorgeln oder Rückenklaviere. Exponate wie Zinn- und Silberfiguren, Wandteppiche, Modelle von Markt- und Zirkuswagen, Dokumente und Fotografien von Schaustellerfamilien aus der Zeit der Jahrhundertwende, vor allem aber eine Sammlung von Guckkästen mit den zugehörigen Motivbildern seit dem 18. Jahrhundert, lassen das in einem früheren Fabrikgebäude untergebrachte Museum selbst zum Jahrmarkt werden, auf dem auch die Bibliophilen fündig werden: Die Bibliothek enthält über 1.000 Titel aus verschiedenen europäischen Ländern.

■ **Informationen**

Hachestr. 68
45127 Essen
Tel. 0179/2093054
schaustellermuseum@web.de
www.schaustellermuseum.de
Führungen: auch für Einzelpersonen Sa ab 14 Uhr (bitte anmelden!), weitere Gruppentermine nach Vereinbarung

Mineralien-Museum [Essen]

Mineralogie einmal anders: Das seit 1984 vom Essener Ruhrlandmuseum – seit 2010 vom Ruhr Museum – und der Bürgerschaft Kupferdreh in einer ehemaligen Schule betriebene Mineralien-Museum Kupferdreh präsentiert seine Bestände nicht nur im streng wissenschaftlich-systematischen Gewande, sondern verbindet Mineralogie mit allgemeiner Natur- und Kulturgeschichte. In den Ausstellungen „Mammut, Mensch und Feuerstein", „Die Knochenkammer", „Tiere der Urzeit", „Wunderkammer Natur", „Kohle – das schwarze Gold" und „Der Klang der Steine" werden die interessantesten Objekte der geowissenschaftlichen Sammlung des Ruhr Museums gezeigt.

Das vielfältige Veranstaltungsprogramm wird von Museumspädagogen begleitet und richtet sich an Jung und Alt.

Für weitergehend Interessierte ist es ein schöner Umstand, dass das Museum in der Nähe des Geologischen Wanderweges am Essener Baldeneysee liegt.

■ **Informationen**

Kupferdreher Str. 141-143
45257 Essen
Tel. 0201/24681-444
www.ruhrmuseum.de
Öffnungszeiten: Di-So 10-18 Uhr
Eintritt frei

Museum Folkwang [Essen]

Vorzeigemuseum mit einer der ältesten deutschen Sammlungen von Malerei, Grafik und Skulptur des 19. und 20. Jahrhunderts. Neben den vom privaten Folkwang Museum des Sammlers und Mäzens Karl Ernst Osthaus (s. Hohenhof/Hagen) übernommenen Werken der Romantik und der klassischen Moderne (u. a. Caspar David Friedrich, Renoir, van Gogh, Nolde Marc, Picasso, Dali) – die 1922 mit dem Bestand des damaligen „Essener Kunstmuseums" vereinigt und 1929 im Museumsneubau erstmals ausgestellt wurden – enthält der um Aktualität bemühte Bestand zeitgenössische Werke europäischer und amerikanischer Kunst: Kunst nach ´45, Art Informel, Zero, Arte Povera, die Jungen Wilden und Pop Art (u. a. Hans Hartung, Ernst Wilhelm Nay, Mark Rothko, Barnett Newman, Franz Kline, Andy Warhol, A. R. Penck, Georg Baselitz, Anselm Kiefer, Gerhard Richter, Sigmar Polke). Auch die Skulpturensammlung mit Werken u. a. von George Minne, Auguste Rodin, Wilhelm Lehmbruck, Ernst Barlach, Henry Moore und Richard Serra hat internationales Renommee – ein Ruf, den das Museum immer wieder auch mit bedeutenden Wechselausstellungen bestätigt.

Bis Herbst 2009 wurde das Museum nach einem Entwurf des Londoner Architekten David Chipperfield neu gebaut, im Frühjahr 2010 dann mit insgesamt 24.000 Quadratmetern Ausstellungsfläche wieder eröffnet. Einzig der denkmalgeschützte Altbau blieb erhal-

Museum Folkwang, Essen

ten. Der von der Alfried Krupp von Bohlen und Halbach-Stiftung finanzierte Neubau öffnet das Museum zur Essener Innenstadt und besticht durch ein attraktives Konzept mit Innenhöfen, Gärten und Wandelhallen.

Durch eine weitere erfreuliche Förderung der Stiftung ist seit 2015 für fünf Jahre der Eintritt in die ständige Sammlung des Museum Folkwang frei!

Informationen

Museumsplatz 1
45128 Essen
Tel. 0201/88-45444
info@museum-folkwang.essen.de
www.museum-folkwang.de
Öffnungszeiten: Di/Mi/Sa/So/Fei 10-18 Uhr, Do/Fr 10-20 Uhr

Kulturlandschaft Deilbachtal (Essen)

Zeitreise in die Epoche der Frühindustrialisierung, als im Deilbachtal noch Kupfererze verhüttet, Platten und Bleche, Kannen und Kessel gefertigt wurden. Aus dem zunächst bäuerlich geprägten Handwerk wurde ein richtiger Gewerbebetrieb, der bis 1940 produzierte – eine Entwicklung, die durch die erhaltenen Gebäude aus verschiedenen Jahrhunderten (Kupferhammer und die Kupferhütte aus dem 16. Jahrhundert, Deilbachhammer aus dem 18. Jahrhundert, Wohn- und Verwaltungsgebäude, Kutschenhaus und Hammergebäude aus der Zeit um 1870) ausgezeichnet dokumentiert wird. Die Objekte sind, wie auch verschiedene Objekte des Steinkohlenbergbaus und ein geologischer Aufschluss mit Pflanzenabdrücken aus der Karbonzeit, über einen Rundweg erschlossen. Seit 2013 wird im Kutschenhaus eine Dauerausstellung zur Natur- und Kulturgeschichte des Deilbachtals präsentiert. Die Museumslandschaft Deilbachtal ist eine Außenstelle des Ruhr Museums.

Die NRW-Stiftung fördert eine Sanierung des Deilbachhammers. Zunächst wird das Hammergebäude mit seinem Inventar restauriert, später soll auch ein Schaubetrieb möglich sein.

Informationen
Nierenhofer Str. 10
45257 Essen
Tel. 0201/24681444
info@ruhrmuseum.de
www.ruhrmuseum.de

OKtoRail – Modellbahn-Zeitreise der Industrie

In der Orangerie der Essener Gruga wird der Weg vom Stahl zum Endprodukt Auto in der detailreichen Miniaturbahnwelt OKtoRail nachvollzogen. Die Besucher starten ihre Zeitreise bei der Kohleförderung im Ruhrgebiet der 1960er Jahre, beschließen sie mit der Auslieferung der Fahrzeuge jenseits der Alpen in Italien und erleben dabei den Wandel der Industriestruktur von 1965 bis heute.

Gleisanlagen verbinden die einzelnen Ausstellungselemente, denn hier läuft nichts ohne Miniaturzüge. Auch diese werden immer moderner, ein ICE flitzt vorbei ...

Das Obergeschoss beherbergt einen großen Spielebereich. Hier können Modelleisenbahnen selbst gesteuert werden.

Informationen
Ruhrtalstr. 101
45239 Essen
Tel. 0201/45185955
info@oktorail.de
www.oktorail.de
Öffnungszeiten: Fr/Sa/So 10-18 Uhr, freitags mit eingeschränktem Fahrbetrieb. Geöffnet an Feiertagen. Kassenschluss ist um 17.30 Uhr.

Phänomania Erfahrungsfeld / Zeche Zollverein Schacht III/VII/X [Essen]

Die Ausstellung geht zurück auf den 1984 verstorbenen Pädagogen, Mediziner, Architekten und Tischlermeister Hugo Kükelhaus, der seiner Geburtsstadt Essen mit der Ausstellung „Erfahrungsfeld zur Entfaltung der Sinne“ ein wichtiges Erbe hinterlassen hat. Bereits 1967 stellte der Antroprosoph Kükelhaus erste Stationen seines Erfahrungsfeldes auf der Weltausstellung im kanadischen Montreal vor. Die spätere als Wanderausstellung durch Europa reisende Schau fand erst 1996 im Maschinenhaus der Zeche Zollverein III/VII/X ein festes Domizil. Seit 2006 als Phänomania Erfahrungsfeld unter neuer Leitung, ist der Bestand erheblich angewachsen. Auf 1.200 Quadratmetern im Innenbereich und zusätzlichen 3.500 Quadratmetern auf dem Außengelände dreht sich – im wahrsten Sinne des Wortes – in über 120 Stationen alles um die verschiedenen Formen der menschlichen Wahrnehmung. Ob chladnische Klangfiguren oder graphische Muster, die aus den Schwingungen eines Geigenbogens entstehen, der über eine Metallplatte streicht, ob die gerade bei Kindern beliebte, aus unterschiedlichsten Naturmaterialien bestehende Fühlstraße oder die mittels einfacher Handelbewegungen in Gang gesetzte Drehscheibe, ob Feuertornado oder Fernsehfahrrad – die Ausstellung lässt die Besucher Phänomene des Klangs, Lichts oder der Bewegung erzeugen und „be-greifen“, mithin die Erkenntnis entstehen, dass Hören, Sehen und Fühlen eine unmittelbare Einheit bilden. Und weil es um Sinneserfahrungen geht, ist die Devise gerade für Kinder besonders ansprechend: Ausprobieren und Anfassen sind ausdrücklich erwünscht!

Zudem sind unterschiedlichste Programme und Führungen im Angebot, seit 2016 auch eine Taschenlampen-Führung für Familien und das Kids‘ Lab, wo Kinder ohne Eltern und Lehrer experimentieren.

Informationen
Am Handwerkerpark 8-10, 45309 Essen
Tel. 0201/301030
info@erfahrungsfeld.de
www.erfahrungsfeld.de
Öffnungszeiten: Mo-Fr 9-18 Uhr, Sa/So/Fei 10-18 Uhr

Ruhr Museum [Essen]

Einblicke und Aussichten: Natur- und Kulturgeschichte regional wie überregional, das Anfang 2010 eröffnete Ruhr Museum umfasst beides. Von der Urgeschichte bis zur Industrialisierung, von der Archäologie (vor allem Sammlungen zu den klassischen vorderasiatischen und ägyptischen Kulturen) über die Geologie bis zur Fotografie: Vieles, was hier

Ruhr Museum, Essen

auf 5.700 Quadratmetern Ausstellungsfläche (4.800 Quadratmeter für die Dauerausstellung sowie 900 Quadratmeter für Wechselausstellungen) in unterschiedlichen Abteilungen im überregionalen Sinne gezeigt wird, lässt sich und wird auch auf das Ruhrgebiet übertragen. Der Zusammenhang von Geologie und Geschichte, von Erd- und Sozialgeschichte etwa. Schließlich ist die Industrialisierung und damit die Entwicklung des heutigen Reviers ohne die Kohle, also ohne die im Laufe von Jahrmillionen entstandenen Bodenschätze gar nicht denkbar.

Exemplarisch zeigt das Ruhrgebiet auch die folgenreichen Eingriffe des Menschen in die Natur, das Ruhr Museum widmet sich der Industrialisierung und Sozialgeschichte einer „Kulturlandschaft". Ein umfassendes Fotoarchiv, das allerdings nicht zur ständigen Ausstellung gehört, bildet dessen „fotografisches Gedächtnis".

Ausgehend von den einzelnen Abteilungen und Sammlungsbeständen zeigt das Ruhr Museum regelmäßig Sonderausstellungen, die das Angebot thematisch erweitern und in größere historische und kulturanthropologische Zusammenhänge stellen. Außenstellen des Museums (Museumslandschaft Deilbachtal, Mineralien-Museum, „Geologischer Wanderweg Baldeneysee", Halbachhammer, historische Musterwohnung in der Siedlung Margarethenhöhe) sowie Begleitveranstaltungen wie Filmreihen und lange Museumsnächte ergänzen das Angebot.

Das Domizil – die von den Architekten Rem Koolhaas und Heinrich Böll umgebaute ehemalige Kohlenwäsche Schacht XII der Zeche Zollverein – hat in der Konzeption der Dauerausstellung eine wichtige Rolle gespielt. Die vom Stuttgarter Architekten Prof. HG Merz auf drei Ebenen gestaltete Ausstellung präsentiert in den jeweiligen Etagen wechselnde Zeitabschnitte: Gegenwart – Gedächtnis – Vergangenheit. Die Kohlenwäsche ist mit 90 Meter Länge, 30 Meter Breite und 40 Meter Höhe das größte Gebäude des denkmalgeschützten Ensembles Zollverein und bietet mit ihren wechselnden und imposanten Raumkonstellationen einen idealen Rahmen für die beeindruckende Industriegeschichte des Ruhrgebiets.

■ **Informationen**

Zollverein A 14
(Schacht XII, Kohlenwäsche)
Gelsenkirchener Straße 181
45309 Essen
Tel. 0201/24681444
info@ruhrmuseum.de
www.ruhrmuseum.de
Öffnungszeiten: Mo-So 10-18 Uhr
Gruppen-Führungen nach Vereinbarung, öffentliche Führungen (Anmeldung erforderlich) Mo-Fr 10.30 Uhr, Sa/So 14 Uhr

Schatzkammer der Propsteikirche St. Ludgerus [Essen]

International bekannte Sammlung sakraler Kunst. Reliquiare, Paramente und Gemälde der Gotik und des Barocks. An den 809 verstorbenen Namenspatron Ludgerus, der Missionar, erster Bischof von Münster und Gründer der Stadt Werden war, erinnert eine Handschrift.

■ **Informationen**

Brückstr. 54, 45239 Essen
Tel. 0201/491801
schatzkammer@st.ludgerus-werden.de
www.schatzkammer-werden.de
www.st-ludgerus.net
Öffnungszeiten Schatzkammer:
Di-So 10-12 und 15-17 Uhr

Soul of Africa [Essen]

Voodoo? Da hat doch jeder ein – womöglich klischeehaftes – Bild in seinem Kopf. Klärung verschafft Henning Christoph. Seit 2010 informiert sein Museum umfassend über die 4.000 Jahre alte Naturreligion, über Heilung und Magie in Westafrika. Ausgestellt sind z. B. ein Altar der Wassergöttin Mami Wata, Zwillingsstatuen, „Yoruba"-Kostüme der Geheimgesellschaft „Egungun", „Bocios", geschnitzte, zauberbehaftete Figuren. Das Museum widmet sich aber auch dem Thema Sklaverei: Schwere Ketten, gusseiserne Halsreifen, Brandeisen und Peitsche sind das furchtbare Handwerkszeug der Sklaven-Händler, das hier die Besucher erschaudern lässt.

Zukünftig ist ein Umzug des Museums in die RWE-Umspannstation an der Martinstraße geplant.

■ **Informationen**

Rüttenscheider Straße 36, 45128 Essen
Tel. 0201/787640
info@soul-of-africa.com
www.soul-of-africa.com
Öffnungszeiten: Do/Sa/So 14-18 Uhr, Fr 18-22 Uhr

Villa Hügel [Essen]

>> Industriekultur / Route der Industriekultur

Zeche Zollverein Schacht XII [Essen]

>> Industriekultur / Route der Industriekultur

Kettenschmiedemuseum [Fröndenberg/Ruhr]

Der Kettenschmied am offenen Feuer, ein Handwerk zwischen Romantik und Schwerstarbeit – im Fröndenberger Kettenschmiedemuseum ist es zu erleben. 1999 in einem Betriebsgebäude der ehemaligen Papierfabrik Himmelmann im heutigen Landschaftspark Ruhraue eröffnet, erinnert es an die ehemalige „Kettenstadt" Fröndenberg mit ihren im 19. Jahrhundert aufgekommenen Heimkettenschmieden und Kettenfabriken. Bis zu 100 Jahre alte Maschinen für die Kettenherstellung sind im Betrieb zu sehen. Informationstafeln mit historischen Fotos veranschaulichen die Geschichte dieses Industriezweiges, der übrigens in Fröndenberg noch nicht zum „alten Eisen" gehört: Noch heute existieren in der Stadt Ketten produzierende Firmen.

■ **Informationen**

Ruhrstr. 12, 58730 Fröndenberg/Ruhr
Tel. 0171/7092963
info@kulturzentrum-froendenberg.de
freu-dich-auf-froendenberg.de
Öffnungszeiten: April bis Oktober: Sa/So 10-16 Uhr
Vorführung am Schmiedefeuer April bis Oktober: jeden 1. So im Monat
Eintritt frei
Führungen für Gruppen und Schulklassen ganzjährig nach Vereinbarung

Dokumentationsstätte „Gelsenkirchen im Nationalsozialismus"

>> Geschichte / NS-Gedenkstätten

Kunstmuseum Gelsenkirchen

Das ehemalige Städtische Museum wurde 2008 in Kunstmuseum Gelsenkirchen unbenannt. Die erst 1950 begonnene Kunstsammlung bietet einen Überblick über die verschiedenen Stilepochen ausgehend von der klassischen Moderne – von den Impressionisten Corinth, Liebermann (u. a.) zum Expressionismus

Kunstmuseum Gelsenkirchen

der „Brücke“-Künstler (u. a. Macke, Nolde) bis hin zu Surrealismus (u. a. Ernst, Magritte) und Konstruktivismus (u. a. Moholy-Nagy, Stankowski). Ein spezieller Bestand ist die Kinetik-Sammlung, die u. a. Licht- und Bewegungsobjekte der Künstlergruppe Zero (Klein, Ücker, Mack) enthält.

Informationen
Horster Str. 5-7, 45897 Gelsenkirchen
Tel. 0209/169-4361 (Information)
kunstmuseum@gelsenkirchen.de
www.gelsenkirchen.de
Öffnungszeiten: Di-So 11-18 Uhr
Eintritt frei

Schalke Museum

>> Sport / Stadien

Bunker Hagen

Geboten wird eine intensive Reise in die Zeit der schweren Bombenangriffe während des Zweiten Weltkrieges. Der unterirdisch noch original erhaltene Zivilschutzbunker von 1940 dokumentiert auf bedrückende Weise die Bedingungen, unter denen die damals Schutzsuchenden hier in Todesangst ausharrten. Der nach den Erinnerungen von Zeitzeugen hergerichtete Bunker beherbergt Aufenthaltsräume, Notküche, Sanitätsraum und sogar das originalgetreu eingerichtete Büro des Bunkerwartes mit zahlreichen Original-Exponaten. Im Präsentationsraum wird eine Videoanimation zu den Bombenangriffen auf Hagen gezeigt.

Museum für Ur- und Frühgeschichte – Wasserschloss Werdringen, Hagen

Informationen
Bergstr. 98
58095 Hagen
Tel. 02331/4893855
info@bunker-hagen.de
bunker-hagen.de
Führungen nach Vereinbarung
(Buchung auch über Webseite)

Deutsches Kaltwalzmuseum (Hagen)

Die industrielle Technik des Kaltwalzens ist Hagener Tradition. Ihre Anwendung soll auf die Drahtzieher in den Hohenlimburger Tälern zurückgehen. Kein Wunder also, dass in Hagen, genauer im Schloss Hohenlimburg, das weltweit erste und bisher einzige Museum zu diesem Industriezweig eingerichtet wurde. 1988 eröffnet, präsentiert es anhand von Maschinen aus der Zeit zwischen 1905 und 1952 Technik und Geschichte des Kaltwalzens und dokumentiert darüber hinaus sozialgeschichtliche Hintergründe.

Aktuell will der Förderkreis Deutsches Kaltwalzmuseum den Standort des Museums wechseln; ein Gerichtsverfahren soll Verpflichtungen und Ansprüche zwischen dem Förderkreis und der Schloss Hohenlimburg gGmbH klären.

■ **Informationen**
Schloss Hohenlimburg gemeinnützige GmbH
Alter Schlossweg 30
58119 Hagen-Hohenlimburg
Tel. 02334/2771
buero@schloss-hohenlimburg.de
www.schloss-hohenlimburg.de
Öffnungszeiten Museum: Sa/So 12-18 Uhr (in Winterpause Gruppenführungen möglich)

Hohenhof (Hagen)

>> Industriekultur / Route der Industriekultur

Museum für Ur- und Frühgeschichte – Wasserschloss Werdringen (Hagen)

Die im November 2004 eröffnete Ausstellung bietet eine Zeitreise durch 450 Millionen Jahre Geschichte Südwestfalens. Im Zentrum stehen archäologische und paläontologische Funde aus der Region, vor allem aber die im 21. Jahrhundert in der Hagener Blätterhöhle entdeckten ältesten Überreste von modernen Menschen aus der Nacheiszeit in Europa. Sie sind über 11.000 Jahre alt! Diese in Deutschland äußerst seltene Entdeckung stößt auch international auf großes Interesse.

Weitere herausragende Exponate sind seit 2006 die Rekonstruktion einer riesigen Ur-Libelle mit einer Flügelspannbreite von mehr als 30 Zentimetern und ein 1,80 Meter langer Fischsaurier.

■ **Informationen**
Werdringen 1
58089 Hagen
Tel. 02331/306-7266 (Museumskasse)
Tel. 02331/2072740 (Historisches Centrum Hagen)
info@historisches-centrum.de
www.historisches-centrum.de
Öffnungszeiten: Mi-Fr 10-17 Uhr, Sa/So/Fei 11-18 Uhr

LWL-Freilichtmuseum Hagen

Ein Museum zum Anfassen. Bestaunt und gleich ausprobiert werden können über 60 historische Werkstätten und Fabrikbetriebe auf 42 Hektar Fläche in einem über 2,5 Kilometer langen Abschnitt des Mäckinger Bachtales. Und jeder ist – unter fachkundiger Anleitung – sein eigener Gewerbechef, ob beim Brauen, Drucken, Backen, Seileschlagen oder Papierschöpfen: Zu-

LWL-Freilichtmuseum Hagen

sammengenommen bildet das 1960 gegründete und 1973 eröffnete Westfälische Freilichtmuseum Hagen ein Kaleidoskop der Geschichte des Handwerks und der Technik in Westfalen vom ausgehenden 18. Jahrhundert über die frühindustrielle Produktion bis hin zur Hochindustrialisierung zu Beginn des 20. Jahrhunderts.

Zur Dauerausstellung gehören Tabakfabrik, Seilerei, Goldschmiede, Imkerei, Friseursalon und Kuhschellenschmiede ebenso wie der Messingstampfhammer, der die Technik des Hammerwerks vermittelt, die Lohmühle, die sich mit den Besonderheiten der Haubergswirtschaft auseinandersetzt, die Blaufärberei, die Einblicke in die Geschichte von 250 Jahren Textilveredelung durch Färben und Bedrucken gibt, und das Zinkwalzwerk, wo sich alles um „Das achte Metall" dreht – Zink ist erst seit gut 200 Jahren bekannt und wurde gerne genutzt, weil es rostfrei ist. Die Beliebtheit des Museums lässt sich auch in Zahlen ausdrücken: 2015 konnte der achtmillionste Besucher begrüßt werden!

Informationen

Mäckingerbach
58091 Hagen
Tel. 02331/7807-0 (Auskunft/Vermittlung)
freilichtmuseum-hagen@lwl.org
www.lwl-freilichtmuseum-hagen.de
Öffnungszeiten: April bis Oktober: Di-So/Fei ab 9 Uhr (Einlass bis 17 Uhr, Häuserbesichtigung bis 17.30 Uhr, So bis 18 Uhr)

KUNSTQUARTIER HAGEN

Nach dem umfangreichen Umbau mit Erweiterung des Karl Ernst Osthaus Museums und dem Neubau des Emil Schumacher Museums besitzt die Stadt Hagen einen neuen bedeutenden kulturellen Mittelpunkt mit internationaler Strahlkraft. Die inhaltliche Verbundenheit beider Häuser hat ihren architektonischen Ausdruck in einer beide Gebäude zusammenfassenden Glashülle gefunden. Diese bietet nicht nur ein gemeinsames Foyer, sondern öffnet die Museen gleichzeitig zur Stadt hin. Und gemeinsam wurde im August 2009 die (Neu-)Eröffnung gefeiert.

Osthaus Museum Hagen

Ein Haus mit mehreren Leben. 1902 als „Museum Folkwang" gegründet, bestach es sowohl durch die von Henry van de Velde gestaltete Jugendstil-Innenarchitektur (die sich nach einer grundlegenden Renovierung 1992 wieder in vollem Glanze zeigt) als auch durch seine Konzeption als weltweit erstes Museum für zeitgenössische Kunst, zu der Werke u. a. von Cezanne, van Gogh, Renoir und Gauguin gehörten.

Nach dem Tode des Gründers und Mäzens Karl Ernst Osthaus 1921 verkauften dessen Erben die bedeutende Sammlung an die Stadt Essen, wo sie den Grundstock des heutigen Museum Folkwang Essen bildete. Das Hagener Haus wurde nach seinem Gründer umbenannt und präsentierte nach dem Zweiten

Emil Schumacher Museum

Weltkrieg vor allem deutsche Expressionisten (u a. Kirchner, Macke, Marc, Heckel, Nolde), Werke von Lyonel Feininger und Christian Rohlfs sowie einen umfassenden Werkkomplex des bedeutenden Hagener Malers Emil Schumacher.

Darüber hinaus hat sich das Karl Ernst Osthaus Museum seit 1988 in Zusammenarbeit mit internationalen KünstlerInnen und Institutionen wieder verstärkt der Gegenwartskunst zugewandt.

Die Kunstwerke aus dem Sammlungsbestand von der Klassischen Moderne bis heute werden in wechselnden Zusammenstellungen gezeigt, Sonderausstellungen treten hinzu. Die Sammlung expressionistischer Werke ist zurzeit auf „Tournee", kann aber ab 2018 wieder im Osthaus Museum bestaunt werden.

Auch Kinder und Jugendliche werden angesprochen: Das „Junge Museum" lädt zur aktiven, kreativen Auseinandersetzung mit Kunst und Kultur ein und trägt durch Projekte zur interkulturellen Verständigung bei.

Informationen

Museumsplatz 1
58095 Hagen
Tel. 02331/207-3138
kultur@stadt-hagen.de
www.osthausmuseum.de
Öffnungszeiten: Di-So 12-18 Uhr

Emil Schumacher Museum

Für die Kulturlandschaft des Ruhrgebiets ist das Emil Schumacher Museum ein Glücksfall. Der Nachlass des weltweit anerkannten Künstlers ist bereits zu einem neuen Aushängeschild der Region geworden und verstärkt die ohnehin dichte Museumslandschaft des Ruhrgebietes entscheidend. Die von der Familie des Künstlers gegründete Stiftung, die den wesentlichen Teil des Bestandes im Schumacher Museum bildet, enthält unter anderem 88 Ölbilder (aus der Zeit von 1936 bis 1999), 200 Gouachen, grafische Arbeiten, 50 Bilder auf Porzellan, 25 Keramiken, 10 Malereien auf Schiefer. Zur Sammlung gehören zudem 100 weitere Werke aus dem Besitz der Stadt Hagen.

Informationen

Museumsplatz 1-2
58095 Hagen
Tel. 02331/3060066
info@esmh.de
www.esmh.de
Öffnungszeiten: Di-So 12-18 Uhr

LWL-Römermuseum mit Römerpark Aliso (Haltern am See)

Das Museumsthema ist bereits architektonischer Blickfang. Keilförmig verläuft das Gebäude parallel zu den wiederhergestellten Umwehrungsanlagen eines römischen Feldlagers, zeltartige Oberlichter weisen auf die ehemaligen Legionärsunterkünfte. Lebendig wird die Zeit des Römischen Reichs auch im Inneren, denn hier sind die bedeutendsten Funde aus allen Römerlagern an der Lippe ausgestellt, ergänzt durch Modelle, Tonprogramme, Bildkarten und Videos.

Nach den äußerst erfolgreichen Ausstellungen „Herculaneum“ (2005) mit ca. 130.000 Besuchern und „Luxus und Dekadenz“ (2007), die ca. 70.000 Menschen besuchten, widmete sich das LWL-Römermuseum 2009 unter dem Titel „2000 Jahre Varusschlacht. Imperium Konflikt Mythos“ dem Höhepunkt der römischen Macht bis hin zur Varusschlacht. Die ambitionierte Sonderausstellung stellte mit 165.000 Gästen einen neuen Besucherrekord auf. 2017 wurde in der Ausstellung „Triumph ohne Sieg“ Roms Ende in Germanien beleuchtet, angezeigt durch die Rückkehr des Feldherrn Germanicus nach Rom im Jahr 17 n. Chr.

Römerpark Aliso am LWL-Römermuseum

Am Standort Haltern befand sich das Verwaltungs- und Militärzentrum der geplanten römischen Provinz im rechtsrheinischen Germanien, allein im Hauptlager sollen bis zu 5.000 römische Soldaten gelebt haben. Die Tatsache, dass die römischen Militäranlagen zu den wichtigsten und am besten erforschten Komplexen des Imperium Romanum zur Zeit des Augustus gehören, ließ die Idee für den Aufbau eines archäologischen Parks reifen. Der „Römerpark Aliso“ ist in zwei Bauabschnitte unterteilt und soll den Ausstellungsbereich komplettieren. Im Jahr 2016 entstanden – nach archäologischen Untersuchungen, digitalen Rekonstruktionen und mit originalen Bautechniken – das Westtor und die Holz-Erde-Mauer, im 2. Bauabschnitt seit 2018 kommen Innenbauten, ein Kasernengebäude und eine Offiziersunterkunft, hinzu.

Informationen

Weseler Str. 100
45721 Haltern am See
Tel. 02364/9376-0
lwl-roemermuseum@lwl.org
www.lwl-roemermuseum-haltern.de
Öffnungszeiten: Di/Mi/Fr 9-17 Uhr, Do 9-19 Uhr, Sa/So/Fei 10-18 Uhr

Eisenbahnmuseum (Hamm)

Das Eisenbahnmuseum präsentiert alle Facetten der Eisenbahngeschichte der 1950er Jahre. Hier im Bahnhof Hamm-Süd werden ebenso prächtige wie interessante Dampf- und Diesellokomotiven, Reise- und Güterzugwagen unterhalten, nicht nur für Technikfans ein Genuss. 52 Exponate umfasst die Fahrzeugsammlung. Clou des „Freilichtmuseums“ ist die fünf

Kilometer lange funktionstüchtige Eisenbahnstrecke von Welver-Ramesohl nach Lippe-Heintrop, auf der der historische Reise- und Güterzugverkehr im Lippetal nachvollzogen werden kann.

■ **Informationen**

Betriebswerk Hamm-Süd
Schumannstr. 35
59063 Hamm
Tel. 02381/540048 o. 23400
(Verkehrsverein Hamm)
info@museumseisenbahn-hamm.de
www.museumseisenbahn-hamm.de

Gustav-Lübcke-Museum [Hamm]

Eines der jüngsten Kunst- und Kulturmuseen. Von den renommierten dänischen Architekten Jørgen Bo und Vilhelm Wohlert Anfang der 1990er Jahre entworfen, gruppieren sich um ein lichtdurchflutetes Foyer auf mehr als 4.000 Quadratmetern Fläche Ausstellungsräume zur Ägyptischen Kunst, zur Vor- und Frühgeschichte (Abt. Archäologie), Stadtgeschichte, zur Angewandten Kunst und zur Kunst des 20. Jahrhunderts. Im Gustav-Lübcke-Museum befindet sich die größte Sammlung ägyptischer Kunst im Ruhrgebiet. Nach einer grundlegenden Überarbeitung präsentieren sich alle Sammlungsbereiche seit 2015 mit einer neuen Konzeption. Das Museum ist jetzt noch stärker familien- und besucherorientiert. Neu sind z. B. Hands-on-Stationen, wo Anfassen erlaubt ist, und ein den Rundgang begleitender Multimediaguide. Das museumspädagogische Programm mit vielen Veranstaltungen und Führungsangeboten bringt allen Altersgruppen, vom Kindergarten bis zum Seniorenheim, Kunst auf spannende Weise näher.

Ende 2008 eröffnete das Gustav-Lübcke-Museum eine Artothek, die vor allem Bestände von lokalen und regionalen Kunstschaffenden führt und mit Wechselausstellungen die heimische Kunstszene fördert.

■ **Informationen**

Neue Bahnhofstr. 9
59065 Hamm
Tel. 02381/175714
museum@stadt.hamm.de
www.museum-hamm.de
Öffnungszeiten: Di-Sa 10-17 Uhr, So 10-18 Uhr

Bandwebereimuseum Elfringhausen [Hattingen]

Museum des Bürger-, Heimat- und Verkehrsvereins Elfringhausen und Umgebung e.V. Zu sehen sind verschiedene Webstühle, Bandautomaten und Zubehör aus der Zeit der Bandweberei.

■ **Informationen**

Felderbachstr. 59
45529 Hattingen
Tel. 02052/961543
weber@hattingen-elfringhausen.de
www.hattingen-elfringhausen.de
Öffnungszeiten: jeden 2. und 4. Sa im Monat 14-16 Uhr, Sonderführungen nach Vereinbarung

FEUER.WEHRK – Das Feuerwehrmuseum [Hattingen]

Mitten im Blaulichtmilieu werden zwar keine Brände gelöscht oder Autowracks geborgen, dafür ist hier das Heer der Schaulustigen ausdrücklich erwünscht. Zu begaffen sind in

FEUER.WEHRK – Das Feuerwehrmuseum, Hattingen

einer alten 4.400 Quadratmeter großen, ehemals zur Henrichshütte gehörenden Industriehalle mehr als 50 Feuerwehrfahrzeuge und über 5.000 Klein-Exponate, die die Kulturgeschichte des Feuerwehrwesens erzählen. Dokumentiert werden im größten Feuerwehrmuseum des Ruhrgebiets vor allem die technischen Anforderungen und Neuerungen im ausgehenden 20. Jahrhundert, zu denen neben dem Rettungsdienst auch Industriebrandschutz und Umweltschutz gehören.

Informationen

Henrichsallee 2
45527 Hattingen
Tel. 02324/2984685
www.feuerimrevier.de
Eintritt frei

LWL Industriemuseum Henrichshütte [Hattingen]

>> Industriekultur / Route der Industriekultur

Städtische Galerie im Schlosspark Strünkede [Herne]

Die Städtische Galerie ist in der Jugendstil-Villa der Familie von Forell, ehemals Besitzerin des Schlosses Strünkede, beheimatet und widmet sich schwerpunktmäßig der zeitgenössischen Kunst, speziell Künstlern aus dem Ruhrgebiet und dem nordwestdeutschen Raum. Die Sammlung besteht aus Gemälden, Zeichnungen, Druckgraphiken und Skulpturen des 20. Jahrhunderts. Ergänzend werden auch kulturhistorische Ausstellungen gezeigt.

Die Städtische Galerie ist zurzeit aufgrund von Baumaßnahmen geschlossen.

Informationen

Karl-Brandt-Weg 2
44629 Herne
Tel. 02323/16-2659
emschertal-museum@herne.de
Öffnungszeiten: zurzeit geschlossen!
Di-Fr 10-13 u. 14-17 Uhr, Sa 14-17 Uhr,
So/Fei 11-17 Uhr
Eintritt frei
Führungen nach Vereinbarung

LWL-Museum für Archäologie [Herne]

Unterirdisch die Menschheitsgeschichte entdecken – ein Museumsknüller im Revier! Die archäologische Erlebnistour führt auf 3.000 qm Präsentationsfläche mit über 10.000 archäologischen Funden zurück bis in die Urzeit. Entlang eines über 200 Meter langen Stegs, der die Besucher situativ in eine stilecht nachempfundene Ausgrabungsszenerie versetzt, wird die Menschheitsgeschichte in Westfalen sozusagen „von unten“ erzählt.

Der chronologisch angeordnete Rundweg zeigt in acht verschiedenen Zonen prähistorische und historische Schätze, aber auch Modelle und Computersimulationen. Zwischendurch wird der westfälische Horizont immer wieder verlassen: In „Zeitfenstern“ blickt das Museum jeweils zeitgleich auf Ereignisse und Zusammenhänge der Weltgeschichte.

Im 2005 eröffneten, mehrfach preisgekrönten Forscherlabor können die Besucher selbst Hand anlegen und die Methoden nachvollziehen, mit denen Archäologen die Spuren aus der Vergangenheit entschlüsseln. Mittelpunkt ist hier ein über 5.000 Jahre altes Großsteingrab aus Warburg. Im GrabungsCamp auf dem Außengelände des Museums wird zu festen Terminen und auf Anfrage realitätsnah eine Grabung für und mit den Besuchern inszeniert.

Informationen

Europaplatz 1
44623 Herne
Tel. 02323/94628-0 oder -24
lwl-archaeologiemuseum@lwl.org
www.lwl-landesmuseum-herne.de
Öffnungszeiten: Di/Mi/Fr 9-17 Uhr,
Do 9-19 Uhr, Sa/So/Fei 11-18 Uhr

Museum Haus Opherdicke [Holzwickede]

Der bis zum Frühjahr 2011 aufwändig restaurierte, ehemalige Adelssitz Haus Opherdicke macht als Kunstort überregional auf sich aufmerksam. Immer wieder gelingt es, interessante Ausstellungen im Obergeschoss des malerisch gelegenen Hauptgebäudes zu präsentieren. Ab 2020 wird das Museum Mitglied im Netzwerk RuhrKunstMuseen sein.

LWL-Museum für Archäologie, Herne

Informationen

Dorfstraße 29
59439 Holzwickede
Tel. 02301/9183972 (Kasse)
www.kreis-unna.de
Öffnungszeiten: Di-So 10.30-17.30 Uhr

Abteikirche Kloster Kamp [Kamp-Lintfort]

>> Geschichte / Kirchen, Klöster

Haus des Bergmanns [Kamp-Lintfort]

Das Museum liegt inmitten der Altsiedlung Friedrich Heinrich. Einst ein Wohnhaus für zwei Familien, zeigt das Museum seit 2006 in der einen Haushälfte eine Bergmannswohnung um 1910, in der anderen wird dem Besucher die Arbeit unter Tage z. B. durch Grubengeleucht, technische Geräte und Mineralien nähergebracht.

Adresse

Ebertstraße 88
47475 Kamp-Lintfort

Informationen

Fördergemeinschaft für Bergmannstradition linker Niederrhein e. V.
Tel. 02842/60400
www.bergmannstradition.de
Öffnungszeiten: Mi/So 14-17 Uhr
(in NRW-Ferien geschlossen)

Bergarbeiter-Wohnmuseum [Lünen]

Strukturwandel, Leuchttürme, Ankerpunkte – das postmoderne Ruhrgebiet gibt sich heute gerne als imposante Eventstätte, die jenseits des alten Montanmiefs vor illuminierten Kulissen der Kunst und Kultur frönt. Da wird das „Glückauf" lauthals zum inhaltsleeren Mythos beschworen – während kaum noch jemand mit dem Begriff „Arschleder" etwas anfangen kann. Die Geschichte des Ruhrgebiets aber ist die Geschichte des Bergbaus, mithin die der „kleinen Leute". Und die wird prächtig erzählt im Bergarbeiter-Wohnmuseum.

Denn dort ist die Zeitmaschine in den 1930er Jahren stehen geblieben. Ein halbes Haus in der Rudolfstraße 10 im Lünener Ortsteil Brambauer – dort, wo früher einmal die Zeche Minister Achenbach förderte – zeigt authentisch, wie die Bergleute mit ihren Familien in der damaligen Zeit lebten. Da liegen die Leitungen über Putz und die Wände sind geweißt. Originale Möbel und andere Einrichtungsgegenstände sind ebenfalls stilgerecht – bis hin zu Kaninchenstall und Plumpsklo.

Informationen

Rudolfstr. 10, 44536 Lünen
Tel. 0231/872685
www.luenen.de/kultur
Öffnungszeiten: So/Di 15-17 Uhr,
Do 17-19 Uhr

EINZIGARTIGE KUNSTMETROPOLE

DIE RUHRKUNSTMUSEEN

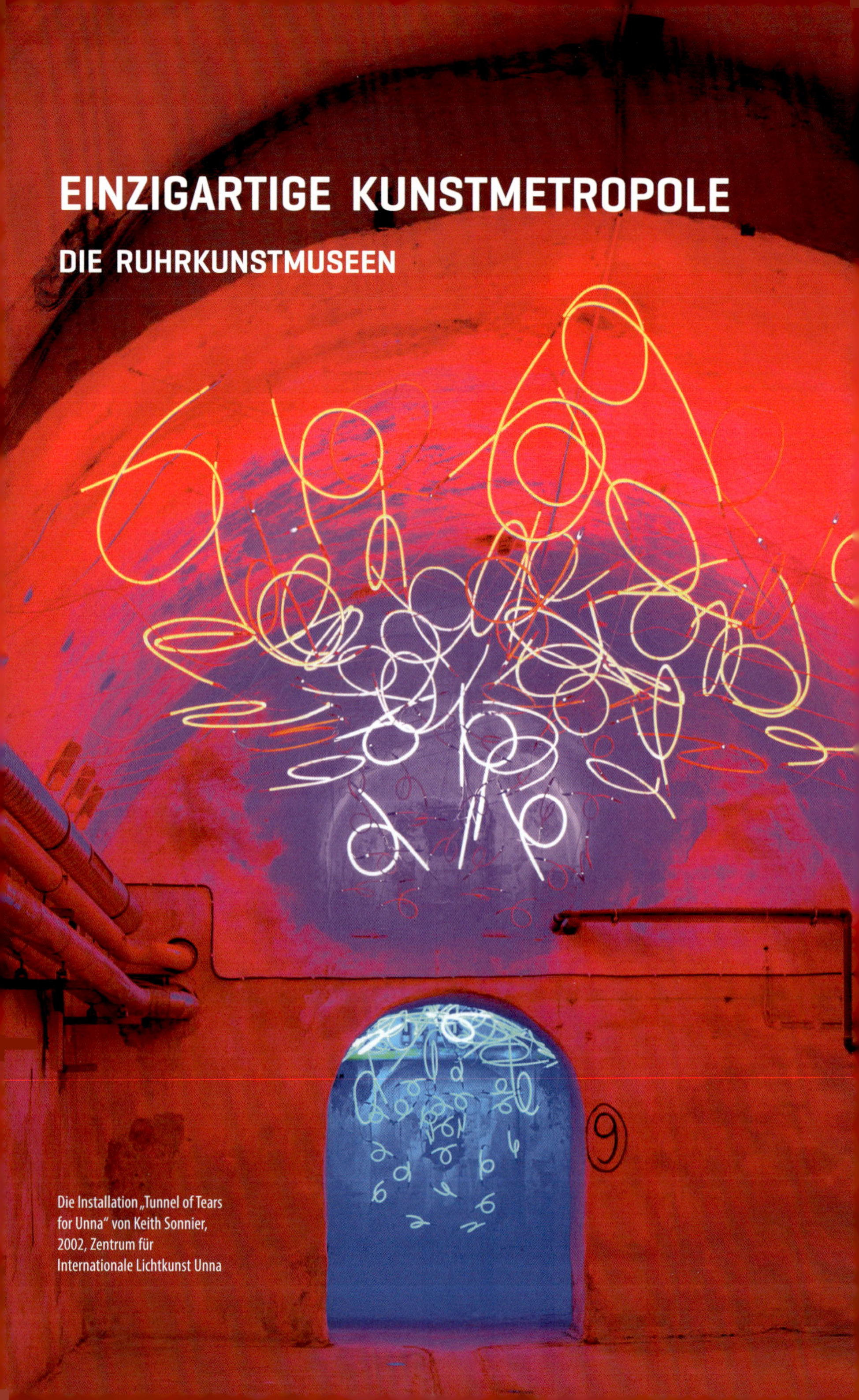

Die Installation „Tunnel of Tears for Unna" von Keith Sonnier, 2002, Zentrum für Internationale Lichtkunst Unna

„Zweimal Kunst und zurück", das ist (noch) kein Ticketangebot im Fahrkartenschalter. Anlässlich des Kulturhauptstadtjahres Ruhr.2010 verbarg sich dahinter eine von drei verschiedenen Bildungsreisen namens „Collection Tours", die von 21 unter der Dachmarke „RuhrKunstMuseen" vereinigten Museen der Region entwickelt wurden und zu denen auch die Touren „Ost/West" und „Reisegespräche" gehörten. „Mapping the Region" hieß das Ausstellungsprojekt, das die RuhrKunstMuseen zeitgleich entwickelten. Der Begriff „Mapping" bedeutet dabei nicht nur die künstlerische, sondern auch die räumliche Erfassung von Landschaften, Orten und Netzwerken. Ein mehr als passendes Thema für das Ruhrgebiet, das als facettenreicher Ballungsraum die weltweit dichteste Landschaft von Museen moderner Kunst präsentiert. Das Netzwerk RuhrKunstMuseen hat sich etabliert, fortlaufend erarbeiten die Museumshäuser neue, kooperative Wege der Kunstvermittlung und Außendarstellung.
Gemeinsame Ausstellungsprojekte, wie CHINA 8 (2015) oder Kunst & Kohle (2018), werden von den verschiedenen Museen individuell präsentiert.
Neben der kulturtouristischen Vermarktung der Metropole Ruhr sollen unterschiedliche öffentliche und private Kulturschaffende und Kulturträger in der Region vernetzt werden.
Die kulturpolitische Kooperation der Museen ist ein willkommener Impulsgeber für das kulturelle Leben in der Region. Strukturierung und Profilierung im Verbund – das hat Zukunft im Ruhrgebiet.

Die beteiligten Museen:

- **Kunstmuseum Bochum**
- **Kunstsammlungen der Ruhr-Universität Bochum: Campusmuseum und Situation Kunst**
- **Josef Albers Museum Quadrat Bottrop**
- **Museum Ostwall im Dortmunder U**
- **Museum DKM, Duisburg**
- **Lehmbruck Museum, Duisburg**
- **MKM Museum Küppersmühle für Moderne Kunst, Duisburg**
- **Museum Folkwang, Essen**
- **Kunstmuseum Gelsenkirchen**
- **Emil Schumacher Museum Hagen**
- **Osthaus Museum Hagen**
- **Gustav-Lübcke-Museum, Hamm**
- **Emschertal-Museum Herne,**
- **Städtische Galerie**
- **Flottmann-Hallen Herne**
- **Skulpturenmuseum Glaskasten Marl**
- **Kunstmuseum Mülheim an der Ruhr**
- **LUDWIGGALERIE Schloss Oberhausen**
- **Kunsthalle Recklinghausen**
- **Zentrum für Internationale Lichtkunst Unna**
- **Märkisches Museum Witten**
- **Haus Opherdicke, Holzwickede**

- **Informationen**

www.ruhrkunstmuseen.com

Bergmannsmuseum (Lünen)

Das in der ehemaligen Pestalozzi-Schule eingerichtete Museum widmet sich mit unterschiedlichsten Exponaten der Bergbaugeschichte. Im ausgebauten Dachgeschoss sind Bilder, Fotos und Gegenstände aus dem Alltag von Bergmannsfamilien zusammengetragen worden.

Informationen

Bahnstr. 31
44532 Lünen
Tel. 02306/933912
www.luenen.de
Öffnungszeiten: Mo-Do 9-16 Uhr, Fr 9-13 Uhr
Eintritt frei
Führungen nach Vereinbarung

Museum am Erzschacht (Marl)

Im Mittelpunkt des kleinen Museums steht die Geschichte des Erzbergbaus in Marl, wo zwischen 1926 und 1962 Roherz, Zink und Silber gefördert wurde. Als Industriedenkmale übrig geblieben sind der denkmalgeschützte Förderturm und das ehemalige Maschinenhaus, das u. a. eine Fördermaschine, eine ehemalige Grubenlok sowie eine typische Lore und ein Teufkübel beherbergt. Weitere Exponate wie Uniformen, Grubenlampen und alte Schichtbücher dokumentieren liebevoll die vergangene Zeit des Bergmannslebens.

Informationen

Am Wetterschacht 19a
45770 Marl
Tel. 02365/37075
www.heimatverein-marl.de
Besichtigung nach vorheriger Terminvereinbarung

Skulpturenmuseum Glaskasten (Marl)

Skulpturen der klassischen Moderne und der zeitgenössischen Kunst, hineingesetzt in einen offenen, nur durch Glasscheiben von der Außenwelt getrennten Raum – im 1982 offiziell gegründeten Marler Museum ist der Name Programm. Objekte und Installationen: Das Spektrum der Werke reicht von Auguste Rodin und Constantin Meunier über Ernst Barlach, Wilhelm Lehmbruck und Alberto Giacometti bis zu jungen, zeitgenössischen Künstlerinnen und Künstlern. Eine Sammlung, die auch jenseits des Museums „Bestand" hat – über 70 Objekte, darunter Werke von Richard Serra, Alf Lechner oder Max Ernst, sind über das ganze Stadtgebiet verteilt.

Zur Museumskonzeption gehört neben Transparenz aber auch Aktualität. Die wird auch im Bereich der Neuen Medien gepflegt. Seit 1984 wird alle zwei Jahre der Marler Video-Kunst-Preis vergeben und seit 2002 gibt es den Deutschen Klangkunstpreis, der zum European Soundart Award weiterentwickelt wurde.

Informationen

Creiler Platz/Rathaus
45768 Marl
Tel. 02365/992257
skulpturenmuseum@marl.de
www.skulpturenmuseum-glaskasten-marl.de
Öffnungszeiten: Di-Fr 11-17 Uhr, Sa/So 11-18 Uhr

Camera Obscura mit Museum zur Vorgeschichte des Films (Mülheim an der Ruhr)

Ein wahres Kleinod der Museumslandschaft hat im September 2006 seine Pforten geöffnet. In der weltweit größten begehbaren Camera Obscura im denkmalgeschützten, 1904 erbauten ehemaligen Broicher Wasserturm wird die Vorgeschichte des Films spannend und informativ dargestellt. Das Museum enthält auf zwei Etagen die Themenausstellungen „Licht und Schatten" zur Frühgeschichte des bewegten Bildes und „Thaumathrope". Die schnelle Zwirbelscheibe war das erste bewegte Bild der Geschichte. Die Ausstattung des Museums möglich gemacht hat der renommierte Wuppertaler Sammler KH. W. Steckelings mit insgesamt 1.139 hochkarätigen Exponaten.

Gemeinsam mit der zur Landesgartenschau 1992 eingerichteten Camera Obscura wird so komplett die Geschichte und Technik der Kinematographie präsentiert. Die Camera Obscura ist die einzige begehbare Kamera der Welt und zeigt Panoramabilder der Stadt Mülheim im 360 Grad-Winkel. Die Aufnahmen der

Camera Obscura mit Museum zur Vorgeschichte des Films, Mülheim an der Ruhr

Außenwelt werden in einem abgedunkelten Raum auf einen runden Tisch projiziert, um den die Besucher staunenden Auges die Szenerie rundherum wie bei einem Live-Schnitt gestochen scharf miterleben können.

Ein Raum für Wechselausstellungen und ein Shop sowie ein Café mit Internetplatz im Erdgeschoss komplettieren das Museum.

■ **Informationen**
Am Schloss Broich 42
45479 Mülheim an der Ruhr
Tel. 0208/3022605
Camera-Obscura@mst-mh.de
www.camera-obscura-muelheim.de
Öffnungszeiten: Mi-So 10-17 Uhr
(Winterpause: s. Website)
Führungen nach Vereinbarung

Gründer- und Unternehmermuseum [Mülheim an der Ruhr]

Der Ort selbst ist Geschichte und hat viel zu erzählen. Denn das im September 2008 eröffnete Gründer- und Unternehmermuseum hat seinen Platz im ehemaligen Stammsitz von August und Joseph Thyssen, dem heutigen Haus der Wirtschaft, gefunden. Hier, wo früher einer der größten Montankonzerne Europas verwaltet wurde, wird heute von den Geschicken berühmter Mülheimer Unternehmer aus den unterschiedlichsten Geschäftsbranchen berichtet, von den Thyssens und Mathias Stinnes im Montanbereich und der Schifffahrt über Franz Dinnendahl (Bergbau) bis hin zu den Schmitz-Scholls (Tengelmann) im Einzelhandel. Das wirtschaftshistorische Museum präsentiert im imposanten Lichthof und auf den Gängen und Fluren des Hauses der Wirtschaft mehr als 300 Ausstellungsstücke auf rund 650 Quadratmetern Ausstellungsfläche.

Neben der Historie widmet sich das zweisprachig (deutsch/englisch) angelegte Museum aber auch der Zukunft. In einem zweiten Bereich werden an zehn interaktiven Stationen „Wege in die Selbstständigkeit" vermittelt. Besucher erhalten hier Informationen über Themen wie Geschäftsidee, Business-Plan und Standortwahl.

■ **Informationen**

Mülheimer Bürgerstiftung
Haus der Wirtschaft
Wiesenstraße 35
45473 Mülheim an der Ruhr
Tel. 0208/9609642
touristik@mst-mh.de
www.muelheim-tourismus.de
Öffnungszeiten: Mo-Do 9-17 Uhr,
Fr 9-15 Uhr
Eintritt frei
Führungen nach Vereinbarung

Haus Ruhrnatur, Mülheim an der Ruhr

Klostermuseum Saarn (Mülheim an der Ruhr)

In den Kellergewölben des ehemaligen Zisterzienserinnenklosters (Gründungsjahr 1214) wurde 2008 das Museum eröffnet: Gläser, Porzellan, Keramik und Steinzeug vom Mittelalter bis Barock, Alltagsgegenstände und Handwerkszeuge, Bilder und Dokumente zur rund 800-jährigen Klostergeschichte, zum damaligen Klosterleben und der wirtschaftlichen Betätigung werden präsentiert.

Im Klosterinnenhof befindet sich ein Klostergarten. Sein Aufbau orientiert sich an mittelalterlichen Kräutergärten, insbesondere nach den Schriften Hildegards von Bingen.

■ **Information**

Museum im Kloster Saarn
Klosterstraße 55
45481 Mülheim an der Ruhr
Tel. 0208/4689896
vorstand@freunde-kloster-saarn.de
www.museum-kloster-saarn.de
freunde-kloster-saarn.de
Öffnungszeiten: Mi/Sa 15-18 Uhr,
So 12-16 Uhr
Gruppenführungen nach Vereinbarung,
Tel. 0208/436467

Haus Ruhrnatur (Mülheim an der Ruhr)

Warum in die Ferne schweifen – gleich nebenan gibt es genug zu entdecken. Zum Beispiel ein spannendes Kapitel Naturgeschichte im Haus Ruhrnatur. In einem denkmalgeschützten ehemaligen Wirtschaftsgebäude für das benachbarte Kraftwerk auf der Mülheimer Schleuseninsel werden hinter einer imposanten, sechs mal zwölf Meter großen wellenförmigen Spiegelfassade seit 1992 ökologische Besonderheiten und Zusammenhänge des Ruhrtals vermittelt. Graureiher (der wieder ins Ruhrtal zurückgekehrte Wappenvogel des Hauses) statt grauer Theorie, lebensnahe Naturerlebnisse statt virtueller Exotik. Naturkunde vor Ort, bei der Schulklassen wie Erwachsene unter Anleitung des museumspädagogischen Teams die Ruhr erforschen, wobei mit Hilfe der Ausstellung der zunächst lokale Blick aber auch sinnvoll auf globale (Miss-)Verhältnisse gerichtet wird. 2010 wurde die Ausstellung um die Themen Klima und regenerative Energien erweitert, insgesamt gibt es jetzt 32 Ausstellungseinheiten. Im Museumscafé mit Außenterrasse können sich die Besucher erfrischen und stärken.

Informationen

Alte Schleuse 3
45468 Mülheim an der Ruhr
Tel. 0208/4433-380
haus-ruhrnatur@rwe.com
www.haus-ruhrnatur.de
Öffnungszeiten: Di-So 10-18 Uhr

Städtisches Kunstmuseum in der Alten Post (Mülheim an der Ruhr)

Motive auf Briefmarken, das war früher. Heute hängen hier Originale aus der Sammlung, und was für welche. Picasso, Nolde, Kirchner, Feininger, Marc Chagall, Kokoschka, Barlach, Otto Pankok, Heinrich Zille – das 1994 im Gebäude der ehemaligen Hauptpost Mülheims heimische Kunstmuseum ist eines der Malerei und Grafik des 20. Jahrhunderts.

Angeschlossen an die auf drei Etagen mit insgesamt 1.200 Quadratmetern Museumsfläche gezeigte (wechselnde) Ausstellung ist eine Artothek (geöffnet jeden ersten Donnerstag im Monat von 14 bis 18 Uhr); regelmäßige Malkurse, Kunstberatungen, Führungen und Künstlergespräche ergänzen das Programm.

Informationen

Synagogenplatz 1
45468 Mülheim an der Ruhr
Tel. 0208/455-4171 oder -4138
kunstmuseum@muelheim-ruhr.de
www.muelheim-ruhr.de
Öffnungszeiten: Di-Fr 10-18 Uhr,
Sa/So 10-14 Uhr
Gruppenführungen nach Vereinbarung
(Tel. 0208/455-4193)

Wassermuseum Aquarius (Mülheim an der Ruhr)

>> Industriekultur / Route der Industriekultur

Bunkermuseum Oberhausen

Selten gibt es Museen, wo das Gebäude selbst auch „Exponat" ist. Der 1941 gebaute, 2001 als Bürgerzentrum „Alte Heid" eröffnete Hochbunker im Alt-Oberhausener Knappenviertel ist zweifellos ein beeindruckender Ausstellungsort.

Die Dauerausstellung „Heimatfront" erläutert den Luftkrieg über dem Ruhrgebiet im Kontext des von den Nationalsozialisten begonnenen Eroberungs- und Vernichtungskriegs gegen ganz Europa. Im Detail wird über den Bunker im Knappenviertel und die Verhältnisse in Oberhausen in der Zeit des Zweiten Weltkrieges und unmittelbar danach informiert.

Städtisches Kunstmuseum in der Alten Post, Mülheim an der Ruhr

Bunkermuseum Oberhausen

Monatlich gibt es eine offene kostenfreie Führung, daneben Workshops für Kinder und Jugendliche z. B. zum „Luftkrieg in Oberhausen".

■ **Informationen**

Alte Heid 13
46047 Oberhausen
Tel. 0208/6070531-0
gedenkhalle-bunkermuseum@oberhausen.de
www.bunkermuseum-oberhausen.de
Öffnungszeiten: März bis Dezember: Mi/So 11-18 Uhr
Eintritt frei
Gruppen-Führungen nach Vereinbarung (auch in der Winterpause)

Gasometer (Oberhausen)

>> Industriekultur / Route der Industriekultur

Haus Ripshorst (Oberhausen)

>> Industriekultur / Route der Industriekultur

Karnevalsmuseum (Oberhausen)

In einem umgebauten Bunker präsentiert sich auf 120 qm in 21 Vitrinen die fast 140-jährige Geschichte des Oberhausener Narrentums dem Publikum. Seltene Karnevalsorden, Zepter, Urkunden, historische Fotos, Wagenmodelle sowie der erste Schlüssel zur Stadthalle, in der früher Prunksitzungen stattfanden, werden gezeigt. Betrieben wird das neue Museum mit Archiv vom Verein Karnevalsmuseum Oberhausen e. V.

■ **Adresse**

Sedanstraße / Ecke Ebertstraße
46045 Oberhausen

■ **Informationen**

Karnevalsmuseum Oberhausen e.V.
Hamburgerstraße 10
46145 Oberhausen
Tel. 01525/4072435
karnevalmuseum@karneval-in-oberhausen.com
www.karneval-in-oberhausen.com

Ludwig-Galerie Schloss Oberhausen

Abwechslung mit Bestand: Die nach einem umfangreichen Umbau des klassizistischen Schlosses Oberhausen Anfang 1998 eröffnete Ludwig Galerie ist wegen ihrer außergewöhnlichen Atmosphäre schnell eine der ersten Kunstadressen des Reviers gewor-

Ludwig-Galerie Schloss Oberhausen

den. Das liegt einerseits an der Qualität der weltweiten Sammlung Peter Ludwig (Aachen, Bamberg, Basel, Budapest, Koblenz, Köln, Peking, St. Petersburg, Wien), andererseits an der Konzeption des Hauses. Während Meisterwerke alter und moderner Kunst in immer neu thematisch orientierten, zeit- und kulturenübergreifenden Ausstellungen zusammengeführt werden und einzelne herausragende Stücke aus der Sammlung Ludwig in Form von exquisiten Einraumschauen eine besondere Würdigung erfahren, sorgt die ebenfalls mit Wechselausstellungen operierende „populäre Galerie", die sich der so genannten angewandten Kunst wie Comic, Video, Plakat und Fotografie widmet, für eine ungewöhnliche Konfrontation von Hoch- mit Trivialkunst.

Darüber hinaus beschäftigt sich das Museum in seiner Landmarkengalerie (s. Industriekultur/Landmarken) mit dem Strukturwandel des Ruhrgebiets. Ausstellungsprojekte und Outdoorprogramme begleiten die Schau.

Die Gedenkhalle im südlichen Ökonomiegebäude wurde 1962 als erste westdeutsche Gedenkstätte zur Erinnerung an die Opfer des Nationalsozialismus gegründet. Die im Dezember 2010 überarbeitete und neu ausgerichtete Dauerausstellung hat die Themenschwerpunkte „Oberhausen im Nationalsozialismus", „Zwangsarbeit im Nationalsozialismus" und „Gedenken und Erinnern in Oberhausen nach 1945".

Konzert- und Kulturveranstaltungen im Innenhof mit angrenzendem Kaisergarten, ein Museumsshop und die Schlossgastronomie mit Biergarten ergänzen das Angebot im Schloss.

Informationen

Konrad-Adenauer-Allee 46
46049 Oberhausen
Tel. 0208/4124928
ludwiggalerie@oberhausen.de
www.ludwiggalerie.de
Öffnungszeiten: Di-So 11-18 Uhr

Öffentliche Führungen: So/Fei 11.30 Uhr
Führungen für Schulklassen und Gruppen nach Vereinbarung

LVR-Industriemuseum – Peter Behrens-Lagerhaus (Oberhausen)

>> Industriekultur / Industrieanlagen

LVR-Industriemuseum / Museum Eisenheim (Oberhausen)

>> Industriekultur / Siedlungen

LVR-Industriemuseum / Museum der Schwerindustrie (Oberhausen)

>> Industriekultur / Route der Industriekultur

LVR-Industriemuseum – St. Antony-Hütte (Oberhausen)

>> Industriekultur / Industrieanlagen

Bergbau- und Geschichtsmuseum (Oer-Erkenschwick)

Schon kurz nach dem Rückzug des Bergbaus aus Oer-Erkenschwick stand fest, dass der 200 Meter lange Lehrstollen der Ex-Ausbildungsabteilung aus heimatgeschichtlichen Gründen erhalten bleiben soll. Im Jahr 2001 verließen die letzten 70 Auszubildenden ihre Lehrstätte.

Der Stollen ist heute Heimat des Bergbaumuseums, in dem Bergbau noch hautnah erlebt werden kann. Es versteht sich fast von selbst, dass die Führungen durch engagierte, ehemalige Bergleute erfolgen, die noch aus erster Hand stolz von den schweißtreibenden Arbeiten unter Tage berichten können.

Schon vor der eigentlichen Öffnung war das Bergbau- und Geschichtsmuseum ein Publikumsmagnet für in- und ausländische Gäste, Schulklassen und Kindergärten. Die jährlichen Stollenfeste haben sich bereits zu einer beliebten Tradition entwickelt und mittlerweile kann im Museum sogar feierlich der Bund fürs Leben geschlossen werden.

Bergbau- und Geschichtsmuseum, Oer-Erkenschwick

Informationen

Bergbau- und Geschichtsverein Oer-Erkenschwick e.V.
Am Ziegeleitor
45739 Oer-Erkenschwick

Tel. 02368/692376
www.museum-oe.de
Öffnungszeiten: Mi/Sa 10-13 Uhr
Führungen nach Absprache

Ikonen-Museum [Recklinghausen]

Mit über 3.500 Ikonen, Stickereien, Miniaturen, Holz- und Metallarbeiten aus Russland, Griechenland und den Balkanstaaten besitzt das 1956 eröffnete Ikonen-Museum Recklinghausen die größte Sammlung ostkirchlicher Kunst außerhalb der orthodoxen Länder. Der Bestand, der auf zwei Etagen präsentiert wird, umfasst Werke vom 13. bis zum Anfang des 20. Jahrhunderts und vermittelt in den Themenbereichen „Ikonostase“, „Christus-, Muttergottes- und Engelikonen“, „Heiligenikonen“ und „Festtagsikonen“ einen umfassenden Überblick über die vielfältigen Themen und die stilistische Entwicklung der Ikonenmalerei sowie der Kleinkunst im christlichen Osten. Die Koptische Abteilung zeigt mit ca. 80 Werken den Übergang von der heidnischen Spätantike zum frühen Christentum in Ägypten.

Informationen

Kirchplatz 2 a, 45657 Recklinghausen
Tel. 02361/50-1941
ikonen@kunst-re.de
www.ikonen-museum.com
Öffnungszeiten: Di-So/Fei 11-18 Uhr
(Heiligabend/Silvester 11-14 Uhr)
Öffentliche Führungen an jedem ersten Sonntag im Monat um 15 Uhr

Museum Jerke, Recklinghausen

Museum Jerke [Recklinghausen]

Mittelgrauer Granitstein in hoher, schlanker Form – schon von außen ist das von Namensgeber Werner Jerke privat finanzierte Museum eine Besonderheit. Das 2016 eröffnete Museum ist das einzige für polnische moderne Kunst außerhalb Polens. Es zeigt Kunstwerke und Skulpturen aus der 600 Objekte umfassenden Sammlung, auch Sonderausstellungen finden statt. Werner Jerke kam 1981 aus Oberschlesien nach Deutschland, schon während seiner Studienzeit sammelte der spätere Augenmediziner polnische Kunst.

Informationen

Johannes-Janssen-Straße 7
45657 Recklinghausen
02361/9096808
museumjerke@t-online.de
www.museumjerke.com
Öffnungszeiten: Fr 14-18 Uhr, Sa 11-15 Uhr; besondere Öffnungszeiten zu Sonderausstellungen

Postgeschichtliches Museum [Recklinghausen]

Als der Postkurier noch „hoch zu Ross“ kam: Das kleine Museum nahe der Altstadt im ehemaligen Paketdienstschalter der Hauptpost widmet sich der Geschichte der Recklinghäuser Post. Zur Sammlung gehören Originaldokumente, Geräte und Einrichtungsstücke aus rund 200 Jahren Postgeschichte.

Informationen

Martinistr. 19
45657 Recklinghausen
Tel. 02361/2758
Öffnungszeiten: erster Mittwoch im Monat von 14 bis 17 Uhr oder nach Vereinbarung
Eintritt frei

Städtische Kunsthalle [Recklinghausen]

Vom Zufluchtsort zum Anziehungspunkt: Der 1950 zur Kunsthalle umgebaute ehemalige Hochbunker am Hauptbahnhof steht heute ganz im Zeichen der Kunst der Gegenwart. Neben der alljährlichen Ausstellung anlässlich der Ruhrfestspiele bilden vier bis sechs Ausstellungen das Jahresgerüst. Darüber hinaus wird hier alle zwei Jahre der renommierte Kunstpreis „junger westen" vergeben, die Preisträger werden in Einzelausstellungen präsentiert.

■ Informationen

Große-Perdekamp-Str. 25-27
45657 Recklinghausen
Tel. 02361/50-1935
info@kunst-re.de
www.kunsthalle-recklinghausen.com
Öffnungszeiten: Di-So/Fei 11-18 Uhr
(Heiligabend/Silvester 11-14 Uhr)
Öffentliche Führungen: sonntags 11 Uhr
(während der Ausstellungen)

Umspannwerk Recklinghausen / Museum Strom und Leben

>> Industriekultur / Route der Industriekultur

Traktorenmuseum [Sonsbeck]

In den umgebauten Ställen und neuen Hallen des „Schrotthändlers von Sonsbeck", wie der verstorbene Museumsgründer Johannes Troost genannt wurde, stehen auf einer Ausstellungsfläche von ca. 5000 qm über 360 Traktoren und zahlreiche andere landwirtschaftliche Maschinen und Geräte. Um das größte Traktoren- und Landtechnikmuseum Deutschlands ist in einem vier Hektar großen Park ein umfangreiches Freizeitangebot entstanden – mit gastronomischem Betrieb, Kinderspielplatz und einem Parcours für Oldtimer-Traktoren- und Geschicklichkeitsfahrten.

■ Informationen

Balberger Str. 72
47665 Sonsbeck
Tel. 02838/2271
www.traktorenmuseum-pauenhof.de
Öffnungszeiten: Di-So 10-18 Uhr

Ernst Oldenburg Museum [Unna]

100 Jahre wäre der Künstler Ernst Oldenburg im Jahr 2014 geworden. Aus diesem Anlass widmete die Ernst Oldenburg Gesellschaft auf Initiative der Tochter des Künstlers dem in Danzig geborenen Maler, Grafiker und Bildhauer ein eigenes Museum. Die alte Dorfschule mit Atelierhaus in Unna-Kessebüren, in denen Oldenburg die letzten 25 Jahre seines Lebens verbrachte, präsentiert eine umfassende Werkschau des Künstlers, die durch Dokumente, Videos und Briefe ergänzt wird.

■ Adresse

Ernst Oldenburg Haus
Am Loerweg 1
59427 Unna

■ Informationen

Karola Ramas
Am Brüll 4, 40878 Ratingen
Tel. 02102/80191
www.oldenburg-museum.de

Zentrum für Internationale Lichtkunst Unna

Der Ort selbst ist schon einen Besuch wert. Denn unter dem charakteristischen, 52 Meter hohen Schornstein geht es in eine spektakuläre „Unterwelt", genauer gesagt in die labyrinthischen Gänge, Kühlräume und Gärbecken der ehemaligen Lindenbrauerei. Hier ist 2001 mit dem Zentrum für Internationale Lichtkunst Unna das weltweit erste und einzige Museum entstanden, das sich ausschließlich der Lichtkunst widmet.

Auf 2.400 Quadratmetern haben zwölf der international renommiertesten LichtkünstlerInnen eine eigens für den Gewölbekeller des Unnaer Industriedenkmals erarbeitete Installation dauerhaft eingerichtet: Mario Merz, Joseph Kosuth, James Turrell, Mischa Kuball, Rebecca Horn, Christina Kubisch, Johannes Dinnebier, Keith Sonnier, Jan van Munster, François Morellet, Christian Boltanski und Olafur Eliasson.

Ebenfalls eigens für das Museum konzipiert ist das im Außenbereich des Museums errichtete Kunstobjekt „Third Breath" des amerikanischen Lichtkünstlers James Turrell.

Zentrum für Internationale Lichtkunst Unna

Entstanden ist ein 14 Meter hoher, zweigeschossiger Baukörper, der durch einen unterirdischen Gang mit dem Museum verbunden ist und zwei Wahrnehmungsebenen bietet. Während im unteren Geschoss mittels einer Camera Obscura ein durch das natürliche Licht und die Brennschärfe der Linse erzeugtes Bild des Himmels zu sehen ist, kann der Besucher auf der oberen Ebene den Vergleich zum natürlichen Himmelsbild herstellen, das durch eine Rundöffnung wie eine riesige Kuppel über ihm zu schweben scheint.

Neben den Dauer- und Wechselausstellungen bietet das Zentrum, das zu den Ankerpunkten der „Route der Industriekultur“ zählt, Diskussionen, Symposien, Tagungen und Workshops zum Thema Licht.

■ **Informationen**
Lindenplatz 1
59423 Unna
Tel. 02303/103751
info@lichtkunst-unna.de
www.lichtkunst-unna.de
Öffnungszeiten: Der Besuch des Zentrums ist nur im Rahmen einer Führung möglich: Di, Mi, Fr 13 und 15 Uhr, Do 13, 15 und 17 Uhr, Sa/So/Fei 11, 12, 13, 14, 15, 16 und 17 Uhr

LWL-Industriemuseum Schiffshebewerk Henrichenburg (Waltrop)

>> Industriekultur / Route der Industriekultur

LVR-Niederrheinmuseum Wesel

Zukunft hat, wer die Vergangenheit bewältigt, Entwicklungen und Prägungen versteht. Gemeinsam mit dem Standort Minden spürt das LVR-Niederrheinmuseum Wesel im früheren Körnermagazin der Zitadelle in Wesel den Verhältnissen und Strukturgebungen der brandenburgisch-preußischen Geschichte in Rheinland und Westfalen nach. Damalige Staatlichkeit, politische und verwaltungstechnische Grenzen haben die Landesgeschichte wesentlich beeinflusst. Auf 4.240 Quadratmetern Nutzfläche wird das Phänomen „Preußen“ mithilfe verschiedenster Exponate – Münzen, Medaillen, Dokumente, Gemälde und grafische Darstellungen, Nachbauten und audiovisuelle Medien – erlebbar gemacht.

Märkisches Museum, Witten

Informationen
An der Zitadelle 14-20
46483 Wesel
Tel. 0281/33996-320
niederrheinmuseum-wesel@lvr.de
www.niederrheinmuseum-wesel.lvr.de
Öffnungszeiten: Di- So 11-17 Uhr

Märkisches Museum (Witten)

Der vom Fabrikanten Friedrich Lohmann gestiftete und 1911 eingeweihte Museumsbau (1985–1988 durch einen Neubau erweitert) beherbergt neben rund 5.000 Werken zeitgenössischer Kunst (Malerei und Graphik seit 1900, darunter eine der umfangreichsten Sammlungen zum deutschen Informel) prominente Bildhauerarbeiten wie die Holzfigur des Kölner Erzbischofs Engelbert des Heiligen und das vermutlich vom Münsteraner Künstler Johann Moritz Gröninger geschaffene barocke Familiengrabmal des Freiherrn Conrad von Strünkede (18. Jahrhundert). Wechselausstellungen widmen sich aktueller deutscher und internationaler Kunst, setzen die Sammlung und gegenwärtige Entwicklungen, auch Klassisches und Modernes in Beziehung.

Eine Spezialbibliothek mit über 30.000 Bänden sowie ein Bildarchiv mit mehr als 15.000 historischen Fotos dokumentieren die Geschichte Westfalens.

■ **Informationen**
Husemannstr. 12
58452 Witten
Tel. 02302/581-2550
maerkisches.museum@stadt-witten.de
www.kulturforum-witten.de
Öffnungszeiten: Mi, Fr-So 12-18 Uhr,
Do 12-20 Uhr

Bethaus im Muttental [Witten]

>> Industriekultur / Route der Industriekultur

Gruben- und Feldbahnmuseum Zeche Theresia [Witten]

>> Industriekultur / Industrieanlagen

LWL-Industriemuseum – Zeche Nachtigall [Witten]

>> Industriekultur / Route der Industriekultur

LVR-Archäologischer Park mit RömerMuseum [Xanten]

Auf in die römische Provinz Niedergermanien. Dort haben Archäologen Reste der um 100 n. Chr. errichteten Stadt Colonia Ulpia Traiana ausgegraben und teilweise rekonstruiert. Keine leichte Aufgabe, schließlich diente die Stadt im Mittelalter als Steinbruch für den Aufbau von Xanten und geriet dann für Jahrhunderte in Vergessenheit.

Dennoch hat sich die Akribie gelohnt. Entstanden ist Deutschlands größtes archäologisches Freilichtmuseum! Heute kann man wieder im antiken Amphitheater sitzen oder den teilweise rekonstruierten Hafentempel sowie Stadtmauer, Stadttore und Wehrtürme, die einen guten Überblick über die Anlage bieten, besichtigen. 2009 wurde die Fläche des Archäologischen Parks auf jetzt rund 60 Hektar verdoppelt.

Ein Großteil ist für die Öffentlichkeit zugänglich gemacht worden, wobei vieles, wie Häusergrundrisse oder Straßenverläufe, durch Baumreihen und Hecken nur angedeutet werden konnte. Immerhin ist das antike Herbergsgebäude mit seinen Schlaf- und Speiseräumen in seiner Gesamtheit nachgebildet worden und sorgt heute – zum Teil nach alt-römischen Rezepten! – für die Verpflegung der Parkbesucher.

2015 konnten drei neue Handwerkerhäuser eröffnen. Sie zeigen, wie die einfachen Menschen in der Antike gelebt haben. Die Häuser wurden über den Fundamenten ihrer römischen Vorbilder mitsamt Inneneinrichtung, Werkstätten, Wohnräumen und Höfen rekonstruiert. Nach Angaben des Landschaftsverbandes Rheinland (LVR) ist der Komplex der größte Lehmbau, der seit 50 Jahren in Deutschland errichtet wurde.

Auch antike Freizeitgestaltung ist ein Thema: Im Spielehaus können Gesellschafts- und Geschicklichkeitsspiele der alten Römer ausprobiert werden.

Absolut sehenswert ist das 2008 eröffnete LVR-RömerMuseum, das auf 1.900 Quadratmetern eine Entdeckungsreise durch 400 Jahre römischer Geschichte anbietet. Errichtet auf den römischen Grundmauern der Basilika Thermarum, der Eingangshalle des einstigen römischen Stadtbads, gibt das vom Kölner Architektenbüro Gatermann + Schossig errichtete Museum die antiken monumentalen Dimensionen bereits außen wieder (und wurde im Rahmen des Wettbewerbs „best architects 09“ ausgezeichnet).

Innen erzählen rund 2.500 Exponate, darunter ein 13 Meter langes römisches Transportschiff sowie die Bronzestatue „Lüttinger Knabe“, die das Berliner Pergamonmuseum dem LVR zeitweilig als Leihgabe in Xanten zur Verfügung stellt, vom Einmarsch der Legionen, der Entstehung der zivilen Großstadt und vom Ende der Römerherrschaft in der Spätantike.

Außerhalb des Archäologischen Parks (3 Minuten Fußweg, gut ausgeschildert) befindet sich die Werft mit ihren Schiffen. Unter anderem wurde bereits ein römisches Plattbodenschiff nachgebaut, und bis 2018 wurde hier mit der Minerva Tritonia ein 18 Meter langes und fast vier Meter breitee Segelschiff nicht nur rekonstruiert, sondern auch schwimmtüchtig kalfatert.

LVR-Archäologischer Park mit RömerMuseum, Xanten

Informationen

Am Rheintor (Eingang Hafentempel)
Am Amphitheater (Eingang Stadtzentrum)
Siegfriedstr. 39
(Eingang LVR-RömerMuseum)
46509 Xanten
Tel. 02801/9889213
(Besucherservice Xanten)
xanten@kulturinfo-rheinland.de
www.apx.lvr.de
Öffnungszeiten Park und LVR-RömerMuseum: März bis Oktober: täglich 9-18 Uhr;

November: täglich 9-17 Uhr; Dezember bis Februar: täglich 10-16 Uhr (außer 24., 25., 31. Dezember)

Tourist-Information Xanten
Kurfürstenstr. 9
46509 Xanten
Tel. 02801/772-200
info@xanten.de
www.xanten.de

kulturinfo rheinland
Tel. 02234/9921555
info@kulturinfo-rheinland.de
www.kulturinfo-rheinland.de

StiftsMuseum [Xanten]

Die historischen Gebäude des ehemaligen Kanoniker-Stifts von St. Viktor (gegründet um 800) beherbergen das 2010 eröffnete StiftsMuseum, die historische StiftsBibliothek und ein umfangreiches StiftsArchiv.

Die Museumsexponate dokumentieren die Geschichte des Doms und Viktorstiftes sowie der Region. Mittelpunkt der Sammlung sind die Xantener Kirchenschätze: Reliquiengefäße, Altargeräte, Skulpturen und Gemälde des 5. bis 19. Jahrhunderts sowie der Paramentenschatz mit über 450 kunstvollen Textilien.

Das StiftsArchiv zur Historie des Rheinlandes umfasst Tausende Urkunden und Akten ab dem 12. Jahrhundert, von denen eine Reihe im Museum zu sehen ist. In der StiftsBibliothek werden rund 15.000 Bände aufbewahrt, darunter über 450 so genannte „Inkunabeln" aus der Frühzeit des Buchdrucks. Auch aus diesem Bestand finden sich einige kostbare Bücher und Handschriften im StiftsMuseum.

Informationen
Kapitel 21
46509 Xanten
Tel. 02801/98778-20
museumskasse@stiftsmuseum-xanten.de
www.stiftsmuseum-xanten.de
Öffnungszeiten: Di-Sa 10-17 Uhr, So/Fei 11-18 Uhr

SiegfriedMuseum Xanten

Xanten nennt sich auch Siegfriedstadt, denn die Hauptfigur des Nibelungenlieds, dieses faszinierenden mittelalterlichen Epos, kam in Xanten als Sohn des Königs der Niederlande zur Welt. Das 2010 eröffnete Museum geht der Geschichte und dem Geheimnis dieses großartigen Sagenstoffes in einer beeindruckenden Ausstellung nach. Auf zum Teil überbauten historischen Gebäuderesten beherbergt das Museum Ausstellungsstücke aus 600 Jahren Nibelungenrezeption. Die Besucher erwartet eine faszinierende Reise von der Zeit der Völkerwanderung über das Mittelalter bis in die Gegenwart.

Informationen
Kurfürstenstraße 9, 46509 Xanten
Tel. 02801/772200
siegfriedmuseum@xanten.de
www.siegfriedmuseum-xanten.de
Öffnungszeiten: November bis März 10-17 Uhr, April bis Oktober 10-18 Uhr, Sa/So/Fei 10-17 Uhr
Öffentliche Führungen:
April bis Oktober So 11 Uhr
Eintritt frei für Kinder und Jugendliche bis 18 Jahre

Museum rund ums Geld [Xanten]

„Pecunia non olet" (Geld stinkt nicht), drum kann der Besucher des 2016 eröffneten Museums im Fischerdorf Xanten-Wardt getrost mit allen Sinnen eintauchen in die Kulturgeschichte des Geldes. Das interaktive Museum, erstes Geld-Museum in NRW, präsentiert u. a. Münzen aus der Römerzeit, Kopf-, Tapeten- und Regionalgeld, älteste Zahlungsmittel wie die Kauri-Schnecke, auch Spardosen aus aller Welt. Münzpräge- und Geldzählmaschinen, ein Bankschalter, eine Falschgeldprüfstelle sind ebenso ausgestellt wie die alten Gerätschaften eines Münzmeisters. Eine Medienecke mit Kurzfilmen und Wechselausstellungen zu Themen der Numismatik und Notaphilie ergänzen das Angebot in der ehemaligen Villa Kunterbunt.

Informationen
Am Kerkend 7, 46509 Xanten-Wardt
Tel. 02801/9856888
info@geldmuseum-xanten-wardt.de
www.geldmuseum-xanten-wardt.de
Öffnungszeiten: Jedes 2., 3. und 4. Wochenende im Monat Sa/So 14-17 Uhr.
Auf Anfrage täglich geöffnet in der 2. Woche der Oster- und Herbstferien und die 5. und 6. Woche der Sommerferien in NRW.
Gruppenführungen (ab acht Personen) auch außerhalb der Öffnungszeiten

Blick in die Ausstellung „Anna Kournikova Deleted By Memeright Trusted System – Kunst im Zeitalter des Geistigen Eigentums", HMKV in der PHOENIX Halle Dortmund, 2008

EXPERIMENT UND EVENT – KUNSTORTE

Sie sind eine Art Lebens- und Arbeitsgemeinschaft, die Kunsthäuser des Ruhrgebiets. Hier leben/arbeiten/kommunizieren/sammeln/experimentieren/organisieren Künstler verschiedenster Couleur unter einem Dach, bauen Netzwerke auf, veranstalten Ausstellungen, Kurse und Workshops. In Zeiten neuer Medien passiert dies manchmal auch virtuell.

Depot – Zentrum für Kunst, Kultur und Kreativwirtschaft (Dortmund)

Einst die Straßenbahnhauptwerkstatt der städtischen Verkehrsbetriebe, ist das Depot heute ein expressiver, energiegeladener Ort, an dem die Kreativität ihren freien Lauf nimmt. Mehr als 40 Einzelpersonen, Gesellschaften, Vereine, Betriebe, Büros und Bürogemeinschaften haben sich seit der Eröffnung 2001 an der Immermannstraße in der Dortmunder Nordstadt etabliert. Im Depot arbeiten Architekten, Fotografen, Grafiker, Bildende und Darstellende Künstler, Glas- und Schmuckdesigner, Galeristen, Gestalter, Berater und Computerexperten. Unter einem Dach gehen Kunst, Kultur, Medien, kreative Dienstleistungen, Gastronomie und Handwerk eine seltene Symbiose ein, die den Geist des Ortes prägt.

Schwerpunkte des Depots sind gemeinsame Veranstaltungen und Projekte im Bereich Bildende und Darstel-

lende Kunst. Spartenübergreifende Veranstaltungen mit lokalen, überregionalen und internationalen Partnern ergänzen das Angebot.

Die außergewöhnliche Architektur des Gebäudes bietet den Rahmen für vielfältige und individuelle Nutzungsmöglichkeiten. Für bis zu 1.000 Personen können Räumlichkeiten für Empfänge, Galadiners, Kongresse, Tagungen, Ausstellungen und Festivals aller Art gemietet werden. Das Depot schafft Kontakte zwischen Kunst, Kultur, Wirtschaft und Nachbarschaft.

Informationen
Immermannstr. 29
44147 Dortmund
Tel. 0231/900806
depot@depotdortmund.de
www.depotdortmund.de

Hartware MedienKunstVerein (Dortmund)

Der 1996 gegründete Hartware MedienKunstVerein (HMKV) ist ein international anerkanntes Forum für zeitgenössische bzw. Medienkunst. Im Mittelpunkt stehen Ausstellungen, Film-, Video-, Musik- und Performanceprogramme sowie Workshops und Tagungen, die sich inhaltlich und konzeptionell mit unterschiedlichsten Formen der die Gegenwart prägenden Medien(-kunst) auseinandersetzen. Möglich werden die Veranstaltungen durch regional und international verankerte Netzwerke, deren weltweite Kooperationsprojekte nicht nur in Dortmund präsentiert werden, sondern nachfolgend auch im

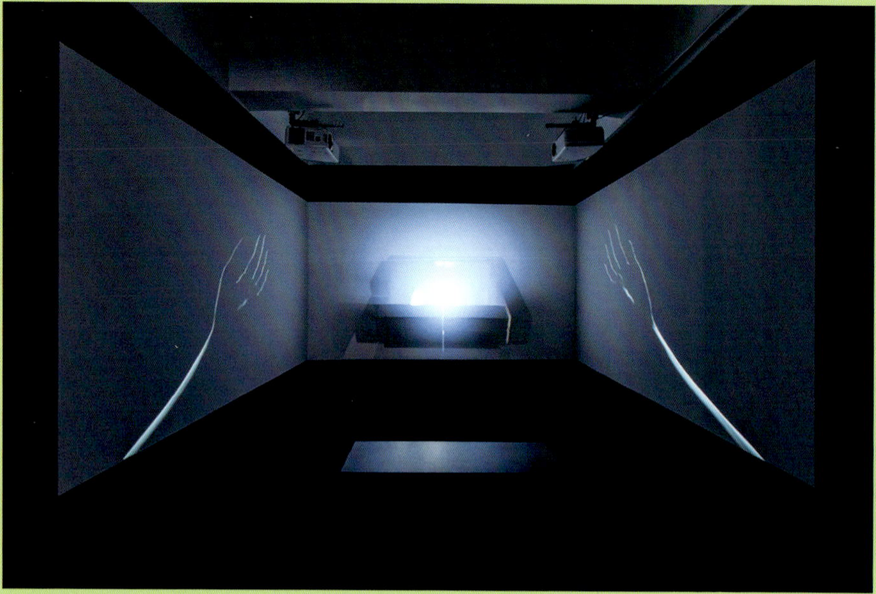

„The Cabin", 2016 von Laturbo Avedon, im Rahmen der Ausstellung „Die Welt Ohne Uns. Erzählungen über das Zeitalter der nicht-menschlichen Akteure" vom 22.10.2016 bis 5.3.2017 im HMKV im Dortmunder U

Ausland Station machen.
Den Stellenwert des HMKV zeigen die 2004 mit dem Innovationspreis des Fonds Soziokultur ausgezeichnete Ausstellung „games. Computerspiele von KünstlerInnen", der 2011 verliehene JUMP Jahresförderpreis für Kunstvereine der Kunststiftung NRW und der 2017 errungene Preis als „Kunstverein des Jahres" der Arbeitsgemeinschaft Deutscher Kunstvereine (ADKV) und der ART COLOGNE.

Zwischen 2003 und 2010 wurde die 2.200 Quadratmeter große PHOENIX Halle, die früher als Reserveteillager des ehemaligen Hochofenwerks in Dortmund-Hörde fungierte, als Ausstellungsdomizil genutzt, danach die neuen Räumlichkeiten im Dortmunder U.

Informationen

Leonie-Reygers-Terrasse
44137 Dortmund
Tel. 0231/496642-0 (Büro)
info@hmkv.de
www.hmkv.de
www.facebook.com/hartwaremedien-kunstverein
www.instagram.com/hmkv_de
Öffnungszeiten: Di/Mi/Sa/So/Fei 11-18 Uhr, Do/Fr 11-20 Uhr

Künstlerhaus Dortmund

Kunst, Subkultur und Avantgarde im Künstlerhaus in stimmungsvollem Ambiente direkt am Dortmunder Hafen. Von Künstlern/Künstlerinnen in Selbstorganisation (seit 1998 mit Geschäftsführung) geleitet, ist das Haus nicht nur Aktionsstätte für Künstler vielfältigster Genres (u. a. Malerei, Bildhauerei, Fotografie, Video und Neue Medien), sondern auch Ausstellungsort für zeitgenössische und experimentelle Kunst.
Zum Programm des Hauses gehört seit 2005 alljährlich eine zweimonatige Sommer-Residence, die für einen von einer Jury des Hauses ausgewählten

internationalen Künstler eingerichtet wird, der jeweils eine Abschluss-Präsentation folgt. Freunde zeitgenössischer elektronischer Musik werden von der Vereinigung „Mex – Im Künstlerhaus" mit regionalen und internationalen Acts versorgt.

■ **Informationen**
Sunderweg 1
44147 Dortmund
Tel. 0231/820304
buero@kh-do.de
www.kh-do.de

Dreigiebelhaus (Duisburg)
Das als ältestes erhaltenes Wohnhaus geltende Dreigiebelhaus stammt aus der Epoche der niederländischen Backsteinrenaissance und wurde 1536 erstmals urkundlich erwähnt. Seit den 1970er Jahren und bis 2011 wohnten und arbeiteten hier jeweils für zwei Jahre Stipendiaten des Wilhelm-Lehmbruck-Förderpreises, 2012 wurde das Haus für Wohnzwecke umgestaltet. Schon seit 1976 beherbergt der ehemalige Besitz der Herren von Raesfeld, später Klostergebäude, noch später höhere Töchterschule, auch ein Restaurant mit Biergarten.

■ **Adresse**
Nonnengasse 8
47051 Duisburg

■ **Informationen**
Restaurant Dreigiebelhaus
Tel. 0203/26859
info@dreigiebelhaus.com
www.dreigiebelhaus.com

Künstlerhaus Baerl (Duisburg)
Das waren noch Zeiten, als ein Kulturdezernent ein vom Abriss bedrohtes Haus rettete, um es zur Förderung der freien Künstlerszene einzusetzen! So soll es beim Künstlerhaus Baerl zugegangen sein. Die ehemalige Schule konnte sich bis heute zu einem kulturellen Mittelpunkt des Ortes entwickeln, an dem die hier lebenden Künstler einmal im Jahr am „Tag der offenen Tür" ihre Werke ausstellen, während der Bürgerraum u. a. durch die Volkshochschule zu Kunstkursen oder durch Bürgergruppen zu diversen Anlässen genutzt wird.

■ **Adresse**
Schulstraße 64
47199 Duisburg-Baerl

Künstlerhaus Goldstraße (Duisburg)
Manchmal muss man die Stadtverwaltung einfach vor vollendete Tatsachen stellen. So wie beim Künstlerhaus Goldstraße im Dellviertel, das von Duisburger Künstlern bereits längst besetzt und renoviert worden war, als der entsprechende Ratsbeschluss zur Umfunktionierung des ehemaligen Verlagshauses erfolgte. 1980 wurde es feierlich eröffnet und in den nächsten Jahrzehnten zu einem Zentrum der freien Duisburger Kunstszene. Das hauptsächlich von Kreativen aus dem Bereich bildende Kunst genutzte Künstler- und Atelierhaus bietet regelmäßige Ausstellungen im Galerieraum sowie einen „Tag der offenen Tür".

■ **Adresse**
Goldstraße 15
47051 Duisburg-Mitte

Kunsthaus Essen
Eines der traditionsreichsten Atelierhäuser im Ruhrgebiet ist das 1977 gegründete Kunsthaus Essen. Die Ateliers präsentieren die unterschiedlichsten Kunstgenres, von Bildhauerei, Malerei und Zeichnung über Konzeptkunst, Fotografie und Neue Medien bis hin zu Rauminstallation, Klangkunst und Tanz. Kennzeichnend für das Kunsthaus ist aber auch die enge Verbindung zwischen Atelierhaus und Kunstverein. Mit der Ausrichtung von bis zu zehn Ausstellungen im Jahr, die in der Galerie und im Kabinett stattfinden, versteht sich das Haus als Forum für zeitgenössische Kunst.
Seit 1998 wird das Residenz-Stipendium „Junge Kunst in Essen" vergeben, das – seit 2008 in Kooperation mit dem Kunstring Folkwang – jungen Künstlerinnen und Künstlern einen neunmonatigen Arbeitsaufenthalt im Kunsthaus Essen ermöglicht und mit einer Präsentation der während des Förderzeitraums entstandenen Arbeiten abgeschlossen wird. Darüber hinaus gibt es ein breites Kursangebot.

■ **Informationen**
Rübezahlstraße 33
45134 Essen
Tel. 0201/443313
khe@kunsthaus-essen.de
www.kunsthaus-essen.de

Halfmannshof / Kreativ.Quartier Ückendorf (Gelsenkirchen)

Der Halfmannshof ist eine der ältesten Künstlersiedlungen Deutschlands. Seit 1931 existiert die Einrichtung im Süden der Stadt, 2012 wurde sie umfassend renoviert. Sie ist Wohnraum, Arbeitsraum, Freiraum, Begegnungsstätte, Basis für internationale Kunst und Kultur. Derzeit arbeiten und leben auch fünf europäische kreative Jungunternehmer(innen) des EU-Projekts „Erasmus for Young Entrepreneurs" hier. Neben Ausstellungen finden regelmäßig kostenlose Führungen durch die Ateliers statt.

Der Halfmannshof ist Teil des Projekts „Kreativ.Quartier Ückendorf", das 2012 in die Wege geleitet wurde und Kreative wie Gründer in den Stadtteil locken soll. Seitdem wird hier in Ückendorf viel abgerissen, neu gebaut und umgestaltet. Eine zentrale Rolle bei den noch anstehenden Baumaßnahmen spielt die Heilig-Kreuz-Kirche an der Bochumer Straße, die zu einem Multifunktionshaus umgewandelt werden soll.

■ **Adresse**
Halfmannshof
Halfmannsweg 48-54
45886 Gelsenkirchen

■ **Informationen Halfmannshof**
Künstlersiedlung Halfmannshof / Projektmanagement
Tel. 0209/70288427
Christiana Henke@gelsenkirchen.de
www.halfmannshof-gelsenkirchen.de

■ **Informationen Kreativ.Quartier Ückendorf**
Tel. 0209/169-9100
(Stadt Gelsenkirchen, Referat Kultur)
volker.bandelow@gelsenkirchen.de
Tel. 0209/169-4360
(Stadt Gelsenkirchen, Stadtentwicklung)
mario.hofmann@gelsenkirchen.de
www.kreativquartier-ueckendorf.de

Künstlerhof Lavesum (Haltern am See)

Designer Manfred Gerding (†) machte aus dem elterlichen Bauernhof einen Ort der Kunst. Ehemalige Ställe und Scheunen sind heute Künstlerwohnungen und Ateliers. Zur Verfügung stehen mehrere Ateliers mit insgesamt etwa 300 Quadratmetern Fläche und ein „Außenbereich" auf 1.000 Quadratmetern, die sowohl von den Mitgliedern als auch für Seminararbeit und Ausstellungen genutzt werden.

■ **Informationen**
Künstlerhof Lavesum
Am Friedhof 25
45721 Haltern am See
info@kuenstlerhof-lavesum.de
www.kuenstlerhof-lavesum.de
Ansprechpartner Seminare und Termine:
Frau Kausträter-Weßler
Tel. 02364/105884
Ansprechpartner Ateliers und PR:
Cornelia Kolve
Tel. 02364/12751

Künstlerzeche Unser Fritz 2/3 (Herne)

Ist die Einrichtung eines Ateliers in einem alten Zechengebäude ein Stück Strukturwandel? Falls ja, dann hat die moderne Geschichte des Ruhrgebiets, der Weg von der Kohle zur Kunst bereits 1964 in Herne begonnen. Denn in diesem Jahr nahm der Grafiker und Objektkünstler Helmut Bettenhausen einen Teil der Hinterlassenschaften des Bergwerks Unser Fritz 2/3, auf dem die Kohleförderung bereits Ende 1925 eingestellt worden war, in Besitz. Der Vision der „Künstlerzeche" folgten 1972 weitere Künstler.

Der längst etablierte Kunstort bietet heute elf Ateliers, die von Künstlern aus den Bereichen Grafik-Design, Malerei, Fotografie und bildende Kunst genutzt werden. Der Förderverein Unser Fritz 2/3 e.V. organisiert ca. sechs Ausstellungen, darüber hinaus etliche Konzerte und kulturelle Veranstaltungen pro Jahr.

■ **Informationen**
Förderverein
Zur Künstlerzeche 10
44653 Herne
Tel. 02325/3934
jens.blome@kuenstlerzeche.de
www.kuenstlerzeche.de

Künstlerzeche Unser Fritz 2/3, Herne

Atelierhaus Lünen
Mit dem Ziel, sich über Kunst und Arbeitstechniken auszutauschen, wurde 2015 die Künstlergruppe „Spektrum15“ von acht freischaffenden Künstlern gegründet. Gleichzeitig entstand das Atelierhaus, das erste freie Kulturzentrum in Lünen, das die Ateliers der Gruppe und eine Galerie mit wechselnden Ausstellungen beherbergt. Zudem werden Veranstaltungen verschiedenster kultureller Art (bildende und darstellende Kunst, Literatur, Musik usw.) durchgeführt.

Informationen
Holtgrevenstr. 1, 44532 Lünen
spektrum15@web.de
www.atelierhaus-luenen.de

Pixelprojekt_Ruhrgebiet
Der Name nimmt es bereits vorweg: Hier geht es um Fotografien und deren Verhältnis zu einer Region – und das in digitaler Form. 2003 aus der freien Fotografenszene entstanden, ist das Pixelprojekt längst zu einer bekannten virtuellen Galerie geworden, die das Ruhrgebiet und deren Entwicklung aus immer neuen, facettenreichen Blickrichtungen dokumentiert – und so ein regionales Bildgedächtnis entstehen lässt.

Neben Strukturwandel und Industriekultur bilden Urbanität, Soziales, Ökonomie, Kultur, Freizeit und Sport, Natur und Landschaft die Hauptthemen der Arbeiten. Einmal jährlich werden die Neuaufnahmen n durch eine Jury von anerkannten Kunst-, Fotografie- und Regionalfachleuten in das Projekt aufgenommen.

Informationen
Peter Liedtke
peterliedtke@pixelprojekt-ruhrgebiet.de
www.pixelprojekt-ruhrgebiet.de

KONZERT-, THEATER- UND OPERNHÄUSER

Konzerthaus Bochum

Mit dem im Oktober 2016 eröffneten neuen Musentempel mitten im ViktoriaQuartier Bochum wurde den Bochumer Symphonikern erstmals seit 1919 ein eigenes Haus für Probe und Auftritt zur Verfügung gestellt. Das Konzerthaus ist Teil des „Anneliese Brost Musikforums Ruhr", architektonisch beeindruckend dient die neugotische Marienkirche in der Mitte als Foyer, dem sich Konzertsaal und Musikschule an den Seiten anfügen.

Das Musikforum umfasst drei Säle, der größte mit 960 Sitzplätzen. Der Konzertsaal ist mit dunklem Holz und hellem Leder ausgekleidet. Entworfen wurde der 38,2 Millionen teure Bau von den Architekten Martin Bez und Thorsten Kock. Die Räumlichkeiten werden nicht nur von den Symphonikern und der Musikschule, sondern auch von der Bochumer Kultur- und Musikszene genutzt. Das Veranstaltungsprogramm ist mit Symphonie- und Kammerkonzerten, Lesungen, Ausstellungen bis hin zu Poetry Slams breit gefächert.

■ **Informationen**

Anneliese Brost Musikforum Ruhr
Bochumer Symphoniker
Marienplatz 1

Gelungene Symbiose von Architektur und Kunst: das Gelsenkirchener Musiktheater im Revier

44787 Bochum
Karten: Tel. 0234/9108666
www.bochumer-symphonie.de
www.musikzentrum.bochum.de
www.bochumer-symphoniker.de
(mit aktuellen Konzert-Terminen und Ticket-Verkauf)

Schauspielhaus Bochum

Zwischen Klassikern und modernen Inszenierungen, zwischen hochgeschätzten Bühnenbildern und unkonventionellen Spielorten hat sich das Schauspielhaus Bochum als kulturelles Aushängeschild von überregionaler Bedeutung etabliert. 1914 aus dem umgebauten Variété-Theater Apollo entstanden, seit 1919 unter Saladin Schmitt mit einem eigenen Ensemble, nach der fast vollständigen Zerstörung im Zweiten Weltkrieg 1953 wieder aufgebaut, ist die Bedeutung des Hauses vor allem mit der Arbeit seiner Intendanten Hans Schalla (1949–1972), Peter Zadek (1972–1977), Claus Peymann (1979–1986) und Matthias Hartmann (2000–2005) verbunden. Seit der Spielzeit 2010/11 ist Anselm Weber als Intendant tätig.

Neben dem 811 Zuschauer fassenden Saal wurde das Schauspielhaus 1966 um die Kammerspiele (410 Plätze) erweitert. Darüber hinaus exis-

Anneliese Brost Musikforum Ruhr mit Konzerthaus Bochum

tiert eine kleine Spielstätte im Keller (99 Plätze) – früher ZadEck und „Theater unter Tage“, seit 2010 wieder unter dem ursprünglichen Namen „Theater Unten“ genannt – die für Sonderveranstaltungen, Lesungen, Filmvorführungen, szenische und musikalische Beiprogramme zu laufenden Inszenierungen, Soloabende und Partys genutzt wird. Die zur Hartmann-Intendanz im Foyer der Kammerspiele eingerichtete „Speisekammer“ (seit 2010 in Gedenken an Tana Schanzara „Tanas“ genannt), eine Gastronomie mit 80 Sitzplätzen, ist mit Ton- und Lichttechnik ausgestattet und zu einer weiteren Spielstätte entwickelt worden. Für Clubbings, Lesungen, After-Show-Partys und Premierenfeiern steht außerdem noch die „Eve Bar“ zur Verfügung.

Informationen

Königsallee 15
44789 Bochum
Tel. 0234/3333-0
Tel. 0234/3333-5555 (Theaterkasse)
tickets@schauspielhausbochum.de
www.schauspielhausbochum.de

Thürmer-Saal / Folkwang Theaterzentrum (Bochum)

Der am 17. Juni 1988 mit einem Auftritt der Bochumer Symphoniker offiziell eröffnete, der Pianofortefabrik Ferd. Thürmer angeschlossene Konzertsaal ist bekannt durch regelmäßige Kammerkonzerte und (seit 1989) als Hauptveranstaltungsort des „Klavier-Festivals-Ruhr“. Nach jahrelangem Leerstand herrscht hier seit Mai 2014 neues Leben: Die „Folkwang Universität der Künste“ konzentriert im aufwendig umgebauten Zentrum ihre Theaterausbildung mit den Studiengängen Schauspiel und Schauspiel/Regie. Neben Übe- und Proberäumen stehen für Veranstaltungen ein Konzertsaal und eine Black Box mit Platz für insgesamt 570 Zuschauer zur Verfügung.

Informationen

Friederikastr. 4
44789 Bochum
www.folkwang-uni.de

Westfälisches Landestheater (Castrop-Rauxel)

Das 1933 gegründete Westfälische Landestheater (WLT) ist in vielfacher Hinsicht präsent. Zum einen verfügt es über zwei Heimspielorte – die Stadthalle in Castrop-Rauxel mit 580 Plätzen und das WLT-Studio in der Stadthalle mit 94 Plätzen –, zum anderen reist es als eines von vier Landestheatern in NRW durch die Lande, um Städten und Gemeinden des Landes, die über kein eigenes Ensemble verfügen, das Erlebnis eines künstlerisch hochrangigen Ensembletheaters zu bieten. Die Touren gehen auch über NRW hinaus: Niedersachsen, Hessen, das Saarland, ja sogar Luxemburg ist einer der Gastspielorte. Geboten werden zeitgenössische Dramatik, Klassikerinszenierungen und musikalische Programme. Darüber hinaus verfügt das WLT als einziges NRW-Landestheater über ein Kinder- und Jugendtheater als eigene Sparte. Die für Kinder verschiedener Altersstufen und für Jugendliche ab 14 Jahren inszenierten Stücke werden zudem theaterpädagogisch betreut.

■ **Informationen**

Europaplatz 10
44575 Castrop-Rauxel
Tel. 02305/9780-0
Kartentel. 02305/9780-20
Kartentel. an Vorstellungstagen: 02305/978048 (Mo-Fr 17-18.45 Uhr) und 02305/41234 (Sa/So 9-13 Uhr)
behlau@westfaelisches-landestheater.de (Theaterkasse)
westfaelisches-landestheater.de (mit Kontaktformular)

Burgtheater (Dinslaken)

Open-Air-Aufführungen mit Burgkulisse – ein Sommernachtstraum. Die 1934 eingerichtete Freilichtbühne unterhalb des Ostflügels der ehemaligen Dinslakener Burg, des heutigen Rathauses, zählt zu den größten Arena-Bühnen Deutschlands (1.600 Plätze) und ist mit ihrem Angebot aus Theater, Konzerten, Sommergastspielen von Tourneetheatern mit Schauspiel und Operetten natürlich auch ein zentraler kultureller Veranstaltungsort der Stadt. Einmal im Jahr findet hier auch das von der Freilicht AG veranstaltete, mehrtägige „Fantastival" statt, mit Top-Acts aus den Bereichen Kabarett, Comedy, Theater sowie Klassik, Jazz, Musical, Rock und Pop.

■ **Informationen**

Althoffstr. 4
46537 Dinslaken
Tel. 02064/4244462 (Fantastival)
info@fantastival.de
www.fantastival.de

Konzerthaus Dortmund

Im September 2002 eingeweiht, hat sich der neue Kulturtempel in und um Dort-

Konzerthaus Dortmund

mund längst etabliert. Das nach dem Vorbild des Wiener Musikvereins entstandene, 1.500 Plätze umfassende Konzerthaus ist Sitz der Dortmunder Philharmoniker, enthält aber auch Jazz- und Popkonzerte im Spielplan. Gast-Orchester von Welt und Artists in Residence komplettieren das Angebot. 2012 wurde das Konzerthaus Juicy Beats in die European Concert Hall Organisation (ECHO) aufgenommen, das die großen Konzerthäuser Europas repräsentiert.

Ein ganz besonderes Highlight: die 12,5 Meter hohe und 10,6 Meter breite, 20 Tonnen schwere Konzertorgel mit 53 Registern, drei Manualen und 3.565 Pfeifen.

Im Haus ansässig ist die Chorakademie, mit rund 1.000 Sängerinnen und Sängern in über 30 Chören Europas größte Singschule.

Informationen

Brückstr. 21
44135 Dortmund
Tel. 0231/22696-200
info@konzerthaus-dortmund.de
www.konzerthaus-dortmund.de

Orchesterzentrum|NRW [Dortmund]

Als gemeinsame Einrichtung der vier staatlichen Musikhochschulen des Landes Nordrhein-Westfalen (Detmold, Düsseldorf, Essen und Köln) bietet das Orchesterzentrum|NRW in Dortmund seit 2009 den europaweit einzigen Masterstudiengang „Orchesterspiel". Darüber hinaus finden im eigenen Kammermusiksaal (354 Plätze) auch Konzertreihen statt.

Informationen

Orchesterzentrum|NRW
Brückstr. 47
44135 Dortmund
Tel. 0231/725168-0
info@orchesterzentrum.de
www.orchesterzentrum.de

Theater Dortmund

Nachdem das 1904 eingeweihte Jugendstil-Theatergebäude im Zweiten Weltkrieg zerstört wurde, dauerte es gut zwanzig Jahre, bis kurz hintereinander Opern- (1966) und Schauspielhaus (1968) eröffnet werden konnten. Architektonischer Blickfang ist das unter einer riesigen Kuppel liegende Musiktheater (1.160 Plätze) auf dem Platz der Alten Synagoge mit seinen einladenden Fensterfassaden.

Von Oper, Operette bis hin zu Musical, Ballett und Konzerten der Philharmonie steht hier alles auf dem Programm. Das Schauspielhaus (Theaterkarree 1-3, früher Hiltropwall) mit 496 Plätzen konzentriert sich auf Theater und Kammerkonzerte und bietet im Studio (99 Plätze) zusätzlich Lesungen und Kammeropern. Ebenfalls zu den Städtischen Bühnen zählt das Kinder- und Jugendtheater (200 Plätze) an der Sckellstraße. Ein europaweit einzigartiges Modellprojekt ist die 2018 neu gegründete Akademie für Theater und Digitalität, in der es um digitale Innovation, künstlerische Forschung und technik-orientierte Aus- und Weiterbildung geht.

Ebenfalls 2018 wählten Kritiker in der Umfrage der Welt

Theater der Stadt Duisburg / Deutsche Oper am Rhein

Duisburger Philharmoniker

am Sonntag das Schauspiel Dortmund zum dritten Mal in Folge zum besten Theater des Jahres in NRW.

■ **Informationen**
Theaterkarree 1-3 (ehemals Kuhstr. 12)
44137 Dortmund
Tickethotline: 0231/50-27222
ticktinfo@theaterdo.de
www.theaterdo.de

Theater der Stadt Duisburg / Deutsche Oper am Rhein

Das Theater Duisburg wurde 1912 erbaut und 1950 wiederaufgebaut. Es bietet musikalische Bühnenwerke, Schauspiel und Konzerte. Die Deutsche Oper am Rhein, eine seit 1956 bestehende Theatergemeinschaft der Städte Duisburg und Düsseldorf, präsentiert Opern, Operetten, Musicals und Ballette – auf weltweit geschätztem Niveau. Fünf renommierte Bühnen aus NRW liefern Schauspiele für ein ganzjähriges Theatertreffen.

Im Rahmen des alljährlich stattfindenden Festivals „Duisburger Akzente“ sind die großen deutschsprachigen Schauspielhäuser mit herausragenden Produktionen im Duisburger Theater.

■ **Informationen**
Opernplatz, 47051 Duisburg
Tel. 0203/283 62-100
karten@theater-duisburg.de
www.operamrhein.de/de_DE/theater-duisburg
Öffnungszeiten Theaterkasse Duisburg, Opernplatz: Mo-Fr 10-18.30, Sa 10-18 Uhr sowie Abendkasse 1 Std. vor Veranstaltungsbeginn

Duisburger Philharmoniker

Die Duisburger Philharmoniker, gegründet im Jahre 1877, gehören zu den großen, traditionsreichen Orchestern Deutschlands. Sie sind für das Duisburger Musikleben von herausragender Bedeutung. Seit 2012 steht der italienische Dirigent Giordano Bellincampi an der Spitze des Orchesters, das sich auch in seiner Funktion als Orchester der Deutschen Oper am Rhein in der Spitzenklasse der deutschen Klangkörper etabliert hat. Mit Gastkonzerten im In- und Ausland, Open-Air-Konzerten und nicht zuletzt dem erfolg-

Aalto-Musiktheater, Essen

reichen konzertpädagogischen Projekt „Klasse!Klassik" haben die Duisburger Philharmoniker auch über die Landesgrenzen hinaus einen ausgezeichneten Ruf erlangt. Vom Deutschen Musikverleger-Verband wurden sie für das beste Konzertprogramm der Saison 2009/2010 ausgezeichnet, den Musikpreis der Stadt Duisburg erhielten die Duisburger Philharmoniker, explizit die 93 Musiker, 2013.

Informationen
Neckarstr. 1
47051 Duisburg
Tel. 0203/283 62-0
Tel. 0203/28362-100 (Tickets)
info@duisburger-philharmoniker.de
karten@theater-duisburg.de
duisburger-philharmoniker.de

Theater am Marientor (Duisburg)

Eine Musical-Hochburg sollte es werden, doch davon blieb nach der Eröffnung im Januar 1996 mit dem Musical „Les Miserables" bekanntlich nichts übrig. Heute wird der rund 1.500 Zuschauer fassende Saal vielseitig genutzt, u. a. von der Deutschen Oper am Rhein, aber auch für Konzerte der Philharmoniker, Tourneeproduktionen oder für Tanzveranstaltungen und Galas.

Informationen
Plessingstr. 20
47051 Duisburg
Tel. 0203/2825-0
info@theater-am-marientor.de
www.theater-am-marientor.de/startseite

Aalto-Musiktheater (Essen)

Das 1988 mit Wagners „Meistersingern" eröffnete Opernhaus wird als schönster Theaterbau der Nachkriegszeit in Deutschland bezeichnet. Errichtet nach den bereits 1959 vorliegenden Plänen des weltberühmten finnischen Architekten Alvar Aalto (1898–1976), bietet der einem antiken Amphitheater nachempfundene Zuschauerraum 1.125 Plätze. Neben großen Opern und Operetten werden auch Musical- und Ballett-Aufführungen geboten.

Der herausragenden Qualität des Hauses entsprechen die künstlerischen Leistungen: Die Opern- und Ballettinszenierungen des Aalto-Theaters sind vielfach ausgezeichnet, das Haus zählt für Kritiker wie Publikum zu den bedeutendsten Musiktheatern in Deutschland.

Informationen

Opernplatz 10, 45128 Essen
Tel. 0201/8122-0
www.aalto-musiktheater.de
Programm- und Kartenbestellung:
TicketCenter
II. Hagen 2
Tel. 0201/8122-200
tickets@theater-essen.de

Grillo-Theater (Essen)

Als Mitte der 1980er Jahre Abrisspläne um das Grillo-Theater kursierten, war die Empörung groß. Immerhin stand hier eines der ältesten Theater im Ruhrgebiet zur Disposition, gestiftet vom Großindustriellen Friedrich Grillo, 1892 mit Lessings „Minna von Barnhelm“ eröffnet, im Krieg zerstört und 1950 wiedereröffnet. Unter der Intendanz von Dr. Erich Schumacher (1958–1974) hatte das Haus vor allem mit Inszenierungen von Erwin Piscator und Jean-Louis Barrault sowie mit Kenters Inszenierung des Brecht-Stücks „Der Kaukasische Kreidekreis“ kulturelle Marksteine gesetzt. Tradition, die scheinbar doch verpflichtete – der drohende Abriss konnte auch durch den Einsatz des damaligen Schauspielintendanten Hans-Günther Heyme verhindert werden.

Aufwändig umgebaut, präsentiert sich das Grillo-Theater seit 1990 mit erweitertem Spielraum, aber geringerem Fassungsvermögen (400 statt 670 Plätze). Dass weniger jedoch auch mehr sein kann, beweist die heutige Nutzung als modernes, variables Raumtheater, dem mit der „Casa“ und der „Box“ in der gegenüberliegenden Theaterpassage zusätzlich zwei kleine, impulskräftige Bühnen angeschlossen sind. Darüber hinaus befindet sich im zweiten Stock des Grillo-Theaters die „Heldenbar“, die Bar und Bühnenort vereint.

Informationen

Theaterplatz 11
45127 Essen
Tel. 0201/8122-0
www.schauspiel-essen.de/orte
Programm- und Kartenbestellung:
TicketCenter
II. Hagen 2
Tel. 0201/8122-200
tickets@theater-essen.de

Grillo-Theater, Essen

Philharmonie Essen

Neues Leben am Rande des Essener Stadtparks. Der 1904 von Richard Strauss eröffnete Saalbau, im Zweiten Weltkrieg fast vollkommen zerstört und in den 1950er Jahren wiederaufgebaut, ist nach der Jahrtausendwende binnen zwei Jahren zu einem glanzvollen Konzerthaus aufwändig umgebaut worden. Die im Juni 2004 feierlich eröffnete Philharmonie bietet 1.900 Plätze im großen Alfried-Krupp-Saal und weitere 350 Plätze im gläsernen RWE Pavillon. Auf dem Programm stehen Sinfoniekonzerte, Kammerorchester, Chor-Konzerte, ein vielseitiges Jazz-Programm, Orgelkonzerte und Neue Musik. Mit der Cappella Coloniensis verfügte die Philharmonie ab der Spielzeit 2008/2009 erstmals über ein Residenz-Orchester für mehrere Spielzeiten.

Der Zuspruch des Publikums bestätigt längst das Konzept, mit weltweit anerkannten Künstlern ein überregionales Renommee zu erlangen. Fast eine Million Musikfreunde haben die Philharmonie Essen von 2004 bis 2008 besucht. In der Spielzeit 2017/2018 kamen rund 121.000 Besucher zu 242 Vorstellungen der Philharmonie.

Informationen
Huyssenallee 53
45128 Essen
Tel. 0201/8122-810
kontakt@philharmonie-essen.de
www.philharmonie-essen.de
Programm- und Kartenbestellung:
TicketCenter
II. Hagen 2
Tel. 0201/8122-200
tickets@theater-essen.de

Musiktheater im Revier (Gelsenkirchen)

Eine gelungene Symbiose von Architektur und Kunst. Das 1959 vom Essener Architekten Wolfgang Ruhnau gebaute und von Norbert Kricke, Jean Tinguely, Paul Dierkes, Robert Adams und Yves Klein gestaltete Gebäude ist mit seiner überzeugenden Mischung aus Stahl, Glas und Beton seit seiner Fertigstellung ein architektonischer Anziehungspunkt im Revier und steht seit 1997 unter Denkmalschutz. Innen wird seit der 1966 erfolgten Auflösung der Sparte Schauspiel das Musiktheater mit einem extrem vielseitigen Programm von experimentellen Formaten über Musical bis zur klassischen Oper gepflegt. Darüber hinaus sind das international renommierte Ballett von Bridget Breiner – seit der Spielzeit 2012/13 in der Nachfolge von Bernd Schindowski – und die Neue Philharmonie Westfalen hier heimisch. Bridget Breiner und ihr Ballett im Revier wurden 2013 für „Ruß" und 2015 für

Philharmonie Essen

Musiktheater im Revier, Gelsenkirchen

„Charlotte Salomon" mit dem deutschen Theaterpreis DER FAUST gewürdigt. Anfang 2009 hat das Musiktheater im Revier (MiR) ein Jugendorchester ins Leben gerufen.

Nur eine Episode blieb die Fusion mit den Wuppertaler Bühnen – zur Spielzeit 1996/97 unter dem neuen Namen „Schillertheater NRW" eingerichtet, wurde sie 2000 offiziell wieder beendet. Der Außendarstellung hat das sicherlich gut getan, schließlich wurde das Musiktheater im Revier vom KulturSPIEGEL und der Agentur Causales als einzige Adresse aus dem Ruhrgebiet für den „Kulturmarken-Award 2008" nominiert. 2009 wurde bei einem aufwändigen Umbau vor allem die Akustik im Großen Haus verbessert.

Der Zuschauerraum im Großen Haus bietet ca. 1.000 Plätze, während 336 Plätze im Kleinen Haus zur Verfügung stehen.

Informationen

Kennedyplatz
45881 Gelsenkirchen
Tel. 0209/4097-200 (Theaterkasse)
theaterkasse@musiktheater-im-revier.de
www.musiktheater-im-revier.de

theaterhagen

1901 gaben der kurz zuvor gegründete Hagener Theaterverein und die Hagener Konzertgesellschaft den Anstoß zum Bau des Stadttheaters, das aber erst am 5. November 1911 mit „Wallensteins Lager" von Schiller eröffnet wurde. Für Aufregung sorgten anfangs weniger die Inszenierungen als die vier überlebensgroßen Musen über dem Haupteingang: Die Figuren der Hagener Bildhauerin Milly Steger erregten lange Zeit die Gemüter ob ihrer üppigen Barbusigkeit.

Beim letzten Großangriff der Amerikaner am 15. März 1945 zerstört, wurde das Mehrsparten-Haus mit Hilfe von Bürgerinitiativen wieder aufgebaut. Mit dem „Rosenkavalier" von Richard Strauss begann 1949 eine neue Ära, obgleich bereits ein Jahr später das Schauspiel wieder schließen musste.

Seither ist im **theater**hagen das Musiktheater zu Hause, neben Oper auch Operette und Musical. Konzerte des philharmonischen **orchester**hagen, das 1907 als erstes städtisches Orchester Westfalens gegründet wurde, werden seit 1981 auch in der Stadthalle angeboten. Den Sprechtheater-Betrieb besorgen Gastbühnen, vereinzelt werden auch Schauspiel-Eigenproduktionen ins Programm genommen. Die theaterpädagogische Arbeit wird in allen Sparten des Hauses sehr erfolgreich betrieben.

Das seit 2007 von Norbert Hilchenbach geleitete **theater**hagen bietet ein ebenso umfangreiches wie breit gefächertes Programm in den Sparten Musiktheater, Ballett, Kinder- und Jugendtheater, Schauspiel, Kabarett sowie mehrere Konzertreihen an und verfügt über mehrere Spielstätten. Dazu gehören neben dem Großen Haus (784 Plätze) seit dem Neubau des Werkstättentraktes

>> S. 266

SHOWS UND EVENTS – VERANSTALTUNGSHALLEN

Westfalenhalle (Dortmund)
Ruhr-Mekka der Weltstars. Namen aus der ersten Garnitur des Musik- und Showgeschäfts – von Pink Floyd über die Rolling Stones bis Tina Turner, von Louis Armstrong über Luciano Pavarotti bis David Copperfield. Höchstleistungen gibt's mit über 30 Welt- und über 50 Europameisterschaften auch im sportlichen Bereich – das Fußball-Hallenmasters mit allen Stars der Szene, Mega-Boxkämpfe mit Klitschko & Co., Eislaufgrößen zwischen Rittberger und Pirouette, unermüdliche Radprofis beim traditionellen Sechs-Tage-Rennen, Prominenz im Sattel beim Internationalen Reitturnier. Die knapp 15.400 Besucher fassende Veranstaltungshalle ist die größte im Ruhrgebiet, natürlich auch Wahrzeichen und Imageträger der Stadt. 1925 wurde sie innerhalb von nur sechs Monaten gebaut, im Zweiten Weltkrieg zerstört und 1952 wiedererrichtet. Zusammen mit den in späteren Jahren dazugekommenen sieben weiteren kleineren Hallen (Westfalenhallen II-VIII) ist sie ebenfalls Austragungsort für Messen und Ausstellungen oder politische Kundgebungen.

Informationen
Strobelallee 45
44139 Dortmund
Tel. 0231/1204-0
medien@westfalenhallen.de
www.westfalenhallen.de

Grugahalle (Essen)
Der größte und bekannteste „Schmetterling" des Reviers. Die durch seine „Flügel" schnell zum Wahrzeichen der Stadt avancierte, 1958 eingeweihte Grugahalle ist mit

Grugahalle, Essen

einem Fassungsvermögen von bis zu 10.000 Personen eine feste Größe für Show- und Sportveranstaltungen, Kongresse, Tagungen, Galas – kurz: Events aller Art.
Vor allem Rock- und Popkonzerte machten die Halle schnell populär, angefangen bei einem denkwürdigen Bill-Haley-Auftritt im Oktober 1958 über die Essener Songtage 1969 (u. a. mit Frank Zappa) bis hin zu den legendären „Rockpalast"-Nächten in den 1970er und 1980er Jahren. Eine gelungene Mischung aus Unterhaltung und Sport bieten Tanzgalas und die Eis-Revue „Holiday on ice".

■ Informationen
Messe Essen GmbH
Norbertstraße
45131 Essen
Tel. 0201/7244-0
Tel. 0201/7244-290 (Tickets)
info@grugahalle.de
www.grugahalle.de/mehrzweckhalle

König Pilsener Arena (Oberhausen)

1996 eröffnete Mehrzweckhalle. 12.650 Plätze (22 Event-Suiten) und eine hypermoderne Technik versprechen Live-Entertainment vom Feinsten. Im Programm stehen vor allem Pop-, Rock- und Klassikkonzerte, Sportveranstaltungen wie Eishockey, Boxen, Basketball, Tennis oder Hallenfußball sowie Familienveranstaltungen wie Eisrevuen oder Musicals.

■ Informationen
Arenastr. 1
46047 Oberhausen
Tel. 0208/820020 (Info)
Tel. 0208/82000 (Ticket)
info@koenig-pilsener-arena.de
www.koenig-pilsener-arena.de

2003 die „junge bühne lutzhagen“ (150 Plätze), und die „neue bühne opushagen“ (298 Plätze), die als variable Probe- und Studiobühne genutzt wird. Die Jugendtheatersparte, das lutzhagen, erarbeitet pro Spielzeit zwei bis drei Neuproduktionen, die mit professionellen und Laiendarstellern aufgeführt werden. Etabliert hat sich auch das „Nachtcafé“, welches als Spätprogramm in loser Folge freitags meist ab 22.30 Uhr musikalische Programme und Lesungen im Theatercafé präsentiert.

Die jährlich etwa 500 Veranstaltungen des **theater**hagen – das seit 2015 als gemeinnützige GmbH firmiert – besuchen ca. 170.000 Menschen und finden weit über die Grenzen Hagens hinaus große Anerkennung beim Publikum und der Fachpresse.

Informationen

Elberfelder Str. 65, 58095 Hagen
Tel. 02331/207-3209/10 (Zentrale)
Tel. 02331/207-3218 (Tickets)
theaterkasse@stadt-hagen.de
www.theaterhagen.de

Konzert-Aula [Kamen]

Das Angebot des 1969 eröffneten Hauses reicht von Theater, Kabarett, Ballett bis zu Konzerten. Letztere werden im Rahmen einer gemeinsamen Sinfonischen Reihe mit dem Kreis Unna durchgeführt. Die Konzert-Aula ist Spielstätte der Neuen Philharmonie Westfalen und mit 866 Sitzplätzen ausgestattet.

Informationen

Hammer Str. 19
59174 Kamen
Tel. 02307/148-3512
(Fachbereich Kultur der Stadt Kamen)
kultur@stadt-kamen.de
www.stadt-kamen.de

Heinz-Hilpert-Theater [Lünen]

Im Oktober 1958 als Theater der Stadt Lünen eröffnet, erhielt das Haus im März 1996 seinen heutigen Namen, der an den bedeutenden Regisseur und Intendanten Heinz Hilpert (1890–1967) erinnert. Dieser hatte nach dem Zweiten Weltkrieg des Öfteren mit dem Göttinger Stadttheater hier gastiert und 1958 auch die Taufrede auf das neue Haus gehalten. Das Heinz-Hilpert-Theater ist ein Tourneetheater und verfügt über 765 Plätze (653 in einem aufsteigenden Parkett und 112 Plätze in 13 Logen, die als gegliederter Rang den Zuschauerraum umfassen). Neben einer modernen Bühnen- und Beleuchtungstechnik steht auch eine Leichthöranlage auf Infrarotbasis zur Verfügung.

Heinz-Hilpert-Theater, Lünen

■ **Adresse**
Kurt-Schumacher-Str. 39
44532 Lünen
■ **Informationen**
Kulturbüro Lünen
Kurt-Schumacher-Str. 39
44532 Lünen
Tel. 02306/104-2299
kulturbuero@luenen.de
www.luenen.de/kulturbuero

Theater an der Ruhr, Mülheim an der Ruhr

Theater Marl

Seit seiner Eröffnung im Februar 1953 ist das Theater Marl zentraler Veranstaltungsort der Kommune für Theater- und Konzertveranstaltungen. Außerdem ist das 1997/1998 gründlich sanierte Theater mit 818 Plätzen in jedem Jahr Schauplatz der Verleihung des Grimme-Preises, des wichtigsten deutschen Fernsehpreises für qualitativ hochwertige Fernsehformate.

■ **Informationen**
Am Theater 1, 45768 Marl
Tel. 02365/992621
theater@marl.de
Theater- und Konzertkasse im
Stadtinformationsbüro i-Punkt
Marler Stern 10d
45768 Marl
Tel. 02365/9943-10
i-punkt@stadt.marl.de
www.marl.de/theater

Schlosstheater Moers

Wer weiß schon, dass die Stadt Moers das kleinste Stadttheater der Bundesrepublik besitzt? Der Hauptraum (Studio) fasst gerade einmal 60 Plätze. Geringe Kapazität, aber große Wirkung: Seit der Gründung im Jahre 1975 steht das experimentierfreudige Ensemble des Schlosstheaters unter den Intendanten Holk Freytag, Pia Bierey, Rupert J. Seidl, Johannes Lepper und Ulrich Greb wegen seiner politisch engagierten Stücke, seiner provokativen Annäherungen und seiner innovativen Projekte immer wieder im Blickpunkt der Öffentlichkeit.

Mit der experimentellen Themenvielfalt korrespondiert die Wahl der Bühnen. Unter dem Motto „Das Theater geht in die Stadt und holt die Stadt ins Theater“ versteht es gerade Ulrich Greb, immer wieder neue ungewöhnliche „Theaterorte“ zu bespielen, vom Fitness-Center über eine Tennishalle bis hin zum Ratssaal im Neuen Rathaus.

Um die Entwicklung von Kreativität geht es auch beim „Jungen STM“, das Theaterangebote für Kinder und Jugendliche macht.

■ **Informationen**
Kastell 6
47441 Moers
Tel. 02841/8834-110 (Tickets)
info@schlosstheater-moers.de
www.schlosstheater-moers.de

Theater an der Ruhr (Mülheim an der Ruhr)

Ein ganz eigenes Kapitel Theatergeschichte im Revier schreibt das im ehemaligen Solbad Raffelberg ansässige Theater an der Ruhr. 1980 u. a. von der Stadt Mülheim an der Ruhr und dem Regisseur Roberto Ciulli gegründet, weicht es in organisatorischer und konzeptioneller Hinsicht vom Stadttheater-Prinzip ab. Als

„freier" Theaterbetrieb nicht allein am Subventionstropf hängend, vielmehr durch Gastspiele zu 40 Prozent selbstfinanziert, hat sich das Theater dem Gedanken der Völkerverständigung verpflichtet, der durch internationale Kulturarbeit in Form von Reisetätigkeit, Seminaren und Podiumsdiskussionen realisiert wird. Als multinationale, mehrsprachige Theaterinstitution, dem im ehemaligen Kurhaus ein Theatersaal mit 200 Plätzen zur Verfügung steht, ist das vielfach preisgekrönte Theater an der Ruhr mittlerweile weltweit ein Begriff, was in Einladungen zu internationalen Festivals seinen Ausdruck findet.

Informationen
Akazienallee 61
45478 Mülheim a. d. Ruhr
Tel. 0208/59901-0
Tel. 0208/59901-88 (Karten)
info@theater-an-der-ruhr.de
www.theater-an-der-ruhr.de

Kulturhalle (Neukirchen-Vluyn)

Die Kulturhalle ist seit über dreißig Jahren eine exzellente Adresse für Kunst und Kultur. Saal, Foyer und Seitenbühne stehen für große und kleine kulturelle Anlässe mit einem variablen Raumangebot zur Verfügung. Darüber hinaus ist die Kulturhalle, zu der auch das KulturCafé (KuCa) gehört, Treffpunkt der Kabarett- oder Musikszene, zu der auch internationale Jazz-Größen zählen.

Informationen
Von-Der-Leyen-Platz 1
47506 Neukirchen-Vluyn
Tel. 02845/27578
info@kulturhalle-kuca.de
www.kulturhalle-kuca.de

Theater Oberhausen

Kaum ein Bühnenhaus hat eine derart wechselhafte Spartengeschichte wie das Theater Oberhausen. 1920 mit Grillparzers „Sappho" als reines Schauspieltheater eröffnet, kamen bereits ein Jahr später Opern- und Operettenensemble hinzu. 1949 unter der Bezeichnung „Neues Haus" als erstes Theatergebäude des Ruhrgebiets wieder eröffnet, wurde den drei Sparten noch das klassische Ballett angegliedert. Unter dem Eindruck des Zechensterbens wurden 1965 zunächst das Ballett, zwei Jahre darauf die Oper und 1973 gar das Schauspiel „stillgelegt". Einzig Operette, Musical und das Kinder- und Jugendtheater „theater im pott" (tip) verblieben im Haus.

1991 wiederum wagte man einen Neuanfang: Das Musiktheater wurde geschlossen zugunsten des Aufbaus eines neuen Schauspielensembles (inklusive des „tip"). Das Team unter Intendant Klaus Weise erarbeitete sich schnell einen guten Ruf und wurde fünf Spielzeiten hintereinander als „bestes Theater im Rheinland" ausgezeichnet, nicht zuletzt auch durch das erfolgreiche Konzept, ungewöhnliche Spielorte in der Stadt wie die Halde Haniel, den Gasometer, die ehemalige Zinkfabrik Altenberg oder das Klärwerk Emschermündung zu nutzen. Neben den Inszenierungen von großen literarischen Vorlagen, den klassischen und modernen Theaterstoffen auf der Bühne des Großen Hauses (428 Plätze) haben diese „Ortstermine" dem Oberhausener Kulturleben neue Impulse gegeben.

Darüber hinaus bieten der „Malersaal" (112 Plätze) und die „b.a.r" kleinere Produktionen sowie Lesungen, Nachtfoyers und musikalische Programme an.

2015 wurde das Theater Oberhausen mit dem Theaterpreis des Bundes geehrt.

Informationen
Will-Quadflieg-Platz 1
46045 Oberhausen
Tel. 0208/8578-0
Tel. 0208/8578-184 (Theaterkasse)
kontakt@theater-oberhausen.de
besucherbuero@theater-oberhausen.de
www.theater-oberhausen.de

Ruhrfestspielhaus Recklinghausen

Aufgaben und Formverständnis ändern sich – das gilt auch für Kulturhäuser. Das als Sprechtheater für die Ruhrfestspiele konzipierte und 1965 vom damaligen Bundespräsidenten Theodor Heuss eröffnete Ruhrfestspielhaus präsentiert sich seit 1998 mit modernem Glasfoyer. Das umgebaute Haus wurde 2001 mit dem

Ruhrfestspielhaus Recklinghausen

Deutschen Architekturpreis ausgezeichnet und beherbergt neben dem Theaterbetrieb auch Tagungen und Kongresse, Messen und Ausstellungen.

Insgesamt stehen im Ruhrfestspielhaus elf Räumlichkeiten von 80 qm bis 1.500 qm zur Verfügung, die kombinierbar sind, inklusive des 1.010 Plätze umfassenden Theatersaals. Der transparente und offene Neubau des alle Geschosse verbindenden Eingangsfoyers mitsamt großzügigem Vordach nimmt dem ehemaligen Erscheinungsbild dabei bewusst seine Monumentalität und dient mit einem Gastronomiebereich, der auch Parkbesuchern zugänglich ist, gleichzeitig als Ort der Kommunikation.

■ **Informationen**

Otto-Burrmeister-Allee 1
45657 Recklinghausen
Kartenstelle: Martinistr. 28
Tel. 02361/9218-0
info@vccre.de
www.vccre.de
kartenstelle@ruhrfestspiele.de
www.ruhrfestspiele.de

Stadthaus / Stadthalle Rheinberg

Das 1981 eröffnete, direkt am historischen Marktplatz gelegene Stadthaus versteht sich mit der 342 Quadratmeter großen Stadthalle als multifunktioneller Kommunikations- und Veranstaltungsort. Hier finden sowohl Tagungen als auch Sinfonie- oder Rockkonzerte statt, hier gastieren Tourneetheater, hier gibt's Kindertheater und Betriebsversammlungen. Insgesamt finden bis zu 1.000 Personen Platz.

■ **Informationen**

Stadt Rheinberg
Stadtmanagement – Frau Lomme
Kirchplatz 10
47495 Rheinberg
Tel. 02843/171-117
ute.lomme@rheinberg.de
www.rheinberg.de

Städtisches Bühnenhaus (Wesel)

Das Städtische Bühnenhaus ist das Theater der Stadt Wesel. Seit 50 Jahren ist es der Ort in Wesel, in dem Besucher anspruchsvolle Kulturveranstaltungen erleben. Vom klassischen Konzert bis zu Ballettaufführungen, jedes Genre der Bühnenkunst findet hier seinen Platz. Darüber hinaus gibt es ein ansprechendes und umfangreiches Kindertheaterprogramm.

■ **Informationen**

Ritterstr. 14, 46483 Wesel
Tel. 0281/2032344 (Theaterkasse)
buehnenhaus@wesel.de
www.wesel.de

STARLIGHT FOREVER

DIE BOCHUMER AUSNAHME

Weltweit das
erfolgreichste Musical:
„Starlight-Express" in Bochum

Starlight-Express (Bochum)
Starlight-Express ist nicht nur das rasanteste, sondern auch erfolgreichste Musical der Welt. Seit 1988 läuft das Musical, das die Geschichte eines kleinen Jungen erzählt, der vom Kampf der Eisenbahnen um den Titel des schnellsten Zuges der Welt träumt, siebenmal pro Woche in einem speziell dafür konstruierten Theater in Bochum. Bis Juni 2018 wurden 11.700 Vorstellungen mit insgesamt 16,5 Millionen Besuchern gezählt – das Guinnessbuch der Rekorde kürte den Starlight Express längst zum erfolgreichsten Musicaltheater der Welt.

Vom Erfolgskomponisten Andrew Lloyd Webber als flottes Musical gestaltet, zeichnet sich das Theater durch atemberaubendes Tempo und aufwändige Licht- und Technikeffekte aus. Die Züge werden durch Rollschuhläufer verkörpert, die mit rasender Geschwindigkeit ihre Bahnen durch das Publikum ziehen. Das Theater selbst wurde in nur 14 Monaten gebaut, die Inszenierung ist ganz auf diese Spielstätte zugeschnitten. Nirgendwo sonst kann Starlight Express in dieser Perfektion gezeigt werden.

■ **Informationen**
Stadionring 24, 44791 Bochum
Tel. 0234/50602-0
Tel. 01805-2001 (Servicehotline)
kontakt@mehr.de
service@eintrittskarten.de
www.starlight-express.de

KEIN MUSICAL MEHR

Metronom Theater am CentrO Oberhausen
Das 1999 als „TheatrO CentrO" eingeweihte und bekannt gewordene Multifunktionstheater mit dem „Drachenkopf"-Dach wurde 2005 von der „Stage Entertainment" übernommen, in allen Bereichen (Bühne, Zuschauerraum und Foyer) komplett neugestaltet und in „Stage Metronom Theater – Theater am CentrO Oberhausen" umbenannt. 1.636 Plätze bietet der Theatersaal, daneben stehen ein Foyer für maximal 2.000 Gäste, die Metronom-Lounge, der Stage Club und die beiden Galerien zur Verfügung.

20 Jahre später ist das Theater nach verschiedenen Produktionen (u. a. „Die Schöne und das Biest", „Blue Man Group", „Dirty Dancing", „Das Phantom der Oper" und „Tarzan") jedoch 2020 mit der letzten Produktion „Tanz der Vampire" geschlossen worden. Ähnlich wie zuvor beim Colosseum in Essen sieht der Veranstalter Stage Entertainment GmbH keine wirtschaftlich sinnvollen Perspektiven mehr.

Die Zukunft des Metronom Theater ist ungewiss.

■ **Informationen**
Musikweg 1
46047 Oberhausen

Colosseum Theater Essen
Ein Veranstaltungsort mit besonderer Atmosphäre und langer Geschichte. Von der ehemaligen Kruppschen VIII. Mechanischen Werkstatt am Westrand der Essener City blieben beim Umbau zum Musicaltheater „Colosseum" die äußere Fassade und das Stahlskelett im Inneren fast vollständig erhalten. Vielleicht ist es ja diese Mischung aus Industriegeschichte und Kulturevent, die das 1996 eröffnete Colosseum als feste Musicalstätte besonders attraktiv werden ließ. Doch die wechselnden Produktionen (u. a. „Joseph", „Jesus Christ Superstar", „Elisabeth", „Aida", „Das Phantom der Oper") spielten kaum die Produktionskosten ein – der Veranstalter Stage Entertainment GmbH schloss 2010 den Musicalbetrieb und strebt einen Verkauf bis Sommer 2020 an. Heute wird das denkmalgeschützte Backsteingebäude mit großem Theatersaal (1.644 Plätze), multifunktionalem Studiotheater, eigenem Restaurant und dem 2.000 Gäste fassenden Foyer für diverse Anlässe vermietet.

■ **Informationen**
Colosseum Theater
Produktionsgesellschaft mbH
Altendorfer Str. 1, 45127 Essen
Tel. 0201/2402-0
www.colosseumtheater.de

KULTURZENTREN, FREIE BÜHNEN UND THEATER

Bahnhof Langendreer [Bochum]

Es ist Bochums größtes soziokulturelles Zentrum und einer der Treffs im Revier. In dem 1909 errichteten Jugendstilgebäude des aufgegebenen Bahnhofs Bochum-Langendreer wird seit 1985 ein vielfältiges Programm in den Bereichen Musik, Theater und Kabarett geboten. Die Schwerpunkte liegen bei anspruchsvoller Comedy, politischem Kabarett, Kindertheater und Konzerten in den Bereichen World Music, Jazz, Blues und Singer/Songwriter.

Daneben gibt es regelmäßige Informations- und Diskussionsveranstaltungen zu sozialen und politischen Themen.

Ebenfalls sehr beliebt sind das angeschlossene Kino „Endstation" als niveauvolle Alternative zu den Großkinos sowie die empfehlenswerte Gastronomie mit Café, Kneipe und Biergarten.

■ **Informationen**

Wallbaumweg 108, 44894 Bochum
Tel. 0234/68716-10
info@bahnhof-langendreer.de
www.bahnhof-langendreer.de

■ **Kneipe**

Tel. 0234/232986
info@kneipeimbahnhof.de
Öffnungszeiten: So-Do 18-1 Uhr, Fr/Sa 18-2 Uhr

Soziokulturelles Urgestein: der Bochumer Bahnhof Langendreer

■ **Kino**
Tel. 0234/68716-20
info@endstation-kino.de
www.endstation-kino.de

Freilichtbühne und Waldbühne Wattenscheid (Bochum)

Open-Air-Zentrale Wattenscheid. Im Sommer gibt's Kultur satt. Bei Theateraufführungen und Konzerten, Kabarett, Shows, Operetten und Kindertheater bietet die seit 1934 bestehende Freilichtbühne ein Fassungsvermögen von 2.500 Plätzen.

■ **Informationen**
Parkstraße, 44866 Bochum
Tel. 0234/6103-410
info@freilichtbuehne-wattenscheid.de
www.freilichtbuehne-wattenscheid.de

Kulturhaus Thealozzi (Bochum)

Eine der ersten Bastionen der alternativen Kulturszene im Revier. 1982 in der ehemaligen Pestalozzi-Grundschule eröffnet, dient das Kulturhaus mit eigener Spielstätte (deren Fassungsvermögen nach einem Umbau 2004 nun bei 99 Plätzen liegt) sowie Proben- und Übungsräumen gleichzeitig als Veranstaltungs- und Produktionsort der ihm angeschlossenen freien Theaterensembles (Kinder-, Jugend-, Erwachsenen- und Tanztheater). Konzerte, Film- und Videoveranstaltungen der ebenfalls hier ansässigen Musikgruppen und Filmproduktionen sowie wechselnde Festivals sorgen für ein attraktives Programm.

■ **Informationen**
Pestalozzistr. 21
44793 Bochum
Tel. 0234/17590
info@thealozzi.de
www.thealozzi.de

Prinz-Regent-Theater [Bochum]

Seit 1991 hat sich das in die Schwarzkaue der ehemaligen Zeche Prinz Regent eingezogene gleichnamige Theater als anerkannte Spielstätte für Freies Theater etabliert. Auf dem Programm stehen Eigenproduktionen, nationale und internationale Gastspiele. Der Theaterraum umfasst rund 100 Plätze.

■ **Informationen**
Prinz-Regent-Str. 50-60
44795 Bochum
Tel. 0234/771117
info@prinzregenttheater.de
www.prinzregenttheater.de

ROTTSTR 5 Theater [Bochum]

2009 wurde das Theater in einem Hinterhof in einem Gewölbe unter einer Eisenbahnbrücke gegründet. Auch überregional gilt es als eine der kreativsten Off-Bühnen, an der u. a. Filme ungewöhnlich adaptiert, Romane wie American Psycho oder Der Tod in Venedig phantasievoll als Theaterstücke umgesetzt werden. Die Leitung des Theaters haben Hans Dreher (Gründungsmitglied) und Oliver P. Thomas inne; dargeboten werden u. a. Eigen- und Fremdproduktionen, Lesungen, Live-Hörspiele.

Seit 2016 gibt es eine neue Zuschauertribüne. Jetzt hat man von jedem Platz aus freie Sicht ...

■ **Informationen**
Rottstr. 5
44793 Bochum
Tel. 0163/7615071
mail@rottstr5-theater.de
karten@rottstr.de
rottstr5-theater.de

Theater der Gezeiten [Bochum]

Das Theater müsste eigentlich „Raumwechsel" heißen, denn seit den Anfängen 1987 im Hinterhof einer Kneipe in einer Zechensiedlung in Bochum-Riemke (damals noch als „Theater Ecce Homo") gab es bis heute vier Umzüge in neue Domizile, darunter eine alte Tankstelle und ein Pfarrsaal. Wenn Theaterchef und Schauspieler Benno Boudgoust einmal nicht umziehen muss, zeigt sein 1995 in „Theater der Gezeiten" umbenanntes Theater eine große Bandbreite von experimentell-avantgardistischen Theaterformen bis zu komödiantischen Stoffen, bei denen es vor allem um die Verbindung von Körper- und Zeichensprache sowie Videokunst und Tanz geht.

Im Foyer des Theaters steht seit Oktober 2016 das wohl kleinste Museum der Stadt. Ein antiker Kurzwarenschrank enthält 48 Schubladen, die von 48 Bochumer Künstlern zu Kunstwerken umgestaltet wurden. Die TINYrooms können dienstags, 17-20 Uhr bestaunt werden.

■ **Informationen**
Schmechtingstr. 38
44809 Bochum
Tel. 0172/4231820
theater@theater-der-gezeiten.de
www.theater-der-gezeiten.de

TheaterTotal [Bochum]

Kunst ermöglicht Lebenserfahrungen, Kunst entwickelt Schlüsselkompetenzen, Kunst schult Offenheit, Aufmerksamkeit, Beweglichkeit, Ausdrucks- und Kritikfähigkeit – und das vor allem bei jungen Menschen. Vor diesem Hintergrund fördert das seit 1996 bestehende, europaweit einzigartige, professionelle Theater-Jugend-Projekt „TheaterTotal" Jugendliche zwischen 18 und 25 Jahren in allen Bereichen der Bühnenkunst.

Jedes Jahr werden aus einer großen Anzahl von Bewerbern 24-30 Teilnehmer ausgewählt, die in den ersten sechs Monaten zunächst eine fundierte, ungewöhnlich breit angelegte Ausbildung in der Theaterarbeit erhalten (von Tanz, Schauspiel und Dramaturgie über Fechten, Zeichnen und Malen bis hin zu Mediengestaltung,

Zeche Bochum

Bühnenbild-Anfertigung und Ernährungslehre!). In den letzten drei Monaten des insgesamt über neun Monate laufenden Projekts geht die Gruppe mit dem selbst ausgesuchten und einstudierten Theaterstück auf Tournee durch ganz Deutschland, dazu gehören auch „Heimspiele" im ehemaligen Stadtarchiv Bochum. Im Herbst 2009 wurde sogar eine Veranstaltung in Kooperation mit der Ruhrtriennale durchgeführt.

Finanziert wird das Theater, das 1999 mit dem Robert-Jungk-Preis ausgezeichnet und bereits mehrfach zum Theatertreffen der Jugend bei den Berliner Festspielen eingeladen wurde, zum größten Teil durch eine Reihe von Stiftungen und Institutionen.

Ort
Königsallee 171
44799 Bochum

Informationen
Am Eickhoffpark 7
44789 Bochum
Tel. 0234/9731673
info@theatertotal.de
www.theatertotal.de

Varieté et cetera (Bochum)

Mehrere Jahre lang tourte das Zeltvarieté durch die Republik, bis es 1999 in Bochum sesshaft wurde. 2011 verabschiedete man sich vom Zelt und baute ein feststehendes Theater. Wechselnde Shows mit internationalen Artisten und Comedians, eine familiäre Atmosphäre und kulinarische Top-Acts sorgen für ein besonderes Erlebnis. Neben dem Abendprogramm gibt es weitere Angebote wie z. B. Brunch & Varieté oder Varieté zum Tee.

Informationen
Herner Straße 299, 44809 Bochum
Tel. 0234/1300-3 (Tickets)
info@variete-et-cetera.de
www.variete-et-cetera.de
Showzeiten: Do-Sa 20 Uhr, So 19 Uhr

Zeche 1/Zentrum für urbane Kunst (Bochum)

Seit Ende 2015 präsentiert die Herner Initiative Pottporus/Renegade unter dem Namen „Zeche 1/ Zentrum für urbane Kunst" ihr Programm im Kreativ.Quartier Prinz Regent. Die Bühne bietet Tanz, Musik, Performances, Debatten und Workshops, Gastspiele und eigene Produktionen und versteht sich als eine Plattform für Experimente urbaner Kunst. Das Zentrum arbeitet unter anderem mit dem Schauspielhaus Bochum, der Folkwang Universität der Künste und dem Institut für zeitgenössischen Tanz zusammen.

■ **Informationen**
Prinz-Regent-Str. 50-60
44795 Bochum
Tickets: 0234/33335555
info@zecheeins.com
www.zecheeins.de

Zeche Bochum

Eine der ersten und herausragenden Revier-Adressen in Sachen Live-Konzert, Party und Disco. Mittelpunkt des 1981 in der ehemaligen Schmiede der Zeche Prinz-Regent eröffneten Szenetreffs ist die etwa 800 Zuschauer fassende Halle, in der regelmäßig auch internationale Stars auftreten. Die Kneipe bietet regionalen Musikgruppen ein Auftrittsforum. Und im Studio gibt's Theater und Kleinkunst.

■ **Informationen**
Prinz-Regent-Str. 50-60
44795 Bochum
Tel. 0234/72003
buero@zeche.com
www.zeche.com

August Everding-Kulturzentrum [Bottrop]

Schauspiel, Operette, Oper, Ballett, Kabarett, Konzerte und Lesungen – das Angebot des 1992 eröffneten Hauses mit rund 150 Veranstaltungen pro Jahr kann sich sehen lassen. Prunkstück des Zentrums ist der Kammerkonzertsaal.

Darüber hinaus ist das Kulturzentrum eine riesige Institutionsherberge: Neben dem Veranstaltungsbüro des Kulturamtes, Musikschule, Bücherei und Archiv, Kulturwerkstatt, Studiobühne sind auch die Volkshochschule nebst Kommunalem Kino, die Städtische Galerie, das „junge museum", eine Plattform für junge Künstler, und ein Bistro hier beheimatet. Anfang 1999 wurde das Haus nach August Everding benannt, dem in Bottrop geborenen Regisseur und Intendanten.

Das Kulturzentrum wird bis voraussichtlich Ende 2018 erweitert: Geplant ist ein Kunstforum als Ersatz für das „junge museum" und die Städtische Galerie. Ein Glasgang wird Forum und Bibliothekstrakt verbinden und mit dem bestehenden Gebäudekomplex einen neuen Kulturhof schaffen.

■ **Informationen**
Blumenstr. 12-14, 46236 Bottrop
Tel. 02041/703948
www.bottrop.de

Katielli Theater [Datteln]

Seit 2010 bietet das Theater ein breit gefächertes Bühnenangebot, das bis weit über die Stadtgrenzen hinaus bekannt ist und geschätzt wird. Kabarett, Revuen sowie Kinder- und Musiktheater gehören ebenso dazu wie Konzerte und Schlagerabende.

■ **Informationen**
Castroper Straße 349
45711 Datteln
Tel. 02363/1849304 (Tickets)
katielli-theater@gmx.de
www.katielli-theater.de

CreativQuartier Fürst Leopold / Soziokulturelles Zentrum DAS LEO [Dorsten]

Das Szeneviertel auf dem Gelände der stillgelegten Zeche

August Everding-Kulturzentrum, Bottrop

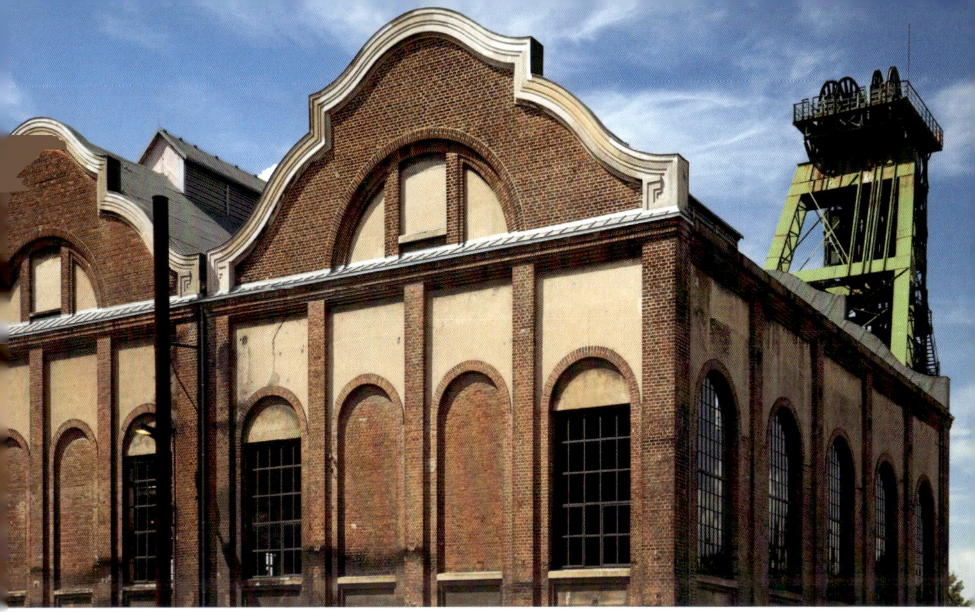

CreativQuartier Fürst Leopold / Soziokulturelles Zentrum DAS LEO, Dorsten

Fürst Leopold beherbergt Künstler und Ateliers, kreative Unternehmen und verschiedene gastronomische Einrichtungen. Vielfach ohne große bauliche Veränderungen werden Areal, historische Gebäude wie Lohnhalle oder Waschkaue und Anlagen als Kulisse und Bestandteil von Kunst und Kultur genutzt.

DAS LEO wurde im Februar 2016 geöffnet. Schwerpunkt ist die offene Jugendarbeit, es gibt aber auch einen Bürgerhaus-Bereich für Vereine und Initiativen des Stadtteils Dorsten-Hervest. Der Mehrzwecksaal und der Playground außen sind Veranstaltungsorte für Konzerte, Theateraufführungen, Partys ...

Adresse
Zeche Fürst Leopold
Halterner Straße 105, 46284 Dorsten

Informationen CreativQuartier
Prisma GmbH & Co. KG
Borkener Straße 66
46284 Dorsten
Tel. 02362/943040
info@creativquartier.de
www.creativquartier-fuerst-leopold.de

Informationen DAS LEO
Fürst-Leopold-Allee 70
46284 Dorsten
Tel. 02362/9540404
info@das-leo.de
www.das-leo.de

Dortmunder U

Die Spitze eines Leuchtturms im eigentlichen Sinne war es schon immer, dieses neun Meter hohe, in Goldränder gefasste „U". Heute hat der 1962 auf dem ehemaligen Gär- und Lagerhochhaus der Union-Brauerei gleich vierfach aufgesetzte Buchstabe auch symbolische Strahlkraft entwickelt.

Das „Dortmunder U – Zentrum für Kunst und Kreativität" im denkmalgeschützten, 70 Meter hohen Industriegebäude aus dem Jahr 1927 steht für den kulturellen Aufbruch der Metropole Ruhr und ist ein Ort, wo Kunst, Wissenschaft, Kreativität und Wirtschaft zueinander finden.

Der 80.000 Quadratmeter große Standort beherbergt das „Museum am Ostwall", den Hartware MedienKunstVerein, UZWEI_Kulturelle Bildung, die Mediathek mit 20.000 Büchern und Katalogen zur modernen Kunst, die Fachhochschule Dortmund und die Technische Universität Dortmund, beide u. a. mit Ausstellungsräumen vertreten, das european centre for creative economy (ecce) und das RWE Forum/Kino im U. Im Gebäude

Dortmunder U

finden sich auch abwechslungsreiche gastronomische Betriebe mit einem bunten Veranstaltungskalender sowie eine Aussichtsterrasse.

Das Gebäude wurde von 2008 bis 2010 vom Dortmunder Architekturprofessor Eckhard Gerber umgebaut, nach dessen Plänen im Inneren des U-Gebäudes eine über alle sieben Geschosse offene „Kunst-Vertikale" entstand. Die einzelnen Ebenen sind durch Rolltreppen miteinander verbunden. Von außen entstehen kubische Erweiterungsbauten. Darüber hinaus hat das „U" eine spektakuläre Medienfassade erhalten, Teil einer Filminstallation in drei Stationen im und am „U" von Adolf Winkelmann. 2014 wurden über 120.000 Besucher gezählt. 2016 wurde das Dortmunder U „für eine innovative Form der Markenkommunikation" als Europäische Kulturmarke des Jahres ausgezeichnet.

■ **Informationen**

Leonie-Reygers-Terrasse
44137 Dortmund
Tel. 0231/50-24723
info@dortmunder-u.de
www.dortmunder-u.de
Öffnungszeiten: Di/Mi/Sa/So 11-18 Uhr, Do/Fr 11-20 Uhr

Cabaret Queue (Dortmund)

Various Nightlife: Kabarett und Comedy, Buffet und Cocktail, Bier und Billard oder Disco und Diner – im Cabaret Queue ist alles möglich. Und – selten genug – die Mischung stimmt!

■ **Informationen**

Hermannstr. 74, 44263 Dortmund
Tel. 0231/413146
Tel. 0231/91722 90 (Tickets)
info@cabaret-queue.de
www.cabaret-queue.de

domicil (Dortmund)

Auch wenn Jazzclubs im Revier zu einer seltenen Gattung gehören – das domicil, 1969 gegründet und damit einer der ältesten Jazzclubs Deutschlands, ist eine feste Größe im Musikleben des Reviers. Daran änderte auch der 2005 erfolgte Umzug in die Räumlichkeiten des Kinos an der Hansastraße nichts. Im Gegenteil, im kleinen Club sowie im großen Konzertsaal haben die Auftritte der überregional bekannten Jazz-, Weltmusik- und Avantgardekünstler ein passendes Ambiente. Nicht zu vergessen: Das seit 1998 mit dem Status „Kulturzentrum" von der Stadt Dortmund als förderungswürdig anerkannte Haus unterstützt auch die regionale Musikszene.

Informationen

Hansastr. 7-11, 44137 Dortmund
Tel. 0231/8629030
Tel. 0180/5040300 (Ticket-Hotline)
www.domicil-dortmund.de
(mit Online-Ticketshop)

Fletch Bizzel [Dortmund]

Seit Herbst 1985 gibt es Buntes auf ehemaligem Fabrikgelände: Ob Bildende Kunst, Kindertheater, Ballett, Bukowski oder Blues, ob Mitternachtsclub oder Special-Impro-Show – das Angebot ist in jeder Beziehung bühnenreif. Zum Anschauen oder Mitmachen, denn Workshops und Kurse gibt's auch. Motto des Theaters: Zum Lernen ist es nie zu spät.

Informationen

Humboldtstr. 45
44137 Dortmund
Tel. 0231/142525
info@fletch-bizzel.de
www.fletch-bizzel.de

Freizeitzentrum West [Dortmund]

Nach 40 Jahren am Neuen Graben ist die Institution 2009 in ein neues Quartier direkt neben das Dortmunder U gezogen. Dort erwartet die Gäste neben einem Club eine große Veranstaltungshalle für über 1.000 Leute. Das FZW ist ein Ort für innovative Jugend- und Popkultur mit über 250 Veranstaltungen jährlich. Live on stage stehen neben Nachwuchsbands auch kommerziellere Acts, die dem FZW dann hoffentlich genug Geld einspielen, damit es auch in Zukunft seine Kreativität und Vielseitigkeit beweisen kann.

Informationen

Ritterstr. 20
44137 Dortmund
Tel. 0231/286808910
fzw@fzw.de
www.fzw.de

Fritz-Henßler-Haus [Dortmund]

„Haus der Jugend", das hat Geschichte in Dortmund: Schließlich wurde schon 1929 in der Brügmannstraße das erste kommunale Jugendhaus in der Weimarer Republik eröffnet. Heute trägt es den Namen des ehemaligen Oberbürgermeisters und hat ein wahres Mammutprogramm im Angebot: Im Kinder- und Jugendbereich geht das von Turnen bis Textilgestaltung, von Basteln bis Bolzen, von der Kochplatte zur Keramikwerkstatt, von der Drucktechnik bis zur Drechselkunst. Dazu gibt's Kinderfilmwoche, Puppen- und Theaterveranstaltungen und Wochenendfreizeiten sowie – als besonderes Highlight – den Kinderzirkus Fritzantino.

Informationen

Geschwister-Scholl-Str. 33-37
44135 Dortmund
Tel. 0231/50-23461
bweber@stadtdo.de
www.fhh.de

Junkyard [Dortmund]

Eine Partylocation auf einem ehemaligen Schrottplatz? Der Anfang 2017 eröffnete, 2000 Quadratmeter Szenetreffpunkt in der Dortmunder Nordstadt bietet eine Werkstatthalle für bis zu 300 Besucher. Auf dem Programm stehen Musikkonzerte, Party und literarische Abende, auf dem Außenareal – mit Autowracks und Industriecharme – sind Open-Air-Veranstaltungen geplant.

Adresse

Schlägelstr. 52
44145 Dortmund

Naturbühne Hohensyburg [Dortmund]

Seit 1952 bespielte Freilichtbühne mit variabler Ausrichtung. Alljährlich gibt es zwei große Sommerinszenierungen, zusätzlich ein Programm für Herbst und Winter. Für Aktive oder jene, die es werden wollen, werden Workshops und Schauspielkurse angeboten. Zur Naturbühne gehört außerdem ein Studio direkt neben der Außenbühne.

Informationen

Syburger Dorfstr. 60

Theater im Depot, Dortmund

44265 Dortmund
Tel. 0231/774310
info@naturbuehne.de
www.naturbuehne.de

Theater im Depot (Dortmund)

Kultur auf Lager: Das 1915 errichtete, denkmalgeschützte Gebäude der ehemaligen Straßenbahnhauptwerkstatt wurde seit seiner Schließung 1996 von der IBA zum „Zentrum für Handwerk, Kunst, Medien und Nachbarschaft" umgebaut. Neben zahlreichen Ateliers beherbergt es das im Januar 2001 offiziell eröffnete „Theater im Depot", das einen 400 qm großen Saal und bis zu 250 Sitzplätze bietet und mit Eigenproduktionen, überregionalen und internationalen Koproduktionen sowie Gastspielen das Kulturleben bereichert.

■ Informationen

Theater im Depot
Immermannstr. 29, 44147 Dortmund
Tel. 0231/982120
info@theaterimdepot.de
www.depotdortmund.de

Grammatikoff (Duisburg)

Konzerte von Rock über HipHop bis Jazz, Theater, Kabarett, Comedy und Partys (von Soul Connection über Roots Club bis Raum E/eklektisch elektrische Tanzmusik), Workshops und Poetry Slams – im ehemaligen „HundertMeister" am Dellplatz findet so ziemlich alles statt, was Lust und Laune macht. Bestuhlt finden bis zu 275 Personen im 220 Quadratmeter großen Saal Platz.

■ Informationen

Dellplatz 16a
47051 Duisburg
Tel. 0203/36399681 (Kneipe)
buero@grammatikoff.de
www.grammatikoff.de

PULP Event-Schloss [Duisburg]

Das Schloss ist gar keines, sondern ein ehemaliger Hochfelder Bahnhof, aber Turm und Zinnen gibt's schon und innen viel Ritterdeko. Bänke, Tische, Skulpturen, alles handgemacht vom Schlossherrn Drago! Die Allround-Location lädt freitags und samstags zur Schloss-Party, d. h. zur Disco, zum Abtanzen auf drei „Areas" mit Rock, Pop, Classics, schwarzem Sound und mehr. Das Event-Angebot von PULP umfasst u. a. auch Rittermahl (6 Gänge plus Gaukler), Krimi-Dinner (4 Gänge plus ein Todesfall), Kindertheater, Brunch, Konzerte.

■ **Informationen**

Wanheimer Str. 231a
47053 Duisburg
Tel. 0203/3637900
www.pulp-duisburg.de
Öffnungszeiten: Diskothek: Fr/Sa/vor Fei: 22-5 Uhr (Restaurant u. Bistro ab 20 Uhr); Brunch: So: 11-14 Uhr

Alter Bahnhof Kettwig [Essen]

Die Umfunktionierung ausgedienter Bahnhofsgebäude ist immer wieder reizvoll. Der im April 2003 eröffnete Alte Bahnhof in Essen-Kettwig (1873 eingeweiht) ist heute ein Bürger- und Kulturzentrum, das über sechs Gesellschaftsräume zwischen 40 und 150 Quadratmetern zur Anmietung verfügt und mit einem attraktiven Bühnenprogramm im Musik- und Comedybereich aufwartet. Seit Ende 2016 ist hier das Restaurant Pamis – mit Crossover-Küche – zuhause.

■ **Informationen**

Ruhrtalstr. 345
45219 Essen
Tel. 02054/939339
www.bahnhof-kettwig.de
(mit Kontaktformular)

Bürgermeisterhaus Werden [Essen]

Kleiner, aber sehr feiner Treffpunkt in einem historischen Gebäude von 1833. Das erste Konzert fand 1985 statt. Ein breitgefächertes Angebot aus den Bereichen Musik (Klassik, Jazz), Kabarett, Literatur und Bildende Kunst wendet sich an ein Publikum, welches in privater Atmosphäre Veranstaltungen mit hohem künstlerischen Niveau erleben darf. Ähnlich wie in einem Salon des 19. Jahrhunderts wird nicht nur konsumiert, sondern auch ein gepflegter Austausch zwischen Künstlern und Publikum geboten.

Neben international bekannten Interpreten der zumeist jungen Elite finden hier auch die Absolventen der Musikhochschulen Deutschlands ein interessantes Podium.

■ **Informationen**

Heckstr. 105
45239 Essen-Werden
Tel. 0201/493286
buergermeisterhaus@t-online.de
www.buergermeisterhaus.de

Europahaus / Stratmanns Theater [Essen]

Eine der wenigen Belebungen innerhalb der Essener City. Im 1952 eröffneten ehemaligen „Amerikahaus", das von 1967 bis 1979 auch mal als provisorisches Rathaus genutzt wurde, werden seit 1994 in einem 300 Plätze fassenden Saal Theater (Kabarett, Revue), Konzerte und Lesungen geboten, Highlights sind die ca. 100 Auftritte jährlich von Doktor Stratmann. Die Gastronomie besteht aus Restaurant, Café und Cocktail Bar.

■ **Informationen**

Kennedyplatz 7
45127 Essen
Tel. 0201/82040-60
info@stratmanns.de
www.stratmanns.de

Folkwang Universität der Künste [Essen]

Heimat, Hort und Hochburg der Künste, speziell Tanz, Schauspiel und Musik. 1927 gegründet, seit 1963 als Hochschule anerkannt, gingen aus der idyllisch in der ehemaligen Residenz der Werdener Abtei gelegenen Folkwang Universität bedeutende Musiker, Tänzer, Pantomimen, Schauspieler und Regisseure hervor. Die Veranstaltungen – speziell des Folkwang-Tanzstudios (s. Tanzstadt Essen) – in der 1988 eröffneten Neuen Aula (430 Plätze) besitzen ein außergewöhnliches Flair.
Für kleinere Aufführungen

stehen u. a. das Pina Bausch Theater und der Kammermusiksaal (je 99 Plätze) zur Verfügung.

Auch baulich ist man aktiv: 2012 wurde die neue Folkwang Bibliothek mit 200.000 Medien auf dem Campus Werden eingeweiht, das Folkwang Theaterzentrum am Campus Bochum feierte im Frühjahr 2014 Eröffnung, im Herbst das neugegründete Institut für Populäre Musik an der Zeche Prinz-Regent. Und seit dem Wintersemester 2017 wird der gesamte Fachbereich Gestaltung im „Quartier Nord" auf dem Campus Welterbe Zollverein gelehrt.

Informationen

Klemensborn 39
45239 Essen
Tel. 0201/4903-231 (Tickets)
karten@folkwang-uni.de
info@folkwang-uni.de
www.folkwang-uni.de

Folkwang Universität der Künste, Essen

GOP Varieté (Essen)

Magie, Körperakrobatik, Bauchreden und Jonglage, Comedy plus Artistik – das GOP bringt alles auf einen Nenner. Seit 1996 sind hier in zweimonatlich wechselnden, aufwändig inszenierten Produktionen alte und neue Stars der internationalen Varieté-Szene zu Gast. 2006 komplett renoviert und seit 2015 im neuen Design, bietet das GOP eine Phantasiewelt mit etwa 400 Plätzen und eigenem Restaurant „Leander", das die Gäste auch kulinarisch mit außergewöhnlichen Genüssen verwöhnt.

Informationen

Rottstr. 30
45127 Essen
Tel. 0201/24793-93 (Tickets)
info-essen@variete.de
www.variete.de

Grend mit Theater Freudenhaus (Essen)

Ob „Grend Slam", „Integrative Singleparty" oder „Local Heroes" – das Grend hat auf einer Fläche von 1.200 Quadratmetern die etwas anderen Programmangebote. Konzerte von Ethno, Avantgarde bis Local

Hero, Theater zwischen Revue, Performance und Comedy, Tanz zwischen Discofever und Club-Event, Jazz-Workshops, politische Veranstaltungen und Filme, Foren, Tagungen, Lesungen, Talkrunden und schließlich noch die Gastronomie „Grend" (mit dem außergewöhnlichen Deckengemälde „GREND-Fresco"), in der ebenfalls Konzerte stattfinden.

Mit zum Grend, das 1996 im denkmalgeschützten Gebäude der ehemaligen „Rektoratsschule" eröffnet wurde, gehört das 1986 gegründete Theater Freudenhaus, das in ca. 150 Vorstellungen im Jahr die inzwischen weit über Essen hinaus bekannten Ruhrgebietsstücke des Bühnenautors Sigi Domke spielt. Das ebenfalls zum Haus gehörende Theaterpädagogische Zentrum Ruhr (TPZ-Ruhr) bietet eine anerkannte Ausbildung zum Theaterpädagogen an.

Bildung für alle – das ist die Devise des Grend. Ein eigenes Bildungswerk macht nicht nur Erwachsenen kostengünstige und vielfältige Weiterbildungsangebote. Auch für Kinder und Jugendliche hält es einiges parat: In den Ferien können sich die Schüler kreativ austoben, musikalische Früherziehung und Theaterworkshops sprechen die verschiedensten Altersgruppen an. Praktisch für auswärtige Teilnehmer: Neben dem Tagungshaus verfügt das Grend auch über ein Gästehaus für bis zu 18 Personen.

■ **Informationen**

Alte Rektoratsschule
Westfalenstr. 311
45276 Essen
Tel. 0201/85132-10
info@grend.de
www.grend.de

■ **Info Theater Freudenhaus:**

Programm- und Kartenbestellung:
Tel. 0201/85132-30
theater-freudenhaus@grend.de
www.theater-freudenhaus.de
Öffnungszeiten Gastronomie „Grend":
Mi-Sa ab 17 Uhr, So ab 16 Uhr
Reservierungen „Grend": Tel. 0201/85132-41

Katakomben (Essen)

Ein wunderschöner Theatersaal, ein einladendes Foyer – das 2004 eröffnete Katakomben-Theater setzt als Nachfolger des 1993 hier eingezogenen „Satiricon" unter dem Motto „Kultur ohne Grenzen" auf Kabarett, Comedy, Kindertheater und Musik. Fester Bestandteil des Programms sind Konzertreihen wie „Jazz for the People" oder „Klassisch.Unterirdisch.". Darüber hinaus werden Tanzabende (u. a. Salsa und Tango) und Partys angeboten – um das anspruchsvolle Bühnenprogramm vor 170 Plätzen im Theatersaal und 100 Plätzen im Foyer auch finanziell abzusichern.

2011 gründete das Katakomben-Theater die Kultur-Akademie-Ruhr, die sich unter anderem für eine starke und vernetzte Weltmusik- und Jazzszene in einer Kulturmetropole Ruhr einsetzt.

■ **Informationen**

Girardet Haus
Girardetstr. 2-38
45131 Essen
Tel. 0201/4304671/-72
katakomben-theater@web.de
www.katakomben-theater.de

Rü-Bühne – Freies Theater (Essen)

Die Rü-Bühne im Girardet Haus in Essen-Rüttenscheid bietet anspruchsvolle Unterhaltung mit Produktionen des Rü-Bühnenensembles: Theaterklassiker, absurdes Theater, zeitkritische Inszenierungen; zusätzlich Gastspiele u. a. mit Kindertheater, Impro-Matches und integrativen Theaterstücken.

Die TheaterWerkstatt der Rü-Bühne hat Schauspielunterricht für Kinder und Jugendliche sowie Erwachsene im Angebot.

■ **Informationen**

Girardetstraße 10, Eingang 6
45131 Essen
Tel. 0201/3846766
karte@ruebuehne.de
ruebuehne.de

Kulturzentrum Zeche Carl (Essen)

Zechenkult im Essener Norden. Ende der 1970er Jahre dank einer gemeinsamen Initiative von Jugendlichen, Denkmalschützern, Architekten und Sozialarbeitern nur knapp der Abrissbirne entgangen, ist die

Zeche Carl heute einer der wichtigsten Szenetreffpunkte im Revier.

Auf 3.300 Quadratmetern Fläche wurden ein Konzertsaal, Werkstatt-, Musik- und Gruppenräume sowie die Gastronomie „Malakow" eingerichtet. Disco, Partys und Live-Acts in der ehemaligen Waschkaue, Kleinkunst auf der Bühne des Casinos, Kabarett in der Turnhalle – auf Zeche Carl, mit der im Übrigen ein wichtiges Stück Bergbaugeschichte (s. Industriekultur) erhalten wurde, hört man den neuen Puls des Ruhrgebiets schlagen.

■ **Informationen**

Wilhelm-Nieswandt-Allee 100
45326 Essen
Tel. 0201/83444-10 (auch für Tickets)
info@zechecarl.de
www.zechecarl.de (mit Online-Ticketshop)
Gastronomie
Tel 0201/83444-22
gastronomie@zechecarl.de
Öffnungszeiten: Di-Sa 17-23 Uhr,
So ab 11 Uhr

Kunstschacht Zollverein – Thomas Rother

Kunst statt Kohle, Erlebnis statt Abriss. In der 1903 errichteten ehemaligen Kraftzentrale auf Zollverein 1/2/8 hat der Essener Maler, Bildhauer und Schriftsteller Thomas Rother sein Atelier eingerichtet, das zugleich Wohnraum und Ausstellungshalle ist. Rothers Werk ist von der Schwerindustrie und dem Bergbau im Ruhrgebiet geprägt. Für seine Bilder verwendet er häufig Materialien wie z. B. Kohle, Hochofenschlacke oder auch Rost.

Zugleich erinnert der Kunstschacht mit einer veritablen Sammlung von Figuren der Heiligen Barbara – Schutzpatronin der Bergleute – und einer beeindruckenden Vielzahl von Zechen- und Zechenarbeiter-Hinterlassenschaften an vergangene Montanzeiten.

■ **Informationen**

Schacht 1/2/8
Bullmannaue 21
45327 Essen
Tel. 0201/304881
www.zollverein.de
Öffnungszeiten: Sa/So 11-13 und
15-17 Uhr sowie nach tel. Vereinbarung

Studio-Bühne Essen

Mit Charme, Individualität und Passion präsentiert das Ensemble der Studio-Bühne Essen in seinem Theater, dem STUDIO (50 Plätze) an der Korumhöhe in Essen-Kray, ganzjährig einen Spielplan für Jung und Alt. Das abwechslungsreiche Repertoire reicht dabei von der schwungvollen Boulevard-Komödie zum schrägen Comedy-Thriller, vom beliebten Loriot-Sketch zum poetischen Märchenspiel, vom trashigen Kultstück zum zeitgenössischen Schauspiel ...

Vielfalt ist Programm bei dem engagierten Ensemble, dazu gehören auch Nachwuchsförderung, Stadtteilprojekte, Kindertheatertage, Ferienspatz-Aktionen, Sommer-Theater-Werkstätten, Workshops, theaterpädagogische Betreuung, Gastspiele, Theatertage, Festivals etc.

Als Mehrgenerationenhaus ist die Studio-Bühne Essen mit ca. 140 Veranstaltungen im Jahr ein fester, vitaler Bestandteil im Essener Kulturleben.

■ **Informationen**

Korumhöhe 11
45307 Essen
Tel. 0201/551505
info@studio-buehne-essen.de
www.studio-buehne-essen.de

Theater Courage [Essen]

1986 gegründetes Privattheater mit 99 Plätzen und familiärer Atmosphäre, das mit wechselnden Eigenproduktionen das geschafft hat, wovon alle Theater träumen: ein festes Stammpublikum.

■ **Informationen**

Goethestr. 67
45130 Essen
Tel. 0201/791466
theatercourage@t-online.de
theatercourage.de

Unperfekthaus [Essen]

Der Name ist gut gewählt. Weil er ungewöhnlich ist und deshalb auffällt, aber auch weil er programmatisch ist – wenn man unperfekt mit kreativ und perfekt mit Stillstand definiert. Das Unperfekthaus (UpH) beherbergt im alten Franziskanerkloster mitten in der City auf sieben Etagen (eine Fläche von ca. 4.000 qm) ca. 70 Bühnen, Labors und Ateliers, dazu

Unperfekthaus, Essen

Internet-Computer und ein Café/Restaurant mit einfallsreichen Angeboten. Dennoch ist es weit von einem bloßen Proben- und Aufführungsort entfernt. Das UpH ist im besten Sinne ein öffentlicher Ort, ein Treffpunkt, ein selbst ernannter „Multi-Veranstaltungsort", der Künstler aller Couleur mit einem divergenten Publikum zusammenbringt oder Räume und Logistik für Firmenfeste, Privatfeiern, Gruppenausflüge und Seminare bietet. Hier gibt es weder Starallüren noch Vermittlungsstrategien. Feste Veranstaltungstermine oder einfach mal vorbeischauen – die Besucher können tun und lassen, was sie wollen. Der Angebotsvielfalt sind scheinbar keine Grenzen gesetzt: von Akustik-Jam-Session und Artsurprise über cartoon animation und Fashion-TechCamp bis hin zu Power Yoga und Tanzen für Jedermann und Jedefrau ...

Gastronomisch gibt's seit 2006 noch eine pfiffige Idee: Eintritt sowie Speisen und Getränke werden nach Zeit berechnet, für 11,90 Euro gibt es z. B. eine „Eintritts- und Getränkeflatrate" für einen Tag (mit Kommen und Gehen), die den Aufenthalt z. B. in den schönen Sitzecken mit Getränken in beliebiger Menge (per Selbstbedienung) verschönert. Eine zusätzliche Buffetnutzung ist auch im Angebot.

Es existieren fast 1.600 Projekte im Unperfekthaus, von A-Roma Quartett und Fantastischer Malerei über Kunstkaufhaus und Manga-Zeichnen bis Sozialpiraten und Zween-Art. Und übernachten im 2014 eröffneten hauseigenen Unperfekt-Hotel kann man auch! Eine kleine Welt für sich, die es lohnt, entdeckt und erforscht zu werden.

Dass gute Ideen sich irgendwann auch mal durchsetzen, zeigt die „Preisstatistik" der vergangenen Jahre: Innovationspreis des Netzes innovativer Bürgerinnen und Bürger, Botschafter des Ruhrgebiets von proRuhrgebiet, Top-10-Sehenswürdigkeit des Merian-Reiseführers, Kulturpreis der Kulturpolitischen Gesellschaft in Bonn und der Senfkornpreis der katholischen Kirche. Letzterer wurde verliehen – durchaus standesgemäß – „im Rahmen der Sommer-Akademie für Querdenker".

Apropos Querdenker: Unangepasstes Gedankengut öffentlich zu machen, dafür sorgt die seit Frühjahr 2010 eingerichtete „Speaker's Corner 2.0". Per Beamer und Lautsprecher können sich Redelustige nach dem Vorbild im Londoner Hyde Park ungehindert austoben.

Informationen
Friedrich-Ebert-Str. 18-26
45127 Essen
Tel. 0201/470916-0
info@unperfekthaus.de
www.unperfekthaus.de
Öffnungszeiten: Mo-Do 7-23 Uhr, Fr/Sa 7-1 Uhr, So 8-23 Uhr

Amphitheater Gelsenkirchen

1997 zur Bundesgartenschau in Gelsenkirchen eröffnet, hat sich die Location im Nordsternpark direkt am Rhein-Herne-Kanal zu einem der stimmungsvollsten und beliebtesten Open-Air-Veranstaltungsorte entwickelt.

In den Sommermonaten werden im 6.100 Zuschauer fassenden Amphitheater Konzerte, Open-Air-Kino, Musicals und Partyevents geboten. Die Besucher genießen sowohl das Bühnengeschehen als auch die südländische Atmosphäre vor romantischer Zechenkulisse.

Informationen
Grothusstraße 201
45883 Gelsenkirchen
Tel. 0209/5083-405
info@entertain-one.com
www.amphitheater-gelsenkirchen.de

Consol Theater (Gelsenkirchen)

Auf dem Gelände der 1993 stillgelegten Zeche Consolidation – jetzt kultur.gebiet CONSOL – residiert seit September 2001 das Consol Theater.

In der ehemaligen Lüftermaschinenhalle und dem dazuge-

Amphitheater Gelsenkirchen

hörigen Lüfter der Zeche Consol ist ein abwechslungsreicher Veranstaltungsort in industriekulturellem Umfeld entstanden. In den letzten Jahren hat sich das Consol Theater zu einem vielfach ausgezeichneten Kinder- und Jugendtheater entwickelt, doch umfasst der Spielplan ebenfalls Erzählprogramme, Kammermusikkonzerte und Jazzabende.

Das Consol Theater bietet Theater und Kultur für alle – die Förderung künstlerischer Entwicklung Theaterbegeisterter aller Generationen und damit soziale Zukunft aus künstlerischen Impulsen heraus zu gestalten, ist Ziel der engagierten Arbeit.

■ Informationen
Bismarckstr. 240
45889 Gelsenkirchen
Tel. 0209/988-2282
(Trägerverein: forum kunstvereint e.V.)
kontakt@consoltheater.de
www.consoltheater.de

Kulturraum „die flora" [Gelsenkirchen]

In der ehemaligen Kassenhalle Landeszentralbank stehen heute Theater, Musik, Ausstellungen, Lesungen und Vorträge auf dem Programm. Neben eigenen Ausstellungsprojekten und Veranstaltungen bietet der städtische Kulturraum ein offenes Forum für Träger freier Kulturarbeit, Vereine und Initiativen sowie auch städtische Einrichtungen. Innerhalb klarer Leitlinien sind die Themen weiter gefächert. Die Ausstellungen, Lesungen, Vorträge, Filme etc. befassen sich mit sozial- und kulturgeschichtlichen Fragen, spiegeln aktuelle politische und soziale Entwicklungen wider, greifen den interkulturellen Dialog auf. Gerade das gemeinsame Gespräch und die Auseinandersetzung mit den jeweiligen Themen stehen im Mittelpunkt.

Der Name „flora" greift übrigens eine alte Tradition auf: In den 70er Jahren des 19. Jahrhunderts gab es gegenüber dem heutigen Gebäude eine Gaststätte mit Saal, die Theater- und Musikveranstaltungen präsentierte.

■ Informationen
Florastr. 26
45879 Gelsenkirchen
Tel. 0209/169-9105
flora@gelsenkirchen.de
www.gelsenkirchen.de

KAUE [Gelsenkirchen]

Als ehemaliger Industriestandort mit rauem Zechencharme bietet die KAUE den idealen Rahmen für Kleinkunst-, Kabarett- und Comedyveranstaltungen sowie Konzerte. Ein lebendiger Ort der „Industriekultur". Die kommunikative Club-Atmosphäre nutzen namhafte Künstler wie Michael Mittermeier, Herbert Knebel, Paul Panzer, Ralf Schmitz, Johann König u. a. gerne für ihre neuen Programme. Die KAUE ist technisch „State of the Art" und verfügt neben dem Veranstaltungssaal auch über einen Gastronomiebereich mit echtem Zechenflair.

■ Informationen
Wilhelminenstr. 176
45881 Gelsenkirchen
Tel. 0209/954-30
(Betreiber emschertainment GmbH)
info@emschertainment.de
www.emschertainment.de
www.gelsenkirchen.de

filmriss [Gevelsberg]

Seit 2003 besteht das Kino im ehemaligen „Saalbau Buschmann" von 1874. Kino, aber auch Musik- und Kabarettveranstaltungen, Lesungen, Ausstellungen, Frühstücksmatineen und Theaterproduktionen werden angeboten. Im Programm sind viele interessante und wichtige Projekte wie Jazzlines Südwestfalen, LeseLust, die Figurentheaterreihe „Mächtig viel Theater" oder die Frauenfilmwoche. Das filmriss-Kino beherbergt auch einen Chor, eine Kinder-Theatergruppe und die „Open Earth Flair"-Begegnungsstätte für Flüchtlinge.

■ Informationen
Rosendahler Straße 18
58285 Gevelsberg
Tel. 02332/7590700
kontakt@filmriss.de
www.filmrisskino.de

Freizeit- und Kulturfabrik Elbershallen [Hagen]

Auf dem Firmengelände der ehemaligen Baumwolltextilfab-

rik Gebrüder Elbers ist jede Menge neues Leben entstanden. Der Innenhof lockt mit Bars und Restaurants, in den historischen Backsteingebäuden präsentieren sich vielseitige Freizeit- und Kulturangebote, wie z. B. das „Theater an der Volme", ein Indoorspielplatz, eine Bowlingbahn und eine Disco. Eine auch durch das spezielle Industrieambiente gelungene Freizeitstätte.

■ Informationen

Elbershallen
Dödterstraße 10
58095 Hagen
www.elbershallen.de

Theater an der Volme (Hagen)

Vorhang auf: Die Theatermacher Indra Janorschke und Dario Weberg, bekannt durch das LiteraTourTheater, eröffneten 2011 das Theater an der Volme in einer alten Backsteinkapelle auf dem Gelände der ehemaligen Hagener Textilfabrik Elbers. In vielen Produktionen stehen sie selbst mit auf der Bühne. Das gemütliche Kammerspieltheater mit 99 Plätzen bietet Komödie, Krimi und Klassiker; Lesungen, Kunstausstellungen und Matineen runden das Angebot ab. Besonders beliebt: die Theater-und-Menü-Abende.

■ Informationen

Dödterstr. 10
58095 Hagen

Freizeit- und Kulturfabrik Elbershallen, Hagen

02331/6958845 (Theaterkasse)
www.theaterandervolme.de
(mit Kontaktformular)

Kulturzentrum Pelmke [Hagen]

Bühnenprogramm, Kneipenkultur, Kinoveranstaltungen und Initiativentreffs haben hier vor allem eines gemeinsam: Sie wollen Ort und Impuls für Erlebnisse unkonventioneller Art sein, Denkanstöße abseits von erstarrter „Late-night-comedy" oder schlichtem „boah-ey-Humor" (O-Ton Webseite) geben. Im Prinzip hat hier also alles Platz, was woanders fehlt.

Informationen

Pelmkestr. 14
58089 Hagen
Tel. 02331/336967
info@pelmke.de
www.pelmke.de

Werkhof Kulturzentrum [Hagen]

Ein stimmungsvolles Ambiente – in der ehemaligen Hohenlimburger Schlossbrauerei –, ein variables Konzert-, Kabarett- und Theaterangebot in drei Veranstaltungsräumen – Saal, Katakombe und Lichtstudio –, ein Begegnungszentrum für Menschen aus den verschiedensten Bereichen: In Zeiten der „Multi"-Welle ist der Werkhof tatsächlich vielseitig ambitioniert. Und auf einer faszinierenden Idee gewachsen. Denn realisiert wurde der heutige Betrieb letztlich von Arbeitslosen, sogenannten „Schwervermittelbaren", die in den 1980er Jahren im ruinenhaft verkommenen Werkhof zunächst Arbeit, in den später entstandenen 12 Sozialwohnungen zum Teil auch ihr Heim fanden. Aus einer anfangs argwöhnisch beäugten Baustelle mit 35 Arbeitsplätzen ist heute ein Dienstleistungszentrum mit ca. 200 MitarbeiterInnen sowie Aus- und Weiterbildungsplätzen geworden.

Informationen

Herrenstr. 17
58119 Hagen-Hohenlimburg
Tel. 02334/929190
info@werkhof-kulturzentrum.de
www.werkhof-kulturzentrum.de

Alfred-Fischer-Halle [Hamm]

>> Industriekultur/Industrieanlagen

Helios Theater / Theaterhaus im Kulturbahnhof Hamm

Das Theaterhaus im Kulturbahnhof Hamm zeigt vor allem Inszenierungen für Kinder und Jugendliche, vormittags für Schulen und Kindergärten, darüber hinaus auch am Nachmittag und an den Wochenenden. Die Konzipierung der Räume ist altersgerecht: Es gibt ein Kinderfoyer, und der bis zu 200 Personen fassende Theatersaal bietet auch für die Kleinsten beste Sichtverhältnisse. Über die Aufführungen hinaus finden Workshops, Vorträge und Diskussionen im oberen Foyer des Hauses statt.

Die spezielle Qualität des Helios Theaters wurde in den vergangenen Jahren mehrfach prämiert: Vier Mal erhielt es bislang den „Förderpreis des Landes NRW", mehrfach den Titel „Kindertheater des Monats", 2008 wurde die Produktion „Holzklopfen" mit dem Preis favoriten 08 des NRW KULTURsekretariats für eine herausragende Produktion ausgezeichnet, 2009 folgte der ASSITEJ-Preis und 2011 wurde das HELIOS Theater für den George-Tabori-Preis nominiert. 2010 („Spiel der Kräfte") und 2012 („Hinter den Spiegeln") konnte man erneut die Jury von FAVORITEN überzeugen. Dazu kommen Einladungen auf viele bedeutende Festivals im In- und Ausland. Das Helios Theater ist ferner Gastgeber des internationalen Theaterfestivals „hellwach" (s. Kunst & Kultur/Festivals) und ist in Folge vielfacher internationaler Kooperationen in ganz Europa als Gastspieltheater unterwegs. 2016 produzierte das Hammer Theaterhaus zusammen mit dem Ishyo Arts Centre aus Kigali in Ruanda das Stück „Our House". 2017 geht es mit dem Stück nach Kapstadt ...

Informationen

Helios Theater
Willy-Brandt-Platz 1d
59065 Hamm
Tel. 02381/926837
post@helios-theater.de
www.helios-theater.de

EIN PACT FÜR DIE BÜHNE

TANZSTADT ESSEN

Bundesweit einzigartiges Zentrum für Tanz: PACT Zollverein

Folkwang Hochschule, Tanzstudio

Die Geschichte des Folkwang Tanzstudios ist eng mit dem Namen Kurt Jooss verbunden. Der international bedeutende Tänzer und Choreograph prägte als Gründungsmitglied der Folkwangschule die Fachabteilung Tanz, brachte das „Folkwang-Tanztheater-Studio" 1929 erstmals auf die Bühne des Essener Opernhauses und hatte – nach seiner Rückkehr 1949 von der Emigration nach England während der Nazi- Herrschaft – auch in der Nachkriegszeit entscheidenden Anteil am sich bildenden weltweiten Renommee des Ensembles.

Jooss holte Sigurd Leeder und Jean Cébron nach Essen, organisierte europäisch-amerikanische Sommerkurse an der Folkwangschule, richtete ab 1961 Meisterklassen in der Tanzabteilung ein, die zu Keimzellen des bald gegründeten, sich zum Vorreiter des Modernen Tanzes in Deutschland entwickelnden Folkwang-Balletts wurden. Jooss ist Lehrer und Mentor von Pina Bausch, Reinhild Hoffmann und Susanne Linke, die nach dem Ausscheiden Jooss´ 1968 gemeinsam mit Nachfolger Hans Züllig die weiteren Geschicke des Tanzstudios bestimmten und ebenso die rege Gastspieltätigkeit mit Tourneen auf der ganzen Welt fortführten wie später Henrietta Horn und aktuell Rodolpho Leoni.

Das Folkwang Tanzstudio ist heute dem Institut für Zeitgenössischen Tanz an der Folkwang Universität der Künste angegliedert.

Informationen

Folkwang Tanzstudio
Klemensborn 39
45239 Essen
Tel. 0201/4903-189
FTS@folkwang-uni.de
www.folkwang-tanzstudio.de

PACT Zollverein

Der Anfang 2002 vollzogene Zusammenschluss des Choreographischen Zentrums NRW und der Tanzlandschaft Ruhr hat ein internationales Zentrum für darstellende Kunst mit den Schwerpunkten Tanz und Performance geschaffen. PACT Zollverein – Performing Arts Choreographisches Zentrum NRW Tanzlandschaft Ruhr – ist Initiator, Motor und Bühne für wegweisende künstlerische Entwicklungen.

Mit einer bundesweit einzigartigen Struktur kommt das Haus in drei Arbeitsschwerpunkten einem regionalen, nationalen und internationalen Gesellschafts- und Kulturauftrag nach: Im Residenzprogramm, an dem Künstlerinnen und Künstler aus der ganzen Welt teilnehmen, arbeitet PACT als Künstlerhaus und schafft einen Raum für konzentrierte Arbeitsprozesse. Der Bereich Plattform initiiert Austausch zwischen Künstlern und Wissenschaftlern verschiedener Disziplinen.
Ein dritter Schwerpunkt liegt auf einem profilierten Bühnenprogramm aus Uraufführungen, Koproduktionen und Gastspielen.

Beheimatet ist das Choreographische Zentrum in der ehemaligen Waschkaue der denkmalgeschützten Zeche Zollverein in Essen-Katernberg.

Informationen

Bullmannaue 20a
Schacht I/II/VIII, 45327 Essen
Tel. 0201/2894700
info@pact-zollverein.de
www.pact-zollverein.de

Waldbühne Heessen (Hamm)

Wenn die Luft im Heessener Wald lau wird, startet die Saison der Westfälischen Freilichtspiele, einem von Deutschlands besucherstärksten Amateurtheatern. Bis zu 140 Mitwirkende stehen bei einzelnen Inszenierungen auf der „Bühne" und drei perfekt inszenierte Stücke pro Sommersaison locken die Zuschauer. Kinderstücke machen auch für die „Kleinen" Kultur erlebbar.

Das abwechslungsreiche Programm vor einer 1.700 Plätze umfassenden, überdachten Tribüne, dazu ein großartiges Naturpanorama – der Besuch der Waldbühne Heessen lohnt sich!

Informationen

Gebrüder-Funke-Weg 3
59073 Hamm
Tel. 02381/309090
info@waldbuehne-heessen.de
www.waldbuehne-heessen.de

Kulturwerkstatt Oberonstraße / Hoppegarden (Hamm)

Soziokulturelles Zentrum in einem ehemaligen Übernachtungsheim der Deutschen Bundesbahn. Ateliers für bildende Künstler sind ebenso vorhanden wie Proberäume für Musiker. Die Freie Jugendkunstschule, das Bildungswerk für Theater und Kultur und all die anderen Vereine, Gruppen und Initiativen im Haus stehen für ein vielfältiges Programm.

Der Live-Club Hoppegarden, Veranstaltungsort der Kulturwerkstatt, sorgt seit 1991 mit Rock ‚n' Roll, aber auch Comedy und Kindertheater, Poetry Slam und weiteren Events für Stimmung.

Informationen

Oberonstraße 20-21
59067 Hamm
Tel. 02381/44891
info@kulturwerkstatt-hamm.de
www.hoppegarden-hamm.de

Flottmannhallen (Herne)

Eines der bekanntesten Kulturzentren im Revier. Seit 1986 beheimatet in einem fünfschiffigen, ehemaligen Industriekomplex, der zuvor nur knapp dem Abriss entgangen war und heute unter Denkmalschutz steht. Die Hallen (Forum: 650 Plätze, Theatersaal: 150 Plätze, Ausstellungshalle: 450 Quadratmeter) bieten ein wichtiges Forum für freie Theaterensembles, bildende KünstlerInnen, modernen Tanz, bekannte Kabarettisten und unterschiedlichste Musikgruppen. Außen hat sich das ehemalige Werksgelände zu einem Skulpturenpark gewandelt.

Jugendkultur wird hier großgeschrieben: Das im Hause ansässige theaterkohlenpott nutzt die Flottmannhallen als Proben- und Spielstätte für Kinder- und Jugendtheater-Produktionen. Und das Format RoomService ist seit zehn Jahren eine Plattform für jugendliche Kreativität, die z. B. von Textern und Musikern, von Comedians und Artisten genutzt wird.

Informationen

Straße des Bohrhammers 5
44625 Herne

Flottmannhallen, Herne

Tel. 02323/16-2961
(Tickets)
flottmann-hallen@herne.de
www.flottmann-hallen.de

Kulturzentrum Herne

Kultur zentral: Hier findet man Volkshochschule, Stadtbücherei und das Kulturamt unter einem Dach. Eine seit der Neugestaltung 2010 moderne multifunktionale Veranstaltungshalle (1.600 Quadratmeter) mit einer 150 Quadratmeter großen Bühne und ca. 1.200 Sitzplätzen dient – ebenso vielseitig – Theater, Konzerten, Bällen, Tagungen und Kongressen.

■ **Informationen**
Willi-Pohlmann-Platz 1
44623 Herne
Tel. 02323/1627-77
info@kulturzentrum-herne.de
www.kulturzentrum.herne.de

Mondpalast (Herne)

Der findige Kulturmanager Christian Stratmann, der mit seinem bekannten Bruder „Dr. Ludger" bereits dem Europahaus in Essen erfolgreich neues Leben einhauchte, hat sich und dem Revier mit der Eröffnung des „Mondpalastes" ein Denkmal gesetzt. Geschickt und Kohlenpott-inspiriert nutzt er schon im Namen einen anerkannten Mythos der Ruhrgebietsgeschichte, um Kulturbeflissene ins Ruhrpott-Serail zu entführen. „Nichts ist so schön wie der Mond von Wanne-Eickel, die ganze Luft ist erfüllt von ewigem Mai ..." lauten die ersten Zeilen des berühmten Schlagers von Friedel Hensch und den Cyprys. Lokalkolorit erfüllt denn auch den Theatersaal, in dem Komödien aus der Feder von Sigi Domke und seit 2015 in der Regie von Ekkehard „Ekki" Eumann als Nachfolger des Gründungsintendanten Thomas Rech gespielt werden.

Eine weitere Tradition stellt im Übrigen das Haus selbst dar: Der 1911 errichtete Städtische Saalbau im Wanner Stadtgarten hat als „Kaisersaal" bereits Theatergrößen wie Zarah Leander, Theo Lingen oder Maria Schell präsentiert. Im Mondpalast schwingt also viel Geschichte mit, auch wenn der „Mond von Wanne-Eickel" eigentlich gar kein „Ruhrie" ist: Er schien ursprünglich als „Un clair de lune à Maubeuge" über dem nordfranzösischen Kohlerevier ...

■ **Informationen**
Wilhelmstraße 26
44649 Herne
Tel. 02325/588999 (Karten)

Restaurant PalastKantine:
Tel. 02325/6350883
info@garantiert-stratmann.com
www.mondpalast.com

Glashaus (Herten)

Seit der Eröffnung im Jahr 1994 hat sich das Glashaus einen Namen als außergewöhnlicher Tagungs- und Veranstaltungsort gemacht. Mit einer geglückten Synthese aus moderner Architektur und besonderem Baukonzept bietet das Glashaus einen außergewöhnlichen Rahmen für alle Anlässe. Zentraler Veranstaltungsort ist die begrünte, 18 Meter hohe Glasrotunde mit 300 Sitzplätzen. Die multifunktionalen, mit modernster Technik ausgestatteten Räumlichkeiten eignen sich für Seminare und Tagungen ebenso wie für Messen, Kongresse und Festlichkeiten. Die Stadtbibliothek im Glashaus bietet mit mehr als 115.000 Büchern und Medien auf einer Fläche von 2.000 Quadratmetern eine interessante und freundlich gestaltete Büchereilandschaft, die regelmäßig ausgezeichnet wird.

■ **Informationen**
Hermannstr. 16
45699 Herten
Kulturtreff:
Tel. 02366/303650
stadtbibliothek@herten.de
www.herten.de

RevuePalast Ruhr (Herten)

„Dat gibt Theater", war früher ein oft gehörter Spruch in den Bergwerken des Ruhrgebiets. Was früher als Ankündigung für Missfallen und Ärger gemeint war, ist heute glamouröse Wirklichkeit. Denn auf der 2001 geschlossenen Zeche Ewald ist seit der Eröffnung des RevuePalastes Ruhr Showtime angesagt. In der denkmalgeschützten Heizzentrale hat der umtriebige „Prinzipal" Christian Stratmann (Mondpalast/Herne, Wanne-Eickeler Kammerspielchen) ein extravagantes Bühnenreich geschaffen. Im Eröffnungsprogramm zeigt ein internationales Travestie-Ensemble vor bis zu 300 Gästen Interpretationen von Stars wie Marlene Dietrich, Hilde Knef, Amy Winehouse, Kylie Minogue oder Janet und Michael Jackson – frei nach dem Motto: „Männer sind einfach die schöneren Frauen." Das hätte sich früher auf Zeche wirklich niemand träumen lassen.

■ **Informationen**
Werner-Heisenberg-Str. 2-4
45699 Herten
Tel. 02325/588999
info@garantiert-stratmann.com
www.revuepalast-ruhr.com

Kloster Saarn (Mülheim an der Ruhr)

Kultur in klösterlicher Atmosphäre. Die Veranstaltungsreihe „Musik im Kloster Saarn" mit bedeutenden europäischen Organisten hat längst überregionale Bedeutung erlangt. Klassische Konzerte, aber auch Ausstellungen, Lieder- und Rezitations-Abende, Vorträge, Lesungen, Tanzveranstaltungen und Kindertheater sorgen in dem seit 1989 neugenutzten Gemäuer für lebendige Zeiten.

■ **Informationen**
Klosterstr. 53
45481 Mülheim a. d. Ruhr
Tel. 0208/487555
www.muelheim-ruhr.de
www.musik-im-kloster-saarn.de

Ringlokschuppen (Mülheim an der Ruhr)

In dem um 1900 errichteten Lokschuppen wurden zunächst Dampflokomotiven vom benachbarten Wasserturm versorgt, bis 1968 war danach die Zentralstelle der Bundesbahnbusse hier untergebracht – heute werden Kulturbeflissene und Nachtschwärmer mit Veranstaltungsangeboten und Gastronomie bedient.

Hinter der halbrunden (Gesamtwinkel: genau 154 Grad) denkmalgeschützten Stahlfachwerkfassade, mitten im Gelände der Landesgartenschau MÜGA '92, stehen auf einer Grundfläche von über 3.000 Quadratmetern Konzerte (bis zu 1.000 Leute im großen Saal), Theater, Tanztheater, Comedy, Kabarett, Ausstellungen und Disconächte auf dem Programm.

Während namhafte Stars eher in der Mülheimer Stadthalle gastieren, widmet sich der Ringlokschuppen vor allem der Förderung und Wei-

Kloster Saarn, Mülheim an der Ruhr

terentwicklung von Produktionen aus der Freien Kulturszene, er ist Koproduktionshaus für zeitgenössisches Theater, Performance und Tanz und beteiligt sich auch an Kunstprojekten im Stadtraum wie aktuell an der „Silent University Ruhr".

Im Sommer geht's draußen – inklusive Biergarten – mit Open-Air-Events auf der ehemaligen Drehscheibe weiter.

■ Informationen

Am Schloss Broich 38
45479 Mülheim a. d. Ruhr
Tel. 0208/99316-0
ringlokschuppen.ruhr
(mit E-Mail-Kontaktseite)

Zentrum Altenberg (Oberhausen)

In die ehemalige, vom Abriss bedrohte Zinkfabrik ist das Leben zurückgekehrt. Konzerte, Disco-abende (hier speziell: der Donnerstag als „Düstertag" im Eisenlager, samstags „Disconaut") und Partys (freitags „Adults only") bestimmen das Programm. Kultur im ehemaligen Industriekomplex – Schmiede (Kneipe), Schlosserei (Veranstaltungsraum), Eisenlager (Veranstaltungsraum), Kino im Walzenlager (45 Plätze), Kunsthalle – heißt aber auch Kabarett und Kindertheater, Ausstellungen, Lesungen und Feste.

■ Informationen

Hansastr. 20
46049 Oberhausen
Tel. 0208/85978-0
info@akug-gmbh.de
www.zentrumaltenberg.de

Druckluft (Oberhausen)

Konzerte, Disco, Partys, politische Veranstaltungen, Frauencafé, Kursprogramme, Workshops, Selbsthilfe-Werkstätten – das seit 1979 selbstverwaltete Jugend- und Kulturzentrum bietet jede Menge Programm und umfasst Gruppenräume, eine Jugendwerkstatt, das alte und neue Café, die Halle, Kurts Haus, einen Besprechungsraum, einen schönen Biergarten, drei Bühnen, zwei Außenbühnen, Discoraum, Kinoraum, Beamer und Leinwand, Proberäume, freies Wlan, größtmögliche Barrierefreiheit, das vegane Restaurant „Schmackofatz" und, und, und. Kritisches Bewusstsein wird mit Vorträgen, Lesungen etc. zu fördern versucht.

Informationen

Am Förderturm 27
46049 Oberhausen
Tel. 0208/852454
www.drucklufthaus.de (mit Kontaktformular)

Ebertbad (Oberhausen)

Der Bademeister hat abgedankt – im 1894/95 als eine der ersten Volksbadeanstalten des Deutschen Kaiserreiches erbauten Stadtbad am Ebertplatz regieren jetzt Kultur und Vergnügen. Kleinkunst, Theater und besondere Events – die unter Denkmalschutz stehende Ex-Schwimmhalle im Jugendstil nimmt es mit bis zu 420 (sitzenden) Personen auf.

Informationen

Ebertplatz 4
46045 Oberhausen
Tel. 0208/2054028
info@ebertbad.de
www.ebertbad.de

Theater an der Niebuhrg (Oberhausen)

Mit dem 2006 erfolgten Einzug in die Gebäude der ehemaligen Zeche Concordia hat das Theater an der Niebuhrg einen erstklassigen Rahmen für seine Musical- und Bühnenproduktionen geschaffen. Das historische Gemäuer bietet neben einem 185 Personen fassenden Theatersaal im Foyer eine Theatergastronomie, bei schönem Wetter lädt auch der Biergarten zum Verweilen ein. In den Sommermonaten finden die Aufführungen open air im 2009 erbauten Gartentheater statt.

Informationen

Niebuhrstr. 61
46049 Oberhausen
Tel. 0208/860072
info@niebuhrg.de
www.schilda-theater.de

Turbinenhalle (Oberhausen)

Die 1993 in eine Großraum-Diskothek umgewandelte Turbinenhalle ist heute in erster Linie Konzert-, Event- und Partyhalle. In der 1907 erbauten ehemaligen Thyssen-Kraftwerkshalle heizen Pop/Rock-Konzerte, Hip-Hop-Events, Techno-Raves, Mega-Partys und andere Veranstaltungen den Besuchern ordentlich ein.

Die „Main Hall" (1.000 Quadratmeter), die ehemalige Soccerhalle (1.600 Quadratmeter), „Turbinenhalle 2" (850 Quadratmeter), „Kammer" und „Cosmo" (jeweils 350 Quadratmeter) und die Disco-Tanzfläche „Steffy" (830 Quadratmeter) bieten viel Platz für Musik-Spektakel wie z. B. die Popschlager-Party oder das Pogo-Festival – aber auch für Messen.

Informationen

Im Lipperfeld 23
46047 Oberhausen
Tel. 0208/25050
info@turbinenhalle.de
www.turbinenhalle.de

Stadthalle Oer-Erkenschwick

Die Stadthalle ist das kulturelle Zentrum der Stadt Oer-Erkenschwick und wird unterschiedlichsten Ansprüchen gerecht. Mit Räumlichkeiten für bis zu 700 Personen ist sie Kultur- und Tagungszentrum, Konzertbühne, Veranstaltungshalle, Event-Location für Comedy und Musik in einem. Von sportlichen Veranstaltungen, über Konzerte, Musicals, Discos und Kleinkunst bis hin zu Messen und Märkten oder Tagungen bieten die zentral gelegenen Hallen das passende (auch behindertengerechte) Ambiente.

Informationen

Berliner Platz 14
Tel. 02368/8902370
info@stadthalle-oe.de
www.stadthalle-oe.de

Kultur- und Jugendzentrum Altstadtschmiede (Recklinghausen)

Musiker, Kabarettisten und Kleinkünstler schätzen die

Turbinenhalle, Oberhausen

1976 eröffnete, zentral gelegene „Schmiede" als eine der attraktivsten Auftrittsmöglichkeiten im Kreis Recklinghausen. In der ehemaligen Nagelschmiede von 1850, die noch bis 1973 produzierte und nur durch eine engagierte Bürgerinitiative bewahrt werden konnte, sind darüber hinaus verschiedenste Nutzergruppen in der Kulturarbeit aktiv. Regelmäßig gibt es z. B. Jazz-Sessions, Seniorentanz, den Kids Club und verschiedenste Lern- und Kreativangebote für Jugendliche.

■ **Informationen**
Kellerstr. 10
45657 Recklinghausen
Tel. 02361/21212
www.altstadtschmiede.de

Schwarzer Adler (Rheinberg)

Live-acts im denkmalgeschützten Bauernhaus. Konzerte aller Art, vor allem Blues und Jazz, Comedy, Kabarett, Ausstellungen. Disco mit Adler-Tanz und Oldie-Night stehen hier auf dem Programm. Und für alle Übrigen gibt's Restaurant, Kneipe und Biergarten.

■ **Informationen**
Baerler Str. 96
47495 Rheinberg
Tel. 02844/2458
info@schwarzer-adler.de
www.schwarzer-adler.de

Rohrmeisterei (Schwerte)

Im frühindustriellen Ambiente einer 1890 erbauten Pumpstation zur Trinkwasserversorgung ist die von einer gemeinnützigen Stiftung getragene Rohrmeisterei Kultur- und Bürgerzentrum im reinen und deshalb umfassenden Sinne. Die Eröffnung 2003 ist verschiedenen Vereinen zu verdanken, die das jahrelang leerstehende, heute stimmungsvolle Gebäude in mühevoller Eigenarbeit ausbauten. Mit den gemauerten Rundbögen, guss-

Rohrmeisterei, Schwerte

eisernen Sprossenfenstern, einem Tonnendach mit Stahlfachwerkbindern und dem roten Ziegelmauerwerk mit Verzierung im Gesims und Relief besitzt das Gebäude nicht nur ein einzigartiges Ambiente, sondern ist auch für industriehistorisch Interessierte ein wertvolles Kleinod. 2010 wurde der „Landschaftspark" eingeweiht, der die Rohrmeisterei mit der nur 200 Meter entfernten Ruhr verbindet und in vier „Ruhr-Balkonen" ausläuft. Künstlerischer Mittelpunkt des Parks ist die Wasser-Licht-Skulptur „Less sauvage than others" der international bekannten Künstlerin Rosemarie Trockel.

Überhaupt spielen Kunst und Kultur in den insgesamt drei Hallen (die Halle 3 bietet 600 Sitzplätze) die Hauptrolle. Renommierte Festivals wie das „Welttheater der Straße" oder die „Extraschicht" waren und sind hier ebenso zu Gast wie renommierte Autoren beim Literaturfestival „Mord am Hellweg". Die Konzertreihe „Sternstunden am Bösendorfer" präsentiert internationale Stars und hochkarätige Nachwuchskünstler, im Sommer findet die Veranstaltung auch als „Sternstunden unter'm Sternenhimmel" im Landschaftspark auf dem Rohrmeisterei-Plateau statt. Das „Theater am Fluss" bringt anspruchsvolle Inszenierungen auf die Bühne, während die „Filmfreunde der Rohrmeisterei“ für ein ausgesuchtes Kinoprogramm sorgen.

Darüber hinaus sind durch diverse Institutionen auch die Bereiche Kinder- und Jugendarbeit, Denkmalpflege und Umweltschutz vertreten. Die Halle 1 mit Restaurant, Bistro, Biergarten und Lounge sowie die Halle 2 mit Foyer und kleineren Räumen z. B. für Ausstellungen komplettieren das ansprechende Angebot.

Ein Exportschlager Schwertes? Senf! In einem Nebengebäude der Rohrmeisterei ist die letzte historische Senfmühle Westfalens untergebracht und produziert Schwerter Senf nach traditionellem Rezept von 1845 – ohne Verwendung von künstlichen Konservierungsmitteln, Farbstoffen und Zucker.

Informationen

Ruhrstr. 20, 58239 Schwerte
Tel. 02304/201-3001
info@rohrmeisterei-schwerte.de
www.rohrmeisterei-schwerte.de
Schwerter Senfmühle
Ruhrstr. 16
58239 Schwerte
Tel. 02304/776111
www.schwerter-senfmuehle.de
Öffnungszeiten: Mi/Sa 10-13 Uhr

Lindenbrauerei (Unna)

>> Industriekultur / Route der Industriekultur

flözK (Werne)

Auf dem Gelände der ehemaligen Zeche Werne befindet sich der Kleinkunst- und Kulturverein „flözK“. Für seine besonderen Leistungen wurde dieser Verein mit dem Kulturpreis der Stadt Werne ausgezeichnet. Er bietet ein Forum für Kleinkunst in jeglicher Form: Konzerte, Kabarettabende, Ausstellungen, Lesungen und Film sowie andere künstlerische Events können an einem ungewöhnlichen Ort erlebt werden.

Information

Flöz-Zollverein-Straße 4
59368 Werne
info@floez-k.de
www.floez-k.de

Scala Kulturspielhaus (Wesel)

Das alte Kino ist 2013 als Kleinkultur-Stätte wiederbelebt worden. Veranstaltungen von Poetry-Slams über Kabarett bis zu Konzerten finden für bis zu 250 Besucher statt. Das Kulturspielhaus kann auch gemietet werden.

Informationen

Wilhelmstr. 8-10
46483 Wesel
Tel. 0176/80176380
k.nienhaus@scala-kulturspielhaus.de
www.scala-kulturspielhaus.de

Amphitheater Archäologischer Park und Birten (Xanten)

Wo einst Gladiatoren um die Gunst des Publikums und um ihr Leben kämpften, erfreuen sich heute Besucher über stimmungsvolle Veranstaltungen. Das Amphitheater im Archäologischen Park, dessen wieder aufgebautes Viertelsegment immerhin 3.000 Zuschauern Sitzplätze garantiert, bietet z. B. alle zwei Jahre Gladiatorenkämpfe beim Römerfest „Schwerter, Brot und Spiele“, zu dem rund 450 Mitwirkende aus verschiedenen europäischen Ländern anreisen. Im Amphitheater Birten, heute in herrlicher Waldlage, kamen einst die römischen Soldaten auf ihre Kosten.

Fast zwei Jahrtausende später erlebte die Arena erneut Glanzzeiten mit vielen Aufführungen, nach dem Aus für die Xantener Sommerfestspiele wurde es indes für einige Jahre still um die beliebte Konzertstätte. Mittlerweile wird im Sommer eine Piratenstory mit viel Pulverdampf und Degengerassel dargeboten.

Adressen

Amphitheater Archäologischer Park
Am Amphitheater
(Eingang Stadtzentrum)
46509 Xanten
Amphitheater Birten
Römerstraße
46509 Xanten

Informationen

Besucherservice Xanten
Tel. 02801/9889213
xanten@kulturinfo-rheinland.de
www.apx.lvr.de
Tourist-Information Xanten
Tel. 02801/772-200
info@xanten.de
www.xanten.de

KULTURGUT – DIE RUHRTRIENNALE

Als Ende August 2002 die Ruhrtriennale mit der Premiere „Deutschland deine Lieder“ in der Halle 5 der Zeche Zollverein eröffnet wird, gibt es nicht wenige Kritiker, die behaupten, das von der Landesregierung initiierte Festival sei eine von oben verordnete, überteuerte Image-Kampagne, die mit dem Ruhrgebiet nichts zu tun habe. Nach dem ersten Ruhrtriennale-Zyklus verkehrt sich diese Stimmung ins Gegenteil.

Gerard Mortier, Intendant der ersten Ruhrtriennale, hat es verstanden, international herausragende Bühnen-Produktionen aus den Bereichen Musiktheater und Schauspiel, Installation und Tanz in die Region zu holen und mit den einzigartigen Spielstätten des Ruhrgebiets, vor allem den Industriedenkmälern, zu verbinden.

Das „Fest der Künste“ bietet bedeutende Uraufführungen und Neuinszenierungen, darunter Flauberts „The Temptation of St. Anthony“ (Robert Wilson), Mozarts „Die Zauberflöte“ (La Fura dels Baus), Messiaens „Saint François D´Assise“ (Sylvain Cambreling und Ilya Kabakov), das Mozart-Projekt „Wolf“ und das Mahler-Projekt „Nicht schlafen“ (Alain Platel), die Geschichte von Tristan und Isolde, zweimal inszeniert von Willy Decker – in Form von „Le Vin herbé“ des Komponisten Frank Martin

Szene aus der Tanz-Aufführung „Sketches/Notebook" von Meg Stuart/Damaged Goods.

und als Wagner-Oper –, Bernd Alois Zimmermanns „Die Soldaten", „Eine Kirche der Angst vor dem Fremden in mir" (Christoph Schlingensief), die (Oper-)Performance „Sänger ohne Schatten" von Boris Nikitin, der Medea-Kosmos aus Schauspiel und Installation „Medea.Matrix" von Susanne Kennedy und Markus Selg, das Musiktheaterstück „Accattone" in der Regie von Johan Simons und seine Inszenierung der Gluck'schen Oper „Alceste". Exklusive Reihen wie „Century of Song" (2002–2011) oder „Konzerte im Maschinenhaus" (Zeche Carl) runden das Programm ab.

Ehemalige Maschinenhallen, Zechen und Kokereien – allen voran die eigens für die Ruhrtriennale umgebaute, als zentrales Festspielhaus dienende Jahrhunderthalle Bochum – können sich als Theater- und Konzertsäle mustergültig in Szene setzen. Und auch für Halden und Brachen zeigt die Ruhrtriennale durch Installationen und Uraufführungen neue Perspektiven auf. Ein Plädoyer für die Kunst also, für das Ruhrgebiet aber zugleich die Chance, sich als bedeutender europäischer Kulturstandort zu etablieren. Dies ist längst gelungen: Beispielsweise akkreditieren sich über 200 Journalisten aus 18 Ländern allein für die Eröffnungsveranstaltung 2008, im

Bild o.: Szene aus „Accatone“ von Pier Paolo Pasolini in der Regie von Johan Simons;
Bild u.: Aufführung „MEDEA.MATRIX“ von Susanne Kennedy und Markus Selg

Jahr 2015 sind es insgesamt rund 350 Journalisten aus dem In- und Ausland.

Erfolgreich ist auch der Publikumszuspruch. Unter Jürgen Flimm, dem Intendanten der zweiten Ruhrtriennale, besuchen mehr als 200.000 Menschen die 306 Festival-Veranstaltungen der Jahre 2005 bis 2007.

Die Ruhrtriennale 2009–2011 leitet der international renommierte Opernregisseur Willy Decker. Die drei Spielzeiten widmen sich dem Spannungsfeld zwischen Kunst und Kreativität und dem Urmoment des Religiösen. Seit 2012 ist die Ruhrtriennale auch eine „Tourtriennale“: Eigene Produktionen des Festivals gehen auf internationale Aufführungs-Reise.

Im selben Jahr übernimmt Heiner Goebbels, Komponist und Theatermacher, die künstlerische Leitung bis 2014 mit einem zeitgenössischen Programm.

Johan Simons, niederländischer Theatermacher und Opernregisseur, hat die Intendanz zwischen 2015 und 2017 inne. Unter dem Leitmotiv „Seid umschlungen“ setzt er im Ruhrtriennale-Programm unter anderem politische Schwerpunkte. Das Motiv ist Schillers Ode „An die Freude“ entlehnt, die später von Beethoven in seiner 9. Sinfonie vertont worden ist. Die Ruhrtriennale macht mit „Seid umschlungen“ eine Geste der künstlerischen, gesellschaftlichen und geografischen Umarmung. Simons bringt 485 Veranstaltungen bei 132 Produktionen, davon über 100 Eigen- und Koproduktionen auf die Bühnen der ehemaligen Industriehallen. Insgesamt gibt es mehr als 60 Uraufführungen, Neuinszenierungen, Deutschlandpremieren und Installationen.

Seit 2018 leitet Stefanie Carp die Ruhrtriennale.

Informationen

Ticket-Hotline: 0221/280210
Kultur Ruhr GmbH
Gerard-Mortier-Platz 1, 44793 Bochum
Tel. 0234/97483300
info@ruhrtriennale.de, www.ruhrtriennale.de
(mit Liste der Vorverkaufsstellen)
service@ruhrtriennale.de (WhatsApp-Service)
Touristikzentrale Essen
Am Hauptbahnhof 2, 45127 Essen
Tel. 0201/8872048

Szene aus Christoph Willibald Glucks Oper „Alceste“ in der Inszenierung von Johan Simons und René Jacobs

FESTIVALS

Emscherkunst

Seit den 1990er Jahren wandelt sich die Emscher von einem offenen Abwasserkanal zu einem naturnahen Fluss. Und seit dem Kulturhauptstadtjahr Ruhr.2010 begleitet zyklisch Kunst ihren Lauf. Alle drei Jahre werden in Städten und in der Natur entlang der Emscher zeitgenössische Kunstwerke ausgestellt, die thematisch mit dem Emscher-Umbau und dem strukturellen Wandel im Revier verknüpft sind. Im Sommer 2016 erlebten rund 260.000 Besucher 24 Kunstwerke in sieben Kunstarealen. Der 50 Kilometer lange Emscherkunstweg, der die Städte Holzwickede, Dortmund, Castrop-Rauxel, Recklinghausen und Herne verband, ließ sich bestens mit dem Drahtesel erkunden. Die 4. Emscherkunst findet eventuell erst 2020 statt, denn dann könnte man gleichzeitig den Abschluss des Mammutprojekts Emscherumbau feiern.

■ **Informationen**

Emschergenossenschaft
Kronprinzenstr. 24, 45128 Essen
Tel. 0201/104-0
www.emscherkunst.de

Gitarrenfestival-Ruhr

September/Oktober. Aus dem „Internationalen Gitarrenfesti-

Bochumer Sommerhighlight on stage: das Festival „Bochum total“

val Essen“ hervorgegangen, konzentriert sich die von Thomas Hanz und Carsten Linck geleitete Veranstaltungsreihe auf die Vielfalt der klassischen Gitarre. Die musikalische Reise durch die unterschiedlichsten Musikrichtungen und -stile von der Klassik bis zur Moderne, von Originalwerken bis zu Transkriptionen, vom Jazz über Tango, Pop bis hin zur Improvisation präsentiert nationale und internationale Künstler auf höchstem Niveau. Das Festival findet an verschiedenen atmosphärisch und akustisch ausgesuchten Veranstaltungsorten statt (u. a. Bleckkirche in Gelsenkirchen, Bürgermeisterhaus in Essen-Werden und Kloster Saarn in Mülheim an der Ruhr).

Informationen

contact@gitarrenfestival-ruhr.de
www.gitarrenfestival-ruhr.de

Kinderfilmtage im Ruhrgebiet

September/Oktober/November. Qualität statt Kommerz – unter diesem löblichen Motto steht das cineastische Festival bereits seit Anfang der achtziger Jahre. Damals noch als „Essener Kinderfilmwoche“ ein lokales Ereignis, zog die beliebte Veranstaltungsreihe immer weitere Kreise, um 1994 als kulturelle Gemeinschaftsveranstaltung der Städte Essen,

Mülheim und Oberhausen folgerichtig in „Kinderfilmtage im Ruhrgebiet" umbenannt zu werden. Neben einem sehenswerten Filmprogramm, das von aktuellen Produktionen über Märchenverfilmungen bis zu Kinopremieren reicht und im üblichen Kinoangebot kaum vorhanden ist, bietet das Festival spielpädagogische Ideen und interaktive Aktionen, die das auf der Leinwand Erlebte auf differenzierte Art und Weise in die Alltagswelt der Kinder transportieren. Seit 2005 wird der mit 2.000 Euro dotierte Preis „Emo" für den besten Darsteller in einem Kinderfilm deutscher Produktionen der jeweils zurückliegenden zwölf Monate verliehen, seit 2007 die „Emmi"-Auszeichnung für den besten Kinderfilm, vergeben von einer reinen Kinderjury.

■ **Informationen**

Organisationsbüro Kinderfilmtage
Stadt Oberhausen / FB 3-2-30
Jugendmedienarbeit
Tel. 0208/800099
www.kinderfilmtage-ruhr.de
Kinos Essen: Lichtburg, Kettwiger Straße; Eulenspiegel, Steeler Straße 208; Filmstudio Glückauf, Rüttenscheider Straße 2 / Kino Mülheim: Rio Kino im Medienhaus, Viktoriastraße 17-19 / Kino Oberhausen: Lichtburg Filmpalast, Elsässer Straße 26

Klavier-Festival Ruhr (Ruhrgebiet)

Frühjahr/Sommer. Eine der weltweit größten Veranstaltungsreihen der internationalen Pianisten-Elite, mit dem die Rechnung des Initiativkreises Ruhr, dem wirtschaftlichen Wandel im Ruhrgebiet auch kulturelles Leben einzuhauchen, voll aufgegangen ist. Seit 1989 trifft sich im Ruhrgebiet das Who is Who der internationalen Pianistenszene. Ein exklusives Glanzlicht, dessen Palette von der Klassik über den Jazz bis zur zeitgenössischen E-Musik reicht und weit über das Ruhrgebiet strahlt. Seit 2006 gibt es das „Education-Programm", das sich mit drei Akzenten dem musikalischen Nachwuchs widmet: Die Reihe „Entdeckungen – Discovery-Projects" bietet kreative Musik-Workshops für Kinder und Jugendliche, die „Little Piano School" führt Zwei- bis Sechsjährige an das Klavier heran, und in den Projekten von „KlavierModern – Contemporary Piano Music" werden Kindern und auch Erwachsenen vielfältige Zugänge zur neuen Klaviermusik eröffnet.

Welche Dimensionen das stetig gewachsene und seit 2011 als Stiftung geführte Festival erreicht hat, verdeutlichen Zahlen zum Jahr 2008: Im 20. Jahr seines Bestehens verbuchte das Klavier-Festival Ruhr innerhalb von zehn Wochen mehr als 63.000 Besucher bei 77 Konzerten in 15 Städten auf 28 Bühnen. 2017 waren es über 20 Städte mit 36 Spielstätten, wo auf 69 Konzerten amerikanische Klaviermusik im Mittelpunkt stand.

Auch die Preisträger-Liste des vom Initiativkreis Ruhrgebiet ins Leben gerufenen Ehrenpreises ist beeindruckend: Der amerikanische Komponist Philip Glass sowie die Pianisten Dennis Russell Davies und Maki Namekawa waren 2017 gemeinsam 20. Träger dieser Auszeichnung nach Bella Davidovich, Daniel Barenboim, Dmitri Bashkirov, Graham Johnson, Leon Fleisher, Pierre-Laurent Aimard, Alfred Brendel, Pierre Boulez, Chick Corea, Martha Argerich, Maurizio Pollini, András Schiff, Grigory Sokolov, Elisabeth Leonskaja, Radu Lupu, Marc-André Hamelin, Krystian Zimmerman, Hélène Grimaud und Arcardi Volodos.

■ **Informationen**

Ticket-Hotline: 01806/500803

■ **Veranstalter:**

Stiftung Klavier-Festival Ruhr
Alfred-Herrhausen-Haus
Brunnenstr. 8, 45128 Essen
Tel. 0201/896680
info@klavierfestival.de
www.klavierfestival.de

Orgelfestival.Ruhr – Klangraum Europa (Ruhrgebiet)

Sommer. Die erste Auflage des Festivals fand bereits 2008 statt. Nicht nur die Zusammenarbeit von sechs evangelischen Innenstadtkirchen (Salvatorkirche/Duisburg, Petrikirche/Mülheim an der Ruhr, Kreuzeskirche/Essen, Altstadt-

Klavier-Festival Ruhr

kirche/Gelsenkirchen, Melanchthonkirche/Bochum und St. Marien/Dortmund), sondern auch das Zusammenwirken ihrer künstlerischen Protagonisten, die aus den Konzertorganisten vor Ort und renommierten Gastorganisten aus ganz Europa bestehen, dokumentiert eindrucksvoll, was künstlerische Vernetzung leisten kann.

Die Werkauswahl schöpft aus der einen Quelle: Klangraum Europa!

Informationen

Orgelfestival.Ruhr2017
c/o Susanne Reimann
Brassertstr. 3
45130 Essen
info@orgelfestival-ruhr.de
orgelfestival-ruhr.de

Ruhr Games (Ruhrgebiet)

Juni. Olympischer und Action-Sport prallt auf Kultur in verschiedenen Städten des Ruhrpotts. Ein gelungener Mix aus internationalen Sportwettkämpfen, Street Art, Shows, Konzerten, Tanz, Partys, Workshops und Jugendcamps, der 2015 erstmals die Zuschauer begeisterte. Ein unglaublich umfangreiches und buntes Angebot erwartet die Fans an vier Tagen. 2019 gab es 5.600 SportlerInnen aus 32 Nationen, 16 Sportarten, 300 Mitmachaktionen, 600 Jugendcamp-TeilnehmerInnen, 2.290 internationale Gäste und 98 Bands & Artists. 110.000 Zuschauer erlebten das vom Regionalverband Ruhr veranstaltete Spektakel. 2021 folgt die nächste Auflage.

Informationen

Projektverantwortung:
Regionalverband Ruhr
Kronprinzenstr. 35
45128 Essen
Projektleitung:
Niklas Börger
Tel. 0201/2069-6395
boerger@rvr-online.de
www.metropoleruhr.de
www.ruhrgames.de

Tag des offenen Denkmals (nicht nur im Ruhrgebiet)

Jährlich am zweiten Sonntag im September können die historischen Bauten und Stätten besucht werden, die ansonsten gar nicht oder nur eingeschränkt zugänglich sind.

Fachleute wie Archäologen oder Restauratoren erklären auf Führungen ihre denkmalpflegerische Arbeit.

Der bundesweite Tag des offenen Denkmals ist der deutsche Beitrag zu den European Heritage Days. Gleichfalls interessant: der Internationale Museumstag im Mai mit vielen Sonderaktionen der beteiligten Häuser (www.museumstag.de).

■ **Informationen**
tag-des-offenen-denkmals.de
(mit Programm ab August)

Bochum total [Bochum]

Juni/Juli. Mittlerweile eine Kultveranstaltung nicht nur für Ruhrpöttler, macht der größte musikalische Freiluft-Event in NRW die Bochumer City rund um das Bermuda3eck zum Hexenkessel. Rock, Pop, Blues und Jazz auf mehreren Bühnen (Eins-Live und Viva Zwei sind dort natürlich längst auch schon vertreten), ein Freiluftspektakel mit 70 nationalen und internationalen Bands, bis zu einer Million Besucher und abends „open end" im Kneipenlabyrinth ...

■ **Ort**
Bochum Innenstadt

■ **Informationen**
Bochum Total 2010 UG
Viktoriastr. 75, 44787 Bochum
Tel. 0234/5883838
www.bochum-total.de

BoBiennale [Bochum]

Juni. Die freie Kulturszene Bochum inszeniert sich seit 2017 auf einem eigenen Festival. Mehr als 100 Künstler und Initiativen präsentieren bei der BoBiennale Konzerte, Lesungen, Tanz- und Theater-Aufführungen, Ausstellungen, Workshops und Performances. Zehn Tage lang wird an über 40 Standorten das gesamte Stadtgebiet bespielt.

Das Kunst- und Kulturfestival soll künftig im Zwei-Jahres-Rhythmus stattfinden.

■ **Informationen**
www.bobiennale.de

blicke.filmfestival des ruhrgebiets [Bochum]

Ende November. „Längst hat doch das Ruhrgebiet die Freiheit, seine Geschichte(n) jenseits dieser Klischees zu erzählen, von Urbanität, Identitätssuche, Abgrenzung, konkreten Lebens- und neuen Arbeitsräumen." Das 1993 ins Leben gerufene Festival für Video und Film widmet sich dem Ruhrgebiet in allen Facetten. Es präsentiert Filme von Filmemachern oder -macherinnen aus der Region oder über die Region im Rahmen eines Wettbewerbs im endstation. kino, Bahnhof Langendreer. Und es lebt dabei von der Originalität der Produktionen, die sich vor allem deshalb so vital zeigen, weil den Künstlern in formaler Hinsicht keinerlei Beschränkungen auferlegt werden. Eines jedoch ist allen präsentierten Ideen, Geschichten und Projektionen gemein, ob professionell oder in Heimarbeit produziert, ob auf Super8 oder 35mm gedreht: Sie visualisieren und inszenieren, dokumentieren und vertiefen das Ruhrgebiet. Längst sind damit die „Blicke", deren seit 2014 auf fünf Tage aufgestocktes Programm durch Rahmenveranstaltungen und eine Diskussionsrunde ergänzt wird, selbst ein Stück Ruhrgebiet.

■ **Informationen**
Klack Zwo B e.V.
Wallbaumweg 108, 44894 Bochum
Tel. 0234/26616
info@blicke.org
www.blicke.org

■ **Veranstaltungsort**
Bahnhof Langendreer
endstation.kino
Wallbaumweg 108
44894 Bochum

Figurentheaterfestival „FIDENA" [Bochum]

Als eines der ältesten und renommiertesten Figurentheaterfestivals Europas entwickelte sich das Bochumer Figurentheater der Nationen (FIDENA) aus den 1958 erstmals veranstalteten „Bochumer Puppenspieltagen". Vom Deutschen Forum für Figurentheater und Puppenspiel e.V. organisiert, zeigt es im Zwei-Jahres-Turnus (Mai 2018: Das Festival wird 60!) an verschiedenen Spielorten im Revier Arbeiten von Künstlern aus aller Welt und Projekte vom traditionellen Figurentheater über Objekt- und Materialtheater bis zum

Milli Häuser in TATORT JAZZ, Bochum

Cyber-Experiment, darunter internationale Uraufführungen und deutsche Erstaufführungen. Bereits weit über 1.000 Vorstellungen von Künstlern aus 47 Ländern sind bisher gezeigt worden, darunter auch viele Uraufführungen.

■ **Informationen**

Deutsches Forum für Figurentheater und Puppenspielkunst e.V.
Hattinger Str. 467, 44795 Bochum
Tel. 0234/477-20 o. -29
info@fidena.de
www.fidena.de

Ruhr International (Bochum)

Das seit 1974 bestehende multikulturelle Open-Air-Festival im zweijährigen Turnus, früher am Kemnader Stausee beheimatet, findet seit 2012 an und in der Jahrhunderthalle statt. Zum Programm gehören Musik, Theater, Kabarett, Kleinkunst, Literatur sowie Kinder- und Jugendveranstaltungen. Neben internationaler Kultur gibt es auch internationale Gastronomie.

■ **Ort**

Jahrhunderthalle Bochum
An der Jahrhunderthalle 1
44793 Bochum

■ **Informationen**

Tel. 0234/6871610
info@ruhr-international.de
www.ruhr-international.de

TATORT JAZZ (Bochum)

Tatort Jazz ist eine der bestbesuchten Jazzreihen in Deutschland. Seit 2006 pilgern die Zuhörer gleich scharenweise zu den Konzerten in einmaliger Atmosphäre.

Milli Häuser, Sängerin und Organisatorin der von der Sparkasse Bochum und dem Kulturbüro Bochum geförderten Reihe präsentiert dort fortlaufend namhafte und ausgezeichnete Gastsolisten aus der regionalen und überregionalen Musikszene. Zusammen mit der Tatort Jazz Hausband stehen die Konzerte im Zeichen von Inspiration und Improvisation an ausgewählten Orten in Bochum und mit Tatort Jazz on Tour.

■ **Informationen**
www.tatort-jazz.de
www.milli-haeuser.de

■ **Hauptspielorte von Tatort Jazz:**
www.bahnhof-langendreer.de
www.kunstmuseumbochum.de

Zeltfestival Ruhr (Bochum)

August. Ein ganz besonderes Sommer-Highlight im Ruhrgebiet! Besonders – aufgrund der imposanten Zeltstadt, die in herrlicher Lage am Kemnader Stausee aufgebaut ist. Besonders – auch wegen der Länge: Das Festival dauert immerhin 17 Tage! Besonders – vor allem wegen des außergewöhnlichen Programms, das Musikfreunde, Comedy- und Kabarett-Fans sowie Kunstinteressierte gleichermaßen anspricht. Hochkarätige Acts wie Anastacia, Joe Cocker, Clueso, Jan Delay, UB40, Jamie Cullum, Rea Garvey, Kraftklub oder die Simple Minds u. a. garantieren ausverkaufte Konzerte.

Darüber hinaus gibt es ein ausgesuchtes Kinderprogramm, einen hochwertigen Kunsthandwerksmarkt und ganz besondere gastronomische Angebote. Von mediterran bis bajuwarisch, von Scampis bis Currywurst, von Flammkuchen bis Wok – die Vielzahl der Anbieter hat für jeden Geschmack etwas im Angebot.

Szene aus der Urbanatix-Show „Outside The Box"

URBANATIX / OPENSPACE (Bochum)

November. Seit 2010 geht es in der Jahrhunderthalle Bochum Jahr für Jahr so richtig zur Sache – dann nämlich, wenn URBANATIX – die Show ihre überwältigenden Auftritte hat. Die Show wurde für RUHR.2010 entwickelt. Seit dem gibt es jedes Jahr im November eine neue Show. Street-Art-Disziplinen und moderne internationale Artistik bilden in ihr ein grandioses Gesamtkunstwerk mit innovativer Bewegungskunst, mitreißenden Beats und Videobildwelten. Biker und Freerunner, Catwall-Akrobaten, Breakdancer und Tricker und viele andere Artisten trotzen der Schwerkraft in waghalsigen Performances – da hält es auch die Zuschauer nicht mehr auf ihren Sitzen ...

OPENSPACE ist Bochums Trainingsstätte für Streetartistik und moderne Bewegungskunst, die allen Jugendlichen ab 16 Jahren offensteht. Für die Jüngeren wurde ein „Space for Kids" eingerichtet.

■ **Informationen**

■ **URBANATIX**
DACAPO – Kultur Offensiv!
Halfmannswiese 53b
44879 Bochum
0234/6103232 (Tickethotline)
www.dacapo-bochum.de
info@urbanatix.de
www.urbanatix.de

■ **OPENSPACE**
Bessemerstr. 85
44793 Bochum
Tel. 0234/810257-51
kontakt@openspace.ruhr
www.openspace.ruhr

■ **Informationen**
ZFR Event Gmbh & Co.KG
Brückstr. 33, 44787 Bochum
Tickethotline: 0180/5004222
(Mo-Fr 10-18 Uhr)
tickets@contrapromotion.com
www.zeltfestivalruhr.de

Figurentheatertage (Bottrop)

September. Wenn die Puppenspieler in die Stadt Bottrop kommen und Kinder wie Erwachsene u. a. in Jugendzentren, Schulen oder im Kammerkonzertsaal in den Bann ihrer selbsterfundenen Abenteuer ziehen, dann sind die Figurentheatertage angebrochen. Alle zwei Jahre lassen nationale und internationale Künstler die Puppen tanzen. Die Bandbreite der Phantasiegeschöpfe, Marionetten, Stab- oder Handpuppen ist dabei genauso groß wie ihr Zielgruppenprogramm.

■ **Informationen**
Kulturamt der Stadt Bottrop
Blumenstr. 12-14
46236 Bottrop
Tel. 02041/703308
www.bottrop.de

Orgel plus (Bottrop)

Januar. Hauptdarsteller der in Bottroper Kirchen stattfindenden Festivalwoche ist, wie der Name schon sagt, die Orgel. Das heißt aber nicht, dass hier allein Kirchenmusik gespielt wird. Das „plus" im Namenszug bezeichnet denn auch das eigentlich Besondere der seit 1989 durchgeführten Veranstaltungsreihe, zu der auch Meisterkurse für Musikstudenten und Organisten gehören. Die intendierte Kombination aus Orgel und Soloinstrument oder -stimme (auch Chor) schafft die außergewöhnlichsten Klangerlebnisse, wenn z. B. Dudelsack, Alphorn oder Glasharfe konzertant mit der „Königin der Instrumente" erklingen, oder Orgelaufführungen zu Jazz- und Gospelkonzerten geraten. Ein Festivalkonzept, das sich als „Nischenprogramm" etabliert hat – das beweist nicht zuletzt die gute Publikumsresonanz.

■ **Informationen**
Kulturamt der Stadt Bottrop
Blumenstr. 12-14, 46236 Bottrop
Tel. 02041/703308
www.orgelplus.de

Zeltfestival Ruhr, Bochum

Favoriten – Theaterzwang [Dortmund]

Oktober (alle zwei Jahre). Das seit 1985 bestehende, 2008 in „Favoriten“ umbenannte Festival gilt als das bundesweit älteste. Beim Wettbewerb der besten und interessantesten Produktionen des freien Theaters in NRW geht es um das Votum der Fachjury und lukrative Preise. Für Bühnenfreaks ein Festival der Vielfalt: Neben dem Theater für Kinder, Jugendliche und Erwachsene stehen Musik- und Tanztheater, Figurentheater, Kabarett und Performance auf dem Programm.

Das Festival bildet urbane kulturelle Entwicklungen ab und ist eine Bühne für Theater- und Tanzprojekte mit individuellen ästhetischen Entwürfen und innovativen Zugängen zu aktuellen gesellschaftlichen Prozessen.

Erklärtes Ziel der Festivalleitung ist es, Produktionen und Kooperationen von Künstlern zu fördern, „die ihren Produktionsschwerpunkt in NRW haben, zugleich aber international vernetzt arbeiten oder neue Wege in internationalen Verbindungen gehen“. Veranstaltet wird das Festival Theaterzwang vom NRW Landesbüro Freie Darstellende Künste e.V. und dem Kulturbüro der Stadt Dortmund.

Spielstätten: Festivalzentrum 2016 war ein nostalgischer Autoscooter hinter dem „U“, dazu kamen sieben weitere Spielstätten.

■ **Informationen**

Festivalbüro c/o NRW Landesbüro
Freie Darstellende Künste e.V.
Deutsche Str. 10
44339 Dortmund
Tel. 0231/47429210
www.freie-daku-nrw.de

Internationales Frauenfilmfestival Dortmund / Köln

Die 2006 erfolgte Fusion der beiden Frauenfilmfestivals femme totale (Dortmund) und Feminale (Köln) brachte zwar einen neuen Namen, setzt aber auf ein bewährtes Thema: Frauen im Filmgeschäft. Abseits des hartnäckigen Klischees von kurzen Röcken, Pumps und blonden Mähnen werden Arbeiten bekannter und noch unbekannter Frauen vorgestellt. Die überzeugende Mischung aus populärem und anspruchsvollem Kino fährt deshalb auch nicht die übliche Regisseurin/Hauptdarstellerin-Schiene, sondern präsentiert herausragende Kamerafrauen, Filmarchitektinnen, Komponistinnen, Stuntfrauen, Produzentinnen und Drehbuchautorinnen. Gesprächsangebote, Workshops und Seminare bieten Hintergründe und Kontaktmöglichkeiten zwischen Filmfrauen und Publikum.

Das Festival wechselt jährlich zwischen den Standorten Dortmund und Köln. Während in Köln in zweijährigem Rhythmus der Internationale Wettbewerb für Spielfilmdebüts im Zentrum steht, geht es in Dortmund für bereits etablierte Spielfilmregisseurinnen um den mit 15.000 Euro dotierten RWE Filmpreis und den Publikumspreis (1.000 Euro).

■ **Informationen**

Internationales Frauenfilmfestival
Dortmund / Köln
c/o Kulturbüro Stadt Dortmund
Küpferstr. 3
44122 Dortmund
Tel. 0231/5025162
info@frauenfilmfestival.eu
www.frauenfilmfestival.eu

Juicy Beats [Dortmund]

Juli/August. Das alljährlich im Dortmunder Westfalenpark stattfindende Event ist das größte Festival für elektronische und artverwandte Musik im Ruhrgebiet. 2018 kamen über 50.000 Besucher zu der Veranstaltung. Der Park ist während des Festivals in mehrere Areas eingeteilt, die jeweils den Namen einer Frucht tragen und unterschiedliche Live-Acts und DJs bieten. Die parkeigene Schmalspurbahn tourt als DJ-Pult permanent durch den Park.

■ **Informationen**

Popmodern Veranstaltungs GmbH
Generationenweg 1
44225 Dortmund
Tel. 0231/1384259
kontakt@juicybeats.net
www.juicybeats.net

LesArt.Festival Dortmund

Das vom Verein für Literatur e.V., Kulturbüro Stadt Dortmund und der Stadt und Landesbibliothek veranstaltete Festival präsentiert an wechselnden Standorten deutschsprachige Literatur – in Verbindung mit angrenzende Kunstformen wie Musik, Performance oder den Darstellenden Künsten.

Informationen
c/o literaturhaus.dortmund
Neuer Graben 78
44139 Dortmund
Tel. 0231/127001
sachau@lesart-festival.de
www.lesart-festival.de

Micro!Festival (Dortmund)

Juli/August. Das Micro!Festival bringt seit 1994 Bewegung in die Dortmunder Innenstadt. Eine spannende Mischung aus internationalem Straßentheater und Weltmusik. Darüber hinaus werden sehenswerte Produktionen für Kinder gezeigt.

■ **Ort**
Friedensplatz

■ **Informationen**
Kulturbüro der Stadt Dortmund
Tel. 0231/50-24980 o. -25177
kulturbuero@dortmund.de
www.dortmund.de

Afro-Ruhr-Festival (Dortmund)

Juni/Juli. Langes afrikanisches Wochenende im Dietrich-Keuning-Haus: Workshops, Lesungen, Clubsounds & DJs und Afrikanischer Markt. Der Afrika-Markt umfasst u. a. Kunsthandwerk, Informationsstände und kulinarische Spezialitäten. Live-Konzerte und Partys bis in die Nacht sind ebenso Teil der interkulturellen Begegnung.

■ **Adresse**
Dietrich-Keuning-Haus
Leopoldstraße 50-58
44147 Dortmund

■ **Informationen**
Africa Positive e.V.
Tel. 0231/7978590
info@africa-positive.de
afroruhr.africa-positive.de

RuhrHOCHdeutsch (Dortmund)

Ein Festival im erweiterten Sinne. Denn in dem aus dem Ende des 19. Jahrhunderts stammenden historischen Spiegelzelt an den Westfalenhallen gehen 109 Veranstaltungen an 109 Tagen über die Bühne, mit diesem Mammutprogramm ist RuhrHOCHdeutsch das größte Festival seiner Art in Deutschland. Geboten wird das Who is Who der deutschen Kabarett- und Comedy-Szene.

■ **Informationen**
Theater Fletch Bizzel
Humboldtstr. 45
44137 Dortmund
Tel. 0231/142525
karten@fletch-bizzel.de
(Ticket-Vorverkauf)
www.ruhrhochdeutsch.de

XXS – Kurzfilmfestival Dortmund

Herbst. Das seit dem Jahr 2001 stattfindende Festival (bis 2006 unter dem Namen „WAM-Filmnacht") bietet Studenten aller deutschsprachigen Filmhochschulen und Filmakademien sowie unabhängigen

RuhrHOCHdeutsch, Dortmund

Nachwuchs-Filmemachern ein Forum. Hunderte von Kurzfilmen werden eingereicht, zehn letztlich vorgeführt, die um den „kleinen Filmpreis" in Gold konkurrieren. 2015 und 2016 wurde das Festival im Roxy Kino in der Dortmunder Nordstadt durchgeführt. Organisiert wird XXS von Studenten des Fachbereichs Kultur- und Eventmanagement an der „WAM Die Medienakademie".

■ **Informationen**
Bildrausch Kurzfilmfestival e.V.
Bornstraße 241-243
44145 Dortmund
Tel. 0231/8610080
internet@xxsfilmfestival.de
www.xxs-filmfestival.de

Akzente [Duisburg]

Eines der herausragenden überregionalen Kulturereignisse im Revier (und von der NRW-Regierung dafür zum „Landesfestival" geadelt). Spartenübergreifend setzt sich das ebenso traditionsreiche (seit 1977 bestehend) wie innovative Festival in mehrwöchigen Veranstaltungsreihen mit einem kulturell und gesellschaftlich relevanten Thema auseinander – anspruchsvoll und spannend inszeniert durch Theater, Musik, bildende Kunst, Literatur, Film und Tanz, abgerundet durch wissenschaftliche Vorträge und Gesprächsrunden.

■ **Informationen**
Duisburger Akzente
Kulturbetriebe Duisburg/Festivalbüro
Neckarstraße 1, 47051 Duisburg
Tel. 0203/28362-100
www.duisburger-akzente.de
(mit Online-Kontaktformular)

Duisburger Filmwoche

November. Die Duisburger Filmwoche ist d a s Festival des deutschsprachigen Dokumentarfilms. Im thematisch komponierten Wochenprogramm, das Filme aus der Schweiz, Österreich und Deutschland in allen Formaten zeigt, gibt es keine Parallelvorstellungen und hinterher jede Menge Zeit zu Diskussionsrunden. Für die mindestens 30-minütigen Filme, darunter ungewöhnliche Fernseh- und Hochschulproduktionen, geht es um etliche Auszeichnungen: den ARTE-Dokumentarfilmpreis und den 3sat-Dokumentarfilmpreis für den besten deutschsprachigen Dokumentarfilm (jeweils mit 6.000 Euro dotiert), den Preis der Stadt Duisburg für kurze oder mittellange Filme und die „Carte Blanche" – den Nachwuchspreis des Landes NRW (jeweils mit 5.000 Euro dotiert) – sowie den Publikumspreis der Rheinischen Post für den beliebtesten Film (1.000 Euro).

Mit dem europäischen Filmprogramm „doxs! – dokumentarfilme für kinder und jugendliche" für eben diese vom Grundschulalter bis zur Oberstufe wird auch um den Nachwuchs geworben – hier geht es seit 2011 um den Filmpreis „Große Klappe"! Die Vorstellungen finden als kostenlose Schulveranstaltungen statt. Außerhalb der Festivalwoche tourt doxs! durch Deutschland und Nachbarländer.

■ **Informationen**
Duisburger Filmwoche – c/o VHS
Steinsche Gasse 26, 47051 Duisburg
Tel. 0203/283-4187 o. -4171
und für doxs! -4164 o. -4187
info@duisburger-filmwoche.de
www.duisburger-filmwoche.de

Duisburger Tanztage

März/April. Seit 1988 bundesweit einmaliges Mekka der Amateurtanzszene. Ohne Vorauswahl stellen sich Tanzbegeisterte – Gruppen, Kompanien, auch Neueinsteiger aller Altersschichten und Nationalitäten – der Öffentlichkeit vor. Über 5.000 Aktive präsentieren einen Formenreichtum von HipHop und Breakdance über Orientalischen Tanz bis hin zu Showtanz und Modern Dance.

■ **Informationen**
Stadt Duisburg – Festivalbüro
Opernplatz, 47051 Duisburg
Tel. 0203/28362-315 (Nicole Richter, Festivalleitung) o. -100 (Karten)
n.richter@stadt-duisburg.de
www.duisburger-tanztage.de

KinderKulturFestival [Duisburg]

>> Freizeit & Entertainment / Kinder & Familien

Traumzeitfestival [Duisburg]

Juni/Juli. Der Knüller am Hochofen. Vor der imposanten Kulisse des Landschaftsparks

Duisburg-Nord hat sich das 1997 erstmals veranstaltete Internationale Musikfestival schnell etabliert. Früher mit den Schwerpunkten Jazz und Weltmusik, sorgen heute auch jüngere musikalische Ausdrucksformen von Indie-Rock und Electro bis zu Neo-Folk und Pop drei Tage lang an verschiedenen Plätzen (Gießhalle, Gasometer, Gebläsehalle und Kraftzentrale) für Gluthitze.

Informationen

Kulturbetriebe Duisburg – Festivalbüro
Neckarstr. 1, 47051 Duisburg
Tel. 0203/28362-222
f.jebavy@stadt-duisburg.de
www.traumzeit-festival.de

IndustrieFilm Ruhr (Essen)

Oktober/November. Ein ganz spezielles Festival nicht nur für Freunde der Industriekultur, denn hier werden Filme gezeigt, die ansonsten in den Beständen der Wirtschaftsarchive im Ruhrgebiet schlummern. Alle zwei Jahre werden unter der Regie des Regionalverbandes Ruhr (RVR) ausgewählte historische Streifen zu einem Leitthema ans Tageslicht befördert und im Filmstudio Glückauf in Essen der Öffentlichkeit präsentiert.

Veranstaltungsort

Filmstudio Glückauf
Rüttenscheider Str. 2, 45128 Essen
Tel. 0201/275555
www.essener-filmkunsttheater.de
RVR
Kronprinzenstr. 35, 45128 Essen
Tel. 0201/2069-0
info@metropoleruhr.de
www.metropoleruhr.de

JOE Jazz Festival (Essen)

Seit seiner Gründung 1995 durch die kurz JOE genannte „Jazz Offensive Essen", einen Zusammenschluss heimischer Musiker und Jazzfreunde, hat sich das auch überregional beachtete Konzertereignis zu einer der wichtigsten Plattformen für Jazz im Ruhrgebiet entwickelt.

Die Bandbreite der dort präsentierten Musik reicht dabei von BeBop über FreeJazz bis hin zu zeitgenössischer Improvisation, von intimen Solo-Auftritten bis zu opulent besetzten Großformationen. Galt in den frühen Jahren für alle auftretenden Bands noch die Devise „Mindestens ein beteiligter Musiker muss in Essen leben", so haben die Programmmacher längst die Spielregeln gelockert und laden zu ihrem im Januar im Rüttenscheider Katakomben-Theater stattfindenden Festival auch international bekannte Gäste ein.

So traten in der Vergangenheit neben lokalen Größen wie Jan Klare, Hartmut Kracht, Eckard Koltermann oder Thomas Hufschmidt sowie den Nachwuchsjazzern der Folkwang-Hochschule auch Stars wie die Gitarren-Asse Nguyên Lê und David Torn oder die Tastenhexer Jasper van't Hof, Michael Wollny, Paul Bley oder Simon Nabatov bei dem traditionsgemäß stets ausverkauften „JOE Jazz Festival" auf.

Informationen

Jazz Offensive Essen e.V.
Alfredstr. 215
45131 Essen
post@jazz-offensive-essen.de
www.jazz-offensive-essen.de

Now! – Essener Festival für Neue Musik

Herbst-Festival für Freunde zeitgenössischer Musik. 2016 ging es bei „Now! Word Up!" um Musik und Sprache. Klassiker der Moderne und Uraufführungen stehen auf dem Programm, das die Philharmonie Essen mit Partnern wie der Folkwang Universität der Künste, dem Landesmusikrat NRW und der Stiftung Zollverein veranstaltet. International renommierte Solisten, Ensembles und Orchester bieten ihre Klangkunst dar.

Informationen

kontakt@philharmonie-essen.de
www.philharmonie-essen.de

BLIND DATE-Festival (Gelsenkirchen)

Juni. Drei Tage, kein Eintritt, Open-Air-Bühne. Beim Festival am Taubenhaus in Buer wird der Top-Act für das Abschlusskonzert bis zu seinem Auftritt nicht verraten. Zu Gast waren hier bereits Luxuslärm, COPPELIUS, Stefanie Heinzmann und auch Herbert Knebel & Band sowie Axel Prahl & das Inselorchester.

■ **Adresse**
Am Taubenhaus im Goldbergpark
45894 Gelsenkirchen
■ **Informationen**
emschertainment GmbH
Tel. 0209/954-30
info@emschertainment.de

Erzähl-Festival [Gelsenkirchen]

In Gelsenkirchen blüht im Frühjahr auch die Erzählkunst auf. Die Veranstaltung wurde im Rahmen des Kulturhauptstadtjahres 2010 als großes MärchenErzählFestival ins Leben gerufen. Heute werden an verschiedenen Orten alle möglichen und unmöglichen Geschichten lebendig, magisch dargeboten von Fabulier-Künstlerinnen und -Künstlern.

Das Format gab es schon mehrtägig und mehrwöchig, im Frühjahr oder im Herbst. 2017 als Erzählfrühling von Ende April bis Anfang Juni.

■ **Informationen**
Stadt Gelsenkirchen / Referat Kultur
Hans-Joachim Siebel
Tel. 0209/169-6162
Consol Theater
Tel. 0209/9882282
kontakt@consoltheater.de

FigurenTheaterWoche [Gelsenkirchen]

Januar/Februar. Das große Theater mit den kleinen Figuren hat Tradition in Gelsenkirchen. Seit 1976 wird hier Figurentheater regelmäßig präsentiert: bis 2008 als „Tage des deutschen Puppenspiels“, im Kulturhauptstadtjahr 2010 erstmals als „FigurenTheater-Woche Gelsenkirchen“. Seither werden die Figurentheatertage alle zwei Jahre von der Stadt Gelsenkirchen in Kooperation mit der Bürgerstiftung Gelsenkirchen veranstaltet, die meisten Stücke werden im Consol Theater aufgeführt.

■ **Information**
Consol Theater
Bismarckstr. 240, 45889 Gelsenkirchen
0209/9882282
figurentheater@consoltheater.de
www.consoltheater.de

Szeniale Gelsenkirchen

2019 ging erstmals der Vorhang für das 24-Stunden-Festival auf, das zukünftig alle zwei Jahre in einem anderen Stadtteil Gelsenkirchens stattfinden soll. Präsentiert werden die Kulturschaffenden und Kulturorte des jeweiligen Quartiers.

■ **Informationen**
Virchowstr. 27, 45886 Gelsenkirchen
www.szeniale.de

klezmer.welten [Gelsenkirchen]

Oktober/November. Ursprünglich Hochzeitsmusik der aschkenasischen Juden aus dem osteuropäischen Raum, hat sich Klezmer stark weiterentwickelt und zu einer eigenen Musikrichtung gefunden. Das Festival jüdischer Musik findet mittlerweile alle zwei Jahre statt. Veranstalter sind die Jüdische Gemeinde Gelsenkirchen und die Stadt. Neben den Konzerten an verschiedenen Spielorten in Gelsenkirchen gibt es auch Veranstaltungen zum Mitmachen, z. B. Workshops, Tanzabende oder eine Schabbat-Feier in der Synagoge.

■ **Informationen**
Stadt Gelsenkirchen / Referat Kultur
Hans-Joachim Siebel
Tel. 0209/169-6162
www.klezmerwelten.de

Hammer Summer

Open-Air-Konzert im Schatten der Pauluskirche, mitten in der City und kostenfrei. Der Hammer Summer ist seit Jahren ein Musikevent, zu dem jedes Jahr tausende von Besuchern kommen. Das Musikprogramm ist so ausgewählt, dass im Laufe des Abends möglichst alle Altersgruppen und die verschiedenen Musikgeschmäcker angesprochen werden. Die Fans der Rock- und Popmusik dürfen sich auf dem Marktplatz auf ein sehr hochkarätig besetztes Musikfestival mit einem anspruchsvollen und abwechslungsreichen musikalischen Programm freuen.

■ **Adresse**
Marktplatz, 59065 Hamm
■ **Informationen**
Stadt Hamm
Tel. 02381/17-0
info@stadt.hamm.de
www.hammer-summer.info

hellwach [Hamm / Hellweg-Region]

Das internationale Festival für Kinder- und Jugendtheater

kann bereits auf sieben Auflagen zurückblicken. Bei der Ausgabe im Februar 2017 wurden in sieben Städten der Hellweg-Region von sieben Theatergruppen aus Afrika und Europa 33 Aufführungen von zehn Produktionen in neun Tagen bestritten. Festivalzentrum ist die Spielstätte des Helios Theaters im Theaterhaus Hamm. Die Bühnenwerke werden ergänzt durch ein Rahmenprogramm mit Workshops, Vorträgen und Diskussionen.

Informationen

Helios Theater
Willy-Brandt-Platz 1d, 59065 Hamm
Tel. 02381/926837
post@helios-theater.de
www.helios-theater.de

Internationales Jazzfest Hamm

Alle zwei Jahre lädt das Internationale Jazzfest alle Jazzbegeisterten nach Hamm ein. Exzellente Jazzmusik korrespondiert hier mit der charmanten Atmosphäre des Kurhauses Bad Hamm. Das mittlerweile viertägige Festival fand 2016 bereits zum siebten Mal statt.

Informationen

Kulturbüro der Stadt Hamm
Kurhaus Bad Hamm
Ostenallee 87, 59071 Hamm
Tel. 02381/175555 (Tickethotline)
kartenvorverkauf@stadt.hamm.de
www.hamm.de/kultur

KlassikSommer (Hamm)

Juni/Juli. Ob in der ehemaligen Maschinenhalle einer Zeche, im Wasserturm, auf dem Gutshof oder im Schlosshof: Die ungewöhnlichen Veranstaltungsstätten setzten die außergewöhnlichen Aufführungen bestens in Szene. Oper, Chor-, Sinfonie- und Werkstattkonzerte, immer wieder Überraschendes. Die Stilbreite führt vom Barock über Jazz bis hin zu zeitgenössischer Musik. Auch in der Verknüpfung von gesprochenem – oder gelesenem – und gesungenem Wort.

KlassikSommer, Hamm

Informationen

Kulturbüro der Stadt Hamm
Ostenallee 87, 59071 Hamm
Tel. 02381/175515 (Kulturbüro)
Tel. 02381/234-00 (Verkehrsverein)
info@KlassikSommer.de
kartenvorverkauf@stadt.hamm.de
www.klassiksommer.de

Kunst-Dünger (Hamm)

Seit 27 Jahren (2017) können die Besucher den Sommer doppelt genießen, denn jeden Mittwoch im Juli und/oder August präsentiert die außergewöhnliche Kulturreihe internationales Straßentheater und Weltmusik umsonst und draußen. Aufführungsorte sind der Kurhausgarten im Kurpark Bad Hamm und der Marktplatz an der Pauluskirche.

Adressen

Markplatz an der Pauluskirche, Stadtmitte
Kurhausgarten, Kurhaus Bad Hamm,
Ostenallee 87

Informationen

Kulturbüro der Stadt Hamm
Ostenallee 87, 59071 Hamm
Tel. 02381/175551
bednarz@stadt.hamm.de
www.hamm.de/kultur

International Cycling Film Festival (Herne)

Zugegeben, die Veranstaltungsreihe – seit 2009 mit Sitz in Herne – gehört vielleicht nicht für jeden zum Pflichtprogramm, und die „Goldene Kurbel“ nicht in jeden Trophäenschrank. Aber der alljährlich

KUBOSHOW, Herne

ausgerichtete Wettbewerb um den besten Radsport-Film ist sicherlich außergewöhnlich – mit originellen und kunstvollen Kurzfilmen abseits des Mainstreams – und mit seinem Auftakt 2006 weltweit ältester seiner Art. Mittlerweile ist aus dem ICFF ein niederländisch-polnisch-deutsches Festival geworden, die Kurbel dreht sich weiter ...

■ **Ort**

Flottmann-Hallen
Straße des Bohrhammers 5, 44625 Herne

■ **Informationen**

Gernot Mühge
Schloss Wielert
Im Wielert 10, 44807 Bochum
Tel. 0234/4389919
info@cyclingfilms.de
www.cyclingfilms.de

KUBOSHOW (Herne)

Die KUBOSHOW ist eine Kunstmesse für junge Kunst, an der sich einmal jährlich in den Herner Flottmann-Hallen etwa 100 aufstrebende Künstler aus dem In- und Ausland beteiligen. Ziel der Nachwuchsmesse ist es, jungen Künstlern mitten im Ruhrgebiet einen fairen, kostenfreien und nachhaltigen Marktplatz mit hoher öffentlicher Wahrnehmung zu bieten.

Die hohe Qualität der handverlesenen Künstler und deren Arbeiten sind Veranstalter Holger Wennrich sehr wichtig. So sucht er ständig neue Talente. Fast ausschließlich Studenten und Absolventen deutscher und internationaler Kunstakademien zeigen ihre neuesten und besten Arbeiten. In der über 20-jährigen Geschichte der kleinen Messe sind bereits viele Hundert Maler, Bildhauer, Fotografen und weitere Künstler zu Gast gewesen.

Die KUBOSHOW bietet nicht nur jungen Künstlern, sondern auch Sammlern in spe optimale Rahmenbedingungen, um erste Erfahrungen auf dem Kunstmarkt zu sammeln. Die Besonderheit der KUBOSHOW liegt im direkten Kontakt zwischen Künstlern und ihrem Publikum und nicht, wie bei anderen Messen üblich, zwischen Galeristen und Käufern. Dies führt zu einem attraktiven Preis-Leistungsniveau.

■ **Adresse**

Straße des Bohrhammers 5
44625 Herne

■ **Informationen**

KUBOSHOW KUNSTMESSE
Veilchenweg 16, 44651 Herne
Tel. 02325/797972
info@kuboshow.de
kuboshow.de

Ruhrpott-Battle (Herne)

Kreativität und Internationalität sind keine Reservate für die so genannte Hochkultur. Dokumentiert wird dies in tänzerischer Hinsicht durch das seit 1999 bestehende Festival „Ruhrpott Battle“, das sich der jugendlichen Ausdrucksform des Straßentanzes widmet. In einem regelrechten „Kampftanz-Wettbewerb“ stehen sich im Herbst in den Herner Flottmann-Hallen Breakdancer aus ganz Europa gegenüber, die durch Akrobatik, Technik und ausgefallene Figuren um die Anerkennung des Gegners und der Jury fighten.

■ **Informationen**

Pottporus e.V.
Dorstener Straße 262, 44625 Herne
Tel. 02325/4670181
z.fenerci@pottporus.de
www.ruhrpottbattle.de
www.pottporus.de

Tage alter Musik (Herne)

November. Spurensuche mit Tradition. Seit 1975 geht die viertägige, jeweils unter einem thematischen Schwerpunkt stehende Veranstaltungsreihe der Stadt Herne und des WDR (seit 1980) musikalischen Begegnungen in Europa nach. Eine Zeitreise durch Jahrhunderte und Regionen musikalischen Ausdrucksvermögens. Zwischen Cembalo, Zither und Orgelpfeifen werden dabei außergewöhnliche Konzerte geboten, die längst überregionales Interesse finden.

Ebenfalls sehenswert: Im Foyer des Kulturzentrums werden historische Originalinstrumente ausgestellt.

Ort

Kulturzentrum, Berliner Platz 11

Informationen

Fachbereich Kultur der Stadt Herne
Willi-Pohlmann-Platz 1
44623 Herne
Tel. 02323/162839
thomas.schroeder@herne.de
www1.wdr.de

Jazz-Light-Festival (Lünen)

November. Das Lüner Musikereignis kennt nur eine Festlegung – es findet an jedem 1. Wochenende im November statt. Ansonsten ist weder die Stilrichtung noch der Musikerstatus limitiert. Von international bekannt bis lokaler Größe, von experimentellem Free über Blues bis zu traditionellem Swing kommt alles auf die Bühne, was den aus dem

Tegtmeiers Erben

Kleinkunst in und „aussem Ruhrpott“ ist heute Kult. Herbert Knebel (und sein Affentheater), die (seit 2005 leider auf Solopfaden wandelnden) Missfits, Piet Klocke, Fritz Eckenga, Tana Schanzara, Popette Betancor, Heinz-Peter Lengkeit, Willi Thomczyk, Atze Schröder, Helge Schneider oder Dr. (Ludger) Stratmann – um nur die bekanntesten Künstler zu nennen – füllen mit ihren Programmen nicht nur beliebig große Säle, sondern auch eigene Radio- und TV-Formate.

Vom prolligen Knebel-Entree „Boh glaubse“ über die ziselierte Klocke-Wendung „Neulich, also ... ich ... nicht wahr?“, den rotzfrechen Missfits-Figuren Matta und Lisbeth bis zum mütterlich-derben Tonfall der „alten Duse“ Schanzara oder zur musikalisch-akzentuierten Verschrobenheit der Popette – die stimmige Mischung aus Parodie, Musik, Komik und Satire hat bundesdeutsche Maßstäbe gesetzt und ist längst eines der Aushängeschilder des Ruhrgebiets.

Geprägt wurde die ruhrdeutsche Kabarett-Szene von einem der ganz großen Satiriker deutscher Couleur: Adolf Tegtmeier alias Jürgen von Manger (1923-1994). Der in seiner Wahlheimatstadt Herne wirkende Manger („ährlich!“) machte das bis in die späten 1960er Jahre noch als Sprache der intellektuell Minderbemittelten angesehene Ruhrpott-Idiom auf bundesdeutschen Bühnen salonfähig und bereitete damit den Boden für die folgenden Komikergenerationen.

Zu seinem Gedenken veranstaltet die Stadt Herne seit 1997 einen Wettbewerb, der junge Comedy-Talente und verdiente Kabarett-Größen alle zwei Jahre auszeichnet. Titel der renommierten Schau: „Tegtmeiers Erben“.

Sechs Finalisten werden bei diversen Vorentscheidungen ausgewählt, beim Finale in den Herner Flottmannhallen werden dann der Jury- und der Publikumspreis verliehen, die jeweils mit 5.000 Euro dotiert sind. Zusätzlich und symbolträchtig erhalten die beiden Sieger eine Kopie (aus Stoff) des Hamburger Elbseglers, wie die legendäre Kappe von Adolf Tegtmeier/Jürgen von Manger genannt wird. Zudem werden zwei Ehrenpreise an prominente Künstler vergeben, ihre Träger erhalten die tegtmeiersche Kappe in Bronze.

Informationen

www.flottmann-hallen.de
www.herne.de

gesamten Ruhrgebiet angereisten Jazzfreunden Spaß macht. Seit 1977 findet das in den 1960er Jahren als „American Blues Festival" begonnene Jazz-Light-Festival im Hansesaal statt.

■ **Informationen**
Kulturbüro Lünen
Kurt-Schumacher-Str. 39
44534 Lünen
Tel. 02306/104-2299
kulturbuero@luenen.de
www.luenen.de

Jugend-Theaterfestival [Lünen]

Ein Treffen von Ensembles der freien Szene und der Schulen, die im Heinz-Hilpert-Theater ihre Produktionen vorstellen können. Das 2017 zum zehnten Mal ausgetragene Jugendtheaterfestival wird vom Förderverein Theater Lünen e.V. organisiert. Gefördert wird es aus Mitteln des Landes NRW (Kulturförderung Hellweg-Region), aus Eigenmitteln des Fördervereins sowie auch durch Spenden.

■ **Informationen**
Förderverein Theater Lünen e.V.
im Heinz-Hilpert-Theater
Kurt-Schumacher-Str. 39
44532 Lünen
Tel. 02306/104-2447
info@theater-fuer-luenen.de
www.theater-fuer-luenen.de

Lüner Konzertreihe

Die beliebte Kammermusikreihe wurde 2015 bereits zum siebten Mal veranstaltet. Sie besteht aus fünf über das Winterhalbjahr verteilten klassischen Konzerten international renommierter Künstler mit unterschiedlichsten Besetzungen, vom Solisten bis zum Kammerorchester. Veranstaltungsort der Lüner Konzertreihe ist der Hansesaal Lünen.

■ **Informationen**
Kulturbüro Lünen
Kurt-Schumacher-Str. 39
44534 Lünen
Tel. 02306/104-2299
kulturbuero@luenen.de
www.luenen.de

Kinofest [Lünen]

November. Neuer Deutscher Film, das war in den 1960er Jahren ein rebellierendes, oft auch verstörtes Leinwandkind. In Lünen ist dieser Titel seit 1990 Programm – als engagiertes, facettenreiches, oftmals inspirierendes Kinofest. Im Cineworld (fünf Kinosäle mit insgesamt 1.000 Plätzen) treffen sich Filmschaffende der nationalen Kinobranche und Zuschauer zu rund 50 aktuellen dokumentarischen und fiktionalen Filmen in allen Längen.

Seine Attraktivität in der Filmbranche und beim Publikum (durchschnittlich wurden acht bis neuntausend Besucher gezählt) gesteigert hat das seit 2019 fünftägige Kinofest durch den seit 1997 vergebenen Publikumspreis „Lüdia" für den besten Spiel- oder Dokumentarfilm des filmischen Regie-Nachwuchses, der mit 10.000 Euro dotiert ist. Ebenfalls durch das Votum des Publikums entschieden wird der mit 3.000 Euro dotierte Kinder- und Jugendfilmpreis „Rakete" sowie die Kurzfilmpreise „Erste Hilfe" und „Erster Gang".

Neben vielen anderen Auszeichnungen (u.a. Berndt-Media-Preis für den besten Filmtitel) vergibt die Jury des Kinofestes Lünen seit 2007 den mit 2.500 Euro dotierten Preis für die beste Filmmusik und seit 2011 die „Perle", den Preis für Preis für Frauen aus der Filmbranche (1.800 Euro). Hauptförderer des Kinofestes ist die Filmstiftung NRW.

■ **Informationen**
■ **Festivalbüro**
Borker Str. 56-58
44534 Lünen
Tel. 02306/707329
info@kinofest-luenen.de
www.kinofest-luenen.de
Tickets:
Cineworld Lünen
Im Hagen 3, 44532 Lünen
Tel. 01805/246396
info@cineworld-luenen.de
www.cineworld-luenen.de

Marler Debüt

Frühjahr/Herbst. Erlesenes Newcomer-Festival, bei dem Erste Preisträger des Bundeswettbewerbs „Jugend musiziert" jeweils bei einem Kammerkonzert (im Frühjahr) und als Solisten bei einem Sinfoniekonzert (im Herbst) mit den

Bergischen Symphonikern im Theater Marl Kostproben ihres Könnens zeigen. Das Marler Debüt wurde 1967 gegründet. Heute weltberühmte Musikerinnen und Musiker wie Anne Sophie Mutter, Tabea Zimmermann, Gerhard Oppitz und Sabine Meyer gaben hier als Jugendliche ihr Debüt. Zum Marler Debüt gesellt sich die Klassik-Reihe NEXT! mit Preisträgern des renommierten internationalen ARD-Musikwettbewerbs.

Informationen

Kulturamt der Stadt Marl / i-Punkt
Tel. 02365/99-4310
www.marl.de/theater

Internationales Comedy Arts Festival (Moers)

August. Sprachwitz, skurrile Performances, Akrobatik und Musik – das sind die Markenzeichen des seit 1976 (damals als „Folk & Fool Festival") bestehenden Internationalen Comedy Arts Festivals Moers. Die Clownerie findet seit 2014 allerdings nicht mehr auf dem Kastellplatz statt, sondern in der neuen Moerser Festivalhalle am Rande der Stadt. Dafür wurde das Programm um einen Tag auf vier Tage verlängert. Ein bisschen Open Air gibt es trotzdem: Auf dem Außengelände lockt der „Boulevard der Attraktionen", ein Jahrmarkt der Künste mit Schaubuden, Straßenkunst und Gastronomie. Auch die Auszeichnung „Old-Comer" gab es 2014 erstmals, der doppelte Preis (von der Jury und vom Publikum) geht an Humorkünstler mit mindestens 45 Jahren und/oder 25 Jahren Bühnenerfahrung.

Informationen

Kulturzentrum Bollwerk 107
Zum Bollwerk 107
47441 Moers
Tel. 02841/1692570
info@bollwerk107.de
www.comedyarts.de

Internationales Comedy Arts Festival, Moers

moers festival

Pfingsten, langes Wochenende = Moers. Für Fans der Jazz- und Weltmusik ist das seit den Anfängen im Jahr 1972 eine der selbstverständlichsten Gleichungen. Schließlich bietet das viertägige Festival alljährlich Topstars aus der internationalen Szene, aber auch musikalische Überraschungen und den Mut zu Neuem. Für Romantiker schade, wirtschaftlich aber notwendig: Seit 2014 findet das moers festival in der eigens für diesen Zweck umgebauten, 2.000 Zuschauer fassenden Festivalhalle Moers statt. Über die Hauptprogrammpunkte hinaus gibt es Nebenreihen und Sonderauftritte wie „night sessions @ Röhre“, „the morning“ im Musik Campus an der Musikschule Moers und „the night“.

Ebenfalls zum moers festival gehört der „Improviser in Residence“: Seit 2008 wird eine musikalische Persönlichkeit eingeladen, ein Jahr lang in Moers zu leben und zu arbeiten. Eine hohe Ehre wurde dem Festival 2015 zuteil, als es mit dem „EJN Award for Adventurous Programming“ (europaweiter Verbund aus Produzenten, Veranstaltern und Organisationen) des Europe Jazz Network ausgezeichnet wurde.

Für die Festivalticket-Inhaber ist kostenloses Campen auf der Liegewiese des ehemaligen Freibads Solimare möglich. Vor der Festivalhalle gibt es einen frei zugänglichen Gastronomie- und Händlerbereich mit Ständen.

■ Informationen

Moers Kultur GmbH
Ostring 9
47441 Moers
Tel. 02841/3673675
info@moers-festival.de
www.moers-festival.de

Mülheimer Theatertage „Stücke“ [Mülheim an der Ruhr]

Mai/Juni. Seit 1976 eines der bedeutendsten Foren deutschsprachiger Gegenwartsdramatik nicht nur im Ruhrgebiet. Sieben bis acht Stücke konkurrieren, meist als Uraufführung, um den mit 15.000 Euro dotierten Mülheimer Dramatikerpreis. Bewertet werden – eine Besonderheit der selbst preisgekrönten Theatertage, wie der Name schon sagt – nicht die Inszenierungen, sondern die Stücke. Erstmals wurden 2004 auch die Besucher engagiert – beim „Publikumspreis der Mülheimer Theatertage“ vergeben sie den undotierten Ehrenpreis.

Zum Rahmenprogramm gehören auch ein Symposium, eine internationale Übersetzerwerkstatt, Publikumsgespräche und seit 2007 die „KinderStücke“, die ebenfalls zeitgenössische Dramatik bieten und seit dem Kulturhauptstadtjahr 2010 sogar mit dem KinderStücke-Preis aufgewertet wurden.

■ Informationen

Stephanie Steinberg
Mülheimer Theatertage NRW
c/o Theaterbüro des Kulturbetriebes
Akazienallee 61
45478 Mülheim an der Ruhr
Tel. 0208/4554113
steinberg@stuecke.de
Ticket-Hotline: 0180/6050400
(AD-ticket)
www.stuecke.de

Saarner Orgeltage [Mülheim an der Ruhr]

>> Geschichte / Kirchen und Klöster

Internationale Kurzfilmtage [Oberhausen]

April/Mai. Ältestes Kurzfilmfestival der Welt und alljährlicher Treffpunkt der filmkünstlerischen Avantgarde. Gegründet 1954 als „Westdeutsche Kulturfilmtage“, fand das Filmfest bereits 1958 als internationaler Wettbewerb des Kurzfilms weltweite Anerkennung. Als internationaler Schauplatz bot es nicht nur zukunftsweisenden, damals noch nicht weltbekannten Talenten wie Roman Polanski, David Lynch, Martin Scorsese und George Lucas ein ideales Forum, sondern bestimmte zunehmend auch die Diskussion über filmkünstlerische und medientechnologische Entwicklungen mit.

Als Festival mit zukunftsweisender Orientierung setzte es auch in den neunziger Jahren Akzente, mit internationalen Symposien u. a. zum

Internationale Kurzfilmtage, Oberhausen

Videoclip (1991), zum Werbefilm und zu HDTV (1992), zum Industriefilm, zur Entwicklung im Bereich CD-ROM (1994) und Internetpräsentationen (1995). 1999 wurde mit dem „MuVi" auch der weltweit erste Musikvideopreis eingerichtet, 2001 mit „shortfilm.de" das weltweit erste Kurzfilm-Internetportal etabliert. 2009 wurde zusätzlich der NRW-Wettbewerb eingeführt, der ausschließlich Produktionen aus Nordrhein-Westfalen vorbehalten ist.

Ebenfalls 2009 boten die Kurzfilmtage erstmals ein Open Screening, bei dem alle eingereichten Arbeiten gezeigt werden konnten – unter der Bedingung, dass die Regisseure sich und ihr Werk persönlich dem Publikum vorstellen.

Durchschnittlich werden etwa 6.000 Wettbewerbsbeiträge aus beinahe 100 Ländern eingereicht, rund 500 Beiträge in über 100 Vorstellungen ausgestrahlt. Die Filme und Videos konkurrieren um Preisgelder in Höhe von insgesamt 42.000 Euro.

Informationen

Internationale Kurzfilmtage Oberhausen gGmbH
Grillostr. 34, 46045 Oberhausen
Kartentelefon: 0208/82429-0 (-15)
o. 0208/85978-77
Tel. 0208/825-2652
info@kurzfilmtage.de
www.kurzfilmtage.de

Die Ruhrfestspiele, Recklinghausen

Die Ruhrfestspiele (Recklinghausen)

Start: 1. Mai. Größte Festveranstaltung im Revier mit internationalem Spitzentheater – darunter zahlreiche europäische Premieren – und Begleitveranstaltungen wie Konzerte, Ausstellungen, wissenschaftliche Vorträge, Diskussionen und Volksfeste.

Seit 1991 offiziell im Range eines Europäischen Festivals, verstehen sich die vom Deutschen Gewerkschaftsbund und der Stadt Recklinghausen getragenen Ruhrfestspiele als politisches Festival mit jeweiligem Jahresmotto. „Kohle für Kunst, Kunst für Kohle", das am Tag der Arbeit beginnende Festival hat eine kuriose Entstehungsgeschichte (O-Ton): „1946 lieferte die Zeche König Ludwig aus Recklinghausen unter persönlichen Opfern der Belegschaft den Hamburger Staatstheatern Kohle und rettete damit deren Existenz. Zum Dank versprachen die Hamburger, im nächsten Sommer nach Recklinghausen zu kommen und vor den Bergleuten zu spielen. Die Schauspieler kamen, die Atmosphäre war unvergleichlich, der Wunsch nach Wiederholung wurde lebendig. Die Ruhrfestspiele waren geboren." Die außerordentlich große Resonanz auf das Festival spiegelt sich auch in Zahlen wider: 2015 wurden 107 Produktionen in 305 Aufführungen auf die Bühne gebracht, darunter elf Uraufführungen und acht Deutschlandpremieren, insgesamt 81.329 Besucher entsprachen einer Auslastung von etwa 81 Prozent.

■ **Informationen**

Ruhrfestspiele Recklinghausen GmbH
Otto-Burrmeister-Allee 1
45657 Recklinghausen
Tel. 02361/918-0
Tel. 02361/9218-0 (Tickets)
kartenstelle@ruhrfestspiele.de
www.ruhrfestspiele.de

Schwerter Kleinkunstwochen

Frühjahr. Comedy, Mime, Musikkabarett und Figurentheater, ehemals im Schwerter Giebelsaal, gibt's seit 2004 im Kulturzentrum Rohrmeisterei. Der 1991 eingeführte, vom Publikum verliehene und mit 5.000 Euro dotierte Schwerter Kleinkunstpreis ist längst eine begehrte Auszeichnung in der Comedy-Szene. Das früher in zwei Kleinkunstreihen (Frühjahr und Herbst) geteilte Festival findet seit 2014 nur noch im Frühjahr statt.

■ **Informationen**

Kulturbüro Schwerte
Kötterbachstr. 2

58239 Schwerte
Tel. 02304/104-811
kulturbuero@kuwebe.de
www.schwerte.de

Welttheater der Straße (Schwerte)

August. In Schwerte wird die Altstadt zur Bühne – beim 1988 ins Leben gerufenen „Welttheater der Straße" treffen sich Straßentheater aus der ganzen Welt, die eine außergewöhnliche Welt aus Multi-Media Performance, Tanz, Artistik, Fassadentheater, Lichtinstallationen, Kindertheater und Comedy bieten. Das Festival, das mit bis zu 15.000 Zuschauern eines der beliebtesten Festivals seiner Art in Europa ist, nutzt auch den Außenbereich des Kulturzentrum Rohrmeisterei in unmittelbarer Nähe zur Ruhr.

■ **Informationen**
Kulturbüro Schwerte
Kötterbachstr. 2
58239 Schwerte
Tel. 02304/104-811
kulturbuero@kuwebe.de
www.welttheater-der-strasse.de

Mord am Hellweg (Unna)

Europas größtes internationales Krimifestival kann auf ein dichtes Städte- und Kulturnetzwerk mit rund 30 Kooperationspartnern im östlichen Ruhrgebiet und im Hellwegraum zurückgreifen. Die nach der LitCologne größte Literaturveranstaltung in NRW wurde 2002 als ein Projekt der Kulturregion Hellweg initiiert und findet seitdem unter wachsenden Zuschauerzahlen als Biennale statt. Mittlerweile ist das Festival ein Who is Who nationaler und internationaler Krimi-Größen. Zu Gast waren u. a. Matti Rönkä, Val McDermid, Don Winslow, Deon Meyer, Richard Stark, Peter James, Simon Beckett, Petra Hammesfahr, Jo Nesbø und Liza Marklund. Auch die Preisträgerliste liest sich imposant: Der erstmals 2008 ausgelobte und mit 11.111 Euro dotierte „Ripper Award" wurde bislang an die Autorinnen und Autoren Henning Mankell (2008), Håkan Nesser (2010), Fred Vargas (2012), Jussi Adler-Olsen (2014) und Sebastian Fitzek (2016) verliehen. Seit 2018 wird mit dem „Viktor Crime Award" eine zweite Auszeichnung vom Krimifestival verliehen. Sie würdigt Newcomer der Kriminalliteratur.

Ob Programmangebote im Amtsgericht, an Bahnhöfen, auf Schiffen, bei IKEA oder Industrieanlagen – das Festival bietet dem Publikum ungewöhnliche, krimigemäße Veranstaltungsorte mit starken Produktionen und unkonventionellen Darbietungsformen. Mit Krimireisen, Krimidinner, Kriminächten und Touren per Fahrrad oder Bussen lockt „Mord am Hellweg" tausende Besucher an. Wie groß die Dimension des Festivals ist, verdeutlichen die Zahlen für das Jahr 2020: Der Veranstaltungsmarathon bietet über 200 Veranstaltungen und weit mehr als 400 AutorInnen!

■ **Informationen**
Westfälisches Literaturbüro in Unna e.V.
Friedrich-Ebert-Str. 97
59425 Unna
Tel. 02303/963850
post@wlb.de
www.wlb.de
Kulturbetriebe Unna,
Zentrum für Information und Bildung
Lindenplatz 1, 59423 Unna
Tel. 02303/963850 o. 103720
Tel. 02303/103777
(Tickets, i-Punkt im Zentrum für Information und Bildung, Unna)
sigrun.krauss@stadt-unna.de
www.unna.de

Wittener Tage für neue Kammermusik

April. Das seit 1969 vom Westdeutschen Rundfunk und von der Stadt veranstaltete Festival präsentiert an drei Tagen schillernde Größen der zeitgenössischen Musik. Als wichtiges Forum bietet es Uraufführungen und deutsche Erstaufführungen von Musikern aus dem In- und Ausland.

■ **Informationen**
Kulturforum Witten
Bergerstr. 25
58452 Witten
Tel. 02302/581-2486 o. -2420
(während des Festivals)
Tel. 02302/581-2441 (Karten)
info@wittenertage.de
tickets@wittenertage.de
www.kulturforum-witten.de

EXTRASCHICHT – DIE NACHT DER INDUSTRIEKULTUR

Kein anderes Event setzt das Angebot „Entdeckungsreise Ruhrgebiet“ so komplex und mit so viel Phantasie um wie die „ExtraSchicht“. Und der Beiname „die Nacht der Industriekultur“ verrät auch gleich, mit welchen Zielen das Festival 2001 erstmals stattfand. Denn bei der „ExtraSchicht“ verbindet sich die gezeigte Kultur untrennbar mit den Aufführungsorten, stehen Kunst und Kreativität in direktem Bezug zu einer werdenden Identität des Ruhrgebiets, die sich um Experimentierfreude und Weltoffenheit bemüht. Symbole des innovativen Strukturwandels sind die alten Orte der Industrie, die von der „ExtraSchicht“ künstlerisch bespielt werden – Standort-Marketing im besten Sinne!

Das Programm in einer einzigen Nacht im Juni gleicht einer Mammutveranstaltung. Etwa 40 Spielorte zwischen Hamm und Duisburg bringen große Musik- und Theaterinszenierungen international bekannter Künstler auf die Bühne, zum Teil in speziell für die ExtraSchicht in Auftrag gegebenen Uraufführungen. Zu erleben sind aber auch

Comedy, Straßenmusik und Tanz, Führungen, Ausstellungen und Filme, Feuerwerke der besonderen Art, Bauchtanz, Lesungen und Nachtwanderungen – die Reihe der Kulturereignisse ließe sich endlos fortführen.

Als zentrale Anlaufpunkte der „ExtraSchicht" dienen so genannte Drehscheiben, die als Hauptspielorte zugleich Ausgangs- oder Zielpunkte im Ensemble der Spielorte und um Mitternacht Standorte für die großen Finals sind.

Der Publikumsandrang wächst von Jahr zu Jahr, 2008 wurde mit 160.000 Besuchern ein neuer Rekord aufgestellt.

Die ExtraSchicht als Gemeinschaftsprojekt von Ruhr Tourismus GmbH, Regionalverband Ruhr (RVR) und Verkehrsverbund Rhein-Ruhr (VRR) ist auch eine große logistische Leistung, denn ein eigenes Shuttlesystem bringt die Besucher vom frühen Abend bis tief in die Nacht quer durch die Metropole Ruhr von Veranstaltung zu Veranstaltung.

Informationen

Ruhr Tourismus GmbH
Centroallee 261
46047 Oberhausen
Info-Hotline: 01806/181620
info@ruhr-tourismus.de
www.extraschicht.de

Bild linke Seite und oben: Feuerwesen von Corpus Titanium und Feuerinszenierung der Gruppe Carabosse im Nordsternpark in Gelsenkirchen

Bild unten: Artistische Show im Gelsenkirchener Amphitheater

PREMIERENFIEBER – DIE SCHÖNSTEN KINOS

Abseits des Mainstreams – die Programmkinos des Ruhrgebiets lösen diesen Anspruch gleich in mehrfacher Weise ein. In erster Linie natürlich als inhaltliches Versprechen, das ausgewählte Filmangebote und -experimente sowie Minoritätenprogramme präsentiert. Darüber hinaus verstehen sich die hier genannten Kinos auch als Kulturort, der durch diverse Reihen – vom Kinoklub über das Kinderkino bis hin zum Kino-Café – als vitaler Treffpunkt daherkommt. Und schließlich sind einige Programmkinos in Traditionshäusern mit sehenswerter Inneneinrichtung beheimatet, die dem Namen „Filmkunsttheater" alle Ehre machen – hier beginnt die cineastische Reise nicht erst auf der Leinwand.

endstation.kino (Bochum)
Klein, aber fein. Das 1988 im denkmalgeschützten Gebäude des Kulturzentrums Bahnhof Langendreer eröffnete Kino bietet 89 Plätze und eine reiche Programmvielfalt. Erstaufführungen, Dokumentarfilme, filmische Raritäten (gerne in Originalfassungen), Stummfilme mit Live-Begleitung und konzeptionelle Filmreihen, dazu zahlreiche Kooperationen

Lichtburg, Essen

(u. a. mit dem Kommunalen Kino der VHS Bochum) und Festivals (u. a. „blicke. filmfestival des ruhrgebiets“ jährlich Ende November) lassen die Herzen der Cineasten höher schlagen.

■ **Informationen**

Wallbaumweg 108,
44894 Bochum
Tel. 0234/6871620
info@endstation-kino.de
www.endstation-kino.de

Metropolis (Bochum)

Das in einem Seitentrakt des Bochumer Hauptbahnhofs gelegene Metropolis ist der traditionelle Ort des besonderen Films in Bochum und eines der wenigen verbliebenen klassischen Filmkunsttheater. Für das Programm mehrfach prämiert, bietet das Kino in seinem 200 Plätze umfassenden Saal nach umfangreichen Renovierungsmaßnahmen 2004 bequemes Mobiliar und modernste Projektions- und Tontechnik. Den Foyerbereich schmücken diverse Erinnerungen aus der Filmgeschichte.

■ **Informationen**

Kurt-Schumacher-Platz 13
44787 Bochum, Tel. 0234/12263
info@metropolis-bochum.de
www.metropolis-bochum.de

Casablanca (Bochum)

Die Gastromeile „Bermuda-

3Eck“ hat nicht nur ihre Cafés und Kneipen, sondern auch ein Kino von Format. Das mehrfach ausgezeichnete Filmkunsttheater Casablanca verfügt über drei Kinosäle mit digitaler und analoger Vorführtechnik und über eine Bar mit Innen- und Terrassenbereich.

Neben aktuellen Filmen im Bundesstart bietet das Casablanca diverse Reihen – wie etwa die sonntägliche Sektmatinée und das Kinderkino – und Wiederaufführungen von Klassikern.

Informationen
Kortumstr. 11, 44787 Bochum
Tel. 0234/3259177
info@casablanca-bochum.de
www.casablanca-bochum.de

Roxy und Camera (Dortmund)
Das andere Kinoerlebnis in der Westfalenmetropole Dortmund hat zwei Namen: Roxy und Camera. 1979 bzw. 1983 eröffnet, sind die beiden Lichtspielhäuser längst als kulturelle Institutionen anerkannt. Zum anspruchsvollen Programm gehören auch vormittägliche Aufführungen für Schulklassen.

Informationen
Münsterstr. 95, 44145 Dortmund
Tel. 0231/22081540
info@roxydortmund.de
www.roxydortmund.de
Informationen Camera
Mallinckrodtstr. 209
44147 Dortmund
Tel. 0231/822738
info@roxy-camera.de
www.roxykino-do.de

filmforum (Duisburg)
Geschichte geschrieben hat das filmforum bereits mit seiner Eröffnung im September 1970 – als erstes kommunales Kino in Deutschland. Zunächst in der Volkshochschule, später im „Studio M“ beheimatet, fand man erst 1980 einen dauerhaften Standort am Dellplatz.

Schon immer mit dem filmforum verbunden ist das Ziel, anspruchsvolle Filme auf die Leinwand zu bringen – davon zeugt auch ein beeindruckendes Filmarchiv mit knapp 10.000 Filmen, eines der größten in Nordrhein-Westfalen. Deshalb ist es sehr erfreulich, dass der Zuspruch mit dem Qualitätsdenken korrespondiert.

Das filmforum ist auch Festivalstandort: Hier findet zum Beispiel die „Filmwoche“, das bedeutendste Festival für den

Casablanca, Bochum

Das Essener Astra – Leuchter und Eingang

deutschsprachigen Dokumentarfilm“, statt.

Das Filmtheater verfügt über einen großen (200 Plätze) und einen kleineren Saal (92 Plätze).

■ **Informationen**

Dellplatz 16
47051 Duisburg
Tel. 0203/28547-3
mail@filmforum.de
www.filmforum.de

Astra & Luna (Essen)

Dass das größte Filmkunsttheater im Ruhrgebiet in einem Traditionshaus aus den 1950er Jahren beheimatet ist (Eröffnung 1958), wird schon deutlich, wenn es – vorbei an einem alten Projektor – auf der geschwungenen Treppe hinab zu den Kinosälen geht. Die imposante Deckenkonstruktion, das Interieur und schließlich der riesige Leuchter in Blütenform im großen Kino sind absolut sehenswert. Auf den Leinwänden von Astra (432 Plätze) und Luna (80 Plätze) überzeugen ausgesuchte Repertoires, die regelmäßig für das hervorragende Jahresprogramm ausgezeichnet werden.

■ **Informationen**

Teichstraße 2
45127 Essen
Tel. 0201/275555
Tel. 0201/778477 (Programmansage)
info@essener-filmkunsttheater.de
www.essener-filmkunsttheater.de

Eulenspiegel (Essen)

Fritz Langs „Metropolis“ oder Robert Wienes „Das Cabinet des Dr. Caligari“ haben Kinofreunde sicherlich schon gesehen, aber die Live-Begleitung u. a. mit einer Wurlitzer-Stummfilmorgel ist sicherlich eine Besonderheit, die das Eulenspiegel-Kino bietet. Eine von vielen, denn das zweitgrößte Filmkunsttheater im Ruhrgebiet mit seinen 400 Plätzen, einer großen Bühne, Café und Kinomuseum ist in einem Kino aus dem Jahr 1955 untergebracht, ist Filmkunsttheater seit 1980 und bietet ein vielfältiges Programm, das regelmäßig ausgezeichnet wird.

■ **Informationen**

Steeler Str. 208-212
45138 Essen
Tel. 0201/275555
Tel. 0201/778477 (Programmansage)
info@essener-filmkunsttheater.de
www.essener-filmkunsttheater.de

Filmstudio Glückauf (Essen)

Das 1924 unter dem Namen „Glückauf-Lichtspiele“ eröffnete Kino ist das älteste Essener Filmtheater. Nach der Zerstörung im Zweiten Weltkrieg im authentischen Flair der 1950er Jahre wieder aufgebaut, wurde es 1985 durch die Menz-Theaterbetriebe übernommen und in der Folgezeit zu einem der am häufigsten ausgezeichneten Programmkinos in Deutschland. Entsprechend groß war die Empörung, als das Filmstudio wegen statischer Probleme des Glückauf-

Schauburg Filmpalast, Gelsenkirchen

Hauses stillgelegt werden sollte. Eine groß angelegte Spendenkampagne, unterstützt durch Benefizabende u. a. mit Schauspielern wie Hannes Jaenicke, Joachim Król und Daniel Brühl, aber auch BAP-Sänger Wolfgang Niedecken sowie die Aktion „Bürger als Bürgen", machte die Rettung möglich. Das im Dezember 2009 wiedereröffnete Kino besitzt einen der letzten vollständig erhaltenen Kinosäle der 1920er Jahre in Deutschland sowie ein original erhaltenes Foyer aus den 1950er Jahren.

■ **Informationen**

Rüttenscheider Str. 2
45128 Essen
Tel. 0201/43936633 (Kartenreservierung)
Tel. 0201/778477 (Programmansage)
info@essener-filmkunsttheater.de
www.essener-filmkunsttheater.de
www.filmstudio-essen.de

Galerie Cinema (Essen)

Hier kommen Kino, Kult und Klassiker auf einen speziellen Nenner. Eröffnet 1971 als eines der ersten Filmkunsttheater überhaupt, ist es auch das kleinste weit und breit. Gerade einmal 45 Plätze schaffen ein Pantoffelkinoflair. Kult ist der 17-Uhr-Termin an jedem Sonntag, der seit 30 Jahren für den Streifen „Harold & Maude" reserviert ist. Ein Kino mit besonderem Charme und vielfach prämiertem Jahresprogramm.

■ **Informationen**

Julienstr. 73
45130 Essen
Tel. 0201/778494
Tel. 0201/778477 (Programmansage)
info@essener-filmkunsttheater.de
www.essener-filmkunsttheater.de

Lichtburg (Essen)

Großes Kino – das bietet in der Lichtburg nicht nur das Programm, sondern auch das Haus selbst. 1928 wurde der damals wie heute größte Filmpalast der Republik (1.250 Plätze) eröffnet. Nach dem Wiederaufbau des im Krieg völlig zerstörten Gebäudes begann mit der Wiedereröffnung 1950 die Glanzzeit der Lichtburg als das deutsche Premierenkino. Stars wie Gary Cooper, Hildegard Knef, Zarah Leander oder Romy Schneider sorgten für Menschenaufläufe und einen bis heute legendären Glamour-Status. Mit dem allmählichen Niedergang des Kinos wurde es allerdings auch still um das Kleinod in der Essener City. Mit der ebenso umfassenden wie detailgetreuen Renovierung des mittlerweile denkmalgeschützten Hauses

2002/03 wurde nicht nur der 1950er-Jahre-Stil auf Hochglanz poliert, sondern auch an die alten Premierenzeiten angeknüpft (u. a. Wim Wenders, Tom Tykwer). Jeden Monat werden bis zu zehn neue Filme gestartet, dazu kommen in unregelmäßigen Abständen NRW- und große Deutschlandpremieren. Zu sehen ist das Programm auf der größten Kinorollleinwand Europas (150 Quadratmeter). Mit dem „Sabu" (150 Plätze) steht auch ein kleinerer Saal zur Verfügung.

Die Lichtburg ist mehr als ein Filmpalast: Seit Jahrzehnten finden hier Premieren, Filmgalas und Preisverleihungen statt. Sie ist das Prachtstück deutscher Kinokultur und -tradition. Seit über achtzig Jahren beeindruckt sie mit grandioser, stilvoller Architektur und unvergleichlicher Atmosphäre – ein außergewöhnlicher Rahmen für ein breites Spektrum von Veranstaltungen wie Konzerte, Musicals, Theater, Tanz, Jubiläen und Verleihungen.

Informationen
Kettwiger Str. 36
45127 Essen
Tel. 0201/231023
(Kartenreservierung/Info)
Tel. 0201/231024 (Programmansage)
info@lichtburg-essen.de
www.lichtburg-essen.de

Schauburg Filmpalast (Gelsenkirchen)

Der Schauburg Filmpalast ist einer der letzten klassischen Kinopaläste Deutschlands. Das 1929 erbaute Gebäude beruht auf einer Konzeption, deren Nähe zum Theater mit seinen geschwungenen und mit unzähligen Türen versehenen Wandelgängen, dem ausladenden Treppenaufgang und dem in der Mitte gelegenen ehemals lichten Foyer noch heute präsent ist.

Ursprünglich bestand der Schauburg Filmpalast aus einem 1.400 Plätze umfassenden Einzelhaus. Hier wurden schon in der Zeit des „großen Films" aufwändige Premieren gefeiert, aber auch eine Vielzahl von einzigartigen Musikveranstaltungen und Theaterstücken aufgeführt.

Nach mehrfachen Renovierungsmaßnahmen bietet der Schauburg Filmpalast seinen Besuchern heute eine gelungene Verbindung zwischen historischer Umgebung und modernster Kinotechnik.

Das teilweise unter Denkmalschutz stehende Filmtheater verfügt nun insgesamt über drei Kinosäle: die Schauburg mit 700 Plätzen, das Lux mit 255 Plätzen und das 99 Plätze fassende Studio.

Informationen
Horster Str. 6
45897 Gelsenkirchen
Tel. 0209/35976997
Tel. 0209/30886
(Programmansage)
info@schauburg-gelsenkirchen.de
www.schauburg-gelsenkirchen.de

Kino im Walzenlager (Oberhausen)

Kino im industriehistorischen Ambiente des Zentrums Altenberg, seit 2012 auch Spielort der Internationalen Kurzfilmtage Oberhausen. Der familiäre Rahmen (45 Plätze) ist ebenso locker wie die Filmauswahl, die von anspruchsvoll bis kultig alles bietet, was die großen Kinos nicht oder nicht genügend gewürdigt haben.

Informationen
Hansastr. 20, 46049 Oberhausen
Tel. 0208/85978-77
www.walzenlagerkino-ob.de

Lichtburg Filmpalast (Oberhausen)

Überregional bekannt als die Spielstätte der Internationalen Kurzfilmtage, präsentiert sich die Lichtburg als bemerkenswerte Symbiose von Tradition und Moderne. Das mit aufwändiger Glasarchitektur modernisierte Kinogebäude bietet Filmfreunden ein schickes Foyer, modernste Technik, aber auch Ornamente aus Stuck an der Decke, Lampen in Blumenform und viel roten Plüsch im Innenraum.

Auf dem Programm stehen aktuelle Produktionen und gehaltvolles Programmkino.

Informationen
Elsässerstr. 26
46045 Oberhausen
Tel. 0208/82429-0
Tel. 0208/82429-20 (Film-Info)
info@lichtburg-ob.de
www.lichtburg-ob.de

Wertvolles industriehistorisches Ensemble: das Fördergerüst und die Maschinenhalle der Zeche Zollern II/IV in Dortmund-Bövinghausen

INDUSTRIEKULTUR

INDUSTRIEKULTUR

Industriekultur – das ist der Inbegriff für den strukturellen Wandel einer Region, wie er in der Bundesrepublik einzigartig ist. 150 Jahre lang haben Kohle und Stahl das Ruhrgebiet geprägt, Millionen von Menschen fanden hier Arbeit, rauchende Schlote und rabenschwarze Halden wurden zum Synonym für den „Kohlenpott".

Doch was einst das Herz des Reviers zum Schlagen brachte, ist jetzt Vergangenheit. Das Ruhrgebiet präsentiert sich heute in einem völlig neuen Gewand, statt Kohle und Stahl heißt es nun Kunst, Kultur und Natur. Dass dem so ist, hat die Region zum einen dem Regionalverband Ruhrgebiet (RVR), zum anderen der Internationalen Bauausstellung Emscher Park (IBA) zu verdanken. Zehn Jahre lang, von 1989 bis 1999, wurde der gesamte Emscherraum, größte Industrieregion Europas, umgewandelt in einen Park, in dem die ehemaligen Zeugen der Industriegeschichte vor dem Abriss und Verfall gerettet und zu bemerkenswerten Orten der alten und neuen Wirklichkeit wurden. Weit über 100 Projekte wurden unter Beteiligung vieler Unternehmen, Initiativen und nicht zuletzt der 17 Städte der Region verwirklicht und gaben dem Ruhrgebiet ein neues, zukunftsfähiges Profil.

Detail in der Gebläsehalle im Landschaftspark Duisburg-Nord

Von der Industrielandschaft zur Natur- und Kulturlandschaft – im Ruhrgebiet kann das jeder hautnah miterleben. So finden beispielsweise in stillgelegten Zechen aufsehenerregende Ausstellungen statt, alte Industrieanlagen werden zu interessanten Museen umfunktioniert, ehemalige Stätten des Bergbaus dienen heute als Forum für beeindruckende Musik-, Theater- und Tanzveranstaltungen. Aber nicht nur Kunst und Kultur bieten vor dem Hintergrund einer alten Industriekulisse neue und aufregende Nutzungsmöglichkeiten, auch Freizeit und Erholung sind im Emscher Landschaftspark keine Fremdworte mehr. Grundlage dafür ist der ökologische Wandel, die Umgestaltung einer von der Industrie stark beanspruchten Region in ein Gebiet, in dem die Natur wieder in den Vordergrund rückt und Millionen von Menschen neue, abwechslungsreiche Freizeitaktivitäten eröffnet werden.

Die Region zwischen Duisburg und Hamm lädt ein zum Staunen und Verweilen, zum Erfahren, was es heißt, Altes und Neues spannend und zukunftsorientiert miteinander zu verbinden und live dabei zu sein, wenn Kunst und Kultur, Natur und Freizeit, Architektur und Ästhetik völlig neue Maßstäbe setzen.

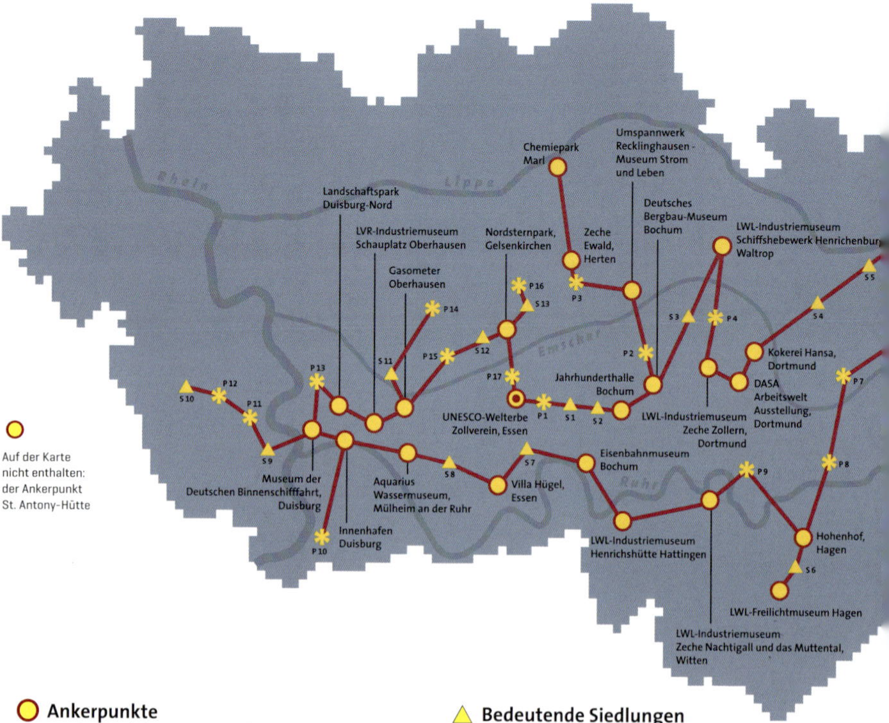

Ankerpunkte
► sind Erlebnisorte und Knotenpunkte für Informationen

Besucherzentrum Ruhr / RUHR.VISITORCENTER Essen und Portal der Industriekultur

ERIH Ankerpunkte
European Route of Industrial Heritage

► Gasometer Oberhausen
► Landschaftspark Duisburg-Nord
► LWL-Industriemuseum Henrichshütte Hattingen
► LWL-Industriemuseum Schiffshebewerk Henrichenburg
► LWL-Industriemuseum Zeche Zollern
► UNESCO-Welterbe Zollverein

metropoleruhr

Regionalverband Ruhr

Bedeutende Siedlungen
► das Ruhrgebiet zu Hause

Für die Sozialgeschichte des Ruhrgebiets und die städtebauliche Gegenwart sind die vielfältigen Siedlungen besonders aufschlussreich. Sie erlauben einen authentischen Einblick in das Leben der Region.

S 1 Flöz Dickebank, Gelsenkirchen
S 2 Dahlhauser Heide, Bochum
S 3 Teutoburgia, Herne
S 4 Alte Kolonie Eving, Dortmund
S 5 Ziethenstraße, Lünen
S 6 Lange Riege, Hagen
S 7 Altenhof II, Essen
S 8 Margarethenhöhe, Essen
S 9 Rheinpreußen, Duisburg
S 10 Alt-Siedlung Friedrich-Heinrich, Kamp-Lintfort
S 11 Eisenheim, Oberhausen
S 12 Gartenstadt Welheim, Bottrop
S 13 Schüngelberg, Gelsenkirchen

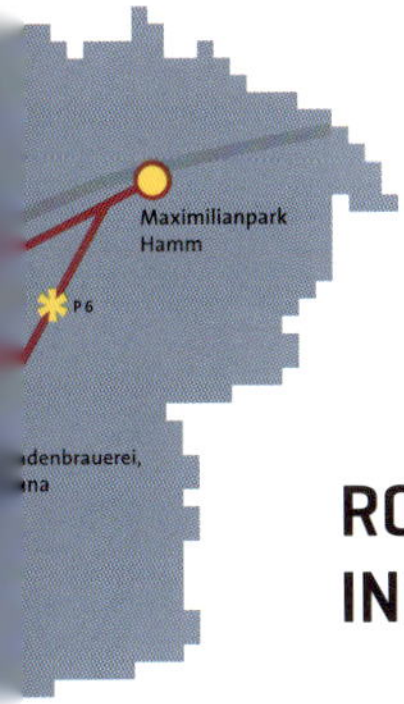

ROUTE DER INDUSTRIEKULTUR

Panoramen der Industrielandschaft
► bieten Überblicke

Eine besondere touristische Attraktion bilden die herausragenden Aussichtspunkte einer Region. Hier im Revier kann man die typische industrielle Kulturlandschaft überblicken. Einige dieser Panoramen sind als neue Zeichen der Landmarken-Kunst gestaltet.

- P 1 Halde Rheinelbe, Gelsenkirchen
- P 2 Tippelsberg, Bochum
- P 3 Landschaftspark Hoheward, Herten/Recklinghausen
- P 4 Halde Schwerin, Castrop-Rauxel
- P 5 Halde Großes Holz, Bergkamen
- P 6 Kissinger Höhe, Hamm
- P 7 Fernsehturm Florian, Dortmund
- P 8 Hohensyburg, Dortmund
- P 9 Berger-Denkmal auf dem Hohenstein, Witten
- P 10 Tiger & Turtle – Magic Mountain, Duisburg
- P 11 Halde Rheinpreußen, Moers
- P 12 Halde Pattberg, Moers
- P 13 Alsumer Berg, Duisburg
- P 14 Halde Haniel, Bottrop/Oberhausen
- P 15 Tetraeder, Bottrop
- P 16 Halde Rungenberg, Gelsenkirchen
- P 17 Halde Schurenbach, Essen

Zum Abschluss der zehnjährigen Tätigkeit der IBA Emscher Park ist die „Route der Industriekultur“ entstanden. Zu dieser Route gehören 54 ausgewählte bauliche und technische Denkmäler der Industriegeschichte (26 Ankerpunkte, 17 Aussichtspunkte, 13 Arbeitersiedlungen) sowie sechs technik- und sozialgeschichtlich bedeutende Museen, die über den gesamten Emscherraum verteilt sind. Insgesamt 30 Themenrouten führen zu über 900 Industrie- und Technikdenkmälern. Das Welterbe Zollverein in Essen beherbergt das „Portal der Industriekultur“, das zentrale Besucherzentrum der Route der Industriekultur.

Orientierung auf dem etwa 400 Kilometer langen Rundkurs durchs Ruhrgebiet bieten Hinweistafeln in Form einer eigens für diese Route konzipierten Straßenbeschilderung entlang der Autobahnen und Bundesstraßen. Auch mit Bus und Bahn oder auf dem gut ausgebauten Radwegenetz (etwa 700 km Radweg im Rahmen der Route der Industriekultur per Rad) sind alle Punkte schnell und einfach zu erreichen.

Informationen

Besucherzentrum Ruhr /
RUHR.VISITORCENTER
Welterbe Zeche Zollverein
Gelsenkirchener Str. 181
45309 Essen
Tel. 0201/246810
Fax 0201/24498913
besucherzentrum@zollverein.de
www.zollverein.de
Route der Industriekultur
Tel. 0201/24498932
Tel. 0180/4000086
info@route-industriekultur.de
www.route-industriekultur.de
www.stiftung-zollverein.de
Öffnungszeiten: Mo-So 10-18 Uhr

DENKMALE IM WANDEL – ROUTE DER INDUSTRIEKULTUR

Welterbe Zollverein (Essen)

Die Bergbaugeschichte der Zeche Zollverein begann 1847 mit dem Abteufen des ersten Schachtes durch den Ruhrindustriellen Franz Haniel. Wegweisende Bedeutung erhielt Zollverein aber erst durch die zwischen 1928 und 1932 von den damals führenden Industriearchitekten Fritz Schupp und Martin Kremmer errichtete Schachtanlage XII, die sowohl in technischer als auch in architektonischer Hinsicht Glanzlichter setzte. Als damals „modernste Schachtanlage der Welt" gefeiert, erreichte Zollverein aus einer Tiefe von bis zu 640 Metern die gigantische Fördermenge von über 12.000 Tonnen pro Tag! Trotz der hohen Funktionalität setzten die um einen Ehrenhof in zwei Achsen angeordneten kubischen Baukörper in Stahlfachwerk mit dem Doppelstreben-Fördergerüst – das schnell zum Wahrzeichen des Ruhrgebietes wurde – auch ästhetische Maßstäbe in der Industriearchitektur. Kein Wunder, dass Zollverein XII nach ihrer Stillle-

Charismatisches Industriedenkmal: das Welterbe Zollverein

gung 1986 umgehend unter Denkmalschutz gestellt wurde und seit Ende 2001 als Gesamtgelände zusammen mit der Kokerei Zollverein zum Weltkulturerbe der UNESCO zählt. 1989 erfolgte die Gründung der „Bauhütte Zeche Zollverein Schacht XII GmbH“ durch die Stadt Essen und die Landesentwicklungsgesellschaft (LEG) im Rahmen der „Internationalen Bauausstellung Emscher Park“ (IBA), deren wichtigstes Ziel die Sanierung und Neunutzung der vollständig erhaltenen Anlage war.

Heute ist das Welterbe Zollverein Besucherzentrum der „Route der Industriekultur“ und offizieller Ankerpunkt der Europäischen Route der Industriekultur, mit einer Vielzahl von Veranstaltungsräumen und kulturellen Erlebnisorten. Auf dem Denkmalpfad Zollverein, dem 2019 eröffneten Denkmalpfad 1/2/8 (inkl. Mitmachzeche im denkmalgerecht hergerichteten Wagenumlauf mit 13 Stationen) und bei 28 verschiedenen Führungsformaten erleben die Besucher die im Originalzustand belassenen, mit Brüsseler EU-Mitteln sanierten Übertagean-

Ehemaliges Kesselhaus, heute Sitz des Red Dot Design Museums Essen

Rundeindicker im Portal der Industriekultur

Rolltreppe zum Ruhr Museum (o.)

Innenansicht des SANAA-Kubus (u.)

Werksschwimmbad
Kokerei Zollverein

Welterbe Zollverein, Ruhr Museum, Essen

lagen wie Fördereinrichtungen, Wipperhalle, Kohlenwäsche und ihre Funktionsweise, unterstützt durch Modelle, Filme, 3D-Animationen, museumstechnische Installationen und begleitet von authentischen Geräuschen.

Im von Stararchitekt Norman Foster umgestalteten Kesselhaus präsentiert das seit 1997 dort ansässige „red dot design museum" die weltweit größte Dauerausstellung internationalen Industriedesigns, während andere Ausstellungen und Werke auf Zollverein, innen wie außen, auf zeitgenössische Kunst setzen. Und zwischen Kohle und Kunst gilt das „Casino Zollverein" als gastronomische Oase – natürlich im Industrieambiente der ehemaligen Kompressorenhalle (Halle 9).

Im Jahr 2006 gab es innerhalb des seit 2001 umgesetzten Masterplans von Rem Koolhaas wichtige Weichenstellungen für die Zukunft des Areals:

Die Fertigstellung der Kohlenwäsche für das neue Ruhr Museum, das im Januar 2010 eröffnete, die Durchführung der renommierten Zukunftsschau ENTRY 2006 sowie die Errichtung des Kubus nach den Plänen des japanischen Architektenbüros SANAA, in den Anfang 2010 die Folkwang Universität einzog. Ende 2009 eröffneten, ebenfalls in der ehemaligen Kohlenwäsche, das RUHR.VISITORCENTER Essen / Besucherzentrum Ruhr und das 2019 modernisierte Portal der Industriekultur. Beide bieten auf vielfältige, multimediale Weise einen Überblick über das touristische und kulturelle bzw. industriekulturelle Angebot der Metropole Ruhr.

Eine ganz andere, naturnahe Art, das Areal zu erschließen und zu erleben, bietet der ZOLLVEREIN®Park (s. Industrienatur), den eine 3,5 Kilometer lange, vor allem bei Radfahrern, Joggern und Naturliebhabern beliebte Ringpromenade umgibt.

Das Förderband steht nicht still ... Neue Bauprojekte, eine Auswahl: Im Sommer 2016 wurde die Sanierung des Kammgebäudes (Kokerei) abgeschlossen; seine Hallen sind an Unternehmen der Kreativwirtschaft vermietet. Seit Dezember 2016 verfügt Zollverein über eine Eventlocation in der alten Sauger- und Kompressorenhalle, multifunktional und für bis zu 2.500 Personen: die GRAND HALL ZOLLVEREIN. Bis 2020 soll die Salzfabrik der Kokerei Zollverein zu einem „spektakulären" Zentral- und Schaudepot des Ruhr Museums umgebaut werden. In der Halle 4 ist eine neue Gastronomie entstanden. Auch die bei Radlern und Spaziergängern beliebte Ringpromenade im südlichen Teil der Kokerei wurde ausgebaut. Und Studenten der Folkwang Universität der Künste können seit dem Wintersemester 2017/2018 in einem neuen viergeschossigen Gebäude auf Zollverein lernen. Schließlich eröffnete im Sommer 2019 neben der Gründerschachtanlage I/II/VIII das Designhotel „hotel friends" mit 67 Zimmern und Suiten, Lounge und Konferenzbereichen.

Wie gigantisch die Gesamtanlage Zollverein ist, zu der früher insgesamt fünf Standorte mit 12 Schächten gehörten, lässt auch die weitere Nutzung erahnen:

Die früher als Schmiede und Schlosserei genutzte Halle 5 auf Schacht XII dient als Ausstellungs-, Messe- und Kongresshalle. Im ehemaligen Schalthaus befinden sich u. a. Vortrags- und Präsentationsräume.

In der ehemaligen Kaue (Zollverein I/II/VIII) befindet sich PACT Zollverein – Performing Arts Choreographisches Zentrum NRW der Tanzlandschaft Ruhr, ein internationales Zentrum für darstellende Kunst mit dem Schwerpunkt Tanz.

Im Kunstschacht (ebenfalls Zollverein I/II/VIII) lebt und arbeitet der Künstler, Schriftsteller und Sammler Thomas Rother mit seiner Frau, dessen Kunst vom Bergbau und der Schwerindustrie des Ruhrgebiets geprägt ist.

Auf Zollverein Schacht III/VII/X dreht sich im interaktiven Museum „Phänomania Erfahrungsfeld" alles um physikalische Phänomene und menschliche Sinne, um Erscheinungen des Klangs, des Lichts und der Bewegung.

Der Schacht IV/V/XI beherbergt die Initiative „Triple Z", ein Zentrum für Existenzgründer, kleine und mittlere Betriebe.

■ **Informationen**

■ **RUHR.VISITORCENTER Essen / Besucherzentrum Ruhr**

Fritz-Schupp-Allee 14
Areal A [Schacht XII], Kohlenwäsche [A14]
Tel. 0201/24681-0
RUHR.VISITORCENTER@zollverein.de
www.zollverein.de
Öffnungszeiten: Mo-So 10-18 Uhr

■ **Stiftung Zollverein**

UNESCO-Welterbe Zollverein
Bullmannaue 11
Areal B [Schacht 1/2/8], Direktion [B57]
45327 Essen
Tel. 0201/24681-0
info@zollverein.de
www.zollverein.de

Casino Zollverein GmbH
Gelsenkirchener Straße 181
Schacht XII, Halle 9
Tel. 0201/83024-0
info@casino-zollverein.de
casino-zollverein.de
Öffnungszeiten: Di-So 11.30-24 Uhr

Infopunkt Kokerei
Arendahls Wiese
Areal C [Kokerei], Mischanlage [C70]
45141 Essen
Tel. 0201/24681-0
RUHR.VISITORCENTER@zollverein.de
www.zollverein.de
Öffnungszeiten: Mo-Fr 11-15 Uhr,
Sa/So 11-17 Uhr

Öffnungszeiten Gesamtgelände: das Freigelände ist ständig kostenlos zugänglich, Führungen nach Vereinbarung

Schacht XII:

Ruhr Museum
UNESCO-Welterbe Zollverein
Areal A [Schacht XII], Kohlenwäsche [A14]
Gelsenkirchener Straße 181
45309 Essen
Tel. 0201/ 24681-444
besucherdienst@ruhrmuseum.de
www.ruhrmuseum.de (mit Kontaktformular)
Öffnungszeiten: Mo-So 10-18 Uhr

Red Dot Design Museum
UNESCO-Welterbe Zollverein
Areal A [Schacht XII], Kesselhaus [A7]
Gelsenkirchener Str. 181
45309 Essen
Tel. 0201/30104-60
museum@red-dot.de
www.red-dot-design-museum.de
Öffnungszeiten: Di-So/Fei 11-18 Uhr
Öffentliche und Führungen nach Vereinbarung

Tipps nicht nur für auswärtige Gäste: BVV Zollverein

Der Bürger- und Verkehrsverein im Stadtbezirk VI – Zollverein hat zum Ziel, die Zollverein-angrenzenden, strukturschwachen Stadtteile Katernberg, Stoppenberg und Schonnebeck von den Besucherströmen auf dem Gelände des UNESCO Welterbes profitieren zu lassen. Neben unterschiedlichen Übernachtungsangeboten in Privatquartieren, Pensionen und Hotels werden ein- oder mehrtägige Gruppenreisen mit Erkundungstouren auf Zollverein und auf der Route der Industriekultur, Stadtteilrundgänge und Fahrradführungen organisiert.

Informationen
Krähenbusch 3
45307Essen
Tel. 0201/86059-40
info@bvv-zollverein.de
www.bvv-zollverein.de

Folkwang Universität der Künste
SANAA-Gebäude / Campus Zollverein
Gelsenkirchener Str. 209
45309 Essen
Tel. 0201/18503-410
info@folkwang-uni.de
www.folkwang-uni.de

Schachtanlage I/II/VIII:

PACT Zollverein
Bullmannaue 20a
Schacht I/II/VIII
45327 Essen
Tel. 0201/2894700
info@pact-zollverein.de
www.pact-zollverein.de

Kunstschacht Zollverein
Schacht 1/2/8
Bullmannaue 21
45327 Essen
Tel. 0201/304881
www.zollverein.de
Öffnungszeiten: Sa/So 11-13 und 15-17 Uhr sowie nach tel. Vereinbarung

Schachtanlage IV/V/XI:

Triple Z – ZukunftsZentrum Zollverein
Katernberger Str. 107
45327 Essen
Tel. 0201/8872100
info@triple-z.de
www.triple-z.de

Schacht III/VII/XI:

Ausstellung „Phänomania Erfahrungsfeld"
Am Handwerkerpark 8-10
45309 Essen
Tel. 0201/301030
info@erfahrungsfeld.de
www.erfahrungsfeld.de
Öffnungszeiten: Mo-Fr 9-18 Uhr,
Sa/So/Fei 10-18 Uhr

Jahrhunderthalle (Bochum)

Die Bochumer Jahrhunderthalle ist genau das, was man sich unter einer „Industriekathedrale" vorstellt. Von den Architekten H. Schumacher und O. Berndt entworfen, zeigt sie sich als dreischiffige, für die zweite Hälfte des 19. Jahrhunderts durchaus typische Stahlkonstruktion, die heute sowohl zu den bedeutendsten Industriehallen der Region als auch zu den außergewöhnlichsten Konzerthäusern in Europa zählt.

Ihre Geschichte begann 1902 bei der Industrie- und Gewerbeausstellung in Düsseldorf, wo sie der Bochumer Verein für Bergbau und Gussstahlproduktion als Ausstellungsort – mit viel Stuckverkleidung und einem 70 Meter hohen Glockenturm – erstmals errichten und später wieder demontieren ließ. 1903 in Bochum ohne die Verzierungen an der Alleestraße erneut aufgestellt, diente sie als Gaskraftzentrale des Eisen- und Stahlunternehmens, das 1938 mit etwa 16.500 Arbeitern die höchste Beschäftigtenzahl erreichte. Ihre heutige Größe von fast 10.000 Quadratmetern erreichte die Jahrhunderthalle durch verschiedene Um- und Anbauten (östliche Querhalle 1910, Verlängerung der Haupthalle 1913, angefügte

Jahrhunderthalle, Bochum

Jahrhunderthalle, Bochum

Seitenhalle 1929). Glocken, wie die Olympiaglocke für Berlin (1933), die Jahrhundertglocke für die Frankfurter Paulskirche (1948) und die Gussstahlglocke für die Weltfriedenskirche in Hiroshima (1952), waren die berühmtesten Produkte, die das Gelände der Jahrhunderthalle Bochum je verlassen haben.

Als im Zuge der Werksübernahme durch die Krupp-Hüttenwerke 1968 die Hochöfen erloschen, wurde es still um die auf einmal funktionslose Jahrhunderthalle – ein Dornröschenschlaf am westlichen Cityrand, der erst 1988 mit der Übernahme des Geländes durch die Landesentwicklungsgesellschaft (LEG) endete.

Seit 1991 unter Denkmalschutz, fand bereits im gleichen Jahr eine erste konzertante Nutzung der noch nicht restaurierten Jahrhunderthalle Bochum durch die Bochumer Symphoniker und die Radio-Philharmonie Leipzig statt. Zudem wurde die inzwischen unter Denkmalschutz gestellte Jahrhunderthalle Bochum fester Bestandteil und einer der Hauptankerpunkte der „Route Industriekultur". 2002/03 wurde die Jahrhunderthalle zu einem imposanten Festspielhaus umgebaut, das als zentraler Spielort der Ruhrtriennale dient. Der Innenraum erhielt eine Fußbodenheizung und kann durch reversible Vorhänge in bis zu drei Hallen unterteilt werden. Zwei Neubauten an den Außenseiten der Halle kamen dazu: ein vollständig unterkellertes, zweigeschossiges Foyer mit Café und Besuchergarderoben sowie ein sechsgeschossiger Anbau, in dem u. a. die Garderoben- und Aufenthaltsräume der Künstler eingerichtet wurden.

Das 2012 eröffnete „PumpenhausZwei“ mit dem Besucherzentrum RUHR.INFO-LOUNGE und einer Gastronomie liegt auf der Rückseite der Halle am Wasserturm. Das Besucherzentrum informiert über die Jahrhunderthalle Bochum, über den Westpark und die Route der Industriekultur.

■ **Informationen**

Bochumer Veranstaltungs-GmbH
An der Jahrhunderthalle 1
44793 Bochum
Tel. 0234/3693-111 (Besucherzentrum)
infolounge@jahrhunderthalle-bochum.de
www.jahrhunderthalle-bochum.de
Öffnungszeiten Besucherzentrum: April bis Oktober: Di-Fr 12-18 Uhr, Sa/So/Fei 10-18 Uhr; November bis März: Sa/So/Fei 10-17 Uhr

Deutsches Bergbau-Museum (Bochum)

>> Kunst & Kultur / Museen

Umspannwerk Recklinghausen – Museum Strom und Leben

Deutschlands größtes Elektrizitätsmuseum zeigt, wie die Elektrizität in das Leben der Menschen kam und wie diese Energie Alltag und Arbeitswelt grundlegend veränderte. Auf 2.500 Quadratmetern Ausstellungsfläche wird die Kultur-, Sozial- und Technikgeschichte der Elektrizität in Szene gesetzt. Beispiele der Elektrifizierung in Industrie, Gewerbe, Landwirtschaft und Haushalt dokumentieren die Geschichte der Stromerzeugung, -verteilung und -nutzung. In dem 2009 eröffneten, 500 Quadratmeter großen Anbau wird eine Schau über Elektromobilität geboten.

Bedeutendstes Exponat im Museumskomplex ist das Umspannwerk selbst. 1928 als architektonisch ambitioniertes Gebäude errichtet, steht es seit 1991 unter Denkmalschutz. Das Umspannwerk beherbergt eine der wertvollsten Bibliotheken zur Geschichte der Elektrotechnik. Den Kern des Bestandes von über 30.000 Bänden bildet die frühere Bibliothek des Verbandes der Elektrotechnik, Elektronik, Informationstechnik e.V. (VDE). Sehenswert ist auch das Unternehmensarchiv der Vereinigten Elektrizitätswerke Westfalen (VEW) mit Dokumenten und Fotografien von den Vorläufergesellschaften der VEW bis zur Fusion mit dem RWE im Jahr 2000.

■ **Informationen**

Uferstr. 2-4
45663 Recklinghausen
Museum:
Tel. 02361/984-2216/17
info@umspannwerk-recklinghausen.de
www.umspannwerk-recklinghausen.de
Öffnungszeiten: Di-Sa 10-17 Uhr, So 10-18 Uhr; Juni-August auch Mo 10-17 Uhr
Überblicksführungen und thematische Führungen für Gruppen

Zeche Ewald (Herten)

>> Industriekultur / Freizeit-, Wohn- und Technologieparks

Chemiepark Marl

Auf dem Gelände der ehemaligen Chemischen Werke Hüls am Rande der Stadt Marl hat sich in den letzten Jahrzehnten

Umspannwerk Recklinghausen – Museum Strom und Leben

einer der größten Chemiestandorte Europas entwickelt. Auf der von Evonik Industries betriebenen 650 Hektar Fläche haben sich Unternehmen mit rund 100 Produktionsanlagen angesiedelt, die von einer guten Infrastruktur (eigener Gleisanschluss für den Schienentransport, eigener Hafen) profitieren.

Für den Besucher bietet der Chemiepark Marl ein Informationszentrum, in dem auf zwei Etagen die Geschichte des Standortes (mit Originalobjekten aus dem Unternehmensarchiv) sowie der Stand der heutigen Technik vermittelt wird.

Der Chemiepark Marl ist Spielort für das Kulturfestival Extraschicht und einziger aktiver Ankerpunkt der Route der Industriekultur. Werksführungen vermitteln dem Besucher einen Einblick in die Welt der chemischen Produktion.

■ **Informationen**

Informationszentrum
Lipper Weg 190
45764 Marl
Tel. 02365/495999
infocenter-marl@evonik.com
www.evonik.de
Öffnungszeiten: Werksführungen (ca. 1,5 Std.): Di/Do/Sa/So 11 Uhr, die Ausstellung ist jeweils eine Stunde vor den Werksführungen geöffnet

Schiffshebewerk Henrichenburg (Waltrop)

Als 1899 in Dortmund gleichzeitig mit dem in achtjähriger Bauzeit fertiggestellten Dortmund-Ems-Kanal auch das Schiffshebewerk Henrichenburg eingeweiht wird, stehen die eigentlichen Helden zwar bloß in der zweiten Reihe, dürfen sich aber dennoch im kaiserlichen Glanze sonnen. Denn der höchstpersönlich angereiste Wilhelm II. preist eine der spektakulärsten und mit Kosten von 2,5 Millionen Reichsmark teuersten Ingenieurleistungen um die Jahrhundertwende. Schließlich muss der Dortmund-Ems-Kanal auf einer Länge von 225 Kilometern einen Höhenunterschied von 70 Metern überwinden. Dazu sind 17 Kanalstufen erforderlich. Deren größte ist das Hebewerk Henrichenburg mit einer Hebeleistung von 14 Metern.

Die Errichtung des Hebewerks Henrichenburg war deshalb so wichtig, weil es angesichts dieses gewaltigen Niveauunterschiedes eigentlich gar keine zukunftsträchtige Alternative gab. Denn die zunächst erwogene Schleusentreppe mit vier Schleusen hätte riesige Wasserverluste zur Folge gehabt, die man nur durch teure Pumpensysteme hätte ausgleichen können – immerhin hat der Kanal an dieser Stelle keinen natürlichen Zufluss. Durch den Waltroper „Schiffsaufzug" konnten bis zu 800 Tonnen schwere Schiffe den durch die fortschreitende Industrialisierung des Ruhrgebiets immer größer gewordenen Transportbedarf von Gütern wie Erz und Stahl decken.

Ein weiteres Gütesiegel der Pionierarbeit in Waltrop war die Haltbarkeit. Erst 1962 ließ ein neues, größeres Hebewerk mit vergleichbarer Technik (2005 geschlossen) die für das alte mittlerweile zu lang gewordenen Frachter passieren.

Das 1970 stillgelegte alte Schiffshebewerk Henrichenburg bildet den ältesten Bestandteil des Schleusenparks Waltrop, wurde 1979 als Standort in das „Westfälische Industriemuseum" aufgenommen und im September 1992 eröffnet. Die Museumslandschaft, die man gut von der Brücke zwischen den beiden Hebewerkstürmen überschaut, ist, wie der Schleusenpark, ein Ensemble, das anschaulich über Schiffshebetechnik, Kanalwesen und Binnenschifffahrt informiert. In der alten Maschinenhalle ist der Bau des Schiffshebewerks Henrichenburg und des Kanals das Thema. Historische Dokumente zur Einweihung des Bauwerks sind zu sehen, aber auch Maschinen aus Binnenschiffen. An Bord des Museumsschiffes „Franz Christian" lässt sich die Lebens- und Arbeitswelt der Schiffer und ihrer Familien verfolgen, hier am unteren Vorhafen startet auch das Fahrgastschiff „Henrichenburg" zu Touren über die Kanäle, während historische Helling, Schiffe, Arbeitsgeräte, An-

Schiffshebewerk Henrichenburg, Waltrop

leger und Verladestelle sowie Hafenkräne und Hubbrücke am Oberwasser (Kanalstück) zu erkunden sind. Im Mai 2008 eröffnete zusätzlich das neue Hafengebäude am Oberwasser. In dem ehemaligen Lagerschuppen von 1906, der in Teilen am Remscheider Bahnhof abgetragen und auf dem Gelände des Schiffshebewerks wieder aufgebaut bzw. rekonstruiert wurde, finden Sonderausstellungen statt.

■ **Informationen**

LWL-Industriemuseum
Am Hebewerk 26
45731 Waltrop
Tel. 02363/9707-0
schiffshebewerk@lwl.org
www.lwl.org

Öffnungszeiten: ganzjährig Di-So/Fei 10-18 Uhr (Einlass bis 17.30 Uhr)
Öffentliche Führungen: So/Fei 11 u. 12.30 Uhr
Zu Themen-Führungen für Gruppen nach Vereinbarung, museumspädagogischen Programmen, Kindergeburtstagen und Kanalrundfahrten im Sommerhalbjahr siehe Webseite

Zeche Zollern (Dortmund)

Stilisierungen gibt es auch in der Welt der Schlote: Danach steht die Essener Zeche Zollverein Schacht XII als Sinnbild für den Gigantismus im Montanbereich, die Dortmunder Zeche Zollern II/IV dagegen vor allem für die „schöne Zeche". Natürlich stimmt diese Unterscheidung so nicht, denn der Bau beider Anlagen geht vom gleichen industriellen Grundgedanken aus: Massenproduktion bei gleichzeitiger Rationalisierung. Das Motiv für die Stilisierung der Zeche Zollern als „schönes" Bergwerk ist denn auch ein äußerliches – manifestiert in den ebenso detailverliebten wie reichlich vorhandenen Jugendstilelementen, deren berühmtester Ausdruck das Portal der vom Architekten Bruno Möhring entworfenen Maschinenhalle ist. Die herrschaftlich, eigentlich im Stile des Historismus angelegte Konzeption der Gesamtanlage mit Torhäusern und den um einen Ehrenhof gruppierten Gebäudetrakten vermittelt gemeinsam mit den

Zeche Zollern, Dortmund

im Inneren der Maschinenhalle vorhandenen Glasmalereien sowie Marmorschaltwand und Messinguhr eine aufwändige Eleganz, die architekturgeschichtlich gesehen den Übergang vom Historismus des ausgehenden 19. Jahrhunderts zum konstruktiven Bauen des 20. Jahrhunderts markiert.

Das von der Gelsenkirchener Bergwerks-Aktiengesellschaft 1898 errichtete und 1902 in Betrieb gegangene Bergwerk war jedoch auch in technischer Hinsicht eine „Musterzeche“. Schließlich wurde 1903 in der Maschinenhalle die erste elektrisch betriebene Fördermaschine der Welt installiert. Sie ist heute ebenso im Originalzustand erhalten wie die übrige technische Innenausstattung. Nicht ganz so gut erging es nach der endgültigen Stilllegung 1966 (Kohle wurde bis 1955 gefördert) der Gesamtanlage. Obwohl bereits 1969 unter Denkmalschutz gestellt, waren neben wichtigen Bauten auch die beiden Fördergerüste bereits in der Schrottpresse verschwunden – ein Manko, das man durch die Versetzung von gleichartigen Fördergerüsten anderer stillgelegter Anlagen in Herne und Gelsenkirchen wettzumachen versuchte.

Heute ist Zollern II/IV die Zentrale der acht Standorte des 1979 vom Landschaftsverband Westfalen-Lippe gegründeten LWL-Industriemuseums und offizieller Ankerpunkt der Europäischen Route der Industriekultur. In Dauer- und Sonderausstellungen werden die Kultur des Industriezeitalters und ihre Entwicklung beispielhaft dargestellt. 2011 wurde die weltweit größte Sammlung von Arbeiterskulpturen erworben (Sammlung Werner Bibl) mit über 200 Werken bekannter Bildhauer. Auch bei den angebotenen Führungen stehen weniger die technischen Fragen, sondern vielmehr die Lebensverhältnisse der Menschen im Mittelpunkt. Wesentliche Einblicke in das bergmännische Arbeiten auf der Zeche und das Familien- und Sozialleben vor den Zechentoren bietet dabei die von Paul Knobbe entworfene – ebenfalls als musterhaft geltende – Zechensiedlung Landwehr vor den Werkstoren. Darüber hinaus gibt es maßgeschneiderte Programme für Kinder, Schüler, Familien, Senioren oder für Menschen mit Sehbehinderung. „Wie der Fisch in den Berg kam“, das erläutert z. B. das Museum den Vier- bis Sechsjährigen.

Seit 2016 erzählt eine Dauerausstellung im historischen Verwaltungsgebäude die Geschichte der Zeche Zollern. Über ein Leitsystem am Boden, Hörstationen und über Objekte, Fotos, Schriften zum Tasten können auch blinde und sehbehinderte Menschen die 15 Ausstellungsräume erkunden.

Im Herbst 2016 wurde die Maschinenhalle im Industriemuseum Zeche Zollern nach einer umfangreichen Sanierung wieder für Besucher geöffnet. Sie ist jetzt Ausstellungs- und Veranstaltungsraum.

Weitere Standorte des LWL-Industriemuseums befinden sich in Bocholt, Waltrop, Bochum, Hattingen, Witten, Lage und Petershagen.

Informationen

LWL-Industriemuseum
Grubenweg 5
44388 Dortmund
Tel. 0231/6961-111
zeche-zollern@lwl.org
www.lwl.org/industriemuseum/standorte/zeche-zollern
Öffnungszeiten: Di-So/Fei 10-18 Uhr
Kostenlose Führungen über die Tagesanlagen So um 11 und 12.45 Uhr, Gruppenführungen nach Vereinbarung (Tel. 0231/6961-220)

DASA Arbeitswelt Ausstellung [Dortmund]

>> Kunst & Kultur / Museen

Kokerei Hansa [Dortmund]

Ein Monument war sie schon zu Gründungszeiten. Ganze vier kleinere Anlagen ersetzte die Zentralkokerei Hansa bei ihrer Inbetriebnahme 1928 – die frühe und konsequente Ausprägung eines Rationalisierungsgedankens zwischen Kohle und Stahl. Die zunächst entstandenen zwei Batterien produzierten täglich 2.200 Tonnen Koks. Zwei Erweiterungen (1938–1942 und Ende der 1960er Jahre) steigerten die Produktion auf Spitzenwerte von über 5.000 Tonnen pro Tag.

Natürlich war die Kokerei Hansa, deren Rohrleitungen

Kokerei Hansa, Dortmund

zum Stahlwerk Union und zum Hüttenwerk Phoenix führten, für Dortmund eine stadtbildprägende Erscheinung – und das wird so bleiben, obwohl seit ihrer Stilllegung 1992 die Gasfackeln erloschen sind. Als „begehbare Großskulptur" legt sie nach den Plänen der Stiftung Industriedenkmalpflege und Geschichtskultur, die hier seit 1997 ihren Sitz hat, Zeugnis ab von einer vergangenen Industrieepoche und deren ästhetischen Merkmalen.

Ein Monument als Museum also, dessen überdimensionale Exponate u. a. aus einer Kompressorenhalle und riesigen Großgasmaschinen bestehen, zu denen ein sogenannter „Erlebnispfad" führt. Darüber hinaus ist die ehemalige Waschkaue Standort von Ausstellungen, während das alte Turbokompressorengebäude zu einer großen Kletterhalle umgebaut worden ist.

Und um die Häuser, Hallen und Türme herum, die zusammengenommen wie eine eigene Stadt wirken, darf bewundert werden, was sich lautlos, aber konsequent Bahn bricht: ein sich selbst überlassenes und sich ständig weiterentwickelndes Naturterrain.

Informationen

Stiftung Industriedenkmalpflege und Geschichtskultur
Emscherallee 11
44369 Dortmund
Tel. 0231/931122-33 (Führungen)
info@industriedenkmal-stiftung.de
www.industriedenkmal-stiftung.de
Öffnungszeiten des Info-Punkts:
April bis Oktober: Di-So 10-18 Uhr;
November bis März: Di-So 10-16 Uhr

Maximilianpark, Hamm

Maximilianpark [Hamm]

Früher war sie das Grauen für die Bergwerksgesellschaft, heute ist sie Anziehungspunkt der Freizeitgesellschaft. Die Geschichte der Zeche Maximilian ist wie ein guter Hollywoodfilm – reich an Katastrophen, aber mit unerwartetem Happy End. Sie erzählt ein kurzes Zechenleben, das 1903 mit der Abteufung der ersten Schächte beginnt, 1907 die erste Kohleförderung feiert, aber immer wieder mit Wassereinbrüchen und Gasausbrüchen zu kämpfen hat. Als 1913 bei einer Untertagebelegschaft von 1.259 Bergleuten über 100.000 Tonnen Kohle gefördert werden, scheinen sich die jahrelangen Mühen gelohnt zu haben. Doch im Februar 1914 bricht sich das Wasser erneut Bahn. Der Schaden kann, auch wegen des Kriegsausbruchs im Juli, wegen mangelnder Ersatzteile nicht behoben werden. Die Zeche ist – diesmal endgültig – „abgesoffen", daran ändern auch weitere Aufbauversuche in den Jahren 1921 und 1940 nichts.

Das Gelände wird zur Industriebrache mit langsam, aber sicher verfallenden Zechengebäuden. 50 Jahre lang passiert nichts, das heißt, fast nichts, denn Ortskundige erleben das Aufblühen einer artenreichen Vegetation. Genau diese Entdeckung bringt Anfang der 1980er Jahre schließlich die Wende. Denn im Oktober 1981 wird nach den Plänen der Landschaftsarchitekten Martin und Pridik genau hier mit den Vorarbeiten für die erste Landesgartenschau Nordrhein-Westfalens begonnen, die 1984 einen Sommer lang ca. 1,3 Millionen Gäste aus dem In- und Ausland anlockt und das Areal als „Maximilianpark" bekannt macht. Für Aufsehen sorgte damals nicht nur eine reiche Blütenpracht, sondern auch die Präsentation der unseligen Vergangenheit – die damals noch ungewohnte Einbeziehung der erhaltenen Industriebauten (Kohlenwäsche, Kauen- und Verwaltungsgebäude sowie Elektrozentrale und Werkstatthalle) in die Nutzung des Parks.

Heute ist der Maximilianpark eine der großen Parkanlagen des Reviers mit etlichen Freizeitangeboten: ein sechs Kilometer langes Netz von Spazierwegen durch verschiedene Gärten und Haine, der künstlich angelegte Maximiliansee, das bedeutende Schmetterlingshaus mit Hunderten von exotischen Faltern aus 80 Arten, das Kinderspielland mit thematischen Spielplätzen, Kunst im Park sowie vielfältige Kultur- und Unterhaltungsprogramme in der Waschkaue und der Elektrozentrale.

Wahrzeichen des Parks aber ist der Glaselefant, der nach der Idee des Architektenkünstlers Horst Rellecke aus der 34 Meter hohen Betonruine der Kohlenwäsche entstanden ist. Die lichte Ummantelung aus Glas und Stahl ist begehbar und bietet als Clou auch noch einen „Aufzug im Rüssel". Der führt zum Palmengarten im Elefantenkopf und zu einem Aussichtsbereich in 35 Meter Höhe mit weitem Panoramablick über die Stadt und die flache Landschaft Mittelwestfalens.

Informationen

Alter Grenzweg 2
59071 Hamm
Tel. 02381/98210-32
info@maximilianpark.de
www.maximilianpark.de
Parköffnung: April bis September: 9-21 Uhr (Kassenzeiten 9-19 Uhr); Oktober bis März: 10-19 Uhr (Kassenzeiten 10-17 Uhr)

Lindenbrauerei (Unna)

Zum Ruhrgebiet gehören Kohle, Stahl – und das Bier. Eine der traditionsreichsten Braustätten des Reviers ist die Lindenbrauerei, die nach ihrer Gründung 1859 runde 120 Jahre ihr „Linden-Adler-Pils" auf Tresen und Tische brachte. 1979 war Feierabend, weil die „Großen und Mächtigen" im Zuge der allgemeinen industriellen Konzentrationsbewegung den „Kleinen und Feinen" kurzerhand den Zapfhahn zudrehten.

Dennoch braucht auch heute niemand auf das kühle Blonde in der Lindenbrauerei zu verzichten – der seit 1992

als soziokulturelles Kultur- und Kommunikationszentrum wiedereröffnete Gebäudekomplex mit seinem charakteristischen, 52 Meter in den Himmel ragenden Schornstein ist mit mehreren Gastronomiebetrieben ausgestattet, die sich als Ergänzung zum vielfältigen Zentrums-Programm verstehen. Das Angebot reicht hier von den klassischen Sparten wie Kabarett und Theater, Konzerten oder Ausstellungen und Lesungen bis hin zur Kinder- und Jugendkulturarbeit. In der 2002 eröffneten Hausbrauerei wird übrigens wieder das gute alte LindenBier gebraut.

Und unter Tage lockt seit 2001 mit dem Zentrum für Internationale Lichtkunst eine ungewöhnliche Mischung aus

Hohenhof, Hagen

Vergangenheit und Zukunft: Renommierte LichtkünstlerInnen haben die alten Brauereigewölbe effektvoll in Szene gesetzt (s. Kunst & Kultur / Museen).

■ **Informationen**

Rio-Reiser-Weg 1
(Navi: Massener Str. 33-35)
59423 Unna
Tel. 02303/251120
mail@lindenbrauerei.de
www.lindenbrauerei.de

■ **Zentrum für Internationale Lichtkunst Unna**

Lindenplatz 1
59423 Unna
Tel. 02303/103751
info@lichtkunst-unna.de
www.lichtkunst-unna.de
Öffnungszeiten: Der Besuch des Zentrums ist nur im Rahmen einer Führung möglich: Di-Fr 13, 15 und 17 Uhr, Sa/So/Fei 12, 13, 14, 15, 16 und 17 Uhr

Hohenhof (Hagen)

Dass es im Ruhrgebiet nicht nur industriehistorische Besonderheiten, sondern auch bedeutende kunst- und architekturgeschichtliche Bauten zu bewundern gibt, beweist der Hagener Hohenhof. 1906–1908 von dem belgischen Jugendstilkünstler und -architekten Henry van de Velde als Wohnhaus für den Hagener Bankierserben, Kunstmäzen und Sozialreformer Karl Ernst Osthaus entworfen, stellt der Hohenhof ein bis ins Detail durchgestaltetes Kunstwerk des Jugendstils dar, das neben dem Palais Stoclet von Josef Hoffmann in Brüssel als eines der wenigen erhaltenen Beispiele für ein „Gesamtkunstwerk" gilt. Dies bringt auch eine hohe Auszeichnung zum Ausdruck: 2015 wurde der Hagener Hohenhof als erstes Haus im Ruhrgebiet in das „Iconic Houses Network" aufgenommen, das außergewöhnliche Architektenhäuser des 20. Jahrhunderts ausweist. Das Netzwerk umfasst zurzeit rund 150 Häuser in aller Welt.

Das Grundmotto, „die Vielfalt der Formen zur Einheit zu bringen", wird durch harmonisierend-wechselnde Formenspiele des Gebäudes mit asymmetrischer Fassadengestaltung ebenso eingelöst wie durch die für jeden der Räume individuell entwickelte Inneneinrichtung mit Werken namhafter Künstler, darunter ein Fliesentriptychon von Henri Matisse, das Bild „Der Auserwählte" von Ferdinand Hodler, Sandsteinreliefs von Hermann

Haller sowie ein Glasfenster und die Bemalung des Osthaus-Arbeitszimmers von Jan Thorn-Prikker.

Osthaus, der auch das ehemalige Hagener Folkwangmuseum (heute Osthaus Museum) als Privatsammlung gründete und den Theaterbau förderte, stellte sich den Hohenhof als Ursprung und Mittelpunkt der auch als „Hagener Impuls" bekannten Künstlerkolonie Hohenhagen vor, die mit Nachbarbauten von Peter Behrens und J. L. M. Lauweriks zwar sehenswert, aber nur in Ansätzen fortgeführt wurde. Zusammen mit dem Hohenhof vermitteln sie dennoch etwas von dem, was ihre Macher planten: ein musisches Zentrum, das – und hier trafen sich Osthaus' Vorstellungen von avantgardistischer Kunst und gesellschaftlichem Anspruch – mit Maximen wie „Bringt mehr Licht und Farbe in die Städte" kulturelle Impulse zur Verbesserung der menschlichen Lebensqualität geben und damit den Aufbruch zur Moderne verwirklichen sollte.

Der grundlegend renovierte Hohenhof ist seit 1999 Ankerpunkt der Route der Industriekultur und Außenstelle des Osthaus Museums. Als „Museum des Hagener Impulses" präsentiert er neben der ursprünglichen Innenausgestaltung u. a. eine umfangreiche Ausstellung mit Kunsthandwerk.

Informationen
Stirnband 10
58093 Hagen
Tel. 02331/55990
kultur@stadt-hagen.de
www.osthausmuseum.de
Öffnungszeiten: Sa/So 11-18 Uhr

LWL-Freilichtmuseum Hagen

>> Kunst & Kultur / Museen

Zeche Nachtigall und das Muttental [Witten]

Wenn es in den vergangenen Jahrhunderten um das Ausgraben des „schwarzen Goldes" ging, war das Wittener Muttental immer vorne dabei. Da die Kohleschichten des Karbons hier bis zur Erdoberfläche kommen, kratzte man schon früh im Tagebau die Kohle von der Oberfläche, baute die ersten horizontalen Stollen. Allmählich in die Senkrechte orientierte man sich ab 1832 auf der Zeche Nachtigall, die nicht nur eine der ersten Tiefbauzechen, sondern um 1850 auch eine der größten Grubenanlagen des Reviers war und 1892 stillgelegt wurde. 1963 schließt auch die Ziegelei, die auf dem Gelände errichtet wurde.

Wer ins Muttental, die vielbeschworene „Wiege des Ruhrbergbaus", kommt, kann die unter Denkmalschutz stehende Zeche Nachtigall besichtigen, deren Maschinenhaus mit Anbauten, Waschkaue, Verwaltungs- und Wohnhaus sowie viereckiger Ziegelschornstein erhalten bzw. restauriert sind. Das hier beheimatete LWL-Industriemuseum legt die Geschichte des Ruhrbergbaus frei. Die Einfahrt in den 130 Meter langen Besucherstollen garantiert dabei (seit 2013 auch Rollstuhlfahrern) ein besonderes Erlebnis. Erweitert wurde die Untertage-Welt 2013 mit der Eröffnung des 100 Meter langen „Dünkelbergstollens", der durch den Hettberg zum Kohleflöz Geitling führt. Die 2007 eröffnete neue Dauerausstellung „Der Weg in die Tiefe" stellt den 1839 abgeteuften Schacht „Herkules" in den Mittelpunkt, der einer der ersten Tiefbauschächte im Ruhrgebiet war, während ein 35 Meter langes Segelschiff draußen auf dem Museumsgelände an die Kohlenschifffahrt auf der Ruhr erinnert.

Unbedingt empfehlenswert ist auch der „Bergbaurundweg Muttental", der zu freiliegenden Flözen führt, anhand verschiedener Förderhilfen und Schachtgerüste die unterschiedlichen Fördertechniken der damaligen Zeit dokumentiert und weitere Zeugen des frühen Bergbaus wie Zechenhäuser, Förder- und Transportanlagen sowie Teile der einst mehrere Kilometer langen Muttental-Schiebebahn von 1829 präsentiert. Eindrucksvoll ist auch das „Bethaus" von 1830, in dem sich die Bergleute sowohl zu Gottesdiensten als auch zur Ein- und Ausfahrt-

Zeche Nachtigall, Witten

kontrolle versammelten. Heute kann der Besucher hier in einer alten Schmiede Teile der Bergmannsgerätschaften selbst schmieden.

Und wer dann noch nicht genug gesehen und erlebt hat, dem sei das benachbarte Gruben- und Feldbahnmuseum auf der ehemaligen Zeche Theresia empfohlen.

Nachdem das Ruhrgebiet 2006 als „Nationaler GeoPark" ausgezeichnet wurde und aufgrund der speziellen Lage der Zeche Nachtigall inmitten wichtiger Geotope (Steinbruch und Nachtigall-Stollen sind geologisch erschlossen), ist hier auch das „Informationszentrum GeoPark Ruhrgebiet" beheimatet. Eine weitere Attraktion des „Geschichtsparks Muttental" ist das wieder errichtete historische Schachtgerüst der Kleinzeche Margarethe am Wanderparkplatz Berghauser Straße, die genau an dieser Stelle von 1885 bis 1896 Kohlen abbaute.

■ Informationen Museum

Nachtigallstr. 35
58452 Witten
Tel. 02302/93664-0
zeche-nachtigall@lwl.org
www.lwl.org
Öffnungszeiten Industriemuseum:
Di-So/Fei 10-18 Uhr
Führungen Besucherbergwerk für Einzelbesucher: April bis Oktober: Di-Fr zweistündlich 10.30-16.30 Uhr, Sa/So stündlich 10.30-16.30 Uhr; November bis März: täglich außer Mo 10.30, 12.30, 14.30 und 16.30 Uhr

■ Informationen Bethaus

Muttentalstr. 35
Kontakt
Stadtmarketing Witten GmbH
Tourist & Ticket Service
Marktstraße 7, 58452 Witten
Tel. 02302/19433
info@stadtmarketing-witten.de
www.stadtmarketing-witten.de
Öffnungszeiten: April bis Oktober: Di-Fr 10-16 Uhr, Sa 10-18 Uhr, So 11-18 Uhr; November bis März: Sa/So 11-18 Uhr

■ Informationen

Gruben- und Feldbahnmuseum
Zeche Theresia
Nachtigallstr. 27-33
58452 Witten
Tel. 0177/4938504
info@muttenthalbahn.de
www.muttenthalbahn.org
Öffnungszeiten: s. www.muttenthalbahn.org

Henrichshütte, Hattingen

Henrichshütte (Hattingen)

Die Henrichshütte ist der Platz, um den „Weg des Eisens" zu gehen. Zum einen trägt die im Jahr 2000 eröffnete Ausstellung des Museums um den Hochofen 3 – der seit 1989 gemeinsam mit der Gebläsehalle einer der acht Standorte des LWL-Industriemuseums ist – diesen Namen, andererseits ist gerade die 1854 gegründete Henrichshütte als eines der traditionsreichsten Hüttenwerke des Reviers – der Hochofen 3 ist der älteste im Revier – für dieses Komplettangebot prädestiniert: Denn neben der Erz- und Kohleförderung wurden hier Koks, Eisen und Stahl nicht nur produziert, sondern auch gegossen, geschmiedet, gewalzt, bearbeitet und montiert.

Zeitweise bis zu 10.000 Menschen arbeiteten in den Betrieben. Kompetente Vergangenheit also, die für eine lückenlose Aufbereitung der Geschichte von Stahlindustrie und Hüttenwerken mit ihren wirtschaftlichen und sozialen Entwicklungen steht, deren bitteres Ende allerdings unvergessen ist. Denn aller Widerstand von Belegschaft und der Stadt Hattingen, die vor dem wirtschaftlichen Ruin stand, war vergebens, als 1987 die Hochöfen ausgeblasen wurden.

Mittlerweile können Besucher den Weg des Eisens vom Erzbunker über die Gießhalle bis hin zu den verarbeitenden Betrieben abgehen, wobei Filme, Bilder und Installationen ihnen die Menschen näherbringen, die in der Hütte gearbeitet haben. Das 50.000 Quadratmeter große Areal des Westfälischen Industriemuseums ist durch drei Rundwege erschlossen. Für Kinder gibt es einen eigenen Rundweg. Ein Highlight ist sicherlich der Aufstieg auf den 55 Meter hohen Hochofen, der seit 2003 nicht mehr beschwerlich ist: In einem gläsernen Panorama-Aufzug werden die Besucher in 30 Sekunden auf 30 Meter Höhe zur höchsten begehbaren Ebene, der Gichtbühne, gebracht.

Darüber hinaus haben sich im Schlagschatten des Hochofens drei neue Gewerbeparks etabliert. Und dass heute wieder flüssiges Eisen in der Schaugießerei des Fördervereins bestaunt werden kann, ist eine weit und breit einmalige Attraktion.

■ **Informationen**

LWL-Industriemuseum Henrichshütte
Werksstr. 31-33, 45527 Hattingen
Tel. 02324/9247-0
henrichshuette@lwl.org
www.lwl.org
Öffnungszeiten: Di-So/Fei 10-18 Uhr
(Einlass bis 17 Uhr)
Führungen nach Vereinbarung
(Tel. 02324/9247-140)

Eisenbahnmuseum Bochum-Dahlhausen (Bochum)

>> Kunst & Kultur / Museen

Villa Hügel (Essen)

Ob als bekanntester Industriellensitz früher oder als bedeutender Ausstellungsort heute, der Name Villa Hügel war schon immer Programm. Von 1873 bis1945 von vier Generationen der Familie Krupp bewohnt und als Repräsentationsbau genutzt, verweist das majestätische Anwesen mit 269 Räumen (Haupthaus, Logierhaus und Galerien) oberhalb des Baldeneysees auf die Zeit, als Teile der Stadt Essen Krupp-Stadt genannt wurden und der Stahlriese Krupp mit seiner Rüstungsproduktion Essen den zweifelhaften Ruf als „Deutschlands Waffenschmiede" einbrachte.

Zu dieser besonderen Mischung von Firmen- und Stadtgeschichte gehören aber auch Sozialeinrichtungen und sehenswerte Wohnsiedlungen, die noch heute das Stadtbild Essens mit prägen. Mehr zum Thema Familien- und Firmenhistorie sowie zu den Aktivitäten der heutigen Villa-Hügel-Eigentümerin, der Alfried Krupp von Bohlen und Halbach-Stiftung, zeigt das Kleine Haus in einer Dauerausstellung.

Das Große Haus, ehemals Hauptwohngebäude der Krupps und heute Sitz der Kulturstiftung Ruhr, ist kulturellen Zwecken vorbehalten. Seit 1953 finden hier internationale Kunstausstellungen und Kammerkonzerte statt. Darüber hinaus sind hier Gemälde der Familie Krupp sowie wertvolle flämische und burgundische Wandteppiche ausgestellt. Für Naturfreunde ebenfalls lohnenswert ist ein Gang durch den umgebenden, 28 Hektar großen Hügelpark.

■ **Informationen**

Kulturstiftung Ruhr
Villa Hügel, Hügel 1
45133 Essen
Tel. 0201/61629-0
office@villahuegel.de
www.villahuegel.de
Öffnungszeiten des Hauptgebäudes und der Dauerausstellungen im Nebengebäude:
Di-So 10-18 Uhr,
Hügelpark: täglich 8-20 Uhr, Öffnungszeiten und Eintrittspreise der Sonderausstellungen auf Anfrage
Führungen: Tel. 0201/61629-17
info@villahuegel.de

Villa Hügel, Essen

Aquarius Wassermuseum (Mülheim an der Ruhr)

Wasser kommt aus der Leitung, Wasser fließt in Bächen und Flüssen, Wasser steht in Seen und Meeren nicht nur zum Baden bereit, Wasser ist einfach da – für den Mitteleuropäer ein selbstverständliches Element. Kaum jemand, der sich über die Welt des Wassers wirklich Gedanken macht.

Dabei gibt es über diese „Selbstverständlichkeit" jede Menge spannende Geschichten zu erzählen, wie das 1992 eröffnete Aquarius Wassermuseum im 1982 stillgelegten Styrumer Wasserturm auf hervorragende Art beweist. Auf 14 Ebenen wird das „Vertraute" in 30 Stationen in allen Facetten vorgestellt – multimedial, mit etlichen Computersimulationen, Filmen und Spielen. Ziel der mehrfach preisgekrönten, von der Rheinisch-Westfälischen Wasserwerksgesellschaft eingerichteten Ausstellung ist es, das Bewusstsein für den Umwelt- und speziell den Gewässerschutz zu schärfen. Diejenigen, die sich am Ende des Besuchs die Ergebnisse der den Rundgang begleitenden Quizfragen ausdrucken, werden das nasse Etwas begreifen als das, was es ist: ein besonderes Element.

Beteiligt daran ist natürlich auch der Ort der Ausstellung.

Aquarius Wassermuseum, Mülheim an der Ruhr

Als industrie-historisches Denkmal – August Thyssen ließ ihn 1892/93 bauen, um sein nahe gelegenes Bandeisenwerk mit Wasser zu versorgen – genießt der 50 Meter hohe Styrumer Wasserturm selbst Artenschutz.

Informationen

Burgstr. 70
45476 Mülheim an der Ruhr
Tel. 0208/4433-390
miriam.schmalhaus@rww.de
www.aquarius-wassermuseum.de
Öffnungszeiten: Di-So 10-18 Uhr

Innenhafen Duisburg

„Arbeiten, Wohnen und Freizeit am Wasser" – unter diesem Motto hat Duisburg im Innenhafen einen Strukturwandel verwirklicht, der nicht nur Arbeitsplätze auf dem Dienstleistungssektor schafft, sondern auch hohe Wohn- und Freizeitattraktivität bietet. Mit seinen unter Denkmalschutz stehenden Mühlenwerken und Speichern bietet der um 1900 entstandene Innenhafen hervorragende architektonische Gestaltungsmöglichkeiten, die Architekten, Künstler und Stadtplaner für den Aufbau eines neuen Stadtviertels nutzen: als Dienstleistungspark Innenhafen – Grachten, Flanier- und Gastronomiemeile inklusive. Für derlei Qualitäten wurde der Innenhafen 2002 mit dem internationalen Stiftungspreis „Lebendige Stadt" und 2004 mit dem Renault Traffic Design Award ausgezeichnet. Zu dem Hafenstaudamm im Osten und dem Dienstleistungszentrum mit Grachten und ca. 350 Wohneinheiten im Süden gehört auch der „Garten der Erinnerungen" des Landartkünstlers Dani Karavan, der Reste ehemaliger Industriebauten mit klassischen Park-Ideen zu einem Kunstraum verbindet und darin den von Zvi Hecker gestalteten Neubau eines jüdischen Gemeindezentrums sowie ein Altenpflegeheim in ein Gesamtkonzept einbettet.

Die neue multifunktionale Nutzung alter städtebaulicher Zeichen verweist gleichzeitig auf die bedeutende Handels- und Industriegeschichte des ca. 89 Hektar großen Hafens, der sich neben dem Holz-, Kohle-

Innenhafen Duisburg

und Stahlhandel im 20. Jahrhundert vor allem als Getreidemekka und „Brotkorb des Ruhrgebiets" einen Namen machte. Dass man heute anhand der bestehenden Speichertypen die historische Entwicklung der Getreidebranche ablesen kann, ist dennoch keine Selbstverständlichkeit. Denn als in den 1950/60er Jahren die Nachfrage auf dem Getreidemarkt nachließ, die Bundesregierung gar ein Stilllegungsprogramm verabschiedete, drohte der für Rhein und Ruhr einzigartigen Speicherwelt des Innenhafens der Abriss. Dank einer Bürgerinitiative, die 1972 aktiv wurde, konnte eines der ältesten Speichergebäude, die Küppersmühle, erhalten werden. Heute beherbergt sie mit der Sammlung Ströher ein Museum für deutsche Gegenwartskunst, das ebenso den Weg lohnt wie das 1991 in den Innenhafen umgezogene Kultur- und Stadthistorische Museum, das neben stadthistorischen Schwerpunkten sowie der Schau „Mercator und seine Zeit" auch der Geschichte der Mühlenindustrie am Innenhafen eine Ausstellung widmet – natürlich in einem Getreidesilo von 1904!

Unmittelbar daneben, das sei für die historisch Interessierten angemerkt, geht's noch ein paar Schritte weiter zurück in die Vergangenheit: Lange Zeit fast unbemerkt, im Zuge der Innenhafenplanung aber aus dem Dornröschenschlaf geweckt, liegt die archäologische Zone „Alter Markt", die mit Stadtmauer, deren sichtbare Teile aus dem 13. und 14. Jahrhundert stammen, der spätgotischen Salvatorkirche und dem Dreigiebelhaus an das mittelalterliche Stadtleben erinnert.

2014 zog auch das Landesarchiv NRW zum Duisburger Innenhafen. Der 200 Meter lange Archivneubau der Architekten Ortner & Ortner setzt architektonisch internationale Maßstäbe. Neben einem wellenförmigen Baukörper wurde einem Speichergebäude aus den 1930er Jahren ein 76 Meter hoher Archivturm aufgesetzt.

■ **Informationen**

www.innenhafen-portal.de
www.duisburg.de

■ **Führung**

Duisburger Tourist Information
Königstr. 86
47051 Duisburg
Tel. 0203/28544-0
service@duisburgkontor.de

Museum der Deutschen Binnenschifffahrt (Duisburg)

>> Kunst & Kultur / Museen

Landschaftspark Duisburg-Nord

Als das Thyssen-Hüttenwerk in Duisburg-Meiderich 1985 stillgelegt wurde, war das Wehklagen groß. Zu Recht, schließlich verloren mit der Schließung nicht nur viele Menschen ihre Arbeit, sondern ein ganzer Stadtteil auch seine Identität. Seit 1903 waren hier im 24-Stunden-Takt 37 Millionen Tonnen Roheisen produziert, 2.500 verschiedene Stahlsorten hergestellt worden. Übrig blieb eine ebenso riesige wie triste Industriebrache, die geeignet war, zum Symbol für die schlimmsten Folgen des Montansterbens in der Region zu werden. Doch es sollte anders kommen. Heute bestimmen Werte wie Ökologie, Erholung, Freizeit und Kultur die Zukunft des 200 Hektar großen Geländes, das als eines der Hauptprojekte der Internationalen Bauausstellung (IBA) und offizieller Ankerpunkt der Europäischen Route der Industriekultur längst auch einen anderen Namen trägt: Landschaftspark Duisburg-Nord.

Hochofen-Opern, Klärbecken-Taucher, Werks-Biotope oder alpine Bunker-Erfahrungen – die Mischung von alten Stätten und neuer Nutzung reizt nicht nur zu Wortspielen. Zentraler Gedanke der ökologischen Erneuerung war der Erhalt der vorhandenen Pflanzen- und Tierwelt und die landschaftliche Verknüpfung mit dem Rhein und seinem Naturraum. Mittlerweile künden neu entstandene Biotope von der glücklichen Umsetzung – zwischen Stahlgerüsten, Rohren und Kesseln sind wie-

Landschaftspark Duisburg-Nord

der 300 verschiedene Pflanzenarten zu beobachten.

Doch der Landschaftspark ist nicht nur Naturerlebnis, sondern auch mit Entertainment-, Kultur- und Sportangeboten präsent. Im Mittelpunkt steht dabei die Industriekulisse selbst. Während die besteigbare Ruine des erst 1982 neu zugestellten Hochofens 5 einen Panorama-Blick aus 70 Metern Höhe ermöglicht, bieten die alten Hallen, Maschinen und Hochöfen industrie-kulturelle Highlights mit besonderem Flair und vielen Besucherangeboten. Die ExtraSchicht, Sinfonieorchester, Pop-Bands, Theaterensembles und nicht zuletzt die Ruhrtriennale nutzen die einzigartige Akustik und Architektur insbesondere der gigantischen, 1902 errichteten Gebläsehalle und der Kraftzentrale für außergewöhnliche Aufführungen.

Im Sommer locken zudem Vorführungen im halb überdachten Open-Air-Kino. Attraktionen wie der Klettergarten mit Steilwand in den ehemaligen Erzbunkern, wo unter Aufsicht des Deutschen Alpenvereins spannende Kletterrouten möglich werden, den Hochseilparcours „Expedition Stahl“ oder der alte Gasometer als Europas größtes künstliches Tauchsportzentrum sind bereits überregional bekannt, und die Ausstellung „Zugänge zum Eisen“ blickt noch einmal zurück auf das vergangene Geschehen rund ums Metall.

Ein ganz besonderes Erlebnis bietet sich dem Besucher allerdings erst, wenn es dunkel wird. Da verwandelt sich der Landschaftspark durch die 1996 errichtete Lichtinstallation des Londoner Künstlers Jonathan Park in ein gigantisches Farbenmeer mit rot-gelb-blau-grünen Schornsteinen, Hallen und Brücken – eine postindustrielle Imagination, die als weithin sichtbare nächtliche Landmarke alte Industriegeschichte neu inszeniert. Kein Zweifel, die Stadt Duisburg besitzt längst ein neues Wahrzeichen.

Informationen

Besucherzentrum Tour de Ruhr GmbH
Emscherstr. 71, 47137 Duisburg
Tel. 0203/4291919
www.landschaftspark.de
(mit Kontaktformular)
info@tour-de-ruhr.de
www.tour-de-ruhr.de
Öffnungszeiten: Der Park ist ganzjährig geöffnet
Eintritt frei
Regelmäßige Führungen u. a. zu den Themen Nachtlicht, Fackelführung, Stirnlampenführung „Lichtkunstwerk Hütte“, Naturkunde, Strukturwandel, Industriegeschichte

LVR-Industriemuseum – Zinkfabrik Altenberg (Oberhausen)

Am Anfang standen Eisen und Stahl. Und der Bahnhof. Oberhausen ist praktisch auf Schienen entstanden. Rund um die und entlang der Gleise. Eine enorm expandierende Zwecksiedlung im Dienste der Schwerindustrie, allein auf die Bedingungen und Bedürfnisse des Industriezeitalters ausgerichtet. Folgerichtig, dass diese Stadt heute Sitz und Standort der Zentrale des insgesamt sieben Einzelmuseen umfassenden LVR-Industriemuseums ist – auf einem Gelände, das wie kaum ein anderes ein komplett erhaltenes Fabrikensemble zeigt, mit einem „Museum der Schwer.Industrie“, das seinesgleichen sucht. Hier geht´s um 150 Jahre Eisen und Stahl – für Oberhausen gleichzeitig Branchen- und Stadtgeschichte. Eine Nabelschau, die teils bedrückend, teils erhebend, immer aber imposant ist.

Der Mensch als Denker und Diener im Industriepalast, die Ausstellung in der Walzhalle der 1981 stillgelegten Zinkfabrik Altenberg zeigt beide Seiten dieser Beziehung. Hier, wo seit 1854 Zinkbleche hergestellt wurden – bis zu 20.000 Tonnen jährlich –, kann man zweierlei Innenleben ermessen. Tonnenschwere Maschinenungetüme, Stahlwalzen, Dampfhammer, Schwungrad, Hochofentore, deren Ausmaße sich dem Besucher nur erschließen, wenn er den eigens zur „Aufsicht“ angebrachten, über die 3.500 Quadratmeter große Ausstellungsfläche gespannten eisernen Steg entlanggeht, lassen die industrie-

LVR-Industriemuseum – Zinkfabrik Altenberg, Oberhausen

historische Bedeutsamkeit der Anlage und die in jeder Hinsicht harte Maloche der Beschäftigten erahnen.

Die Herstellung und Verarbeitung von Stahl ist deshalb nicht das einzige Thema dieser Zeitreise. Neben technischen Entwicklungen und Produktionsmethoden werden innerhalb der neun Museumseinheiten mit modernsten audiovisuellen Mitteln auch die Auswirkungen auf Mensch und Umwelt, die sich wandelnden Arbeitsbedingungen und die Entwicklung der Stahlkrise dokumentiert.

Ergänzend zu der über 1.500 Exponate enthaltenden Dauerausstellung „Schwer.Industrie" wird eine eigenständige Schau zur Vergangenheit der Zinkfabrik Altenberg gezeigt. Und nebenan in der ehemaligen Elektrozentrale widmet sich die Präsentation „Stadt.Werk" der Geschichte der städtischen Gas-, Wasser- und Stromversorgung.

Seit 2018 ist das LVR-Industriemuseum in Oberhausen geschlossen. Es wird bis voraussichtlich 2021 vollständig saniert und modernisiert. Gleichzeitig ist eine neue Dauerausstellung ist Planung. Darin wird die Zinkfabrik mehr im Vordergrund stehen sowie das Leben und Arbeiten der Menschen in der Region.

■ **Adresse**

Hansastr. 20
46049 Oberhausen
Öffnungszeiten: Di-So 10-17 Uhr
Führungen nach Vereinbarung

■ **Informationen**

kulturinfo rheinland
Tel. 02234/9921-555
info@kulturinfo-rheinland.de
www.industriemuseum.lvr.de

Gasometer Oberhausen

Welche immensen Möglichkeiten in der durchdachten Neunutzung „alter Eisen" stecken, macht wohl kaum ein Objekt deutlicher als der Oberhausener Gasometer. 1994 sinnigerweise mit der Ausstellung „Feuer & Flamme – 200 Jahre Ruhrgebiet" eröffnet, die in zwei Jahren über 500.000 Besucher zählte, hat sich der Industriekoloss am Rhein-Herne-Kanal innerhalb weniger Jahre als außergewöhnlichste Ausstellungsadresse der Region etabliert.

Der seit 2006 als offizieller Ankerpunkt der Europäischen Route der Industriekultur dienende Gasometer beeindruckt schon allein durch seine Dimensionen, die als absolut unnachahmliches Raumerlebnis auf Schritt und Tritt zu spüren und auf einer Fahrt mit dem gläsernen Panoramaaufzug unter die Kuppel des Riesen in der Übersicht zu genießen sind.

Von diesem Flair profitierten die weiteren Publikumserfolge wie die Schau „Der Traum vom Sehen"(1997), die sich mit der Geschichte und Zukunft des Fernsehens beschäftigte, und das eigentlich nur hier zu realisierende Projekt „The Wall" (1999), ein aus 13.000 Ölfässern bestehendes Werk des Künstlerpaars Christo und Jeanne Claude, das ca. 390.000 Besucher bestaunten und zur erfolgreichsten Kunstausstellung des Jahres in Deutschland machten. Im Jahr 2000 wartete der Gasometer anlässlich des 100. Geburtstages des Deutschen Fußball-Bundes mit der Ausstellung „Der Ball ist rund" auf. 2001/2002 folgte die Wasser- und Licht-Inszenierung „Blaues Gold", 2003 im Rahmen der Ruhrtriennale die Videoinstallation „Five Angels" des amerikanischen Videokünstlers Bill Viola. 2004 zeigte der Gasometer „Wind der Hoffnung", mit dem legendären Ballon des „Weltumrunders" Bertrand Piccard. 2007/2008 lockte die Ausstellung „Das Auge des Himmels" mit 58 großformatigen Farbfotografien, die von Erdbeobachtungssatelliten ursprünglich für wissenschaftliche Zwecke aufgenommen wurden, 375.000 Menschen nach Oberhausen. Im April 2009 öffnete die Schau „Sternstunden – Wunder des Sonnensystems", die Ende 2010 mit der vorläufigen Rekordzahl von 960.000 Besuchern schloss. 2011 und 2012 zog es 800.000 Gasometer-Reisende an „Magische

Gasometer Oberhausen

Nordsternpark, Gelsenkirchen

Orte – Natur- und Kulturmonumente der Welt“, es folgte 2013 die Indoor-Installation „Big Air Package“ von Christo, 2014/2015 die Kunstausstellung „Der schöne Schein“ – ein imaginäres Museum ausgewählter Meisterwerke der Menschheitsgeschichte –,jeweils mit Besucherzahlen im 400.000er-Bereich. Ein Rekordpublikum erlebte die Ausstellung „Wunder der Natur“, die 2016/ 2017 bildgewaltig Flora und Fauna feierte und dabei 1.350.000 Besucher hatte. Höhepunkt der Ausstellung war eine 20 Meter große Erdkugel, im Innenraum des Gasometers schwebend, die sämtliche Betrachter in ihren Bann zog mit den auf sie projizierten Satellitenbildern. Überwältigende Bilder und ein auf den Kopf gestelltes Matterhorn prägen die aktuelle Ausstellung „Der Berg ruft“, die allein 2018 537.000 Zuschauer nach Oberhausen lockte. Wegen Renovierungsarbeiten wird es die nächste Ausstellung erst 2021 geben.

Für Oberhausen und das Revier bedeutet der Umbau des Gasometers einen wichtigen Schritt im Prozess des Strukturwandels. 1988 als unbrauchbare Industrieruine stillgelegt und beinahe abgeschrieben, ist er als Symbol einer gelungenen Verbindung von Vergangenheit und Zukunft längst zum Wahrzeichen der Stadt geworden – weithin sichtbar und mit eigenen glänzenden Aussichten: Davon zeugt nicht nur die über einen Außenfahrstuhl oder die 592 Stufen eines angebauten Treppenturmes zu erreichende Plattform auf dem Dach, die den Blick weit über das westliche Ruhrgebiet schweifen lässt.

■ **Adresse**

Arenastraße 11, 46047 Oberhausen

■ **Informationen**

Gasometer Oberhausen GmbH
Essener Str. 3, 46047 Oberhausen
Tel. 0208/85037-30
info@gasometer.de
www.gasometer.de
Öffnungszeiten: Di-So/Fei 10-18 Uhr, NRW-Ferien auch Mo

Nordsternpark [Gelsenkirchen]

Der Nordsternpark bietet dem Besucher eine Mischung aus Parklandschaft und industriehistorischer Kulisse. Der entscheidende (finanzielle) Kraftakt gelang 1997, als das Gelände der ehemaligen Zeche und Kokerei Nordstern und die im Süden angrenzenden, früher industriell genutzten Freiflächen auf insgesamt 100 Hektar für die damalige Bundesgartenschau (BUGA) herausgeputzt wurden.

Einen bleibenden Naherholungswert besitzt der Nordsternpark, der durch zahlreiche neue Wege und Brücken in den „Regionalen Grünzug C“ der IBA integriert ist, durch ebenfalls zur Zeit der BUGA errichtete Freizeit- und Erlebniseinrichtungen: das Amphitheater mit 6.100 Plätzen direkt am Rhein-Herne-Kanal, der Klettergarten im Haldenpark mit drei alpinen Felswänden, Beachvolleyballfelder, das „Kinderland“ mit Spiel- und Wasserlandschaften und der Bergbaustollen. Der Deutschland-Express, eine der größten Märklin-Modelleisenbahnen der Welt, hat seinen Betrieb eingestellt. Geocaching, eine Graffitiwand, Segway-Touren und der Ziegenmichelhof sind als Freizeitangebote hinzugekommen.

Industriegeschichtlich interessant ist der alte Baubestand mit Kohlemischanlage, Kohlebunker und Förderturm. Während der BUGA-Zeit vermittelte die als KunstKlangRaum gestaltete Kohlemischanlage ebenso phantasievoll ihre Industriegeschichte wie auch der Kohlebunker, zu dem eine 170 Meter lange Bandbrücke zur Dachterrasse mit imposantem Rundblick über das Ruhrgebiet führte. Auch heute noch sieht und spürt man unmittelbar ein ganzes Kapitel Zechengeschichte, schließlich bildete Nordstern bei ihrer Gründung im Jahre 1868 als nördlichstes Bergwerk des Ruhrgebiets ein weithin sichtbares Zeichen der Zukunft. Ein geographisches Merkmal, das sich im Verlauf der nächsten 125 Jahre freilich verkehrte: Denn bei ihrer Schließung 1993 war sie der südlichste Zipfel einer immer weiter in den Norden gewanderten Zechenlandschaft.

Zukunft wird heute sichtbar, wenn man zum Schacht I/II blickt: In dem Zechenensemble der weltberühmten Industriearchitekten Fritz Schupp und Martin Kremmer residiert seit 2003 die THS Wohnen GmbH (seit 2012 VIVAWEST), und der Förderturm von Schacht II wurde zum Kulturhauptstadtjahr erweitert. Auf den Ebenen 5-11 befand sich zwischen 2012 und 2016 das „Nordstern Videokunstzentrum“, heute nutzt das Nordsternturm-Museum Räumlichkeiten und Videotechnik für eine Ausstellung zur Historie und Entwicklung des Standortes; eine Besucherterrasse bildet die 18. Etage in 83 Metern Höhe. Den Weg nach Nordstern weist die 18 Meter hohe, 2010 aufgestellte „Herkules“-Skulptur von Markus Lüpertz auf dem neuen Erschließungsturm.

Im nördlichen Teil des alten Zechengeländes liegt der Gewerbepark Nordstern. In den restaurierten Zechengebäuden wie der Lohnhalle und der Waschkaue sind Dienstleister aus verschiedensten Sparten untergebracht.

■ **Informationen**

Stadt- und Touristinfo
Ebertstr. 11 (Hans-Sachs-Haus)
45879 Gelsenkirchen
Tel. 0209/169-3968(9)
touristinfo@gelsenkirchen.de
www.gelsenkirchen.de oder nordsternpark.gelsenkirchen.de
Führungen nach Vereinbarung

DIE BRACHE LEBT – THEMENROUTE INDUSTRIENATUR

Im Laufe der zehnjährigen IBA-Tätigkeit sind viele Themenrouten entstanden. Eine davon ist die der Industrienatur. Diese Route thematisiert Gebiete, in denen die Natur sich auf alten Industriebrachen Stück für Stück ihren Lebensraum zurückerobert. Was entsteht, ist eine besondere Mischung aus Tieren und Pflanzen, die sich den zum Teil schwierigen Lebensbedingungen auf solchen industriebedingten Standorten gut angepasst haben. Nicht selten findet man gerade hier eine einzigartige Fülle von Arten, die sogar den Botaniker in Staunen versetzt. Die schönsten dieser Flächen wurden in der Route der Industrienatur zusammengefasst und bieten dem Betrachter ein Natur- und Landschaftserlebnis der ganz besonderen Art.

Dass Naturschutz und Industriebrache Begriffe sind, die durchaus zusammenpassen, zeigt die Tatsache, dass das Projektvorhaben „Integratives Naturschutzkonzept in urban-industriellen Lebensräumen des Ruhrgebiets" der Biologischen Stationen Östliches und Westliches Ruhrgebiet sowie

Waldstimmung im Landschaftspark Duisburg-Nord

des Regionalverbandes Ruhr (RVR) 2008 zu den Gewinnern der ersten Stufe des Bundeswettbewerbs „idee.natur – Zukunftspreis Naturschutz" des Bundesumweltministeriums gehörte. Besondere Beachtung fand dabei die besondere Mischung an Pflanzen und Tieren, die sich den schwierigen Lebensbedingungen gut angepasst haben, darunter seltene, zum Teil sogar vom Aussterben bedrohte Arten.

Informationen

Besucherzentrum Haus Ripshorst
Ripshorster Str. 306, 46177 Oberhausen
Tel. 0208/8833483
infozentrum-elp@rvr-online.de
www.metropoleruhr.de
Öffnungszeiten: März bis Oktober: Di-So/Fei 10-18 Uhr; November bis Februar: Di-So/Fei 10-17 Uhr
Führungen auf Anfrage

Haus Ripshorst (Oberhausen)

Am Südufer des Rhein-Herne-Kanals, östlich des Einkaufszentrums CentrO Oberhausen, befindet sich in idyllischer Umgebung auf dem Gelände einer 40 Hektar großen Freifläche Haus Ripshorst, ein bereits Anfang des 14. Jahrhunderts erstmals urkundlich erwähnter, historischer Gutshof, der heute auch das Informations-

Haus Ripshorst, Oberhausen

und Besucherzentrum Emscher Landschaftspark zum Thema Naturschutz beherbergt.

In einem extra errichteten Holzhaus an der Stelle der alten Stallungen sind u. a. die Landesgeschäftsstelle der Schutzgemeinschaft Deutscher Wald, das Landesbüro der Naturschutzverbände NRW sowie die Oberhausener Natur- und Umweltschutzverbände untergebracht. Neue Einblicke gewährt das „Haus des Parks", wo die Besucher eingeladen werden, sich auf eine multimedialen Reise durch den Emscher Landschaftspark zu begeben. Schautafeln und ein per Lasertechnik gesteuertes Landschaftsmodell ergänzen das Informations- und Ausstellungszentrum. Darüber hinaus stehen jährlich rund 100 Exkursionen, Vorträge und Sonderausstellungen zu Natur- und Umweltthemen auf dem Programm.

Im „Haus des Gartens" kann man sich über den Gehölzgarten, der Haus Ripshorst umgibt, informieren. In diesem einzigartigen Park befinden sich über 6.000 Bäume, die den heimischen Baumbestand der letzten 60 Millionen Jahre widerspiegeln. Am Rande des Gehölzgartens steht der „tanzende" Strommast „Zauberlehrling", nach einem Entwurf der Künstlergruppe „Inges Idee" im Rahmen der EMSCHER-KUNST.2013 errichtet.

Über eine neue Fuß- und Radwegebrücke erreicht man das andere Ufer des Rhein-Herne-Kanals. Im gesamten Gehölzgarten sowie in den Ausstellungsgebäuden ist der Eintritt frei.

■ **Informationen**

Ripshorster Str. 306
46177 Oberhausen
Tel. 0208/8833-483
infozentrum-elp@rvr-online.de
www.metropoleruhr.de
Öffnungszeiten: März bis Oktober: Di-So/Fei 10-18 Uhr; November bis Februar: Di-So/Fei 10-17 Uhr
Führungen auf Anfrage

Landschaftspark Duisburg-Nord

Eigentlich liegt die Heimat des Schmalblättrigen Greiskrautes in den Hochländern des südlichen Afrikas. Warum das Gewächs nun auch bei uns speziell auf alten Industrieanlagen und Halden zu finden ist, hat eine ganz einfache Erklärung: Die Böden dieser Flächen sind meist dunkel und wenig beschattet und erhitzen sich deshalb sehr schnell. Optimale Bedingungen also für Pflanzen, die es gerne heiß mögen.

Auch der Landschaftspark Duisburg-Nord, ehemals Gelände des Eisen-Hüttenwerkes Meiderich und seit seiner Stilllegung Mitte der achtziger Jahre Landschaftspark, bietet einen solchen Lebensraum für exotische Pflanzen und solche, die extreme Lebensbedingungen nicht scheuen. Dazu zählen neben dem Greiskraut auch der Klebrige Gänsefuß, durch seinen strengen Geruch weithin riechbar, der Scharfe Mauerpfeffer, dem ein wenig Staub und Schlacke zum Dasein genügen, sowie das Kali-Salzkraut. Letzteres setzt sich auf wundersame Weise in den Herbstmonaten sogar in Bewegung und rollt als sogenannte „Wüstenhexe" über die kargen Flächen, um seine Samen zu zerstreuen.

Heimische Wald- und Wiesengewächse haben es auf dem einstigen Hüttengelände hingegen schwerer, mit den drastischen Bedingungen klarzukommen. Wenn man jedoch etwas Zeit mitbringt, entdeckt man an manchen Stellen den Natterkopf, dessen Blüten im Sommer leuchtend blau erblühen.

Informationen

Besucherzentrum Tour de Ruhr GmbH
Emscherstr. 71
47137 Duisburg
Tel. 0203/4291919
www.landschaftspark.de
(mit Kontaktformular)
info@tour-de-ruhr.de
www.tour-de-ruhr.de
Öffnungszeiten: Der Park ist ganzjährig geöffnet
Eintritt frei
Regelmäßige Führungen u. a. zu den Themen Nachtlicht, Fackelführung, Stirnlampenführung „Lichtkunstwerk Hütte", Naturkunde, Strukturwandel, Industriegeschichte

Landschaftspark Duisburg-Nord

Brache Vondern (Oberhausen)

Das Aus für die Zeche Vondern in Oberhausen kam früh: Anfang der 1930er Jahre wurde die Schachtanlage, um die Jahrhundertwende erst eingeweiht, bereits wieder stillgelegt.

Auch die benachbarte Kokerei, welche ab 1906 für die Koksproduktion zuständig war, überlebte die Weltwirtschaftskrise nicht. Zurück blieb ein 30 Hektar großes Brachgelände, heute Lebensraum für zahlreiche Tier- und Pflanzenarten. Zwischen Rhein-Herne-Kanal und Emscherschnellweg (A42) hat sich über die Jahrzehnte hinweg eine besondere Vielfalt der Vegetation entwickelt, die Spaziergänger und Radfahrer auf einer Tour quer durch das Gelände entdecken können, so z. B. junge Birkenwälder, in denen eine Vielzahl von Vögeln heimisch sind, oder offene Grasfluren, auf denen die leuchtend gelbe Nachtkerze ihre Blütenpracht entfaltet.

Der Emscher Park Radweg führt direkt über das Gelände, von hier aus erreicht man auch schnell das nahegelegene Haus Ripshorst, und zwar über die schöne geschwungene Fußgänger- und Radfahrerbrücke des Architekten Prof. Schlaich, die über den Rhein-Herne-Kanal führt.

Auch künstlerisch und gestalterisch wurde die Brache entwickelt. Unter Mithilfe von Anwohnern und Arbeitslosen wurden ab 2008 mehrere (Kunst-)Objekte verwirklicht, z. B. das „Blaue Band" – aus Pflastersteinen –, das den Klärpark Läppkes und Haus Ripshorst über die Brache Vondern mit der Burg Vondern verbindet, die „Durchblicksmauern" von Guido Berndsen, der „Brachenthron" von Will Brands oder der rote „Stufenturm" von Hartwig Kompa.

■ Adresse

Arminstraße
46117 Oberhausen

■ Informationen

Besucherzentrum Haus Ripshorst
Tel. 0208/8833-483
infozentrum-elp@rvr-online.de
www.metropoleruhr.de

Gleispark Frintrop, Essen

Gleispark Frintrop (Essen)

Wo Bahntrassen sind, verkehren auch Züge, wo Züge sind, stehen auch Bahnhöfe. Der ehemalige Sammelbahnhof Frintrop lag an einer der bedeutendsten Strecken durch das Ruhrgebiet, die der Köln-Mindener Eisenbahn. Seit 1847 durchquerte die älteste Eisenbahn des Reviers die Emscherregion. Entlang ihres Weges entstanden in den vergangenen über 150 Jahren zahlreiche Schacht- und Industrieanlagen, die sich das Transportmittel vor allem für die Kohle zunutze machten. Rangier- und Sammelbahnhöfe, wie der in Essen-Frintrop, zogen nach.

Als die Schwerindustrie ihrem Ende entgegenging, verloren diese Güterbahnhöfe ihre Bestimmung. Sie wurden überflüssig, gerieten in Vergessenheit und fielen brach. Erst im Zuge der IBA Emscherpark wurden viele von ihnen wiederentdeckt, nicht nur als Industriedenkmal, sondern mit der sie umgebenden Brache

Welterbe Zollverein, Essen

vor allem als Lebensraum für seltene Tier- und Pflanzenarten. Die sind deshalb so besonders, weil das heutige Biotop unter Bedingungen wuchs und wächst, die der Mensch geschaffen hat. Denn die angelegten Schotterbetten sowie die über Jahrzehnte von den Güterwaggons gefallenen Kohle- und Kalksubstanzen haben den ursprünglichen Untergrund des Geländes ausgetrocknet und damit völlig verändert.

Im etwa 25 Hektar großen, mittlerweile im Besitz des Regionalverbandes Ruhr (RVR) stehenden Gleispark Frintrop können heute Insekten beobachtet werden, die es vorher hier nie gab, so zum Beispiel bestimmte Spinnen- und Heuschreckenarten oder der Nachtigall-Grashüpfer. Auch der Feldhase, eigentlich Bewohner von Steppenlandschaften, hat hier ein neues Zuhause gefunden. Der RVR investiert seit Jahren in den Ausbau und Bau von Wanderwegen. Thematische Führungen finden nach Vereinbarung statt.

Adresse

Eingang Ripshorster Straße (Oberhausen)
Eingang Dellwiger Straße (Essen)

Informationen

Informationszentrum Emscher Landschaftspark
Haus Ripshorst
Ripshorster Str. 306
46177 Oberhausen
Tel. 0208/8833-483
infozentrum-elp@rvr-online.de
www.metropoleruhr.de
Öffnungszeiten: März bis Oktober: Di-So/Fei 10-18 Uhr, November bis Februar: Di-So/Fei 10-17 Uhr

Welterbe Zollverein / Zollverein Park (Essen)

Bis zum Jahre 1986, der Stilllegung der Zeche Zollverein, hieß es auf dem Gelände des einstmals größten Bergwerkes der Bundesrepublik „Betreten verboten“. Jetzt haben sich die Vorzeichen gewendet: Das Welterbe Zollverein mit Zeche sowie der nahegelegenen Kokerei sind zu überregional bedeutsamen Kulturzentren umgestaltet worden, die Veranstalter freuen sich über zahlreiche Besucher, das Betreten ist also ausdrücklich erwünscht!

Und seither erobert sich die Natur das 100 Hektar große Gelände zurück. Über 540 Farn- und Blütenpflanzenarten, etwa je 100 Pilz- und Flechtenarten, mehr als 60 Vogelarten, je über 20 Schmetterlings- und Libellenarten sowie sechs Amphibienarten sind auf der Industriebrache nachgewiesen. Das Gelände zwischen Kokerei und Zeche, einstiges Niemandsland voll Kargheit und Tristesse, ist heute über Wege, Treppen und Brücken erschlossen, eine 3,5 Kilometer lange Ringpromenade sorgt für die nötige Orientierung auf dem weitläufigen Areal. Landschaftsarchitekten haben Plätze und Räume zum Verweilen geschaffen, steinerne Objekte und Skulpturen des Künstlers Ulrich Rückriem säumen die Pfade. Und dazwischen immer wieder Natur: Über 300 Pflanzen und 60 Pflanzengesellschaften sind hier mittlerweile heimisch, darunter vor allem Brombeeren (über 100 verschiedene Arten), Birken, ein hundertjähriger Robinienwald, Schwarzerle, Traubenkirsche, Bergahorn sowie das leuchtend gelbe Schmalblättrige Greiskraut, das sich auch auf anderen Industriebrachen findet.

Auf Zollverein ist das zur Realität geworden, was sich die Landschaftsarchitekten der IBA für jedes stillgelegte Industriegelände wünschten: die perfekte Symbiose zwischen Kunst, Natur und Industrie.

■ **Informationen**

RUHR.VISITORCENTER Essen / Besucherzentrum Ruhr
Fritz-Schupp-Allee 14
Areal A [Schacht XII], Kohlenwäsche [A14]
Tel. 0201/24681-0
RUHR.VISITORCENTER@zollverein.de
www.zollverein.de
Öffnungszeiten: Mo-So 10-18 Uhr
oder
Informationszentrum Emscher Landschaftspark
Haus Ripshorst
Ripshorster Str. 306
46177 Oberhausen
Tel. 0208/8833-483
infozentrum-elp@rvr-online.de
www.metropoleruhr.de
Öffnungszeiten: März bis Oktober: Di-So/Fei 10-18 Uhr, November bis Februar: Di-So/Fei 10-17 Uhr
Führungen auf Anfrage

Landschaftspark Mechtenberg [Gelsenkirchen / Essen / Bochum]

Inmitten der Städte Essen, Bochum und Gelsenkirchen liegt, stolze 80 Meter hoch, der Mechtenberg, einzige natürliche Erhebung weit und breit. Über 800.000 Jahre hat er bereits auf dem Buckel, der „Berg des Mächtigen". Aufgrund seiner markanten und weithin sichtbaren Höhe wurde die bewaldete Spitze im Jahr 1900 mit einem Bismarckturm gekrönt.

Weitgehend unbebaut, mit Waldresten, Ackerflächen, einem Feuchtbiotop bestückt und von ehemaligen Deponien, Bahntrassen und einem Gewerbegebiet umgeben, präsentiert sich der überwiegend landwirtschaftlich genutzte Naturraum, der 1994 vom Regionalverband Ruhr (RVR) im Rahmen der Internationalen Bauausstellung Emscher Park in den Landschaftspark Mechtenberg umgewandelt wurde. Funde aus früheren Zeiten belegen, dass der Mechtenberg schon in der Steinzeit als Versammlungs- und Kultstätte genutzt wurde.

Heute versammeln sich hier nicht mehr Gläubige, um den Berg als Heiligtum zu ehren, sondern Künstler, die auf unterschiedliche Art und Weise ihre Version von „Landart", der Verschmelzung von Landschaft und Kunst, in faszinierenden Projekten realisieren.

So entstanden ab 1994 farbenprächtig blühende Wiesen, die von geometrischen Formen durchzogen sind, kunstvolle Gebilde wie die Tuchinstallationen des Künstlers Jens J. Meyer, Thomas Links „Klangfeld der Steine", das bei Wind verschiedene Töne erzeugt, oder Kunstwerke, die die Bergbauvergangenheit symbolisieren sollen, so das „Erd-Energie – Übertage/Untertage"-Projekt des Künstlers Peter F. Strauss, die dem Auge des Betrachters ein visuelles Erlebnis der besonderen Art bieten.

Innerhalb des von 1997 bis 1999 durchgeführten, temporären Kunstprojekts „LandArt-Galerie" realisierten die Künstler Peter F. Strauss und Hartmut Solmsdorf das Projekt „Erd-Energiespuren", das mit Blühbildern und einer langen Bohnenstangenreihe die Energiefelder des 80 Meter hohen Mechtenbergs nachzeichnete.

Den Abschluss 1999 inszenierten die Landschaftskünstler Martha Schwartz und Markus Jantsch (London) mit ihrer Installation „Powerlines".

Von zentraler Bedeutung bei allen Projekten war immer eine sinnvolle ökologische Nutzung und die Suche nach neuen Wegen in der Landschaftsentwicklung des Mechtenbergs. So wurde an einer Verschönerung des Parks durch Obstwiesen, Alleebäume, Heckenreihen, Aufforstung von Freiflächen und einem neuen Wegenetz gearbeitet. Zu letzterem zählt vor allem die 2002 nach dem Entwurf von Frei Otto errichtete Brücke am Mechtenberg, eine filigrane Konstruktion von insgesamt 180 Metern, die die Bundesstraße 227 und zwei Bachläufe überspannt und ein bedeutendes Bindeglied im regionalen Wegenetz darstellt.

Auch im Rahmen der Kulturhauptstadt RUHR.2010 stand der Mechtenberg wieder im Blickpunkt. Innerhalb des Projekts „Zwei Berge – Eine Kulturlandschaft" war er gemeinsam mit der benachbarten Halde Rheinelbe in Gelsenkirchen-Ückendorf ein Ort landschaftlicher Inszenierungen, und noch heute bilden die beiden „Berge" ein exemplarisches Spannungsfeld zwischen Kunst und Natur, zwischen postindustrieller Waldlandschaft und landwirtschaftlicher Nutzlandschaft. 2011 wurde der Landschaftspark mit dem Deutschen Landschaftsarchitektur-Preis ausgezeichnet.

Skulpturenwald Rheinelbe, Gelsenkirchen

Adresse

Am Mechtenberg
45309 Essen

Informationen

Informationszentrum Emscher Landschaftspark
Haus Ripshorst
Ripshorster Str. 306
46177 Oberhausen
Tel. 0208/8833-483
infozentrum-elp@rvr-online.de
www.metropoleruhr.de
Öffnungszeiten: März bis Oktober: Di-So/Fei 10-18 Uhr, November bis Februar: Di-So/Fei 10-17 Uhr

Skulpturenwald Rheinelbe (Gelsenkirchen)

Auf dem Gelände der alten Zeche Rheinelbe (1861–1928) wird schon lange keine Kohle mehr gefördert. Heute beheimatet die ehemalige Umspannstation der Zeche die Forststation Rheinelbe, die größte Forststation des Ruhrgebietes, und auch die Fortbildungsakademie des Landesministeriums für Bauen und Wohnen ist in der ehemaligen Industrieanlage angesiedelt.

Die zugehörige Halde Rheinelbe, südlich der Kray-Wanner-Bahnlinie, wurde nach Beendigung der letzten Aufschüttungen 1999 in einen Skulpturenwald, entworfen von dem Künstler Herman Prigann, umgewandelt. Quer über die Halde führt der Emscher Park Radweg. Auf der Spitze der Halde ragt die „Himmelstreppe" aus mächtigen Betonblöcken empor, am Ostrand steht eine 30 Meter hohe künstliche Felswand, von der aus man einen schönen Ausblick auf die umliegende Gegend gewinnt. Weitere Skulpturen des Künstlers befinden sich im Waldgebiet rund um die Forststation. In der Forststation gibt es eine Werkschau zur Arbeit von Herman Prigann auf Rheinelbe. Ein Besuch der Werkschau ist für Gruppen nach Terminvereinbarung möglich.

Doch auf Rheinelbe findet sich nicht nur Kunst, sondern auch viel Natur: Felder und Wiesen sind von Birkenreihen eingerahmt, Wildwuchs überwuchert das Gelände, darunter das rot-violette Tausendgüldenkraut, urwaldartige Bäume, Sträucher und Lianen bieten zahlreichen Tieren und Pflanzen einen neuen Lebensraum.

■ Adresse

Leithestraße
45886 Gelsenkirchen

■ Informationen

Forststation Rheinelbe
Virchowstr. 123 (früher Leithestr. 61b)
45886 Gelsenkirchen
Tel. 0209/1474844
oliver.balke@wald-und-holz.nrw.de
www.wald-und-holz.nrw.de

Landschaftspark und Halde Hoheward (Herten)

>> Industriekultur / Halden im Ruhrgebiet

Zeche Hannover (Bochum) / Park Königsgrube (Herne)

Zwei Zechen, zwei Schicksale: An der Stadtgrenze zwischen Bochum und Herne wurden in der Mitte des 19. Jahrhunderts nahezu zeitgleich zwei Zechen gebaut. Die eine, Zeche Königsgrube, förderte nur bis 1967, danach wurden fast alle ehemaligen Gebäude des Bergwerks abgerissen, ein Park entstand. Die andere, Zeche Hannover I/II/V, ereilte 1973 zunächst das gleiche Schicksal: Stilllegung nach mehr als 110 Jahren Kohleförderung.

Im weiteren Verlauf ihres Daseins hatte die Zeche Hannover jedoch mehr Glück als ihre Nachbarin aus Herne: Das Maschinenhaus mit Dampffördertum sowie ein Malakowturm, benannt nach der Wehranlage Fort Malakow, blieben vom Abriss verschont. Beide Gebäude gehören heute zum LWL-Industriemuseum. Dazu zählt auch die „Zeche Knirps", die Kindern spielerisch die Unter-Tage-Welt näher bringt (s. Freizeit & Entertainment).

Auf einem Erlebnispfad der Biologischen Station östliches Ruhrgebiet kann der Besucher anhand einer Dokumentation den Wandel der Landschaft über die Jahrzehnte hinweg anschaulich nachvollziehen: von der bäuerlichen Kulturlandschaft über das Industriezeitalter hin zu neueren Nutzungsformen des Geländes wie Kleingärten, Parkanlagen und Naturschutzgebieten.

■ Adresse / Informationen

Zeche Hannover
Günningfelder Straße 251
44793 Bochum
Tel. 0234/6100-874
zeche-hannover@lwl.org
www.lwl.org

■ Informationen

Biologische Station östliches Ruhrgebiet
Tel. 02323/55541
info@biostation-ruhr-ost.de
www.biostation-ruhr-ost.de

Westpark (Bochum)

Mit dem Westpark Bochum ist eine 150-jährige Geschichte industrieller Produktion verbunden. Alles begann im Jahre 1842, als die Unternehmer Jacob Mayer und Eberhard Kühne auf dem heutigen Parkgelände eine Gussstahlfabrik errichteten. Die bei der Produktion von Eisen und Stahl

Westpark, Bochum

anfallende Hochofenschlacke wurde vor Ort in mehreren Schichten zu bis zu 20 Meter hohen Hochplateaus gestapelt, auf denen wiederum neue Fabrikhallen errichtet wurden.

Den Mittelpunkt dieser Hallen bildete die sogenannte Jahrhunderthalle, 1902 anlässlich der Industrieausstellung in Düsseldorf von den Architekten Schumacher und Bernd errichtet und später in ihrer Funktion als Gaskraftzentrale auf ihren heutigen Standort umgesetzt. Heute wird dieses beeindruckende Bauwerk gerne als „Kathedrale der Industriekultur" bezeichnet, aufwändig umgebaut fungiert sie seit 2003 als zentraler Spielort der Ruhrtriennale. Drumherum ist der Westpark Bochum entstanden, Naherholungsgebiet und immer wieder gerne angesteuertes Ausflugsziel, das durch gut ausgebaute Radwege, großflächige Wiesen und Spielplätze gekennzeichnet ist. Drei auffällige, mit Architekturpreisen versehene Brücken (u. a. die „Erzbahnschwinge" über die Gahlensche Straße) ermöglichen einen attraktiven Rundweg. Auf der Brache der Hochplateaus hat sich inzwischen eine umfangreiche Vegetation entwickelt, Mensch und Natur finden hier wieder ihren Platz.

Nördlich der Jahrhunderthalle findet der Besucher die 7.000 Quadratmeter große „Wasserwelt" in den Becken der historischen Kühl- und Kläranlagen. Zu ihr gehört auch die Illumination der Kühltürme und anderer Gebäudeteile.

Eine weitere attraktive touristische Erschließung des Geländes ist ein im Rahmen des Projekts „Geschichtspfad Westpark" entstandener Rundweg, der über acht Stationen durch das gesamte heutige Westpark-Areal führt und mit Informationstafeln sowie historischen Fotoaufnahmen die Geschichte des ehemaligen Werksgeländes dokumentiert. Darüber hinaus kann per „QR Codes" weiteres Foto- und Filmmaterial aufgerufen werden.

■ **Adresse**

Alleestraße/Gahlensche Straße
44793 Bochum

■ **Informationen**

www.jahrhunderthalle-bochum.de

Henrichshütte (Hattingen)

>> Industriekultur / Route der Industriekultur

Halde Lothringen I/II (Bochum)

Eine Dreiecksform und eine markante Kunstinstallation – das sind die Besonderheiten der Halde Lothringen. Sofort ins Auge fällt die Lichtinstallation von Kisten Kaiser mit dem Titel „Über(n) Ort", die aus gelb gestrichenen Stahlrohren besteht und eine Länge von 220 Metern hat. Tagsüber gibt sie ein ziemlich massives Bild ab, im Dunkeln jedoch verwandelt sie sich durch die eingelassenen LEDs zu einer schmalen gelben Leuchtlinie mit schwebendem Charakter.

Als größtes Relikt der 1967 stillgelegten Zeche Lothringen bietet die Halde aber auch eine interessante Natur-Komponente. Vor allem auf der Südseite, der so genannten Gerther Südwand, ist das lose aufgeschüttete Bergematerial ständig in Bewegung, kleinere Gewächse und erst recht große Bäume finden hier nur schwer ihren Halt. Das zum Überleben der Pflanzen nötige Wasser versickert nicht, sondern fließt an den staubtrockenen und steilen Wänden der Halde ungehindert zu Tale und hinterlässt seine Spuren in Form von tiefen Rinnen. Regen und Wind sorgen mit der Zeit aber auch für eine Verflachung des Geländes und damit für bessere Wachstumsmöglichkeiten. So überzieht das aus Südafrika stammende Schmalblättrige Greiskraut die ehemals graue Halde nahezu das ganze Jahr über mit ihrem leuchtenden Gelb, Eichenbäume wagen sich an den steilen Hang, Mäusebussarde umkreisen den Hügel auf der Suche nach Nahrung.

■ **Adresse**

Kirchharpener Straße / An der Halde
44805 Bochum

Zeche Nachtigall (Witten)

>> Industriekultur / Route der Industriekultur

Halde Zollern (Dortmund)

350 Meter südwestlich der ehemals als „Musteranlage" gefeierten Zeche Zollern liegt die Halde Zollern, mit der Schachtanlage lediglich über eine Seilbahn zum Abtransport des Bergematerials verbunden.

Vor gut dreißig Jahren, als die Zeche bereits stillgelegt war, wurde der unter der Halde verlaufende Dellwiger Bach wieder freigelegt und gliedert seitdem den Hügel in zwei Teile. Die vielen Jahre, die seit der Brachlegung dieser Fläche vergangen sind, machen sich im Hinblick auf die Verbreitung und das Wachstum von Flora und Fauna positiv bemerkbar: Viele Tier- und Pflanzenarten haben sich hier niedergelassen, darunter Grünspecht, Bachstelze, Birkenpilz und Natterkopf-Kraut. Das weitläufige Gelände lädt zu ausgiebigen Spaziergängen und Entdeckungstouren ein.

Adresse

Rhader Weg
44388 Dortmund

Informationen

LWL-Industriemuseum Zeche Zollern
Tel. 0231/6961-111

Naturschutzgebiet Hallerey (Dortmund)

Sie sieht von oben aus wie ein geteiltes Herz: die Bergsenke Hallerey, die seit 1978 unter Naturschutz steht. Die Zweiteilung verdankt das Gebiet dem Weustgraben, der die offene Wasserfläche einmal quer durchschneidet. Schon um die Jahrhundertwende existierte hier ein Wasserbecken, das in den folgenden Jahrzehnten immer wieder trockengelegt oder erneut gefüllt wurde. Die nahegelegene Zeche Dorstfeld nutzte das Gewässer als Absetzbecken für das bei der Kohlewäsche verwendete Wasser.

Heute haben sich in dem Gebiet nahe des Revierparks Wischlingen mehrere Entenarten, darunter Haubentaucher und Reiherente, niedergelas-

Halde Lothringen I/II, Bochum

Kokerei Hansa, Dortmund

sen, in den durchgrünten Uferbereichen brütet in den Sommermonaten die Lachmöwe – die Kolonie gilt als eine der größten in Nordrhein-Westfalen. Insgesamt sind hier seit 1961 240 Vogelarten nachgewiesen worden. Auch Insekten wie die Große Königslibelle haben in dem feuchten Gebiet am Wasser ein neues Zuhause gefunden.

Adresse
Höfkerstraße
44149 Dortmund

Kokerei Hansa (Dortmund)

Einstmals diente die Großkokerei Hansa der Versorgung des Hüttenwerkes der Dortmunder Union. Im Jahre 1927/28 in der Nähe der Zeche Hansa errichtet, hörte Ende 1992 das Herz der Kokerei auf zu schlagen: Innerhalb von nur sechs Jahren war die ehemals so bekannte Kokerei stillgelegt worden.

Heute befindet sich in den früheren Räumen der Kokerei der Geschäftssitz der Stiftung Industriedenkmalpflege und Geschichtskultur, die unverzüglich ihres Amtes waltete und Teile der Anlage unter Denkmalschutz stellen ließ.

Erstaunlich schnell und unbekümmert begann seit der Stilllegung der Industrieanlage die Natur, sich ihren Raum zurückzuerobern. Zwischen Stahlrohren und Eisenträgern hat sich das Bruchkraut niedergelassen, Birken wachsen an rostigen Schienen. Im Sommer, wenn die Temperaturen auch bei uns in die Höhe klettern, findet man auf dem alten Kokereigelände sogar einige Exoten, darunter der Klebrige Alant, eigentlich Bewohner des südlichen Mittelmeerraumes, oder südafrikanisches Greiskraut und blauer Natternkopf. Zwischen den Masten und entlang der Bahngleise kann der Besucher außerdem Fasane sowie verschiedene Vögel- und Käferarten entdecken.

Informationen

Stiftung Industriedenkmalpflege und Geschichtskultur
Emscherallee 11
44369 Dortmund
Tel. 0231/931122-33 (Führungen)
info@industriedenkmal-stiftung.de
www.industriedenkmal-stiftung.de
Öffnungszeiten des Info-Punkts:
April bis Oktober: Di-So/Fei 10-18 Uhr;
November bis März: Di-So 10-16 Uhr

Bergehalde Großes Holz (Bergkamen)

Wandern und Radfahren im grünen Ruhrgebiet – auf der Bergehalde Großes Holz ist es möglich. Die beeindruckende Halde mit einer Höhe von knapp 150 Metern bietet über 40 km Wanderwege und ist gärtnerisch, aber auch künstlerisch aufwendig und abwechslungsreich gestaltet.

Eine farbenprächtige Landschaft aus Wiesen, Wald und Kräutern ist entstanden. Die Bergehalde bietet Lebensräume für Tier- und Pflanzenarten, die sich auch schwierigen Bedingungen erstaunlich schnell angepasst haben, wie der Flussregenpfeifer und die Kreuzkröte.

Die Halde umfasst u. a. das Baumplateau, geometrisch angeordnete Anhöhen mit Kiefern und Koniferen, und einen Korridorpark mit acht Meter hohen Skulpturen aus Stahl und Plexiglas, der die Halde von Westen nach Osten quert. Sobald die Schüttungen auf der Halde abgeschlossen sind, wird eine multifunktionale Naturarena für Veranstaltungen entstehen.

Besucherinnen und Besucher genießen den hervorragenden Ausblick von der „Adener Höhe“ auf das Münster- und Sauerland sowie auf das östliche und westliche Ruhrgebiet. Das Lichtkunstwerk „IMPULS-Bergkamen“, eine 33 Meter hohe Lichtskulptur der Künstler Dirk und Maik Löbbert, hüllt den Gipfel, die „Adener Höhe“, in besonderes Licht und ist schon von weitem sichtbar. Parkmöglichkeiten stehen in ausreichender Anzahl am Fuße der Halde zur Verfügung.

Für Menschen, die kurzfristig oder dauerhaft in ihrer Mobilität eingeschränkt sind, bietet die Stadt Bergkamen barrierefreie Ausflugsfahrten an.

Adresse

Erich-Ollenhauer-Straße
59192 Bergkamen
www.halde-grosses-holz.de

Informationen

Stadt Bergkamen
Wirtschaftsförderung, Tourismus
Rathausplatz 1, 59192 Bergkamen
Tel. 02307/965-229
tourismus@bergkamen.de
www.bergkamen.de

Bergehalde Großes Holz, Bergkamen

Naturschutzgebiet Beversee (Bergkamen)

Der „Beversee" ist vom Westfälischen Sportbootzentrum – Marina Rünthe fußläufig erreichbar. Der See entstand durch den unterirdischen Abbau von Bodenschätzen, was zur Absenkung der Erdoberfläche führte. Im Falle des Beversees war die nahegelegene Zeche Monopol für die Bildung des Senkungsgebietes verantwortlich. In dem durch den Steinkohlenabbau entstandenen Senkungstief staute sich das Wasser des Beverbachs auf. Der Beversee bietet Lebensraum für zahlreiche Tiere, insbesondere mehrere Kröten- und Froscharten, Libellenarten, Graureiher und Baumfalken.

Die Ökologiestation des Kreises Unna und der Regionalverband Ruhr bieten interessante Touren, wie z. B. Fledermausführungen, rund um den Beversee an.

■ **Adresse**

Hafenweg
59192 Bergkamen

■ **Informationen**

Ökologiestation des Kreises Unna
Westenhellweg 110
59192 Bergkamen
Tel. 02389/98090
umweltzentrum_westfalen@t-online.de
www.oekologiestation.info

Halde Sachsen (Hamm)

Wer die Halde Sachsen besteigen will, muss gleich auf drei Gipfel, denn die Haldenlandschaft der 1976 geschlossenen gleichnamigen Zeche besteht aus drei einzelnen Abraumbergen. Die östlichste Erhebung ist die „Alte Halde" und mit 102 Metern auch die größte. Durch angelegte Strecken für Mountainbiker und Kletterer ist sie für Sportler besonders interessant. Den mittleren Haldenteil nimmt die Windsegelhalde (92,5 m) ein, auf der die bewegliche Skulptur „Windzeiger – Haldenblick" des Essener Künstlers Jens J. Meyer als Landmarke installiert ist. Ausgerechnet die kleinste der drei Halden trägt den Namen „Panoramahalde" (83,5 m). Auf vier vom Heimatverein Heessen errichteten Obelisken erhält man Informationen über zu erblickende Ziele und deren Entfernung. Seit 2010 thront auf dem Haldentop ein das acht Meter hohes, stählernes Sachsenkreuz mit Bronze-Relieftafeln, auf denen Stationen des Bergbaus thematisiert werden.

■ **Adresse**

Anhalter Straße
59073 Hamm

Ökologiestation Kreis Unna (Bergkamen)

Seit 1995 ist die Ökologiestation des Kreises Unna zusammen mit mehreren Umwelt- und Naturschutzverbänden in dem ehemaligen Gutshof „Schulze Heil" in Bergkamen beheimatet. Interessierte lernen die Pflanzen im Bauerngarten, die Arbeitsweise der Bienen, die Schweine im Musterstall, die Pflanzenkläranlage und das Blockheizkraftwerk kennen. Zudem können regionale Produkte wie Apfelsaft und Honig vor Ort verkostet und als Souvenir mit nach Hause genommen werden. Führungen, Kunstausstellungen und Seminare versprechen pure Naturerlebnisse. Ein Besuch der Ausstellung zum Thema Industrienatur sowie Führungen im nahegelegenen Naturschutzgebiet Beversee und auf der Halde Großes Holz können nach telefonischer Vereinbarung durchgeführt werden.

Das benachbarte Gästehaus bietet Übernachtungen für Einzelreisende und Gruppen (auf Wunsch mit weiteren Programmpunkten, z. B. für Schulklassen) an. Für mobilitätseingeschränkte Personen sind im Erdgeschoss auch barrierefreie Zimmer eingerichtet.

Zweimal pro Jahr wird die Ökologiestation Schauplatz besonderer Veranstaltungen: Die Messe „Natur und Garten" findet im April und der „Tag des Apfels" im Oktober jeden Jahres statt.

■ **Informationen**

Westenhellweg 110
59192 Bergkamen
Tel. 02389/98090
umweltzentrum_westfalen@t-online.de
www.oekologiestation.info

Halde Sachsen, Hamm

HALDEN & LANDMARKEN

Landmarken, das sind im Sinne der Internationalen Bauausstellung (IBA) Emscher Park markante Relikte aus der Zeit der Kohle- und Stahlindustrie (so z. B. Halden, Fördertürme, Gasometer oder Hüttenwerke), die das Landschaftsbild des Ruhrgebiets über Jahrzehnte geprägt haben und bis heute weithin sichtbare Orientierungspunkte abgeben.

Viele dieser Landmarken haben im Zuge IBA neue Nutzungsmöglichkeiten und damit auch neue Identitäten und Wirkungsmechanismen erfahren, sie sind restauriert, begeh- und erlebbar gemacht sowie künstlerisch gestaltet worden.

Statt Kohle und Stahl stehen heute an diesen Orten Kunst, Kultur und Natur im Mittelpunkt. Außergewöhnliche Veranstaltungen, spektakuläre Installationen und innovative Ideen setzen neue Akzente und beleben die Kulturlandschaft des Ruhrgebiets.

Bergehalde Großes Holz [Bergkamen]

>> Industriekultur / Industrienatur

Halde Lothringen I/II [Bochum]

>> Industriekultur / Industrienatur

Eindrucksvolle Großskulptur: die Installation „Tiger & Turtle – Magic Mountain". auf der Heinrich-Hildebrand-Höhe in Duisburg

Tippelsberg (Bochum)

Verschiedene Sagen und profane Tatsachen kennzeichnen die Entstehung des Tippelsberges. Die in der Region eher seltene Landschaftserhebung geht u. a. auf eine Geschichte vom Riesen Tupulus zurück, der auf einer Reise just hier stoppte, um seine Schuhe von Lehmklumpen zu befreien. Diese Lehmklumpen bildeten fortan den Tippelsberg. Ein auf dem Berg installierter, riesiger Fußabdruck nimmt noch heute Bezug auf die Sage.

Im richtigen Leben erreichte der Tippelsberg seine heutige Höhe (150 Meter über NN) und Ausdehnung (18,5 Hektar) als Bauschuttdeponie. Erst 2003 wurden Pläne aufgenommen, das Areal zu renaturieren und es wieder zu dem zu machen, was es lange Zeit gewesen war: ein Freizeitgebiet für die Bevölkerung.

Der 2007 der Öffentlichkeit übergebene Tippelsberg bietet einen wunderschönen Panoramablick auf Bochum, Herne und große Teile des mittleren Ruhrgebiets. Das Gipfelplateau ist mit einem Natursteinpflaster und einem liegenden Gipfelkreuz, dessen Arme in die vier Himmelsrichtungen weisen, gestaltet. Darüber hinaus lenken acht Stelen aus Stahl die Blicke der Besucher auf wichtige Sehenswürdigkeiten der Umgebung. Seit 2011 ist der Tippelsberg Panorama-Punkt der Route der Industriekultur.

Informationen

Tippelsberger Straße / Hiltroper Straße
44807 Bochum-Riemke
www.tippelsberg.de

Ostpol / Förderturm Königsborn III/IV (Bönen)

Die Fördertürme des Ruhrgebiets sind herausragende Zeichen der regionalen Industriearchitektur. Häufig markieren sie als einziges Überbleibsel die einstige Bedeutung des Bergbaus für das Revier. Im Falle der Zeche Königsborn in Bönen wird dies deutlich: Nach Stilllegung des Bergwerks im Jahre 1981 wurden alle Tagesanlagen abgebrochen, einzig der 68 Meter hohe Förderturm blieb erhalten und steht heute unter Denkmalschutz. Dass der Turm den Abbruch der Zeche überlebte, verdankt er wohl seiner außergewöhnlichen architektonischen Gestalt: Sie galt als bedeutsames Dokument des Industriebaus der 1920er Jahre und wurde in späteren Jahren zum Vorbild für zahlreiche moderne Fördertürme.

Ostpol / Förderturm Königsborn III/IV, Bönen

Auch heute noch besitzt der Förderturm Königsborn eine besondere, wenn auch nicht mehr industriegeschichtliche Bedeutung: Die Lichtinszenierung des Künstlers Mischa Kuball im Jahre 1999 machte ihn zum Kunstobjekt und unterstrich die architektonische und topografische Signifikanz dieses zur Landmarke erhobenen Industriedenkmals. Als „Yellow Marker" markiert der Turm so den östlichsten Teil des Emscher Landschaftsparks, das westliche Pendant bildet der 80 Kilometer entfernte, architektonisch ähnlich gefertigte Förderturm der Zeche Rossenray in Kamp-Lintfort.

Die 2003 gegründete Bürgerstiftung Förderturm sorgt heute dafür, dass in dem bis zu einer Höhe von 55 Metern begehbaren Turm überregionale Kulturevents stattfinden.

Adresse

Zugang von der Zechenstraße, 59199 Bönen

Informationen

Bürgerstiftung Förderturm Bönen
Alfred-Fischer-Platz 1
59199 Bönen
Tel. 02383/9182705
info@foerderturm-boenen.de
www.foerderturm-boenen.de

Tetraeder (Bottrop)

Auf der begrünten und terrassenförmig gestalteten Halde Beckstraße in Bottrop befindet sich in 90 Meter Höhe das Tetraeder, eine dreidimensionale, begehbare Stahlpyramide, erbaut auf grau-schwarzem Bergematerial.

Rund 50 Meter hoch ist die von Wolfgang Christ geschaffene Konstruktion, die über

387 Stufen und drei Aussichtsplattformen zu erklimmen ist – vorausgesetzt, man ist schwindelfrei. Denn die Plateaus sind ebenso wie die nach oben führenden Treppen schwebend eingehängt, der Gitterrost, auf dem man sich bewegt, lässt den Blick ungehindert in die Tiefe gleiten. Ignoriert man jedoch das mulmige Gefühl in der Magengegend, bietet sich von den Aussichtsplattformen ein grandioser Ausblick auf die Städtelandschaft des Emscher Park Geländes.

Zu Recht trägt das Tetraeder deshalb auch den Beinamen „Haldenereignis Emscherblick". Zusammengesetzt aus Stahlrohren und Gussknoten, ist es sowohl Symbol für das vergangene Stahlbauzeitalter der Region als auch Zukunftsvision für die Möglichkeiten künstlerischen Schaffens in alten Industrieregionen.

Die Lichtinszenierung „Fraktal" des Düsseldorfer Künstlers Jürgen LIT Fischer lässt das Kunstwerk auch nachts erstrahlen und somit zum weithin sichtbaren Wahrzeichen Bottrops werden.

Adresse
Halde Beckstraße
Beckstraße/Batenbrockstraße
46238 Bottrop

Halde Haniel (Bottrop)

Die im Volksmund auch „Monte Schlacko" genannte Halde hat sich zu einem Kulturraum entwickelt. Auf der Haldenkuppe wurde in 126 Metern Höhe aus dem Bergematerial der ehemaligen Zeche Prosper-Haniel ein offenes Amphitheater nach griechischem Vorbild angelegt, das 800 Besuchern Platz bietet, 1999 eröffnet wurde und vielbeachtete Theaterstücke wie „Jedermann" (1999), „Sommernachtstraum" (2001), „Dreigroschenoper" (2002) oder „Cabaret" (2003) und große Opern, „Aida" (2010) und „Der Fliegende Holländer" (2016), zeigte.

Ebenso einzigartig ist der 1995 von Bischof Hubert Luthe eingeweihte Kreuzweg, der in 15 Stationen – gestaltet aus Kupfertafeln mit Szenen aus der christlichen Liturgie und Motiven aus dem Bergbau von der Künstlerin und Ordensfrau Tisa von Schulenburg und dem Oberhausener Künstler Adolf

Tetraeder auf der Halde Beckstraße, Bottrop

Halde Haniel, Bottrop

Radecki – zum Gipfel führt. Ein hohes, aus Spurlatten errichtetes Kreuz auf dem Haldenkopf erinnert an den Papstbesuch am 2. Mai 1987 auf dem Bergwerk Prosper-Haniel. Von hier aus hat man einen wunderbaren Blick über das nordwestliche Ruhrgebiet.

Perspektiven ganz anderer Art bietet eine weitere, seit 2002 bestehende Kulturattraktion. Der baskische Maler und Bildhauer Agustín Ibarrola hat aus über 100 bearbeiteten Eisenbahnschwellen die archaische Installation „Totems" geschaffen, die sich mit den (scheinbaren) Gegensätzen von Industrieraum und Natur beschäftigt.

Adresse
Fernewaldstraße
46242 Bottrop

Sonnenuhr auf der Halde Schwerin (Castrop-Rauxel)

Sie gehört sicherlich zu den größten Sonnenuhren der Welt: die im Kreis von 24 Stelen angelegte Edelstahlkonstruktion des Künstlers Jan Bormann auf der Halde Schwerin in Castrop-Rauxel. In überdimensionaler Größe ragen die Stahlstäbe in die Luft und zeigen in exakter Ausrichtung stets die aktuelle Stunde an. Steile Treppenstufen, hergestellt aus Materialien der Region, führen aus allen vier Himmelsrichtungen hinauf auf Castrop-Rauxels höchsten Punkt, die Halde Schwerin. Von hier aus kann man in aller Ruhe die Zeit sprichwörtlich vorbeistreichen lassen, weitere Kunstwerke auf der Halde erkunden (Wassertempel und Sinuspergola) oder einfach nur den schönen Ausblick auf die Emscherregion genießen.

Adresse
Zur Sonnenuhr
44577 Castrop-Rauxel

Haldenlandschaft Lohberg (Dinslaken)

Die Aussicht ist verlockend, obwohl die Landmarke erst geplant ist. Dort, wo später der Panoramablick lockt, ist heute nur das, worauf man später thront: Schutt und Schotter. Bis Ende 2005 förderte hier die Steinkohlen-Zeche Lohberg-Osterfeld, ein 1989 zusammengefasstes Verbundbergwerk der ehemals selbständigen Bergwerke Lohberg und Osterfeld.

Die Haldenlandschaft Lohberg, bestehend aus der 85 Meter hohen Gärtnerhalde und der 114 Meter hohen Halde Lohberg Nord werden zu markanten Aussichtspunkten gestaltet und sogar zu besteigen sein – für Dinslakener ein ganz neues Freizeitvergnügen und ein „Highlight“ im besten Sinne des Wortes. Verbunden mit dem 2014 fertig gestellten Bergpark soll die Haldenlandschaft zu einem zusammenhängenden Erholungsraum entwickelt und mit dem regionalen Radwegesysteme entlang Lippe und Emscher verknüpft werden. Darüber hinaus soll die Errichtung von künstlerisch-architektonischen Aussichtspunkten als „Tor“ zum Ruhrgebiet die Attraktivität als touristische Destination steigern.

Adresse
Hünxer Straße
46537 Dinslaken

Halde Zollern (Dortmund)

>> Industriekultur / Industrienatur

Rheinorange (Duisburg)

Die Skulptur „Rheinorange“ in Duisburg-Ruhrort ist eine architektonische Großskulptur von 25 Metern Höhe. Der Name rührt her von der leuchtenden Farbe, in die die Skulptur getaucht ist: Der gewählte Farbton heißt im Fachjargon „Reinorange“.

Bereits Anfang 1989 entstand die Idee für den Bau dieser Landmarke, der Bildhauer Lutz Fritsch verwirklichte sie schließlich 1992. Die Skulptur steht weithin sichtbar, nachts leuchtend, an der Ruhrmündung im Stadtteil Ruhrort und soll die wichtigsten Aspekte des Duisburger Wirtschafts- und Kulturlebens versinnbildlichen: den größten Binnenhafen der Welt, den wichtigsten Stahlstandort Europas, Technologiestandort mit Zukunft sowie Standort des Wilhelm Lehmbruck Museums als be-

Sonnenuhr auf der Halde Schwerin, Castrop-Rauxel

Rheinorange, Duisburg

deutendstes Museum für moderne Skulptur in Europa.

Adresse
Rhein-Ruhr-Mündung
Am Bört
47059 Duisburg

Echo des Poseidon (Duisburg)

Welch ein Götterhaupt! In seiner Ausstrahlung uralt, griechisch, gezeichnet vom Meereswasser mit Narben und Furchen. Die zehn Meter hohe Skulptur auf der sogenannten Mercatorinsel heißt, den Blick rheinaufwärts gewandt, die in den weltgrößten Binnenhafen einlaufenden Schiffe willkommen und wirkt dabei doch in sich gekehrt, ein Gott, ein Olympier eben. Bildhauer Markus Lüpertz, der bereits 2010 mit seinem „Herkules" im Gelsenkirchener Nordsternpark ein Symbol für das moderne Ruhrgebiet formte, hat die bärtige Büste des Meeresgottes zum 300. Geburtstag des Duisburger Hafens im Jahr 2016 geschaffen.

Adresse
Rhein-Ruhr-Mündung
Mercatorinsel
47119 Duisburg

Landmarke Angerpark / „Tiger & Turtle – Magic Mountain" (Duisburg)

Kunst, Erlebnisort und Landmarke zugleich ist die circa 20 Meter hohe Installation „Tiger & Turtle – Magic Mountain". Die Großskulptur, die seit dem Frühjahr 2011 die Heinrich-Hildebrand-Höhe, ehemals Schlackenhalde der Metallhütte Duisburg, krönt, erinnert in ihrer Form an eine Achterbahn. Das Künstlerduo Heike Mutter und Ulrich Genth nahm sowohl mit den Materialien Stahl und Zink (Metallhütte, die in der Nähe produzierenden Hüttenwerke Krupp-Mannesmann) als auch mit den spiralförmigen Windungen (Form der Halde) historische Bezüge zum Standort auf. Dass die schon aus der Ferne gut sichtbare Skulptur, die nachts als Lichtband die Dunkelheit durchbricht, begehbar ist, macht den Ort für Besucher in besonderer Weise zu einem Erlebnisort. Dazu gehört auch der sich in 85 Me-

tern Höhe eröffnende, eindrucksvolle Blick über den Rhein.

„Tiger & Turtle – Magic Mountain“ wurde als Weiterentwicklung des 2008 eröffneten Landschaftsbauwerks „Angerpark“ durch das Land und die EU gefördert und ist seit 2012 offizieller Aussichtspunkt auf der Route Industriekultur.

Adresse
Berzeliusstraße / Ecke
Kaiserswerther Straße
47249 Duisburg
www.duisburg.de

Schurenbachhalde (Essen)

Die wechselvolle Geschichte der Halden im Ruhrgebiet ist symptomatisch für den gesamten Strukturwandel im Revier: Einst nicht mehr als ein bloßes Abfallprodukt des Bergbaus wie schwarze Kegel in den Himmel ragend, sind die Halden heute Kunstobjekt und Naturraum gleichermaßen.

Ein Beispiel für diese Umgestaltung ehemaliger Industrieräume in attraktive und beliebte Ausflugsziele ist die Halde Schurenbach an der Stadtgrenze Essen/Gelsenkirchen. Zwischen dem Rhein-Herne-Kanal und dem Emscherschnellweg (A42) gelegen, erhebt sich die Halde 50 Meter hoch, seit 1998 ist sie noch ein Stück gewachsen: Der US-Künstler Richard Serra schuf die „Bramme für das Ruhrgebiet“, eine einmalige Stahlkonstruktion, die den Berg um weitere 14,5 Meter anwachsen ließ.

Bramme wie Halde sind über ein Wegesystem für jedermann zugänglich. Entlang des Weges kann man viele kleine Pfützen und Tümpel entdecken, in denen sich in der Dämmerung Froschlurche zum abendlichen Konzert zusammenfinden. Auch der Flussuferläufer nutzt die Tümpel der Halde auf der Suche nach Nahrung. Begleitet von einigen Libellen und den weithin hörbaren Geräuschen der Kröten erreicht man den Gipfel der Halde, wo ein wunderbarer Ausblick auf das umliegende Gebiet wartet.

Echo des Poseidon, Duisburg

Bramme auf der Halde Schurenbach, Essen

■ **Adresse**
Emscherstraße/Nordsternstraße
45329 Essen-Altenessen

Bramme auf der Halde Schurenbach (Essen)

Über 50 Meter hoch erhebt sich die Schurenbach-Halde zwischen dem Rhein-Herne-Kanal und der Autobahn A42, aufgeschüttet durch 25 Millionen Tonnen Gestein aus der Zeche Zollverein und Neuessen. Der Schurenbach, Namenspatron und Teil dieser einstmals unberührten Natur, ist längst umgeleitet worden, doch auch die Zeche existiert nicht mehr. Stattdessen findet man auf der Kuppe der weitgehend wieder begrünten Halde eines der beeindruckendsten Kunstwerke dieser Art in der Region: die „Bramme für das Ruhrgebiet", ein Entwurf des amerikanischen Bildhauers Richard Serra. Knapp 70 Tonnen Stahl ragen als Stahlskulptur mit einer Höhe von 14,5 Metern weithin sichtbar empor, rundherum nur schwarzes Abraummaterial auf breiter Fläche, Symbol für die beiden Elemente Kohle und Stahl, die das Ruhrgebiet über Jahrzehnte hinweg geprägt haben. Die Bramme ist (ebenso wie die Halde) über ein Wegesystem für jedermann zugänglich, von oben genießt man einen herrlichen Rundblick auf eine Stadt- und Industrielandschaft, in der die Natur Stück für Stück beginnt, sich ihren Raum zurückzuerobern.

■ **Adresse**
Emscherstraße/Nordsternstraße
45329 Essen

Halde Rheinelbe (Gelsenkirchen)

>> Industriekultur / Industrienatur
Skulpturenwald Rheinelbe

Halde Rungenberg (Gelsenkirchen)

Die Gelsenkirchener Bergarbeitersiedlung Schüngelberg bildet die Kulisse für eine der aufsehenerregendsten Lichtinszenierungen im Revier: Auf der Halde Rungenberg, die sich schroff neben der Siedlung in einer Doppelpyramide erhebt, haben die Künstler Hermann Es Richter und Klaus Noculak sogenannte „Nachtzeichen" angebracht: zwei in den Himmel gerichtete Scheinwerfer, verteilt auf die beiden Gipfel der Halde. Die Lichtkegel kreuzen sich in der Mitte und vereinigen den Doppelgipfel wieder zu einer einheitlichen Figur. Die Halde Rungenberg ist somit nicht nur ein architektonisch gestaltetes Landschaftsbauwerk, sondern auch ein bedeutsames Kunstwerk. Seit der Aufschüttung der Doppelgipfel begehbar, ist sie heute gleichermaßen Kunstraum wie Naherholungsgebiet.

■ **Adresse**
Rungenbergstraße
45897 Gelsenkirchen

Halde Mottbruch (Gladbeck)

Andere Halden tragen auf ihrem Top ein Kunstwerk und stellen als Landmarke Orientierungspunkte in der Region dar. In Gladbeck dagegen war

Halde Hoheward, Herten

Halden-Hügel-Hopping (Vest Recklinghausen: Gladbeck u. a.)

„Hopp, hopp!" Das neueste Freizeitvergnügen (seit Mai 2015) im nördlichen Ruhrgebiet, dem Vest Recklinghausen, ist das „Halden-Hügel-Hopping". Mit Hilfe einer App oder eines leibhaftigen Führers können vorrangig insgesamt 17 Bergehalden, entlang der Strecke aber z. B. auch natürliche Hügel, Flusstäler, Wälder, Bergbausiedlungen, Zechen und historische Gebäude erwandert werden. 12 Thementouren sind vorbereitet, mit rund 150 virtuellen Erzählstationen. Berichtet wird beispielsweise von „Kelten und Kohle", von „Edlen Schlössern und stolzen Zechen". Oben auf den Gipfeln treffen wir auf bekannte Kunst- und Technikwerke, auf Tetraeder und Obelisk, Sonnenuhr und Himmelsobservatorium. 185 Kilometer beträgt die Gesamtstrecke, 2.500 Höhenmeter sind zu überwinden. Auf geht's! Der Berg ruft!

■ **Informationen**
Kreis Recklinghausen
FD 18 – Halden-Hügel-Hopping
Kurt-Schumacher-Allee 1
45657 Recklinghausen
Tel. 02361/53-4329 o. -4037
info@halden-huegel-hopping.de
www.halden-huegel-hopping.de
App: „Halden-Hügel-Navi" (kostenlos)
Geführte HHH-Touren
Besucherzentrum Hoheward
Werner-Heisenberg-Straße 14
45699 Herten
Tel. 02366/1811-60
hoheward@rvr.ruhr
www.hoheward.rvr.ruhr
(mit Buchungsformular)

es schon früh beschlossene Sache, dass die Halde Mottbruch selbst die Attraktion werden sollte: Die Halde wurde von 1996 bis 2013 als knapp 120 Meter hohe Vulkanlandschaft mit einer kesselförmigen Talmulde im Inneren aufgeschüttet. Darin, so kann man vermuten, wartet eine Erfahrung, die innerhalb der dichtbesiedelten und lärmenden Industrieregion Seltenheitswert hat: eine Landschaft, die Ruhe ausstrahlt. Noch aber steht die Halde unter Bergaufsicht und ist nicht für die Öffentlichkeit freigegeben (wenn auch bereits ein Weg bis zum Gipfel angelegt ist). Zwar gehört sie mit drei weiteren Gladbecker Halden zum Thementourennetz „Halden-Hügel-Hopping“ im nördlichen Ruhrgebiet (Vest), der HHH-Weg führt jedoch bis heute (Stand März 2017) am Haldenfuß entlang.

Die Halde Mottbruch ist Teil der Gladbecker Haldenlandschaft „Braucker Alpen“, die in den nächsten Jahren als Freizeitregion ausgebaut werden soll.

■ **Adresse**
Boystraße
45968 Gladbeck

Halde Sachsen [Hamm]

>> Industriekultur / Industrienatur

Halde Pluto-Wilhelm [Herne]

Die als Bergehalde der benachbarten Zeche Pluto fungierende Halde Pluto-Wilhelm ist mit einer Höhe von 75 Meter der höchste Punkt in Wanne-Eickel. Seit 2014 kann man auf dem Halden-Plateau über eine fünfzehn Meter lange Treppe eine vom Regionalverband Ruhr (RVR) gebaute, fünf Meter hohe Kanzel besteigen. Von dort reicht die Sicht u. a. auf die Halde Hoheward im Kreis Recklinghausen, auf das Essener Rathaus und auf die Zeche Consol in Gelsenkirchen. Die Halde ist über Wege direkt mit der Erzbahntrasse und damit an das überregionale Radwegenetz verbunden.

Halde Pluto-Wilhelm, Herne

■ **Adresse**
Thiesstraße
44649 Herne

Landschaftspark und Halde Hoheward [Herten]

Woanders geht man „in die Berge“ – die Revierbürger steigen „auf die Halden“: Im Umfeld des Zukunftsstandorts Ewald befindet sich auf rund 750 Hektar der Landschaftspark Hoheward, der die größte Haldenlandschaft Europas bildet und einen wesentlichen Teil des interkommunalen Entwicklungsvorhabens „Neue Horizonte – Landschaftspark Emscherbruch“ der Städte Herten und Recklinghausen ausmacht.

Ein Ausflugsziel mit Weitblick – im doppelten Sinne. Denn auf der etwa 70 Meter hohen Halde Hoppenbruch, die sich als mit Schwarzkiefern begrünter Erholungsort für Spaziergänger und Radfahrer (es gibt verschiedene Mountainbike-Strecken) etabliert hat, versorgt eine 2016 komplett erneuerte Windenergieanlage rund 1.900 Haushalte in Herten und Umgebung mit Strom. Vertieft werden die Natur- und Technikimpressionen durch einen Skulpturengarten, der eine Menge Informatives

Halde Hoheward, Herten

über Wind und Strom bietet. Noch spektakulärer sind die Neuerungen auf der 1,6 Quadratkilometer großen Halde Hoheward, die aus 180 Millionen Tonnen Bergegestein aufgeschüttet wurde und mit 152 Metern Höhe der höchste Industrieberg des Ruhrgebiets ist. Im östlichen Areal des riesigen Haldenplateaus wurde 2006 bereits eine große Horizontalsonnenuhr mit einem über zehn Meter hohen Obelisken als Sonnenstandszeiger eröffnet, der gleichzeitig als Landmarke dient. 2008 konnte auf dem nördlichen Gipfelplateau das Horizontobservatorium fertiggestellt werden. Das Observatorium besteht aus einer kreisrunden, ebenen Fläche auf der Haldenkuppe (ca. 95 Meter Durchmesser), einem in der Mitte abgesenkten Forum und zwei 45 Meter hohe Stahlbögen, die sich wie die Großkreise Meridian und Himmelsäquator über den Platz spannen. Von dem abgesenkten Forum aus breitet sich das Plateau der Halde in alle Richtungen wie ein künstlicher Horizont aus. Peilmonumente kennzeichnen dort Sommer- und Wintersonnenwenden und lassen die Astronomischen Jahreszeiten und Mondwenden deutlich werden. Die Bögen teilen dabei den Himmel in Ost- und Westhälfte sowie in Nord- und Südhalbkugel und dienen so tagsüber als Sonnenkalender und nachts als Orientierungshilfe am Sternenhimmel.

Um die Halde Hoheward auch für Freizeit, Erholung und Sport zugänglich zu machen, sind im zweiten Bauabschnitt bis Ende 2008 insgesamt zwanzig Kilometer neue Wege entstanden – neben einer sieben Kilometer langen Balkonpromenade, die um die Halde herumführt. Das Observatorium und die Sonnenuhr können über den Salentinplatz und die 2008 eröffnete Drachenbrücke auch direkt erreicht werden. Insgesamt elf Stahlbalkone dienen zusätzlich als Aussichtspunkte in die Region.

■ **Adresse Halde Hoppenbruch**
Im Emscherbruch
45699 Herten

■ **Adresse Halde Hoheward**
Ewaldstraße/Albert-Einstein-Allee (Westen)
45699 Herten

■ **Informationen**
Besucherzentrum Hoheward
Werner-Heisenberg-Straße 14
45699 Herten
Tel. 02366/1811-60
hoheward@rvr.ruhr
www.hoheward.rvr.ruhr
Öffnungszeiten: Di-Fr 10-17 Uhr, Sa/So/Fei 10-13 u. 13.30-17 Uhr

Westpol / Förderturm Bergwerk Rossenray [Kamp-Lintfort]

Als letzter Punkt der Landmarkenroute stellte die linksrheinische Zeche Rossenray ihren übertägigen Betrieb im Mai 2011 ein. Sie gehörte zum im Dezember 2012 ebenfalls geschlossenen Verbundbergwerk West, das durch die Vereinigung der selbständigen Bergwerke Friedrich Heinrich (Kamp-Lintfort) und Rheinland mit dem Bergwerk Niederberg entstanden war.

Der 75 Meter hohe, kubische Förderturm der Zeche Rossenray, der wegen seiner seitlichen Flügel auch das „Kreuz des Niederrheins" genannt wird, ist (neben dem Förderturm Königsborn in Bönen) einer der beiden „Leuchttürme", die der Künstler Mischa Kuball mit seiner Lichtinszenierung „Yellow Marker" topografisch als West- und Ostpol des Emscher Landschaftsparks gekennzeichnet hat.

■ **Informationen**
Rheinberger Straße
47475 Kamp-Lintfort
www.rag-deutsche-steinkohle.de

Halde Brassert [Marl]

Der Berg ruft: Die im April 2000 vom Regionalverband Ruhrgebiet (RVR) übernommene, ehemalige Ruhrkohle-Halde Brassert ist nach Erschließung und Rekultivierung vor allem Naherholungsgebiet. Der asphaltierte Hauptweg führt zum 88 Meter hohen Gipfelplateau, auf dem ein stählernes Gipfelkreuz steht. Ansonsten ist die an den Wesel-Datteln-Kanal angrenzende Halde, vom RVR auch „Lipper Höhe" genannt, ein wiedergewonnenes Refugium für die Tier- und Pflanzenwelt.

■ **Adresse**
Am Kanal (Parkplatz)
45768 Marl-Brassert

Halde Pattberg [Moers]

Von der Abraumhalde zum Erlebnisraum, vom „Ballaststoffbehälter" zur Naturlandschaft – so könnten die Schlagzeilen zur Entwicklung der Pattberg-Halde lauten.

Als eine der jüngsten in der Geschichte des Rhein-Ruhr-Bergbaus von 1964 bis 1985 durch die Zeche Pattberg aufgeschüttet, ist sie seit 1997 im Besitz des Regionalverbandes Ruhrgebiet (RVR) und Teil des „Landschaftsparks Nieder-Rhein" – ein gemeinsames Projekt der Städte Kamp-Lintfort,

Neukirchen-Vluyn, Moers und Rheinberg, das sich sowohl die ökologische Aufarbeitung des Raumes als auch dessen Neunutzung durch umweltverträgliche Freizeitangebote zum Ziel gesetzt hat.

Für Letzteres bürgt vor allem die „luftige Qualität" des Standortes. So ist die 85 Meter hohe und auf einer Fläche von 39 Hektar mit Rad-, Reit- und Wanderwegen durchzogene Halde heute ein „Drachen-Mekka" mit Gleitschirm- und Drachenflug-Angeboten, auch wenn das ehemals hier beheimatete Drachenfestival heute

Halde Rheinpreußen, Moers

auf der Halde Rheinpreußen stattfindet.

Gleichzeitig stellt die Halde Pattberg den Mittelpunkt des im Radius von vier Kilometern verlaufenden Niederrheinischen Baumkreises dar, der die Zusammenarbeit der beteiligten Städte symbolisiert. Das Gipfelkreuz erinnert an den ersten ökumenischen Gottesdienst auf dem Pattberg am 23. August 1991.

■ **Adresse**

Pattbergstraße, 47445 Moers

■ **Informationen**

www.route-industriekultur.de
www.landschaftspark-niederrhein.com

Halde Rheinpreußen (Moers)

Flüssiger Stahl oder eine Lava-Masse nach einem Vulkanausbruch – die vom Künstler Otto Piene illuminierte Halde Rheinpreußen setzt eine Menge Assoziationen frei. Seit März 2006 taucht das „Ausleuchtungsfeld" mit 35 Leuchtmasten von sechs Metern Höhe die Landmarke auf einer Fläche von insgesamt 8.000 Quadratmetern in rotes Licht. Die Lichtinszenierung ist Teil eines Landmarkenkonzepts, das künstlerisch die Symbiose von Ruhrgebiet und Montanindustrie symbolisiert.

Herzstück ist der im September 2007 eingeweihte, 30 Meter hohe begehbare Turm in Form einer überdimensionalen Grubenlampe – ein Exemplar der für den Bergbau historisch bedeutenden Davy-Lampe –, der durch die Lichtinstallation „Geleucht" von Otto Piene (insgesamt 61 Beleuchtungskörper) weithin als Leuchtturm erstrahlt und 2009 im Rahmen des city.people.light awards ausgezeichnet wurde.

Die 74 Meter hohe Halde mit einer Grundfläche von 51,9 Hektar betont auch eine besondere regionale Bedeutung: Das

Halde Norddeutschland, Neukirchen-Vluyn

Bergwerk Rheinpreußen ging 1876 in Betrieb und war damit der erste Steinkohlenstandort am linken Niederrhein.

■ **Adresse**
Römerstraße / Gutenbergstraße
47443 Moers

■ **Informationen**
www.moers.de
www.landschaftspark-niederrhein.com
www.das-geleucht.de
Öffnungszeiten Aussichtsturm: April bis Oktober: Mi/Do/Sa/So 14-18 Uhr; November bis März: Sa/So 13-16 Uhr
Beleuchtung: April bis Oktober: bis 23 Uhr; Wintermonate: bis 21 Uhr

Halde Norddeutschland (Neukirchen-Vluyn)

Die ehemalige Bergehalde der Zeche Niederberg ist mit einer Fläche von 81 Hektar, einer Kapazität von 80 Mio. Tonnen und 102 Metern Höhe die größte im Raum Ruhrgebiet. Über 80 Millionen Tonnen Bergematerial wurden in den letzten Jahrzehnten zu dieser eindrucksvollen Bergkulisse im ansonsten „platten Land" aufgeschüttet.

Nach Abschluss der Aufschüttung im März 2001 ging die Halde im März 2003 in den Besitz des Regionalverbandes Ruhr (RVR) über. Den nachfolgend ausgelobten internationalen Ideenwettbewerb gewannen die Hamburger Landschaftsarchitekten WES & Partner und die Künstlergruppe Observatorium aus Rotterdam mit ihrem Konzept „Ort der Stille". Entspannung, Erholung und Rückbesinnung sollen dominieren.

Letzteres ist symbolisch umgesetzt durch ein zehn Meter hohes, im Mai 2006 eingeweihtes Kunstwerk in Form eines Stahlgerüsts auf dem Haldenkopf, welches das Skelett eines Hallenhauses darstellt und auf den ehemals landwirtschaftlich und industriell geprägten Landschaftsraum verweist. Darüber hinaus soll das Hallenhaus – mit Zeltplanen wetterfest gemacht – als Veranstaltungsort genutzt werden.

2007 weihte der Regionalverband Ruhr (RVR) die 359 Stufen lange Himmelstreppe ein, die über 52 Höhenmeter direkt zum Haldenkopf führt. Seit Ende 2007 sind sowohl das Hallenhaus als auch die Himmelstreppe allabendlich zwischen 17 und 22 Uhr illuminiert. Ebenso zum Plateau gehört die Bergarena am „Thingplatz".

Die Halde lockt nicht nur wegen ihres faszinierenden Panoramablicks über die hier typische Donken- und Kendellandschaft – bei klarem Wetter bis weit ins Ruhrgebiet hinein. Auf dem Berg bieten verschiedene Vereine ein vielfältiges Angebot an sportlichen Freizeitaktivitäten, z. B. Drachen- und Gleitschirmfliegen am Südwesthang.

■ **Adresse**
Zur Himmelstreppe
(ältere Navis: Geldernsche Straße 168)
47506 Neukirchen-Vluyn

■ **Informationen**
Stadt Neukirchen-Vluyn
Stadtmarketing & Tourismus
Tel. 02845/391-166 oder -230
stadtmarketing@neukirchen-vluyn.de
www.neukirchen-vluyn.de
www.landschaftspark-niederrhein.com

Knappenhalde [Oberhausen]

Über 100 Meter hoch ist die Knappenhalde – ein Kunstgebilde im mehrfachen Sinne. Zunächst natürlich als Industrieobjekt, das den Abraum der 1856 abgeteuften und drei Jahre später in Betrieb gegangenen Zeche Oberhausen sowie später auch die Hochofenschlacke aus den Hüttenwerken der Gutehoffnungshütte aufnahm. Nach dem Zweiten Weltkrieg wurde dieses Gemisch mit etwa einer Million Kubikmeter Trümmerschutt der zerbombten Oberhausener Wohngebäude „bereichert".

Eine ganz andere künstliche Haldenperiode bedeutete eine der ersten Begrünungsaktionen der Hüttenwerke Oberhausen AG in den 1950er Jahren. 200.000 Weidenschösslinge und 50.000 Jungbäume sollten das Aus- und Ansehen des Revierriesen verbessern. Die Anlage von Wegen und die Aufstellung von Sitzbänken folgten 1980/81.

Und als wäre der Koloss nicht schon selbst einer, wurde auf seinem „Gipfel" auch noch ein 15 Meter hoher Aussichtsturm gebaut. Von hier aus sieht man das, worauf man steht: Oberhausener Industrie- und Stadtgeschichte. Schließlich wurde die Knappenhalde erneut zur Kunstaktion: Insgesamt 21 Objekte stellen eine Beziehung zwischen industrieller Vergangenheit und der sich inzwischen entwickelten Pflanzen- und Tierwelt her.

■ **Adresse**
Knappenstraße
46047 Oberhausen

Halde Ewald Fortsetzung [Oer-Erkenschwick]

Seit 2009 ist die kleine, ca. 57 Meter hohe Halde, aufgeschüttet mit dem Abraum der 1899 abgeteuften Zeche Ewald Fortsetzung, als Naherholungsgebiet zugänglich. Knapp unter dem Haldentop sind große Steinquader in einem Rund angelegt, sie sollen u. a. Schulklassen als „Grünes Klassenzimmer" dienen.

■ **Adresse**
Am Ziegeleitor oder Kleine Erkenschwicker Straße
45739 Oer-Erkenschwick

Spurwerkturm [Waltrop]

Die nach einer Idee des Künstlers Jan Bormann aus Castrop-Rauxel auf der Bergehalde Waltrop-Brockenscheidt entstandene Turmkonstruktion ist eine künstlerische Auseinandersetzung mit der Bergbaugeschichte der Region. Der aus rund 1.000 sogenannten Spurlatten – Hartholzbalken, die in Bergbauschächten zur Führung der Förderkörbe dienten – gebaute Turm besteht in allen Teilen hauptsächlich aus gebrauchten Materialien des Bergbaus und bietet zwölf Meter über Haldenniveau einen wunderbaren Ausblick auf die Jugendstilgebäude der Zeche Waltrop und das östliche Ruhrgebiet. Nachts wird der Turm durch alte Strebleuchten erhellt.

Vandalismus beschädigte den Spurwerkturm im Herbst 2016 erheblich, doch ist er heute wieder begehbar.

■ **Adresse**
Landabsatz
45731 Waltrop

KEINE 1.000 FEUER MEHR – DAS ENDE DES BERGBAUS

Einst waren sie Mittelpunkt der Städte, Sinnbild für industrielles Wachstum und modernste Technik. Für viele bedeuteten sie über Generationen Arbeit und Lebensinhalt zugleich. Heute gibt es im Ruhrgebiet keine fördernde Zeche mehr.

Mit dem Ende der Steinkohlesubvention durch die Bundesrepublik Deutschland stellte das Bergwerk Prosper-Haniel in Bottrop Ende 2018 den Betrieb ein. Das Thema Steinkohlenbergbau ist nur noch Vergangenheit.

Über 150 Jahre Industriegeschichte haben dem Ruhrgebiet die heutige Struktur gegeben, die zu Beginn ländlich geprägte Region zu einem der größten europäischen Ballungszentren, zu einem Schmelztiegel der Nationen und Kulturen gemacht. Kohle und Stahl waren ihre Synonyme – am Ende dieser Epoche standen sie symbolisch für wirtschaftliche und soziale Not. 1958 förderten noch 128 Bergwerke in der Region, zwanzig Jahre später hatte sich ihre Zahl bereits auf 27 verringert. Längst dokumentieren heute Begriffe wie „Strukturwandel" und „Indus-

Brauchtum: Bei festlichen Anlässen, z. B. bei der Begehung des Kreuzweges am Karfreitag auf der Halde Haniel, werden die traditionellen schwarzen Bergmannskittel und Schachthüte mit Federn angezogen

Nur noch Modell: Anschauungsbergwerk im Deutschen Bergbau-Museum, Bochum

Als letztes Bergwerk im Ruhrgebiet Ende 2018 geschlossen: Prosper-Haniel in Bottrop

triekultur“ die Realitäten des neuen Ruhrgebiets.

Für die RAG bleiben die sogenannten Ewigkeitsaufgaben, vor allem Grubenwasserhaltung, Poldermaßnahmen über Tage sowie die Grundwasserreinigung.

Bergbau virtuell
Eine Zechenbesichtigung von zu Hause? Die Technik macht's möglich. Unter der Internet-Adresse www.rag.de kann ein Bergwerk auch virtuell durchwandert werden. Wer einen Einblick in die Arbeitsabläufe einer modernen Industrieanlage sucht, ist hier genau richtig! Die multimediale Simulation verdeutlicht anschaulich den Weg der Kohle ans Tageslicht. Per Mausklick startet der Besucher zu einer Grubenfahrt in 1.000 Meter Tiefe. 26 virtuell begehbare 360°-Ansichten führen in die Welt der Kumpel: Förderkörbe setzen sich in Bewegung, Walzen arbeiten sich durch das Gestein, Geräusche und Sounds vermitteln ein echtes Unter-Tage-Gefühl.

Informationen
www.rag.de

INDUSTRIEANLAGEN

Zeche Haus Aden [Bergkamen]

>> Freizeit-, Wohn- und Technologieparks Zukunftsprojekt „Wasserstadt Aden“

Malakowturm Julius Philipp [Bochum]

>> Kunst & Kultur / Museen

Malakowturm Zeche Hannover I/II/IV [Bochum]

Ein bisschen Ritterburg-Romantik in Bochum-Hordel. Der 1858 mit aufwändigem Fassadenschmuck und einem angedeuteten Zinnenkranz erbaute Malakowturm gehört zu den ältesten und schönsten, die heute noch im Revier erhalten sind. Zusammen mit den ebenfalls restaurierten Gebäuden der ehemaligen Zeche Hannover, deren Geschichte mit dem Abteufen der Schächte 1 und 2 im Jahre 1856 begann und 1973 mit der Stilllegung endete, gilt er als bedeutendes industriegeschichtliches Denkmal. Ursprünglich hatte der über Schacht I stehende Malakowturm ein Pendant über Schacht II. Dieses wurde jedoch 1938 abgerissen.

Erhalten geblieben ist neben dem 33 Meter hohen Malakowturm auch das Maschinenhaus mit einer Doppelkolben-Dampffördermaschine aus dem Jahre 1893, imposant in

Die Zeche Consolidation in Gelsenkirchen im Stadtteil Bismarck

Bewegung gesetzt bei Schauvorführungen. Beide bekunden den Entwicklungsstand der Förderanlagen in der zweiten Hälfte des 19. Jahrhunderts, einer Zeit, als die Zeche Hannover noch als Musterbeispiel bergbautechnischen Fortschritts galt. Später gehörte das Bergwerk mit einer Jahresproduktion von 860.000 Tonnen Steinkohle und einer Kokserzeugung von 156.000 Tonnen im Jahr 1903 und dem Abteufen zweier weiterer Schächte (5 und 6) im Jahr 1905 bzw. 1920 zu den Großanlagen im Revier.

Heute sind die Anlagen der Zeche Hannover Teil des LWL-Industriemuseums, zu dessen Schwerpunkten die Themen Migration und Zuwanderung gehören. Dazu gehört auch der 2010 eröffnete Rundweg „Wege der Migration“, der auf dem Gelände der Zeche mittels zwölf Bild-Text-Tafeln die Geschichte der Zuwanderung ins Revier nachzeichnet. Eine gelungene Attraktion ist die „Zeche Knirps“, die Kinder u. a. mit Stollen, Schacht und einem hölzernen Malakowturm die Abläufe des Bergwerksalltags spielerisch erfahren lässt.

Ein paar Schritte von der Zeche entfernt lohnt ein Abstecher zu der benachbarten Kolonie „Am Rübenkamp“. Hier

Malakowturm Zeche Hannover I/II/IV, Bochum

geben drei ehemalige, in den letzten Jahren restaurierte Arbeiterhäuser Einblicke in den Alltag der damaligen Bergarbeiter. Möglich sind auch Führungen des Museums durch die Siedlung.

■ **Informationen**

LWL-Industriemuseum Zeche Hannover
Günnigfelder Str. 251, 44793 Bochum
Tel. 0234/282539-0
zeche-hannover@lwl.org
www.lwl.org/industriemuseum/standorte/zeche-hannover
Öffnungszeiten: Ende März bis Oktober: Mi-Sa 14-18 Uhr, So/Fei 11-18 Uhr
Offene Führungen: während der Saison samstags, 15 Uhr (verschiedene Themen); ganzjährig Führungen für angemeldete Gruppen Di-So 9-18 Uhr

Zeche Vereinigte Carolinenglück (Bochum)

Das Bergwerk wurde in den 1840er Jahren gegründet, nahm 1850 mit Schacht 1 die Förderung auf und gehört damit zu den ältesten Zechen Bochums. Architektonische Zeugnisse aus den Anfangstagen gibt es zwar nicht, immerhin aber einen Malakow-Turm aus dem Jahre 1856 (über Schacht 2), der jedoch durch mehrfache Umbauten sein Ursprungsgesicht verloren hat. Ein seltenes Kleinod stellt demgegenüber das 1912 errichtete Fördergerüst über Schacht 3 dar, das als Strebengerüst der Bauart Zschetzsche Seltenheitscharakter besitzt.

Die Zeche selbst wurde am 31. Mai 1964 stillgelegt. Bis heute ist mit ihr ein trauriges Gedenken verbunden, denn 1898 kamen hier bei einer schweren Schlagwetter- und Kohlenstaubexplosion 116 Bergleute ums Leben, etliche weitere wurden schwer verletzt.

Zwei Jahre später wurde die Anlage vom Bochumer Verein übernommen, der noch einmal kräftig investierte und u. a. das Werksbahnnetz erweiterte. Der „Erzbahn“ genannte Transportweg führt noch heute durch das ehemalige Zechengelände und ist bei der Bevölkerung zunehmend beliebt: Als

Malakoffturm Zeche Prosper II, Bottrop

vom Regionalverband Ruhrgebiet (RVR) ausgebauter Radweg führt er von der Bochumer Jahrhunderthalle bis zum ehemaligen Erzhafen Grimberg am Rhein-Herne-Kanal.

Adresse
Karolinenstraße
44793 Bochum-Hamme

Zeche Holland III/IV/VI [Bochum]

>> Architektur / Landschafts-, Gewerbe- und Wohnpark Zeche Holland / Technologie- und Gründerzentrum Wattenscheid

Zeche Königsborn [Bönen]

>> Halden & Landmarken

Zeche Arenberg-Fortsetzung [Bottrop]

>> Freizeit-, Wohn- und Technologieparks / Gründerzentrum und Gewerbestandort Arenberg

Malakoffturm Zeche Prosper II [Bottrop]

Er ist ein richtiges Schmuckstück und sicherlich eines der interessantesten Relikte des Bergbaus in Bottrop: der Malakoffturm der Zeche Prosper II. 1874/75 gebaut, imponiert der Turm durch seine aufwändige Gestaltung mit Friesen, Rundbogenfenstern, Türmchen und Zinnen. Der ein wenig an mittelalterliche Bauwerke erinnernde Turm muss die Bergwerksbesitzer schon um die Jahrhundertwende fasziniert haben, denn die entschieden sich, als die Fördertiefe des Malakoffturmes nicht mehr ausreichte, zu einer damals ganz und gar ungewöhnlichen Maßnahme. Anstatt den Industriebau abzureißen, erhielt er um 1900 ein aufgesetztes Fördergerüst, später dann ein Strebengerüst. Die Kombination von Malakoffturm und Stahlgerüst ist die einzige ihrer Art im Ruhrgebiet – und fast der letzte Zeuge der alten Zeche. Nach Einstellung der Förderung im Jahre 1974 wurden auf „Prosper II“ seit 1982 nahezu alle Altanlagen abgebrochen und die Schächte verfüllt.

Seit 2013 befindet sich eine Aussichtsplattform auf der

Bühne der ersten Seilscheibe des Fördergerüstes in etwa 40 Metern Höhe. An jedem 1. und 3. Donnerstag im Monat (Beginn um 14 Uhr) kann der Tagesbetrieb auf Prosper II besichtigt bzw. die Aussichtsplattform besucht werden.

Das Denkmal beherbergt auch eine Kletteranlage, unterhalten vom Sportbildungswerk des Landessportbundes und dem Bottroper Sportbund (Infos: kletterhalle-malakoff.de).

■ **Adresse**

Zeche Prosper, Schacht II
Knappenstraße 32
46238 Bottrop
Allgemeine Öffnungszeiten des Turms: Di 9-12 Uhr, Do 14-17 Uhr oder nach Vereinbarung: Tel. 02041/102430 o. 0160/96777340

Bergehalde Schwerin [Castrop-Rauxel]

>> Halden & Landmarken

Zeche Victor III/IV [Castrop-Rauxel]

Zu den interessantesten Industrie-Naturräumen des östlichen Ruhrgebietes zählt das über 40 Hektar große Areal rund um die ehemalige Zeche Victor III/IV. Das 1893 abgeteufte Bergwerk begann 1905 mit der Kohleförderung und war insgesamt 80 Jahre lang in Betrieb. In unmittelbarer Nachbarschaft befanden sich ein Stickstoffwerk, eine Anlage zur Treibstoffgewinnung aus Kohle sowie eine weitere Zeche namens Ickern, die 1922 mit der Zeche Victor zum Verbundbergwerk zusammengeschlossen wurde. Nach der Schließung der Zeche Victor 1973 lag das Gelände brach. Doch die Natur begann schnell, sich ihren Lebensraum zurückzuerobern. Heute gleicht das Gebiet einer Grassteppenlandschaft, an deren Rand sich Birkenhaine und Gebüscharten angesiedelt haben und auf der viele Tier- und Pflanzenarten gedeihen. Andererseits wird das Areal als „Mittelstandspark Ost" vor allem als Standort für mittelständische Unternehmen vermarktet.

■ **Adresse**

Lange Straße, Klöcknerstraße
44579 Castrop-Rauxel

■ **Informationen**

Stadt Castrop-Rauxel
Service Center Wirtschaft
Tel. 02305/106-2275

Zeche Graf Schwerin I/II [Castrop-Rauxel]

Was für die einen als Nachteil begriffen wurde, war für die anderen ein Glücksfall: die Stilllegung der Zeche Graf Schwerin 1967. Zahlreiche Menschen verloren damals ihre Arbeit und mussten sich notgedrungen nach neuen Beschäftigungsmöglichkeiten umsehen. Doch was in den Jahren nach 1967 auf der Industriebrache geschah, ließ das Herz eines jeden Botanikers höher schlagen: Es bildeten sich in erstaunlich kurzer Zeit Birkenwälder und offene Wiesenflächen, Heuschrecken, Wildkaninchen und Schmetterlinge, darunter das Große Ochsenauge, fanden hier einen Lebensraum. Heute ist das ehemalige Zechengelände als Gewerbepark Graf Schwerin bekannt.

Auf der Kuppe der benachbarten Bergehalde, höchste Erhebung innerhalb des Stadtgebietes, lassen sich an den Ufern der Quellbereiche des Deininghauser Baches seltene Tier- und Pflanzenarten entdecken. Seit 1993 ist die Halde zu einer Landmarke mit begehbarer Sonnenuhr geworden. Eine gemeinsame Initiative, bestehend aus Künstlern, Landschaftsplanern und Bürgern der Stadt Castrop-Rauxel, hat dieses Projekt auf den Weg gebracht. Ein 40 Kilometer langer Rundweg für Wanderer und Radfahrer führt den Besucher durch diese Industrienatur, vorbei an den Relikten eines vergangenen Zeitalters.

■ **Adresse**

Dortmunder Straße / Mengeder Straße
Halde: Zur Sonnenuhr
44575 Castrop-Rauxel

Zeche Erin / Hauptförderschacht 7 / Hammerkopfturm [Castrop-Rauxel]

Der Betrieb wurde zwar bereits 1983 eingestellt, doch das Erbe ist und bleibt gleich doppelt unverkennbar. Da ist zunächst das 68 Meter hohe Hauptfördergerüst von Schacht VII der

Zeche Erin, Hammerkopfturm, Castrop-Rauxel

Zeche Erin. In unmittelbarer Nähe zur Altstadt gelegen, prägt es zusammen mit den Glockentürmen der Lambertus- und Lutherkirche das Stadtbild Castrop-Rauxels.

116 Jahre Kohleförderung lassen sich eben nicht einfach beiseite räumen. Zechengeschichte ist eben auch Stadtgeschichte – in Castrop-Rauxel immer mit dem Namen William Thomas Mulvany verbunden. Der gebürtige Ire, einer der großen Wegbereiter der Industrialisierung des Ruhrgebiets, machte die Gemeinde mit der Gründung der Zeche Erin 1866 zu dem, was bereits wieder Geschichte ist: zur Bergbaustadt. Nach dem Abbruch der Tagesanlagen (mit Ausnahme des ehemaligen Pförtnerhauses) entstand hier der Erin-Park (s. Freizeit-, Wohn- und Technologieparks).

Etwa zwei Kilometer vom Hauptfördergerüst entfernt gibt es noch einen weiteren gewichtigen Zeugen der Vergangenheit: den Hammerkopfturm an der Bodelschwingh-Straße. 1920 über Schacht 3 errichtet, ist er der älteste seiner Art in Nordrhein-Westfalen und heute von einer besonderen Hommage umgeben: Zum Gedenken an William Thomas Mulvany ist um ihn herum ein keltischer Baumkreis angelegt worden.

Adressen

Hammerkopfturm Zeche Erin 3
Bodelschwingher Straße 2
44577 Castrop-Rauxel-Schwerin

Zeche Erin 7
Erinplatz, 44575 Castrop-Rauxel

Zeche Fürst Leopold [Dorsten]

Auf der 1910 abgeteuften Zeche begann 1913 die regelmäßige Förderung von Kohlen. Bereits 1931 kam es zum Zusammenschluss mit der Zeche Baldur, der 1982 durch das Verbundbergwerk Fürst Leopold/Wulfen erweitert wurde. Die höchste Förderung mit 2,4 Mio. Tonnen bei einer Belegschaftszahl von rund 3000 Mann wurde 1997 erreicht. 1998 erfolgte die Eingliederung in das neue Bergwerk Lippe. Am 17. August 2001 wurde die Kohleförderung auf Fürst Leopold schließlich eingestellt. Noch heute wird der Schacht 2 als ein Standort für die Zentrale Wasserhaltung der Deutschen Steinkohle AG im Ruhrgebiet genutzt.

Altes Hafenamt, Dortmund

Das erhalten gebliebene, aus zwei nebeneinander errichteten Maschinenhäusern bestehende Doppelfördermaschinengebäude (Bauzeit: östliches Maschinenhaus 1912, westliches Maschinenhaus 1914) mit den noch bis 2008 mit Dampf betriebenen Fördermaschinen ist denkmalgeschützt und ist seit Ende 2011 ein Standort der Stiftung Industriedenkmalpflege und Geschichtskultur. Im März 2015 eröffnete hier der Verein für Bergbau-, Industrie- und Sozialgeschichte Dorsten e. V. zusammen mit der Denkmalstiftung ein Informations- und Begegnungszentrum. Auch wird die Maschinenhalle für wechselnde Ausstellungen genutzt. Der Bergbauverein bietet verschiedene Führungen auf der Zeche Fürst Leopold und in der alten Zechensiedlung an, so auch durch die Maschinenhalle mit Vorführung der Dampfmaschine.

Das Zechengelände ist heute für Gewerbebetriebe erschlossen, kulturell genutzt wird es über das CreativQuartier Fürst Leopold; das soziokulturelle Zentrum LEO und eine abwechslungsreiche Gastronomie runden die Szene am Quartier ab.

■ **Adresse**

Halterner Straße 105, 46284 Dorsten

■ **Informationen**
Stiftung Industriedenkmalpflege
und Geschichtskultur
Emscherallee 11
44369 Dortmund
Tel. 0231/931122-0
info@industriedenkmal-stiftung.de
www.industriedenkmal-stiftung.de
Verein für Bergbau-, Industrie- und
Sozialgeschichte Dorsten e. V.:
info@bergbau-dorsten.de
www.bergbau-dorsten.de
Infos zu Führungen und Anmeldungen:
Tel. 02362/9972177

Altes Hafenamt [Dortmund]

Für einen Verwaltungsbau ungewöhnlich aufwändig gestaltet, bedeutete das Alte Hafenamt seit seiner Eröffnung 1899 das weithin sichtbare Zeichen für den zeitgleich in Betrieb genommenen Dortmunder Hafen. Trotz seiner repräsentativen Architektur im Stil der Neorenaissance ist es nach dem Umzug der Verwaltung 1962 nur knapp dem Abriss entronnen.

Ab 1982 über mehrere Jahre grundlegend restauriert, ist das inzwischen denkmalgeschützte Alte Hafenamt heute wieder ein prägnantes Merkmal des Hafens, es dient als Sitz der Wasserschutzpolizei und beherbergt im Turm das zu Trauungen dienende „Kaiserzimmer", dessen Name jedoch irreführend ist, denn entgegen allen Planungen hat der zur Eröffnung anwesende Kaiser Wilhelm II. das Alte Hafenamt nie betreten.

■ **Informationen**
Sunderweg 130
44147 Dortmund
Tel. 0231/9839-681
(Dortmunder Hafen AG)
www.dortmunder-hafen.de

Malakowturm der Zeche Fürst Hardenberg / Zeche Minister Stein mit Hammerkopfturm [Dortmund]

Zwei Türme, ein Schicksal. Gemeinsam bilden der 1874 errichtete Malakowturm der Zeche Fürst Hardenberg und der 1925/26 gebaute Hammerkopfturm der Zeche Minister Stein heute das deutlich sichtbare Erinnerungsgerüst für die Geschichte einer wichtigen Bergbauregion, die mit der Schließung der Zeche Minister Stein im Jahre 1987 endgültig beendet wurde.

Beide Türme stehen aber auch für eine vereinigte Zechengeschichte. Im selben Jahrzehnt, den 1870er Jahren, gebaut, wurden die Bergwerke Fürst Hardenberg und Minister Stein bereits 1881 auf Betreiben des Industriellen Friedrich Grillo zusammengeschlossen und ein Jahr später von der Gelsenkirchener Bergbau AG übernommen. Eine profitable Vereinigung, die ab 1899 auch noch einen gemeinsam genutzten Wasserstraßenanschluss durch den Hardenberghafen am Dortmund-Ems-Kanal vorweisen konnte.

Spätestens ab den 1920er Jahren aber gehörte die Zukunft eindeutig der Zeche Minister Stein. Während sich die erhofften Erzvorkommen auf Fürst Hardenberg nicht bestätigten, wurde Minister Stein mit der Abteufung des Zentralförderschachtes IV „Emil Kirdorf" 1923 zur Groß-

Zeche Minister Stein mit Hammerkopfturm, Dortmund

schachtanlage erweitert. 1960 endete die Förderung auf der ab 1966 nur noch als Materiallager genutzten Zeche Fürst Hardenberg mit der Übernahme durch Minister Stein. Ein Schicksal, das im Zuge der Bergbaukrise und -stilllegungen 1987 auch die Zeche Minister Stein ereilte.

Nach Stilllegung der Gesamtanlage 1987 und dem Abbruch der meisten Tagesanlagen sind der Hardenberg-sche Malakowturm, ein massiver Ziegelsteinbau, dessen Seilscheibengerüst aus dem widerstandsfähigen Holz der amerikanischen Pech-Kiefer gebaut war, und der in Stahlbauweise errichtete Hammerkopfförderturm – mit den beiden Fördermaschinen von 1932 und 1959, Seilführung und Gestellen – heute fast die einzigen Zeugen einer Vergangenheit, die auch den Stadtteil Eving entscheidend prägte. Die hier entstandene städtebauliche Lücke wurde mit Hilfe des IBA-Projekts „Neue Evinger Mitte" (s. Freizeit-, Wohn- und Technologieparks) geschlossen.

Wasserturm „Lanstroper Ei" (Dortmund)

Weniger die Höhe von knapp 60 Metern (inklusive Gerüst) als seine unverwechselbare Gestalt machte den ebenso liebevoll wie treffend „Lanstroper Ei" benannten Wasserturm im Dortmunder Nordosten zu einer beachteten Landmarke.

1904/05 von der Dortmunder Firma August Klönne für die Städtischen Gas- und Wasserwerke zu Unna entworfen, wurde der Stahlblechbehälter mit einem Durchmesser von 14 Metern bis 1980 für die Wasserversorgung von Lanstrop, Derne, Mengede, Brambauer und Teilen der Stadt Lünen sowie der umliegenden Zechen der Harpener Bergbau AG genutzt. Nachfolgende Abrisspläne bekämpfte die Bevölkerung der umliegenden Stadtteile erfolgreich, der Wasserturm steht seit 1985 unter Denkmalschutz – der Mensch braucht schließlich Orientierungspunkte. Letztlich ist das Ei ja auch noch historisches Hoheitsgebiet: 1913 diente es Kaiser Wilhelm II. als Beobachtungsposten bei einem Manöver.

In den kommenden Jahren wird das Industriedenkmal aufwändig saniert.

■ **Informationen**

Rote Fuhr, 44329 Dortmund

www.lanstroper-ei.de

Fördergerüste der Zeche Gneisenau (Dortmund)

Über hundert Jahre spielte der Bergbau im Dortmunder Stadtteil Derne eine entscheidende

Wasserturm „Lanstroper Ei", Dortmund

Fördergerüst der Zeche Gneisenau, Dortmund

Rolle. Zwei Fördertürme sind aus dieser Zeit erhalten geblieben und erzählen die Geschichte der Zeche Gneisenau, deren Förderung – nach ersten Abteufarbeiten 1873 – im Jahr 1886 begann. Seit 1891 in den Händen der Harpener Bergbau-Aktiengesellschaft, entwickelte sich das 1930 mit der Zeche Scharnhorst zusammengelegte Bergwerk Gneisenau allmählich zu einer der größten Verbundzechen des Ruhrbergbaus.

Die beiden Fördertürme der erst 1985 endgültig stillgelegten Zeche Gneisenau (Schließung Kokerei 1989, Kraftwerk 1990) stammen aus den Jahren 1885/86 und 1933/34. Das ältere, über Schacht II errichtete Gerüst ist das letzte Exemplar des englischen Bocks vom Typ Tomson und das vermutlich älteste erhaltene Fördergerüst dieser Art im Ruhrgebiet. Turm Nummer zwei diente mit seinem Doppelbockgerüst und den beiden 4.000-PS-Dampffördermaschinen bis 1963 als Zentralförderung, darüber hinaus als Material- und Seilfahrtschacht.

Die Industriebrache verwandelte sich über mehrere Umbaujahre zu dem neuen Stadtteilpark Gneisenau-Nord, der Ende 2013 für die Öffentlichkeit freigegeben wurde.

Der Zugang zum Industriedenkmal kann nur in Absprache mit der Stiftung Industriedenkmalpflege und Geschichtskultur des Landes NRW erfolgen.

■ **Adresse**

Gneisenauallee, 44329 Dortmund

■ **Informationen**

Stiftung Industriedenkmalpflege
und Geschichtskultur
Emscherallee 11, 44369 Dortmund
Tel. 0231/931122-33
info@industriedenkmal-stiftung.de
www.industriedenkmal-stiftung.de

Fördergerüst der Zeche Friedrich Thyssen, Schacht 6 (Duisburg)

Er ist der letzte Stahlförderturm in Duisburg und gleichzeitig das einzig verbliebene Relikt der Zeche Friedrich Thyssen, deren erster Schacht 1871 zunächst von der Gewerkschaft Deutscher Kaiser abgeteuft wurde, ehe Friedrich Thyssen das Bergwerk 1885 aufkaufte. Das ehemalige Zechengelände ist heute Wohngebiet mit einem Park, in dessen Zentrum das Industriedenkmal steht.

■ **Adresse**

Duisburger Straße
47166 Duisburg

Hüttenwerk Meiderich (Duisburg)

>> Route der Industriekultur / Landschaftspark Duisburg-Nord

Pumpwerk Alte Emscher (Duisburg)

Das älteste Pumpwerk der Emschergenossenschaft wurde 1914 nach Entwürfen des renommierten Architekten Alfred Fischer gebaut und arbeitet noch heute, seine alten Dieselpumpen sind durch moderne Elektromaschinen ersetzt.
Die am Tiefpunkt eines durch Bergsenkungen entstandenen Senkungstrichters im Einzugsgebiet der Alten Emscher errichtete Anlage wird von einem Kuppeldach mit 41 Metern Durchmesser dominiert, das zur Bauzeit nach der Breslauer Jahrhunderthalle die größte freigespannte Betonkuppel in Deutschland darstellte. 2013 wurde das Pumpwerk Alte Emscher als „Historisches Wahrzeichen der Ingenieurbaukunst in Deutschland" von der Bundesingenieurkammer ausgezeichnet.

■ **Adresse**

Alsumer Str. 4
47139 Duisburg-Beeck

Trajektturm Homberg (Duisburg)

Die Ruhrort-Homberger Rhein-Trajekt-Anstalt war eine technische Errungenschaft des 19. Jahrhunderts – als Flüsse für die Eisenbahn noch ein schier unüberwindliches Hindernis darstellten.

1852 von der Cöln-Mindener Eisenbahngesellschaft und der Ruhrort-Crefeld-Kreis Gladbacher Eisenbahngesellschaft noch etwas provisorisch fertiggestellt, ermöglichte sie mittels von Dampfschiffen gezogenen Pontons den Transport von Güterwaggons über den Rhein. Die Fahrt über die Fluten gelang allerdings nur, wenn die Waggons die Plattform auch erreichten – ein Problem, das durch ein zunächst gebautes Hafenbecken mit geneigter Ebene nur mangelhaft gelöst wurde. Allzu oft schossen Fracht und Behälter übers Ziel hinaus.

Verkehrssicher wurde die Anlage erst mit dem aus England stammenden Prinzip der hydraulischen Hebeanlagen, durch die es möglich wurde, auf einer Plattform bis zu 35 Tonnen um die Höhe von 27 Fuß zu heben und zu senken. Mit dem Bau von zwei Hebetürmen auf der Homberger und Ruhrorter Seite, beide in einer damals beliebten, massivburgähnlichen Architektur errichtet, begann man Ende Mai 1854. Zwei Jahre später wurde die Anlage in Betrieb genommen. Welchen Bedarf sie deckte, lässt sich an der Zahl der im ersten Jahr übergesetzten Waggons ermessen: 47.050.

Mit dem Bau der Hochfeld-Rheinhausener Rheinbrücke 1874 und der Ruhrort-Homberger Brücke 1907 verlor die Trajektanstalt ihre Funktion. Nach dem Abriss des Ruhrorter Turms 1971 ist der Homberger Turm die einzig erhaltene Erinnerung an die Zeiten spannender Flussabenteuer.

■ **Adresse**

Rheinanlagen 12
47198 Duisburg

Colosseum (Essen)

Namen und Programme sind vergänglicher als Stein. Für dieses Motto steht die heute „Colosseum" genannte, ehemalige Kruppsche „VIII. Mechanische Werkstatt" am Westrand der Essener City. Um die Jahrhundertwende errichtet, war die 104 Meter lange Werkshalle damals das größte Gebäude der Gussstahlfabrik. Aus Schmiedestahl und Formgussstücken wurden hier

Colosseum, Essen

Lokomotivrahmen und riesige Schiffs-Kurbelwellen hergestellt. 1951 ging sie in den Besitz der AEG über, die in der Halle zuletzt Gasturbinen für die Stromerzeugung fertigte. Als auch dieses Geschäft unprofitabel wurde, übernahm 1992 die Stadt Essen das Areal, um dem denkmalgeschützten Backsteingebäude mit Hilfe der Landesentwicklungsgesellschaft ein neues, kulturelles Leben einzuhauchen. Beim Umbau zum Musicaltheater „Colosseum" blieben die äußere Fassade und das Stahlskelett im Inneren nahezu vollständig erhalten.

Der Veranstalter Stage Entertainment GmbH schloss 2010 den Musicalbetrieb und strebt einen Verkauf bis Sommer 2020 an. Heute wird das denkmalgeschützte Backsteingebäude mit großem Theatersaal (1.644 Plätze), multifunktionalem Studiotheater, eigenem Restaurant und dem 2.000 Gäste fassenden Foyer für diverse Anlässe vermietet.

Informationen

Colosseum Theater
Produktionsgesellschaft mbH
Altendorfer Str. 1
45127 Essen
Tel. 0201/2402-0
dirk.fuchs@stage-entertainment.de
(Geschäftsleitung)
www.colosseumtheater.de

Deilbachhammer [Essen]

>> Kunst & Kultur / Museen

Halbachhammer [Essen]

Ursprünglich stand der 1417 erstmals erwähnte Hammer in Weidenau an der Sieg. Als er um 1900 stillgelegt wurde, drohte er zu verfallen. 1914 erwarb Gustav Krupp von Bohlen und Halbach das marode Bauwerk, ließ es instand setzen und 1936 im Nachtigallental aufstellen. Heute wird das Ensemble aus Aufwerfhammer, Frischehütte und Reckhammer vom Ruhr Museum betreut, das in den Sommermonaten kostenlose Schmiedevorführungen organisiert.

Informationen

Essen-Margarethenhöhe
Altenau 12
45149 Essen
Tel. 0201/24681-444
(Besucherdienst Ruhr Museum)
Vorführungen für Gruppen nach Vereinbarung (kostenpflichtig)

Zeche Carl [Essen]

Wie prägend der Bau der Köln-Mindener Eisenbahn für die Industriegeschichte des Reviers war, zeigt auch das Beispiel Zeche Carl. Kaum waren Anschluss und Bahnhof 1847 hergestellt, wurden in Altenessen Grubenfelder gekauft und Schächte abgeteuft. Der Ort wandelte sich zum (Industrie-)

Standort. Die Geschichte der Zeche Carl beginnt 1855 mit der Abteufung des Schachtes „Hercules“, später in „Carl“ umbenannt, und dem Bau erster Tagesanlagen sowie des klassizistisch gestalteten Malakowturmes. Letzterer ist heute noch erhalten und damit nicht nur der einzige auf Essener Gebiet, sondern auch einer der ältesten im Ruhrgebiet überhaupt. Bis zur Jahrhundertwende erfolgten Durchschläge zu den Anlagen Anna und Emscher. Trotz weiterer Tagesbauten und technischer Verbesserungen unter Tage förderte die Zeche nur bis 1929 Kohle, danach diente der Schacht nur noch zur Materialförderung und Seilfahrt. Endgültig aufgegeben wurde er 1970 durch die Ruhrkohle AG. Durch den lobenswerten Einsatz des Vereins „Initiative Zentrum Zeche Carl“, der 1981 in die Gebäude einzog, wurde der Abriss von Malakowturm, Casinogebäude und Maschinenhalle verhindert und das ehemalige Zechengelände erneut zum wichtigen Standort: als überregional bekanntes Jugend- und Kulturzentrum (s. Kultur/Kulturzentren).

Zeche Carl, Essen

Informationen

Wilhelm-Nieswandt-Allee 100
45326 Essen
Tel. 0201/83444-10
info@zechecarl.de
www.zechecarl.de

Zeche Carl Funke (Essen)

Ein Bild, das sich im Ruhrgebiet öfter wiederholt. Man geht in einer reizvollen Landschaft spazieren und trifft plötzlich auf einen alten Förderturm. Kaum etwas deutet darauf hin, dass an dieser Stelle vor Jahrzehnten noch reger Betrieb und schlechte Luft vorherrschten.

Ein solches Relikt einer vergangenen Industrieepoche ist das Fördergerüst der ehemaligen Zeche Carl Funke am Baldeneysee in Essen-Heisingen. 1898 erbaut, erinnert es an die Tätigkeit des Bauunternehmers Fritz Funke und dessen Sohnes Carl, deren Bergwerk aus dem Verbund mehrerer Kleinzechen entstand, mehrmals den Besitzer wechselte, 1968 in die

kultur.gebiet CONSOL auf dem Gelände der ehemaligen Zeche Consolidation 3/4/9, Gelsenkirchen

Ruhrkohle AG einging und schließlich 1973 stillgelegt wurde.

Dass heute neben dem Förderturm, seit 2012 Eigentum eines Kletterhallenbetreibers und Industriekletterers, noch zwei kleine Häuser der Zeche stehen, ist nur für Eingeweihte zu sehen. Sie werden inzwischen von Wassersportvereinen genutzt. Auffälliger ist da schon die benachbarte Gartenkolonie, ebenfalls wunderschön am See gelegen. Eben einen Spaziergang wert.

■ **Adresse**

Lanfermannfähre / Carl-Funke-Straße
45259 Essen-Heisingen

Fröndenberger Trichter

Als deutlich sichtbares Monument steht der 14 Meter hohe, denkmalgeschützte „Fröndenberger Trichter" für die Geschichte der Fröndenberger Papierindustrie. 1952 als sogenannter Hochleistungstrichterstofffänger errichtet, diente er der 1854 in Betrieb gegangenen ehemaligen Papierfabrik Himmelmann zur Rückgewinnung der im Abwasser der Papierherstellung enthaltenen Fasern, Leim und Füllstoffe. Ebenfalls erhalten ist das ehemalige Betriebsgebäude, in dem heute das Kettenschmiedemuseum mit angrenzender Kulturschmiede (s. Kunst & Kultur/Museen) beheimatet ist.

■ **Adresse**

Himmelmannpark
58730 Fröndenberg/Ruhr

kultur.gebiet CONSOL auf dem Gelände der ehemaligen Zeche Consolidation 3/4/9 [Gelsenkirchen]

Kaum ein Stadtteil im Ruhrgebiet wurde stärker durch den Bergbau geprägt als der Gelsenkirchener Ortsteil Bismarck, dessen letzte Zeche Consolidation 3/4/9 erst 1993 schloss. Noch heute erinnert das massive, 1922 gebaute Doppelbockfördergerüst an diese Zeit. In Gitterträger-Bauweise errichtet, ist es das letzte seiner Art im westfälischen Ruhrgebiet.

Ebenfalls auf dem ehemaligen Zechengelände erhalten blieben ein Lüfter-Maschinenhaus von 1918/27, in dem seit 2001 das Consol-Theater (s. Kunst & Kultur) kulturelle Schwerpunkte setzt, und ein Beton-Förderturm von 1958, in dem das Musikprobenzentrum Consol4 (Consolstr. 3, info@ikm-ge.de, www.consol4.de) eingerichtet wurde.

Im September 2006 eröffneten nach umfangreicher Sanierung auch die beiden Maschinenhäuser von Schacht 9, in denen die Kunstinstallation Sammlung Werner Thiel (Klarastraße 6; referat.kultur@gelsenkirchen.de, www.gelsenkirchen.de) und die Bergbausammlung des Initiativkreises Bergwerk Consolidation (Klarastr. 8, vorstand@ib-consolidation.de, www.ib-consolidation.de) untergebracht sind. Letzterer veranstaltet regelmäßige Vorführungen der noch erhaltenen Dampfmaschine. Und über allem erstrahlt die Lichtinstallation „CONSOL Gelb" von Günter Dohr am Schachtgerüst über Schacht 9. Weithin sichtbar markiert es den erfolgreichen Strukturwandel.

Das Zechengelände wurde zum Consolpark mit Beachvolleyballfeld, Skatepark und Inline-Hockeyfeld umgestaltet und im September 2003 eröffnet, das Ensemble der ehemaligen Zechengebäude mit ihren Freiflächen wird seit 2008 kultur.gebiet CONSOL genannt.

Adresse

Klarastraße 6
45889 Gelsenkirchen

stadt.bau.raum [Gelsenkirchen]

Das aus Förderturm, Jugendstil-Maschinenhalle und gläsernem Neubau bestehende Ensemble versprüht schon äußerlich den Charme von denkmalgeschützter Industriearchitektur und zukunftsweisender Neunutzung.

Bis 1984 förderte hier die Zeche Oberschuir. Bereits in den nächsten Jahren wurden erste Tagebauten des Bergwerks zu privatem Wohnraum umfunktioniert. Bis 1995 dauerte es, ehe auch das Glanzstück der Anlage, das 1908 errichtete alte Maschinenhaus, eine Neunutzung erfuhr.

Im Rahmen der IBA Emscher Park zog die Galerie für Architektur und Arbeit (GAAG) in das industriearchitektonisch bedeutende Gemäuer, dem ein neu errichteter Glaskubus als Entree dient.

2002 richtete sich hier die vom Europäischen Haus der Stadtkultur betriebene Galerie stadt.bau.raum ein, die sich, passend zur Umgebung, u. a. durch Ausstellungen und Diskussionen mit innovativen Ideen zur Gestaltung der Umwelt und städtebaulichen Visionen beschäftigte. Seit 2013 steht „stadtbauraum" unter der Regie der Stadt Gelsenkirchen. Die Maschinenhalle und die anderen Räume des Komplexes werden für Workshops, Tagungen und Vorträge sowie Hochschulveranstaltungen, Firmenpräsentationen, Symposien, Empfänge und Kulturveranstaltungen genutzt.

Informationen

Boniverstr. 30
45883 Gelsenkirchen
Tel. 0171/6248200 (Elke Schumacher)
stadtbauraum@gelsenkirchen.de
www.gelsenkirchen.de

Wissenschaftspark Gelsenkirchen

Gelsenkirchen Futur, das ist keine neue Sprachregelung, sondern einer der hochdekoriertesten Industriebauten Europas, der Wissenschaftspark Gelsenkirchen. Während im Südbereich des Geländes die sanierten Bestandsgebäude (Trafohaus, Telefonzentrale, Maschinenhalle, Casino) der ehemaligen Zeche Rheinelbe (1855–1928) dominieren, glänzt im Nordteil mit dem Technologiezentrum die Hauptattraktion. Auf dem ehemaligen Gelände des Gussstahlwerks der Firma Thyssen erbaut und im Frühjahr 1995 eingeweiht, sammelte die repräsentative Architektur des Technologiezentrums mit seiner 300 Meter langen Glasarkade und der davor liegenden englischen Parkanlage mit See – als Naherholungsfläche in der dichtbesiedelten Innenstadt – gleich jede Menge Auszeichnungen: den Architekturpreis der West-Hyp-Stiftung (1994), den zweiten Preis als eines der „Besten Business-Center in Europa" auf der Internationalen Immobilienmesse in Cannes (1995) und den erstmals ins Ruhrgebiet vergebenen „Deutschen Architekturpreis 1995", der immerhin der größte bundesweite Architekturwettbewerb ist. Einen zusätzlichen Reiz gewinnt die Glasarkadenpromenade in den Abendstunden, wenn sie, für jeweils zwei Stunden nach Sonnenuntergang, durch eine Installation des amerikanischen Lichtkünstlers

Wissenschaftspark Gelsenkirchen

Dan Flavin in blaugrünem Licht erscheint.

Neben seiner architektonischen Qualität ist das Werk des Architekturbüros Kiessler und Partner auch in ökonomischer und ökologischer Hinsicht wegweisend. Als Symbol des Strukturwandels im Ruhrgebiet steht der von Forschern, Entwicklern und Dienstleistern genutzte Wissenschaftspark für einen Neuanfang, der auf dem Boden alter Industrien innovative Ideen und junge Branchen entwickelt. Dem lichten Äußeren der Glasarkade entspricht die Thematik im Innern: Hier stehen „sanfte" Technologien im Vordergrund. Einen Schwerpunkt bildet dabei die Solarenergie, die übrigens auch die Stromversorgung der zentralen Gebäudeeinrichtungen garantiert: Auf dem Flachdach des Zentrums ist ein photovoltaisches Kraftwerk – eines der größten seiner Art – installiert. Neben den Branchen Zukunftsenergie, IT und Gesundheit fühlt sich auch die Kultur- und Kreativwirtschaft, u. a. Designbüros und Kunstateliers, im Wissenschaftspark wie zu Hause. Deshalb gibt es hier auch nicht nur Kongresse, Schulungen und Messen, sondern immer wieder auch Konzerte und Ausstellungen.

Informationen

Wissenschaftspark Gelsenkirchen GmbH
Munscheidstr. 14, 45886 Gelsenkirchen
Tel. 0209/167-1000
info@wipage.de
www.wipage.de

Zeche Graf Bismarck I/IV (Gelsenkirchen)

>> Freizeit-, Wohn- und Technologieparks

Maschinenhalle Zweckel, Gladbeck

Zechen Graf Moltke und Mathias Stinnes (Gladbeck)

>> Freizeit-, Wohn- und Technologieparks / Gewerbefläche Brauck

Maschinenhalle Zweckel (Gladbeck)

1909 entstanden, einst Herberge von Kompressoren, Generatoren und Umformern, gilt die Maschinenhalle heute als herausragende Industriearchitektur. Der Außenbau ist – typisch königlich-preußisch – repräsentativ angelegt, streng symmetrisch im Ziegelmauerwerk mit Mittelrisalit samt vorgelagerter Treppe, hohem Sockelgeschoss, abschließendem „Mezzanin" und arkadenartigen Fensterreihen. Im Innern wirken Ornamente, Wandmalereien, geschwungene Treppen mit schmiedeeisernen Geländern im Jugendstil. Von den technischen Anlagen sind zwei seltene Fördermaschinen der Firma Thyssen & Co. in den Seitenflügeln der Halle verblieben.

Seit 1997 ist die Maschinenhalle Zweckel, die zusammen mit zwei verbliebenen Fördertürmen auf die ehemalige Zeche Zweckel (1908–1963) verweist, eines von 15 Denkmalen (Stand: März 2017) der Stiftung Industriedenkmalpflege und Geschichtskultur, die das Gebäude gemeinsam mit der Stadt Gladbeck vor dem Verfall rettete und Zug um Zug restauriert hat. Seit 1999 bereits als Veranstaltungsort für Kunst und Kultur genutzt, wurde sie für die erste Ruhrtriennale (2002) noch einmal umfangreich saniert und gehört seitdem zu den herausragenden Spielorten der Ruhrtriennale.

Adresse

Frentroper Str. 74, 45966 Gladbeck

Informationen

Stiftung Industriedenkmalpflege und Geschichtskultur
Emscherallee 11
44369 Dortmund
Tel. 0231/931122-0
info@industriedenkmal-stiftung.de
www.industriedenkmal-stiftung.de
www.maschinenhalle-gladbeck.de

Alfred-Fischer-Halle (Hamm)

Mit seiner herausragenden Architektur und den prägenden, großzügigen Stahlfenstern gilt der Backsteinbau als eine der schönsten Industriehallen Deutschlands. Die ehemalige

Maschinenhalle der 1976 stillgelegten Zeche Sachsen wurde 1912–1914 errichtet und 1922–1925 durch weitere Bauten ergänzt. Benannt ist sie nach dem renommierten Essener Architekten Alfred Fischer (1881–1950). Nach der von der IBA Emscher Park initiierten Sanierung wurde die 3000 qm große Halle in den Jahren 2002 und 2003 technisch modernisiert. Heute finden hier Kongresse, Messen, Firmenpräsentationen sowie Musik-, Theater- und Konzertevents statt.

■ **Adresse**

Sachsenweg 10
59073 Hamm

■ **Informationen**

Hallenmanagement Hamm GmbH
Tel. 02381/175501
info@hm-hamm.de
www.fischerhalle.de

Zeche Maximilian [Hamm]

>> Route der Industriekultur

Zeche Radbod 1/2 [Hamm]

Die noch vorhandenen Tagesanlagen des 1906 in Betrieb genommenen Bergwerks (Fördergerüste mit Hängebänken über den Schächten 1 und 2 und deren Maschinenhäuser) stellen mit den dampfbetriebenen Fördermaschinen von 1907 nicht nur ein technikhistorisch bedeutsames Industriedenkmal dar – das Ensemble fungiert ebenso als Mahnmal und Identifikationspunkt.

Denn so prägend die Zeche für den Stadtteil Bockum-Hövel war, so gefahrvoll verlief auch ihre Geschichte. Immer wieder kam es zu Bränden und Explosionen, deren furchtbarste im November 1908 insgesamt 348 Menschen das Leben kostete. Für die Familien am Ort noch heute ein denkwürdiges Datum.

Als einer der Standorte der Stiftung Industriedenkmalpflege und Geschichtskultur ist die 1990 stillgelegte Zeche Radbod (die Schächte 1, 2 und 4 wurden verfüllt, ein Großteil der Tagesanlagen abgebrochen) heute „Kulturrevier" und Gewerbegebiet. Im „Kulturrevier Radbod" finden nun zahlreiche Partys, Konzerte und kulturelle Veranstaltungen statt. Daneben hat sich das Gewerbe- und Industriegebiet Radbod auf dem Gelände der ehemaligen Zeche angesiedelt.

Die Zeche kann seit 2016 im Rahmen von Führungen besichtigt werden, die an jedem 2. und 4. Sonntag im Monat um 14 Uhr beginnen. Treffpunkt ist die Grünfläche zwischen den Maschinenhäusern. Man erfährt viel von der Geschichte der Zeche und dem Bergmannsleben „auf Radbod" und erkundet natürlich auch die historischen Zwillings-Tandem-Fördermaschinen.

■ **Adresse**

An den Fördertürmen
59075 Hamm

■ **Informationen**

Stiftung Industriedenkmalpflege und Geschichtskultur
Emscherallee 11
44369 Dortmund
Tel. 0231/931122-33
info@industriedenkmal-stiftung.de
www.industriedenkmal-stiftung.de

Zeche Sachsen [Hamm]

Das Bergwerk Sachsen, eine der östlichsten Zechen des Ruhrgebiets, erhielt seinen Namen nach der Provinz Sachsen, in der ihr Begründer, die „Mannsfeldsche Kupferschiefer bauende Gewerkschaft", ihren Sitz hatte. 1912–1914 errichtet, galt die Zeche landesweit als eines der modernsten Bergwerke. Das lag auch an der eher an Funktionalität orientierten Industriearchitektur der Übertageanlagen, die von dem Essener Architekt Alfred Fischer (1881–1950) entworfen worden waren. Von der 1976 stillgelegten Zeche ist als einziger historischer Bau die ehemalige Maschinenhalle erhalten geblieben, die heute als „Alfred-Fischer-Halle" der größte Veranstaltungssaal im Hammer Stadtgebiet ist. Auf dem ehemaligen Zechengelände ist das Öko-Zentrum NRW in einem gleichnamigen Gewerbepark angesiedelt.

■ **Adresse**

Sachsenweg
59073 Hamm

■ **Informationen Alfred-Fischer Halle**

Hallenmanagement Hamm GmbH
Tel. 02381/175501
info@hm-hamm.de
www.fischerhalle.de

Koepchenwerk (Herdecke)

>> Natur & Erholung / Seen

Flottmannhallen (Herne)

>> Kunst & Kultur / Kulturzentren

Zeche Teutoburgia (Herne)

>> Siedlungskultur

Zeche Unser Fritz II/III (Herne)

Der Begriff „Strukturwandel" ist längst nicht so alt wie seine praktische Umsetzung auf der Zeche Unser Fritz. Schließlich wird das ehemalige Beamten- und Kauengebäude des Herner Bergwerks (1871 von Friedrich Grillo gegründet, 1928 Einstellung der Förderung) von der Künstlergemeinschaft Unser Fritz 2/3 als Atelier und Ausstellungsraum bereits seit 1964 genutzt. 1997 hat die Stadt Herne die Gebäude übernommen und mit Hilfe von Landes- und EU-Mitteln saniert und hergerichtet. Und seit Anfang 2009 steht auch die Fördermaschinenhalle für Veranstaltungen zur Verfügung.

Die Schachtanlage I/IV wurde bis auf den Malakow-Turm über dem ehemaligen Schacht 1 abgerissen. Der 30 Meter hohe, viergeschossige Turm aus Ziegelstein, dessen Fassaden im Stil des Historismus gestaltet sind, ist vor allem durch zwei Treppentürme geprägt.

■ **Informationen**

Förderverein
Zur Künstlerzeche 10
44653 Herne
Tel. 02325/3934
jens.blome@kuenstlerzeche.de
www.kuenstlerzeche.de

Zeche Schlägel & Eisen 3/4/7 (Herten)

Ab 1897 wurde aus 400 Metern Tiefe Kohle gefördert. Um die Jahrhundertwende wuchs die Zeche Schlägel und Eisen rasant, zwei weitere Schächte wurden errichtet, eine Kokerei samt Nebengewinnungsanlagen nahm ihren Betrieb auf, 1928 weihte man die imposante und noch heute erhaltene Zwillingsdampffördermaschine ein.

In den 1990er Jahren vollzog sich der schleppende Niedergang der Zeche, bis der Betrieb im Jahr 2000 gänzlich eingestellt wurde. Der Gebäudebestand der Zeche ist größtenteils erhalten geblieben und auch ein nur noch vereinzelt im Ruhrgebiet zu findendes dreibeiniges Fördergerüst steht noch. Im April 2016 wurde auf dem ehemaligen Zechengelände der Schlussstein für das jüngste Hertener Gewerbegebiet und einen neuen Stadtteilpark gelegt. Einige Firmen haben sich bereits dort angesiedelt. Erstmals fand auch im Jahr 2016 die ExtraSchicht nicht nur auf dem Ewaldgelände, sondern auch auf Schlägel & Eisen statt. Für 2019 ist die Errichtung einer Lichtinstallation der Künstlerin Gunda Förster aus Berlin geplant. Dabei soll die Zeche mit zarten, weiß schimmernden Lichtbändern nachgezeichnet werden. Ein behutsamer Lichtwechsel soll an die Schichtwechsel der Bergleute erinnern.

■ **Adresse**

Westerholter Straße
45701 Herten

Zeche Schlägel & Eisen 5/6 (Herten)

Die im August 1898 abgeteufte Schachtanlage 5/6 des Steinkohlenbergwerkes Schlägel & Eisen hat nur eine knapp dreißigjährige Fördergeschichte. Allerdings haben einige Tagesbauten mit Hilfe des Landes NRW bis heute überlebt. Allen voran das 1901 errichtete, heute unter Denkmalschutz stehende Fördermaschinenhaus von Schacht 5 mit seiner Gründerzeitfassade in dunkelrotem Ziegel, in dem die größte noch erhaltene, aus dem Baujahr 1900 stammende Zwillings-Dampffördermaschine Westfalens untergebracht ist. Neben der Musteranlage betreibt der Förderverein Schacht 5 e.V. ein kleines Bergbaumuseum. Der südliche Teil der Maschinenhalle wird als Ausstellungsort genutzt. Im übrigen Gebäudekomplex befinden sich ein Kindergarten und die Beschäftigungs- und Qualifizierungsgesellschaft der Arbeiterwohlfahrt im Kreis Recklinghausen (rebeq) sowie ein beliebter Stadtteiltreff.

Fördermaschinenhaus von Schacht 5 der Zeche Schlägel & Eisen 5/6, Herten

■ **Adresse**
Scherlebecker Str. 260
45701 Herten
■ **Informationen**
Förderverein Maschinenhaus Schacht V e.V.
Gerstenkamp 3
45701 Herten
Tel. 02366/43243
www.herten.de

Bergwerk Minister Achenbach (Lünen)

>> Freizeit-, Wohn- und Technologieparks Technologiezentrum LÜNTEC

Zeche Rheinpreußen Schacht IV (Moers)

Wo früher die Familie Haniel ihr schwarzes Grubengold förderte, ziehen heute eine Großdiskothek und ein Fitness-Studio ihr Publikum an. Daneben ist und bleibt die 1904 in Betrieb gegangene und 1964 stillgelegte Schachtanlage aber vor allem ein Industriedenkmal. Im September 2000 der Öffentlichkeit übergeben, sind das 48 Meter hohe Doppelstrebengerüst von Schacht IV, das restaurierte Fördermaschinenhaus (die Fördermaschine ist eine der ältesten erhaltenen im Ruhrgebiet) und weitere Tagesanlagen unter der Regie des Grafschafter Museums- und Geschichtsvereins als „offenes Denkmal" zu besichtigen.

■ **Adresse**
Zechenstraße 50
47443 Moers
■ **Informationen**
Grafschafter Museums- und Geschichtsverein in Moers e.V.
Kastell 9
47441 Moers
Tel. 02841/881510
info@gmgv-moers.de
www.gmgv-moers.de
Öffnungszeiten: Mai bis Oktober So 14-17 Uhr, Gruppenführung nach Vereinbarung

Broicher Wasserturm / Camera Obscura (Mülheim)

>> Kunst & Kultur / Museen

LVR-Industriemuseum – Peter Behrens-Lagerhaus (Oberhausen)

Der markante Komplex, 1925 nach einem Entwurf des renommierten Architekten Peter Behrens (1868–1940) fertiggestellt und ehemals Hauptlagerhaus der Gutehoffnungshütte ist ein industriehistorisches Baudenkmal von außerordentlichem Rang.

Peter Behrens war ein Pionier des modernen Designs. Anlässlich seines 150. Geburtstags hat das LVR-Industriemuseum die neue Dauerausstellung „Peter Behrens – Kunst und Technik" ins Leben gerufen. Sein künstlerisches Schaffen umfasst viele Bereiche der Gestaltung wie Möbel, Haushaltsgegenstände, Textilien, Gebrauchsgrafik und Plakate. Behrens prägte das Corporate Design von AEG und wurde zum einflussreichen Industriearchitekten und -designer. Sein zentrales Anliegen war die Verbindung von Kunst und Technik: Eine solche Einheit schuf er u.a. mit dem Hauptlagerhaus der Gutehoffnungshütte in Oberhausen, das heute als Peter-Behrens-Bau, das heute als Peter-Behrens-Bau das Depot des LVR-Industriemuseums beherbergt.

Adresse
Essener Str. 80, 46047 Oberhausen
Öffnungszeiten Dauerausstellung:
Di-Fr 10-17 Uhr, Sa/So/Fei 11-18 Uhr

Informationen/ Besichtigungsanfragen
kulturinfo rheinland
Tel. 02234/9921555
info@kulturinfo-rheinland.de
www.industriemuseum.lvr.de

LVR-Industriemuseum – St. Antony-Hütte (Oberhausen)

Wenn von der „Wiege der Ruhrindustrie" gesprochen wird, dann wird in einem Atemzug auch gleich der Name St. Antony-Hütte genannt. Tatsächlich war der 1758 in Betrieb gegangene Hochofen die erste Eisenhütte im Ruhrgebiet. Geblieben ist von der Pioniertat das ehemalige Kontor- und Wohnhaus des Hüttenleiters in der Antoniestraße. Das LVR-Industriemuseum pflegte hier lange Zeit das Firmenarchiv der Gutehoffnungshütte, zum 250. Gründungsjubiläum wurde eine neue Dauerausstellung zur Geschichte der St. Antony-Hütte eingerichtet. Und auf dem Außengelände wurde 2010 der LVR-Industriearchäologische Park eröffnet, der in enger Anbindung an die Ausstellung die Ausgrabungen auf dem rund 1.000 Quadratmeter großen Grabungsfeld zur St. Antony-Hütte zugänglich macht. In modernen 3-D-Animationen und über Schautafeln wird die Eisenhütte wieder zum Leben erweckt. Seit Ende 2019 ist die St. Antony-Hütte ein Ankerpunkt der Route der Industriekultur.

Adresse
Antoniestr. 32-34, 46119 Oberhausen
Öffnungszeiten: Di-Fr 10-17 Uhr, Sa/So/Fei 11-18 Uhr

Informationen
kulturinfo rheinland
Tel. 02234/9921555
info@kulturinfo-rheinland.de
www.industriemuseum.lvr.de

Zeche Osterfeld (Oberhausen)

Vergangenheit ist die alte Zeche und Kokerei Osterfeld. Zukunft ist das, was auf ihrem Gelände entstanden ist: der aus der Landesgartenschau 1999 hervorgegangene Landschaftspark „Olga", der im Zeichen des Strukturwandels nun als Erholungsraum für die Bevölkerung dient. Die aber wird beim Besuch durch die vielen erhaltenen Tagesanlagen dann doch an die Vergangenheit erinnert.

Angefangen vom 70 Meter hohen Fördergerüst über Schacht I (gebaut 1957–1959) und der Schachthalle sowie der Kohlenaufbereitung (1951) bis hin zu den ältesten Gebäudekomplexen: Torhäuser, Kaue und Verwaltungsgebäude (1911/12) – allesamt Backsteinbauten im Stil des Historismus – sowie Schmiede und die mit einem Dampfhammer ausgestattete Schlosserei (1895). Letztere erinnern noch am ehesten an die Gründungszeit, als die Zeche Osterfeld gute sechs Jahre nach dem 1873 erfolgten Anschluss Oberhausens an die Köln-Mindener Eisenbahn als Hüttenzeche der Gutehoffnungshütte die Förderung aufnahm. Als weiterer wichtiger Bestandteil folgte die Fertigstellung der Kokerei 1895. Sukzessive erweitert durch Schacht III (1904), und Schacht IV (1922), entwickelte sich Osterfeld mit der Übernahme des Bergwerks „Sterkrade" 1927 zur Großschachtanlage, die 1988 die Schließung der Kokerei und 1992 die Stilllegung der Schachtanlagen hinnehmen musste.

Heute ist „Olga" auch wegen großer Events wie z. B. „Ruhr in Love" oder „Olgas Rock" bekannt, zu denen schon mal 30.000 Fans pilgern.

Adresse
Vestische Straße, 46119 Oberhausen

Zeche Sterkrade (Oberhausen)

Zunächst nur als Wetterschacht für die Zeche Osterfeld gedacht, wurde die Zeche Sterkrade 1903 zur Kohleför-

LVR-Industriemuseum – St. Antony-Hütte, Oberhausen

derung ausgebaut. Neben Fördergerüst mit Schachthalle, Waschkaue, Bürogebäude und Kesselhaus folgten bis 1908 Separation, Kohlenwäsche, Kraftwerk und Kokerei.

Durch den Ausbau der Zechen Osterfeld und Jacobi zu Großschachtanlagen verlor das Bergwerk Sterkrade jedoch schnell seine Bedeutung und wurde bereits 1933 wieder stillgelegt – die Schächte blieben lediglich für Seilfahrt, Materialförderung und Wetterführung weiter in Betrieb.

1991 entfiel auch diese Funktion nach der Bildung des Verbundbergwerks Lohberg-Osterfeld. Die erhaltenen Anlagenteile, vor allem das Fördergerüst und die Schachthalle von Schacht I aus dem Jahre 1903, haben heute hohe industrie- und technikgeschichtliche Bedeutung. So ist das Fördergerüst eines der wenigen erhaltenen „Promnitz-Gerüste", dessen Strebe mit drei Beinen ausgeführt ist.

Heute ist die Zeche Sterkrade einer der zwölf Standorte der Stiftung Industriedenkmalpflege und Geschichtskultur. Das denkmalgeschützte Fördergerüst und die zugehörige Schachthalle wurden über drei Jahre bis 2016 saniert. Der Zugang zum Industriedenkmal ist nach Absprache mit der Stiftung möglich.

Adresse

Von-Trotha-Str. 28
46149 Oberhausen

Informationen

Stiftung Industriedenkmalpflege und Geschichtskultur
Emscherallee 11
44369 Dortmund
Telefon 0231/931122-33
info@industriedenkmal-stiftung.de

Zinkfabrik Altenberg (Oberhausen)

>> Route der Industriekultur

Zeche Ewald Fortsetzung (Oer-Erkenschwick)

1899 abgeteuft, ging die zunächst „Graf Waldersee" genannte Zeche 1902 in Förderung. Doch trotz des weiteren Ausbaus hatte das Unternehmen bereits in den 1930er Jahren mit Absatzschwierigkeiten zu kämpfen, die eine Einstellung der Förderung von 1931 bis 1938 zur Folge hatten. Nach einer kurzen Blütezeit in den Nachkriegsjahren führte der Verbund mit General Blumenthal 1976 zur Einstellung der Förderung auf Ewald Fortsetzung. 1978 erfolgte mit der Gründung des Bergwerks Haard die Stilllegung im Altfeld Ewald Fortsetzung, dem 1984 die Kokerei folgte. 1992 schließlich wurde die Zeche Ewald Fortsetzung mit der Zeche General Blumenthal zum Bergwerk Blumenthal/Haard vereinigt. Die Schächte der Zeche Ewald Fortsetzung wurden bis 1999 verfüllt, die meisten Tagesanlagen danach abgerissen. Heute noch vorhanden sind das Deutsche Strebengerüst mit Schachthalle und Maschinenhaus von Schacht 3 und Verwaltungsgebäude. Ein kleines Bergbaumuseum im ehemaligen Lehrstollen zeigt auf 4.000 Quadratmetern seine beachtliche Sammlung.

Adresse

Ewaldstraße, 45739 Oer-Erkenschwick

Informationen

Bergbau- und Geschichtsmuseum
Oer-Erkenschwick e.V.
Am Ziegeleitor
45739 Oer-Erkenschwick
Tel. 02368/692376
www.museum-oe.de
Öffnungszeiten: Mi/Sa 10-13 Uhr
Führungen nach Vereinbarung

Steinkohle-Erlebnisbergwerk [Recklinghausen]

In Recklinghausen entsteht das deutschlandweit größte Steinkohle-Erlebnisbergwerk. Der Regionalverband Ruhr hat das unter Bergaufsicht durch die Bezirksregierung Arnsberg stehende Areal von der RAG Aktiengesellschaft gekauft. Betrieben werden soll das neue Highlight von einem Trägerverein, dem u.a. ehemalige Bergleute angehören.

Das zum Recklinghäuser Trainingsbergwerk (TBW) gehörende Bergwerk zeigt auf 1.400 Metern alles im Original, was den Steinkohlebergbau ausmacht. Dazu gehören verschiedene Bergbaumaschinen, drei Streckenvortriebe sowie Streben mit einem Walzenschrämmlader und einem Hobel. Außerdem ist ein Tagesschacht vorhanden und das Stollensystem wird wie ein aktives Bergwerk bewettert. Viele der Maschinen können in Betrieb besichtigt und ausprobiert werden.

Informationen

Wanner Straße 30
45661 Recklinghausen
Tel. 02361/3038910
info@trainingsbergwerk.de
www.trainingsbergwerk.de

Zeche Alte Haase, Malakowturm Schacht I/II [Sprockhövel]

Dass heute ein Malakowturm als Wahrzeichen der Stadt Sprockhövel fungiert, ist Kohletradition im Allgemeinen und Bergwerksvergangenheit im Besonderen. Denn es ist zu bezweifeln, dass der 1897 errichtete Ziegelturm heute noch stehen würde, wenn die Bergleute sich 1925 der geplanten Schließung der Zeche Alte Haase nicht erfolgreich widersetzt hätten. Damals war der Schacht II gerade mal ein Jahr alt und 1.300 Kumpels fürchteten um ihren sicher geglaubten Arbeitsplatz. Ein halbes Jahr fuhren sie – unterstützt durch die Bevölkerung – unentgeltlich die Schichten, um die für die Wasserhaltung benötigte Kohle zu fördern – bis die Vereinigten Elektrizitätswerke Westfalen (VEW) die Zeche 1926 als Kohlebasis für das Gemeinschaftskraftwerk Hattingen übernahmen und damit das Überleben der traditionsreichen Zeche, die zu den ältesten Steinkohlebergwerken des Ruhrgebiets gehört, sicherten. In der Folgezeit konnte die Zeche ihre Fördermenge steigern.

Bis zu ihrer Stilllegung im Jahr 1969 förderte Alte Haase vor allem Hausbrandkohle. Der durch Lisenen und Rundbogenfenster gegliederte Malakowturm, in den noch in den 1920er Jahren ein heute allerdings abgerissenes Stahlfördergerüst eingezogen wurde, ist der jüngste und kleinste Förderturm dieser Art in Deutschland und der einzige südlich der Ruhr.

Adresse

Hattinger Straße, 45549 Sprockhövel

Informationen

Heimat- und Geschichtsverein
Sprockhövel e. V.
Hauptstraße 85 / Am Grevendiek
45549 Sprockhövel
Tel. 02339/124489
info@hgv-sprockhoevel.de
www.hgv-sprockhoevel.de

Zeche Waltrop / Manufactum [Waltrop]

Ein Versandhaus besuchen? Hört sich nicht gerade spannend an. Ist es aber! Jedenfalls in Waltrop, auf dem Gelände der ehemaligen Zeche Waltrop. In einem Teil des 1903–1906 errichteten gründerzeitlichen Hallenensembles hat sich die Firma Manufactum mit Verwaltung und Verkaufsräumen niedergelassen. Nicht nur auf die Konsumartikel sind die Augen der Besucher gerichtet, sondern auch auf die Räumlichkeiten selbst, auf das schöne Backsteinmauerwerk der ehemaligen Kaue und der benachbarten Fördermaschinenhalle, in denen Verkauf und Sonderverkauf stattfinden. Gleichermaßen sehenswert ist die alte Lohnhalle, in der das Manufactum-Gasthaus untergebracht ist.

Innerhalb des insgesamt 38 Hektar großen Terrains der bis 1979 fördernden Zeche Waltrop ist das Versandkaufhaus Manufactum das größte Unternehmen des nach dem Motto „Neue Technik in alten Hallen" entstandenen modernen „Gewerbeparks Zeche Waltrop". Als „Haus im Haus"-Lösung ist die Manufactum-Verwaltung in der ehemaligen Zentralmaschinenhalle eine der eigenwilligsten und spektakulärsten Neunutzungen. Die viergeschossige Konstruktion des Coesfelder Architekten Klaus-Dieter Luckmann erhält durch ihre offene Form die ursprünglichen Dimensionen der Halle.

Adresse Zeche Waltrop

Sydowstraße, 45731 Waltrop

Informationen

Manufactum, Hiberniastr. 5
45731 Waltrop
Tel. 02309/939-050
info@manufactum.de
www.manufactum.de

Kleinzeche Egbert [Witten]

Kleinzechen haben eine besondere Tradition im Ruhrgebiet. Seit Mitte des 18. Jahrhunderts durchzogen sie auf der Suche nach dem „schwarzen Gold" die Region. Als meist lokale Größe blieben sie fast 200 Jahre ein wichtiger Wirtschaftsfaktor für die jeweilige Gemeinde. Ein ganz besonderes Kleinod innerhalb dieser Bergwerksgeschichte ist die Kleinzeche Egbert. Denn beim Anblick des gebrechlich wirkenden hölzernen Fördergerüstes im Wittener Stadtteil Herbede ist das Entstehungsjahr kaum zu glauben: 1962! Zu einer Zeit also, als das Zechensterben im Revier die großen Bergwerke dahinraffte, investierte man „auf Egbert" in die Zukunft. Klein, aber fein hielt man 14 Jahre durch, um als letzte Kleinzeche in die regionalen Geschichtsbücher einzugehen. Dank intensiver Restaurierungsarbeiten sind die Tagesbauten der Anlage, zu der u. a. Kompressorhaus, Gleisanlagen und Haspelbude gehören, heute fast vollständig erhalten.

Adresse

Anfahrt über die Kämpenstraße, Parkplatz „Franz-Wohlleb-Platz", dann dem ausgeschilderten Fußweg folgen

Zeche Theresia [Witten]

Von der 1728–1854 fördernden, dann mit der Zeche Nachtigall vereinigten Zeche „Theresia" sind zwar einige Betriebsgebäude, wie das Maschinen- und Kesselhaus, erhalten, die Hauptrolle spielt jedoch die durch den Verein Arbeitsgemeinschaft Muttentalbahn e.V. initiierte und geführte Gruben- und Feldbahnsammlung. Mit insgesamt 90 Loks und 200 Waggons ist hier ein in Deutschland einzigartiges Freilichtmuseum entstanden, das als „bewegendes" Element eine Museumsbahn bietet, die vom Parkplatz Nachtigallstraße über die Zeche Theresia bis zur Zeche fährt. Eine tolle Mischung aus Gruben- und Eisenbahnromantik.

Informationen

Nachtigallstr. 27-33, 58452 Witten
Tel. 0177/4938504
info@muttenthalbahn.de

Die Ruhr am Fuße der Burg Blankenstein in Hattingen

FLÜSSE UND KANÄLE

Das Ruhrgebiet ist eine Region der Flüsse und Kanäle. Neben den vielen kleineren Strömen wie Lippe, Issel, Niers, Stever und Lenne haben vor allem zwei große Wasserläufe das Revier geprägt: der Rhein und die Ruhr. Im Zuge der Industrialisierung sind diese beiden Wasserstraßen, die sich für die Frachtschifffahrt eigneten, zu unverzichtbaren Transportwegen geworden. Gigantische Mengen an Gütern mussten Tag für Tag befördert werden.

Die Schiffbarmachung der Ruhr, Namenspatron der Region und zugleich wasserreichster und größter Fluss im südlichen Westfalen, begann bereits im 18. Jahrhundert. Ihren Ausgangspunkt hat die Ruhr nahe Winterberg im sauerländischen Rothaargebirge, nach etwa 219 Kilometer Wasserlauf fließt sie, am südlichen Rand des Ruhrgebiets entlang, schließlich bei Duisburg-Ruhrort in den Rhein – weithin markiert durch die Landmarke „Rheinorange".

Rund 110 Jahre lang galt sie als wichtigster Transportweg für die Industrieschifffahrt, etwa 940.000 Tonnen Güter machten den Fluss zur meistbefahrenen Wasserstraße Europas. Doch zum Ende des 19. Jahrhunderts gewann die Eisenbahn als Beförderungsmittel von Rohstoffen immer größere Bedeutung und drängte die Ruhr als Welt-Handels-Weg schließlich ins Abseits.

Auch der Rhein, „Urvater" der Wasserstraßen und längster Strom Deutschlands (1.320 Kilometer insgesamt, davon 875 Kilometer auf Bundesgebiet), musste sich den neuen Gegebenheiten stellen.

Datteln-Hamm-Kanal (o.) und Rhein-Herne-Kanal

Um zum Schienenverkehr konkurrenzfähig zu bleiben, wurden deshalb neue Wasserwege geschaffen, die das Ruhrgebiet wie ein Netz durchziehen sollten. Es entstanden so zwischen 1899 und 1931 insgesamt vier Kanäle, die zu „Lebensadern“ des Ruhrgebiets wurden: Der Dortmund-Ems-Kanal erschloss 1899 dem Revier die Nordseehäfen sowie den Mittellandkanal als wichtigste Ost-West-Verbindung; der Rhein-Herne-Kanal (1914), der Datteln-Hamm-Kanal (1914) und der Wesel-Datteln-Kanal (1931) sorgten für die Querverbindungen zum Rhein.

Bis in die heutige Zeit besitzt das Ruhrgebiet damit mehr als 270 Kilometer Wasserstraßen, die von den Einheimischen gerne als „Kumpel-Reviera“ bezeichnet werden. Nach dem Ende des Montanzeitalters verkehren auf der Ruhr statt der Frachtschiffe nun Ausflugsschiffe und Motorboote, die Stauseen haben sich zu Wassersportzentren (Segeln, Rudern und Kanufahren) entwickelt.

Doch nicht nur als Erholungsraum, sondern auch als Trinkwasserreservoir hat die Ruhr in heutiger Zeit wieder enorm an Bedeutung gewonnen: Fünf Stauseen und 14 Talsperren sorgen für die Versorgung der Verbraucher, weshalb auch das gesamte Umfeld der Ruhr zur ökologischen Schutzzone erklärt wurde. Der Rhein konnte seine Stellung innerhalb des Wassertransportwesens behaupten und nimmt heute im Hinblick auf die Nutzung als Transportmittel weltweit den dritten Platz ein.

SCHÖNER WOHNEN – SIEDLUNGSKULTUR

D-Zug-Siedlung Rünthe (Bergkamen)

Hier führt weder eine Gleisanlage durch die Kolonie, noch wurde die Bebauung in sprichwörtlichem Tempo errichtet. Der Begriff „D-Zug-Siedlung" bezieht sich vielmehr auf die mit straffer Fassadengliederung und paarweise gekoppelten Eingangstüren gestaltete Architektur früherer Bergarbeitersiedlungen – sichtbar am Beispiel Bergkamen-Rünthe. Dass den elf eingeschossigen Gebäuden mit Dachgeschoss und einer monotonen Ziegelsteinfassade in Bergkamen dennoch etwas Außergewöhnliches anhaftet, liegt am „Bädertraum" der Stadt Werne. Aufgrund der vorhandenen Sole erhoffte man sich dort Ende des 19. Jahrhunderts eine Zukunft als „Bad Werne" – und verbot den Bau von Bergarbeitersiedlungen. Weil man Letztere aber dringend benötigte, wurden sie für die 1899 errichtete Zeche Werne in Bergkamen-Rünthe gebaut, wo das Gut „Haus Rünthe" mit seinen Ländereien passenderweise zum Verkauf stand.

Adresse
Schachtstraße/Schlägelstraße
59192 Bergkamen

Einzigartige Siedlung: die Gartenstadt Margarethenhöhe in Essen

Bergarbeitersiedlung Dahlhauser Heide (Bochum)

Die zwischen 1906 und 1915 von dem Hausarchitekten des Industriellen Krupp, Robert Schmohl, für die Bergleute von den benachbarten Schachtanlagen Hannover und Hannibal erbaute Bergarbeitersiedlung Dahlhauser Heide, „Kappeskolonie“ genannt nach dem Gartengemüse der Bergleute, ist ein Musterbeispiel für die Ende des 19. Jahrhunderts aufkommende Gartenstadt-Idee.

Weit entfernt von eintöniger Kolonien-Tristesse, wirkt die auf dem Gelände des ehemaligen Rittergutes Dahlhausen errichtete Siedlung im Stadtteil Hordel aufgelockert und eher allmählich gewachsen. Die 339 eineinhalbgeschossigen Häuser für die Bergleute (dazu kommen noch sechs zweieinhalbgeschossige Beamtenhäuser), im Grundriss fast deckungsgleich, malen mit ihren verschiedenartigen Hauseingängen und den variantenreichen Giebel-Ausgestaltungen ein ungewohnt farbiges Straßenbild.

Eine Mustersiedlung also, deren Zukunft nach dem Zechensterben ebenso beispielhaft verlief. Sozialverträglich privatisiert und zwischen 1978 und 1984 nach den Grundsät-

Gartenstadt Welheim, Bottrop

zen der Denkmalpflege restauriert, gehört die Dahlhauser Heide heute zur Route der Industriekultur.

■ **Adresse**

Hordeler Heide / Muschelbank
44793 Bochum

Wohnpark Zeche Holland [Bochum]

>> Freizeit-, Wohn- und Technologieparks Landschafts-, Gewerbe- und Wohnpark Zeche Holland

Gartenstadt Welheim [Bottrop]

Mit 1.150 Wohnungen auf einer Fläche von ca. 45 Hektar ist Welheim eine der größten nach der englischen Gartenstadt-Idee geplanten Siedlungen des Ruhrgebiets. Gebaut wurde die „Kolonie der schönen Grünhöfe" zwischen 1914 und 1923 für die Bergleute der Zeche „Vereinigte Welheim", die 1914 in Betrieb ging und bereits 1931 stillgelegt wurde. Die ab 1988 von der VEBA Wohnstätten AG im Rahmen der Internationalen Bauausstellung Emscher Park mustergültig nach modernen ökologischen und denkmalgerechten Standards renovierte Vorzeigesiedlung ist in ihrem historischen Erscheinungsbild erhalten und bietet Interessenten über den Mieterrat Führungen an.

■ **Adresse**

Welheimer Straße, 46238 Bottrop

Siedlung Fürst Leopold [Dorsten]

Die Zechenkolonie als Inbegriff von Eintönigkeit? Jeder, der die zwischen 1912 und 1920 gebaute Siedlung Fürst Leopold besucht hat, wird dieses Klischee als pauschales Vorurteil erkennen. Und behauptet, wenigstens partiell, das Gegenteil. Schließlich sind innerhalb der in den 1980er Jahren restaurierten, denkmalgeschützten Siedlung Fürst Leopold 24 verschiedene Haustypen auszumachen, die darüber hinaus unterschiedliche Formgebungen von Fenstern, Erkern und Dachgiebeln vorweisen – die Vielfalt einer Gartenstadt, die das Prädikat „schönste wiederhergestellte Siedlung im Ruhrgebiet nach der Essener Margarethenhöhe" wahrlich verdient.

■ **Adresse**

Brunnenplatz
46284 Dorsten
Führungen

Wohlfahrtsgebäude am Nollendorfplatz in der Alten Kolonie Eving, Dortmund

Verein für Bergbau-, Industrie- und Sozialgeschichte Dorsten e. V.
Tel. 02362/9972177
siedlung@bergbau-dorsten.de

Alte Kolonie Eving / Wohlfahrtsgebäude am Nollendorfplatz (Dortmund)

Die zwischen 1898 und 1900 gebaute Alte Kolonie Eving ist eine Siedlung der schöneren Art: Individuell gestaltete (mit verschiedenen Grund- und Aufrissen, mit Backstein, Putzflächen und Fachwerk), zum Teil mehrgeschossige Gebäude sind von zahlreichen Gärten umgeben. Gartenstadt eben. (Erst nach dem Ersten Weltkrieg wurde sie durch einfachere Häuser erweitert.)

Ansehnlich und darüber hinaus eine echte Besonderheit ist das Wohlfahrtsgebäude am Nollendorfplatz im Zentrum der Siedlung. In dem 1903 errichteten Gebäudekomplex befanden sich Badeanstalt, Dampfwaschanstalt, Kinderverwahr- und Haushaltsschule für die Bergarbeiter(-familien) der Zeche „Vereinigte Stein und Hardenberg". Ein soziales Zentrum, das den Menschen neben seiner alltagsspezifischen Aufgabe auch als Kommunikationsraum diente.

Nach einer gut 20-jährigen Umnutzung als Einrichtung für verschiedene pädagogische Institutionen wurde das inzwischen denkmalgeschützte Wohlfahrtsgebäude im Rahmen der IBA Emscher Park zwischen 1989 und 1992 restauriert. Heute entspricht das ehemalige „Herzstück" des Viertels in etwa wieder seiner ursprünglichen Funktion: als Stadtteilkulturzentrum. Im Rahmen einer Sanierung soll das „Evinger Schloss" auch inhaltlich als kulturelles Zentrum aufgewertet und ausgebaut werden.

Adresse
Nollendorfplatz, 44339 Dortmund

CEAG-Siedlung (Dortmund)

Eine fünf Hektar große Freifläche in nächster Nähe zur City – und das mitten im zersiedelten Ruhrgebiet? Ein Tagtraum für Stadtplaner und Architekten mit Ambitionen. Und doch Wirklichkeit geworden auf dem ehemaligen Dortmunder CEAG-Firmengelände.

CEAG, dahinter verbirgt sich die Concordia Elektrizitäts AG (CEAG), die seit 1917 als Zulieferbetrieb den Bergbau

Kolonie Kirdorf, Dortmund

zunächst mit elektrischen Sicherheitslampen, später mit Feuerlöschern und Entstaubungsanlagen versorgte. Nach ihrer Schließung im Jahre 1979 wurde die Fabrik bis auf das Verwaltungsgebäude abgerissen.

Stadtplaner und Architekten nahmen die günstige Chance einer Stadterweiterung durch einen zusammenhängenden Siedlungsbereich auf dem fünf Hektar großen Werksgelände am Rande der nördlichen Innenstadt an. Das 1992 durch einen städtebaulichen Ideen- und Realisierungswettbewerb im Rahmen der IBA Emscher Park ermittelte Wohnungsbauprojekt zeigt heute eine geschlossene Siedlung mit 245 neuen Wohnungen, 30 weiteren Wohnungen im denkmalgeschützten ehemaligen Verwaltungsgebäude und einer vierzügigen Kindertagesstätte. Die Siedlung ist nach Norden durch einen viergeschossigen Wohnzug abgeschirmt und mit Niedrigenergiehausstandard, begrünten Dächern, Regenwasserrückhalte- und Versickerungs-Konzepten, einer autofreien Siedlungsmitte, Gemeinschaftsräumen und mehreren Grün- und Freiflächen streng nach ökologischen und gemeinschaftsorientierten Gesichtspunkten aufgebaut. Dazu gehört auch das erstmals im Dortmunder Mietwohnungsbau realisierte Holzbauprojekt, das gleichzeitig eines der größten seiner Art in Nordrhein-Westfalen ist.

■ **Adresse**
Eberstraße,
44147 Dortmund

Kolonie Kirdorf (Dortmund)

Die 1912/13 im Stil einer Gartenstadt angelegte Kolonie gilt durch die individuelle Bauweise der Häuser als eine der schönsten Zechensiedlungen im Dortmunder Stadtgebiet. Errichtet wurde sie von der Gelsenkirchener Bergbau AG (GBAG) in der Nähe des Schachtes Minister Stein III, benannt nach Emil Kirdorf, der von 1893 bis 1926 GBAG-Generaldirektor war. Dass der ausgewiesene Antidemokrat Kirdorf enge Beziehungen zu Adolf Hitler und der NSDAP, der er bereits 1927 beitrat, unterhielt, ließ erst 2009 wieder

Kolonie Landwehr der Zeche Zollern II/IV, Dortmund

Forderungen nach einer Umbenennung laut werden.

Die 119 Wohnungen umfassende Siedlung – seit Anfang der 1990er Jahre im Besitz der Immobiliengesellschaft Viterra, die 2005 von der Deutschen Annington übernommen wurde – wurde zunächst aufwändig modernisiert, später erfolgreich privatisiert.

Eine ganz eigene Attraktion ist das im Herzen der Kolonie gelegene Kioskgebäude, das vermutlich gleichzeitig mit den Häusern entstanden ist und zunächst als Trafohäuschen diente. Als Vorzeige-Trinkhalle wurde sie sogar in die Route der Industriekultur aufgenommen.

■ **Adresse**

Nachoder Straße / Gitschiner Straße / Wrangel Straße
44339 Dortmund

Kolonie Landwehr der Zeche Zollern II/IV (Dortmund)

Die schöne Siedlung vor den Toren der „schönen Zeche“: Die Kolonie Landwehr entstand zwischen 1898 und 1904 als Musteranlage für Beamte und Arbeiter. „Die Ausführung der Kolonie ist im Villenstil gedacht“, hieß es im Vorschlag für die Anlage der Arbeitersiedlung. Der Gelsenkirchener Baumeister Paul Knobbe, der mit Ausnahme der Maschinenhalle die Tagesanlagen der Zeche Zollern entworfen hatte, ließ die Idee Wirklichkeit werden. Verschiedenartige Häusertypen mit dazugehörigen Ställen und Gärten, weitläufige Freiflächen, baumbestandene Straßen – ein Ensemble, das im Kontrast zum harten Alltag der Kumpels die Harmonie zwischen Zeche und Kolonie beschwört.

Das LWL-Industriemuseum Zeche Zollern bietet Führungen durch die Kolonie an, die thematisch vor allem Aspekte der betrieblichen Sozialpolitik der großen Bergbaubetriebe berücksichtigen.

■ **Adresse**

Rhaderweg/Venusstraße
44388 Dortmund

■ **Informationen**

LWL-Industriemuseum Zeche Zollern
Grubenweg 5, 44388 Dortmund
Tel. 0231/6961-211
zeche-zollern@lwl.org
www.lwl.org/industriemuseum/standorte/zeche-zollern

Siedlung Fürst Hardenberg [Dortmund]

Die Siedlung Fürst Hardenberg ist in zweifacher Hinsicht bedeutsam, als eine der wenigen städtebaulich geschlossenen Bergarbeiterkolonien im Raum Dortmund und als gelungenes Beispiel für ein harmonisches Nebeneinander von alter Bebauung und neuer Siedlungsergänzung.

Die zwischen 1923 und 1929 für die Belegschaften der Bergwerke Fürst Hardenberg und Minister Stein gebaute Zechensiedlung mit 297 Wohnungen und einem Ledigenheim wurde nach einer ersten zwischen 1977 und 1984 erfolgten Modernisierungsphase als IBA-Projekt gefördert. Herauszustellen ist die große Beteiligung der Mieterinnen und Mieter an der Erhaltung und individuellen Erneuerung der Gebäude. Die weitflächige Struktur des mit großen Gärten durchzogenen Areals in Dortmund-Lindenhorst machte einen Neubauteil möglich, der als städtebaulicher Realisierungswettbewerb 1992 unter dem Motto „Wohnen im Garten“ 29 neue familienfreundliche Wohnungen in Holzrahmenbauweise entstehen ließ.

■ **Adresse**

Herrekestraße / Tauroggenstraße
44339 Dortmund

Siedlung Rheinpreußen [Duisburg]

Bekannt wurde die Siedlung vor allem durch den Kampf der Bewohner um ihren Erhalt. Der eskalierte 1982 sogar zu Hungerstreiks. Zu dieser Zeit war bereits der größte Teil der ab 1903 im englischen Stil zwischen den Schächten Rheinpreußen I/II und III entstandenen Wohnanlage abgerissen. Der Rest blieb unangetastet, weil die Protestler sich durchsetzen konnten. Als Zeugnis der Montangeschichte steht die seit 1985 im Besitz einer Bewohnergenossenschaft befindliche Siedlung heute unter Denkmalschutz.

■ **Adresse**

Südstraße / Breite Straße
47198 Duisburg

■ **Informationen**

Wohnungsgenossenschaft
Rheinpreußensiedlung
Schlägelstr. 13, 47198 Duisburg
Tel. 02066/41015
info@wgrps.de
www.rheinpreussensiedlung.de

Gartenstadt Altenhof I [Essen]

Die Entstehung der Gartenstadt Altenhof I ist ein beinahe anrührendes Extrakapitel Indus-triegeschichte, das sowohl Abhängigkeiten als auch seltene Emotionen zwischen „Herrscher und Fußvolk“, Arbeitgeber und Arbeitnehmer dokumentiert. So ließ Friedrich Alfred Krupp die Wohnsiedlung Altenhof I aus Dankbarkeit für das 1892 von Arbeitern am Eingang der Gussstahlfabrik errichtete Denkmal seines Vaters Alfred Krupp bauen. 607 Wohnungen, in denen alte und invalide Krupparbeiter ihren Lebensabend verbringen sollten, kostenlos! Eine wahrlich ungewöhnliche, soziale Reaktion.

Umgesetzt wurde sie zwischen 1893 und 1907 vom Leiter des Kruppschen Baubüros, Robert Schmohl. Es entstanden eineinhalbgeschossige Häuser, deren mit Erkern, Türmchen und Giebeln versetzte Fachwerk-Architektur eine bewusste Abkehr von industriellen Bezügen bedeutete. Zu diesem siedlungsautonomen Konzept gehörten auch soziale Einrichtungen wie Konsumanstalten, eine kruppeigene Leihbibliothek, eine Badeanstalt, Kirchen und eine Korbflechterei zur Beschäftigung der Pensionäre.

Schade, dass ein Großteil der Siedlung Anfang der 1980er Jahre dem Neubau des Alfried Krupp-Krankenhauses weichen musste. An die Siedlung erinnert heute nur noch ein kleiner Teil der Anlage im Eingangsbereich des Gussmannplatzes und im Hundackerweg. Dort steht übrigens ein weiteres Denkmal, das den Stifter Friedrich Alfred Krupp in Bronze zeigt. Gestiftet wurde es von den Altenhof-Bewohnern mit der Widmung: „Unserem lieben, unvergesslichen Wohlthaeter ...“.

■ **Adresse**

Gußmannplatz / Hundackerweg
45131 Essen-Rüttenscheid

Gartenstadt Altenhof II, Essen

Gartenstadt Altenhof II (Essen)

Ähnlich wie beim ersten Teil stand auch bei der im Wesentlichen erhalten gebliebenen Krupp-Siedlung Altenhof II der soziale Gedanke im Vordergrund. Für Alte, Invalide und Alleinstehende zwischen 1907 und 1914 ebenfalls von Robert Schmohl gebaut, ist die der englischen Gartenstadt nachempfundene Siedlung zwar abwechslungsreich, aber wesentlich schlichter konzipiert, mit Putz- statt Fachwerkfassaden. Auffällig ist die durch das hügelige Gelände notwendige Einteilung der Siedlung in verschiedene Häusergruppen.

■ **Adresse**

Von-Bodenhausen-Weg / Büttnerstraße / Eichenstraße, 45133 Essen-Stadtwald

Gartenstadt Margarethenhöhe (Essen)

Als eine der größten und schönsten Siedlungen im Ruhrgebiet bildet die Margarethenhöhe schon fast eine eigene (Klein-)Stadt. Von den Besonderheiten, die mit ihr verbunden sind, liegt eine bereits im Namen: Die Stifterin der Margarethenhöhe war – im Gegensatz zu den übrigen damals gebauten Krupp-Siedlungen – eine Frau. Finanziert aus einer Stiftung zum Zwecke der „Wohnungsfürsorge für die minderbemittelten Klassen“, die Margarethe Krupp 1906 anlässlich der Heirat ihrer Tochter Berta mit Gustav von Bohlen und Halbach eingerichtet und mit 1 Mio. Mark sowie einem Gelände von 50 Hektar ausgestattet hatte, bildet sie eine in sich geschlossene Kleinstadt für 16.000 Menschen mit einer Fülle an architektonischen und infrastrukturellen Feinheiten. Wechselnde Straßenbilder, Giebel- und Laubenganghäuser, der Marktplatz mit Brunnen – das Erscheinungsbild vor allem der ersten Bauphase der vom Architekten Georg Metzendorf zwischen 1910 und 1931 nach süddeutschen Vorbildern errichteten Margarethenhöhe hat viel von einer „Kleinstadtromantik“, die als Vorzeigeobjekt auch Missfallen erregte. Kritikern galt sie als zu wenig realitätsbezogen. Ihren Mietern bot sie jedoch jenen Identifikationsraum, der nötig war, um eine weitere Be-

Gartenstadt Margarethenhöhe, Essen

sonderheit der Margarethenhöhe auszugleichen. Denn erstmals stand eine Krupp-Siedlung auch Nicht-Kruppianern offen.

Nach großen Zerstörungen im Zweiten Weltkrieg und anschließendem Aufbau der Häuser in ihrer historischen Form ist die seit 1987 unter Denkmalschutz stehende Siedlung heute vorbildlich erhalten. Eine 1991 vom Ruhrlandmuseum eingerichtete Musterwohnung, die nach Vereinbarung besichtigt werden kann, dokumentiert den damals hohen Wohnkomfort dieser Angestelltensiedlung.

Zum 100. Geburtstag der Siedlung wurde mit Hilfe der

Alfried Krupp von Bohlen und Halbach-Stiftung das Entree wieder vollständig aufgebaut. Im Rahmen einer Führung kann eine vom Ruhr Museum und der Margarethe Krupp Stiftung eingerichtete Musterwohnung von 1911 und seit 2012 auch das 1919 erbaute Kleine Atelierhaus (Sommerburgstraße 18) mit seiner Ausstellung zur Geschichte der Margarethenhöhe besichtigt werden.

Adresse

Am Brückenkopf / Steile Straße
45149 Essen

Informationen

Führung: Tel. 0201/24681-444
(Besucherdienst Ruhr Museum)
www.ruhrmuseum.de
www.essen-margarethenhoehe.de
www.margarethe-krupp-stiftung.de

Siedlung Brandenbusch [Essen]

Unter den Krupp-Siedlungen ist die Siedlung Brandenbusch insofern speziell, als Friedrich Alfred Krupp sie 1895 in benachbarter Lage zur Villa Hügel als Wohnsiedlung des „Hügel-Personals" anlegen ließ. Für die Bediensteten bedeutete sie einerseits eine schöne Wohnstätte, die landschaftlich äußerst reizvoll gelegen und dazu mit Gemeinschaftseinrichtungen wie Dampfwäscherei, Spritzenhaus, Räucherkammer und einem Arbeiterlogierhaus versehen war, andererseits aber auch einen Ort ständiger Abrufbereitschaft.

Die vom Architekten der Kruppschen Bauverwaltung, Marx, gebaute Siedlung, deren Straßen nach den Kindern von Gustav und Bertha Krupp von Bohlen und Halbach benannt wurden, besteht aus ein- bis zweigeschossigen Häusern mit Sichtfachwerk, deren Größe die damaligen Rangordnungen dokumentiert.

Der Nähe zur Villa Hügel und dem in Ordnungsfragen unnachgiebigen Bauherrn entspricht das Verbot zur Errichtung von Ställen und Gartenlauben, die das ästhetische Erscheinungsbild der Siedlung hätten „stören" können.

Adresse

Eckbertstraße / Haraldstraße
45133 Essen-Bredeney

Küppersbusch-Siedlung [Gelsenkirchen]

Gebaut wurde die mehrfach preisgekrönte Siedlung der Grazer Architekten Szyszkowitz und Kowalski auf dem Gelände der ehemaligen Küppersbusch-Herdfabrik Anfang der 1990er Jahre. Sie umfasst 261 zum größten Teil öffentlich geförderte Wohnungen, deren Realisierung sich mit sehr individuellen Wohnangeboten und einer differenziert-expressiven Außengestaltung auszeichnet. Dazu zählen eigene Eingänge, Außentreppen, Gärten und Dachgärten. Räumlicher und gestalterischer Mittelpunkt des Projektes ist eine linsenförmige Platzanlage, die neben ihrer Freiflächenfunktion vor allem als Regenrückhalte- und Versickerungsbereich dient. Dabei werden rund 80 Prozent des Dachwassers über ein hochliegendes Rinnensystem zur Platzmitte geführt. Neben der ökologischen Aufgabe besticht die Konstruktion als optischer Zusammenhalt der Anlage, zu der noch eine Kindertagesstätte und ein kleiner Stadtteilpark gehören.

Adresse

Boniverstraße / Küppersbuschstraße
45883 Gelsenkirchen

Siedlung Flöz Dickebank [Gelsenkirchen]

Ähnlich wie die Oberhausener Siedlung Eisenheim ist die Geschichte von Flöz Dickebank eng verknüpft mit dem Kampf um ihren Erhalt. Unter dem Namen „Ottilienaue" als eine der ältesten Siedlungen im Ruhrgebiet 1868 für die Arbeiter der Zeche Alma erbaut (eine zweite Bauphase schloss sich 1904-1906 an), schrieb Flöz Dickebank jedoch ein ganz besonderes Kapitel Reviergeschichte. Hier wurde nicht nur die eigene Kolonie gerettet, sondern auch für den Fortbestand vieler anderer Arbeitersiedlungen im Revier gekämpft. Wesentliche Impulse setzte dazu der 1976 erstmals abgehaltene Kongress zur Erhaltung von Arbeitersiedlungen. Im Januar 2008 genehmigte die Bezirksregierung

Siedlung Schüngelberg, Gelsenkirchen

Münster, dass die zur „Route der Industriekultur" gehörende Siedlung unter Denkmalschutz gestellt werden kann.

Adresse
Virchowstraße / Flöz Sonnenschein
45886 Gelsenkirchen

Siedlung Schüngelberg (Gelsenkirchen)

Als Kohle noch die Zukunft bedeutete und dringend benötigte Arbeitskräfte von überall her ins Ruhrgebiet strömten, war der Bau von Zechenkolonien eine der wesentlichen Maßnahmen, um die Beschäftigten an das Bergwerk zu binden. Die Schüngelberg-Siedlung mit ihren zweigeschossigen Bauten (300 Wohnungen) entstand zwischen 1897 und 1919 im Süden der Zeche Hugo im heutigen Stadtteil Buer. Im Stile der englischen Gartenstadt-Idee errichtet, zeichnet sie sich im historischen Teil als geschlossene Anlage mit Torhaus aus, die vor allem durch ihre abwechslungsreiche Architektur mit Erkern und Mansardendächern auffällt.

Nachdem ein Abriss in den 1970er Jahren erfolgreich verhindert werden konnte, wurde die zwischen Zeche, Rungenberg-Halde und Zechenbahn gelegene Kolonie ab 1991 denkmalgerecht saniert und durch Neubauten ergänzt. Zechenbaumeister Wilhelm Johow hatte auf dem „Tepe" bereits 1916 eine Siedlungserweiterung geplant, die jedoch aus wirtschaftlichen Gründen unvollendet blieb. Neben den zusätzlich entstandenen rund 200 Wohnungen, einer dreizügigen Kindertagesstätte und einer neuen Siedlungsmitte mit Läden und Begegnungsräumen wurde auch eine landschaftliche Einbindung verwirklicht, das Zusammenwachsen der vom Architekten Rolf Keller (nach dessen Tod von seinem Sohn Christian vollendet) gestalteten pyramidenförmigen Halde Rungenberg mit der Anlage durch „Siedlungsachsen".

Adresse
Schüngelbergstraße, 45897 Gelsenkirchen

Gartenstadtsiedlung Teutoburgia, Herne

Gartenstadtsiedlung Teutoburgia (Herne)

Sie ist eine der schönsten Gartenstadt-Siedlungen im Revier und ein historisches Denkmal in mannigfacher Form – 136 Gebäude in unterschiedlichster Gestaltung, mit malerischen Plätzen und weitläufigen Grünflächen. Zwischen 1909 und 1923 für die Arbeiter und Beamten der gleichnamigen Zeche (1909–1984) gebaut, hat sich das seit 1987 von der VEBA Wohnstätten AG im Rahmen der Internationalen Bauausstellung Emscher Park sanierte Viertel heute als Villengegend etabliert.

Auf dem ehemaligen Zechengelände, dessen Anlagen bis auf das Maschinenhaus und das Fördergerüst über Schacht 1 abgerissen wurden, ist 1995 unter der Regie des Fördervereins Teutoburgia ein Kunstwald entstanden, der sich unter Einbeziehung der Natur mit der Geschichte des Ortes auseinandersetzt. Im Sommer 2016 wurde bereits zum zweiten Mal bei „Licht an!" der Kunstwald durch Lichtinszenierungen, begleitet von Klangkunst, erhellt.

Adresse
Baarestraße / Schadeburgstraße
44627 Herne
Informationen Kunstwald:
www.kunstwald.de

Gartenstadt-Siedlung Seseke-Aue (Kamen)

Alte Brache – neues Leben, unter diesem Motto steht heute die Gartenstadt Seseke-Aue als Teil des Wohn-, Gewerbe- und Technologieparks Kamen, mit dessen Realisierung im Rahmen der Internationalen Bauausstellung Emscher Park 1989 auf der ca. 34 Hektar großen, innenstadtnahen Brache der ehemaligen Zeche Monopol begonnen wurde. Die Siedlung umfasst auf einer Fläche von 10,5 Hektar ca. 280 Wohnungen (davon 50 Reihen- und Einfamilienhäuser) mit Haus- und Mietergärten sowie eine Kindertagesstätte.

Gartenstadt-Siedlung Seseke-Aue, Kamen

Trotz unterschiedlicher Bauträger ist sie eine „Siedlung aus einem Guss", die sich – im Kern wohltuend autofrei – in der Gestaltung der Frei- und Grünflächen an den Konzepten der guten alten „Gartenstadt" orientiert, darüber hinaus aber strengen ökologischen Grundsätzen folgt. So wurde der im Grundriss differenzierte Wohnungsbau im Niedrigenergie-Standard mit passiver Sonnenenergienutzung und Regenwasserversickerung umgesetzt. Landschaftsverbindende Akzente setzt überdies die Renaturierung des Seseke-Baches.

■ **Adresse**
Gertrud-Bäumer-Straße /
Helene-Lange-Straße
59174 Kamen

Altsiedlung Friedrich Heinrich (Kamp-Lintfort)

Die in mehreren Bauabschnitten zwischen 1909 und 1930 errichtete Werksiedlung der Zeche Friedrich Heinrich gehört mit 1.600 Gebäuden auf 76 Hektar Land zu den größten Arbeitersiedlungen des Reviers. Im damals noch ländlichen Raum – die spätere Stadt Kamp-Lintfort gab es noch nicht – diente sie als dringend benötigter Wohnraum für angeworbene Arbeitskräfte. Nach den Gestaltungsprinzipien der englischen Gartenstadt angelegt, weist sie 18 verschiedene Haustypen auf, deren unterschiedliche Giebelstellungen, Mansarden- und Satteldächer ein abwechslungsreiches Bild ergeben.

■ **Adresse**
Marktplatz / Ebertstraße
47475 Kamp-Lintfort

Siedlung am Kanal (Lünen)

Anfang der 1920er Jahre durch Rudolf Winzer als eine der größten Siedlungen im Revier errichtet, sollte sie eigentlich beidseitig des Kanals gebaut werden und als eigenständige „Stadt" funktionieren. Wirtschaftliche Schwierigkeiten verhinderten sowohl die Bebauung an der Ostseite des Kanals als auch die ebenfalls geplanten Gemeinschaftsanlagen wie Kindergarten, Schule, ein eigenes Kaufhaus und ein Gemeinschaftshaus. Das großangelegte Vorhaben wird noch heute durch den Haupteingang dokumentiert. Das repräsentative zweigeschossige Torhaus mit Walmdach zeigt im Obergeschoss ein Sandsteinrelief, das sich mit der Arbeit in Streb und Stollen auseinandersetzt.

Adresse

Kösterstraße / Huestraße /
Liebknechtstraße / Schröderstraße
44532 Lünen

Kolonie Meerbeck [Moers]

Als erste und größte Moerser Zechen- und Arbeitersiedlung mit Gartenstadt-Charakter bildet die Kolonie Meerbeck noch heute eine geschlossene Einheit im Stadtgebiet. Für die Belegschaft der Zeche Rheinpreußen 1904–1913 auf 110 Hektar gebaut, weist sie größtenteils Vierfamilien-Doppelhäuser mit Gartenanlagen und Ställen auf.

Den Ende der 1970er Jahre drohenden Verkauf der Siedlung verhinderte eine engagierte Bürgerinitiative. Stadt und Land ließen das Viertel schließlich vorbildlich sanieren.

Adresse

Bismarckstraße / Donaustraße /
Kirschenallee
47443 Moers

Siedlung Heimaterde [Mülheim an der Ruhr]

Auf dem von der Firma Krupp zur Verfügung gestellten, ca. 340 Morgen großen Gelände zwischen Essen und Mülheim entstanden ab 1919 durch den Architekten Theodor Suhnel die ersten Einfamilienhäuser. Organisiert als Genossenschaft, deren Mitglieder – auch Nicht-Kruppianer – zinslos Gebietsanteile erwerben konnten, sollte die Siedlung kinderreichen Familien Wohnraum bieten und durch große Gärten und Ställe gleichzeitig die Selbstversorgung der Arbeiter unterstützen.

Den flachgestreckten, mit Walmdächern und Gauben versehenen Kotten folgten im zweiten Bauabschnitt in den 1920er Jahren Zwei- und Mehrfamilienhäuser, bevor eine weitere Vergrößerung im nächsten Jahrzehnt die ursprüngliche Idee endgültig begrub. Den Mittelpunkt der Siedlung bildet der Sunderplatz mit mehreren Geschäften und der evangelischen Kirche.

Adresse

Sunderweg / Theodor-Suhnel-Straße
45472 Mülheim an der Ruhr

Altsiedlung Friedrich Heinrich, Kamp-Lintfort

Zechensiedlungen „Alte Kolonie" & „Neue Kolonie" (Neukirchen-Vluyn)

Im vergangenen Jahrhundert wurde die Geschichte von Neukirchen-Vluyn maßgeblich durch das Bergwerk Niederberg geprägt. Der erste Schacht von Niederberg wurde 1912 zwischen den ehemals selbständigen Gemeinden Vluyn und Neukirchen niedergebracht. Über insgesamt fünf Schächte wurde bis zur Schließung der Zeche 2001 Bergbau (Ess-, Mager- und Anthrazitkohlen) betrieben. Die Errichtung der Zechensiedlungen „Alte Kolonie (1917–1925) und „Neue Kolonie" (1926–1930) ergab sich aus dem Zuzug vieler Bergleute, die neben der Arbeit in Neukirchen-Vluyn auch ihre neue Heimat fanden. Die verschiedenen Haustypen stehen heute unter Denkmalschutz und sind neben den alten Fördertürmen auf dem ehemaligen Zechengelände letzte Zeugen des untergehenden Steinkohlebergbaus.

■ Informationen

Stadtteil Neukirchen
47506 Neukirchen-Vluyn
Tel. 02845/391-228
stadtmarketing@neukirchen-vluyn.de
www.neukirchen-vluyn.de

Siedlung Eisenheim (Oberhausen)

Eisenheim ist das Synonym für Arbeiterwohnkultur im Ruhrgebiet. Und das in mehrfacher Hinsicht. Als älteste Arbeiterkolonie des Reviers 1846 von der späteren Gutehoffnungshütte (GHH) initiiert, dokumentieren ihre verschiedenen, bis 1901 realisierten Bauabschnitte die Geschichte des frühen Arbeiterwohnungsbaus im Ruhrgebiet – von den frühen Ledigen-„Kasernen" und zweigeschossigen Doppelhäusern für Meisterfamilien über die 1865/66 errichteten eineinhalbgeschossigen Häuser mit je vier Arbeiterwohnungen sowie dahinterliegenden Ställen und Schuppen bis hin zum architektonisch mustergültigen „Kreuzgrundriss", Vierfamilienhäuser mit je einem Eingang an jeder Seite, die ab 1872 gebaut wurden.

Geschichtsträchtig aber ist auch der Widerstand ihrer Bewohner gegen den 1968 beschlossenen Totalabriss. Die hier gegründete Bürgerinitiative setzte sich nicht nur erfolgreich gegen die Befürworter einer anstelle der Eisenheim-Siedlung geplanten Hochhaussiedlung durch, sondern ist auch Keimzelle nachfolgender Protestbewegungen gegen Kahlschläge von Arbeiterkolonien (s. Siedlungen Flöz Dickebank, Rheinpreußen).

Ausgezeichnet dokumentiert wird die facettenreiche Geschichte der 1991 unter Denkmalschutz gestellten Siedlung Eisenheim in einem bereits 1979 im ehemaligen Waschhaus eingerichteten Museum, das heute vom LVR-Industriemuseum geführt wird.

■ Adresse

Museum Eisenheim
Berlinerstr. 10a
46117 Oberhausen
Öffnungszeiten: von Ostersonntag bis 31. Oktober: So/Fei 10-17 Uhr
Gruppenführungen ganzjährig nach Voranmeldung

■ Informationen

kulturinfo rheinland
Tel. 02234/9921555
info@kulturinfo-rheinland.de
www.industriemuseum.lvr.de

Siedlung Stemmersberg (Oberhausen)

Die Siedlung Stemmersberg im Schatten der ehemaligen Zeche Osterfeld gehört zu den größten und am besten erhaltenen Arbeiterkolonien in Oberhausen.

Der von der Gutehoffnungshütte (GHH) zwischen 1902 und 1904 gebaute Kernbereich weist mit seinen Vierfamilienhäusern im Kreuzgrundriss deutliche Bezüge zur Eisenheim-Siedlung auf, während spätere, nach dem Ersten Weltkrieg gebaute Erweiterungen im südöstlichen Teil an der Hügelstraße sich mehr an das Modell der Gartenstadt anlehnen.

Der älteste, heute denkmalgeschützte Bereich um die Gute-, Hoffnung-, Hütte-, Aktien- und Vereinstraße ist etwa zur Hälfte in Eigenarbeit der Bewohner saniert worden.

■ Adresse

Hügelstraße / Aktienstraße
46119 Oberhausen

Siedlung Eisenheim, Oberhausen

Marina Duisburg im Innenhafen

CONTAINER UND MARINAS – HÄFEN

Der größte Binnenhafen der Welt liegt in Duisburg. 1716 bauten die Ruhrorter ihre erste Hafenanlage, seither wuchs der Rhein-Ruhr-Hafen, heute „duisport" genannt, kontinuierlich an, bis er schließlich zur weltweit größten Drehscheibe für den internationalen Güterverkehr wurde.

Der Hafen präsentiert sich heute mit seinen großen Logistikzentren logport (I-VI), Kaßlerfeld und Ruhrort als multifunktionales Dienstleistungs- und Handelszentrum mit modernsten Einrichtungen zum Verladen, Lagern oder Bearbeiten der transportierten Güter. Die Anlage umfasst auf einer Grundfläche von 1.550 Hektar 21 Hafenbecken mit über 180 Hektar Wasserfläche, 40 Kilometer Uferlänge, davon 17 Kilometer Umschlagufer mit Gleisanschluss. Auch die Serviceeinrichtungen – acht Container-Terminals, davon zwei mit bis zu acht Parallelgleisen für die gleichzeitige Abfertigung von Ganzzügen, fünf Importkohleterminals und 130 Krananlagen mit bis zu 500 Tonnen Tragfähigkeit – sind gigantisch. Jährlich werden in den Häfen der duisport-Gruppe 65 bis 70 Millionen Tonnen Güter umgeschlagen (2019: 65,3 Mio., in allen Duisburger Häfen insgesamt 127,5 Mio.).

Seinen konkurrenzlosen Standortvorteil verdankt duisport einer optimalen Verknüpfung aller zur Verfügung stehender Verkehrswege. Außerdem können in direktem Linienverkehr die wichtigen Seehäfen Rotterdam, Amsterdam und Antwerpen sowie 100 weitere europäische Häfen angesteuert werden. Ab 2020 errichtet die Duisburger Hafen AG auf ihrer bisherigen Kohleinsel das größte Containerterminal im europäischen Hinterland. Das neue trimodale Terminal wird insbesondere für den Zugverkehr auf der

Megahafen duisport (o.) und Freizeithafen Westfälisches Sportbootzentrum – Marina Rünthe

Neuen Seidenstraße zum zentralen europäischen Gateway-Hub ausgebaut.

Einen umfassenden Eindruck von der gesamten Hafenanlage gewinnt man am besten bei einer geführten Hafenrundfahrt mit der „Weißen Flotte" oder bei einem Besuch des Museums für Deutsche Binnenschifffahrt in Duisburg-Ruhrort. Weitere Häfen von Bedeutung für das wirtschaftliche Wachstum des Ruhrgebiets sind die Stadthäfen von Essen, Gelsenkirchen, Hamm, Mülheim an der Ruhr und Wesel.

Neben diesen Industriehäfen setzt die Region zunehmend auf den privaten Bootstourismus. In der Tat ist es eine reizvolle Alternative, das Ruhrgebiet auf Flüssen und Kanälen zu besichtigen. Allerdings sind die notwendigen Verbindungen zwischen den Häfen sowie attraktive Freizeitangebote im Bereich der Hafenanlagen noch im Aufbau.

Für die private Schifffahrt stehen inzwischen das Westfälische Sportbootzentrum – Marina Rünthe am Datteln-Hamm-Kanal in Bergkamen, der Yachthafen Herne, der Preußenhafen Lünen, der König-Ludwig-Hafen in Castrop-Rauxel, die Marina Duisburg im Innenhafen, die Heinz-Schleußer-Marina am CentrO Oberhausen und der Stadthafen Recklinghausen (alle genannten Häfen s. Sport / Wassersport) zur Verfügung.

Informationen

Duisburger Hafen AG
Alte Ruhrorter Straße 42-52
47119 Duisburg
Tel. 0203/803-0
mail@duisport.de
www.duisport.de

Informationen

DHG Weiße Flotte Düsseldorf Duisburg GmbH
Calaisplatz 3, 47051 Duisburg
Tel. 0203/7139667
info@hafenrundfahrt.nrw
www.wf-duisburg.de

FREIZEIT-, WOHN- UND TECHNOLOGIEPARKS

Zukunftsprojekt „Wasserstadt Aden" (Bergkamen)

In baldiger Zukunft ist genussvolles Leben am Wasser möglich. Auf dem Gelände der ehemaligen Zeche „Haus Aden" entsteht mit der „Wasserstadt Aden" ein außergewöhnliches Wohn-, Arbeits-, und Freizeitquartier mit besonderer Atmosphäre. Herzstück ist der neue „Adensee". Bootsbesitzer finden ihre Anlegeplätze direkt vor der eigenen Haustür.

Der erste Spatenstich ist bereits erfolgt, die Bauarbeiten werden aller Voraussicht nach ca. 2026 abgeschlossen sein. Unter anderem soll es auch Häuser auf dem Wasser geben.

Informationen

Stadt Bergkamen
Amt für Planung, Tiefbau, Umwelt, Liegenschaften
Tel. 02307/965-325
www.wasserstadt-aden.de

Kulturwerk Lothringen (Bochum)

1872 erfolgte die Abteufung von Schacht 1, 1912 kamen bei einer Schlagwetterexplosion 116 Menschen ums Leben, in den 1920er und 30er Jahren wuchs das Bergwerk durch Fusionen zu einem Industrieriesen mit zeitweise 4.500 Arbeitern, 1955 machte die Verbundbergwerksförderung über zwei Millionen Tonnen aus,

Landschafts-, Gewerbe- und Wohnpark
Zeche Holland, Bochum

1967 wurde die Schachtanlage Lothringen I/II schließlich stillgelegt.

Doch das ist alles lange her. Übrig geblieben sind u. a. das Maschinenhaus und die Fördermaschinenhalle – und dort herrscht seit 2006 neues Leben. Denn in den beiden denkmalgeschützten, für rund sechs Millionen Euro sanierten Gebäuden öffnete im September 2006 das Kulturwerk Lothringen, ein kulturelles Gründungszentrum, das jungen Unternehmen aus dem Kunst- und Medienbereich auf einer Mietfläche von rund 3.000 Quadratmetern preiswerte Räumlichkeiten sowie Beratungs- und Betreuungsangebote zur Verfügung stellt.

Das mit rund vier Millionen Euro von Land und Europäischer Union geförderte Pilotprojekt widmet sich den Bereichen Kunstwirtschaft, Foto-, Film-, Video- und TV-Branche, Musikwirtschaft und Kulturmanagement.

Adresse

Lothringer Straße 36/38
44805 Bochum

Informationen

Tel. 0234/588065-16
(Bochum Wirtschaftsentwicklung, Ch. Weiser)
kontakt@bochum-wirtschaft.de
www.bochum-wirtschaft.de/kwl

Landschafts-, Gewerbe- und Wohnpark Zeche Holland / Technologie- und Gründerzentrum Wattenscheid (Bochum)

Neues unterm Förderturm – ein Slogan, der auch für das Gelände der ehemaligen Zeche Holland gilt. Deren 1974 zu Ende gegangene Geschichte ist grob in zwei Abschnitte zu teilen, die heute in zwei verschiedenen Stadtgebieten nachzuvollziehen sind. Im heutigen Gelsenkirchen-Ückendorf lag die 1856 durch holländische Unternehmer (daher der Name) errichtete Schachtanlage I/II, auf der der heute im Ruhrgebiet einmalige Doppel-Malakowturm mit dazwischenliegendem Maschinenhaus sowie das um 1885 gebaute Maschinenhaus und das von den Architekten Schupp und Kremmer konzipierte Lüftergebäude zu sehen sind.

Teil zwei der ehemaligen Zeche liegt in Bochum-Wattenscheid, deren Schachtanlagen III/IV und VI zwischen 1898 und 1921 entstanden. Mit ihnen entwickelte sich die Zeche Holland zur Großschachtanlage, die den Gelsenkirchener Teil nach und nach überflüssig machte (Schacht I/II wurde 1955 endgültig stillgelegt). 1974 war auch hier das Förderende erreicht. Erhalten blieben Lohnhalle, Kauengebäude und Fördergerüst, das heute zwar als Wahrzeichen gilt, allerdings erst zu Beginn der 1960er Jahre von Schacht IV der Essener Zeche Zollverein hierhin versetzt wurde.

Auf dem 22 Hektar großen Gelände ist heute der Landschafts-, Gewerbe- und Wohnpark Zeche Holland angesiedelt. Innovatives Herzstück ist das 1998 eröffnete Technologie- und Gründerzentrum Wattenscheid (TGW), das in den früheren Kauengebäuden untergebracht ist und ca. 4.000 qm Büroflächen bietet. Über den repräsentativen Haupteingang gelangt man in das durch ein großzügiges Glasdach ausgeleuchtete Atrium, von dem aus Galerien zu den umliegenden Büros führen. Zentrales Gestaltungsmerkmal sind die an die regionale Industriebauweise angelehnten Treppen. Die Lohnhalle wurde in ihrer ursprünglichen Raumstruktur belassen und dient heute als multifunktionaler Veranstaltungssaal.

Gründerzentrum und Gewerbestandort Arenberg, Bottrop

Die Freiflächen sind naturnah gestaltet, in zentraler Lage liegt eine vom Regenwasser des Standortes gespeiste Teichanlage. Südlich des Teichs erstrecken sich Wohnanlagen, die die Nahtstelle zwischen Park und umliegender Bebauung darstellen. In dreigeschossigen Gebäuden mit zusätzlichem Attikageschoss entstanden hier insgesamt 183 Wohnungen mit dem generationsübergreifend gemeinten Schwerpunkt „Wohnen im Alter".

■ **Informationen**

Technologie- und Gründerzentrum Wattenscheid
Lyrenstr. 13
44866 Bochum
Tel. 02327/368911
kontakt@bochum-wirtschaft.de
www.bochum-wirtschaft.de/tgw

Gründerzentrum und Gewerbestandort Arenberg (Bottrop)

Auf dem Gelände der 1930 stillgelegten Zeche Arenberg-Fortsetzung hat sich innerhalb des gleichnamigen Gewerbeparks das Bottroper Gründer- und Technologiezentrum (BGT) angesiedelt. Es bietet Existenzgründern und Jungunternehmern aus den verschiedensten Bereichen „Starthilfen". Das BGT, deren Firmen u. a. in den Branchen Computertechnik, Umweltschutz und Industriefotodesign tätig sind, und die Gesellschaft für inno-

Erin-Park, Castrop-Rauxel

vative Beschäftigungsförderung (GIB) befinden sich u. a. in den denkmalgeschützten Gebäuden der ehemaligen Zeche, der Alten Lohnhalle und der Alten Waschkaue. Diese sind von dem Abriss eines Großteils der Anlagen Ende der fünfziger Jahre verschont geblieben und verweisen auf die Geschichte der Zeche Arenberg-Fortsetzung, die auf das Jahr 1862 zurückgeht. Im Sommer 1999 wurde mit der Erweiterung des Gründerzentrums begonnen. Die durch den Um- und Ausbau der „Alten Schmiede" geschaffene Infrastruktur wird höchsten High-Tech-Ansprüchen gerecht.

Informationen
Im Blankenfeld 6-8
46238 Bottrop
Tel. 02041/78810 (Gesellschaft für Bauen und Wohnen Bottrop)

Erin-Park (Castrop-Rauxel)

Der Park ist neu und gleichzeitig traditionsbewusst, zeigt sich sozusagen dem Namen verpflichtet. Erin, so wurde die geschichtsträchtige, vom Iren Thomas Mulvany 1866 gegründete Zeche genannt. Ein Name, der fortan für wirtschaftliche Entwicklung stand. Doch in der Bezeichnung Erin steckt auch die Übersetzung „grüne Insel", der Beiname Irlands. Der 1998 fertiggestellte Erin-Park trägt dem Rechnung: Kein anderer gewerblich entwickelter Landschaftspark im Rahmen der IBA Emscher-Park hat so viel Grünfläche vorzuweisen. Dass das Konzept des Grüngürtels einem „irischen Gestaltungsleitbild" folgt, ist eine weitere Reminiszenz an Mulvany.

Kaum zu glauben, aber inmitten dieser Parklandschaft mit einer zentralen Grün- und Wasserachse wird auch gearbeitet. Im Eingangsbereich befindet sich das Dienstleistungsviertel in architektonisch reizvollen Gebäuden. Der Ostteil des Parks, der direkt an die Castroper Innenstadt angrenzt, ist Standort für zentrale Einrichtungen der Wirtschaft, Verwaltung und Kultur sowie für Dienstleistungsbetriebe und drei Starterhöfe für Existenzgründer und Jungunternehmer. Im Westen liegt der Gewerbepark mit 25–30 Parzellen für kleine und mittlere Handwerks- und Produktions- sowie für technologieorientierte Betriebe.

■ **Lage**

Zwischen Karlstraße, Herner Straße, Altstadtring und Westring

■ **Informationen**

Stadt Castrop-Rauxel
Abteilung Stadtentwicklung
Europaplatz 1
44575 Castrop-Rauxel
stadtentwicklung@castrop-rauxel.de
www.castrop-rauxel.de

Zeche Lohberg (Dinslaken)

Exakt im Jahr des hundertjährigen Bestehens war Schichtende auf der Zeche Lohberg. Der Montanriese Thyssen hatte die „Gewerkschaft Lohberg" 1905 gegründet, um seine Eisen- und Stahlwerke mit Steinkohle zu versorgen. Nach Aufnahme der regelmäßigen Förderung 1914 wuchs Lohberg bis Ende der 1930er Jahre zur Großschachtanlage und blieb auch nach dem Zweiten Weltkrieg eine der größten Anlagen der Deutschen Steinkohle AG und erreichte 1958 mit ca. 5.200 Beschäftigten die höchste Belegschaftszahl. Architektonisches Zeichen der Prosperität war das 1955/1956 von dem renommierten Industriearchitekten Fritz Schupp errichtete Fördergerüst über Schacht 2, das zu dieser Zeit mit 70,5 Metern das höchste im Ruhrbergbau war. Ab 1989 gehörte die Zeche dann zum Verbundwerk Lohberg/Osterfeld.

Zu den erhalten gebliebenen Denkmälern gehören das Fördermaschinenhaus von Schacht 1, die Werkstatt, das Verwaltungsgebäude mit Lohn- und Lichthalle sowie das Pförtnerhaus, ein herausragendes Ensemble aus der frühen Gründerzeit. Die eigentlich zum Abriss bestimmten Fördergerüste 1 und 2 wurden durch Bürgerproteste und einen dazu ins Leben gerufenen Förderverein verhindert. Die 1975 erbaute Kohlen-

Zeche Lohberg, Dinslaken

mischhalle diente 2015 als Aufführungsort der Ruhrtriennale.

Zusammen mit der Halde Lohberg und der nach dem Vorbild englischer Gartenstädte bis 1920 erbauten Bergarbeitersiedlung Lohberg bildet die Zeche einen seltenen, für den älteren Ruhrbergbau typischen Komplex. Und das Areal hat als Stadtentwicklungsmaßnahme Zukunft. Ein 2009 beschlossener Rahmenplan sieht eine dreiteilige Mischnutzung vor. Der Hauptbereich mit den Industriedenkmälern ist dem Kreativ. Quartier Lohberg vorbehalten, daneben entstehen ein neues Wohnquartier und ein Gewerbegebiet für mittelständische Betriebe.

Die ehemaligen Lagerflächen sind als „Bergpark Lohberg“ zu einem wellenförmigen Grünzug mit Seefläche umgestaltet worden, der 2014 eröffnet wurde und als Freizeit- und Landschaftsareal dient. Abgerundet wird die Neunutzung durch den „Lohberg Corso“, 2015 fertiggestellt, einen kombinierten Fuß- und Radweg, der quer durch das gesamte Quartier führt und später bis zum Emscher Landschaftspark verlängert werden soll.

Adresse
Hünxer Straße 368
46537 Dinslaken
www.kreativ.quartier-lohberg.de
www.foerderverein-foerdertuerme-lohberg.de

Phoenix-Gelände (Dortmund)
Mit der Stilllegung der Stahlstandorte Phoenix West (1998) und Phoenix Ost (2001) endete im Stadtteil Hörde eines der längsten Kapitel Dortmunder Industriegeschichte. Fast 160 Jahre hatten die Hütten- und Hochofenwerke (1852 Bau des ersten Hochofenwerkes, 1864 Beginn der Flussstahlerzeugung auf dem heutigen Gelände Phoenix West) nicht nur das Arbeits-, sondern als riesige Silhouette auch das Alltagsleben der Hörder beherrscht.

In den folgenden Jahren lag die riesige Fläche der einstmals „verbotenen Stadt“ brach, Teile der Hüttenwerke wurden demontiert und nach China verkauft. Zurück blieb eine riesige Brache, die durch die Beseitigung der Altlasten später zeitweise als größte Baustelle Europas galt, die Stadtplaner aber ob der südlich der Innenstadt gelegenen Filetlage jedoch begeisterte.

Auf dem im Sommer 2001 von der Landesentwicklungsgesellschaft NRW erworbenen, ca. 115 Hektar großen Gelände Phoenix West entsteht einer der bundesweit größten Standorte für Unternehmen der Mikro-/Nano-, Produktions- und Informationstechnologie. Im Mai 2006 konnte das Richtfest für den zweiten Bauabschnitt der MST.factory dortmund gefeiert werden. Im Frühjahr 2008 ging das Zentrum für Produktionstechnologie in Betrieb. Seit 2009 ist das Areal vollständig erschlossen.

Die 99 Hektar große Fläche Phoenix Ost wurde zur Wohn- und Freizeitoase entwickelt, mit künstlichem See, Hafenpromenade und rund 1.200 Wohneinheiten, Einkaufsmöglichkeiten sowie Gastronomie- und Dienstleistungsangeboten. Der 24 Hektar große neue See – der eine Länge von 1.230 Metern, eine maximale Breite von 310 Metern und eine Tiefe bis zu 4,6 Metern hat –, wurde 2010 geflutet. An den Ufern des Sees, wo eine über drei Kilometer lange Uferpromenade mit Freizeiteinrichtungen ein neues Naherholungsgebiet bietet, entstanden und entstehen Wohneinheiten in einem außergewöhnlichen Ambiente.

Auch die Natur hält wieder Einzug in das ehemalige Montan-Areal: Bei einer von der Emschergenossenschaft, der Stadt Dortmund, der Naturschutzbund Dortmund (NABU), der AGARD, der Biologischen Station Kreis Unna und der Universität Duisburg-Essen durchgeführten Untersuchung zum „GEO-Tag der Artenvielfalt“ wurden mehr als 700 Flora- und Fauna-Arten rund um den Dortmunder Phoenix See festgestellt.

Intensiv und nachhaltig hat auch die Kultur Phoenix West entdeckt: Aufführungen im Rahmen des Theaterfestivals Ruhr und der Ruhrtriennale sowie zahlreiche Ausstellungsprojekte des 2001 gegründeten medien kunst netz dortmund – ein Zusammenschluss von Kulturbüro, Museum Ostwall, Universität Dortmund und Hartware Medien KunstVerein – fanden bis 2010 in dem historischen Gemäuer der Phoenix-Halle statt. Hier ist mittlerweile eine neue Veranstaltungshalle mit Club entstanden.

Informationen

Stadt Dortmund
Wirtschaftsförderung Dortmund
Töllnerstr. 9-11
44122 Dortmund
Tel. 0231/5029239
info@phoenixdortmund.de
www.phoenixdortmund.de

TechnologieZentrum Dortmund / TechnologiePark Dortmund

Als sich 1984 das TechnologieZentrum Dortmund (TZDO) gründete, waren Inhalte und Ziele der Institution nur wenigen bekannt. Heute ist das Zentrum anerkannt als wichtiger Mentor des Strukturwandels vor allem im östlichen Ruhrgebiet. Zusammen mit dem 1985 entstandenen TechnologiePark gilt es als eine der führenden High-Tech-Adressen in Deutschland und ist seit Mai 2002 erstes „Anerkanntes Innovationszentrum" in NRW. Zukunftsweisende Branchen sind vor allem die Mikrostrukturtechnik und Nanotechnologie (im Mikrostrukturzentrum) sowie Biomedizin, Umwelt- und Biotechnologie (im BioMedizinZentrumDortmund).

Als Initiator und Wegbereiter für technologieorientierte Unternehmen und Existenzgründer zählt das TechnologieZentrum (mit TechnologiePark und Kompetenzzentren) inzwischen mehr als 300 Unternehmen mit über 10.000 Mitarbeitern.

Informationen

TechnologieZentrumDortmund GmbH
Emil-Figge-Str. 76-80
44227 Dortmund
Tel. 0231/9742-100
technobox@tzdo.de
www.tzdo.de

Phoenix West, Dortmund

RheinPark [Duisburg]

Mehr als 150 Jahre wurde das Duisburg-Hochfelder Rheinufer industriell genutzt. Das Projekt RheinPark Duisburg steht für die Entwicklung des Gebietes zu einem neuen Stadtquartier am Rhein. Der Ausbau in den südlichen Parkflächen ist abgeschlossen. Entstanden sind hochgelegene Wiesenflächen, über 3.000 Bäume wurden gepflanzt. Eine 1,4 Kilometer lange Uferpromenade führt zwischen der Brücke der Solidarität und dem Kultushafen am Wasser entlang. Ein 300 Meter langer Sandstrand verschafft Urlaubsfeeling. Ebenso wie die Erlebnisgastronomie des Restaurants Ziegenpeter mit seiner Strandbar, das 2011 eröffnet wurde.

Elemente der ehemaligen Industrieanlagen geben dem RheinPark eine faszinierende Atmosphäre. Seit dem großen Graffiti-Event 2009 schmückt internationale Sprayerkunst neun Wandflächen von vier Erzbunkerwänden. Und als Veranstaltungsort hat sich der RheinPark auch schon einen Namen gemacht.

Aktiv werden kann man an einer Kletterwand oder auf den Streetball- und Beachvolleyballfeldern am Rheinstrand. Eine Skateranlage war bereits Schauplatz einer deutschen Meisterschaft.

Das Projekt RheinPark wird weiter umgesetzt, Arbeitsplätze sollen angesiedelt und neue Wohnformen in einem lebendigen Quartier geschaffen werden.

■ **Adresse**

Liebigstraße
47053 Duisburg
www.duisburg.de

Dienstleistungspark Innenhafen [Duisburg]

>> Route der Industriekultur

Bürger- und Handwerkerpark Zollverein III/VII/X [Essen]

Der Zollverein-Standort III/VII/X in Katernberg-Beisen stand lange im Schatten des großen Zentralförderschachtes XII. Mit der Konzentration auf die neue Riesenanlage verloren die zwischen 1882 und 1911 abgeteuften Schächte bereits 1932 ihre fördernde Funktion, wurden fortan zur Seilfahrt für Personen und Material genutzt und 1980 (Schächte III/VII) bzw. 1987 (Schacht X) verfüllt.

Mit dem Erwerb der südlichen Teilfläche durch die Landesentwicklungsgesellschaft NRW (LEG) 1987 begannen die Bemühungen um eine Integration der Brache in den Stadtteil durch Ansiedlung von Handwerksbetrieben und Institutionen aus dem soziokulturellen Bereich. Das Pförtnergebäude, die Maschinenhalle (Phänomania Erfahrungsfeld) und das Fördergerüst von Schacht 10 (Aussichtsplattform) wurden denkmalgerecht saniert. Hauptanziehungspunkt für Besucher ist die experimentelle Ausstellung „Phänomania Erfahrungsfeld“ (s. Kunst & Kultur/Museen). Die alte Fördermaschinenhalle beherbergt auch das Café Zollverein.

■ **Informationen**

Phänomania Erfahrungsfeld
Am Handwerkerpark 8-10
45309 Essen
Tel. 0201/301030
info@erfahrungsfeld.de
www.erfahrungsfeld.de
Öffnungszeiten: Mo-Fr 9-18 Uhr, Sa/So/Fei 10-18 Uhr

Zeche Graf Bismarck I/IV [Gelsenkirchen]

Nicht überall ist es gelungen, alte Zechenarchitektur zu erhalten. So blieb von der 1873 in Betrieb gegangenen und erst 1966 stillgelegten Zeche Graf Bismarck I/IV kaum etwas übrig. Dass sich der Besuch dennoch lohnt, liegt vor allem an dem 1905 entstandenen Kauengebäude und dessen sehenswerter Architektur im Stile des Historismus. Als I-Tüpfelchen hat der durch Flach- und Rundbogenfenster strukturierte Ziegelsteinbau einen Turm mit geschweifter Haube. Ein fast schon zu „poetischer“ Eindruck, der glücklicherweise durch eine vor dem Kauengebäude liegende riesige Seilscheibe, die die Ausmaße der Zeche erahnen lässt, wieder aufgelöst wird. Genutzt wird die Kaue heute als öffentliches Begegnungszentrum des Sozialwerks St. Georg.

Innovationszentrum Wiesenbusch Gladbeck

Im September 2008 leitete der damalige NRW-Bauminister Oliver Wittke mit dem ersten Spatenstich den in drei Abschnitten geplanten Umbau der am Rhein-Herne-Kanal liegenden, 80 Hektar großen Industriebrache zum „Stadtquartier Graf Bismarck" ein. Geplant waren rund 11,3 Hektar Wohnbauflächen sowie etwa 11,6 Hektar gewerbliche Baufläche. Die Vision einer „Stadt am Wasser" ist in weiten Teilen bereits Wirklichkeit geworden, und auch auf den Gewerbeflächen haben sich bereits Unternehmen angesiedelt. Unter dem Motto „Wasser, Wald und Parks" wird der Hafen des ehemaligen Kraftwerkes zu einem Mittelpunkt für Freizeit und Erholung entwickelt – die neue Hafenmundbrücke ist errichtet, ein Teilbereich der Hafenpromenade bereits fertiggestellt –, während weit reichende Grüngürtel wie der Kanaluferpark das Gelände insgesamt umschließen.

Adresse

Uechtingstraße / Alfred-Zingler-Straße
45881 Gelsenkirchen

Nordsternpark (Gelsenkirchen)

>> Route der Industriekultur

Wissenschaftspark Gelsenkirchen

>> Industrieanlagen

Gewerbepark Brauck (Gladbeck)

Das Erbe der Kohlezeit ist im Gladbecker Stadtteil Brauck an der Grenze zu Bottrop und Essen wirklich unübersehbar. Neben den Brachen der ehemaligen Zechen Graf Moltke (1903–1971) und Mathias Stinnes (1905–1966) zeugt vor allem eine eindrucksvolle Haldenlandschaft mit mehreren, bis zu 40 Meter hohen Bergehalden aus der vergangenen Ära.

Im Schatten dieser „Revier-Berge" ist auf insgesamt rund 30 Hektar Fläche auf dem Gelände des ehemaligen Bergwerkes Graf Moltke III/IV (Nordfläche) und auf dem einstigen

Holzplatz der Zeche Mathias Stinnes (Südfläche) ein auch gestalterisch ansprechendes Gewerbegebiet für Produktion und Handel, Handwerk und Dienstleistungen entstanden. Gleichzeitig wurden die Zechenareale über neu konzipierte Erholungs- und Vegetationsflächen mit der umgebenden Landschaft verbunden.

Adresse
Europastraße
45968 Gladbeck

INNOVA-Park mit Innovationszentrum Wiesenbusch Gladbeck

Die Idee vom „Arbeiten im Park" wurde im INNOVA-Park beispielhaft umgesetzt. Nur gut ein Drittel der Gesamtfläche von ca. 30 Hektar ist als gewerbliche Fläche ausgeschrieben. Zentrum des INNOVA-Parks ist das Innovationszentrum Wiesenbusch Gladbeck (IWG). Während der INNOVA-Park vorwiegend Firmen aus dem Bereich „produktionsorientierte Dienstleistungen" Raum bietet, bilden beim IWG – mit über 10.000 qm Nutzfläche gleichzeitig auch das größte Technologiezentrum in der Emscher-Lippe-Region – „zukunftsorientierte Technologien" den Schwerpunkt.

Informationen INNOVA-Park
Stadt Gladbeck – Referat
Wirtschaftsförderung und Kommunikation
Willy-Brandt-Platz 2
45964 Gladbeck
Tel. 02043/992016
www.wirtschaftsfoerderung-gladbeck.de

Informationen Innovationszentrum Wiesenbusch Gladbeck
Am Wiesenbusch 2
45966 Gladbeck
Tel. 02043/944-0
info@innovationszentrum.de
www.iwg-gladbeck.de

Öko-Zentrum NRW (Hamm)

Zu Gründungszeiten galt die 1912–1914 errichtete Zeche Sachsen landesweit als eines der modernsten Bergwerke. 80 Jahre später wird auf der rund 50 Hektar großen Industriebrache erneut „wegweisend" gearbeitet – im 1993 eröffneten „Öko-Zentrum NRW", an einer der ersten Adressen für nachhaltiges Bauen.

Ein ökologisches Messe-, Informations-, Schulungs- und Gewerbezentrum auf einer „Altlast", das war schließlich auch für die gesamte IBA-Konzeption modellhaft. Deutlicher kann der Begriff Strukturwandel kaum erklärt werden. Dazu gehört natürlich auch der Slogan „Neunutzung vor Neubau", auch wenn von der 1976 stillgelegten Zeche Sachsen nicht mehr viel übrig blieb. Das denkmalgeschützte, aufwändig renovierte Maschinenhaus – das gemeinsam mit der ebenfalls erhaltenen Elektrozentrale ab 1912 von dem bekannten Essener Architekten Professor Alfred Fischer im Stil des Funktionalismus errichtet worden war – fungiert heute unter anderem als Veranstaltungsort für das Festival „Klassik Sommer". Ein 150 Jahre alter Fachwerkbauernhof, der einem Bauvorhaben weichen musste und auf der Zechenbrache wiederaufgebaut wurde, ist das Verwaltungsgebäude der Öko-Zentrum NRW GmbH im gleichnamigen Gewerbepark, in dem heute ca. 30 Unternehmen ansässig sind.

Öko-Zentrum NRW, Hamm

■ **Informationen**
Sachsenweg 8
59073 Hamm
Tel. 02381/30220-0
info@oekozentrum-nrw.de
www.oekozentrum-nrw.de

Akademie Mont-Cenis (Herne)

Mittelmeerklima, architektonische Vision, ökonomische Optimierung und ökologische Vernunft: In Herne gedeiht die Schöne Neue Welt – mit einem Namen, der Geschichte trägt. Mont Cenis, das bedeutete auf diesem Gelände früher rußige Luft und den lärmenden Betrieb einer ab 1871 fördernden Zeche. Deren französische Baumeister hatten sich bei der Namensgebung an den Tunnel durch den gleichnamigen Berg in den Alpen erinnert, ein Bauwerk, das ehemals als Wunderwerk der Technik gepriesen wurde. Womit sich der Kreis zur Gegenwart wieder schließt. Denn auch heute gilt der Name „Mont Cenis" wieder als Ausdruck von Spitzentechnologie, konzipiert

Akademie Mont-Cenis, Herne

von einem französischen Architekturbüro.

Gemeint ist die im August 1999 eröffnete Fortbildungsakademie des Innenministeriums NRW mit ihrer Mikroklimahülle aus Glas – 170 Meter lang, 75 Meter breit und 15 Meter hoch. Maße und Möglichkeiten, die staunen lassen. Denn die gigantische Glashülle, unter der sich zwei- bis dreigeschossige Akademie-, Seminar- und Wohn-/Hotelgebäude erstrecken und auch ein Stadtteilrathaus, eine Bibliothek und ein Bürgersaal in diversen Bauten untergebracht sind, bewirkt eine klimatechnische Verschiebung, die mithilfe modernster Belüftungs- und Heizungssysteme die Außenraumnutzung auch in den kälteren Herbst- und Frühlingsmonaten zulässt und gleichzeitig eine enorme Reduzierung des Energieverbrauchs des Gesamtobjekts erreicht.

Die Konstruktion der Hülle basiert auf einem Tragwerk aus Holz. 56 Fichtenstämme und Holzrechteckprofile tragen über 20.000 Quadratmeter

Glas. Die in den Glasflächen integrierten Photovoltaikmodule ergeben zusammen die größte dachgeständerte Solaranlage der Welt.

Um die Akademie herum wurde das ehemalige Zechengelände als Landschaftspark konzipiert, deutlich in Szene gesetzt durch die raumschaffende Lichtinstallation „Oval Light" von Mischa Kuball, bei der 41 blaue Lichtpunkte die elliptische Landschaftsform der Umgebung akzentuieren und diese wiederum in Beziehung zum Akademiegebäude setzen.

Adresse / Informationen

Mont-Cenis-Platz 1
44627 Herne-Sodingen
Tel. 02323/965-0
(Fortbildungsakademie)
service@fah.nrw.de
www.fah.nrw.de

Innovations- und Gründerzentrum Herne

Das Innovations- und Gründerzentrum wurde 1996 als IBA-Projekt auf einer Erweiterungsfläche des ehemaligen Bosch-Blaupunkt-Werks am Rhein-Herne-Kanal errichtet.

Das Gebäude bietet Ästhetik und Funktionalität auf rund 6.000 Quadratmetern Nutzfläche, verteilt auf zwei Geschosse und fünf Bautrakte. Die mehr als 40 angesiedelten Unternehmen gehören vornehmlich dem technologieorientierten Dienstleistungssektor an.

Durch die intensive Begrünung der Außenflächen und der Fassaden wurde dem Grundgedanken „Arbeiten im Park" Rechnung getragen.

Informationen

Innovations- und Gründerzentren Herne
c/o Wirtschaftsförderungsgesellschaft Herne mbH
Westring 303
44629 Herne
Tel. 02323/925100
info@igz-herne.de
www.igz-herne.de

ZukunftsZentrum Herten

Das ZukunftsZentrum Herten (ZZH) ist bereits seit 1996 ein Sprungbrett für junge innovative Unternehmen. Neben ausreichend Raum bietet das ZZH seinen Mietern umfangreiche Laboreinrichtungen und eine kooperative Umgebung, die neue Synergien, Partnerschaften und Projekte ermöglicht. Dabei stehen Themen der Umweltwirtschaft, der alternativen Energien und der Wassertechnik im Vordergrund. Das Gebäude mit seiner charakteristischen Solarzellen-Fassade wurde zur Keimzelle der Technologieentwicklung in Herten und ist das Herzstück des Hertener Technologieparks. Und da das äußerliche Symbol auch nach innen wirken soll, ist mit der zukunftsweisenden Architektur eine entsprechende Funktionalität der technischen Ausstattung verbunden.

Informationen

Konrad-Adenauer-Str. 9-13
45699 Herten
Tel. 02366/305-0
zzh@herten.de
www.zzh-herten.de

Zukunftsstandort Zeche Ewald (Herten)

Eingebettet in den Wirtschaftsraum „Nördliches Ruhrgebiet", ist auf dem Areal der ehemaligen Zeche Ewald ein Wirtschaftsstandort von europäischem Format entstanden. Wo ehemals mehr als 4.000 Bergleute auf einer der produktivsten Zechen des Ruhrgebiets arbeiteten, werden jetzt und auch in Zukunft wieder Impulse für die Stadt Herten und das Ruhrgebiet gegeben. Exzellenter Standortfaktor für „Ewald" sind die unmittelbaren Verkehrsanbindungen an die A2 sowie die A42 und A43.

Das 52 Hektar große Gelände bietet mit seinen attraktiven Flächen, den denkmalgeschützten Bestandsgebäuden und der umliegenden größten Haldenlandschaft Europas hervorragende Voraussetzungen für die Ansiedlung von hochwertigen Dienstleistungs-, Gewerbe- und Industriebetrieben. Mit der Ansiedlung des Wasserstoff-Kompetenzzentrums Herten (H2H) haben die Verantwortlichen der RAG Montan Immobilien und der Stadt Herten einen Meilenstein der Stadtentwicklung geschaffen: Hier werden Forschung, Bildung und Anwendung der Wasserstofftechnologie gebündelt, Synergien erzeugt, Zukunft gestaltet. Aber auch Logistikunternehmen, Handwerk, Gewerbe und mittelständische Industrie kennzeichnen das besondere Profil des Standortes. Bis 2018 entsteht hier zudem die MOTORWORLD Zeche Ewald | Ruhr – unter anderem mit exklusivem Fahrzeughandel, Werkstätten, Hotel und mit Glasboxen zum Ausstellen von Luxusautos und Oldtimern.

Die Geschichte der Zeche Ewald begann mit den Abteufarbeiten für den Schacht 1 im Jahre 1872 und war zunächst wenig erfolgreich. Denn erst vier Jahre später fand man in 464 Meter Tiefe ein lohnendes Kohlevorkommen, dessen Förderung wegen Gesteinsverwerfungen und Wassereinbrüchen allerdings stark eingeschränkt wurde. Auf der damals so genannten „Zeche Elend" grub man weiter bis zu einer Tiefe von 624 Metern – kein Schacht im Ruhrgebiet lag damals so tief. Bis 1912 dehnte sich das Bergwerk aus und wuchs auf sechs Schächte, ehe erhöhte Förderziele und Rationalisierungsgedanken den Bau eines Zentralförderschachts (Schacht 7) notwendig machten, der in den 1950er Jahren fertig gestellt wurde. 1969 übernahm die Ruhrkohle AG (RAG) die Zeche und schloss sie mit der Zeche Recklinghausen zusammen. 1989 kam es zur Vereinigung mit der Zeche Schlägel und Eisen, 1997 folgte der Verbund mit der Zeche Hugo. Die Stilllegung der Zeche Ewald im

Zeche Ewald, Herten

Jahr 2001 (die letzte Förderschicht wurde am 28. März 2000 gefahren) erfolgte aus energiepolitischen Erwägungen.

An die ehemalige Zeche erinnern heute der Malakow-Turm von 1875 über Schacht 1, das Stahlkastenstrebengerüst über Schacht 2 und das Doppelbock-Fördergerüst am ehemaligen Förderschacht 7. Zu den historischen Gebäuden zählen das nach 1888 entstandene Verwaltungsgebäude und das in neoklassizistischer Form gehaltene Büro- und

Kauengebäude aus den 1920er Jahren.

Komplettiert wird der „Zukunftsstandort Ewald“ durch touristische Neunutzungen, vor allem durch das Besucherzentrum Hoheward in der ehemaligen Lohn- und Lichthalle, das 2014 das Qualitätssiegel des Deutschen Tourismusverbandes erhielt. Darüber hinaus fungiert die „Zeche Ewald“ seit 2011 als Ankerpunkt der Route der Industriekultur. Und während der ExtraSchicht ist auch die Zeche Ewald eine unvergleichliche Kulisse für Musik, Tanz und andere kulturelle Erlebnisse.

■ Informationen

Besucherzentrum Hoheward
Werner-Heisenberg-Straße 14
45699 Herten
Tel. 02366/1811-60
besucherzentrum-hoheward@rvr-online.de
www.landschaftspark-hoheward.de
Öffnungszeiten: Di-So 10-18 Uhr
MOTORWORLD Zeche Ewald | Ruhr
Doncaster Platz 4, 45699 Herten
Tel. 02366/95201-0
events-ewald@motorworld.de
www.motorworld.de

Technopark Kamen

Kaum eine alte Zechenbrache hat eine derart vielfältige Neunutzung erfahren wie das Gelände der ehemaligen Zeche Monopol. Mit dem 80.000 Quadratmeter großen Technopark wurde hier eines der bedeutendsten Stadterneuerungsprojekte der 1990er Jahre realisiert. Ein Zukunftsstück mit trauriger Vorgeschichte. Denn einen Namen hatte sich die Zeche Monopol, deren erste 1874 und 1887 fertiggestellte Schachtanlagen noch die ursprüngliche Bezeichnung Friedrich Grillo trugen, schon vorher gemacht, allerdings in negativer Hinsicht. 1946 ereignete sich hier eines der größten Grubenunglücke in der Geschichte des Ruhrgebiets, als eine Schlagwetterexplosion 405 Bergleute das Leben kostete.

Heute steht hier die autofreie Gartenstadt Seseke-Aue (s. auch Kapitel Siedlungen) inmitten von Grünanlagen, und nebenan wird im Gründer- und Technologiezentrum getüftelt. Die umgebauten, ehemaligen Verwaltungsgebäude der 1981 stillgelegten Zeche im zentralen Bereich des Parks beherbergen das Gründer- und Technologiezentrum, das die Ansiedlung von betrieblichen Existenzgründern und technologieorientierten Unternehmen anbietet.

■ Informationen

Technopark Kamen
Lünener Str. 211-212
59174 Kamen
Tel. 02307/91206-0
info@technopark-kamen.de
www.technopark-kamen.de

Technologiezentrum LÜNTEC (Lünen)

Dort, wo die 1900 errichtete Zeche Minister Achenbach „Kohle machte“, fördert seit 1995 das Technologiezentrum LÜNTEC im ehemaligen Kauen- und Verwaltungstrakt neue Ideen zu Tage. Ein sehenswertes Symbol für den Strukturwandel im Ruhrgebiet steht hier: das „Colani-Ufo“. Entworfen vom Designer Prof. Luigi Colani krönt das Ellipsoid in 37 Meter Höhe den früheren Förderturm der Zeche. Im Inneren befindet sich eine moderne Businesslounge mit Tagungsräumen und Veranstaltungsflächen.

■ Informationen

Am Brambusch 24, 44536 Lünen
Tel. 0231/9860-100
info@luentec.de
www.luentec.de

Ruhrbania (Mülheim an der Ruhr)

Unter dem Motto „Wohnen, arbeiten und erleben am Wasser“ bündelt das Stadtentwicklungsprojekt unterschiedliche Maßnahmen. Kernprojekt ist die Ruhrpromenade in der Mülheimer Innenstadt. Im direkten Anschluss an das Historische Rathaus startete ab 2010 eine Neubebauung, 2014 folgte die Errichtung des „Ruhrquartiers“. Gebäudekomplexe entstanden als attraktiver Mix aus Wohnen (Miet- und Eigentumswohnungen in gehobener Ausstattung), Büro/Dienstleistungen und Gastronomie. Der Stadthafen bietet neue Anlegestellen, der historische Leinpfad ist wiederhergestellt, zunehmend finden auf dem Platz am Hafen auch Veranstaltungen statt.

Technologiezentrum LÜNTEC, Lünen

Ruhrbania wird in den nächsten Jahren fortgeführt.

■ **Informationen**

Bauinformation „Unsere Innenstadt"
Kohlenkamp 34
45468 Mülheim an der Ruhr
Tel. 0208/9401000
ruhrbania@muelheim-ruhr.de
www.ruhrbania.de

Technologiezentrum Umweltschutz (Oberhausen)

Dass die Essener Straße über eine außergewöhnliche Ansammlung von historisch bedeutsamen Industriebauten verfügt, macht schon ihr Beiname „Allee der Industriekultur" deutlich. Mit dem 1997 auf dem Gelände der ehemaligen Gutehoffnungshütte fertiggestellten Technologiezentrum Umweltschutz präsentiert sie darüber hinaus, wie attraktiv eine Kombination aus alter und neuer Architektur sein kann.

Das Ensemble besteht aus dem 1917 von Carl Weigle für die Gutehoffnungshütte erbauten, später von Thyssen genutzten Werksgasthaus, das dank seiner modernsten technischen Ausstattung heute als Büro- und Konferenzzentrum für Tagungen dient, und einem bogenförmig um das Industriedenkmal geschwungenen, von den französischen Architekten Reichen und Robert entworfenen Neubau in Stahl-, Glas- und Ziegelbauweise mit Büroflächen für neugegründete Unternehmen sowie zwei Erweiterungsbauten.

Die ansässigen Firmen arbeiten u. a. in den Bereichen Telekommunikaton, Multi-Media, Local Area Netzwerk-Technologien (LAN), System- und Spezialsoftware-Enwicklungen.

■ **Informationen**

Essener Str. 3-5, 46047 Oberhausen
Tel. 0208/850370
info@tzu.de
www.tzu.de

„Slinky Springs to Fame“, Oberhausen

VIADUKT UND SICHEL – BRÜCKEN

Wo Flüsse und Kanäle sind, da sind auch Brücken. Auch zur Überwindung von Tälern und anderen unwegsamen Gebieten sind Brücken unumgänglich.

Das Ruhrgebiet kennt zahlreiche dieser Überführungen, allein die Stadt Duisburg weist etwa 700 Brücken auf, davon sieben Rhein- und sieben Ruhrbrücken. Unter den vielen Überspannungen gibt es Kettenbrücken, Zugbrücken, Bogenbrücken, Drehbrücken, Eisenbahnbrücken oder Viadukte. Ältere Bauten sind aus Holz oder Stein, neuere (seit Beginn des 19. Jahrhunderts) aus Stahl.

Die längste von ihnen überspannt mit 1.830 Metern das Ruhrtal bei Mülheim. Die Stahlkonstruktion, über die heute die Bundesautobahn A52 führt, zählt zu den größten Brückenbauprojekten Europas nach dem Zweiten Weltkrieg.

Ebenso beeindruckend ist das Ruhrviadukt bei Herdecke, das 1877/78 als Trasse für die Rheinische Eisenbahn errichtet wurde. Es gilt als besondere technische Meisterleistung. Für das imposante Bauwerk, das in zwölf halbkreisförmigen Bögen von je 20 Metern Länge das Ruhrtal überspannt, wurden allein 24.400 Kubikmeter Bruchstein verbraucht.

Eine sehenswerte, ebenfalls schon sehr alte Brücke ist schließlich die Fleuthebrücke in Gelsenkirchen-Bismarck. Die Steinbogenbrücke wurde 1853 über die Fleuthe gebaut, um den Gahlschen Kohleweg zwischen Blankenstein an der Ruhr und der Verladestation Kohlhaus bei Dorsten fortzusetzen.

„Grimberger Sichel“ über dem Rhein-Herne-Kanal (o.) und Ruhrviadukt bei Herdecke

Nach Entstehung des Rhein-Herne-Kanals verlor die Brücke allerdings ihre ursprüngliche Funktion.

Viele alte Brücken im Ruhrgebiet erstrahlen nach notwendig gewordenen Renovierungsarbeiten in neuem Glanz. Bunte Verstrebungen und Bögen, wie etwa am Rhein-Herne-Kanal bei Duisburg, sind Kennzeichen modernerer Brückenbauten.

Ein Vertreter innovativer Überführungen ist die „Erzbahnschwinge“, eine 130 Meter lange, s-förmige Fuß- und Radweg-Brücke über die Gahlensche Straße in Bochum, die 2006 immerhin für den ersten Deutschen Brückenbaupreis nominiert war. Sie ist eine der ersten doppelt gekrümmten, einseitig gestützten Hänge brücken weltweit und markiert den Einstieg in die Erzbahntrasse vom Bochumer Westpark zum Hafen Grimberg in Gelsenkirchen.

Noch prominenter ist die in einem halbkreisförmigen Bogen über den Rhein-Herne-Kanal führende „Grimberger Sichel“. Die asymmetrische Stahlkonstruktion mit einer Spannweite von rund 150 Metern erhielt im September 2010 sogar den European Steel Bridges Award 2010.

Spielerisch zeigt sich die begehbare Brückenskulptur „Slinky Springs to Fame“, die vom Künstler Tobias Rehberger wie eine schwingende Spirale entworfen wurde. Die 2011 eröffnete Konstruktion am Kaisergarten Oberhausen führt auf 406 Metern Länge über den Rhein-Herne-Kanal.

Derbyzeit im Ruhrgebiet: Zwischen dem FC Schalke 04 und Borussia Dortmund geht es in der Bundesliga immer hoch her

SPORT

„ENTSCHEIDEND IS AUFFEM PLATZ“
MYTHOS FUSSBALL IM RUHRGEBIET

Tore, Punkte, Meisterschaft – das Leben ist „auffem Platz“ und das Herz schlägt im 90-Minuten-Takt. Nirgendwo sonst in Deutschland spielt der Fußball eine größere Rolle als im Ruhrgebiet. Volle Stadien an jedem Spieltag der Saison: Das gibt es nur hier. Für die Fans von Schalke 04, Borussia Dortmund, des VfL Bochum, MSV Duisburg, Rot-Weiss Essen oder Rot-Weiß Oberhausen ist Fußball ihr Leben, schon von klein auf werden sie mit dem Mythos geimpft.

Angefangen hat alles zwischen Zechen und Fördertürmen, auf alten Brachflächen und Hinterhöfen. Hier kickten um die Jahrhundertwende die kleinen und großen Jungs in ihrer Freizeit mit Geschossen aller Art, ein richtiger Fußball war nur selten zur Hand. Schon bald gründeten sich die ersten Vereine. Zum Beispiel der Sportclub „Westfalia Schalke“, ein Verein, der bei seiner Gründung im Jahre 1904 nur wenig Beachtung fand, später jedoch zum legendären Fußballclub „FC Schalke 04“ mit Spielern wie Ernst Kuzorra und Fritz Szepan aufstieg. Oder der Jünglingsverein „Dreifaltigkeit“, eine Spielmannschaft der katholischen Jugend, aus der nach einiger Zeit „Borussia Dortmund“ hervorging.

Eine große Rolle spielte bis in die 1960er Jahre die für das Ruhrgebiet typische Symbiose aus Kohle und Kicker, die die so genannten „Westvereine“ von dem schier unerschöpflichen Reservoir an begabten Spielern sowie von der wirtschaftlichen Unterstützung durch die Bergwerke profitieren ließ. Die Spieler werden von der Zechenarbeit halbtags freigestellt, um spielen und trainieren zu können – Alltag in dieser Zeit. Die großen Erfolge des „Schalker Kreisels“ (mit sechs Meisterschaften zwischen 1934 und 1942), die „Straßenbahnliga“ der alten Oberliga West-Zeit (1947–1963), während der Rot-Weiss Essen (1953 Pokalsieger, 1955 Meister), Borussia Dortmund (1956, 1957 und 1963 Meister) und Schalke 04 (1958 Meister) den deutschen

Fußball dominierten – die Glanzzeiten des Revierfußballs kamen buchstäblich „aus der Tiefe des Raums“. Selbst das „Wunder von Bern“ stützte sich spielentscheidend auf das Ruhrgebiet – Helmut Rahn, der zweimalige Torschütze und legendäre Matchwinner im Finale der Fußballweltmeisterschaft 1954 (3:2 gegen Ungarn), schnürte seine Fußballstiefel für Rot-Weiss Essen.

Das Zechensterben seit den 1960er Jahren beendete die erstaunlichen Höhenflüge kleinerer Vereine wie des SV Sodingen, der Sportfreunde Katernberg, des STV Horst-Emscher, der Spielvereinigung Erkenschwick, der Sportfreunde Hamborn 07 oder des TSV Marl-Hüls.

Die Erfolge der „Großen“ auf dem Rasen korrespondierten hingegen mit einer wachsenden Anhängerschaft, deren Mitglieder zunehmend aus allen Schichten kamen. Ob Zechenarbeiter, kaufmännischer Angestellter oder Beamter, ob unter Tage, in der Kneipe oder zu Hause – sie alle hatten damals nur ein Thema: Fußball. Die Leidenschaft an diesem Sport hat sich bezahlt gemacht: Keine andere Region der Bundesrepublik hat so viele Bundesligavereine wie das Ruhrgebiet.

Die großen Fußballclubs wie Borussia Dortmund – nach den Meisterschaften 1995, 1996, 2002, 2011, 2012, den Pokalsiegen 1965, 1989, 2012, 2017 sowie dem Gewinn der Champions League und des Weltpokals 1997 ein Topverein in Europa – oder der FC Schalke 04 (UEFA-Cup-Sieger 1997, Pokalsieger 2001, 2002, 2011) sind heute gigantische Wirtschaftsunternehmen.

Vieles hat sich gewandelt, statt Kicker-Romantik regiert in zunehmendem Maße Geld und Kommerz. Die angesichts dieser Tatsachen dennoch ungebrochene Begeisterung für den Fußball und die Treue der Fans zu „ihrem“ Verein ist wohl nur mit der ehernen und reizvollsten Grundregel des Mythos zu erklären: Entscheidend is auffem Platz.

STADIEN

Lohrheidestadion (Bochum)
Das 1954 als kombiniertes Stadion für Leichtathletik und Fußball gebaute Lohrheidestadion ist Heimat des Fußballvereins SG Wattenscheid 09, der nach langjähriger Zweitliga-Präsenz 1990 in die Bundesliga aufstieg und dort vier Jahre lang als Kickerzwerg für Furore sorgte. Die kurzlebige Eliteliga-Euphorie bewegte die Stadtväter damals zu einer längst fälligen Finanzspritze, mit der das Stadion renoviert und 1992 mit einer neuen überdachten Osttribüne versehen wurde – auch wenn die neu erreichte Kapazität von ca. 16.200 Plätzen (davon ca. 5.000 überdachte Sitzplätze) nie der regulären Publikumsresonanz des kleinen VfL Bochum-Bruders entsprach. 2019 musste der Klub Insolvenz anmelden. Solche Sorgen hat die „Stadion-Konkurrenz" nicht: Die gleich nebenan liegende Leichtathletik-Abteilung des TV Wattenscheid war und ist bundesweit eine gute Adresse. Anlässlich der Deutschen Leichtathletik-Meisterschaften 2002 wurde das Stadion noch einmal modernisiert, 2010 bis 2012 ein neues Drainage-System unter dem Spielfeld verlegt, 2015 eine neue Anzeigetafel installiert und die Flut-

Moderner Glaspalast: die Veltins-Arena in Gelsenkirchen

lichtanlage einer Sanierung unterzogen. Weitere nationale Titelkämpfe folgten 2005 und 2012. Darüber hinaus fand von 2007 bis 2010 jährlich die DLV-Gala im Lohrheidestadion statt.

Informationen
Lohrheidestr. 82
44866 Bochum
Tel. 02327/9209-0 (Verein)
info@sgwattenscheid09.de
www.sgwattenscheid09.de

Vonovia Ruhrstadion (Bochum)

Wenn die Herbert-Grönemeyer-Fanfare „Bochum" die gleichnamige Revierstadt weithin beschallt, dann sind im Ruhrstadion wieder einmal Emotionen angesagt – zwischen Jubel und Trauer muss sich der dortige VfL, trotz eines äußerst beachtlichen Ausflugs im UEFA-Cup 1997, in den letzten Jahren mit einer Mittelfeldrolle in der 2. Bundesliga zufrieden geben. Trotz der zuletzt schwankenden Fieberkurve (lange ist es her: von 1971 bis 1993 hatte sich der stets als Abstiegskandidat gehandelte Klub bravourös in der ersten Liga gehalten und sich damit den Ruf des „Unabsteigbaren" verdient) begleitet das Publikum ihren Zweitliga-VfL mit hohem Stimmungsgrad, was nicht zuletzt am atmo-

Borsigplatz (Dortmund)

Nach dem ersten Europapokalsieg 1966 wurde er in schwarzgelben Vereinsfarben angestrichen, späteren Jubelfeiern stand er für Ehrenrunden der Kickerhelden zur Verfügung – für die Fans von Borussia Dortmund bedeutet der Borsigplatz eine Kultstätte, denn er gilt als die Wiege des Klubs.

Im Nordosten der Stadt gelegen, bildet er den zentralen Punkt des ab 1872 entstandenen Hoesch-Viertels. Obwohl der Platz heute mit dem eigentlichen BVB-Alltag nichts mehr zu tun hat, werden hier traditionell die Erfolge des Vereins gefeiert. Immerhin ging der am 19. Dezember 1909 in einem Nebenraum der Gaststätte „Zum Wildschütz" gegründete BVB aus einer Fußballmannschaft des Jünglingsvereins der Dreifaltigkeitsgemeinde hervor, jener Kirchengemeinde, die sich zu dieser Zeit aktiv um die Integration der vielen aus der Provinz Posen kommenden Arbeitskräfte kümmerte und deren zentraler Einzugsbereich das Gebiet um den Borsigplatz war.

Nicht weit entfernt vom Borsigplatz lag auch die „Weiße Wiese", die erste Heimat des BVB an der Wambeler Straße, die zwar 1932 durch den BVB angemietet und ausgebaut wurde, aber bereits 1937 der für die Rüstungsindustrie expandierenden Hoesch AG zum Opfer fiel.

Auch wenn der BVB seine Spiele in der Folgezeit im 1926 eingeweihten Stadion „Rote Erde" austrug, die Geschäftsstelle des BVB befand sich noch bis Mitte der 1970er Jahre in der Nähe des Borsigplatzes. Noch heute findet die Saisoneröffnung alljährlich im „Hoeschpark" statt – dort, wo einst die „Weiße Wiese" war.

Das Projekt „Borsigplatz VerFührungen" bietet einen fußballhistorischen Rundgang zu den Originalschauplätzen und der Gründungsgeschichte des BVB 09.

Adresse

Borsigplatz, 44145 Dortmund

Informationen

„Borsigplatz VerFührungen"
Tel. 0231/9818860, Tel. 0177/9111189
info@borsigplatz-verfuehrung.de, www.borsigplatz-verfuehrung.de

sphärisch dichten Ruhrstadion liegt. 1979 aus dem alten, 1919 errichteten Stadion in eine achteckige reine Fußballarena (seit 1987 mit Rasenheizung) umgebaut, ist es mit einem Fassungsvermögen von 29.299 überdachten Plätzen (davon 16.174 Sitzplätze) zwar kein Gigantenbau, garantiert dafür den Zuschauern aber eine besondere Nähe zum Spiel. Neben Ligaspielen des VfL wird das Stadion immer wieder auch für Großveranstaltungen wie z. B. Open-Air-Konzerte genutzt. 2011 war das Stadion Spielort der FIFA-Frauen-WM. Ab 2006 als rewirpowerSTADION bekannt, trägt die Arena seit Sommer 2016 den Namen des Bochumer Wohnungsunternehmens Vonovia.

Informationen

Castroper Str. 145
44791 Bochum
Tel. 0234/951848
info@vfl-bochum.de
www.vflbochum.de
Stadionführungen: Tel. 0234/951848

Stadion Rote Erde (Dortmund)

1926 offiziell als „Kampfbahn Rote Erde" eröffnet, war es städtebaulich das große Werk des Stadtbaurates Hans Strobel, des „Vaters" des Dortmunder Volksparks, zu dem neben der Arena Rote Erde auch die Westfalenhalle, das angrenzende Schwimmstadion und die Volkswiese gehörten. Mit einem Fassungsvermögen von

Signal Iduna Park, Dortmund

35.000 Zuschauern wurde es 1937 zur ersten großen Heimat von Borussia Dortmund, die sich in den kommenden Jahrzehnten zu einer der ganz großen deutschen Fußballmannschaften entwickelte. Ähnlich wie die Schalker Glückauf-Kampfbahn ist das Stadion Rote Erde das Monument einer frühen Erfolgsgeschichte des Fußballs, doch anders als die Gelsenkirchener Arena ist es noch immer ein Zuschauermagnet, denn seit dem Bau des unmittelbar angrenzenden Westfalenstadions (heute: Signal Iduna Park) dient die erst 2008 aufwändig sanierte Sportanlage mit insgesamt 28.000 Plätzen (davon 3.000 überdachte Sitzplätze) neben den Amateuren von Borussia Dortmund (bei Ligaspielen ist das Stadion insgesamt nur für 10.000 Zuschauer zugelassen) auch als Trainings- und Wettkampfstätte der Leichtathletik, die hier mit internationalen Sportfesten auf sich aufmerksam macht.

■ **Adresse**
Strobelallee
44139 Dortmund

Signal Iduna Park (Dortmund)

Als eines der ersten lupenreinen Fußballstadien Deutschlands zur Weltmeisterschaft 1974 errichtet, gleicht das ehemalige Westfalenstadion seit seinem Aus- und Umbau 2002/03 mehr einer Fußball-Oper. Mit einem Fassungsvermögen von heute 81.360 Zuschauern (die Südtribüne für über 24.000 Zuschauer ist gar die größte Stehplatztribüne Europas) garantiert die zweistöckige, meist ausverkaufte Mega-Arena unvergleichliche Phonerlebnisse. Eine Entwicklung, die sich visuell fortsetzt: Die in den Ecken Nord-West und Süd-Ost installierten Videomatrix-Tafeln sind mit einer Größe von jeweils 50 Quadratmetern die größten und technisch besten in Deutschland. Regelmäßig wird Borussia Dortmund zum zuschauerstärksten deutschen Sportverein gekürt, in der Saison 2018/2019 mit durchschnittlich 80.841 Zuschauern und einer Auslastung von 99,71 Prozent!

Als moderne Freizeiteinrichtung ist das Westfalenstadion allerdings längst mehr als eine 90-Minuten-Institution. Vor und nach der Kickershow der heimischen Borussia (u. a. 1995, 1996, 2002, 2011 und 2012 Deutscher Meister, 1997 Champions-League-Sieger und Weltpokalgewinner) ist der „Borussia Park" im Inneren der Nordtribüne mit seiner zur Strobelallee weisenden Glasfassade für bis zu 1.600 Gäste Schauplatz von Erlebnis-Gastronomien sowie vielfältigen Unterhaltungs- und Serviceangeboten. Dazu gehört ein hauseigenes Theater sowie ein klubeigenes Fernsehstudio, dessen „Fan-TV" innerhalb der Tribünen 350 Fernsehgeräte mit aktuellen Hintergrundinformationen versorgt. Das heute Signal Iduna Park genannte Stadion gehörte nicht nur zu den WM-Arenen 2006, sondern war auch prominenter Austragungsort einer Halbfinalpartie.

Für BVB-Fans ein Muss ist auch die 2014 fertiggestellte BVB-Fanwelt an der Nordwest-Ecke des Signal-Iduna-Parks, auf 2.000 Quadratmetern sind alle Angebote des BVB vereint wie Ticketing, Mitgliedschaft, Stadionführung, Fußballschule, Merchandising. Auf zweimal 600 Quadratmetern werden hier rund 1.000 Fanartikel präsentiert.

Schon seit Anfang 2009 hat das „Borusseum" seine Pforten geöffnet, ein Museum, das sich in den fünf Ausstellungsinseln „Borsigplatz", „Weiße Wiese", „Rote Erde", „Westfalenstadion" und „Schatzkammer" sowie einer multimedialen Station epochenweise der Vereinsgeschichte widmet. Die „Gelbe Wand", dazu zählen 13 beleuchtete Stationen, geht der besonderen Fankultur des BVB nach. Das in der Nordost-Ecke des Signal Iduna Parks gelegene Museum bietet darüber hinaus ein Kino sowie weitere audiovisuelle Installationen.

■ Informationen

Geschäftsstelle
Rheinlanddamm 207-209
44137 Dortmund
Tel. 0231/9020-0
Tel. 01805/309000 (Tickethotline)
service@bvb.de
www.bvb.de

BVB-Fanwelt
Strobelallee 54
44139 Dortmund
Tel. 0231/9020-0
Öffnungszeiten: Mo-Sa 10-18.30 Uhr
fanwelt@bvb.de
www.bvb.de/Fans/BVB-FanWelt

Borusseum
Strobelallee 50
44137 Dortmund
Tel. 0231/9020-1368
borusseum@bvb.de
www.borusseum.de
Öffnungszeiten: Mo-Fr 10-18 Uhr, Sa-So/Fei/Ferien 9.30-18 Uhr; Heimspieltage bis Anpfiff

Schauinsland-Reisen-Arena (Duisburg)

Der Meidericher Spielverein 02 Duisburg (MSV Duisburg) war zwar Hauptnutzer des ehemaligen Wedaustadions, mangels Erfolgen spielen die zwischen erster und zweiter Liga hin und her pendelnden Fußballprofis in den Annalen der Wedaustadiongeschichte jedoch nur eine Nebenrolle. So wurde die Arena (obgleich erst 1926 offiziell eingeweiht) 1922 anlässlich der deutschen Leichtathletik-Meisterschaften zum ersten Mal benutzt. Und der Anlass für die umfangreichsten Renovierungs- und Ausbauarbeiten im und um das Stadion war die 1989 stattfindende

Schauinsland-Reisen-Arena, Duisburg

Stadion Essen

Universiade. Neben der Laufbahn erhielt die Anlage damals eine neue Vortribüne, eine elektronische Anzeigetafel und ein Zuschauer-Farbleitsystem.

Seit dem Sommer 2003 allerdings sind die Tage des ehrwürdigen Duisburger Wedaustadions gezählt. In 15-monatiger Bauzeit ist an seiner Stelle die 31.500 Zuschauer fassende „MSV-Arena", ein reines Fußballstadion, fertiggestellt worden.

Adresse Stadion
Margaretenstr. 5-7
47055 Duisburg

Informationen
Geschäftsstelle
Margaretenstr. 5-7
47055 Duisburg
Tel. 0203/9310-0
Ticketline: 01806/190203
info@msv-duisburg.de
www.msv-duisburg.de

Stadion Essen / Georg-Melches-Stadion

Die guten alten Zeiten an der Hafenstraße: 1953 gewann RWE den deutschen Pokal, zwei Jahre später wurde der Fußballklub deutscher Meister. Und seine Fußballarena war standesgemäß: In den 1950ern galt das Stadion an der Hafenstraße, 1964 in Georg-Melches-Stadion umbenannt, als Musterbau, eine Multifunktionsanlage mit der ersten Flutlichtanlage in Deutschland. Es folgten nicht mehr ganz so gute Zeiten mit Auf- und Abstiegen, Amateurfußball, Lizenzentzügen in den 1990ern, Abbau der maroden Westkurve 1994. Mit der Jahrtausendwende setzten dann Planungen ein, für das „Dreiviertelstadion" einen Ersatz zu schaffen …

Im August 2012 wurde das Stadion Essen eröffnet und ersetzt seitdem in etwas versetzter Lage das alte Georg-Melches-Stadion, mit dessen Abriss 2012 begonnen wurde und an das heute nur noch ein Flutlichtmast erinnert. Das neue Stadion ist Spielstätte des Regionalligisten Rot-Weiss Essen und des Damen-Bundesligisten SGS Essen und dient auch als Event-Location. Die Vermarktung des Stadions als Konzertstätte gestaltet sich jedoch als schwierig.

Das Stadion, das den Vorgaben der Deutschen Fußball-Liga für die Bundesliga und denen des DFB für 3. und Regionalliga entspricht, hat in seiner ersten Ausbaustufe eine Gesamtkapazität von ca. 20.000 Plätzen. Die Dächer der Tribünen sind „freischwebend", so dass keine Pfeiler die Sicht auf das Spielfeld behindern.

■ **Adresse**

Hafenstr. 97 A
45356 Essen

■ **Informationen**

SBG Sportstätten
Betriebsgesellschaft
Stadt Essen mbH
Im ETEC-Gebäude / Haus 5
Rottstraße 17
45127 Essen
Tel. 0201/8880901
www.stadion-essen.de
(mit Kontakt-Formular)
www.rot-weiss-essen.de

Uhlenkrug (Essen)

Als 1922 die Mitglieder des ETB Schwarz-Weiß Essen mit viel Eigeninitiative eines der damals modernsten Stadien Westdeutschlands errichteten, war ihr Klub noch einer der besten im Westen. Die Erweiterung des Stadions 1939 (Fassungsvermögen: 45.000 Zuschauer), zu dessen Einweihung 1940 niemand geringerer als der Deutsche Meister Schalke 04 kam, schien darum eine notwendige Investition für die Zukunft. Obwohl 1959 der einzige Titel, der deutsche Pokalsieg, gefeiert werden konnte, zeigte die sportliche Entwicklung danach stetig nach unten. Mit der spätestens in den 1980er Jahren unübersehbar gewordenen Stagnation im Amateurbereich ist auch die Anhängerschaft geschrumpft, wobei der Kreis der Getreuen ebenso in die Jahre gekommen ist wie das Stadion selbst. Kuriosum am Rande: Noch bevor die Schwarz-Weißen den Profibereich der 2. Liga sportlich endgültig verließen, hatte das – seit Ende 1973 im Besitz der Stadt Essen befindliche – Stadion Uhlenkrug den Amateurstatus längst erreicht: Es war vom DFB 1975 als nicht tauglich für den Lizenzbereich gesperrt worden.

2009 wurde durch eine Verkleinerung der Stehränge und einen umzäunten Gästebereich mit eigenem Eingang den Anforderungen für die NRW-Liga entsprochen. Heute bietet das Stadion Platz für 9.900 Zuschauer und hält 1.400 überdachte Tribünenplätze bereit.

■ **Informationen**

Am Uhlenkrug 40, 45133 Essen
Tel. 0201/472431
fussball@etb-schwarz-weiss.de
www.sw-essen-fussball.de

Veltins-Arena (Gelsenkirchen)

Weltmeisterlich war das Stadion eigentlich schon seit seiner Fertigstellung im Sommer 2001. Nur logisch, dass hier während der WM 2006 gleich fünf Spiele, darunter ein Viertelfinale, ausgetragen wurden. Und es ist ja auch ein Vorzeigeobjekt, das da in Gelsenkirchen gebaut wurde.

Ein bei der Eröffnung 60.204 und heute 62.271 Zuschauer (davon 16.309 Stehplätze) fassendes High-Tech-Achteck für 358 Millionen Mark mit dem Zauberwort „Multifunktion". Denn außer der Heimmannschaft von Schalke 04 ist hier alles auswechselbar – das lichtdurchlässige Schiebedach kann bei schlechtem Wetter innerhalb von 30 Minuten geschlossen werden und selbst das Spielfeld ist nur an S04-Spieltagen in der Arena zu finden. Eine Brückenkonstruktion unter der Südtribüne macht das Hinausschieben in nur sechs Stunden möglich. Während draußen der „heilige Rasen" dann bei natürlichen Witterungsbedingungen gedeihen kann, wird innen ab und an durch die Ausrichtung von anderen Sportereignissen (vom American Football bis zum Biathlon), Großveranstaltungen wie Konzerten, Messen oder Kongressen Geld verdient.

Glückauf-Kampfbahn (Gelsenkirchen)

„Tausend Feuer in der Nacht haben uns das große Glück gebracht, Tausend Freunde, die zusammenstehn, dann wird der FC Schalke niemals untergehn." Nirgendwo anders ist das von Hans J. König 1924 komponierte Vereinslied des FC Schalke 04 heimischer als in der ehrwürdigen Glückauf-Kampfbahn.

Auf einem Gelände der ehemaligen Zeche Consolidation errichtet und 1928 eingeweiht, schlägt hier noch immer das „Herz des Kreisels", das „alte Schalke" der Kuzorra und Szepan, des Knappenvereins, der von den Funktionären aus den umliegenden Großstädten als „Polacken- und Proletenverein" verachtet wurde und dann in den 1930er und 1940er Jahren innerhalb kürzester Zeit sechs Meistertitel ins Revier holen konnte. Eine Legende, die mit der bis heute letzten Deutschen Meisterschaft 1958 ihren verspäteten Abschluss fand. Obwohl eigentlich nur für 34.000 Zuschauer ausgelegt, sollen in die Glückauf-Kampfbahn bis zu 70.000 Menschen geströmt sein – wie beim 1:0 in einem Freundschaftsspiel (!) gegen Fortuna Düsseldorf im Jahr 1931, als die Schalker Mannschaft nach einer Verbandssperre wegen unerlaubten Profitums erstmals wieder in Originalbesetzung spielen konnte.

Das Stadion wurde letztmals am 6. Juni 1973 beim Bundesligaspiel gegen den HSV genutzt, in dem Schalke sich durch einen 2:0-Sieg den Klassenerhalt sicherte, und stand danach für Amateur- und Jugendspiele zur Verfügung. Während die Zukunft damals dem Parkstadion gehörte, setzte die Vergangenheit Unkraut an – die Tribünen der Glückauf-Kampfbahn verfielen zusehends, wurden Ende der 1980er Jahre mit Ausnahme der denkmalgeschützten Haupttribüne abgetragen und durch Erdwälle ersetzt.

Zur Pilgerstätte für Fußballfans entwickelte sich das Stadion erst wieder während der Fußball-WM 2006: Als offizielle FIFA-WM-Stadt kamen Zehntausende zum Public Viewing und diversen anderen Veranstaltungen in den eigens dafür planierten Innenraum. Heute kann das Stadion immerhin noch 11.000 Zuschauer fassen. Auf Kunstrasen spielt hier die DJK Teutonia Schalke-Nord.

Adresse

Ernst-Kuzorra-Platz, 45881 Gelsenkirchen

Blick in eine Ausstellung über die Eurofighter von 1997 im Schalke Museum

Großzügig sind auch andere Dimensionen „Auf Schalke“: Business-Seats mit Zugang zum elegant eingerichteten Business-Club sowie individuell einzurichtende Logen erfreuen die Geschäftswelt, 35 fest in zwei Promenaden ein-gebaute Stände mit Verpflegungsangeboten von der Pizza bis zur Erbensuppe lassen das Fußvolk nicht allzu lange warten. Sogar eine eigene Kapelle ist unterhalb der Haupttribüne entstanden – beim Fußball gibt es schließlich genug Anlässe zum Beten.

Und schließlich soll bei so viel Modernität auch die Nostalgie nicht zu kurz kommen: Das Schalke Museum an der Osttribüne bietet auf mehr als 600 Quadratmetern königsblaue Erinnerungsstücke aller Couleur. Und die offizielle Adresse der Arena heißt seit 2019 „Rudi-Assauer-Platz 1“.

■ **Informationen**

Geschäftsstelle
Ernst-Kuzorra-Weg 1
45891 Gelsenkirchen
Tel. 0209/36180
post@schalke04.de
Tickethotline: 01806/150810
kundenservice@schalke04.de
events@schalke04.de
service@s04-shop.de
www.veltins-arena.de
www.schalke04.de
Schalke Museum
Tel. 0209/3618-900
museum@schalke04.de
Öffnungszeiten: März-Oktober: Di-Fr 10-18 Uhr, Sa/So/Fei 10-17 Uhr; November-Februar: Di-So, Fei 10-17 Uhr

Stadion Schloss Strünkede (Herne)

Als das Herner Stadion 1934 eingeweiht wurde, war der FC Schalke 04 zu Gast und die heimische Westfalia noch eine gute Adresse auf der deutschen Kicker-Landkarte. Noch 1960 konnte sich die „Strünkede-Elf“ für die Endrunde zur deutschen Meisterschaft qualifizieren. Danach ging es mit Mannschaft und Stadion bergab.

Dass die Arena überhaupt noch steht, ist kurioserweise dem großen Nachbarn VfL Bochum zu verdanken, der 1976 das Herner Domizil während des Neubaus des Ruhrstadions als Ausweichquartier nutzte und entsprechend renovierte.

Das ist jedoch wieder lange her, und so bietet das 32.000 Zuschauer fassende Stadion mit überdachter Haupttribüne bei Spielen des Westfalenligisten (Saison 2019/20) Westfalia Herne eine etwas trostlose und doch anziehend-gestrige Atmosphäre: für Fußball-Nostalgiker ein sehenswertes Relikt besserer Vergangenheit.

Informationen

Westring 260
44629 Herne
Tel. 02323/23449
info@westfalia-herne.de
www.westfalia-herne.de

Niederrhein-Stadion (Oberhausen)

Die 1926 zur 25-Jahr-Feier der Stadt Oberhausen eröffnete Sportanlage bot früher Platz für 32.000 Zuschauer und wurde zunächst „multifunktional" genutzt. Leichtathletik-, Feldhandball- und vor allem Fußballvereine trugen hier ihre Großveranstaltungen aus.

Erst zu Oberliga West- und nachfolgend zu Bundesliga-Zeiten wurde das Niederrhein-Stadion von den Kickern des SC Rot-Weiß Oberhausen dominiert. Mehrfache Bodensenkungen – das Stadion war über Gruben und Gängen der Zeche Concordia gebaut und wies bis 1968 auf dem Fußballfeld ein Gefälle von einem halben Meter auf – bedrohten die Existenz der Arena und ließen die Rot-Weißen teilweise sogar ins Mülheimer Ruhrstadion ausweichen.

Trotz der Einsturzgefahren und der sportlichen Talfahrt der heimischen Kicker, die 1989 sogar in die Verbandsliga abstiegen, zeigten die Oberhausener Stadtväter im Gegensatz zu den Essener Kollegen (s. Georg-Melches-Stadion) jedoch genügend Weitblick, um das Stadion 1969 grundlegend zu renovieren und später sogar auszubauen (Fassungsvermögen heute: 21.318 Plätze).

Und RWO heute? Von 2006 bis 2008 schaffte man den Durchmarsch von der vierten Liga in die 2. Bundesliga. 2011 folgte der Abstieg in die 3. Liga, seit der Saison 2012/2013 spielt der Verein in der Regionalliga West.

Adresse

Lindnerstr. 2-6
46149 Oberhausen

Informationen

Geschäftsstelle
SC Rot-Weiß Oberhausen
Lindnerstraße 78
46149 Oberhausen
Tel. 0208/97097-0
info@rwo-online.de
www.rwo-online.de

Stimberg-Stadion (Oer-Erkenschwick)

Früher liefen hier Schalke 04 und Borussia Dortmund zu Pflichtspielen auf. Das 1934 eröffnete Stimberg-Stadion, benannt nach dem 156 Meter hohen Stimberg, der höchsten Erhebung im Vest Recklinghausen, war zu „Kumpelzeiten" wegen der Kampfkraft der heimischen Spielvereinigung und ihres fanatischen Publikums gefürchtet. Obwohl es für überregionale Titel nie gereicht hat, wurde 1976 die Tribüne des Stimberg-Stadions ausgebaut.

Aufgrund neuer Sicherheitsauflagen fasst das Stadion heute nur noch 14.380 Zuschauer, davon 880 überdachte Sitzplätze. Es bietet also nicht nur den Fans der in der Oberliga Westfalen spielenden Spielvereinigung Erkenschwick ausreichend Platz. Im Jahr 2005 fand u. a. die erfolgreiche Premiere des Sommerfestivals – eines Kulturfestivals für jung und alt – im Stimberg-Stadion statt und im Jahr 2006 konnten z. B. unter dem Motto „Die Bundesliga zu Gast am Stimberg" der VfL Bochum und Arminia Bielefeld im Stadion begrüßt werden. Letzter Höhepunkt war das Endspiel um die deutsche A-Jugend-Meisterschaft 2012 zwischen dem FC Schalke 04 und den FC Bayern München, das 13.000 Zuschauer besuchten.

Informationen

Stimbergstr. 175
45379 Oer-Erkenschwick
Tel. 02368/1462
geschaeftsstelle@spvgg-erkenschwick.de
www.spvgg-erkenschwick.de

INDOOR-SOCCER

Speed-Soccer (Bergkamen)

Vier Courts mit gelenkschonendem Kunstrasen in zwei Größen. Das 365 Tage im Jahr geöffnete Center bietet außerdem eine Premiere-Sportsbar.

Informationen

Gewerbestr. 29
59192 Bergkamen-Rünthe
Tel. 02389/925229
speedsoccer@gmx.de
www.soccerhalle-ruenthe.de

Zoca´s Indoorfußball (Bochum)

Drei modern ausgestattete Indoor-Fußballcourts für das Spiel 5:5. Gespielt wird auf Fifa-zertifiziertem Kunstrasen, der von einem Rundumbanden- und Netzsystem umgeben ist. Hier trainieren übrigens auch die 6–14 Jahre alten Kids in der Fußballschule des Bochumer Ex-Profis Dariusz Wosz. Seit Ende 2016 bietet „Zoca's" zudem Platz für die Camps und das Fördertraining der VfL Bochum Fußballschule.

Informationen

Zillertalstr. 41 (Navi: Am neuen Kamp 1)
44807 Bochum
Tel. 0234/5414850
info@zocas.de
www.zocas.de
Öffnungszeiten: Mo-Fr 17-24 Uhr, Sa/So 15-22 Uhr; bei Reservierung auch außerhalb der angegebenen Zeiten

Soccer City Center (Dortmund)

Klein, aber fein. Mit dem Master Court (32 x 16 Meter / für 8-12 Spieler) und dem Center Court (32 x 18 Meter / für 10-14 Spieler) locken zwei schöne Plätze. Die hocheffiziente LED-Hallenbeleuchtung bietet optimale Sichtverhältnisse und einen Hauch von Flutlichtatmosphäre. Die Sky-Sportsbar zeigt die Bundesligapartien live auf zwei Bildschirmen. Darüber hinaus veranstaltet das Soccer City Center Events aller Art, vom Kindergeburtstag über Firmenfeiern bis zu privaten Feiern.

Informationen

Zinkhüttenweg11
44143 Dortmund
Tel. 0231/514410
www.soccer-city-center.de
Öffnungszeiten: Mo-Fr 12-24 Uhr, Sa, So, Fei 10-23 Uhr

soccerworld Dortmund

Alles, was das Kickerherz begehrt: Auf 12.000 Quadratme-

Beliebter Treff der Hobbysportler: die Soccerhalle

ter Fläche steht in drei verschiedenen Bereichen mit sieben Indoor-Plätzen und einem Outdoor-Platz für das Spiel „5 gegen 5" reichlich Platz zur Verfügung. Gespielt wird auf einem naturrasenähnlichen Prestige-System-Kunstrasen, der von der FIFA zertifiziert und für internationale Pflichtspiele freigegeben ist.

Falls es im Sommer zu stickig wird: Draußen gibt's zwei Beach-Soccer-Plätze sowie einen großen Biergarten.

Informationen

Bunsen-Kirchhoff-Str. 9
44139 Dortmund
Tel. 0231/95256980
dortmund@hallenfussball.de
www.hallenfussball.de
Öffnungszeiten: Mo-Fr 13-23 Uhr, Sa-So 10-20

Ballkontakt (Duisburg)

Die Geschäftsführer Dirk Helmig und Jürgen Magref sind ehemalige Profis und wissen, worauf es ankommt: Die vier großen Spielfelder sind mit einem gelenkschonenden Kunstrasen ausgelegt, der die Anforderungskriterien der UEFA und FIFA erfüllt. Neben dem minimierten Verletzungsrisiko (das Bandensystem besitzt keine Ecken und Kanten) muss natürlich auch das Ambiente stimmen – erfüllen soll dies die neue Flutlichtanlage, die Stadionatmosphäre in die Halle bringt. Die Deckenhöhe lässt zudem auch mal den gern gespielten „langen Ball" zu.

Informationen

Sternbuschweg 360
47057 Duisburg
Tel. 0203/5706979
fussballhalle@ballkontakt.de
www.ballkontakt.de
Öffnungszeiten: Mo-Fr 15-0.00 Uhr (nach tel. Absprache auch ab 9 Uhr), Sa-So/Fei 9-0.00 Uhr

Sportcenter Rematch / Soccerhalle Duisburg

Zwei Fußball-Courts à 10 x 23 Meter für das Spiel „4 gegen 4" („oder „3 gegen 3", sofern die Puste reicht), ausgestattet mit Kunstrasen der neuesten Generation.

Bevorzugen Sie das Spiel mit dem kleinen Zelluloid- oder Plastikball? Auch gut, denn Tischtennis kann im Sportcenter ebenfalls gespielt werden. Schläger werden gratis verliehen.

Information

Weidmannstr. 12

47166 Duisburg-Hamborn
Tel. 0203/4847888
infosportschule@gmx.de
soccerhalle-duisburg.de
Öffnungszeiten: Mo-Fr 10-22 Uhr,
Sa-So 10-22 Uhr

goalfever – Sports & Guest House [Essen]

Drei Fußballfelder mit Power-Kunstrasen, fünf Badmintonfelder, eine Sportsbar mit regelmäßigen Sport-Übertragungen auf einer Großbildleinwand. Und vier Bowlingbahnen seit 2011. Einzigartig im Ruhrgebiet: das goalfever-guesthouse mit 60 Betten (Zimmer mit 2, 4 und 6 Betten), Tagungs- und Aufenthaltsräumen.

■ **Informationen**
Zeche Fritz
Heßlerstr. 37
45329 Essen
Tel. 0201/347272
www.goalfever.de
Buchungszeiten: Mo-Do 15-23 Uhr, Fr 15-1.00 Uhr, Sa 13-1.00 Uhr, So 10-22 Uhr

Cageball im Schalker Sportpark [Gelsenkirchen]

2016 wurden die Courts mit neuem Kunstrasen ausgestattet. Gespielt wird 4 gegen 4, mit oder ohne Torwart, denn die Tore sind hier höhenverstellbar. Beim Cageball bleibt der Ball immer im Spiel, da der Court banden- und netzumrahmt ist.

Darüber hinaus bietet der Schalker Sportpark auf über 10.000 Quadratmetern ein attraktives Ambiente sowie den Sports- & Wellnessclub INJOY, den Kinderspielpark Trampolino, u. a. mit Hochseilgarten, Klettervulkan und Wabbelberg, den JumpClub mit seinen riesigen Trampolinen und die L. A. Dance School.

■ **Informationen**
Kurt-Schumacher-Str. 157-161
45881 Gelsenkirchen
Buchungshotline: 0209/44011
schalkersportpark.de

Indoor Soccer im Sportpark-Gelsenkirchen

Brandneuer Kunstrasen auf drei Soccerfeldern, der alle Kriterien der FIFA erfüllt, schonend für Sehnen und Gelenke, es gibt keine Schürfwunden. Zudem wird hier Poolball, Fußball auf überdimensionalen Billardtischen, und Bubble Ball mit Spielern in 1,50 Meter großen Bällen gespielt.

■ **Informationen**
Almastraße 39
45886 Gelsenkirchen
Tel. 0209/95709400
info@sportpark-gelsenkirchen.de
www.sportpark-gelsenkirchen.de

LaOla Fussballcenter Hagen

Das ehemalige Kickinn wurde saniert und präsentiert sich jetzt mit neuem Kunstrasen von Greenfields. Es gibt Feriencamps und auch Turniere sind in Planung. Firmenevents, Feiern und Kindergeburtstage werden organisiert.

Drei Powercourts, 30 x 15 Meter, für 8 bis 10 Personen. Leibchen und Bälle werden kostenlos leihweise zur Verfügung gestellt.

■ **Informationen**
Eilper Str. 46
58091 Hagen
Tel. 02331/77032
hagen@laolafussball.de
www.laolafussball.de/hagen

Soccer-Halle [Mülheim an der Ruhr]

Vier Courts (1 à 27 x 15 m, 2 à 22 x 15 m, 1 à 16 x 9 m). Fußball-Camps, Event-Angebote. Sumba u. Ä. im Fitnessraum.

■ **Informationen**
Schmitzbauerstraße 1a/Ecke Aktienstraße
45473 Mülheim an der Ruhr
Tel. 0208/3024737
service@soccerhalle-muelheim.de
www.soccerhalle-muelheim.de

soccerworld Oberhausen

Drei Spielfelder je 30 x 15 Meter für das Spiel „5 gegen 5“. Als Gäste zeigen sich schon mal die Kicker vom MSV Duisburg und von Rot-Weiß Oberhausen.

■ **Informationen**
Gabelstr. 33
46147 Oberhausen
Tel. 0208/2997914
oberhausen@hallenfussball.de
soccerworld-oberhausen.de

ZOCA'S Indoorfußball [Recklinghausen]

Seit Oktober 2016 ersetzt ZOCA'S das ehemalige Cageballcenter. Fünf Kunstrasen-Courts für das Spiel 5:5 und 4:4, 25 x 15 und 21 x 15 Meter, umgeben von einem Rundum-

goalfever – Sports & Guest House, Essen

banden- und Netzsystem, warten auf Spieler. Ebenfalls im Angebot: Feriencamps der VfL Bochum Fußballschule und eine eigene Hallenliga.

■ **Informationen**
Hubertusstraße 26
45657 Recklinghausen
02361/27437
info@zocas.de
recklinghausen.zocas.de
Öffnungszeiten: Mo-Fr 17-24 Uhr, Sa/So 15-22 Uhr; zusätzl. Spielzeiten bei Reservierung

Seleção Indoor Soccer (Schermbeck)

Zwei 30 x 15 Meter große Felder für das Spiel 4 gegen 4 oder 5 gegen 5. Die Soccerhalle hat ihre eigene Liga. Mit Pub, Sportsbar und Biergarten.

■ **Informationen**
Raiffeisenweg 34
46514 Schermbeck
Tel. 02853/604826
info@selecaosoccer.de
www.selecaosoccer.de

LaOla Soccertreff (Unna)

Fünf große Kunstrasenplätze (30 x 15 m). Sportsbar mit regelmäßigen Sky-Übertragungen.

Das Sport-Event-Center Unna bietet für Groß und Klein das passende Event. Dazu gehören unter anderem Turniere, Kindergeburtstage, Betriebsfeiern, Weihnachtsfeiern oder Partys. Auf den fünf Fußball-Courts, in dem großen Event-Bereich und der Sportsbar besteht, neben zahlreichen Turnier- und Eventangeboten, die Möglichkeit, ganz individuelle Veranstaltungen zu planen. Für Kinder und Jugendliche (Jungen und Mädchen) im Alter von 6 bis 17 Jahren bietet die Internationale Fußballschule Fußballtraining und -camps an. Und natürlich gibt es auch eine Sportsbar mit den Live-Spielen der 1. und 2. Fußballbundesliga.

■ **Informationen**
Massener Str. 116 (Ecke Feldstr.)
59423 Unna
Tel. 02303/9676960
www.laolafussball.de/unna
Öffnungszeiten: Mo-So/Fei 10-24 Uhr

Soccerplace Witten (Witten)

Drei Spielfelder (32 x 15 Meter) für das Spiel 5 gegen 5. Auch Black-Light-Soccer, Fußball unter Schwarzlicht, wird angeboten.

■ **Informationen**
Mewer Ring 12
58454 Witten
Tel. 02302/393030
brinkmann@soccerplace-witten.de
www.soccerplace-witten.de

DIE GROSSEN SPORTHALLEN

Helmut-Körnig-Halle (Dortmund)
Schneller, höher, weiter – im Leichtathletikmekka des Reviers gilt dieses Motto dank der 1980 eröffneten Helmut-Körnig-Halle auch für Weltmeister und Olympiasieger. Das Leichtathletikzentrum verfügt als Wettkampf- und Trainingsstätte über ein schnelles 200-Meter-Oval mit vier (ab 2020 sechs) Laufbahnen, eine 60-Meter- sowie 110-Meter-Sprintgerade, Kugelstoß-, Diskus-, Speerwurf-, Weitsprung-, Hochsprung- und Stabhochsprunganlage.

Durch die moderne Teleskoptribüne zählt sie zu den modernsten geschlossenen Leichtathletik-Arenen Europas und ist häufig Schauplatz nationaler Meisterschaften und internationaler Sportfeste. Stars und Sternchen rühmen das ebenso fachkundige wie begeisterungsfähige Publikum (ca. 4.500 Plätze).

■ **Informationen**
Olympiastützpunkt Westfalen
Strobelallee 60a, 44139 Dortmund
Tel. 0231/477348-13
www.helmut-koernig-halle.de

Westfalenhalle (Dortmund)
Das Fußball-Hallenmasters mit allen Stars der Szene, legendäre Hallenhandball-Partien, Mega-Boxkämpfe mit den Klitschkos, Eislaufgrößen zwischen Rittberger und Pirouette, unermüdliche Radprofis beim traditionellen Sechs-Tage-Rennen, Prominenz im Sattel beim Internationalen Reitturnier: In der mit einem Fassungsvermögen von 15.380 Zuschauern

Szene aus dem Spiel VfL Gummersbach gegen den THW Kiel in der Handball-Bundesliga in der Dortmund Westfalenhalle

größten Veranstaltungshalle des Ruhrgebiets ist Stimmung garantiert. Eine gute Tradition, die bereits über 30 Welt- und über 50 Europameisterschaften aufweist.

Informationen

Strobelallee 45
44139 Dortmund
Tel. 0231/1204-0
medien@westfalenhallen.de
www.westfalenhallen.de

Grugahalle (Essen)

Früher trug hier der einzige Hallenhandball-Bundesligist (Männer) des Reviers, der Tusem Essen, seine Heimspiele regelmäßig aus. Nach dem Zwangsabstieg des Traditionsklubs von der Margarethenhöhe (dreifacher Deutscher Meister und Pokalsieger, zweimaliger Europacupgewinner) fehlt dieses Element leider.

Dennoch bleibt die Grugahalle, Fläche: 2.875 qm, Kapazität mit Ostbühne 7.480 und mit Südbühne 6.032 Personen, eine gute Adresse für hochkarätige Highlights aus dem Sport, immerhin begeisterten hier früher Boris Becker im Tennis-Davis-Cup oder Boxer „Tiger“ Dariusz Michalczewski im Weltmeisterschaftskampf. Eine gelungene Mischung aus Unterhaltung und Sport zeigen Tanzgalas und die Eis-Revue „Holiday on ice“.

Informationen

Messe Essen GmbH
Norbertstraße
45131 Essen
Tel 0201/7244-0
Tel. 0201/7244-290 (Tickets)
info@grugahalle.de
www.grugahalle.de

SKATEN

Aa-See-Halle (Bocholt)

Wenn nicht gerade Flohmärkte oder andere Veranstaltungen auf dem Programm stehen, ist die Freizeithalle der Freizeitanlage Aa-See, eine alte Rollsporthalle, auch für Inline-Skater da. Nichts für Profis und Ambitionierte, als Freifläche aber interessant für alle heimischen Freizeitskater, die in den Genuss eines wirklich glatten Bodens kommen wollen.

■ **Adresse**

Freizeitanlage Aa-See Bocholt e.V.
Hochfeldstrasse 56 a
46397 Bocholt
Tel. 02871/181595
www.freizeitanlage-aasee.de

Skate-Deck Bermuda3Eck (Bochum)

Skaten hoch oben – nämlich auf dem Dach, da, wo der „Bermuda3Eck"-Schriftzug allen Nachtschwärmern den Weg weist. Vom „Spot"-Streetwearladen unter ihm betrieben und an dessen Öffnungszeiten gekoppelt hält der außergewöhnliche, 2015 überarbeitete Skatepark auf insgesamt 450 qm Mini-Rampe, Curb-Box, Quarterpipes, Banks, Manual-Pads u. a. bereit.

■ **Adresse**

Kortumstr. 2 / Konrad-Adenauer-Platz
44787 Bochum

Skaterbahn im Ehrenpark (Bottrop)

Auch Jugendliche waren an der Planung des Parcours beteiligt. Betonrampen, eine Halfpipe und Geländer warten auf Kids und ihre Boards.

■ **Adresse**

Friedrich-Ebert-Straße
46236 Bottrop
Öffnungszeiten: Mo-Sa 15-20 Uhr

Skatepark Habinghorst (Castrop-Rauxel)

400 qm große, beliebte Anlage mit Pool, Abfahrt, Manual-Box, Rail, Curb und Roof. Der 2013 eröffnete Platz darf bis 20 Uhr benutzt werden.

■ **Adresse**
Ecke Lange Straße / Wartburgstraße
44575 Castrop-Rauxel

Skateranlage Aplerbeck (Dortmund)

Die seit Mai 2009 befahrbare, 600 Quadratmeter große, asphaltierte Anlage im Bereich des Aplerbecker Schulzentrums an der Schweizer Allee ist gemeinsam mit Jugendlichen geplant worden und verbindet Wellen, Schrägen und Rampen mit Elementen aus dem öffentlichen Raum.

■ **Adresse**
Schweizer Allee
44287 Dortmund

Skatepark Dortmund-Hombruch

Kleiner Skatepark mit zwei kleinen Funboxen, einer Quarterpipe, einem Rail. Für Mountainbiker gibt's eine Schanze mit kleiner Treppe samt Handrail.

■ **Adresse**
Kieferstraße
44225 Dortmund

Skatepark am Dietrich-Keuning-Haus (Dortmund)

Eine der landesweit besten Indoor-Anlagen mit einer überragenden Rampenausstattung. Auf dem von der renommierten Firma Rampbock konzipierten und gebauten Areal mit Streetstyle-Parcour und Miniramp finden sich alle Angebote und Feinheiten, die sich Skater und Inliner wünschen. Dazu gehört auch ein spezielles Streetkickfeld.

Ein Tipp für Sportlehrer, die ihren Schülern mal was anderes gönnen: Da die Halle auch für Verbände, Vereine und Schulen offen ist, könnte man doch den Sportunterricht einfach mal hier stattfinden lassen.

■ **Informationen**
Skateboard Initiative Dortmund e.V.
Leopoldstr. 50-58
44147 Dortmund
Tel. 0231/50-25147
info@skateboard-initiative-dortmund.de
www.skateboard-initiative-dortmund.de
www.dortmund.de
Öffnungszeiten: Mo 16.30-19 Uhr (Skateschule) und 19-21 Uhr (Mitglieder), Di 16-22 Uhr (Parkour), Mi 15-20 und 20-22 Uhr (Ü30), Do 16-22 Uhr, Fr 15-21 Uhr, Sa 14-20 Uhr, So 11.30-14 Uhr (Skateschule) und 14-20 Uhr

Skatepark im Dietrich-Keuning-Haus, Dortmund

Skate-Anlage Heisingen (Essen)

Die seit 2003 geöffnete Skate-Anlage bietet in idyllischer Lage direkt am Baldeneysee Ramps und Auslauf vor allem für Anfänger.

■ **Informationen**

Lanfermannfähre auf
Höhe Förderturm Carl-Funke
Tel. 0201/464062
(Kinder- und Jugendhaus Stemmering)
jugendhausheisingen@freenet.de

Skateanlage Stadtteilpark Butendorf (Gladbeck)

Geeignet für Anfänger und Fortgeschrittene, für Inlineskater, Skateboarder und Biker. Mit sieben Elementen, darunter eine Miniramp, 2,50 Meter hoch, zwei verschiedene Quarterpipes, bis 2,25 Meter hoch, und eine Funbox mit zwei Rails, bietet die Anlage hervorragende Möglichkeiten. Die Anlage ist in einen öffentlich begehbaren Stadtteilpark eingebunden, ihre Benutzung kostenlos.

■ **Adresse**

Horster Straße / Riekchenweg
45964 Gladbeck

Herdecke / Skaten

In der Nähe des Freibades steht eine große Halfpipe, der Zugang ist frei.

■ **Adresse**

Bleichstein, 58313 Herdecke

Verkehrslandeplatz Loemühle (Marl)

Seit 2001 schon Tradition: Ab April beginnt auf dem Rollfeld

des Verkehrslandeplatzes Loemühle in Marl die Inline-Saison. Bis Ende September können Inliner nach Beendigung des Flugverkehrs freitags von 20 bis 22 Uhr auf dem 830 Meter langen Rollfeld ihre Bahnen ziehen. Eine Vertragsvereinbarung zwischen der Betreibergesellschaft des Flugplatzes und dem Marler Sportverein DJK Germania Lenkerbeck ermöglicht den Freizeitspaß.

Weitere Freizeitangebote am VLP Loemühle: Tandemsprünge vermittelt der Verein für Fallschirmsport Marl e. V., Rundflüge die Flugschule Marl.

■ **Adresse**

Hülsstr. 301
45770 Marl

■ **Informationen**

DJK Germania Lenkerbeck
Max-Reger-Str. 93
45772 Marl
Tel. 02365/6992690
kontakt@djk-lenkerbeck.de
www.djk-lenkerbeck.de
www.flugplatz-loemühle.de
www.fallschirmsport-marl.de
www.flugschule-marl.de

Pflugball-Arena für Inline-Skaterhockey (Oberhausen)

Die ehemalige Eishalle im Revierpark Vonderort musste 2010 aufgrund von technischen und baulichen Mängeln geschlossen werden und wurde bis 2015 zu einer Inline-Skaterhockey-Arena umgebaut. Heute ist sie Heimstätte des Klubs „Miners Oberhausen“, dessen Herren in der 1. Bundesliga spielen. Die „Miners" haben neben Herrenmannschaften auch ein Damenteam, mehrere Jugendteams – und besitzen mit den „Minemonsters" auch Sportlerinnen, die Rollerderby praktizieren, eine wunderbare, an Sechs-Tage-Rennen orientierte Vollkontakt-Sportart auf Rollschuhen.

Der Inlineskaterhockeyverein unterhält zudem eine Laufschule, in der Kinder die richtige Fahrtechnik fürs Inlineskaten erlernen.

Für die Zukunft sind auch öffentliche Laufzeiten und Rollerdiscos geplant.

Informationen

Pflugbeil Arena
Bottroper Straße 303
46117 Oberhausen
info@miners-oberhausen.de
laufschule@miners-oberhausen.de
info@minemonsters.de

Trendsportpark „Open-Airea" (Oberhausen)

Outdoor-Anlage für Inlineskater und Skateboarder. Pipes, Ramps, Curbs und die Fun-Box stehen für Tricks aller Art zur Verfügung. Beach-Volleyball-Felder, das Streetball-, Streetsoccer- bzw. Streethockeyfeld und das moderne Mehrzweckfeld für Handball, Fußball oder Basketball werden auch gerne bespielt – und das alles bei freiem Eintritt und Flutlicht. Ganz neu ist die „Chill-Area": 1.400 qm Rasen, Schatten spendende Bäume,

ein Bereich für's Grillen und Chillen eben.

Zudem finden Musik- und Theaterveranstaltungen auf der Open-Air-Bühne statt. Der Verleih von Sportgeräten sowie der Verkauf von Getränken und Süßigkeiten machen den Service komplett.

■ **Informationen**

Am Kaisergarten 28
46049 Oberhausen
Tel. 0208/9604052
bbartsch@zaq-oberhausen.de
www.openairea.de
Öffnungszeiten: November bis Februar: Mo-So 10-17 Uhr, März: 10-18 Uhr, April bis Oktober: 10-19 Uhr

Bike- und Skatepark Zeche Recklinghausen II (Recklinghausen)

Die Zechenbrache Recklinghausen II im Stadtteil Hochlarmark wurde vom Regionalverband Ruhrgebiet (RVR) in einen Stadtteilpark umgewandelt, der auch einen 8.500 Quadratmeter großen Bike- und Skatepark umfasst. Die Area besteht aus diversen Funboxen, Rails, Quarterpipes, Banks, Funbanks, Rampwall sowie eine Dirtstrecke für die Biker. Außerdem gibt es ein Roll- und Inlinehockeyfeld und eine Flutlichtanlage für Nachtevents.

■ **Informationen**

Cranger Straße
45661 Recklinghausen

Mölderplatz (Wesel)

Mitten in der Innenstadt nahe dem Schulzentrum gelegen, verfügt der öffentlich zugängliche Skatepark Mölderplatz über Quarter-Pipe, Fun-Box, Step-Box, Bank und eine Rail. Sitzgelegenheiten für Zuschauer sind reichlich vorhanden.

■ **Adresse**

Mölderplatz
46483 Wesel

Zwei weitere Anlagen gibt es in Ginderich am Sportplatz Papenweg und im Ortsteil Feldmark direkt neben der Eissporthalle an der Ackerstraße.

Skatepark Industriegebiet Wetter

Die Anlage besteht aus einer Funpipe (ca. 1,80 Meter hoch), einer Funbox sowie zahlreichen Quarterpipes und Ramps.

■ **Adresse**

Industriegebiet Schöntal in Wetter an der Ruhr, Remestraße

Skaterbahn Ruhr Inline (Witten/Bochum)

Seit 2014 hat der Kemnader See beste Chancen, zum Skater-Mekka zu werden. Denn mit Unterstützung durch die Europäische Union und das Land NRW wurde eine 10,4 km lange, beleuchtete Skaterbahn rund um den See geschaffen. Die asphaltierte Bahn bietet Skatern nicht nur ideale Voraussetzungen für eine unfallfreie Seeumrundung, sondern ermöglicht durch 355 LED-Mastleuchten auch das Fahren in den Abendstunden bis 23 Uhr.

■ **Informationen**

Freizeitzentrum Kemnade GmbH
Querenburger Straße 29, 58455 Witten
Tel. 02302/20120
verwaltung@kemnadersee.de
www.kemnadersee.de

Skatepark Witten-Herbede

2016 neu gestaltet. Vorherrschend sind kleine Elemente wie Rampen und Geländer.

■ **Adresse**

Zeche-Holland-Straße, 58456 Witten

Unterwegs auf dem Deusenberg vor dem Stadtpanorama, Dortmund

MOUNTAINBIKE / RAD

bikeride Mountainbike-Schule (Dortmund)

Professioneller Fahrtechnikunterricht, der Einsteiger wie Cracks gleichermaßen anspricht. Leihräder der Marke Liteville stehen zur Verfügung. Firmengründer Manfred Stromberg, deutscher Vizemeister Downhill und mehrfacher deutscher Meister BMX, ist Fahrtechniklehrer seit 1996.

Informationen

Wirtshaus Krämer
Wannestraße 251, 44265 Dortmund
info@bikeride.de
www.bikeride.de

EDG-Mountainbike-Arena (Dortmund)

Action und Fun auf einer alten Hausmülldeponie? – in Dortmund ist diese eigenwillige Kombination Wirklichkeit geworden. Auf dem in den 1990er Jahren sanierten Deusenberg werden Mountainbiker-Träume wahr. Unter der Regie von Manfred Stromberg (s. bikeride/Dortmund) entstanden auf dem insgesamt 50 Hektar großen Gelände die Parcours „Singletrail" und „Biker-X" sowie Übungsparcours.

Die Anlage ist sowohl für Anfänger als auch für Fortgeschrittene geeignet.

Adresse

Lindberghstr. 51, 44369 Dortmund

Informationen

EDG Entsorgung Dortmund GmbH
Sunderweg 98
44147 Dortmund
Tel. 0231/9111-111
info@entsorgung-dortmund.de

fantisports (Gladbeck)

Hier werden Touren, Workshops, Reisen bis hin zu speziellen Events geplant und durchgeführt. Erfahrene Guides sorgen für die individuelle und aktive Betreuung der Biker, ob für Anfänger oder für Fortgeschrittene. Gleichzeitig kann man über fantisports alles beziehen, was das Fahrerherz begehrt, von Bikes über Bekleidung bis zum Zubehör. Zum umfangreichen Service rund ums Rad gehören Beratung, Inspektion, Reparatur und Umbau.

Informationen

Bohnekampstr. 76, 45966 Gladbeck
Tel. 02043/3194-22
info@fantisports
www.fantisports.de

Zabel-Route (Fröndenberg/Ruhr)

Zur Tour auf der Zabel-Route muss man nicht wie der Namensgeber mehrfacher Gewinner des Grünen Trikots sein. Abschnitte der Trainingsstrecke Erik Zabels verlaufen entlang des RuhrtalRadweges und dienen Anfang Mai dem jährlichen Volksradfahren.

Informationen

Tourist-Information Fröndenberg/Ruhr
Ruhrstraße 9
58730 Fröndenberg/Ruhr
Tel. 02373/976-444
tourismus@froendenberg.de
www.froendenberg.de

Adventure Park Xanten

KLETTERN / PARKOUR

Kraftraum Boulderhalle (Bocholt)

Beim Bouldern wird ohne Seilsicherung, hier in der Halle mit einer speziellen Weichbodenmatte als Fallschutz geklettert. 320 qm Kletterfläche, die Herausforderung sind Touren im Niveau von „sehr leicht“ bis „bretthart“. Verschiedene Kurse sind im Angebot, auch ein Café.

■ **Informationen**

Siegstr. 8
46395 Bocholt
Tel. 02871/1896967
kraftraum-bocholt.de
(mit Kontaktformular)

Kletterzentrum Neoliet (Bochum / Essen / Mülheim an der Ruhr)

Bochum: Sie ist die größte Kletterhalle des Ruhrgebiets: Unter einer 16 Meter hohen Decke locken 2.200 Quadratmeter Kletterfläche, dazu kommen seit 2008 noch 500 Quadratmeter im Außenbereich. Die 25 Meter breite Hauptwand ist bis zu 14 Meter hoch und bis zu 7,5 Meter breit und erreicht mit Dächern, Überhängen, Wellen und Verschneidungen auch hohe Schwierigkeitsgrade. Das adrenalingesättigte Feeling einer Höhlenexpedition vermittelt ein dunkler Kletterschacht.

Das 2005 in der ehemaligen Maschinenhalle der Zeche Constantin der Große eröffnete Kletterzentrum bietet insgesamt etwa 450 Kletterrouten mit einer Maximallänge von 22 Metern, die sowohl Anfängern als auch Profis ein alpines Gefühl vermitteln.

Zum Zentrum gehören auch ein Bistro und ein Kinderbereich.

Neoliet-Kletterhallen gibt es auch in Essen und Mülheim an der Ruhr, eine Neoliet-Boulderhalle zusätzlich in Bochum.

■ **Informationen**

■ **Bochum:**

Flottmannstr. 53h, 44807 Bochum
Tel. 0234/5409955
Bochum – Boulderhalle:
Ottostr 29, 44867 Bochum
Tel. 0234/52009842

■ **Essen:**

Graf-Beust-Allee 29b, 45141 Essen
Tel. 0201/85299628

■ **Mülheim an der Ruhr:**

Ruhrorter Str. 51
45478 Mülheim an der Ruhr
Tel. 0208/74026266
info@neoliet.de
www.neoliet.de
Öffnungszeiten: Mo-Do 12-22.30 Uhr, Fr 12-23 Uhr, Sa 10-23 Uhr, So/Fei 10-22.30 Uhr

Parkourpark Hustadt [Bochum]

2011 eröffnete Anlage mit insgesamt sechs Geräten: Beton- und Stahlrohrelemente für Kletter-, Sprung- und andere Übungen; zum Teil Fallschutzboden.

■ **Adresse**

Hustadtring 63
44801 Bochum

KletterArena79 [Bottrop]

Die erst seit 2014 vom Sportbildungswerk des Landessportbundes NRW (Außenstelle Bottrop) betriebene Kletteranlage versteht sich als offener Treff für alle Interessierten. An der 1.500 qm großen Kletterfläche und der Boulderwand stehen das Lernen und das Lehren im Mittelpunkt. Schwerpunktthemen wie Schnupperklettern mit Anleitung, Klettern für alle oder Familienklettern, jeweils durch ausgebildete Trainer begleitet, verdeutlichen diesen Anspruch. Dazu gehört, dass das Angebot preisgünstig ist und Anfängern eine komplette Kletterausrüstung zur Verfügung gestellt wird.

■ **Ort:**

Südring 79
46242 Bottrop

■ **Informationen**

Bottroper Sportbund e.V.
Parkstraße. 47
46236 Bottrop
Tel. 02041/779000
service@bottroper-sportbund.de
kletterhalle-malakoff.de
Öffnungszeiten: Mo-Fr 17-22 Uhr,
Sa/So 11-18 Uhr

Kletterhalle Bergwerk [Dortmund]

In der alten Kompressorenhalle der ehemaligen Kokerei Hansa bietet seit März 2008 die „Kletterhalle Bergwerk“ jede Menge Kletterspaß. Insgesamt 5.000 Quadratmeter Kletterfläche steht zur Verfügung, über 400 mögliche Touren sind bereits vorgegeben. Für die Mutigen wartet die 20 Meter hohe Hauptwand, auf der Empore können immerhin 12,5 Meter bestiegen werden. Für Variationen ist reichlich gesorgt, denn die Wände sind mehrdimensional angelegt, können also nicht nur hoch, sondern auch seitlich, manchmal sogar um die Ecke erklettert werden. Verschneidungen, Risse, unterschiedlich steile Überhänge, Dächer, Platten und ein Torbogen sorgen für Abwechslung. Dazu gibt es seit 2014 eine Boulderhalle mit einer Kletterfläche von 1.800 Quadratmetern, natürlich in allen Schwierigkeitsgraden geschraubt. Eine Besonderheit bietet ein alter, noch funktionstüchtiger Kran an der Decke der alten Maschinenhalle, der es ermöglicht, sich aus 20 Metern Höhe frei schwebend abseilen zu lassen. Seit Ende 2010 ist der Kran von einem 14 Meter großen Kletterdach umgeben.

Im Outdoor-Bereich warten Sonnenterrasse und zwei Beachvolleyballfelder. Der Chill-Bereich wartet mit Sauna, Tropen- und Schwalldusche sowie Café und Sonnenterrasse auf.

■ **Informationen**

Emscherallee 33
44369 Dortmund
Tel. 0231/1356635
info@kletterhalle-bergwerk.de
www.kletterhalle-bergwerk.de
Öffnungszeiten: Mo-Fr 12-23 Uhr,
Sa/So/Fei 10-22 Uhr. Für Gruppen:
vormittags jederzeit nach Vereinbarung

Kletter-Max [Dortmund]

Seilbahn, Klettersteig mit Hängebrücke, Hochseilgarten, Abseilstellen – im Kletter-Max werden Kletterträume wahr. Auf einer Fläche von 1.400 Quadratmetern und einem Außenbereich von 800 Quadratmetern inklusive Klettersteig und Hochseilgarten bietet das Indoor- und Outdoorzentrum

Kletterzentrum Neoliet, Bochum

in der Helmut-Körnig-Halle Kletterrouten bis 21 Meter Höhe mit Schwierigkeitsstufen von 2 bis 10. Besonders attraktiv sind der 17 Meter hohe und 20 Meter lange Säulenturm, der mit zwei Meter Überhang gebaut wurde, und der über 130 Jahre alte Schornstein.

Für Anfänger gibt's neben einer Wandbetreuung Möglichkeiten vom Probeklettern über den Vorstiegskurs bis hin zu Einzel- und Gruppenstunden. Komplettiert wird das Angebot durch Klettershow, Kinder- und Geburtstagsklettern.

Informationen

Klettermax Dortmund e.V.
Strobelallee 40
44139 Dortmund
Tel. 0231/13022801
info@kletter-max.de
www.kletter-max.de

Hochseilgarten im Revierpark Wischlingen (Dortmund)

Das 20.000 Quadratmeter große, im März 2008 eröffnete Areal bietet vier Parcours für Kinder sowie zehn weitere Kletterstrecken mit insgesamt über 165 spannenden Kletterelementen. Der Hochseilgarten ist dabei in den Baumbestand des Revierparks integriert. Schwindelfreie können hier bis zu zehn Meter hochsteigen.

Weitere Attraktionen sind „Giraffenhals“ und „Vogeltreppe“ oder der „Tarzansprung“, Höhepunkt ist dann die 235 Meter lange Seilrutsche über den See, die von der 23 Meter hohen Plattform zu erreichen ist.

Adresse

Revierpark Wischlingen
Höfkerstr. 12
44149 Dortmund
Tel. 0231/917071-0 (Info-Zentrale)
info@wischlingen.de
www.wischlingen.de

Informationen
tree2tree GmbH
TZU IV Raum 403-404
Essenerstr. 5
46047 Oberhausen
Tel. 01805/873328733 (Buchungen Sommersaison: Mo-Fr 9-12 Uhr, Buchungen Wintersaison: Mo/Mi/Fr 9-12 Uhr)
info@tree2tree.de
www.tree2tree.de

Hochseilgarten in der Wasserwelt Wedau [Duisburg]

Der im Juni 2008 eröffnete Hochseilgarten beinhaltet auf 18 Parcours 220 Kletterelemente mit unterschiedlichen Schwierigkeitsgraden, von leichten Einweisungsstrecken bis hin zu Parcours mit Profianforderungen. Die Highlights sind eine 250 Meter lange Seilrutsche quer über den Parallelkanal und der Marathon-Parcours (in vier Teilen) mit 42 Elementen in bis zu 24 Metern Höhe.

Adresse
Kalkweg (Parkplatz BSA I/II nutzen)
47055 Duisburg

Informationen
tree2tree GmbH
TZU IV Raum 403-404
Essenerstr. 5
46047 Oberhausen
Tel. 01805/873328733
(Buchungen)
info@tree2tree.de
www.tree2tree.de

Landschaftspark Duisburg

>> Industriekultur / Route der Industriekultur

Parkouranlage auf Zollverein [Essen]

Voraussichtlich bis zum Sommer 2017 entsteht auf dem Kokereigelände ein Parkourpark für Anfänger und Fortgeschrittene. Die 600 qm große, abends beleuchtete Anlage wird zwei durch Rampen und Stufen verknüpfte Abschnitte umfassen, der eine mit Wänden, Würfeln und Stangen, der andere mit höheren Elementen und Fallschutz-Boden ausgestattet.

Parkour ist eine Trendsportart, in der Läufer auf kreative Weise sowohl ihre Ausdauer und Kraft als ihre Geschicklichkeit schulen. Ziel ist es, die Strecke von einem Punkt zum anderen möglichst effektiv zu absolvieren und dabei verschiedene Bewegungsabläufe zu kombinieren. Dabei gelten keine festen Regeln.

Adresse
Kokerei Zollverein
Arendahls Wiese
45141 Essen
Tel. 0201/246810 (RUHR.VISITORCENTER)

Seaside Beach Climbing [Essen]

Der Naturseilgarten in idyllischer Umgebung am Baldeneysee (direkt am Seaside Beach Club, s. Freizeit / Stadtstrände) bietet drei verschiedene Hindernis-Parcours mit unterschiedlichen Schwierigkeitsgraden in bis zu elf Meter Höhe. An den Bäumen sind Plattformen befestigt, die durch Seilkonstruktionen, Hängebrücken und weitere künstlich errichtete Aktionssysteme miteinander verbunden sind. Für sechs- bis neunjährige Kletterfans gibt es mit dem Kinderparcours eine spezielle Route in 2,50 Meter Höhe.

Auch der künstlich errichtete acht Meter hohe Kletterturm ist eine Herausforderung, mit 12 Routen in verschiedenen Schwierigkeitsgraden.

Informationen
Freiherr-vom-Stein-Straße 384
45133 Essen
Tel. 0208/8825885
info@seaside-beach-climbing.de
www.seaside-beach-climbing.de

Citymonkey Boulderhalle [Essen]

Geklettert wird in geringer Absprunghöhe ohne Seil. Hier macht sogar das Fallen Spaß, denn wer fällt, landet sanft auf der Weichbodenmatte. Viele Angebote wie Schnupper-, Aufbaukurse oder Trainingseinheiten für Kinder. Optimales Trainingsgelände: Wände in allen Neigungen, Verschneidungen, Ecken, Kanten und Dächer.

Informationen
Auf'm Bögel 6
45149 Essen
Tel. 0201/7493081
info@citymonkey.de
www.citymonkey.de
Öffnungszeiten: Di-Fr 15-22 Uhr, Sa 10-20 Uhr, So 10-22 Uhr

Kletter-Max, Dortmund

Zeche Helene (Essen)

Durch den Essener Sportbund zum Sport- und Gesundheitszentrum umgebaute Anlage. Neben Fitness, Kraft- und Gesundheitsangeboten bietet der denkmalgeschützte Pütt auch ein Beachvolleyball-Feld auf. In der ehemaligen Zechenverwaltung befindet sich die größte Attraktion: der von der Sektion Essen des Deutschen Alpenvereins e.V. gemanagte und beaufsichtigte, ca. 420 Quadratmeter große Kletterpütt mit mehr als 60 Routen, einer 13 Meter hohen Indoor-Kletterwand, Boulderhöhle und Schulungseinheit sowie Freeclimbing für Anfänger und Profis. Wer es das erste Mal versucht, sollte ein Probeklettern vereinbaren.

Informationen

Twendmannstr. 125
45326 Essen
Tel. 0201/17195966
info@dav-essen.de
dav-essen.de
zeche-helene.de
Öffnungszeiten: Kletterbetrieb täglich 9-23 Uhr

Parkour-Park (Gladbeck)

Parkour ist Citylaufkunst. Professionell ausgeführt, kann der Zuschauer nur noch staunen. In einem einzigen Bewegungsablauf überwindet der Traceur alle Hindernisse, setzt sich, wenn frei in der Stadt unterwegs, elegant über alle architektonischen Vorgaben und normalen Bewegungsmuster des städtischen Fußvolks hinweg.

In Gladbeck findet sich in Butendorf ein Übungsgelände für Parkourläufer mit sechs Stationen in zwei Schwierigkeitsgraden, entwickelt zusammen mit jugendlichen Athleten. Die Stationen: Preci Block, Vault Alley und Swing Roof als Basisstationen, Break Through, Monkey Gap und Combi Wall als Kreativstationen.

■ **Adresse**

Ecke Diepenbrockstraße / Phönixstraße
45968 Gladbeck

Kletterpark Hamm

Im Zentrum der Stadt Hamm am Tierpark liegt der 20.000 qm große Kletterwald. Zwischen den Bäumen schwingen wie Tarzan, als Spiderman riesige Netze bewältigen, über wackelige Brücken laufen wie „Indi" – hier erlebt jeder sein ganz persönliches Abenteuer. Die Parcours in bis zu 15 Meter Höhe mit über 80 Übungen sind zum Teil auch für Kinder ab sechs Jahren geeignet. Highlights: ein Tunnel, eine Kletterwand auf 13 Meter Höhe sowie Surfbrett und Snowboard für einen ungewöhnlichen Rutsch hoch oben im Wald.

■ **Informationen**

Grünstraße 150
59063 Hamm
Tel. 0171/4561765
info@kletterpark-hamm.de
kletterpark-hamm.de
Saison: April bis Anfang November
Öffnungszeiten: siehe Webseite

AktiVita [Hamm]

Fitnessclub mit einem Boulderraum (70 qm Wandfläche), je zwei Kletterwänden (12 Meter hoch) indoor und outdoor auch für Nicht-Mitglieder.

■ **Informationen**

Hafenstr. 12
59067 Hamm
Tel. 02381 / 28886
info@aktivita.com
aktivita.com

Klettergarten Isenberg [Hattingen]

Steinbruchklettern zwischen Essen, Hattingen und Velbert, genauer gesagt in Nierenhof. Zur Saisonzeit zwischen dem 1. April und dem 30. September trifft sich das Klettervolk im Klettergarten Isenberg.

Bei einem Benutzungsentgeld von fünf Euro pro Tag kann man in dem von der Sektion Essen des Deutschen Alpenvereins e.V. 1976 erworbenen, 1988 dann um- und ausgebauten Gelände nach Herzenslust auf markierten Routen den Isenberg ersteigen. Nach einer aufwändigen Sanierung unter Leitung der DAV-Sektion Essen wurde der Klettergarten Isenberg im Mai 2015 wieder eröffnet

■ **Informationen**

www.felsinfo.alpenverein.de

Hochseilgarten in Oberhausen

16 Parcours mit unterschiedlichsten Schwierigkeitsgraden und über 200 Kletterelementen sind hier auf einem 17.000 Quadratmeter großen Areal verteilt. Damit besitzt Oberhausen einen der größten Naturhochseilklettergärten Deutschlands. Inmitten des Baumbestandes – unmittelbar neben dem Gasometer – erwarten die Besucher drei Kinder-Parcours, Fun-Parcours und richtig schwere Parcours für die Profis. Ein Höhepunkt für den versierten Kletterer ist der Extrem-Parcours mit einer kaum bezwingbaren Kletterwand. Die Fun-Parcours sind mit Elementen wie den Elefantenfüßen oder dem Röhrentunnel ausgestattet, andere Parcours halten Seilrutschen bereit, Höhen bis zu 20 Meter – und Nervenkitzel beim Freifallsprung ...

■ **Adresse**

Arenastr. 13
46047 Oberhausen

■ **Informationen**

tree2tree GmbH
Essenerstr. 5
46047 Oberhausen
Tel. 01805/873328733
Buchungen: Mo-Fr
(im Winter Mo/Mi/Fr) 9-12 Uhr
info@tree2tree.de
www.tree2tree.de
Öffnungszeiten:
ab Ende März täglich geöffnet, in der Wintersaison an ausgewählten Tagen

Kletterwald Freischütz (Schwerte)

Netze, Balancierbalken, Leitern und andere Kletterelemente, in drei bis 12 Meter Höhe, baumschonend in den Wald eingefügt. Der Kletterwald umfasst 12 Parcours, benannt nach bekannten Gebirgen, mit diversen Schwierigkeitsgraden und insgesamt 110 Kletterelementen. Gemütliches Einklettern z. B. am „Fichtelgebirge", mittelschwere Wege durch die „Alpen", mit Höhenblick auf den Biergarten der Anlage, „K2" gilt als ultimative Herausforderung. Und die „Angel Falls" bieten einen (gefahrlosen) freien Fall vom höchsten Punkt des Kletterwaldes.

Nach kurzer Einweisung und Übung können die Strecken von den stets gesicherten Kletterern selbständig durchlaufen werden.

Informationen

Hörder Straße 131
58239 Schwerte
Tel. 02622/9869260
kletterwaldfreischuetz.de
Saison von Mitte März bis Anfang November

Kletterwald Wetter

Spaß, Naturerlebnis, Selbstüberwindung und Adrenalinausschüttungen, all das erlebt der Besucher des Hochseilgartens auf dem Harkortberg über dem Harkortsee. Kletterprofis und -neulinge wählen unter 14 verschiedenen Parcours mit 150 Übungen. Für Kinder ist festgelegt, welcher Parcours in welchem Alter mit oder ohne Begleitung in Angriff genommen werden darf.

Kletterwald Wetter

Beliebt, aber auch anspruchsvoll ist „Annapurna", der Tarzanparcours. „K2" ist mit 18 Metern Höhe der höchste Kletterwaldparcours in NRW.

Adresse / Informationen

Harkortberg
58300 Wetter
Tel. 06198/5190190
info@kletterwald-wetter.de
www.kletterwald-wetter.de
Öffnungszeiten: ganztägig (10-19 Uhr) / halbtägig / exklusiv für Gruppen: Infos auf Webseite

Adventure Park Xanten

Seit 2006 kann man das Xantener Strandbad auch aus luftiger Höhe sehen. Aber kaum jemand wird den Ausblick genießen, denn im Adventure Park ist Klettern angesagt. Die Anlage bietet einen Hochseilgarten mit drei unterschiedlichen Ebenen (1,5, 5,5 und 10 Meter), einen Niederseilgarten (Teamparcours mit Elementen bis max. 0,5 Meter Höhe) und einen Kinderparcours (1,5 bis 2 Meter).

Für spontane Geister erfreulich: Ein Schnupperdurchgang ist auch ohne Voranmeldung möglich.

Informationen

Strohweg 2
46509 Xanten
Tel. 02801/9879472
info@adventurepark-xanten.de
www.adventurepark-xanten.de
Öffnungszeiten: April bis Oktober: Sa/So/Fei 11-18 Uhr (andere Termine für Gruppen nach Voranmeldung)

TRAMPOLIN

AirHop Trampolinpark, Essen

Superfly Air Sports (Dortmund)

Angebote des Trampolinparks u.a.: Bounce Run, Ninja Parcours, Waterfall Trampoline, Tumbling Lane, Flying Dunk, Swing Fall, Balance Court.

Informationen

Brennaborstraße 12, 44149 Dortmund
Tel. 0231/22611411
dortmund@superfly.de
www.superfly.de/dortmund
Öffnungszeiten: Di 14-21 Uhr, Mi/Do 10-21 Uhr, Fr/Sa 10-22 Uhr, So 10-20 Uhr

Superfly Ruhr (Duisburg)

Nur wirkliches Fliegen ist schöner … aber einen guten Vorgeschmack auf die Welt des Fliegens lässt sich in der umgebauten, fast 3.000 qm großen Halle erleben. Hier stehen 40 großflächige Trampoline zur Verfügung, 20 zusammenhängende Trampoline auf einer Fläche von über 400 qm bieten genügend Platz zum Abheben. Insgesamt erwartet die Besucher eine weit über 1.000 qm große Sprungszenerie. Neben den freien Sprungzeiten gehören u. a. auch Trampolin-Dodgeball, das wie „Völkerball" funktioniert, Rampen für Akrobatikkünstler, Slacklines zum Balancieren und Schaumstoffbecken, in die sich die Sportler katapultieren lassen können, zum Programm. Und freitags wird ab 20 Uhr zu Musik und Lichteffekten gesprungen.

Informationen

Sternbuschweg 360, 47057 Duisburg
Tel. 0203/39344774
info@superfly-ruhr.de
superfly-ruhr.de
Öffnungszeiten: Di 14-21 Uhr, Mi/Do 10-21 Uhr, Fr/Sa 10-23 Uhr, So/Fei 10-21 Uhr

AirHop Trampolinpark (Essen)

3.400 qm Hallenfläche mit weitläufigen Trampolinanlagen und zahlreichen Action-Features: XXL-Trampolinfeld, Slam Dunk Basketball, Schaumstoff-Grube für Sprünge – und Wipe Out (englisch für ausradieren, der Name ist Programm!): Springen und ducken im Kampf gegen zwei rotierende Wischer. Darüber hinaus werden Geburtstagspartys, Fitnesskurse und Mini AirHopper-Stunden (für Kinder unter fünf Jahren) angeboten.

Informationen

Am Zehnthof 194, 45307 Essen
Tel. 0180/1233210
info-essen@airhoppark.de
www.airhoppark.de
Öffnungszeiten: Di-Fr 14-21 Uhr, Sa/So 10-21 Uhr; bitte vorab online buchen!

Tiger Jump Trampolinpark (Oberhausen)

Die neueste Freizeiteinrichtung in Oberhausen nahe am CentrO ist ein Indoor-Sprungpark mit insgesamt 3.500 qm Fläche, der ein breites Spektrum für alle Altersklassen, Leistungsniveaus, Einzelspringer und Gruppen bietet: z. B. Profi-Trampoline, die nur unter Aufsicht genutzt werden können, Anfänger-Trampoline, eine Open-Jump-Area mit über 100 Trampolinen, eine Ninja-Stecke, ein riesiges Luftkissen mit fünf Absprungsbereichen, eine Basketball-Area, einen Duell-Balken und Spielfelder für Dodgeball, die moderne „Völkerball"-Variante.

Informationen

Zum Aquarium 2, 46047 Oberhausen
Tel. 0208/412461-0
info@tigerjump.de; www.tigerjump.de
Öffnungszeiten: Mo-Do 13-20 Uhr, Fr 13-21 Uhr, Sa 10-21 Uhr, So 10-19 Uhr

BEACHSPORT

StrandDeck Kemnade (Bochum)
>> Freizeit / Stadtstrände

Strandbad Wedau (Duisburg)
Wer nicht gerade am Badestrand liegen oder Wasserski/ Wakeboard (s. Wassersport) laufen möchte, kann unter der Reviersonne bei Beachvolleyball oder beim Adventure Golf schwitzen. Für die Beachvolleyballer stehen zwei Plätze zur Verfügung, die pro Stunde neun Euro kosten.

Ausruhen kann man sich später auf der Wasserski-Terrasse oder im Biergarten. Eine schöne Sache ist auch der zu mietende Grillplatz mit Ausblick auf den See.

■ **Informationen**
Bertaallee 10, 47055 Duisburg
Tel. 0203/726457
hello@wasserski-wedau.de
www.wasserski-wedau.de
Öffnungszeiten Hauptsaison (Ende April bis Anfang Oktober): täglich 13 Uhr bis Sonnenuntergang

Seaside Beach Baldeney (Essen)
>> Freizeit / Stadtstrände

blue:beach Indoor (Witten)
Wenn auch (meistens) ohne Sommer und Sonne, dafür aber 12 Monate im Jahr – das Wittener Center zeigt, dass Beachsport kein Urlaubserlebnis sein muss. Unterm Dach ist auf 1.500 Quadratmetern fußbodenerwärmtem Sand so ziemlich alles im Angebot, was „am Strand" mit oder ohne Netz Spaß macht: Beachvolleyball, Beach-Soccer, Beach-Badminton, Beach-Handball, Fußballtennis, Frisbee, American Football, Slacklining. Bei schönem Wetter lockt das 2.500 Quadratmeter große Sandaußengelände mit Beachcourts und Strandbiergarten.

Wer neben der Ästhetik auch die Kraft trainieren will, geht zum „Vital Studio Carlos" mit 600 Quadratmetern Trainingsfläche.

■ **Informationen**
Luhnsmühle 2, 58455 Witten
Tel. 02302/58040-0
rezeption@bluebeach.de
www.bluebeach.de
Öffnungszeiten Beachcourts: Mo-Fr 9-22.30 Uhr, Sa/So/Fei 9.30-21.30 Uhr

Strandbad (Xanten)
Strandbad an der Xantener Südsee (s. auch Freizeit/Freizeitzentren) mit einem 1.000 Meter langen Sandstrand, Stand Up Paddling und Sprungturm. Der schwimmende Wibit Sports-Park (für Schwimmer) bietet ein Parcours mit verschiedenen Action-Elementen wie Katapult, Trampolin oder Kletterturm. Eine echte Sommeradresse!

■ **Informationen**
Am Meerend (Eingang)
46509 Xanten-Wardt
Tel. 02801/715656
f-z-x.de (mit Kontaktformular)
Öffnungszeiten: Mai bis September: täglich ab 10 Uhr

WASSERSPORT

Westfälisches Sportbootzentrum – Marina Rünthe am Datteln-Hamm-Kanal (Bergkamen)

Das Westfälische Sportbootzentrum – Marina Rünthe, die größte Marina NRWs, lockt mit mehr als 300 Liegeplätzen nicht nur Sportbootfahrer, sondern versetzt mit mediterranem Flair zahlreiche Besucher in Urlaubsstimmung. Die Marina bietet attraktive Wassersportmöglichkeiten (Yachtcharter, Drachenboot- und Kanufahrten, Ausflugsschifffahrt auf der Santa Monika III) sowie ein facettenreiches Gastronomie- und Übernachtungsangebot. Direkt angrenzend an den Yachthafen lädt das Naturschutzgebiet „Beversee" zu ausgedehnten Spaziergängen ein. Besucher können den Hafen u. a. bei einer geführten Fackelwanderung kennenlernen und den Abend anschließend bei einer kulinarischen Köstlichkeit und einem fruchtigen Cocktail gemütlich ausklingen lassen. Das Lichtkunstwerk „PulsLicht" von Mischa Kuball (Teil des „Lichtweges" in der Kulturregion Hellweg) setzt den Hafen am Abend eindrucksvoll in Szene.

Skipper finden in der Marina Rünthe neben modern und behindertengerecht ausgestatteten Liegeplätzen mit sämtlichen Ver- und Entsorgungsmöglichkeiten alle benötigten Infrastruktureinrichtungen, wie Slipanlage, Kran, Tankstelle, moderne Sanitäreinrichtungen, Winterliegeplätze und die Möglichkeit, sämtliche Reparaturen durch ortsansässige Betriebe durchführen zu lassen.

Informationen

Yachthafen Marina Rünthe GmbH & Co. KG
Hafenweg 30
59192 Bergkamen
Tel. 02389/3163
Marina-ruenthe@online.de
www.yachthafen-marina-ruenthe.de

Westfälisches Sportbootzentrum – Marina Rünthe, Bergkamen

TauchRevierGasometer, Duisburg

König-Ludwig- und Ems-Hafen (Castrop-Rauxel)

Einst Kohleverladehafen der Deutschen Steinkohle AG, heute Treffpunkt der Freizeitkapitäne – der König-Ludwig-Hafen verfügt zusammen mit dem angrenzenden Emshafen, einem ehemaligen Schlepperhafen des Bundes, über insgesamt 170 Liegeplätze für Schiffe bis 20 Meter Länge. Die moderne Anlage, 2002 wurden die letzten 25 Liegeplätze im König-Ludwig-Hafen fertiggestellt und 2014 die neue Steganlage im Emshafen eingeweiht, bietet jeweils eigene Stromzähler und Wasseranschlüsse. Betrieben wird der Hafen vom AMC Castrop-Rauxel. Zum Club gehört die öffentliche Gaststätte „Zum Yachthafen" mit Hafenterrasse und schönem Biergarten.

Informationen
Ringelrodtweg 151
44579 Castrop-Rauxel
Tel. 02305/84697 u. 0172/2345236
hafenmeister@amc-castroprauxel.de
www.amc-wassersport.de

Marina Duisburg

Der Innenhafen Duisburg ist sicherlich einer der interessantesten Ankerplätze im Ruhrgebiet. Allein das industriekulturelle Ambiente mit den restaurierten Speichergebäuden ist eine Reise wert. Unmittelbar am Hafen locken Gastronomie, Flaniermeile und das MKM Museum Küppersmühle für Moderne Kunst. Darüber hinaus ist das Stadtzentrum Duisburg mit seinen vielfältigen Freizeit- und Kulturmöglichkeiten nicht weit. Der modern ausgerüstete Hafen selbst hat eine Länge von 1,8 Kilometern und bietet 133 Dauerliegeplätze zwischen 6 und 20 Metern Länge sowie Plätze für Tagesgäste.

Informationen
Hafenmeister
Schifferstraße 90
47059 Duisburg
Tel. 0203/28956-97
info@marinaduisburg.de
www.duisburg.de/micro2/marina

Regattabahn Sportpark Duisburg (Wedau)

Entstanden aus einem Baggersee und 1935 durch eine Ruderregatta eröffnet, hat sich die

Regattabahn des Sportparks Wedau zu einer der internationalen Top-Regattastrecken entwickelt. Anfang der 1970er Jahre mit einem Windschutzdamm versehen und seit den Kanu-Weltmeisterschaften 1979 im Zielbereich völlig neu gestaltet, trifft sich auf Duisburgs Renommieranlage die Weltelite des Kanu- und Rudersports. Die 2.150 Meter lange und 130 Meter breite Regattastrecke ist nicht nur regelmäßiger Veranstaltungsort internationaler Wettkämpfe, sondern auch Bundes- und Landesleistungszentrum für den Kanurennsport. Die Tribüne bietet Sitzplätze für knapp 2.300 Zuschauer, davon sind 580 Plätze überdacht. 8.000 Zuschauer können die Regatten von den Stehplätzen vor der Tribüne und vom anschließenden Windschutzdamm aus verfolgen.

Die Regattabahn war Schauplatz der Ruder-Welttitelkämpfe 1983 und vieler Kanu-Weltmeisterschaften (zuletzt 2007 und 2013). 2005 war sie einer der zentralen Wettkampforte der World Games, 2008 wurde in Wedau der Kanu-Weltcup ausgetragen.

Um die Anlage weiter auf höchstem Niveau zu halten, hat es seit 2007 wesentliche Verbesserungen gegeben, z. B. den Bau des Parallelkanals. 2009 ist eine neue Startanlage installiert und das Leistungszentrum saniert worden.

■ **Informationen**
DuisburgSport
Margaretenstr. 11
47055 Duisburg
Tel. 0203/28358100
info@duisburgsport.de
duisburgsport.eu
www.duisburg.de

Wasserski Wedau (Duisburg)

Auf Skiern oder Wakeboards übers Wasser gleiten – die Seilbahn auf der Wedau macht's möglich. Die Geschwindigkeit richtet sich nach dem Leistungsvermögen, anfangs geht's mit 30 km/h, später dann doppelt so schnell über den See. Für die routinierten Profis stehen natürlich auch Sprünge von Rampen und Slalomfahrten auf dem Programm. Und wer den Kick nicht alleine genießen möchte, kommt mit Freunden und bucht eine Gruppenfahrt.

■ **Informationen**
Bertaallee 10

Segelsport auf dem Baldeneysee, Essen

47055 Duisburg
Tel. 0203/726457
hello@wasserski-wedau.de
www.wasserski-wedau.de
Öffnungszeiten: geschlossen im Winter (Mitte November bis Mitte März), Hauptsaison (Ende April bis Anfang Oktober) täglich von 13 Uhr bis Sonnenuntergang geöffnet

TauchRevierGasometer [Duisburg]

Das größte Indoor-Tauchcenter Europas befindet sich im Landschaftspark Duisburg-Nord. In den 21 Millionen Litern Wasser des Gasometers können Taucher u. a. ein Trabi, die Überreste einer Cessna und ein Schiffswrack entdecken, seit 2016 sogar den 13 Meter langen Flugzeugrumpf einer ATR 42.

Die Tauchschule hat ein umfangreiches Ausbildungsprogramm mit Schnupperkursen und anspruchsvollen Spezialkursen.

Öffentlicher Tauchbetrieb für Personen mit Tauchschein ist samstags, sonntags und an angekündigten Tagen zwischen 9 und 17 Uhr, bitte eine Woche vorher telefonisch anmelden.

Informationen
Emscherstraße 71
47137 Duisburg
0203/4105353
info@tauchrevier-gasometer.de
www.tauchrevier-gasometer.de

Regattastrecke Baldeneysee [Essen]

Der 1933 fertiggestellte Baldeneysee ist mit knapp neun Kilometer Länge und 650 Meter Breite der größte unter den fünf Ruhrstauseen. Als beliebtes Segelrevier und Naherholungsgebiet schon ein Publikumsmagnet, wächst sich der Besucherstrom an Regattatagen rund um die Freiherr-vom-Stein-Straße zum Verkehrschaos aus. Die Regattastrecke ist 2.000 Meter lang und Schauplatz regelmäßiger nationaler und internationaler Ruder- und Kanuwettkämpfe sowie erstklassiger Kanupolo-Turniere. Die Tribüne am Zielturm fasst 1.500 Sitzplätze. Die Rennen können allerdings von der Uferpromenade aus verfolgt werden.

Adresse
Freiherr-vom-Stein-Straße
45133 Essen

Kanupolo-Turnier auf dem Essener Baldeneysee

Wasserski-Anlage Hamm-Haaren

Essener Segelwoche

Die 1957 erstmals ausgerichtete Essener Segelwoche ist eine der größten ihrer Art in Deutschland. Ausgerichtet von der Wettfahrgemeinschaft der Segler am Baldeneysee mit insgesamt 27 Vereinen und 2.800 Mitgliedern, präsentiert die Segelwoche als Höhepunkt die internationale Regatta um den „Ruhr-Euro-Cup".

Daneben bestickt die Veranstaltungsreihe durch ein Rahmen- und Breitensportprogramm – vom Drachenbootrennen über die Mini-Regatta für Modelboote bis hin zu Kanusport, Seelauf und Biketour. Gesäumt wird die Veranstaltung in jedem Jahr von tausenden von Zuschauern.

Adresse

Freiherr-vom-Stein-Straße
45133 Essen

Wasserski-Anlage Hamm-Haaren

Entstanden durch Abgrabung von Sand- und Kiesvorkommen in den 1980er Jahren, hat sich der Haarener See in Hamm-Uentrop im Rahmen der interkommunalen Initiative „Fluss Stadt Land" und des Masterplanes „Hamm ans Wasser" zu einer Freizeitoase entwickelt. Das von der Stadt Hamm und dem Regionalverband Ruhr (RVR) entwickelte Freizeitkonzept für den Haarener See bedeutet heute naturnahes Baden und Sportspaß bei Wasserski und Wakeboarding. Für die Aktiven auf den Brettern steht eine moderne Fünf-Mast-Bahn zur Verfügung.

Die Wasserfläche wurde auf eine etwa 6.000 Quadratmeter große Badebucht erweitert, der seicht abfallende Sandstrand sorgt für echte Urlaubsgefühle. Felder für Beachvolleyball und Beachsoccer gibt's obendrein. Gastronomie, Umkleiden und Sanitäranlagen sind ebenfalls vorhanden.

Informationen

Sundernstr. 10
59071 Hamm
Tel. 02388/303825
info@wasserski-hamm.de
www.wasserski-hamm.de

Yachthafen „Friedrich der Große" (Herne)

Das Revier als Sportboot- und Yachtgebiet bekommt immer

stärkere Konturen. Einer der neueren Anlaufpunkte ist der Yachthafen Herne, einer der größten seiner Art am Rhein-Herne-Kanal. Direkt hinter der Schleuse Herne Ost gelegen, ist er aus dem Hafen Friedrich der Große, der vormals für den Bergbau gebaut wurde, entstanden. Betrieben wird er vom WSV-Herne 1920 e.V.

Informationen

Wassersportverein Herne 1920 e.V.
Gneisenaustr. 187 (Nähe Schleuse Herne-Ost)
44628 Herne
Tel. 02323/81397
wsv-herne@wsv-herne.de
www.wsv-herne.de

Preußenhafen Lünen

1924 wurde er als Kohleumschlagplatz für die Lüner Schachtanlagen in Horstmar und Gahmen errichtet und Mitte der 1960er Jahre nochmals erweitert. Nach dem Ende der Ladetätigkeiten lag er circa ein Jahrzehnt brach.

Seit Mitte 2005 ist neues Leben in den Preußenhafen Lünen am Datteln-Hamm-Kanal eingekehrt. Im Rahmen der Initiative „Fluss Stadt Land" wurde er als Wasserwander-Rastplatz in den Sportboot-Tourismus eingebunden. Heute ist der Preußenhafen ein beliebtes Ausflugsziel vieler Naherholungssuchender und Hobbyskipper. Neben den Liegeplätzen am Westufer bietet das Ostufer des Hafens eine 70 Meter lange und bis zu elf Meter breite Anlegeplattform für Sportboote sowie ein Hafenhaus mit zahlreichen Funktionen und Gastronomieangeboten.

Informationen

Hafenstraße, 44532 Lünen
Datteln-Hamm-Kanal (DHK – km 14,26)
im Stadtteil Lünen-Süd
Tel. 0231/3956777 (Hafenmeister)
preussenhafen@web.de
www.preussenhafen-luenen.de

Heinz-Schleußer-Marina (Oberhausen)

Die im August 2004 eröffnete Oberhausener Marina liegt in unmittelbarer Nähe des Einkaufszentrums CentrO, des Gasometers, des „Sea-Life"-Aquariums, Deutschlands größter Sea-Life Meer- und Süßwasserwelt, und des weltweit ersten Bergbau-Erlebnisbads „Aquapark Oberhausen".

Die moderne Anlage bietet neben einem perfekten Bootsservice ein maritimes Ambiente für Bootsführer, Wassersportler und „Landratten". Regelmäßig finden Feste statt, beispielsweise das Kanalfest und das Hafenfest im Sommer.

Der Sportboothafen am Rhein-Herne-Kanal verfügt auf einer Fläche von 10.000 Quadratmetern über Platz für bis zu 60 Sportboote und modernsten Komfort. Bei einer Wassertiefe von 2,50 Meter können auch größere Schiffe in die Marina einlaufen.

Informationen

Heinz-Schleußer-Str. 1
46047 Oberhausen
Tel. 0151/74670239 (Hafenmeister)
info@marina-oberhausen.de
www.marina-oberhausen.de

Stadthafen Recklinghausen

Der alte Stadthafen Recklinghausen wurde im August 1914 fast gleichzeitig mit dem Bau des Rhein-Herne-Kanals fertig gestellt. Florierende Zeiten waren vor allem der Erste Weltkrieg und die ausgehenden 1950er Jahre, letztere mit umgeschlagenen Gütermengen von 264.175 Tonnen jährlich. Danach ging es wirtschaftlich rapide bergab.

Seit August 2008 gibt es neues Leben in dem nach städtischen Angaben „vermutlich kleinsten Hafen einer Großstadt in Europa". Eingebunden in die regionale Initiative „Fluss Stadt Land" und die Gestaltung des Neuen Emschertals, bietet er als Wasserrastplatz einen Anleger mit Liegeplätzen für bis zu acht Sportboote. Darüber hinaus stehen eine Anlegestelle für Fahrgastschiffe und eine Strandlandschaft mit Restaurant und Bar zur Verfügung. In unmittelbarer Nähe befindet sich übrigens das „Umspannwerk – Museum Strom und Leben".

Informationen

Stadthafen Recklinghausen
Gastronomie & Kultur
Am Stadthafen 10
45663 Recklinghausen
Tel. 02361/9606211
info@stadthafen.com
www.stadthafen.com

Paddeltour auf der Stever, Haltern

KANU

Kanutouren auf der Lippe (Bergkamen)

Anfänger und Fortgeschrittene können den Weg von Bergkamen-Rünthe bis nach Lünen-Beckinghausen im Kanu erleben und dabei durch unberührte Naturlandschaften, wie das Naturschutzgebiet Lippeaue, fahren. Für Gruppen werden u. a. Betriebs- und Klassenausflüge, Halbtagestouren und mehrtägige Erlebnistouren in Kombination mit Radfahren und außergewöhnlichen Übernachtungen angeboten.

Informationen
Lippetouristik GmbH
Münsterstr. 1c
44534 Lünen
Tel. 02306/781007
info@lippetouristik.de
www.lippetouristik.de

Schlauchboot-Touren und Kanufahrten (Bocholt)

Öffentliche vierstündige Funboat-Touren für Familien und jedermann im Riesenschlauchboot auf der idyllischen Bocholter Aa, auch Gruppen-Touren zu individuellen Terminen von Rhede bis Bocholt, veranstaltet von der Tourist-Info Bocholt.

Kanu-Touren auf der Aa organisieren „My Kanutours & More" (Xanten).

Kontakt und Buchung Schlauchboot
Tourist-Info Bocholt
Nordstraße 14
46399 Bocholt
Tel. 02871/5044
info@tourist-info-bocholt.de

Kontakt und Buchung Kanu
My Kanutours & More
Alter-Rhein-Weg 31
46509 Xanten
Tel. 02801/9844058
info@my-kanutours.de

Kanutouren auf der Lippe (Dorsten)

Tages- oder mehrtägige Touren auf der Lippe und auf dem Wesel-Datteln-Kanal zwischen Dorsten und Wesel.

Informationen
Lippe-Kanu-Touren
Tel. 02362/606632
info@lippe-kanu-touren.de
www.lippe-kanu-touren.de

Nordwestkanu
Rybniker Straße 23, 46282 Dorsten
Tel. 02362/706355
info@nordwestkanu.de
www.nordwestkanu.de

Lippepiraten
Vennstr. 120, 46284 Dorsten
Tel. 0177/6470014
info@lippepiraten.de
www.lippepiraten.de

Essener Kanuschule

Vor dem Kanuspaß steht das Lernen – mit dieser Philosophie des auch gegenüber anderen verantwortlichen Fahrens versteht sich die Schule zunächst als Ausbildungsstandort. Zusätzlich werden u. a. Kanutouren auf der Ruhr angeboten.

Informationen
Fleherweg 87, 45279 Essen

Tel. 0201/890601-02
info@kanuschule.de
www.kanuschule.de

Insider Kanutouren (Essen)
Kanufahren auf der Ruhr zwischen Hattingen und Essen-Kettwig, individuell oder als Tour mit Guide. Auch für die individuelle Fahrt werden die Kanus plus Zubehör wie Schwimmwesten und Tourenkarten an den Startort befördert und am Ziel wieder abgeholt. Eine gründliche Einweisung ist selbstverständlich.

■ **Informationen**
Rüttenscheider Str. 192, 45131 Essen
Tel. 0201/564200-0 o. 0176/41867366 (Sa/So/Fei)
info@insider-kanutouren.de
www.insider-traveller.de

Kanu Tour Ruhr (Essen)
Rundtouren auf dem Baldeneysee, Streckenfahrten auf der Ruhr, individuell oder geführt, auch Rafttouren von Hattingen bis Dahlhausen oder Mehrtagestouren.

■ **Adresse / Informationen**
Kanustation Baldeneysee
Kampmannbrücke 35, 45257 Essen
Tel. 0201/95973323
info@kanu-tour-ruhr.de
www.kanu-tour-ruhr.de

Bootshaus Niehues (Haltern am See)
Kanutouren über die Stever und den Halterner Stausee.

■ **Informationen**
Aalweg 11
45721 Haltern-Hullern
Tel. 02364/14095
www.bootsverleih-niehues.de

Ralf Meilenbrock Bootsvermietung (Haltern am See)
Kanutouren über den Halterner Stausee.

■ **Informationen**
Stockwieser Damm 276
45721 Haltern am See
Tel. 02364/3606
RalfMeilenbrock@web.de
www.bootsvermietung-haltern.de

Kanutouren auf der Lippe (Hamm)
Kanutourismus seit 1985. Lippe: Touren zwischen Lippstadt und Hamm; auch andere Flüsse. Im Angebot: Bootsvermietung und Planung, individuelle und Gruppentouren, Touren-Begleitung, Touren im Eigentransport.

■ **Informationen**
Kanuverleih Harry Hengst
Kleistr. 53
59073 Hamm
Tel. 02381/32212
kanuhengst@aol.com
www.kanuhengst.de

Lenne-Ruhr-Kanu-Tour (Schwerte)
Geführte Touren oder einfach alleine lospaddeln auf Ruhr und Lenne zwischen Herdecke und Schwerte. Rückholdienst und Infomaterial sind mit inbegriffen. Möglich sind auch spezielle Angebote wie die „Paddel und Pedale" genannte Kombination aus Mountain-Bike- und Kanutour.

■ **Informationen**
Lenne-Ruhr-Kanu-Tour GmbH & Co. KG
Ruhrstr. 18
58239 Schwerte
Tel. 02304/61699
info@ruhr-kanu.de
www.ruhr-kanu.de

Kanutouren auf Diersfordter Waldsee (Wesel)
Die drei bis vier Stunden dauernde, von einem Naturexperten geleitete Fahrt auf dem großen See führt zu den künstlich angelegten Inselbiotopen. Nicht ungewöhnlich, dass hier Biber beobachtet werden können.

Auch das Besucherboot „MS August" unternimmt geführte Exkursionen über den See.

■ **Informationen / Buchung**
Stadtinformation Wesel
Großer Markt 11
46483 Wesel
Tel. 0281/24498
stadtinformation@weselmarketing.de
www.wesel-tourismus.de

Ruhr-Piraten (Witten)
Tages- oder mehrtägige Kanutouren ohne und mit Begleitern auf der Ruhr zwischen Schwerte und Mülheim, mit Kerngebiet zwischen Witten und Essen. Auch Floßfahrten sind im Angebot.

■ **Informationen**
Ralf Schockmann
Ruhrmühle 1
44879 Bochum
Tel. 0176/24031590
info@ruhr-piraten.com
www.ruhr-piraten.com

GOLF

Golfclub Schwarze Heide (Bottrop)

64 Hektar groß ist der 18-Loch-Platz des Golfclubs Schwarze Heide in Bottrop-Kirchhellen. Auch ein 6-Loch-Kurzplatz ist vorhanden. 1988 wurde der Platz mit neun Löchern eröffnet, 1993 erweitert. Das golftechnisch anspruchsvolle Gelände des Meisterschaftsplatzes mit sechs Par-5-, sechs Par-4- und sechs Par-3-Bahnen bietet eine gute Infrastruktur: Die Zahl der Parkplätze, Umkleideräume und Caddieplätze wurde nach der Erweiterung den neuen Bedingungen angepasst. Das Clubhaus bietet alle Annehmlichkeiten, die sich ein Golfer wünscht.

Informationen
Gahlener Str. 44
46244 Bottrop
Tel. 02045/82488
info@gcschwarzeheide.de
www.gc-schwarze-heide.de

Arena 79 (Bottrop)

Europas größte Golfsimulator-Anlage bringt Golfsportler und solche, die es noch werden wollen, virtuell auf Golfplätze in aller Welt. Insgesamt 18 Golfsimulatoren führen auf 22 internationale Golfplätze und bieten dem erfahrenen Golfspieler optimale Spiel- und Trainingsmöglichkeiten, Analyse und Technik-Verbesserung inklusive. Allein das Putting Green umfasst 500 Quadratmeter.

Golfunterricht und -kurse finden in der Arena 79 ebenfalls statt.

Informationen
Südring 79
46242 Bottrop
Tel. 02041/706060
info@arena79.de
www.arena79.de
Öffnungszeiten: Mo-Fr 10-22 Uhr, Sa/So 9-18 Uhr

Golfplatz Castrop-Rauxel

Südöstlich von Castrop-Rauxel im Stadtteil Frohlinde befindet sich eine der schönsten Anlagen Deutschlands, die auch sportlich so anspruchsvoll ist, dass sie vom Deutschen Golf-Verband bereits für nationale Meisterschaften ausgewählt wurde. Seit 2004 bietet der

Verein drei variantenreiche 9-Loch-Runden, die sich beliebig miteinander kombinieren lassen.

Bei der Errichtung der Anlage wurde großer Wert auf die ökologische Verträglichkeit gelegt. 1993 bekam der Golfclub Castrop-Rauxel für sein Engagement den Umweltpreis des Deutschen Golfverbandes.

■ **Informationen**
Dortmunder Str. 222
44577 Castrop-Rauxel
Tel. 02305/62027
golfclub-castrop@t-online.de
www.gccastroprauxel.de

Dortmunder Golf Club e.V.

Der 1956 gegründete Club bietet einen 18-Loch-Platz mit zwei Wasserhindernissen und landschaftlich reizvollem Ambiente.

■ **Informationen**
Reichsmarkstr. 12
44265 Dortmund
Tel. 0231/774133
info@dortmunder-golfclub.de
www.dortmunder-golfclub.de

GolfRange in der Galopprennbahn (Dortmund)

Der gepflegte 9-Loch-Platz mit 38 überdachten Abschlagplätzen und 20 Rasenabschlägen auf der Driving Range hat dank seiner Lage auf der Galopprennbahn ein besonderes Flair. Tipp: Abends Golfen möglich durch Flutlichtanlage. Und für alle, die noch nie einen Golfschläger in der Hand hatten, wird ein zweistündiger Schnupperkurs angeboten. Über die gemachten Erfahrungen unterhalten kann man sich danach im Restaurant mit Sonnenterrasse.

■ **Informationen**
Rennweg 70
44143 Dortmund
Tel. 0231/981295-0
dortmund@golfrange.de
www.dortmund.golfrange.de

Royal Saint Barbara's Dortmund Golf Club e.V.

Der Golfplatz ist mit viel Gefühl in die Gras- und Nadel-

GolfRange in der Galopprennbahn Dortmund

waldlandschaft im Osten Dortmunds integriert worden und bietet Spielern neben sportlicher Herausforderung auch Ruhe und Erholung. Wer hofft, „leichtes Spiel" mit den 18 Löchern der Anlage (Par 72) zu haben, muss sich oftmals früher, als er wünscht, mit dem einen oder anderen der über 50 Bunker und „nassen" Hindernisse auseinandersetzen. Auch das von Wasser umgebene Grün des 9. Lochs tut sein Übriges, um den passionierten Golfer in Schwierigkeiten zu bringen ...

Der Klub mit britischen Wurzeln hat auch Jugendmannschaften mit regelmäßigen Trainingszeiten.

Informationen

Saint-Barbara-Allee 18
44309 Dortmund
Tel. 0231/909865-0
info@golfclub-dortmund.de
www.golfclub-dortmund.de

Niederrheinischer Golfclub (Duisburg)

Der 1953 gegründete Club liegt direkt am Naherholungsgebiet der Duisburger Sechs-Seen-Platte und doch zentral, nur fünf Kilometer vom Stadtzentrum entfernt. Der 2003/2004 komplett umgebaute 9-Loch-Platz liegt inmitten eines üppigen Baumbestandes.

Informationen

Großenbaumer Allee 240
47249 Duisburg
Tel. 0203/721469
info@ngcd.de
ngcd.de

Golfclub Röttgersbach e.V. (Duisburg)

Hier lautet die Zauberformel „Pay and Play". Der einfachste und günstigste Einstieg in den Golfsport führt direkt auf den für alle offenen 9-Loch-Kurzplatz. Leihmöglichkeiten für Schläger, Bags und Trollys sind ebenso vorhanden wie professionelle Beratung für das richtige Equipment.

Informationen

Ardesstr. 82
47167 Duisburg
Tel. 0203/484672-5
info@gc-roettgersbach.de
gc-roettgersbach.de

Golfclub Haus Oefte (Essen)

Der 1959 gegründete 18-Loch-Platz mit Standard/Par 72. Die landschaftlich sehr schön am Südufer der Ruhr zwischen Werden und Kettwig gelegene Anlage, benannt nach dem erstmals bereits im 9. Jahrhundert erwähnten Adelssitz Haus Oefte, ist unterteilt in einen 9-Loch-Platz direkt an der Ruhr (über eine Autostraßen-Brücke zu erreichen) und den älteren Teil, der direkt am Haus Oefte liegt und ebenfalls über neun Löcher verfügt.

Informationen

Oefte 1 (Laupendahler Landstraße)
45219 Essen
Tel. 02054/83911
info@oefte.com
www.oefte.com

Golfclub ETUF (Essen)

Der landschaftlich herrlich am Baldeneysee gelegene Club bietet einen 9-Loch-Golfplatz (Par 64), eine Drivingrange, ein Putting Green und einen Übungsbunker. Die zum Großverein „Essener Turn- und Fechtklub" (u. a. Fechten, Tennis, Turnen, Rudern, Hockey, Segeln) gehörende Abteilung weist darüber hinaus ein eigenes Golfclubhaus mit anliegendem Parkplatz sowie eine eigene Clubeinfahrt auf.

Informationen

Freiherr-vom-Stein-Str. 92a
45133 Essen
Tel. 0201/444600
Tel. 0201/472180 (Gastronomie)
golfriege@etuf.de
www.etuf.de

Golfclub Essen-Heidhausen (Essen)

Auf dem vormals landwirtschaftlich genutzten Gelände der Familien Preutenborbeck, Wiesmann, Kriwett und Lohmann wurde 1973 der vom englischen Golfarchitekten Donald Harradine geplante Golfplatz mit neun Löchern eingeweiht. Mittlerweile gliedert sich die Anlage in die Bereiche „On the Top" (neun Löcher auf dem Südplatz – insgesamt 100 Meter Höhenunterschied, vom Tee 2 bis hinauf zum Abschlag 6, dem höchsten Punkt im Stadtgebiet Essen, charakterisieren diese Spielbahnen), „Through the Valley" (die zweiten neun Löcher des

Südplatzes – durch das Tal des Rosenbaches ziehen sich diese Spielbahnen in herrlicher Landschaft mit altem Baumbestand und vermitteln den Eindruck eines Urlaubstages im Allgäu) und „Sightseeing" (ebenfalls neun Löcher auf dem „Neuen" oder Nordplatz – mit einer schönen Fernsicht an klaren Tagen).

Informationen
Preutenborbeckstr. 36
45239 Essen
Tel. 0201/404111
info@gceh.de
www.gceh.de

Golf-Club Gut Neuenhof [Fröndenberg/Ruhr]

Mit seiner 500-jährigen Geschichte bietet das Gut Neuenhof ideale Voraussetzungen für einen Golfplatz der Extraklasse. Somit zählt die Anlage zu den Top 50 in Deutschland. Die 18 Spielbahnen führen um das klassizistische Herrenhaus und bieten einen herrlichen Blick in die Hügellandschaft des Sauerlandes. Seit 2012 gibt es hier auch ein Golf-Hotel.

Informationen
Eulenstraße 58
58730 Fröndenberg/Ruhr
Tel. 02373/76489
gut.neuenhof@golf.de
www.golfclub-gut-neuenhof.de

Golf-Club Unna-Fröndenberg e. V

Der erst 1985 entstandene Golf-Club bietet auf einem Gelände von ca. 76 Hektar Wald, Wasser und Ackerland eine hervorragende Anlage mit überregionaler Beachtung. Der 18-Loch-Meisterschafts-Golfplatz mit 9-Loch-Pitch und -Putt garantiert Turnierqualität.

Informationen
Schwarzer Weg 1
58730 Fröndenberg/Ruhr
Tel. 02373/70068
info@gcuf.de
www.gcuf.de

Golfclub Haus Leythe [Gelsenkirchen]

18-Loch-Bahn mit dem Standard PAR/SSS 70/69. Der Golfclub Haus Leythe vereinigt verkehrsgünstige Stadtnähe mit landschaftlich reizvoller Gestaltung. Ein Schmuckstück ist auch das Clubhaus, das dem Verein den Namen gab: Seit 1296 war Haus Leythe Adelssitz derer von Leythe, Boenen und Nesselrode-Reichenstein. Was nicht bedeutet, dass im Golfclub nur blaues Blut zählt. Denn eine der Maximen des Clubs ist, dass Golf eine der familienfreundlichsten Sportarten ist – und deshalb erschwinglich sein muss.

Informationen
Middelicher Str. 72
45891 Gelsenkirchen
Tel. 0209/70110-0
info@haus-leythe.de
www.haus-leythe.de

Golfclub Schloß Horst [Gelsenkirchen]

Longhitter sind auf dem 9-Loch-Golfplatz nicht im Vorteil, kontrollierte Eisenschläge auf viele kleine Grüns und Risikovermeidung bringen den Erfolg. Zur Verfügung stehen außerdem die Driving Range mit 23 überdachten und beheizbaren Abschlagboxen mit Flutlicht, verschiedene Zielgrüns und Zielpfosten zum genauen Anspiel sowie große Putting-, Chipping- und Pitching-Areas. Training für Einsteiger wie für gestandene Golfer bietet die „Schwungfabrik".

Information
Johannastr. 37
45899 Gelsenkirchen
Tel. 0209/503020
info@gcsh.de
www.gcsh.de

Golfplatz Gut Berge [Gevelsberg]

In der weiträumigen Landschaft liegt um das Reitgestüt Gut Berge die 100 Hektar große 18-Loch-Anlage. Die Region zählt zu den reizvollsten Landschaften in NRW und fungiert als wichtiges Naherholungsgebiet. Die geschickte Integration des alten Baumbestandes verleiht dem Platz einen gewachsenen Charakter, wird durch üppige Bepflanzung ergänzt und entspricht allen golferischen Anforderungen.

Informationen
GC Gut Berge Gevelsberg/Wetter e.V.
Berkenberg 1
58285 Gevelsberg
Tel. 02332/913755
info@gutberge.de
www.gutberge.de

Golfclub Hamm (Hamm)

Auf ehemals landwirtschaftlich genutzten, 64 Hektar großen Flächen des ehemaligen Schulzenhofes „Gut Drechen“ ist in zwei Ausbaustufen in den Jahren 1995–1997 eine 18-Loch-Golfanlage mit dem Standard PAR/SSS 72 entstanden. In ebenem Gelände, das besonders ältere Golfer zu schätzen wissen, sind mit landschaftsgestalterischem Geschick interessante und sportlich herausfordernde Spielbahnen geschaffen worden. Der Golfplatz ist aufgrund günstiger Bodenverhältnisse und seiner Lage ganzjährig bespielbar, extreme Witterungsbedingungen wie Schnee oder hartnäckigen Dauerfrost ausgenommen.

Informationen

Gobel-von-Drechen-Straße 8a
59069 Hamm
Tel. 02381/913500
info@gc-hamm.de
www.gc-hamm.de

Golfen in Herdecke

„Golfen für Jedermann“ im ländlicheren Teil Herdeckes: 9-Loch-Anlage für ambitionierte Golfer und Einsteiger. Trainingsmöglichkeiten: 14 überdachte Abschlaghütten und eine 220 Meter lange Driving Range mit Chipping und Pitching Green, zwei Übungsbunkern und einem Naturrasen-Putting-Green. Schnupper- und Platzreifekurse sowie individuelles Training mit professionellen Trainern.

Informationen

Ackerweg 30a, 58313 Herdecke
Tel. 02330/973505
info@golfen-in-herdecke.de
www.golfen-in-herdecke.de

Golfclub Schloss Westerholt (Herten)

Zahlreiches Wild beobachtet hier das sportliche Treiben an 18 Spielbahnen. Der Golfplatz rund um Schloss Westerholt liegt in einer reizvollen Landschaft mit altem Baumbestand, Biotopen und Teichen und richtet sich sowohl an Könner wie

Golfclub Weselerwald e.V. in Schermbeck

auch an weniger Geübte. Clubhaus ist das zum Schloss gehörende Restaurant „Pferdestall".

Informationen

Schlossstr. 1
45701 Herten
Tel. 0209/165840
info@gc-westerholt.de
www.gc-westerholt.de

Golfclub Mülheim an der Ruhr e. V.

Der seit 1980 bestehende Club bietet einen 18-Loch-Golfplatz mit Par-72-Standard. Die 18 Fairways sind eingebettet in eine kleinbäuerliche Kulturlandschaft – mit kleinen Tümpeln, Sumpfgebieten, mit Schilfinseln und dem 2.700 Meter langen Haubach. Das stadtnahe Areal wurde als Beispiel für eine umweltfreundliche Verbindung zwischen Natur und Sport schon mehrfach ausgezeichnet. 2013 wurde der Platz ergänzt um eine 9-Loch-Par-3-Anlage.

Informationen

Am Golfplatz 1
45481 Mülheim an der Ruhr
Tel. 0208/483607
info@gcmuelheim.de
www.gcmuelheim.com

Golfclub Mülheim an der Ruhr Raffelberg

Golfclub mit klassischer Country-Club-Atmosphäre, 1998 als 9-Loch-Anlage eröffnet, 2011 auf 18 Loch erweitert. Aufwendig entwickelte, relativ kurze

Spielbahnen, Spielzeit des Platzes: ca. 3 1/2 Stunden. Fünf Teiche mit wunderschönen Wasserspielen, vielfältige Fairways, ein Inselgrün, die landschaftliche Idylle und der wunderschöne, alte Baumbestand an den neuen Bahnen bilden den reizvollen Rahmen für das Golfspiel.

Informationen

Akazienallee 84
45478 Mülheim an der Ruhr
Tel. 0208/580569-0
proshop@golfclub-raffelberg.de
(Golfanmeldung)
info@srs-enterprise.com
(Anfragen Mitgliedschaft, Events u. a.)
www.golfclub-raffelberg.de

Golf-Center (Oberhausen)

Auf dem ehemaligen Zechengelände Jacobi finden Anfänger und Profis, was sie zum Golfen benötigen. Man kann auch ohne Clubmitgliedschaft und hohe Aufnahmegebühren zwanglos das Golfspiel erlernen. Die Übungsanlage bietet einen Driving-Range (für die langen Bälle) sowie Pitching-, Chipping- und Puttinggrüns (für den kurzen hohen und den flachen Annäherungsschlag sowie für das Putten). Der 9-Loch-Kurzplatz „Zeche Jakobi Tricky“ ist für Anfänger das ideale Terrain, daneben gibt es noch den anspruchsvollen Par-34-Platz für Handicapspieler, eine 9-Loch-Anlage mit Längen bis zu 425 Meter. Für alle Golfer bietet die Golfschule „Schwungfabrik“ neue Trainingskonzepte, Einzel- und Gruppentraining, Anfänger- und Spezialkurse.

Informationen

Jacobistr. 35
46119 Oberhausen
Tel. 0208/2997335
info@gcob.de
www.gcob.de
www.schwungfabrik.de

Vestischer Golfclub Recklinghausen

Der 1974 gegründete Golfclub bietet in landschaftlich reizvoller Umgebung einen 18-Loch-Golfplatz. Die Anlage wurde im Jahr 2010 überarbeitet und neu gestaltet.

Informationen

Bockholter Str. 475
45659 Recklinghausen
Tel. 02361/93420
info@golf-re.de
www.golf-re.de

Golfclub Weselerwald e.V. (Schermbeck)

Der Club bietet eine 18-Loch-Turnieranlage und einen 9-Loch-Kurzplatz, der auch Golffreunden ohne irgendeine Golfclub-Mitgliedschaft zur Verfügung steht (Public Golf). Natürlich stehen hier auch Schnupperkurse und Trainerstunden auf dem Programm.

Informationen

Steenbecksweg 12
46514 Schermbeck
Tel. 02856/9137-0
info@gcww.de
www.gcww.de

Golfclub Felderbach (Sprockhövel)

Der Golfclub Felderbach (18 Löcher) gehört mit dem Golfclub Gut Frielinghausen (18 Löcher, Wuppertal), der öffentlichen Golfanlage Mollenkotten (9 Löcher, Wuppertal) und einem Golfhotel zur „Golfwelt Wuppertal/Sprockhövel“. Die schöne Golfwelt liegt im Landschaftsschutzgebiet des Felderbachtals. „Hart, aber gerecht“, so bewertet die Club-Webseite die Anlage. Gastspieler sind willkommen! Tage der offenen Tür, Golferlebnistage und Schnupperkurse vermitteln Einsteigern die Faszination des Sports.

Informationen

Frielinghausen 1
45549 Sprockhövel
Tel. 0202/64822222
info@golfclub-felderbach.de
www.golfclub-felderbach.de

Ruhr-Golf Witten

9-Loch-Golfanlage in leicht hügeligem Gelände nahe am Kemnader See, zu der auch eine Driving Range und ein Trainingsgelände mit Putting-Green und Übungsbunker gehören. Vom Anfänger bis zum Profi – jeder ist hier willkommen!

Informationen

In der Lake 33, 58456 Witten
Tel. 02302/2026828
www.ruhr-golf.de (mit Kontaktformular)

TREND & CO.

Indoor Skydiving (Bottrop)

Nur Fliegen ist schöner – und das in Bottrop, müsste man seit kurzem hinzusetzen. Denn der alte Menschheitstraum wird im 2009 eröffneten Indoor Skydiving tatsächlich zum „AIRlebnis". Europas schnellster High-Tech-Windtunnel und Deutschlands einzige Indoor-Bodyflying-Simulation lockt mit einer Flight Chamber, die bei einem Durchmesser von 4,3 Metern eine Luft-Geschwindigkeit erreicht, die einer Freifall-Geschwindigkeit von 286 km/h entspricht. Bis zu 15 Meter Höhe erreichen erfahrene Bodyflyer in dem 17 Meter hohen Windtunnel. Wer jetzt abwinken und solche Dinge lieber Profis überlassen möchte, irrt: Das Bodyflying ist nicht nur für alle Altersklassen, sondern für ungeübte Einsteiger ohne Vorkenntnisse (mit normaler körperlicher Konstitution) geeignet. Schließlich ist in der geschlossenen Flugkammer ein Runterfallen unmöglich.

■ **Informationen**

Indoor Skydiving Bottrop
Prosperstraße 297
46238 Bottrop
Tel. 02041/373730 (Service Hotline)
www.indoor-skydiving.com
(mit Kontaktformular)
Öffnungszeiten: täglich 9-21 Uhr,
darüber hinaus nach Anmeldung

★ Discgolf

Discgolf-Park Lünen

Im Oktober 2007 eröffnete im Seepark Lünen die erste Frisbee-Golf-Anlage Nordrhein-Westfalens. Die vor über 30 Jahren in den USA erstmals gespielte Sportart funktioniert im Grunde nach dem Golf-Prinzip, das Spielgerät aber ist die Frisbee-Scheibe: Der Discgolf-Platz muss mit möglichst wenig Würfen bewältigt werden, wobei die Scheiben als Ziel einen Kettenfangkorb haben. Und natürlich muss der Frisbee jeweils von dem Standort aus geworfen werden, an dem er nach dem letzten Wurf gelandet ist.

Der Discgolf-Park Lünen ist mit 24 Bahnen die größte Discgolf- Anlage in Deutschland und einer der sechs größten Discgolf-Parks in Europa!

Der Seepark ist jederzeit kostenlos nutzbar. Spielen kann jeder, der eine Frisbee-Scheibe besitzt. Sonntags wird darüber hinaus ein Trainingstermin angeboten, der allerdings witterungsabhängig ist.

■ **Informationen**

Baukelweg
44532 Lünen
Tel. 0177/4451560
discgolf4ever@aol.com
ww.discgolf-nrw.de/luenen

★ Minigolf

GlOWING ROOMS – 3D-Minigolf (Dortmund)

Schon mal Scifi-Minigolf gespielt? GLOWING ROOMS macht's möglich mit einer Indoor-Variante, bei der Schwarzlicht und Chromadepth-Brillen für den 3D-Effekt zum Einsatz kommen. Drei phantastische Welten erwachen, Pandora, Zwergenheim und Weltall, die auf 18 Bahnen durchquert werden. Für's Wochenende rechtzeitig online reservieren!

■ **Informationen**

Heiliger Weg 7-9
45135 Dortmund
Tel. 0231/95487358 (Buchung nur online)
kontakt@glowingrooms-dortmund.de
www.glowingrooms.com/dortmund
Öffnungszeiten: Mo-Do 14-21 Uhr,
Fr 14-0.00 Uhr, Sa 10-0.00 Uhr,
So/Fei 10-21 Uhr

Moonlight Minigolf

Die abenteuerlichen Kulissen von Meereswelt, Jungle, Ritter und Dinopark entstehen durch Schwarzlicht und 3D-Brillen. Es gibt eine 18-Loch-Indoor- und eine 9-Loch-Outdoor-Bahn.

Neu ist das „Laser Game Mission Possible", bei dem Lichtbarrieren den Weg zum Ziel versperren. Verschiedene Aktionen wie Minigolf-Partys können gebucht werden.

■ **Informationen**
Am neuen Angerbach 28, 47259 Duisburg
0203/7585212 (Reservierung)
info@bowlxxling.de
www.moonlight-minigolf.de
(mit Online-Buchung)
Öffnungszeiten: Mo-Do 15-22 Uhr, Fr u. vor Feiertagen 14-1.30 Uhr, Sa 9-1.30 Uhr, So/Fei 9-21 Uhr; Sonderzeiten in Schulferien

Moonlight Minigolf, Duisburg

★ Paintball

Paintball Revolution [Ennepetal / Hagen]

Strategie und Reaktion sind gefordert bei der Funsportart Paintball. Das Thema bei Paintball Revolution ist der Kampf der Menschheit gegen Roboter. Im „Outpost“ Ennepetal sind zwei Außen-Spielfelder bei einer Gesamtfläche von 10.000 qm eingerichtet, Spieler ab 14 Jahren in einer Gruppe von mindestens zwei Personen können hier und in Hagen aktiv werden.

Das „Headquarter“ in Hagen besteht aus einer 1.600 qm großen Halle mit zwei Themenfeldern.

■ **Adressen**
Kölner Straße 4, 58256 Ennepetal
Färberstr. 4, 58119 Hagen
Tel. 02334/8170558
info@paintball-revolution.de
paintball-revolution.de
Öffnungszeiten: Mo-Fr 8-22 Uhr, Sa/So 10-20 Uhr

Paintball Witten

Zwei Spielfelder – je 50 Meter Länge, 20 bis 30 Meter Breite – im natürlichen Vereinsgelände. Eine Tages-Mitgliedschaft im Paintball Sportverein Witten e.V. ist nötig, um spielen zu können (Anmeldeformulare online und vor Ort). Belegungsplan und Reservierungs-Formular online.

■ **Informationen**
Am Stämmisch Busch 2, 58455 Witten
(Anfahrt über Haldenweg)
info@paintball-witten.de
WhatsApp: 0173/1482057
paintball-witten.de

★ Ballon

Ballonfahrtverein Essen e.V.

Kückelmanns Busch 13, 45239 Essen
0700/58337736
info@ballon-bve.de
www.ballon-bve.de

Ballonclub Westfalen e.V. [Marl]

Schubertstr. 11, 45772 Marl
Tel. 02365/43564

Ballon-Club Mülheim a. d. Ruhr 1979 e. V.

Schultenhofstr. 31 B, 45475 Mülheim/Ruhr
Tel. 02045/4680114
info@ballonclub-mh.de
www.ballonclub-mh.de
Startort: innerhalb und im Umkreis von Mülheim/Ruhr

Ballonfahrten Nienhaus [Schermbeck]

Das Westmünsterland von oben erleben. Jährlich unternehmen rund 1.000 Passagiere eine himmlische Reise mit gewerbsmäßigen Fahrern.

■ **Informationen**
Dämmerwalder Straße 6, 46514 Schermbeck
Tel. 02865/557
info@ballonfahren-nienhaus.de
www.ballonfahren-nienhaus.de

Xanten – Ballooning

Michael Krämer
Holzweg 24, 46509 Xanten
Tel. 02801/70877, Tel. 0171/6436666
info@wolkentaxi.de
www.wolkentaxi.de
Startplätze: Xanten, Wesel, Alpen, Schloss Moyland, Kamp-Lintfort, Sonsbeck, Kevelaer

PFERDESPORT

Galopp-Rennbahn Dortmund-Wambel

Gestüt Alpen (Alpen)

Pferde können in dem Gestüt zwar nicht ausgeliehen werden. Wer aber eine Schwäche für die Vierbeiner hat, kommt schon beim Zuschauen auf seine Kosten. Das Gestüt Alpen ist sowohl Zuchtbetrieb als auch ein Rennstall mit 30 Boxen – Reithalle, Reitplatz, Trainingsbahn und Führmaschine inklusive. Eingebettet in einer reizvollen Landschaft, stellt es für Wanderer und Radfahrer ein attraktives Ziel dar.

Informationen
Rheinberger Straße 6
46519 Alpen
Tel. 0172/2072180

Trabrennbahn (Dinslaken)

Erstmals feuerten 1954 die Besucher ihre Favoriten auf der Dinslakener Halbmeilen-Trabrennbahn an, die übrigens die einzige ihrer Art in ganz Deutschland ist und um ein ehemaliges Landgut, Haus Bärenkamp, angelegt ist.

Zwar ist die Länge der Rennpiste in Dinslaken mit 800 Metern die kürzeste in Deutschland, sorgt jedoch für eine einzigartige Atmosphäre. Die wacklige Holztribüne ist längst durch drei moderne Tribünenhäuser mit 3.600 Sitzplätzen und einem Fassungsvermögen für 8.000 Zuschauer sowie Elektrototo mit elektronischer Schautafel, ein bahneigenes Fernsehstudio und Restaurants ersetzt worden.

Informationen
Bärenkampallee 25
46535 Dinslaken
Tel. 02064/418-0
verwaltung@dintrab.de
www.dintrab.de

Galopp-Rennbahn Dortmund-Wambel

Galopprennbahn mit ganzjährigem (!) Betrieb. Dafür sorgt neben der 1913 angelegten, traditionellen Grasrennbahn (2.000 Meter) die 1981 erbaute, 1.600 Meter lange Sandbahn. Bestens eingestellt auf ihre Besucher ist die Rennbahn durch zwei beheizte Tribünen mit Restauration direkt am Tischplatz. Der im Ruhrgebiet konkurrenzlose Allwetterkurs, auf dem es für Vollblüter und Jockeys unter Flutlicht ums Winterchampionat geht, bringt bei hohen Totalisatorenumsätzen warmen Geldregen in die Frostzeit. Sportlich hochwertiger ist allerdings die Sommerzeit von März bis Oktober mit dem Höhepunkt des Deutschen St. Leger-Rennens.

Informationen
Dortmunder Rennverein e. V.
Rennweg 70
44057 Dortmund
Tel. 0231/5622660
info@dortmunder-rennverein.de
www.dortmunder-rennverein.de

Trabrennbahn (Gelsenkirchen)

Als die Trabrennbahn Gelsenkirchen am 29. September 1912 offiziell eröffnet wurde, ergab die Bilanz des ersten Renntages einen Totoumsatz von 25.000,- RM. Heute liegt der Umsatzrekord bei Gelsentrab bei mehr als 1,2 Millionen Euro, aufgestellt am Elite-Renntag des Jahres 1993. Das liegt sicherlich an der grundlegenden Modernisierung der Anlagen (mit 9.600 Sitzplätzen auf vier Etagen entspricht das 1965 erbaute und mehrfach modernisierte Tribünenhaus immer noch heutigen Ansprüchen) und an einem Management, das national und international beachtete Rennen wie den BILD-Pokal (eröffnet traditionell am 1. Mai die Sommer-Rennsaison), den „Hans Frömming-Cup" (Nationale Fahrer-Meisterschaft von Deutschland), das „Elite-Rennen" (Jahreshighlight und größte deutsche Traberveranstaltung), das „Deutsche Traber-St. Leger", den „Mazda Gold-Pokal" und den „Großen Preis von Deutschland" realisiert hat, die zum Teil noch immer im Gelsenkirchener Rennkalender stehen. Neben den Rennveranstaltungen hat sich Gelsentrab mittlerweile zu einem gefragten Trainingszentrum entwickelt. Seit 2015 – nach einem drohenden Aus, als sich der alte Betreiber und Vermarkter zurückzog – werden die Trabrennen im GelsenTrabPark von German Tote (Wett-)vermarktet, neuer Betreiber-Verein ist GelsenTrabPark e. V.

■ **Informationen**

GelsenTrabPark e. V.
Nienhausenstr. 42
45883 Gelsenkirchen
Tel. 0209/4092-0
info@gelsentrabpark.de
www.gelsentrabpark.de

Galopprennbahn Raffelberg (Mülheim-Raffelberg)

Eingeweiht am 29. September 1910, ist das 68 Hektar große Terrain mit der Galopprennbahn Raffelberg eine der ältesten und traditionsreichsten Mülheimer Sportstätten. Die unter städtischer Trägerschaft stehende, vom Mülheimer Rennverein Raffelberg gemanagte Anlage mit der 2.000 Meter-Flachbahn ist aber auch ein gewichtiger Wirtschaftsfaktor, schließlich wurde hier schon 1978 die Umsatz-Schallmauer von einer Million Mark durchbrochen. Zwei Jahre später wurden bei einem umfangreichen Umbau die alten Totogebäude durch neue ersetzt und neben dem Führring eine Reithalle errichtet. Der damals erstmals eingesetzte Elektronentoto wird heute auf 142 Terminals abgespult.

Und seit Herbst 1995 ist auch das schlechte Wetter kein Publikumsproblem mehr: Eine mit Gastronomie ausgestattete Allwetterhalle bietet den Zuschauern die Möglichkeit, das Geschehen auf der Bahn über Bildschirme zu verfolgen. Insgesamt können 16.000 Besucher (davon 3.000 Sitzplätze) die Rennen verfolgen. Bis zum Jahr 2003 wurde hier der Große Preis der Diana, das Deutsche Stutenderby, ausgetragen. Heute ist die Bahn in erster Linie Ausflugsziel für Familien. 2016 gab es fünf Renntage.

■ **Informationen**

Akazienallee 80-82
45478 Mülheim a. d. Ruhr
Tel. 0208/57001
info@muelheim-galopp.de
www.muelheim-galopp.de

Westernreiten auf der Sunray Ranch (Bergkamen)

Etwas Besonderes für alle Pferdefreunde und die, die es werden wollen. Auf der Sunray Ranch bekommt man spannende Einblicke in das Westernreiten. Absolute Voraussetzung für die spektakulären Höchstleistungen des Westernreitens ist das Vertrauen zwischen Pferd und Reiter. Zur Ranch-Ausstattung gehören eine Reithalle, zwei Außenplätze, ein Trail-Parcours und ein Round-Corral. Nach einem erlebnisreichen Tag kann man in „Sunny´s Tränke" in typischer Ranch-Atmosphäre zur Stärkung einkehren.

■ **Informationen**

Friedhofstr. 26
59192 Bergkamen-Overberge
Tel. 02307/22634
info@sunray-ranch.de
www.sunray-ranch.de

TIERISCH

Windhundstadion Emscherbruch (Gelsenkirchen)
Eine einzigartige Szenerie im Revier: Afghane, Whippet, Greyhound, kurz alles, was Windhund heißt, jagt einem am Seil gezogenen Hasenfell hinterher. Die 2008 fertiggestellte Sandbahn ist 480 Meter lang und die größte Windhundrennbahn Deutschlands – mit einer elektronischen Hasenzugmaschine, die einen reibungslosen Verlauf der pfeilschnellen Hetzjagd gewährleistet, und einem Sandkasten am Ende der Bahn, in dem die Hunde gefahrlos bremsen können.

Vor einer Stehtribüne für 2.000 Anhänger geht's um nationale und internationale Hundeehren, Pfingsten wartet der „Große Preis von Gelsenkirchen". Stilecht heißt die Rennstätte denn auch „Windhundstadion Emscherbruch" – und wer sich einen ersten Eindruck verschaffen will, schaut einfach mal sonntags zum Training vorbei.

■ **Informationen**
Wiedehopfstr. 197, 45892 Gelsenkirchen
Tel. 0209/783947
www.wrv-westfalen-ruhr.de

Flügelflitzer am Revierhimmel
Der „Taubenkumpel" und die „Rennpferde des kleinen Mannes" – die Brieftaubenzucht hat im Ruhrgebiet eine lange Tradition und ist als Ensemblebild ein festes Synonym für das (vergangene) Revier.

Im Ruhrgebiet gibt es noch rund 10.000 Brieftaubenzüchter, bundesweit sind es etwa 57.000. Zwar fand im Januar 2009 in Dortmund die Brieftauben-Olympiade statt, bei der Züchter aus mehr als 30 Nationen ihre Tiere präsentierten, doch der Brieftaubensport befindet sich durch mangelnden Nachwuchs in den Vereinen und die ungünstigen Bedingungen des modernen Wohnungsbaus in einem unaufhaltsamen Sinkflug.

Zur Zeit der Industrialisierung war dies noch ganz anders. Die Besitzer der Tiere – oftmals Kumpel aus dem Bergbau – fanden Muße und Entspannung in der Beschäftigung mit Tauben, die als Briefboten in alle Welt geschickt wurden. Dieses „Schicken" wurde auch zur Grundlage eines ruhmverheißenden Wettbewerbs, bei dem die Züchter ihre durch einen Gummiring nummerierten Lieblinge an einem bis zu 1.000 Kilometer entfernten Ort starten ließen und deren Rückkehr in den heimischen Schlag sehnlichst neben der so genannten Taubenuhr erwarteten. Die schnellsten Tauben gewannen Pokale und sogar Geldpreise, weniger glückliche landeten alsbald in der Taubenklinik Essen (einzige ihrer Art weltweit!).

Bis heute ist die Stadt Essen Zentrum des deutschen Brieftaubenzuchtwesens geblieben: Denn neben der erwähnten Klinik ist hier auch der Verband deutscher Brieftaubenzüchter beheimatet, der das Zentralorgan „Die Brieftaube" publiziert.

■ **Informationen**
Katernberger Str. 115, 45327 Essen
Tel. 0201/848390 (Klinik)
Tel. 0201/872240 (Verband)
verband@brieftaubenverband.de
web.brieftaube.de

KART

Cockpit – Kartarena (Bocholt)

600-Meter-Asphaltstrecke innen mit dem nötigen Grip für Bestzeiten. Bei gutem Wetter kann die Indoor-Strecke mit der 650 Meter langen Outdoor-Strecke kombiniert werden. Flutlicht für die dunklen Stunden, Bistro und Außenterrasse zum Erholen und Beobachten, Trainingsschule im Doppelsitzer-Twin-Kart und Junior-Kartschule für den Nachwuchs, geleitet von einem Kart-Profi.

Informationen

Robert-Bosch-Straße 25
46397 Bocholt
Tel. 02871/2394144
Tel. 0163/8899419 (Info/Anmeldung Kartschule)
info@cockpit-kartarena.de
www.cockpit-kartarena.de
Öffnungszeiten: Mo-Fr 16-22 Uhr, Sa/So/Fei 11-22 Uhr
Individuelle Öffnungszeit bei Gruppenbuchung

Highway Kart Racing (Dortmund)

Mit 1.600 Meter Strecke fährt man hier auf der längsten Indoor-Kart-Bahn der Welt! Die 10.900 Quadratmeter große Halle bietet darüber hinaus Boxengasse, Streckenbistro und – ganz wichtig – eine Luftaustauschanlage. Während der Rennen werden die Zuschauer über Monitore und eine Videowand auf dem Laufenden gehalten. Platzierungen, Bahnrekorde und Tagesbestzeiten werden bis auf die Hundertstelsekunde genau angezeigt. Außerdem wird jedes Rennen per Computer ausgewertet. Die Teilnehmer erhalten einen Ausdruck – damit der neue Rekord auch eingerahmt werden kann.

Informationen

Baroper Bahnhofstr. 79-85
44225 Dortmund
Tel. 0231/751155
info@highway-kart-racing.com
www.highway-kart-racing.com

Öffnungszeiten: Mo-Sa 10-23 Uhr, So/Fei 10-22 Uhr

Daytona Kart-Center (Essen)

Die beiden jeweils ca. 630 Meter langen Indoor-Bahnen bieten ein spezielles Streckenleitsystem, das höchste Maßstäbe in punkto Sicherheit erfüllt. Darüber hinaus gehören ein Spezial-Renn-Belag, eine Computer-Zeiterfassung zur Anzeige der aktuellen Rundenzeiten und die Visualisierung über acht Monitore zum Standard. Von einem Bistro aus kann das Renngeschehen in der 2010 umgebauten, 12.900 Quadratmeter großen Halle beobachtet werden. Wichtig: Durch die Verwendung von ARAL ASF Treibstoff werden sehr niedrige Abgaswerte erreicht.

Informationen

Alte Bottroper Str. 100
45356 Essen
Tel. 0201/661553
www.daytona-kartbahn.de
(mit Kontakt-Formular)
Öffnungszeiten: Mo-Do 16-23 Uhr, Fr-So/Fei 15-23 Uhr (Kindertraining 14-15 Uhr) und individuell nach Vereinbarung

Indoor Kartbahn COOL RUNNERS (Gevelsberg)

Cool Runners bietet bei höchster Sicherheit viel Rennspaß und Wettbewerb beim Karting dank zahlreicher Spitzkehren, Vollgaspassagen, Überholmöglichkeiten, elektronischer Zeitnahme und Super Grip auf speziellem Asphalt. Durch eine moderne Belüftungsanlage entsteht kein Abgasgeruch in der Halle. Zur Sicherheit werden Helm, Rippenschutzweste und Nackenschutz zur Verfügung gestellt. Geeignet ist die Kartbahn für Anfänger und Fortgeschrittene ab sechs Jahren. Veranstaltungen jedweder Art auf der Kartbahn oder als Rahmenprogramm können organisiert werden. Der Rennverlauf kann vom Bistro aus verfolgt werden. Neben der Kartbahn stehen Spielgeräte, Kicker und Fahrsimulatoren zur zusätzlichen Unterhaltung der Gäste bereit.

Informationen

Mühlenstraße 5
58285 Gevelsberg
Tel. 02332/914700
www.coolrunning.de

Beule-Kart / Motodrom Hagen

Nicht nur der Nürburgring, auch Hagen hat seine „Grüne Hölle". Die Outdoor-Kartbahn misst 865 Meter und ist mit Doppelschikane, Spitzkehren und 180-Grad-Kurven sehr anspruchsvoll. Darüber hinaus sind Unebenheiten oder wechselnder Asphalt und nicht zuletzt wechselnde Wetterbedingungen zu beachten. Hört sich an wie bei einer professionellen Rennstrecke – und das ist sie ja auch. Denn im Motodrom Hagen gibt es bei Events – ganz nach dem großen Vorbild Formel 1 – für Leih-und Rennkarts mit Training, Qualifying, Rennen und Siegerehrung das volle Programm. Gefahren wird auf RIMO-Karts mit Honda GX 270-Motoren, mit unterschiedlicher Leistung (6 und 11 PS). Die erst 2014 komplett renovierte Gastronomie „Beule-Bistro" sorgt u. a. mit ihren mittlerweile schon legendären Burger-Variationen für das leibliche Wohl.

Informationen

Am Damm 1
58091 Hagen
Tel. 02331/77134
info@motodrom-hagen.de
www.beule-kart.de
www.motodrom-hagen.de
Öffnungszeiten: März-Oktober Di-Do 14-20 Uhr, Fr-So/Fei 10-20 Uhr (Sommerferien NRW: Di-So 10-20 Uhr; Winter: siehe Webseite)

MS Kartcenter (Hattingen)

Motorsportfieber in der Halle – mit 450-Meter-Rennstrecke, Fahrerlager und viel Hightech. Die Rundenzeiten werden sogar auf Monitore im Zuschauerbereich und an die Piloten in die Karts übertragen. Spezialleitplanken und Curbs sorgen für Sicherheit, eine messtechnisch gesteuerte Lüftungsanlage und katalysatorbetriebene Motoren für genügend Luft zum Atmen. Und für die Kleinen ab sechs Jahren wartet eine Kiddie-Race-Bahn mit Bambini-Karts.

Informationen

Werksstr. 3-5
45527 Hattingen
Tel. 02324/55508
service@mskartcenter-hattingen.de

Kartbahn „Cool Runners" in Gevelsberg

www.ms-kartcenter-hattingen.de
Öffnungszeiten: Mo-Do 15-22 Uhr, Fr 15-23, Sa 11-23 Uhr, So/Fei 11-22 Uhr

Monza Indoor Kart (Herne)

Geboten wird eine TÜV-geprüfte 550-Meter-Bahn auf einer Grundfläche von 5.000 Quadratmetern. Die Karts (Rimo Evo 6: Honda GX 200 ccm, 4-Takt-Motor) sind ausgestattet mit 6,5 PS und einem Sicherheitsrundumschutz aus Panzerstahl. Es wird mit Gas gefahren. Für die Kleinsten stehen Rimo-Bambinikarts, für die Entspannung zwischendurch oder nach den Rennen das „Kart Rock Café" zur Verfügung.

Informationen

Dorstener Str. 360
44653 Herne
Tel. 02325/988287 (Büro)
monza@monza.de
www.monza.de
Öffnungszeiten: Mo-Do 16-21, Fr 16-23 Uhr, Sa 11-23 Uhr, So/Fei 11-22 Uhr

Jumbo Kart Oberhausen

Zwei Bahnen mit einer Gesamtlänge von etwa 1.000 Metern, die in vier verschiedenen Variationen befahren werden können. Die nach den ONS-Sicherheitsrichtlinien für Indoor-Kart-Bahnen konzipierten Strecken bieten weitläufige Auslauf- und Sturzräume sowie einen ausgesuchten Rennboden, dessen oberste Schicht aus Rennasphalt besteht, wie er z. B. auch auf dem Nürburgring verwendet wird. Für Qualität bürgt auch die Zeitmessung, die mittels Computer bis auf Tausendstelsekunden gerechnete Zeiten wiedergibt. Ermittelt werden nicht nur Rundenzeiten, sondern auch einzelne Streckenabschnitte.

Informationen

Alleestr. 1
46049 Oberhausen
Tel. 0208/2903-51 / -52
info@jumbokart.de
www.jumbokart.de
Öffnungszeiten: Mo-Fr 16-23 Uhr, Sa 11-23 Uhr, So 11-22 Uhr

WINTERSPORT

Eissporthalle Bergkamen

1.800 Quadratmeter Lauffläche, spezielle Laufzeiten für Kinder und Familien, Freitags- und Sonntagsdisco, Jumbo-Laufzeiten in den Ferien, Schlittschuhverleih und Pistenbar. Gruppen treten beim Eisstockschießen gegeneinander an.

Die Damen des „EC Berg-kamener Bären e.V." tragen in der Eishalle ihre Heimspiele in der 1. Eishockey-Bundesliga aus.

■ **Informationen**

Häupenweg 29
59192 Bergkamen
Tel. 02307/69477
www.gsw-freizeit.de

EisSalon Ruhr (Bochum)

Eine Eiszeit in einer einzigartigen Location! Inmitten der Stahlträger der Jahrhunderthalle Bochum findet der EisSalon Ruhr statt, auf einer 90 Meter langen und 17 Meter breiten Indoor-Eisbahn. Sport, Spaß und Disco, letztere bietet nicht nur Clubbing-Atmosphäre, sondern auch ungewöhnliche Lichtverhältnisse, z. B. bei Schwarzlicht. Zwei Rollstuhlplattformen bieten auch Rollstuhlfahrern den Zugang zur Eisbahn. Ausruhen lässt es sich im angeschlossenen Gastronomiebereich.

■ **Informationen**

An der Jahrhunderthalle 1, 44793 Bochum
Tel. 0234/3693-100
eissalon@jahrhunderthalle-bochum.de
www.jahrhunderthalle-bochum.de
Öffnungszeiten: 13.12.2019 – 12.01.2020, So-Mi 10-20 Uhr, Do-Sa 10-22 Uhr

alpincenter (Bottrop)

Skispaß mitten im Revier – vorbei die Zeiten der Tagestouren ins Sauerland, die „alpine" Erlebniswelt liegt vor der Haustür! Möglich macht dies das alpincenter in Bottrop, das sich mit dem Titel „längste überdachte Skipiste der Welt" schmückt. 640 Meter lang und 30 Meter breit ist der Pistentunnel auf der ehemaligen Kohlenhalde der Zeche Prosper-Haniel. Das Mekka der Ski- und Snowboardfans bietet 5.000 Kubikmeter Kunstschnee, Temperaturen von bis zu -5 Grad Celsius und eine Schneedecke von 40 cm – Equipment-Verleih (geringe Leihgebühr) und eigene Skischule inklusive. Zur Abfahrtsgaudi gehört selbstverständlich auch der Après-Ski-Bereich – mit einer urigen Hüttengastronomie, die mehr als 500 Gästen Platz bietet.

Rund um die (Kunst-) Schneepiste wird das alpincenter immer mehr zum Multiaktionszentrum. Ein Hochseilklettergarten mit zehn unterschiedlichen Stationen in zehn Metern Höhe (Einstieg am Biergarten), das Indoor Skydiving, die 2010 eröffnete Paintball-Anlage und schließlich die Sommerrodelbahn erfüllen die unterschiedlichsten Wünsche. Letztere überwindet auf 1.000 Meter Länge einen Höhenun-

EisSalon Ruhr in Bochum

alpincenter, Bottrop

terschied von rund 80 Metern, bietet spektakuläre Steilkurven sowie einen Panoramakreisel und einen Tunnel.

■ **Informationen**

Prosperstr. 299-301
46238 Bottrop
Tel. 02041/7095-0
info@alpincenter.com
www.alpincenter.com
Öffnungszeiten: Skihalle: Mai bis September: Mi-So 10-19 Uhr; Oktober bis April: So-Do 10-23 Uhr, Fr/Sa 10-2 Uhr

Eissporthalle (Dinslaken)

Ob Eiskunstlauf, Eishockey oder Eistheater – hier wird zu jedem Thema die passende Eisfläche geboten. Jeden Donnerstag gibt's die Jugenddisco, am Wochenende laufen dann die Größeren zu rhythmischer Musik. Sonderveranstaltungen sind ebenso im Programm.

■ **Informationen**

Am Stadtbad 1
46537 Dinslaken
Tel. 02064/70003
info@eissporthalle-dinslaken.de
www.eissporthalle-dinslaken.de

Eissporthalle (Dorsten)

Zum Schlittschuhlaufen muss man nicht in die Arktis. Die Eissporthalle Dorsten bietet echten Kufenfans beste Bedingungen in angenehmer Atmosphäre und am Wochenende Eispartys mit DJ und Lightshow.

■ **Informationen**

Crawleystr. 10-12
46282 Dorsten
Tel. 02362/27682
kontakt@eissporthalle-dorsten.de
www.eissporthalle-dorsten.de

Eislaufhalle Revierpark Wischlingen (Dortmund)

Kufenflitzer träumen in Wischlingen. Die mächtige Musikanlage, die computergesteuerte Lichtanlage mit Prismeneffekt-Scannern, Nebel und Schwarzlicht, zwei höhenversetzte Eisflächen mit Auf- und Abfahrtsrampen, Mottopartys und nicht zuletzt die Eisdiscos – von Oktober bis März sorgt die mit Partyraum und Pistenbar ausgestattete Eislaufhalle für die richtige Eislauf-Atmosphäre.

■ **Informationen**

Revierpark Wischlingen GmbH
Höfkerstr. 12
44149 Dortmund
Tel. 0231/917071-0
info@wischlingen.de
www.wischlingen.de

Eissportzentrum an der Großen Westfalenhalle (Dortmund)

Das Eissportzentrum Westfalenhalle verfügt über zwei Standard-Eisflächen, deren 3.600 Quadratmeter große Eisfläche während der öffentlichen Laufzeiten für jedermann zur Verfügung steht. Das 5.000 Besucher fassende Eissportzentrum dient gleichzeitig als Bundesstützpunkt und Landesleistungszentrum für Eistanz und Eiskunstlauf und ist zugleich Heimat des Eishockey-Klubs Eisadler Dortmund (Landesliga NRW) sowie anderer örtlicher Vereine im Bereich Eiskunstlauf, Eishockey und Eisstockschießen.

■ **Informationen**

Strobelallee 32
44139 Dortmund
Tel. 0231/222455 10
info@eissportzentrum-westfalen.de
www.eissportzentrum-westfalen.de

Eisbahn Kokerei Zollverein in Essen

Scania Arena [Eissporthalle Duisburg]

Heiß aufs Eis: Die zum Sportpark Wedau gehörende Eissporthalle hat eine Zuschauerkapazität von 3.800 Personen und bietet auf der großen Eisfläche (30 x 60 Meter) alles, was das Kufenflitzerherz zusätzlich erwärmt: eine ansprechende Musik- und Lichtanlage, Mottopartys sowie Disco-Zeiten am Wochenende (Family Disco: Sa/So 13-17 Uhr, NH3 Club – Eisdisco: Sa 19-22 Uhr, Sonderzeiten in Ferien).

Die Halle ist außerdem Heimspielort des Eishockeyklubs Füchse Duisburg, der in der dritthöchsten Spielklasse, der Oberliga Nord, auf Puckjagd geht. Die öffentliche Laufzeit geht von September bis April. Zusätzlich steht eine kleine Eislaufbahn (10 x 40 Meter) für private Anmietung zur Verfügung. Das Restaurant der Eissporthalle, der Kenston Fuchsbau, bietet Räume für Festlichkeiten von 15 bis 140 Personen.

Informationen

Margaretenstr. 17-19, 47055 Duisburg
Tel. 0203/280978-0
info@kenston-arena.de
info@scania-arena.de
(Anmietung für Veranstaltungen: Kindergeburtstage etc.)
scania-arena.de

Eisbahn Kokerei Zollverein [Essen]

Das gibt's nur im Ruhrgebiet – dort, wo früher die Koksöfen glühten, ist heute Eislaufvergnügen angesagt, zumindest Anfang Dezember bis Anfang Januar. Vor der einmaligen Industriekulisse laufen die Schlittschuhfans auf einer 150 Meter langen und zwölf Meter breiten Kunsteisbahn inmitten des Weltkulturerbes.

Eisstockschießen auf einer zusätzlichen Fläche und an manchen Tagen Eisdisco sind hier auch im Angebot.

Informationen

Areal C (Kokerei) – Druckmaschinengleis (C74)
Kokereiallee, 45141 Essen
Tel. 0201/24681-0
(-777 für Infos zum Eisstockschießen)
eisbahn@zollverein.de
(Reservierung Eisstockschießen)
www.zollverein.de

Eissporthalle Westbahnhof [Essen]

Eishockey ist Schnelligkeit plus Technik plus Athletik plus Spannung. Die Eissporthalle am Westbahnhof ist die Heimat der Essener Moskitos, die sportlich zwar ehemals den Sprung in die höchste deutsche Spielklasse (DEL) schafften, jedoch 2008 wegen finanzieller Schwierigkeiten bereits zum zweiten Mal innerhalb eines Jahrzehnts den Neuanfang in der Regionalliga West machen mussten. Heute spielen die Moskitos in der Oberliga Nord. Erstligareif ist nur die Halle, die mit 3.850 Plätzen Raum für eine große Kulisse bietet.

Natürlich ist die Halle auch für das „normale Eislaufvolk" mit öffentlichen Eiszeiten und regelmäßigen Disco-Angeboten freigegeben. Die Standard-Eisfläche misst 30 x 60 Meter, die zusätzliche Trainingseisfläche 10 x 48 Meter.

Informationen

Curtiusstr. 2, 45144 Essen
Tel. 0201/876488-0
kontakt@eissporthalle-essen.de
www.eissporthalle-essen.de

Emscher-Lippe-Halle [Gelsenkirchen]

Die Emscher-Lippe-Halle ist eine mit moderner Technik ausgestattete Mehrzweckhalle im Arena Park in Gelsenkirchen. Eingebunden in die überregional bekannte Freizeitanlage Sport-Paradies, direkt neben der Veltins Arena.

Im Winter herrscht Eiszeit in der Emscher-Lippe-Halle – dann ist die 30 x 60 Meter große Eisfläche täglich zum Schlittschuhlaufen geöffnet. Verschiedene Sonderprogramme werden regelmäßig angeboten. Selbstverständlich stehen für Kinder Eislaufhilfen, die Eiswichtel, bereit.

Darüber hinaus macht die moderne technische Einrichtung die Halle zu einem beliebten Veranstaltungsort in der Region. Das ganze Jahr finden große Events aus den Bereichen: Sport, Musik, Comedy, Business, Messen und Partys statt. Ein Gastronomiebereich ist der Halle angeschlossen.

■ **Informationen**
Adenauerallee 118
45891 Gelsenkirchen
Tel. 0209/954-40
info@sport-paradies.de
www.sport-paradies.de

HeliNet-Eissportarena (Hamm)

Direkt vor dem Maximilianpark gelegen, ist die Eislaufhalle jeweils von Anfang September bis Ende April täglich für den Publikumsverkehr geöffnet – natürlich mit Discolaufzeiten und diversen Sonderveranstaltungen. Für Eishockey sorgt der Lippe Hockey Hamm e.V.

■ **Informationen**
Karl-Koßmann-Str. 1, 59071 Hamm
Tel. 02381/9505-90
info@eishalle-hamm.de
eishalle-hamm.de

Eissporthalle Gysenberghalle (Herne)

Früher hat hier mal Eiskunstlauf-Meister Rudi Cerne seine Rittberger eingesprungen – man kann aber auch einfach geradeaus laufen, samstags abends zur Eisdisco gehen oder lokales Eishockey studieren.

■ **Informationen**
Am Revierpark 22, 44627 Herne
Tel. 02323/3985087
info@gysenberghalle.de
www.gysenberghalle.de

Eissporthalle Moers

Hier geht's für die Black Tigers des Eishockey-NRW-Ligisten GSC Moers um Ligapunkte und für die Abteilung Eiskunstlauf des Grafschafter Schlittschuh Clubs um gute Haltungsnoten – für die Mehrheit aber steht das Eislaufen zum Vergnügen auf dem Programm. Die Eissporthalle hat jede Menge Angebote – von Kindergeburtstagen über Schulsport bis hin zu Eislaufkursen. Freitags gibt's die Eisdisco zu den

internationalen Charts der Woche. Zum Angebot gehören auch Pistenbar und Schlittschuhverleih. Seit Herbst 2016 hat die komplett modernisierte Eishalle wieder geöffnet.

Adresse

Filder Str. 140, 47447 Moers

Informationen

ENNI Sport & Bäder Niederrhein
Tel. 02841/929679 o. 02841/104-459
info@enni.de, www.enni.de
Öffnungszeiten: Mi 10-12.30 u. 15-17 Uhr, Do 15-17 Uhr, Fr 17-21 Uhr, Sa 13-17 Uhr, So/Fei 10-17 Uhr

Eissporthalle (Unna)

Hier wurden schon zahlreiche deutsche Meistertitel im Eiskunstlauf vergeben. Kufenfreunde können auf der großen Eisbahn (30 x 60 Meter) öffentliche Laufzeiten, Training, Eishockeyspiele, Eiskunstlauf und kulturelle Großveranstaltungen erleben. Die kleine Eisbahn (10 x 45 Meter) ist Training, Kindern und Anfängern sowie kleineren Veranstaltungen vorbehalten. Bei Veranstaltungen haben insgesamt 4.000 Zuschauer Platz, 2.350 davon auf der Tribüne. Mit transportablem Hallenboden, Videowand und Beschallungsanlage ist die technische Ausstattung hervorragend.

Informationen

Ligusterweg 5, 59425 Unna
Tel. 02303/61042
office@eishalle-unna.de
www.eishalle-unna.de

Eislaufcenter Wesel

Alles, was Spaß macht: Party-Time, Familien-Disco, Super-Ice-Disco oder Familieneislauf. Es werden Eislaufkurse angeboten, zudem kann Eishockey „just for fun“ gespielt und das Eis angemietet werden.

Informationen

Ackerstr. 149,46483 Wesel
Tel. 0281/60446
eislaufcenter@eistreff-wesel.de
www.eislaufcenter-wesel.de

Der Ruhrtalradweg an der Horster Mühle in Essen-Steele

TOUR DE RUHR – DAS RUHRGEBIET AUF DEM RAD ENTDECKEN

Eine ganz eigene Art, das Ruhrgebiet zu entdecken, bietet das Radwegenetz. Mehrere große Routen – alle mehrfach miteinander verbunden – vermitteln sinnenreiche Einblicke in eine vielfältige Region, die herrliche Naturerlebnisse, landschaftsgestalterische wie kulturelle Aspekte, Industrie und Technik, Geschichte und Zukunft miteinander verbindet.

Die Route der Industriekultur per Rad besteht aus einem 700 Kilometer langen Netz. Als Hauptwege dienen der Rundkurs Ruhrgebiet und der Emscher Park Radweg.

Eine weitere Haupttrasse hat der Regionalverband Ruhr (RVR) mit dem regionalen Radweg „Rheinische Bahn“ geschaffen, der auf einer Länge von fünf Kilometern kreuzungsfrei vom Universitätsgelände in Essen bis zum Hauptbahnhof Mülheim verläuft. Die Strecke ist gleichzeitig das erste Teilstück des geplanten Radschnellwegs Ruhr (RS1), der auf einer Länge von rund 100 Kilometern von Hamm bis Duisburg verlaufen und dabei zehn Stadtzentren und vier Universitäten verbinden soll.

Rundkurs Ruhrgebiet

Der Rundkurs Ruhrgebiet umschließt die Region abseits der großen Straßen und zeigt das Revier als Natur-Naherholungsgebiet von seiner besten Seite. Die ca. 350 Kilometer lange Strecke führt durch sehr verschiedene Landschaftsräume wie das Ruhrtal im Süden, das Rhein-Gebiet im Westen, den Lippe-Raum im Norden und die Bördelandschaft im Osten.

Darüber hinaus bietet sie viele Anknüpfungspunkte, um auch die industrielle Entwicklung des Ruhrgebiets zu entdecken: Auf dem Weg liegen zahlreiche „Ankerpunkte“ der Route der Industriekultur sowie Museen, Aussichtspunkte und Arbeitersiedlungen.

- **Länge:**

ca. 350 Kilometer

- **Streckenverlauf (von Osten nach Westen im Uhrzeigersinn):**

Schwerte – Herdecke – Wetter – Witten – Hattingen – Essen-Werden – Essen-Kettwig – Mülheim an der Ruhr – Duisburg – Duisburg-Walsum – Voerde – Wesel – Hünxe – Dorsten – Haltern – Datteln – Waltrop – Lünen – Werne – Bergkamen – Hamm – Unna

- **Streckenbeschaffenheit:**

Da der Rundkurs Ruhrgebiet hauptsächlich

Unterwegs auf dem RuhrtalRadweg am Hakortsee

entlang an Gewässern (u. a. Ruhr und Rhein) führt, besitzt die Strecke kaum nennenswerte Steigungen.

■ **Tipps:**

Die RVR-Radstationen entlang der Strecke (s. S. 539) bieten neben dem Verleih von RevierRädern (auch one-way) umfangreiche Serviceleistungen – von der Information über die Buchung bis zu Gepäcktransport und Pannenhilfe.

Wer bestimmte Streckenteile abkürzen möchte, kann die R-Wege/Anbindungen nutzen. Zur Überbrückung bestimmter Wegstrecken eignen sich auch die öffentlichen Nahverkehrsmittel, zu denen überall auf der Tour eine Anbindung besteht.

Emscher Park Radweg

Diese Tour hält sich überwiegend fern von Hauptverkehrsstraßen, ist thematisch aber unverwechselbar, denn die Strecke führt mitten durch die Industrie- und Kulturlandschaften des nördlichen Ruhrgebietes, im Norden nahe der Emscher und dem Rhein-Herne-Kanal, im Süden zwischen Rhein-Herne-Kanal und Ruhr. Als Hauptprojekte des Wegesystems im Emscher Landschaftspark erscheinen mächtige Zeitzeugen der Industriekultur (u. a. Landschaftspark Duisburg-Nord, Zeche Zollverein, Gasometer

Vor der Kulisse der Zeche Nordstern

Die Fähre Hardenstein bringt Radfahrer kostenlos auf die andere Ruhrseite

Oberhausen), aber auch Parks, Wälder und bäuerliche Kulturlandschaften. Keine andere Strecke vermittelt so unmittelbar Vergangenheit und Zukunft des Reviers. Das betrifft auch den eigentlichen Tourenweg: So fährt man viele Kilometer auf stillgelegten Bahntrassen, die früher nicht betretbare Industriestandorte verbunden haben.

■ **Länge:**
ca. 230 Kilometer

■ **Streckenverlauf:**
(von Westen nach Osten im Uhrzeigersinn) Duisburg-Meiderich – Landschaftspark Duisburg-Nord – Grüner Pfad – Oberhausen – Rhein-Herne-Kanal – Henrichenburg – Waltrop – Lünen – Datteln-Hamm-Kanal – Rünth – Bergkamen – Kamen – Methler – Lanstrop – Kirchderne – Lindenhorst – Huckarde – Dellwig – Bövinghausen – Gerthe – Bochum – Günningfeld – Zollvereinweg – Katernberg – Altenessen – Bergeborbeck – Borbeck – Dümpten – Styrum – Alstaden – Duisburg

■ **Streckenbeschaffenheit:**
Mitten im Ruhrgebiet gibt es keine Berge, höchstens Halden. Da der Weg an letzteren vorbei führt und sich geographisch am Emschertal orientiert, besitzt die Strecke kaum nennenswerte Steigungen.

■ **Tipps:**
Die RVR-Radstationen entlang der Strecke (s. S. 539) bieten neben dem Verleih von RevierRädern (auch one-way) umfangreiche Serviceleistungen – von der Information über die Buchung bis zu Gepäcktransport und Pannenhilfe.
Wer bestimmte Streckenteile abkürzen möchte, kann die R-Wege/Anbindungen nutzen. Zur Überbrückung bestimmter Wegstrecken eignen sich auch die öffentlichen Nahverkehrsmittel, zu denen überall auf der Tour eine Anbindung besteht.

RuhrtalRadweg

Der 2006 eröffnete RuhrtalRadweg ist sicherlich eines der Freizeit-Highlights im Ruhrgebiet. Von der Quelle im Sauerland bis zur Rhein-Mündung geht es vorbei an wunderschönen Hügellandschaften, Wäldern, Feldern, Seen und Auen, man begegnet alten und geheimnisvollen Burgen, historischen Ortskernen oder wichtigen Zeugen der Frühgeschichte der Industrialisierung. Die Anerkennung blieb nicht aus: Der Ruhrtal-Radweg wurde offiziell zur „Radroute des Jahres 2007 in NRW“ und 2010 zur „ADFC-Qualitätsradroute“ gekürt.

■ **Länge:**
ca. 220 Kilometer

■ **Streckenverlauf:**
Winterberg – Olsberg – Bestwig – Meschede – Arnsberg – Ense – Wickede – Menden – Fröndenberg – Iserlohn – Holzwickede – Schwerte – Dortmund – Hagen – Herdecke – Wetter – Witten – Bochum – Hattingen – Essen – Mülheim an der Ruhr – Oberhausen – Duisburg

■ **Streckenbeschaffenheit:**
Höhenprofil: ca. 650 Meter (Ruhrquelle: 674 m NN, Ruhrmündung 17 m NN).
Der Weg führt meist durch das Ruhrtal (ein Drittel sogar direkt am Wasser), Steigungen bleiben deshalb die Ausnahme. Zu ca. 50 Prozent fährt man auf ausgebauten Radwegen abseits von Straßen.

■ **Tipps:**
Die RVR-Radstationen entlang der Strecke (s. S. 539) bieten neben dem Verleih von RevierRädern (auch one-way) umfangreiche Serviceleistungen – von der Information über die Buchung bis zu Gepäcktransport und Pannenhilfe.
Der Weg ruhrabwärts (Richtung Duisburg) ist vom Streckenprofil her einfacher als der Weg Richtung Winterberg.

Auf dem Ruhrtalradweg an der Ruhr mit Blick auf die Burg Blankenstein in Hattingen

AUF DEM REVIERRAD UNTERWEGS

Fahrradfahren im Ruhrgebiet ist angesagt – und ohne eigenes Zweirad jederzeit möglich. Dies ist dem RevierRad-Netz vom Regionalverband Ruhr (RVR) und der Paritätischen Initiative für Arbeit in Mülheim zu verdanken, der in zahlreichen Städten mit Ankerpunkten der Route der Industriekultur und verschiedenen Radstationen kooperiert.

An 18 Stationen im gesamten Ruhrgebiet können die Mieträder ausgeliehen werden, darunter auch behindertengerechte Räder (Bochum).

Das vernetzte System ermöglicht es zudem, Räder oneway zu buchen, d.h. in einer Stadt loszufahren und das Rad in einer anderen abzugeben. Serviceleistungen von der Information bis zur Buchung, vom Gepäcktransport bis zur Pannenhilfe gehören selbstverständlich dazu. Zusätzlich erhalten Sie an den Stationen Informationen über die Route der Industriekultur und das erforderliche Radkartenmaterial für interessante Radtouren durch das Ruhrgebiet.

Eine gute Idee nicht nur für auswärtige Gäste des Ruhrgebiets!

- **RevierRad Zentrale**
- **Radstation Mülheim Hbf**

Dieter-aus-dem-Siepen-Platz 3
45468 Mülheim a.d. Ruhr
Tel. 0208/84857-20
Öffnungszeiten: 1. Januar bis 31. Dezember
Mo-Fr 5.30-22.30 Uhr, Sa/So 8-18.30 Uhr

- **Jahrhunderthalle (Bochum)**

An der Jahrhunderthalle 1
44793 Bochum
Öffnungszeiten: 1. Mai bis 30. September
Di-So 9-19 Uhr

- **tri-mobil (Bochum)**

Herner Straße 86
44791 Bochum
Öffnungszeiten: 1. Januar bis 31. Oktober
Mo-Fr 10-18 Uhr, Sa 10-14 Uhr

- **Radstation Bottrop Hbf**

Am Hauptbahnhof 1
45236 Bottrop
Öffnungszeiten: 1. Januar bis 31. Dezember
Mo-Fr 6-22 Uhr, Sa/So 8-20 Uhr

- **Radstation Bottrop ZOB**

Berliner Platz 10
46236 Bottrop
Öffnungszeiten: 1. Januar bis 31. Dezember
Mo-Fr 6-21 Uhr, Sa 9-21 Uhr

- **Kokerei Hansa (Dortmund)**

Emscherallee 11
44369 Dortmund
Öffnungszeiten: 1. April bis 31. Oktober
Di-So 10-18 Uhr

- **Radstation Duisburg Hbf**

Kammerstraße 3
47057 Duisburg
Öffnungszeiten: 1. Januar bis 31. Dezember
Mo-Fr 6.30-22.30 Uhr, Sa/So 8-20 Uhr

- **Duisburg Sportpark**

Bertaallee 16
47055 Duisburg
Öffnungszeiten: 1. Januar bis 31. Oktober
Mo-So 10-18 Uhr

- **Landschaftpark Duisburg**

Emscherstraße 71
47137 Duisburg
Öffnungszeiten: 2. Mai bis 31. Oktober
Mo-So 10-18 Uhr

- **Hotel Alte Lohnhalle (Essen)**

Rotthauser Straße 40
45309 Essen
Öffnungszeiten: 1. Januar bis 31. Dezember
Mo-So 8-21 Uhr

- **Zollverein (Essen)**

Gelsenkirchener Straße 181
45309 Essen
Öffnungszeiten: 1. Januar bis 31. Dezember
Mo-So 10-18 Uhr

- **Hotel Maritim (Gelsenkirchen)**

Am Stadtgarten 1
45879 Gelsenkirchen
Öffnungszeiten: 1. Januar bis 31. Dezember
Mo-So 8-21 Uhr

- **LWL-Industriemuseum Henrichshütte (Hattingen)**

Werksstraße 31-33
45527 Hattingen
Öffnungszeiten: 1. Januar bis 31. Dezember
Di-Do 10-18 Uhr, Fr 10-20 Uhr, Sa/So 10-18 Uhr

- **Radstation Styrum Bf (Mülheim a.d. Ruhr)**

Hauskampstraße 14
45476 Mülheim a.d. Ruhr
Öffnungszeiten: 1. Januar bis 31. Dezember
nach Vereinbarung

- **Haus Ripshorst (Oberhausen)**

Ripshorster Straße 306
46117 Oberhausen
Öffnungszeiten: 1. Januar bis 31. Oktober
Di-So 10-18 Uhr

- **Radstation Ratingen**

Am Ostbahnhof
40878 Ratingen
Öffnungszeiten: 1. Januar bis 31. Dezember
Mo-Fr 8-18 Uhr, Sa 8-12 Uhr

- **Umspannwerk Recklinghausen**

Uferstraße 2-4
45663 Recklinghausen
Öffnungszeiten: 1. April bis 31. Oktober
Di-So 10-17 Uhr

- **Radstation Werne Bf**

Am Bahnhof 2
59368 Werne
Öffnungszeiten: 1. Januar bis 31. Dezember
Mo-Fr 5.30-19 Uhr

Landschaftliches Kleinod:
der Essener Baldeneysee

NATUR & ERHOLUNG

PARKS & GÄRTEN

Botanischer / Chinesischer Garten (Bochum)

Wer sich für die faszinierende Vielfalt der Pflanzen interessiert, der ist im Botanischen Garten der Ruhr-Universität Bochum genau richtig, in dem bis zu 15.000 Pflanzenarten kultiviert werden. Hier finden nicht nur Studierende einen geeigneten Raum für ihre fachbezogenen Untersuchungen, auch jeder Besucher von auswärts kann sich hier seine Zeit vertreiben und dabei über die Besonderheiten der Flora informieren. Gewächshäuser, Tropen-, Savannen- und Wüstenhaus sowie ein Freilandlaboratorium informieren über die Entwicklungsgeschichte der Pflanzenwelt von der Eiszeit bis heute.

Eine besondere Attraktion ist der Chinesische Garten, aufgebaut in Zusammenarbeit mit der Tongji-Universität Shanghai, der den Besucher auf verschlungenen Pfaden, an kleinen Pavillons und künstlichen Teichflächen vorbei, in das ferne Asien entführt. „Quian Yuan“ ist als Garten im Garten konzipiert, von einer Mauer mit kunstvoll gestalteten Fenstern umgeben und charakterisiert durch einfache Materialien. Er ist der Garten der Dichter und Ge-

Botanischer Garten an der Ruhr Universität Bochum

lehrten, ein Hausgarten im original südchinesischen Stil, der in der Bundesrepublik einzigartig ist.

Informationen

Universitätsstr. 150 (Zugang auch von der Straße Im Lottental)
44780 Bochum
Tel. 0234/32-23098
www.boga.ruhr-uni-bochum.de
Öffnungszeiten Botanischer Garten:
Freiland: April bis September: 9-18 Uhr; Oktober bis März: 9-16 Uhr; Gewächshäuser: April bis September: 9-17 Uhr; Oktober bis März: 9-15.30 Uhr
Öffnungszeiten Chinesischer Garten: April bis September: 9-18 Uhr; Oktober bis März: 9-16 Uhr
Der Eintritt ist sowohl für den Botanischen Garten als auch für den Chinesischen Garten frei

Geologischer Garten (Bochum)

Das Gelände in Bochum-Wiemelhausen war lange Zeit vom Bergbau beherrscht. Die ehemalige Zeche Friederika förderte hier von 1750-1907 Eisenerz und Kohle. Danach entstand eine Ziegelei mit Steinbruch, die jedoch 1959 ebenfalls abgerissen wurde. Der verbliebene Aufschluss wurde 1962 unter Naturschutz gestellt, 1971 zum Geologischen Garten ausgebaut und 1974 als Naturdenkmal ausgewiesen.

Wer sich für die Entwicklungsgeschichte der Erde interessiert, kann an den ringsherum senkrecht aufsteigenden Wänden „hautnah“ seine Studien betreiben und einiges über die reviertypischen Erdschichtungen erfahren. Als kleine Zugabe sind auf dem Parkgelände Findlinge aus der Region sowie versteinerte Bäume ausgestellt, die im Laufe der Bergbaugeschichte in verschiedenen Zechen des Reviers entdeckt worden waren. Einen fernöstlichen Touch erhält der Geologische Garten durch die Anpflanzung von Sumpfzypressen, Gingko- und Mammutbäumen, allesamt selten in ihrer Art und deshalb von besonderem Wert.

2004 wurde der Geologische Garten nach umfangreichen Instandsetzungsarbeiten neu eröffnet. Ein etwa 500 Meter langer Rundweg führt zu 17 Stationen, die über die geologische und paläontologische Entwicklungsgeschichte sowohl regional als auch lokal informieren.

■ **Informationen**
Querenburger Straße
44789 Bochum
Der Zugang ist frei

Stadtpark Bochum

Der Stadtpark in Bochum gilt als grüne Lunge der Stadt. Er wurde bereits 1876, also zu Beginn des industriellen Zeitalters, im Stile eines englischen Gartens angelegt und zählt somit zu einer der ältesten städtischen Parkanlagen Deutschlands. Zwischen 1893 und ab 1905 wurde das Gelände erheblich erweitert: zwei Teichanlagen, der 1910 eröffnete Bismarckturm vor den Toren des Tierparks sowie das Parkhaus (heute Gastronomiebetrieb) entstanden. Später kamen unterschiedlich gestaltete Gartenanlagen hinzu, darunter der als besonders malerisch geltende Rosengarten.

Durch den großen Bestand an Bäumen und Gebüschen, darunter auch exotische Exemplare wie der Tulpen- und Trompetenbaum, gewinnt der Stadtpark Bochum zusätzlich an Reiz. Da er in unmittelbarer Nähe zur City liegt, können Spaziergänger in dem über 300.000 Quadratmeter großen Gelände ausreichend Erholung und Entspannung finden.

Kulturinteressierte finden moderne Plastiken von Ales Vesely und Richard Serra vor, Letzterer einer der bedeutendsten amerikanischen Künstler mit Wirkungskreis im Ruhrgebiet. Rund um die Parkanlage befindet sich ein Villenviertel, das städtebaulich, historisch und künstlerisch von großer Bedeutung ist.

■ **Adresse**
Bergstraße/Klinikstraße
44787 Bochum
Tel. 0234/910-3506 (Führungen)
Öffnungszeiten Bismarckturm:
April bis September: Di-So/Fei 10-18 Uhr,
Oktober: Di-So 11-18 Uhr

Stadtgarten Wattenscheid (Bochum)

Ende des 19. Jahrhunderts kaufte die damalige Stadt Wattenscheid ein Gelände von etwas mehr als vier Hektar, um auf ihm eine Grünanlage im Stile des Volksparks anzulegen. In einjähriger Bauzeit war der Park im Jahre 1900 fertiggestellt. Er umfasste neben Grünflächen mehrere Blumen- und Rosenbeete, einen Teich, auf dem sich Schwäne, Gänse und Enten tummelten, sowie für Kinder einen Spielplatz mit verschiedenen Spielgeräten.

1913 wurde der Park durch ein Gewächshaus inklusive beheizbarer Treibgärten, in denen sich auch exotische Pflanzen befanden, erweitert, einige Jahre später kamen ein Sportplatz, eine zweite Teichanlage, ein botanischer Garten, ein Tiergehege sowie eine Freilichtbühne, eine der größten im Ruhrgebiet zur damaligen Zeit, hinzu. Somit hatte der Park Anfang der 1930er Jahre bereits eine Größe von 20 Hektar erreicht.

Trotz Zerstörungen der Anlage während des Zweiten Weltkrieges ist der Stadtgarten bis heute in dieser Form weitgehend erhalten, lediglich der große Gondelteich musste aufgrund der Bombenschäden umgestaltet und verkleinert werden. Heute findet der Besucher zusätzlich zu den alten Gestaltungselementen des Parks wertvolle Einzelbäume

Bernepark (Bottrop)

Picknicken, Chillen oder Flanieren in alten Abwasser-Klärbecken? Aber ja, denn für Überraschungen ist das Ruhrgebiet schließlich bekannt. Nach fast vierzig Jahren Industriegeschichte dient das 1952 errichtete Klärwerk, das aus zwei kreisrunden Becken und einem Maschinenhaus bestand, heute ausschließlich Freizeitinteressen. Im Rahmen der Emscherkunst.2010 entstanden – international renommierte Künstler wie Piet Oudolf, Gross. Max, Mischa Kuball, Lawrence Weiner und Andreas Strauss waren beteiligt –, bietet die ungewöhnliche Parkanlage im südöstlichen Becken einen klaren Teich, im nordwestlichen Becken ein terrassiertes und begehbares „Theater der Pflanzen" mit Sitzstufen. Darüber hinaus gehört zum Park ein Restaurant im Maschinenhaus und ein wirklich einzigartiges „Parkhotel" – übernachtet wird hier in fünf zu Suiten umgewandelten Kanalrohren.

Informationen

Ebelstraße 25a, 46242 Bottrop
Tel. 02041/3754840
info@bernepark.de
www.bernepark.de

Stadtgarten Wattenscheid

wie Mammut-, Trompeten- oder den Tulpenbaum. Besucherattraktionen sind ebenfalls die Vogelhäuser und -gehege sowie die 1937 eingeweihte Freilichtbühne Wattenscheid, auf der Konzerte, Theateraufführungen und Musicals stattfinden.

Adresse
Stadtgartenring
44866 Bochum

Stadtgarten Bottrop

Zwischen Jahnstadion und Marienhospital liegt der Stadtgarten Bottrop. Das Parkgelände, das 1921 angelegt wurde, geht auf eine Stiftung der Arenbergschen Zechengesellschaft zurück. Prägend für die Gartenanlagen dieser Zeit war die Stilrichtung des englischen Landschaftsgartens; auch der Bottroper Stadtgarten eiferte diesem Vorbild nach. Trotz massiver Bombenschäden während des Zweiten Weltkrieges und einiger Umbaumaßnahmen in der Zeit danach ist die ursprüngliche Gestaltung noch gut zu erkennen.

Die Parkanlage ist heute wesentlich größer als zur Gründungszeit: Blumenbeete, Bäume und Grünflächen haben das Gelände um mehrere Hektar erweitert. Exotische Pflanzen wie die südamerikanische Scheinbuche, der Gingkobaum und die Pyramidenpappeln lassen den Stadtpark, der inzwischen unter Denkmalschutz steht, zu einem stadtnahen Erholungsgebiet mit besonders eindrucksvollem Baumbestand werden. Skulpturen, Brunnen, Kinderspielplatz, Minigolfbahn sowie ein Wassergarten nach japanischem Vorbild ergänzen das Bild.

Adresse
Im Stadtgarten
46236 Bottrop

Ehemalige Naturhindernis-Pferderennbahn (Castrop-Rauxel)

Die ehemalige Naturhindernis-Rennbahn in Castrop-Rauxel blickt auf eine wechselvolle Geschichte zurück, an deren Ende die Umgestaltung des Geländes zu einem kleinen Freizeit- und Erholungsgebiet steht. Die Anfänge der Rennbahn gehen auf Anregungen des Iren William Thomas Mulvany, Gründer der Zeche Erin und ehemaliger Präsident der Preußischen Bergwerks- und Hüttenaktiengesellschaft, zurück, der das hügelige Wiesengelände um Haus Goldschmieding nach englischem Vorbild zu einer außergewöhnlichen, sogenannten Naturhindernis-Pferderennbahn umgestalten ließ. Bis 1913 wurden auf dem Gelände erfolgreich Pferderennen durchgeführt. Der Erste Weltkrieg und die Wirren der Nachkriegszeit brachten den Betrieb jedoch zum Erliegen. Erst Ende der 1930er Jahre konnte die Rennbahn wieder eröffnen, die Anlage wurde sogar um einen zweiten Parcours erweitert. Doch das Glück währte nicht lange: 1970 wurden die Rennen endgültig eingestellt. Das Gelände blieb seit dieser Zeit nahezu unverändert bestehen. Hinzu kamen lediglich ein Spielplatz, eine Teichanlage sowie mehrere Wanderwege. Die Ligusterhecken, die ehemals auf dem Rennparcours als Hindernisse dienten, sind bis heute erhalten und vermitteln ein wenig von der Atmosphäre, die hier einmal während spannender Rennen mit begeistertem Publikum geherrscht haben muss.

Adresse
Dortmunder Straße
44575 Castrop-Rauxel

Parkbad Süd und Stadtgarten Castrop-Rauxel

Das Parkbad Süd und der Stadtgarten wurden in den wirtschaftsschwachen Krisenjahren zwischen den beiden Weltkriegen erstellt, um den wachsenden Bedürfnissen der Menschen nach Erholung nachzukommen. 1926 wurde das Parkbad Süd als städtische Freibadeanstalt eingeweiht. Auffallend ist die in den dreißiger Jahren des 20. Jahrhunderts typisch schlichte, strandbadähnliche Holzarchitektur. Der Stadtgarten mit dem 170 x 60 m großen Teich als Herzstück wurde fünf Jahre später angelegt. Noch heute lieben die Bürger ihren Stadtgarten als Ort der stillen Erholung.

Nach der Stilllegung des Sport- und Erholungsbads gründeten Bürger einen Verein zur Erhaltung des Parkbads und ließen Stadtgarten und Parkbad unter Denkmalschutz stellen. Auf Initiative des Vereins wurde das Bad restauriert und umgebaut, so dass es seit 2001 als Veranstaltungsort (und Restaurant/Bistro) genutzt wird. Neben regelmäßigen Konzerten und Theater ist hier alljährlich auch die ExtraSchicht im Schwimmbecken zu Gast.

Adresse
Am Stadtgarten
44575 Castrop-Rauxel

Park von Schloss Lembeck (Dorsten)

Schloss Lembeck, bis heute in privater Hand, wurde in den Jahren 1670–1692 erbaut und zählt zu den bedeutendsten Anlagen des Frühbarocks, die der westfälische Raum zu bieten hat.

Über die genaue Form und Gestalt einer Gartenanlage im Schlosshof sowie über den Zeitpunkt ihrer Errichtung gibt es verschiedene Angaben. Man nimmt jedoch an, dass unter August Ferdinand Graf von Merveldt Mitte oder Ende des 18. Jahrhunderts ein Park im Stile des englischen Landschaftsgartens mit barockem Einschlag angelegt wurde. Rasenflächen, kleinere Gehölz-

Ehemalige Naturhindernis-Pferderennbahn, Castrop-Rauxel

Park von Schloss Lembeck, Dorsten

gruppen sowie ein mit Sträuchern umgebenes Rondell charakterisierten das Gelände. Dazwischen immer wieder Ruheplätze an sternförmig angelegten Wegen. Im Westteil des Parks sind bis heute Obeliske und Steinfiguren aus der griechischen Mythologie zu bewundern. Ende des 19. Jahrhunderts wurde die einstmals streng nach barocken Formen angelegte Wegeführung aufgegeben und durch ein neues, locker geschwungenes Wegenetz ersetzt.

Auch bei den Pflanzungen achtete man fortan mehr auf Natürlichkeit als auf strenge Regelmäßigkeit. Angelegt wurden ein Palmhaus sowie ein Obst- und Gemüsegarten; auch exotische Baumarten wurden gepflanzt. Heute führen zwei Rundgänge über das Gelände, vorbei an den Überresten der barocken Gartengestaltung, die in den Landschaftspark heutiger Prägung integriert wurden.

Informationen

Schloss 2, 46286 Dorsten
Tel. 02369/7167
schloss-lembeck@t-online.de
www.schlosslembeck.de

Botanischer Garten Rombergpark (Dortmund)

Im Stadtteil Brünninghausen in Dortmund liegt, nördlich des städtischen Tierparks, der als geschütztes „Baudenkmal" in die offizielle Denkmalschutzliste eingetragene Botanische Garten Rombergpark. Seine Anfänge reichen bis weit ins 19. Jahrhundert zurück, als die Familie von Romberg 1822 den Herrensitz Brünninghausen durch eine Schlossanlage ersetzen und im Zuge dieser Umbaumaßnahmen eine Gartenanlage errichten ließ, in die 1927 der Botanische Garten integriert wurde. Wie so viele andere Gärten dieser Zeit wurde auch der Rombergpark im Stil des englischen Landschaftsparks gestaltet. Charakteristisch für diese Stilrichtung ist nicht nur die idyllisch anmutende Gesamtgestaltung des Parks, sondern auch sein artenreicher und aufgrund seltener Exemplare wertvoller Pflanzen- und Baumbestand. Eine dieser besonderen Baumarten ist zum Wahrzeichen des Botanischen Gartens geworden: Das Blatt des Tulpenbaums steht heute als Symbol für Exotik und Rarität. In Fachkreisen spricht man in Bezug auf den Baumbestand des Rombergparks von einer der bedeutendsten Gehölzsammlungen Europas. Einige der Bäume sind immerhin schon mehr als 170 Jahre alt und ihre Größe ist einzigartig in Nordrhein-Westfalen! Besuchen sollte man in jedem Fall die Pflanzenschauhäuser, die auf einer Fläche von 1.000 Quadratmetern unter Glas Exotisches und Tropisches aus der Welt der Flora bieten, sowie die 2018 eröffnete weitläufige Dünenlandschaft. Teichanlagen, Promenadenwege, Kinderspielplatz, Hotel, Restaurant und das Café Orchidee tragen zum Erholungswert dieses Stadtparks bei. Die Stadt Dortmund weiß um ihr Juwel und plant für die Jahre bis 2027 Zukunftsinvestitionen. Geplant sind u. a. neue Pflanzenschauhäuser, ein Baumwipfel-Erlebnis-Pfad und eine Forscherstation.

Informationen

Am Rombergpark 35a, 44225 Dortmund
Tel. 0231/50-24164 (Führungen)
botanischer-garten@dortmund.de
www.dortmund.de
Öffnungszeiten Pflanzenhäuser:
Oktober bis März: Sa/So/Fei 10-16 Uhr;
April bis September: Sa/So/Fei 10-18 Uhr

Fredenbaumpark (Dortmund)

Der Fredenbaumpark nördlich des Klinikzentrums Nord ist mit 63 Hektar einer der größten Parks in Dortmund. Der Name „Fredenbaum“ stammt noch aus einer Zeit, als Schlagbäume zur Markierung von Grenzen aufgestellt wurden. Stätte eines dieser Schlagbäume war der Fredenbaum, einst Grenze des ehemaligen städtischen Gemeinwaldes. Dieser Wald mit Namen Westerholz, schon damals beliebtes Ausflugsziel, ist heute Teil des Parks.

Trotz großer Zerstörungen des Waldbestandes im Zweiten Weltkrieg sind von dem alten Baumbestand wertvolle Teile erhalten geblieben. Im Frühjahr, wenn die Buschwindröschen blühen und die Rhododendren ihre Farbenpracht entfalten, zeigt sich der Park von seiner schönsten Seite.

Das ganze Jahr über werden den Besuchern Möglichkeiten zur aktiven Freizeitgestaltung geboten: Besonders beliebt sind der Rosengarten, der Modellbootteich sowie der Musikpavillon, wo zwischen April und September Veranstaltungen stattfinden, darunter das über die Stadtgrenzen hinaus bekannte Lichterfest. Außerdem bietet der Fredenbaumpark die Erlebniswelt Fredenbaum „Big Tipi“, Inlineskating, Minigolf, Boule, Beachvolleyball, Tischtennisplatten, Grillplätze, Pavillons sowie einen Jugendverkehrsgarten.

Diejenigen, die sich sportlich betätigen wollen, können Paddel- oder Tretbootfahren, auch eine Joggingstrecke steht zur Verfügung. Im Gartenlokal „Schmiedingslust“ kann man sich dann nach erfolgreicher

Botanischer Garten Rombergpark, Dortmund

Betätigung unter dem Schutz uralter Platanen erholen und in aller Ruhe den Blick über Park- und Teichanlage schweifen lassen.

Im Westen grenzt der Park an den Dortmund-Ems-Kanal mit seinen Bootshäusern. Auch hier frönt man der aktiven Freizeit, maßvoll oder flott, beim Spaziergang, Radeln, Rudern oder Angeln.

Ort
Lindenhorster Str. 6
44147 Dortmund

Revierpark Wischlingen (Dortmund)

>> Freizeit & Entertainment / Freizeitparks

Stadtgarten Dortmund

Der Stadtgarten Dortmund liegt zentral in der City und gilt als grüne Oase der Ruhe inmitten einer lebhaften Großstadt. Bequem mit der U-Bahn zu erreichen – die Haltestelle, als Pavillon gestaltet, liegt im Zentrum des Parks – bietet er mit einer Größe von 40.000 Quadratmetern Platz für erholsame Spaziergänge mitten in der Innenstadt.

Ermöglicht wird dieser Ruhepol vor allem durch kleine begrünte Hügel, die wie Schutzwälle den Verkehrslärm fernhalten. Wiesenflächen sowie zahlreiche Gärten, darunter Stauden-, Sommerblumen-, Azaleen- und Rhododendrongärten, machen den Reiz dieser Anlage im Herzen der Stadt Dortmund aus. Auch ein Bürgergarten sowie ein Blindengarten sind dem Parkgelände als Besonderheit hinzugefügt. Selbst die Kunst kommt nicht zu kurz: Der Dortmunder Kunstprofessor Eberhard Linke hat für die Grünanlage anlässlich der 125-Jahr-Feier der Dortmunder Stadtwerke einen sogenannten Gauklerbrunnen entworfen, den man nicht nur betrachten, sondern auch begehen kann.

Adresse
Hansastraße
44137 Dortmund

Volksgärten (Dortmund)

Die sogenannten Volksgärten sind im auslaufenden 19. Jahrhundert entstanden. Hintergrund war der Wunsch der Stadtväter, siedlungsnahe Parkanlagen zu schaffen, die der Bevölkerung zur Erholung, Bildung und Erziehung dienen können. Neben Wald- und Wiesenflächen, Teichen, Wasserspielen und Ruheplätzen wurden somit auch Denkmäler, Pavillons und Kunstobjekte angelegt.

Im Dortmunder Stadtgebiet gibt es drei dieser Volksgärten: Volksgarten Mengede, Volksgarten Lütgendortmund und Volksgarten Bövinghausen. Sie alle kennzeichnet ein weit verzweigtes Wegenetz, Grünflächen mit ansehnlichem Baumbestand, offene Wasserflächen, Spiel- und Sportmöglichkeiten sowie Bereiche zur Ruhe und Erholung. Gastronomische Betriebe ergänzen das Angebot.

Trotz Zerstörungen im Zweiten Weltkrieg und einigen Veränderungen in der Folgezeit ist diese ursprüngliche Gestalt der drei Gärten noch gut zu erkennen.

Adressen
Volksgarten Mengede,
Altmengeder Straße, 44359 Dortmund
Volksgarten Lütgendortmund,
Am Volksgarten, 44388 Dortmund
Volksgarten Bövinghausen,
Am Rhaeder Holz, 44388 Dortmund

Tremoniapark (Dortmund)

Eine der jüngeren Parkanlagen Dortmunds ist der Tremoniapark. Er wurde zwischen 1993 und 1996 auf einer ca. zehn Hektar großen Brachfläche angelegt, 2006/2007 noch einmal auf eine Fläche von 13 Hektar erweitert. Einige im Park ausgestellte Objekte, darunter z. B. so genannte Klöpperböden, erinnern noch an die Zeit der industriellen Nutzung dieses Areals.

Die heute im Gelände befindlichen Baum- und Strauchbestände stammen zum Teil aus der Zeit, als die Natur sich auf der Brache langsam, aber sicher ihren Raum zurückeroberte. Die dabei entstandene wild gewachsene Vegetation wurde bei der Gestaltung des Parks berücksichtigt und als natürlicher Bestandteil in die neuen Wald- und Wiesenflächen integriert.

Die Grünflächen sind dabei so konzipiert, dass sie genü-

Stadtgarten Dortmund

gend Raum bieten für Aktivitäten jeglicher Art: Hier kann man Drachen steigen lassen, Ballspiele verschiedener Art ausüben oder einfach sein Picknick genießen. Ein gut ausgebautes Wegenetz führt den Besucher durch die Anlage. Die Anbindung an die Innenstadt macht den Park besonders für die städtischen Anwohner attraktiv, die die grüne Oase inmitten der Großstadt Dortmund gerne als Erholungsraum nach Feierabend oder am Wochenende nutzen.

Adresse
Am Tremoniapark,
44137 Dortmund

Westpark (Dortmund)

Der Westpark gründet sich auf einen ehemaligen Friedhof der Stadt Dortmund, den Westentotenhof. Er war einer von vier ehemaligen Stadtfriedhöfen, die zu Beginn des 19. Jahrhunderts angelegt wurden. Etwa hundert Jahre später, als sich die Bevölkerung der Stadt explosionsartig vergrößert hatte, konnten die alten Bestattungsstätten ihrer Funktion nicht mehr gerecht werden.

Die Stadt fasste daher den Beschluss, ersatzweise ein neues Friedhofsgelände, den heutigen Hauptfriedhof, zu schaffen. Der Westentotenhof wurde im Zuge dieser Entwicklung nicht mehr weiter belegt, sondern Stück für Stück in eine Grünanlage umgewandelt. Im so entstandenen Westpark erinnern noch die ehemaligen Grabsteine sowie der sehr schöne alte Baumbestand an diese Zeit. Geblieben ist auch die Stille: Viele Spaziergänger finden hier Ruhe und Erholung. Wer sich doch ein klein wenig betätigen möchte, kann Boule spielen oder die Wiesenfläche für etwaige sportliche Aktivitäten nutzen. Ein Spielplatz sorgt bei den Kleinen für ausreichend Bewegung.

Das Café Erdmann mit großem Biergarten lädt ein zum

Westfalenpark Dortmund

beschaulichen Sitzen unter schattigen Bäumen.

■ **Adresse**

Rittershausstraße
44137 Dortmund

Westfalenpark (Dortmund)

Sein Entstehen verdankt der Westfalenpark, heute beliebtes Freizeit- und Erholungsgebiet der umliegenden Region, der Bundesgartenschau aus dem Jahre 1959. Seither ist der Park zwei weitere Male, 1969 und 1971, Schaustätte von Bundesgartenschauen geworden. Alle hatten Erweiterungen und Ergänzungen des Geländes zur Folge, so dass sich der Park heute auf einer Größe von 70 Hektar präsentiert.

Im Zentrum steht der 220 Meter hohe, 1999 restaurierte Fernsehturm „Florian", Wahrzeichen der Stadt Dortmund. In seiner Turmspitze befinden sich ein zurzeit geschlossenes Drehrestaurant sowie eine Aussichtsplattform, von der aus man einen schönen Blick auf das Parkgelände und die Stadt gewinnt.

Wer lieber festen Boden unter den Füßen hat, dem wird im Westfalenpark einiges geboten: Prächtige Staudengärten, fremdländische Gewächs- und Baumarten, Teichanlagen, Wiesenflächen, Wasserspielplätze und das Deutsche Rosarium mit rund 2.600 Rosenarten laden zum Betrachten und Verweilen ein. Wer das Gelände nicht zu Fuß abwandern möchte, kann mit der Schie-

nenkleinbahn fahren, per Tretboot oder Floß die Gegend erkunden, erneut die Welt von oben aus betrachten, jetzt aber mithilfe einer Seibahn, oder sich von einem der gastronomischen Betriebe verwöhnen lassen. Im Winter kann man auf den zugefrorenen Wasserflächen eislaufen und auf einer eigens angelegten „Park-Loipe" sogar Langlauf betreiben.

Weitere Attraktionen sind u. a. das Backhaus, ein Fachwerkbau im Stil des 18. Jahrhunderts, in dem mehrmals in der Woche ein Bäcker Brote am Steinofen backt und verkauft, das nostalgische Puppentheater, das in den Sommermonaten jeden Sonntag Aufführungen auf die Bühne bringt, und die Galerie Torfhaus, die für wechselnde Kunstausstellungen sorgt. Für die Kleinen gibt's eine Polizei-Puppenbühne, das Regenbogenhaus bietet einen Ort zum Spielen, Basteln, Klettern und Toben, sonntags ist hier Kinderkulturcafé mit Theater- und Märchenaufführungen, und im Kindermuseum mondo mio! reist man um die Welt. Darüber hinaus bietet das Naturschutzhaus Schulen, Kindergärten und Gruppen die Möglichkeit, die Natur näher spielerisch kennen zu lernen.

Ganzjährig finden im Park Veranstaltungen verschiedenster Art statt, darunter Festivals und Konzerte, aber auch Baum-, Rosen- und Duftführungen.

■ **Informationen**

Westfalenparkbüro
An der Buschmühle 3, 44139 Dortmund
Tel. 0231/50-26100
westfalenpark@dortmund.de
www.dortmund.de
Öffnungszeiten: täglich 9-23 Uhr
(Eingang Florianstraße)

Böninger Park (Duisburg)

Seinen Namen erhielt der Park von der Fabrikantenfamilie Böninger, die auf dem Gelände eine Mühle für Schnupftabak betrieb. Neben der Mühle ließ der Unternehmer ein Wohnhaus sowie einen Garten anlegen, der zunächst nur privat genutzt wurde, seit Beginn des 20. Jahrhunderts auch öffentlich zugänglich war. 1921 kaufte dann die Stadt Duisburg den westlichen Teil des Parks, nach dem Tode der Witwe Böninger 1937 kam der Ostteil hinzu.

Leider wurde auch diese Grünanlage mit ihren Wiesenflächen, Waldbeständen und Teichen Opfer der Kriegszerstörungen. Bis ins Jahr 1971 dauerte es, bis der Park nach Um- und Neubauarbeiten wieder als Erholungszentrum hergestellt war. Der Park ist heute in zwei Bereiche aufgeteilt: Im Westteil sind Spielwiesen, ein Spielplatz sowie Planschbecken vorhanden, auch Tischtennis und Schach kann man hier spielen. Der Ostteil wird gerne von Ruhesuchenden aufgesucht: Zahlreiche Rastplätze zwischen Grünflächen, Wasserspielen, Rosen- und Staudengärten laden ein zum stillen Betrachten der Natur.

Der Park wurde 2009/2010 mit Mitteln des Konjunkturpaketes II umgestaltet und barrierefrei ausgebaut. Und Fitnessbegeisterte freuen sich über die „Böninger Acht", eine rund 1,7 km lange beleuchtete Laufstrecke, die in Form einer Acht durch beide Teile des Parks führt.

■ **Adresse**

Karl-Jarres-Straße, 47053 Duisburg

Der Emscher Landschaftspark im Freiraumsystem Metropole Ruhr

EMSCHER LANDSCHAFTSPARK

„Emscher Landschaftspark" ist die offizielle Bezeichnung für das Herzstück des Ruhrgebiets: das Gelände zwischen Duisburg im Westen und Hamm im Osten. Es ist kein „Park" im üblichen Sinne, sondern viel eher ein Synonym für ein über 300 Quadratkilometer großes Areal, in dem knapp zwei Millionen Menschen leben, arbeiten und ihre Freizeit gestalten.

Erste Überlegungen zu einer ökologisch sinnvollen Gestaltung des größten Ballungsraumes Deutschlands existierten bereits in den 1920er Jahren. Auf der Grundlage regionaler Grünzüge, die den Park in Nord-Südrichtung durchziehen, wurden in der Folgezeit zahlreiche Stätten zur Erholung, Entspannung oder zur aktiven Freizeitgestaltung geschaffen. Vor allem aber entstanden neue Naturräume, die das von der Industrie stark in Anspruch genommene Gebiet in eine durchgängige Grünanlage verwandeln sollten.

Die Gründung der „Internationalen Bauausstellung Emscher Park" (IBA), die das Areal von 1989 bis 1999 betreute, bewirkte schließlich, dass die Emscherregion als einheitlicher Raum begriffen werden konnte, in dem Altes und Neues ein harmonisches Gesamtbild ergeben.

2007 ging der Emscher Landschaftspark offiziell in die Trägerschaft des Regionalverbandes Ruhr (RVR) über, das Konzept wurde mit dem Masterplan Emscher Landschaftspark 2010 ausbaut. Und erst Ende 2016 hat sich der RVR für die Verlängerung des Trägerschaftsvertrages mit dem Land NRW ausgesprochen, der die Sicherung und Pflege der 15 regional bedeutsamsten

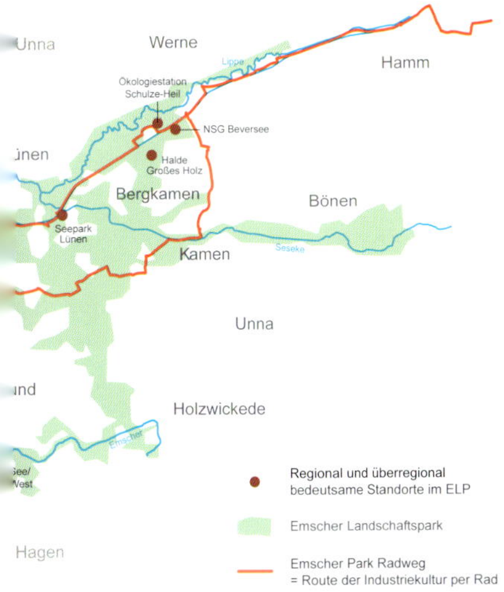

Teil des Emscher Landschaftsparks: der Nordsternpark Gelsenkirchen

Standorte im Emscher Landschaftspark für weitere zehn Jahre beinhaltet.

20 Städte der Metropole Ruhr, zwei Landkreise, die Bezirksregierungen, das Land NRW, die Emschergenossenschaft und der Regionalverband Ruhr (RVR) beschäftigen sich mit der Entwicklung des Emscher Landschaftsparks. Beispielhaft für die erfolgreiche Umsetzung der vielfältigen Planungskonzepte sind die ehemals industriell genutzten Anlagen, die nach ihrer Stilllegung neuen Nutzungsformen zugeführt wurden. Aber auch die Renaturierung alter Industriebrachen sowie die Schaffung neuer Parks, Gärten und Grünanlagen sind wesentliche Bestandteile des Regionalparks.

Über das gesamte Gelände führt ein eigens geschaffener Rad- und Wanderweg, der auf etwa 230 Kilometer Länge die Emscherzone mit ihrem facettenreichen Angebot erfahrbar und erlebbar macht (Emscher-Park-Rad- und Wanderweg).

Als Informationszentrum zum Emscher Landschaftspark bietet das Haus Ripshorst in Oberhausen detaillierte Informationen zu diesem starken Stück Metropolregion.

Informationen

Besucherzentrum
Haus Ripshorst
Ripshorster Str. 306
46177 Oberhausen
Tel. 0208/8833483
infozentrum-elp@rvr-online.de
www.metropoleruhr.de
Öffnungszeiten:
März bis Oktober:
Di-So/Fei 10-18 Uhr;
November bis Februar:
Di-So/Fei 10-17 Uhr
Führungen auf Anfrage

Botanischer Garten Hamborn (Duisburg)

Einer der beiden Botanischen Gärten der Stadt Duisburg liegt im Stadtteil Hamborn. Die erste Erwähnung fand Hamborn als „Havenburnen" in der Zeit um 970. Nach Gründung eines Prämonstratenserstiftes im 12. Jahrhundert trat Hamborn in der Neuzeit vor allem als Zechengebiet in Erscheinung.

Inmitten dieses durch die Montanindustrie dichtbesiedelten Geländes wurde 1905 ein Botanischer Garten angelegt, der sowohl Arznei- und Gewürzpflanzen, Schmuckgräser und Wasserpflanzen als auch – in den gläsernen Schauhäusern – verschiedene tropische und subtropische Pflanzen zeigte.

Im Zuge des Umbaus 2013 bis 2015 hat sich das Bild grundlegend geändert: Die ehemaligen Botanischen Anlagen wurden zu einem Staudengarten und einem Bauerngarten entwickelt, und das einstige Subtropenhaus ist heute eine Orangerie mit einer Kakteen- und Sukkulentenpflanzung auf der Empore. Andere Schwerpunkte des Gartens sind eine Heidelandschaft sowie die Rhododendron-, Primel- und Fuchsiensammlungen.

Darüber hinaus präsentieren elf von der Gesellschaft für Aquarienkunde e.V. unterhaltene Schau-Aquarien die Vielfalt der Fische und Pflanzen im Süßwasseraquarium.

Informationen

Eingänge: Hamborner Straße, Beecker Straße oder Am Stadtgarten
47166 Duisburg
Tel. 0203/3935775
Öffnungszeiten Orangerie und Aquarien: Mai bis September: 8-18.30 Uhr, Oktober bis April: 8-15.30 Uhr. Eintritt frei

Botanischer Garten Duissern (Duisburg)

Ganz in der Nähe des Duisburger Zoos liegt der Botanische Garten Kaiserberg. Bereits 1891 wurde er nach einjährigen Arbeiten eröffnet und ist bis heute in seiner ursprünglichen Form nahezu vollständig erhalten. Hier können nicht nur Pflanzenkundige eine Menge über Herkunft, Art und Funktion verschiedenster Pflanzensorten erfahren, sondern auch der Laie kann sich über die heimische und fremdländische Flora informieren. Mehrere Beete geben Einblick in Gewürzpflanzen, Heilkräuter oder Giftpflanzen, ein naturnaher Hausgarten mag Anregungen geben für das eigene Heim.

Der Lehrgarten hat insgesamt zwar nur eine Größe von ca. zwei Hektar, bietet aber dennoch mehrere tausend Pflanzen, eine Teichanlage sowie ein Gartenrestaurant mit Biergarten.

Wer nach einem Spaziergang durch den Garten noch etwas mehr Bewegung haben möchte, kann sich im nahegelegenen Duisburger Stadtwald ausreichend betätigen.

Informationen

Schweizer Str. 24
47058 Duisburg
Tel. 0203/3935775
Öffnungszeiten: täglich 8 Uhr bis Sonnenuntergang, spätestens 21.00 Uhr
Eintritt frei

Immanuel-Kant-Park, Duisburg

Immanuel-Kant-Park (Duisburg)

Zwischen Altstadt und Dellviertel, mitten im Herzen der Innenstadt Duisburgs, liegt der sieben Hektar große Immanuel-Kant-Park. Schwerpunkt der Grünanlage sind nicht, wie im üblichen Sinne, Wiesen, Teichanlagen und Baumbestände, sondern Kunstobjekte. Die hier zu sehenden mehr als 40 Großskulpturen und Plastiken sind allesamt Leihgaben des weit über die Stadtgrenzen hinaus angesehenen Wilhelm-Lehmbruck-Museums am Rande des Stadtparks.

Das 1964 eröffnete Museum ist dem Schaffen und Lebenswerk des 1881 in Meiderich geborenen Lehmbruck gewidmet, der als einer der bedeutendsten deutschen Bildhauer der ersten Hälfte des 20. Jahrhunderts gilt. Auch Skulpturen anderer international bekannter Künstler wie Henry Moore, Hans-Peter Feldmann, Magdalena Abakanowicz oder Meret Oppenheim sind im Kant-Park ausgestellt.

Rundherum laden eine Reihe von Bänken zum Verweilen, Betrachten oder einfach auch nur Entspannen ein. Ein Rosen- und Staudengarten sowie ein Kinderspielplatz mit einer alten Dampflok bietet der Park ebenfalls. Im Lokal „Museum“ kann man bei einem gut gezapften Pils in einem der größten Biergärten Duisburgs neue Energien sammeln.

Adresse
Friedrich-Wilhelm-Straße /
Düsseldorfer Straße
47051 Duisburg

Jubiläumshain (Duisburg)

Anlässlich des 25-jährigen Regierungsjubiläums Kaiser Wilhelms II. erhielt im Jahre 1913 die seit vier Jahren bereits bestehende Parkanlage im Stadtteil Hamborn offiziell den Namen Jubiläumshain.

In großem Stil ließ der damalige Gartenarchitekt M. Reinhardt eine Grünanlage entstehen, die für damalige Verhältnisse äußerst aufwändig gestaltet war. Neben Wald- und Wiesenflächen wurden z. B. ein Tennisplatz sowie ein prächtiger Rosengarten angelegt. Dem Architekten wird nachgesagt, er habe eine enge Verbundenheit zur deutschen Sagenwelt gehabt und sei von dem Wunsch beseelt gewesen, prägende Elemente dieser Sagen gestalterisch im Park umzusetzen. So manches im Park wirkt deshalb märchenhaft und beschaulich-romantisch. Verschlungene Pfade, die Spielwiese und der Rosenhof erinnern in Auszügen an Darstellungen des Nibelungenliedes.

Der Park ist bis heute in seiner Grundstruktur erhalten geblieben und bietet zusammen mit dem nicht weit entfernten Revierpark Mattlerbusch ein abwechslungsreich gestaltetes Freizeitziel.

Adresse
Ziegelhorststraße
47169 Duisburg

Revierpark Mattlerbusch (Duisburg)

>> Freizeit & Entertainment / Freizeitparks

Stadtpark Meiderich (Duisburg)

Erste Entwürfe für den Stadtpark Meiderich existierten bereits Ende des 19. Jahrhunderts. Nach der Zusammenlegung der Städte Duisburg, Meiderich und Ruhrort im Jahre 1905 nahmen die Überlegungen dann konkretere Gestalt an. Man entschied sich schließlich für einen Entwurf des Gartenarchitekten Jensen, der alle für einen Stadtpark damaliger Prägung typischen Elemente aufwies: Wald- und Wiesenflächen, geschwungenes Wegenetz, Teichanlage, Spielflächen und Gastronomie.

Bis 1912 war der Park zu gut zwei Drittel fertiggestellt. In den zwanziger Jahren kamen ein Rosen- und Staudengarten sowie eine offene Wasserfläche für Seerosen hinzu. 1925 wurde der Park offiziell als neues Naherholungsziel eröffnet und der Bevölkerung zugänglich gemacht. Während des Zweiten Weltkriegs wurde das Gelände stark beschädigt, lange andauernde Umbaumaßnahmen waren die Folge.

Heute präsentiert sich der Park als städtische Grünanlage

mit schönen Spazierwegen, Liegewiesen, Tennis-, Fußball- und Wasserspielplatz sowie Minigolfbahn und Hundesportanlage; einzig die nahegelegene Autobahn A59 wirkt für Ruhesuchende etwas störend.

Adresse

Bürgermeister-Pütz-Straße
47137 Duisburg

Hügelpark der Villa Hügel (Essen)

In malerischer Umgebung, direkt am Baldeneysee zwischen Stadtwald und Kruppwald, liegt das Parkgelände der Villa Hügel, einst Wohnsitz der Industriellenfamilie Krupp, heute durch international renommierte Ausstellungen Zentrum für Kunst und Kultur.

Der Park steht in seiner mondänen Gestaltung dem Herrensitz in nichts nach: Alfred Krupp, Begründer des Familienimperiums, ließ in dreijähriger Bauzeit zwischen 1870 und 1873 eine Gartenanlage errichten, in der er seine Träume von einem großzügigen und weitläufigen Park verwirklicht sah.

Viel Aufwand wurde betrieben, um diesen Vorstellungen gerecht zu werden. So wurden z. B. mehrere Baumverpflanzungswagen nach französischem Vorbild gebaut, um die zum Teil fünfzig Jahre alten Bäume, die aus der umliegenden Gegend ausgesucht und in den neuen Park verpflanzt werden sollten, transportieren zu können. Ganze Alleen wechselten auf diese Weise ihren Standort! Dazu zählten hauptsächlich Eichen, Linden, Buchen, Kastanien und Ulmen. Um die Jahrhundertwende kamen seltene und exotische Bäume und Pflanzen hinzu.

Hügelpark der Villa Hügel, Essen

Der Hügelpark zählt deshalb heute zu einer der bedeutendsten Gartenanlagen Deutschlands und wird gerne von Spaziergängern und Erholungssuchenden aufgesucht.

Informationen

Kulturstiftung Ruhr
Hügel 15
45133 Essen
Tel. 0201/61629-0
office@villahuegel.de
www.villahuegel.de
Öffnungszeiten Hügelpark:
täglich 8-20 Uhr

Grugapark (Essen)

Der Grugapark Essen entstand aus der „Großen Ruhrländischen Gartenbauausstellung“, genannt Gruga, zwischen 1927 und 1929. Mehrere Gartenbauausstellungen folgten, sie alle hatten Erweiterungen und Umgestaltungen des Geländes zur Folge.

Mit seinen 680.000 Quadratmetern gehört der Grugapark mittlerweile zu einem der größten Freizeitparks Europas. Zum Angebot gehört auch der Botanische Garten mit Tropenhaus in Form von Glaspyramiden, mit Garten der Sinne, Bonsaihaus, Mittelmeergarten, Alpinum und Feuchtbiotop. Wasserspiele und Wasserfall, Teichanlagen, weitläufige Wiesenflächen, die größte Nadelgehölzsammlung Europas, die Orangerie mit ihren Ausstellungen und mehrere gastronomische Betriebe laden zum Entspannen, Erholen und Ent-

Grugapark, Essen

decken ein. Dazwischen immer wieder farbenprächtige Blumenbeete mit Dahlien, Tulpen, Rosen und vielen weiteren Arten, durch die der Grugapark als „Blumenwunder an der Ruhr“ in ganz Deutschland bekannt wurde.

Aber nicht nur die Flora ist vertreten, auch die Fauna nimmt im Park einen großen Platz ein: Die mit 4.000 Quadratmetern Fläche und einer Höhe von 15 Metern zu den größten in Deutschland zählende Vogel-Freiflughalle, ein Damwildgehege, ein Bienen-Lehrstand sowie ein Kleintierpark ziehen das Interesse der Besucher auf sich. Für die Kleinen ist ebenfalls gesorgt: Spielhaus, Badegarten, Ponyreitbahn, Haus des Waldes, Schule Natur, Verkehrsspielplatz sowie mehrere große und kleine Spielplätze sind nur einige von vielen Angeboten. 2017 entsteht zudem ein Bauernhof nach historischem Vorbild, auf dem ausschließlich vom Aussterben bedrohte Haustierrassen leben sollen.

Mehr als 40 Plastiken und Skulpturen, darunter Werke renommierter Künstler wie Henry Moore, Auguste Rodin und Alfred Hrdlicka, machen den Park darüber hinaus zu einem besonderen Freilichtkunstmuseum.

Wer es sportlich mag, hat im Grugapark ausreichend Gelegenheit dazu: Das angrenzende Freibad, Rollschuhbahn, Minigolfplatz, Großschachanlagen, Volleyball, Beachvolleyball, Niedrigseilparcours, Tennis und Tischtennis stehen auf dem Programm.

Auch in puncto Gesundheit und Wellness hat der Grugapark eine Menge zu bieten. Das Gradierwerk, ein Gesundheitspfad, die Natur-Kneipp-Anlage und das Gesundheitszentrum „Kur vor Ort“ mit der Grugaparktherme bieten unterschiedlichste Anwendungen und Therapiemaßnahmen im Wellnessbereich.

Im Sommer finden im Park Ausstellungen, Konzerte, Kindertheater, Parkfeste sowie zahlreiche Sonderaktionen statt. Wer sich einen Überblick über das Parkgelände verschaffen will, der sollte entweder mit der ca. drei Kilometer langen Grugabahn gemütlich durch die Anlage rollen oder auf den 30 Meter hohen Grugaturm – übrigens das einzige noch bestehende Baudenkmal aus dem Gründungsjahr – fahren; die Aussicht von oben ist wahrhaft beeindruckend.

Informationen

Messeplatz (Haupteingang)
45131 Essen
Info-Tel. 0201/8883-106
info@grugapark.essen.de
www.grugapark.de
Öffnungszeiten: täglich 9 Uhr bis Einbruch der Dunkelheit

Kaiser-Wilhelm-Park (Essen)

Der Kaiser-Wilhelm-Park ist, wie der Name bereits erkennen lässt, zum Gedenken an Kaiser Wilhelm I. angelegt worden. Die Baumaßnahmen dauerten nicht länger als ein halbes Jahr: Im Herbst 1897 war der Park, an dessen Eingang eine Eiche, die sogenannte „Kaisereiche" gepflanzt wurde, fertiggestellt. Ursprünglich nur vier Hektar groß, wurde die Anlage bis zum Jahre 1907 auf acht Hektar erweitert. Zu den bereits vorhandenen Gestaltungselementen – Grünflächen, breite Wege, Blumenbeete, Strauchhecken, Teich, Spiel- und Ruheplätze – kam 1904 das seit langem in Planung liegende Kaiser-Wilhelm-Denkmal hinzu. Das Relief des Kaisers ziert ein Brunnenbecken, auf dem das eigentliche Denkmal steht: ein Bergmann und ein Schmied als Symbol für die beiden Industriezweige Kohle und Stahl. Nach dem Zweiten Weltkrieg wurde der Park, dem Zeitgeist entsprechend, mit Angeboten zur aktiven Freizeitgestaltung erweitert: Minigolfbahn, Freischachanlage, Bolzplatz und Radwege sind nur einige von vielen Möglichkeiten, sich im Kaiser-Wilhelm-Park aktiv zu betätigen.

Adresse

Palmbuschweg, 45326 Essen

Schlosspark Borbeck (Essen)

Im Stadtteil Essen-Borbeck liegt das gleichnamige Schloss mit angrenzendem Parkgelände, das als eine der ältesten gestalteten Parkanlagen im Rheinland gilt. Bereits Mitte des 17. Jahrhunderts ist die Rede von der Errichtung einer Gartenanlage rund um den Borbecker Herrensitz. Doch bis heute weiß man nicht genau, welche Gestalt dieser Park zum damaligen Zeitpunkt hatte. Sicher ist nur, dass das Gelände im 18. Jahrhundert in dem für die damalige Epoche typischen Stil eines englischen Landschaftsparks umgestaltet wurde. Dabei wurden auch Gestaltungselemente aus dem asiatischen Raum (Pavillon) miteinbezogen.

Bis ins 20. Jahrhundert blieb der Park in Privatbesitz, erst 1920 wurde er für die Öffentlichkeit zugänglich gemacht. 1941 schließlich kaufte die Stadt Essen das Gelände inklusive der noch bestehenden Gebäude.

Im 42 Hektar großen Park lassen sich heute nur noch vereinzelt Spuren der damaligen Gestaltung wiedererkennen: Die Teichanlage ist noch vorhanden, die Insel allerdings nicht mehr begehbar; das alte Wegenetz ist inzwischen von Pflanzen und Gestrüpp überwuchert und nur noch bedingt als Spazierweg nutzbar; ein Feuchtbiotop im nördlichen Teil des Parks lässt erahnen, dass hier ein weiterer Teich existiert haben muss. Der ehemalige Hofgarten hingegen ist völlig verschwunden: Er musste dem Bau einer Realschule weichen. Mittlerweile ist der Park ein Gartendenkmal. Pläne, die die Herausarbeitung der besonderen Strukturen und historischen Parkteile vorsehen, werden seit 2016 nach einem vom Rat der Stadt Essen beschlossenen Parkpflegewerk umgesetzt.

Der Schlosspark präsentiert sich heute als Freizeitgelände mit hohem Erholungswert, der von der städtischen Bevölkerung gerne in Anspruch genommen wird. Im Schloss selbst finden regelmäßig kulturelle Veranstaltungen statt.

Informationen

Schlossstraße 101, 45355 Essen
Tel. 0201/8844-219
kulturzentrum@schlossborbeck.essen.de
www.schloss-borbeck.essen.de

Schlosspark Borbeck, Essen

Stadtgarten Essen

Der Stadtgarten im Essener Südviertel verdankt seine Existenz der Spendenfreudigkeit einiger Essener Bürger, die 1863 eine gemeinnützige Aktiengesellschaft gründeten mit dem Zweck, eine Grünanlage in einer von der Industrie stark in Anspruch genommenen Region zu schaffen. Doch leider versiegte der Geldfluss schon bald. Die Grundlegung eines Gartengebäudes im Stile eines großen Saales ging über erste bauliche Anfänge nicht hinaus.

1881 fiel der Städtische Garten, fortan Stadtgarten genannt, an die Kommunalverwaltung, die das Gelände bis 1888 um mehrere Hektar erweitern ließ. Im Jahre 1910 umfasste der Stadtgarten neben Wiesenflächen, Platanenhainen, Rosengärten und Blumenbeeten zwei Teichanlagen, eine bewirtschaftete Terrasse sowie einen Musikpavillon. Auch eine Wollwäscherei und eine Molkerei mit Milchausschank waren auf dem Gelände angesiedelt. Alsbald wurde auch mit den Arbeiten am neuen Saalbau begonnen.

Während des Zweiten Weltkrieges wurden weite Bereiche des Gartens zerstört, große Teile des wertvollen alten Baumbestandes gingen durch Bombenangriffe verloren. Dennoch ist der Stadtgarten heute ein beliebter Naherholungsort mit Liegewiesen, einem Teich und zwei Spiel-bereichen, der vor allem durch das in unmittelbarer Nähe stattfindende Kulturangebot (Philharmonie, Aalto-Theater) bereichert wird.

■ **Adresse**

Brunnenstraße
45128 Essen

Stadtgarten Essen-Steele (Essen)

Der Steeler Stadtgarten, in der zweiten Hälfte des vorigen Jahrhunderts errichtet, geht auf eine Stiftung des jüdischen Sanitätsrats Dr. August Hermann Aronstein zurück. Eine Bronzetafel erinnert an den großzügigen Spender.

Hauptmerkmal des Gartens sind große Grünflächen mit einem sehr alten Baumbestand, darunter Kastanien, Platanen und Magnolien. Im Mai, wenn der Rhododendron blüht, bietet der Stadtgarten ein besonders schönes Bild. Hier suchen, früher wie heute, vor allem Bürger aus der nahen Umgebung Ruhe und Entspannung. Von mehreren Aussichtspunkten aus – die Anlage liegt auf einem Hang hoch über der Ruhr – genießt man einen schönen Blick auf das Ruhrtal und die umliegende Landschaft.

Einen Ausblick auf den Park bietet auch die Terrasse der Event-Location „Stadtgarten Steele". Das Jugendstilgebäude von 1911 beherbergt den prachtvollen Kuppelsaal und mehrere Gesellschaftszimmer für Feiern und Events.

Informationen

Stadtgarten Steele
Am Stadtgarten 1
45276 Essen
Tel. 0208/8590880 (Anfragen/Buchungen)
catering@imhoff-essen.de
www.imhoff-essen.de

Volksgarten Kray (Essen)

Aus Mangel an Grünflächen, in denen sich die arbeitende Bevölkerung Erholung verschaffen konnte, wurde in Essen-Kray 1911 mit dem Bau eines Volksgartens begonnen. Die Region war zu diesem Zeitpunkt bereits stark durch industrielle Abgaben belastet. Die Gartenanlage sollte daher inmitten rauchender Fabrikschlote eine Oase der Ruhe sein, in der die Bevölkerung neue Energien tanken könne. Nach zweijähriger Arbeit war der Volksgarten fertiggestellt und konnte 1913 zum Regierungsjubiläum Kaiser Wilhelms II. der Öffentlichkeit übergeben werden.

Von Beginn an war der Park ein beliebtes Naherholungsgebiet. Heute prägen ihn neben weiten Wiesenflächen, geschwungenen Wegen und Teichanlage mit Wasserfontäne einige Freizeitstätten wie Minigolfanlage und Spielplatz. Ein Restaurant an der Stelle des ehemaligen Wohnhauses des Guts Schulte-Brüning steht dem Besucher jederzeit offen. 2011 wurde der Park einer Sanierung unterzogen, die beiden Teiche wurden renaturiert.

Doch all diese Maßnahmen können nicht darüber hinwegtäuschen, dass man sich inmitten eines dichtbesiedelten Ballungsraumes befindet: Die städtische Autobahn am Südrand des Volksgartens lässt allenfalls in den Abend- und Nachtstunden den Eindruck einer „Ruheoase" aufrechterhalten.

Adresse

Ottostraße
45307 Essen

Nordsternpark (Gelsenkirchen)

>> Industriekultur / Route der Industriekultur

Revierpark Nienhausen (Gelsenkirchen)

>> Freizeit & Entertainment / Freizeitparks

Schlosspark Berge (Gelsenkirchen)

Die Geschichte von Schloss Berge lässt sich bis ins 13. Jahrhundert zurückverfolgen. Danach wanderte der Herrensitz durch die Hände mehrerer Adelsfamilien, bis schließlich 1924 die Stadt Buer das Anwesen kaufte und umfangreich renovieren ließ. Im Zuge dieser Sanierungsarbeiten bekam nicht nur die barocke Schlossanlage einen Neuanstrich, sondern auch der Garten in französischem Stil wurde mit viel Liebe zum Detail neu angelegt. So sind z. B. auch heute noch zwei Sandsteinfiguren aus dem 18. Jahrhundert zu sehen, die schon damals zur Parkanlage gehörten. Zahlreiche Blumenbeete, die im Frühjahr und Sommer ihre Farbenpracht entfalten, wechseln sich ab mit akkurat geschnittenen Hecken und Hainen. Der an den Barockgarten angrenzende Landschaftsgarten englischen Stils wurde ebenfalls im Hinblick auf seine ursprüngliche Gestalt neu bearbeitet. Er ist um ein Jahrhundert älter und beherbergt deshalb einen wertvollen alten Baumbestand, darunter Kastanien, die mehr als 200 Jahre alt sind. An Teichanlagen vorbei führen verschlungene Pfade und Wege den Spaziergänger zu idyllisch anmutenden Plätzen. Zur Rast kehrt man ein im Café-Restaurant im Schloss, das eine erstklassige Küche besitzt. Am angren-

Schlosspark Berge, Gelsenkirchen

zenden Berger See findet alljährlich das Sommerfest mit Feuerwerk statt, in der übrigen Jahreszeit kann man hier Kanufahrten unternehmen.

■ Informationen

Adenauer-Allee
45894 Gelsenkirchen-Buer
Tel. 0209/17740
info@schloss-berge.de
www.schloss-berge.de

Stadtgarten Gelsenkirchen

Bereits im 19. Jahrhundert wurde der Gelsenkirchener Stadtgarten auf dem Gelände des ehemaligen Bauernhofes Schalke angelegt. In den 1930er Jahren erfuhr der Park eine Umgestaltung und ist seither in dieser Form weitgehend erhalten geblieben.

Etwa 22 Hektar groß ist die Grünanlage und bietet neben weiten Rasenflächen große Baumbestände, mehrere Blumenbeete und eine Teichanlage, aus der eine meterhohe Fontäne schießt. 2009 wurde im nördlichen Teil des Parks ein japanischer Garten im Kare-san-sui-Stil errichtet. Mehrere Lehrgärten geben Einblick in verschiedene Pflanzenarten, u. a. Rosen und Dahlien. Ein weitverzweigtes Wegenetz durchzieht die Gartenanlage und wird von Spaziergängern immer wieder gerne genutzt. Seit 1990 lädt der Musikpavillon in den Sommerferien sonntags zur Konzertreihe „SommerSound“ mit Live-Folkmusik „umsonst und draußen“ ein.

■ Adresse

Zeppelinallee
45883 Gelsenkirchen

Stadtwald Buer (Gelsenkirchen)

Die Gartenanlage im Gelsenkirchener Stadtteil Buer existiert seit 1924. Damals nannte man solche Grünflächen, ihrer Bestimmung entsprechend, „Volkspark“: Die Bürgerschaft sollte nach getaner Arbeit die Möglichkeit haben, sich in einem stadtnahen Park zu entspannen und erholen. Der Stadtwald Buer bietet bis heute eine solche Oase der Ruhe inmitten einer reviertypischen Großstadt. Auf dem ca. 30 Hektar großen Gelände befinden sich vier Teichanlagen, ein Trimm-Dich-Pfad, Waldspielplätze für Kinder sowie ein Café-Restaurant mit schön angelegtem Biergarten. Weitläufige Spazierwege führen über die Anlage und reichen bis zum Naturschutzgebiet „Deipes Gatt“ im Nordosten des Stadtwaldes, einer Sumpflandschaft mit feuchtbiotoptypischer Vegetation. Im Frühjahr sind hier brütende Schwäne, Enten, Teichhühner und andere Wasservögel zu beobachten.

■ **Adresse**
Ortbeckstraße
45894 Gelsenkirchen

Von-Wedelstaedt-Park (Gelsenkirchen)

Um die Jahrhundertwende wurde in Gelsenkirchen eine Parkanlage geschaffen, die den Charakter einer für damalige Verhältnisse typischen Gartenanlage besaß: Geschwungenes Wegenetz, Schatten spendende Bäume und weite Grünflächen wechselten sich ab. Den Namen „Wedelstaedt" erhielt der Park von einem gleichnamigen Stadtbeamten, auf dessen Betreiben hin das Grundstück für das Parkprojekt erworben wurde. Nach Fertigstellung der Anpflanzungen von Bäumen, Sträuchern und Blumenbeeten kam um 1900 ein Gärtnerhaus im Stil eines Schweizer Fachwerkhauses hinzu. Heute präsentiert sich der Park als kleine Grünanlage mit hohem Baumbestand, in der sich neben den genannten Gestaltungselementen auch noch ein Teich und ein Kinderspielplatz befinden.

■ **Adresse**
Parkstraße
45886 Gelsenkirchen

Ennepebogen (Gevelsberg)

Eine ehemalige Gewerbebrache hat sich zu einem großzügigen Innenstadtpark gewandelt, der 2014 eröffnet wurde. In Herzen der Stadt lädt der „Ennepebogen" mit seinem Naturstrand zum Verweilen und Wohlfühlen ein. Die Veranstaltungsfläche des Parks bietet in den Sommermonaten viel Platz für Open-Air-Events und im angrenzenden Skaterpark vollbringen Kinder und Jugendliche aus der gesamten Region wahre Kunststücke mit ihren Skateboards, Inlineskates und BMX-Rädern.

■ **Adresse**
Jahnstraße
58285 Gevelsberg

Stadtgarten (Gladbeck)

Der Stadtgarten an der Johowstraße gehört zu einer der jüngeren Errungenschaften der Stadt Gladbeck. Erst 1985 begann man mit dem Bau der Anlage. Ziel des Projektes sollte sein, das brachliegende und wenig ansprechende Gelände, bestehend aus ungenutzten Ackerflächen und abgedeckten Deponien, ökologisch sinnvoll umzugestalten. Die späteren Nutzer des Stadtgartens hatten während der vierjährigen Planungsphase Gelegenheit, ihre Wünsche und Vorstellungen über die Gestalt des neuen Naturraums direkt einzubringen. Herausgekommen ist eine Grünanlage, die nicht nur dem Menschen, sondern auch einer vielfältigen Tier- und Pflanzenwelt einen neuen Lebensraum bietet. Grüne Wiesen wechseln sich ab mit Feuchtgebieten, offenen Wasserflächen und Nutzergärten. Die Kleingärtner kommen hier, anders als im klassischen Schrebergarten, ohne großen Pflichtenkatalog aus. Für Schulklassen stehen Informations- und Lehrgärten zur Verfügung. Der alternative Stadtgarten Johowstraße ist als naturnaher Stadtteilpark somit nicht nur eine sinnvolle und zeitgemäße Ergänzung zum bestehenden Freizeitangebot, sondern auch ein interessantes Ausflugsziel.

■ **Adresse**
Johowstraße
45966 Gladbeck

Garten der Villa Hohenhof (Hagen)

In den Jahren 1906–1908 wurde im Auftrag des Hagener Kunstmäzens Karl Ernst Osthaus die Villa Hohenhof gebaut. Der belgische Architekt Henry van de Velde war für die Gestaltung des im Jugendstil errichteten Wohnhauses sowie für die dazugehörige Gartenanlage zuständig.

Haus und Garten sollten nach seinen Vorstellungen eine Einheit bilden, der geometrische Grundriss des Hauses spiegelt sich in der geometrischen Form des Gartens wider. Dieses streng nach architektonischen Gesichtspunkten zugrunde gelegte Gestaltungsprinzip, in dem die Bepflanzung nur eine untergeordnete Rolle spielte, ließ den Park jedoch nüchtern und schmucklos erscheinen. Osthaus engagierte deshalb einen Gartenarchitekten, der die Grünanlage durch sein abwechslungsreiches Pflanzkonzept ansprechender gestaltete: In den Jahren nach 1913 entstanden so u. a. Frühlings- und Herbstgärten, ein Birkenhain, ein Rhododendronweg sowie ein Rosengarten.

Leider verblieben Osthaus nur noch wenige Jahre, um seinen Villengarten zu genießen: Er verstarb 1921.

Die Villa diente in den folgenden Jahrzehnten unterschiedlichen Zwecken, wobei der Garten nach 1960 mehrfach umgewandelt wurde. Es gibt Pläne der Stadt Hagen, das gesamte Areal im Sinne seiner früheren Konzeption bis zur Internationalen Gartenausstellung (IGA) 2027 zu restaurieren. In den Räumen der Villa befindet sich heute eine Außenstelle des Karl Ernst Osthaus Museums (s. Kunst & Kultur/Museen).

Adresse

Stirnband 10, 58093 Hagen

Öffnungszeiten: Sa/So 11-18 Uhr

Stadtgarten Hagen

Ohne die Finanzstärke und den festen Willen einiger wohlhabender Hagener Bürger hätte der Stadtgarten wohl niemals realisiert werden können. Nachdem feststand, dass man nördlich des Hagener Goldberges einen Volkspark errichten wollte, wurde bereits 1884 eine eigens zu diesem Zweck vorgesehene Aktiengesellschaft gegründet, die sich zur Aufgabe machte, nicht nur die notwendigen Gelder zu beschaffen, sondern auch einen Wettbewerb zur Gestaltung des Parks durchzuführen. Man entschied sich schließlich für den Entwurf der Frankfurter Architekten-Brüder Schießmeyer.

Kennzeichnend dabei war die zeitgemäße Ausstattung mit Teich, verschiedenen Gehölzarten und grünflächigen Lichtungen. Geschwungene oder kreisflächige Wege durchzogen das Gelände, ein Kinderspielplatz versorgte die

Stadtgarten, Gladbeck

Kleinen. Doch das Projekt war von Beginn an durch Geldknappheit geprägt: Die Errichtung eines Pavillons, in dem Konzerte ausgetragen werden sollten, war erst durch eine erneute Spende im Jahre 1889 möglich, der Neubau eines Restaurants ließ weitere zwanzig Jahre auf sich warten.

Ende des 19. Jahrhunderts übernahm schließlich die Stadt Hagen die Verwaltung des Geländes. Bis heute ist der Park in seiner Grundstruktur nahezu unverändert erhalten geblieben und lediglich in Teilbereichen im Hinblick auf eine Optimierung von Freizeitmöglichkeiten erweitert worden.

■ **Adresse**
Grünstraße / Stadtgartenallee
58095 Hagen

Lippepark (Hamm)

Der auf ehemaligen Montanflächen errichtete Landschaftspark umfasst drei Stadtbezirke. Das Hauptareal ist das 42 Hektar große Gelände des ehemaligen Schachtes Franz, das als Bürgerpark mit diversen Angeboten für Erholung und Freizeit ausgebaut wurde. Sportler lieben den Park, da er eine Skate-Anlage, ein Parkour-Areal, einen Mountainbike-Parcours und auf dem Gelände der alten Kokerei Radbod eine Rennrad-Trainingsstrecke bereithält. Unverwechselbar ist der Lippepark durch die sogenannten „besonderen Orte", die Projekte wie die „Seilfahrt", das sich künstlerisch mit der Tiefe des Schachtes Franz auseinandersetzt und diese in der Waagerechten darstellt, oder den „Ort der Bergbaugeschichte", der mitten im Park den genauen Standort des ehemaligen Schachtes dokumentiert, oder den „Ort der interreligiösen Begegnung" mit seinen fünf großen Stahltoren beinhalten. Fünf „Haldenzeichen" werden im Lippepark als neue Besucherattraktionen abschnittsweise bis 2020 installiert. Eine begehbare knallorangefarbene Spirale auf Schacht Franz Nord wurde bereits Ende 2016 eingeweiht. Einige Monate früher fand die Eröffnung des „Brückenschlags" statt, einer außergewöhnlichen Brückenkonstruktion über Lippe und Datteln-Hamm-Kanal.

Entstanden ist der Park unter dem Entwicklungskonzept „Im Westen was Neues", das

Lippepark, Hamm

die Grundlage für die Bewerbung der Stadt Hamm um die Landesgartenschau 2014 bilden sollte. Entworfen wurde darin eine Parklandschaft rund um die ehemaligen Bergbauflächen und Halden von Bockum- Hövel (Zeche Radbod), Herringen (Schacht Franz, Halde Humbert) und Pelkum (Kissinger Höhe).

Kurpark, Hamm

Kurpark (Hamm)

Der Kurpark Hamm blickt auf eine lange und wechselvolle Geschichte zurück: Bereits Mitte des 18. Jahrhunderts ließ der Besitzer von Gut Ostholz, Generalleutnant von Wolfersdorff, auf dem Weg zum Wohnhaus eine Baumallee errichten – die Ostenallee, Grundstein des später angelegten Parks.

Die Entdeckung einer Solequelle im Jahre 1876 gab schließlich den Ausschlag für den Bau eines Sole-Thermalbades und eines ca. 50 Hektar großen Kurparks. Die historischen Darstellungen aus dem Jahre 1882 belegen, dass der Kurpark in Ausstattung und Gestaltung dem Vorbild damals typischer Stadtgärten folgte. Darüber hinaus waren auf dem Gelände auch Bereiche für fremdländische Pflanzenarten vorhanden, die zu Lehr- und Studienzwecken herangezogen werden konnten. Bis 1910 kamen Flächen zur sportlichen Betätigung sowie ein Kurhaus, das für kulturelle Zwecke der verschiedensten Art genutzt werden konnte, hinzu.

In heutiger Zeit ist der Kurpark der Stadt Hamm beliebtes Ausflugsziel zur stillen Erholung, geprägt von weiten Wiesenflächen und wertvollem alten Baumbestand. Für Sportbegeisterte stehen mehrere Einrichtungen zur Verfügung, darunter auch Tennisplätze, Musikliebhaber haben im Musikpavillon, Gesundheitsbewusste im Gradierwerk ihren Anziehungspunkt.

Adresse
Ostenallee / Fährstraße
59071 Hamm

Maximilianpark (Hamm)

>> Industriekultur / Route der Industriekultur

Park von Schloss Strünkede (Herne)

Schloss Strünkede, seit 1947 im Besitz der Stadt Herne, geht zurück auf die Errichtung einer Burganlage im 12. Jahrhundert. Man nimmt an, dass die Gartenanlage rund um das Schloss Ende des 17., Anfang des 18. Jahrhunderts hinzugekommen ist, ein genaues Datum ist jedoch aufgrund der Vernichtung des historischen Quellenmaterials nicht mehr zu ermitteln. Erst eine Karte von 1793 belegt, dass an das Schloss, welches von einem Graben umrandet wurde, auch ein Garten angegliedert war. Wahrscheinlich wurde er nicht nur zur Zierde angelegt, sondern diente auch zum Anbau von Gemüse und Obst. Karten und Luftbilder aus der Zeit zwischen 1823 und 1926 legen diesen Schluss nahe. Bis in die 1950er Jahre besaß der Park diese Funktion als Nutzgarten. Danach begann die Stadt Herne, das Areal dem Zeitgeist entsprechend umzugestalten: Rasenflächen, gesäumt von einzelnen Bäumen oder Baumgruppen und Rastplätzen bieten Erholung und Ruhe, Kindern planschen am schönen Wasserspielplatz. Im Park steht auch das älteste erhaltene Bauwerk Hernes, die Schlosskapelle.

Adresse
Karl-Brandt-Weg 5
44629 Herne

Revierpark Gysenberg (Herne)

>> Freizeit & Entertainment
Freizeitparks

Stadtgarten Wanne (Herne)

Der Stadtgarten Wanne, zur Gründerzeit im Jahre 1899/1900 unter dem Namen „Kaisergarten“ errichtet, ist ein typischer Stadtgarten aus der Jahrhundertwendezeit: Wegenetz, Baum- und Wiesenflächen waren dem Stil des englischen Landschaftsgartens nachgebildet, der Park bot außerdem Sport- und Spielflächen sowie einen Teich mit Brunnen, den sogenannten Kaiserbrunnen. Leider ist der Brunnen heute nicht mehr vollständig erhalten: Drei Bronzeplastiken der deutschen Kaiser sind Anfang des 20. Jahrhunderts durch Diebstahl verloren gegangen. 1911–1925 – der Kaisergarten hatte inzwischen den heute noch gültigen Namen „Stadtgarten“ angenommen – wurde die Fläche auf ca. sieben Hektar vergrößert. Zu den gestalterischen Erweiterungen gehörten der Saalbau, ein Spiel- und Tennisplatz und ein Palmenhaus. Auch ein Promenadenweg, rechts und links von Linden gesäumt, sowie mehrere Blumengärten entstanden.

Heute ist diese abwechslungsreiche Struktur des Parks noch gut zu erkennen. Zu den historisch gewachsenen Elementen kamen, vor allem in der Nachkriegszeit, neuere Formen der Gestaltung, vor allem im Hinblick auf Freizeitaktivitäten hinzu.

Adresse
Wilhelmstraße
44649 Herne

Volksgarten Eickel (Herne)

Im Gründerjahr 1899/1900 war der Volksgarten Eickel zwischen vier und fünf Hektar groß und neben den typischen Volksgarten-Elementen mit Pavillon, Grotte, Tennisplätzen, Teich mit Springbrunnen sowie einem gastronomischen Betrieb ausgestattet. 26 Jahre später konnte sich der Eickler Volksgarten bereits auf einer doppelt so großen Fläche dem Publikum präsentieren. Im Zuge dieser Erweiterung kamen ein Rosen- und ein Sommerblumengarten, ein Skatpavillon, ein neuer Spielplatz sowie eine beleuchtete Rodelbahn hinzu. Der sehr alte und wertvolle Baumbestand, der zum Teil auf Spenden wohlhabender Herner Bürger zurückgeht, musste im Zweiten Weltkrieg erhebliche Schäden hinnehmen, manche Anlagen, wie z. B. die Rodelbahn, gingen ganz verloren. In den 1950er Jahren sowie in der Folgezeit begann man, das Parkgelände wieder instand zu setzen und mit neuen Gestaltungselementen zu versehen. Ein Kleintierpark, ein benachbarter Spielplatz sowie eine Trimmstrecke machen den Volksgarten in jüngerer Zeit zu einem beliebten Treffpunkt für Jung und Alt.

Adresse
Burgstraße, 44651 Herne

Backumer Tal (Herten)

>> Freizeit & Entertainment / Freizeitparks

Schlosspark und Schlosswald (Herten)

Schloss Herten, 1376 erstmals urkundlich erwähnt und im 16. Jahrhundert zu einem spätgotischen Wasserschloss umgebaut, zählt mit Schlosspark und Schlosswald zu einer der beliebtesten Kultur- und Freizeitstätten im Kernland des Ruhrgebietes. Der Schlosspark wurde um 1700 herum als strenger Barockgarten angelegt, ehe er von 1814 bis 1817 zum englischen Landschaftsgarten umgestaltet wurde. Seit November 2008 wandelt sich das Bild des Schlossparks. Das „Parkpflegewerk“ wird umgesetzt, der ursprüngliche Parkcharakter in seiner barocken Form wiederhergestellt. Un-

Schlosspark und Schlosswald, Herten

mittelbar an den Schlosspark grenzt der Schlosswald. Er erstreckt sich auf einer Fläche von 200 Hektar bis an die südliche Stadtgrenze Hertens. Ursprünglich war der Schlosswald Teil eines größeren Waldgürtels entlang der Emscher, in dem Eichen- und Buchenwälder beheimatet waren. Später kamen durch Aufforstungen von Nadelbäumen und Pappeln andere Vegetationsformen hinzu, die das ehemalige Landschaftsbild veränderten, aber nicht verdrängen konnten. Heute dienen Schlosswald und Schlosspark, die nahtlos ineinander übergehen, als Naherholungsgebiet mit abwechslungsreichem kulturellem Angebot, so z. B. dem Kunstmarkt zu Pfingsten oder dem Lichterwald in der Adventszeit.

Adresse
Im Schlosspark
45699 Herten

Park von Haus Opherdicke (Holzwickede)

Der etwa 30.000 Quadratmeter große Park von Haus Opherdicke ist von unterschiedlichen Stilen der Gartenbaukunst geprägt: Einflüsse des englischen Landschaftsparks lassen sich hier ebenso ausmachen wie barocke Gestaltungselemente, etwa in Form eines Pavillons, der aus den 20er Jahren des 18. Jahrhunderts stammt. Das Herrenhaus selbst wurde bereits im 12. Jahrhundert errichtet, erhielt jedoch später seine bis heute gut erkennbare barocke Prägung.

Aus historischen Quellen lässt sich erschließen, dass sich bereits um 1790 ein Obstgarten auf dem Gelände befand. Einige Jahre später kam wahrscheinlich ein Gemüsegarten hinzu, von Zierbeeten gesäumt. Der so entstandene Nutzgartenbereich, zu dem auch Viehweiden, ein Fischteich und Ackerflächen gehörten, wurde gegen Ende des 19. Jahrhunderts zugunsten einer weiträumigen Parkanlage im Stile des Landschaftsparks erheblich reduziert. Offene Flächen, Baumgruppen und in Achsenrichtung verlaufende Wege, gesäumt von Beeten, bestimmten fortan das Bild, der bis dato prägende Nutzungsgedanke einer Parkanlage wurde gepaart mit künstlerischen und ästhetischen Gesichtspunkten.

2012/2013 wurde der Landschaftsgarten neu gestaltet. So wurden beispielsweise ein barockes Wegekreuz, dessen Achsen auf den Haupteingang von Haus Opherdicke und auf den Gartenpavillon zuführen, und eine Streuobstwiese angelegt.

Ende 2017 wurde der Skulpturenpark mit 13 Werken des Künstlers Raimondo Puccinelli eröffnet.

Adresse

Dorfstraße, 59439 Holzwickede

Barocker Terrassengarten Kloster Kamp (Kamp-Lintfort)

Von eigentümlicher Schönheit erscheint dem Betrachter der barocke, gezirkelte Terrassengarten von Kloster Kamp. Um ca. 1700 am Südhang des bereits 1123 gegründeten Zisterzienserklosters in seinen Grundstrukturen angelegt, ab 1740 unter Abt Franziskus Daniels im Stil des Barock umgestaltet, verwilderte der prächtige Garten zum Ende des 18. Jahrhunderts und wurde schließlich 1802 nach Auflösung des Klosters zerstört. Erst Mitte des 20. Jahrhunderts wurde das gesamte Areal wieder instand gesetzt, auch die Gartenanlage ist seit ihrer in den Jahren 1986 bis 1990 erfolgten Restaurierung – nach dem Vorbild eines Kupferstichs von 1747 – wieder für die Öffentlichkeit zugänglich. Als Beinamen trägt der Garten die Bezeichnung „Sanssouci am Niederrhein“ in Anlehnung an das berühmte gleichnamige Schloss in Potsdam, dessen Weinbergterrassen ebenfalls zur Mitte des 18. Jahrhunderts entstanden. Mitte 2007 wurde der Terrassengarten im Rahmen des Europäischen Gartennetzwerks mit der Plakette des European Garden Heritage Network (EGHN) in der Kategorie „Geschichte der Gartenkunst“ ausgezeichnet.

Zur Gartenanlage gehören neben bepflanzten Terrassen und Zierbeeten, geometrisch geordneten Baum- und Buschreihen, den beiden Springbrunnen und den dominierenden Rasenfeldern auch zwei Orangerien am Fuße des Treppenaufgangs: In der östlichen dokumentiert eine Dauerausstellung die Geschichte von Kloster und Terrassengarten, während in der westlichen Orangerie Wechselausstellungen stattfinden.

Informationen

Abteiplatz 13, 47475 Kamp-Lintfort
Tel. 02842/927540
zentrum-kloster-kamp@t-online.de
kloster-kamp.eu
Öffnungszeiten: täglich 8 Uhr bis Einbruch der Dunkelheit

Schlosspark Schwansbell (Lünen)

Erst seit knapp 30 Jahren ist der Park von Schloss Schwansbell der Öffentlichkeit zugänglich gemacht. Zuvor gehörte das Gartenareal, das um 1875 als Landschaftspark im Zuge des Schlossneubaus angelegt wurde, dem Grafen Wilhelm von Westerholt, Eigentümer des Adelssitzes. Zwischen 1929 und 1969 nutzte die Stadt Lünen den gesamten Komplex für unterschiedliche Zwecke. Zu Beginn der 1980er ging das Schloss mitsamt dem dazugehörenden Areal in privaten Besitz über. Im Bewusstsein, das historische Erbe zu erhalten, wurde das gesamte Gebäude renoviert. Im ehemaligen Wirtschaftsgebäude erhielt das Museum der Stadt Lünen ein neues Zuhause.

Der einstige Landschaftspark wurde durch eine ansprechende Wegeführung neu erschlossen, ausgedehnte offene Rasenflächen sowie neue Baum- und Strauchgruppen kamen hinzu.

Adresse

Schwansbeller Weg 32
44532 Lünen

Seepark (Lünen)

Das ca. 60 Hektar große Parkareal bildet das Gelände der Landesgartenschau 1996. In diesem Bereich hat die Zeche Preußen, wie so viele andere Bergwerke der Region, auch deutliche Spuren industrieller Nutzung hinterlassen: Preußenhalde und das Bergsenkungsgebiet „Horstmarer Loch“ sind Zeugen einer Epoche, die sich für die Eigen- und

Barocker Terrassengarten Kloster Kamp, Kamp-Lintfort

Besonderheiten der Landschaft nur wenig interessierte und mit der heimischen Natur keineswegs zimperlich umging.

Nach der Stilllegung der Zeche war die Landesgartenschau willkommener Anlass, die vom Bergbau geprägte Landschaft neuen, bis dahin unbekannten Nutzungsmöglichkeiten zuzuführen. So wurde z. B. in das „Horstmarer Loch" eine Felsenbühne integriert, auf der Theater- und Konzertaufführungen stattfinden, der gesamte Bereich wurde zum Spiel- und Aktionsraum umfunktioniert. Am „Horstmarer See" wurde ein 5.000 Quadratmeter großer Sandstrand mit Bäumen und Liegewiesen angelegt, man kann hier baden, sich sonnen oder am Seekiosk ein Eis schlemmen.

Das West- und Südufer des Sees ist der Pflanzenwelt vorbehalten. Den kleinen Parkbesuchern stehen viele Spielmöglichkeiten mit Rutschen, Sand- und Ballspielflächen zur Verfügung. Wer den Seepark mit seinen Baumalleen, Wiesenflächen, Rosen- und Staudengärten in seiner Gesamtheit von oben betrachten will, der sollte auf die Spitze der Halde steigen, von der aus man einen guten Ausblick auf den Datteln-Hamm-Kanal und die umliegende Städtelandschaft hat. Eine aus den Resten einer alten Ziegelei aufgeschüttete Pyramide bietet ein ähnlich beeindruckendes Panorama. Hier liegen auch die Lehr- und Lerngärten der Landesschule für Kleingärtner.

Adresse

Baukelweg/Schwansbeller Weg
44532 Lünen

Freizeitpark Moers

>> Freizeit & Entertainment / Freizeitparks

Schlosspark Moers

Auf dem Gelände des geschleiften Kastells wurde für den Moerser Textilfabrikanten F. Wintgens 1836 ein Landschaftsgarten in englischem Stil angelegt. Der bekannte Düsseldorfer Hofgärtner Maximilian Weyhe zeichnete verantwortlich für die Anlage, in die die alten Befestigungsmau-

Schlosspark Moers

ern und -gräben vom Moerser Schloss miteinbezogen werden sollten. Dem Zeitgeist entsprechend wurden großzügige Baumflächen mit einheimischen, aber auch fremdländischen Baumarten (Mammutbaum, Catalpa) gepaart mit Wasserelementen wie Teiche und Brunnen.

Nach der Übernahme des Parks durch die Stadt Moers zu Beginn des 20. Jahrhunderts war man bemüht, das Gelände in seiner ursprünglichen Form so weit als möglich zu erhalten. Zwar kann man auch heute noch stundenlang durch den Park schlendern, vorbei an Blumenbeeten und Buschreihen, über Brücken und verschlungene Pfade, doch ist im Rahmen des Entwicklungsprogramms „MoersKonzept/ Masterplan Innenstadt" eine Neugestaltung des durch Wildwuchs und Überwucherung eher schattigen und nicht einsehbaren Parks geplant. Hauptziele sind mehr Licht, die deutlichere Herausarbeitung der historischen Stilelemente inklusive einer besseren Sicht auf das Schloss, schönere Aufenthaltsmöglichkeiten und spannende Spielbereiche für alle Altersgruppen.

Adresse
Kastell, 47441 Moers

Garten des Klosters Saarn (Mülheim an der Ruhr)

Noch vor der Säkularisierung des Zisterzienserinnenklosters Saarn durch die französische Besatzungsherrschaft im Jahre 1808 lässt sich anhand historischer Quellen nachweisen, dass die Abtei einen Garten besessen haben muss. Aus einer Karte aus dem Jahre 1779 geht hervor, dass entlang eines Teiches mehrere Abteigärten sowie eine Mühle angelegt waren.

Wie bei den meisten Klosterorden üblich, dienten die Gärten in erster Linie der Selbstversorgung: Hier wurde Obst und Gemüse für den eigenen Bedarf angebaut, die Bewohner der Mühle besaßen einen eigenen Mühlengarten. Der zentral gelegene Teich wurde einerseits als Wasserreservoir, andererseits als Fischzuchtbecken genutzt. Große Baumbestände, die wegen ihres Alters als besonders wertvoll einzustufen sind, umgeben die Gartenanlage.

Bis heute ist das Kloster Saarn in seiner ursprünglichen Gestalt fast vollständig erhalten. Was über die Jahrhunderte verloren ging, wurde durch behutsame restaurative Maßnahmen in jüngerer Zeit wieder hergestellt. Eine Restaurierung der historischen Gartenanlage konnte jedoch aufgrund der städtebaulichen Entwicklung nur in Auszügen realisiert werden. Der ehemalige Klostergarten präsentiert sich heute als Parkanlage, in der das historisch Gewachsene mit modernen Gestaltungselementen verknüpft wurde.

Informationen
Klosterstraße 53
45481 Mülheim an der Ruhr
Tel. 0208/487555

Grünanlage an der Dimbeck (Mülheim an der Ruhr)

Auf dem Gelände der heutigen Grünanlage an der Dimbeck befand sich früher ein Steinbruch. In den 1930er Jahren begann man nach den Plänen des Mülheimer Gartenbaudirektors Fritz Keßler mit der Umwandlung des Steinbruchs in eine Parkanlage, die sich zwischen Scharpenberg und Kettwiger Straße bis hin zum Kahlenberg oberhalb der Ruhr erstreckte.

Im Zentrum der Grünanlage wurde eine Freilichtbühne errichtet, die 1936 eingeweiht wurde und bis heute beliebter Austragungsort für kulturelle Veranstaltungen jeglicher Art unter freiem Himmel geblieben ist. 2013 wurden über 30.000 Besucher an über 40 Terminen gezählt.

Von einem Aussichtspunkt oberhalb der Freilichtbühne genießt man einen schönen Blick auf die Stadt und das Ruhrtal. Nicht weit davon entfernt kann man Rhododendron- und Azaleenbüsche sowie alte japanische Ahornbäume bewundern. Ebenfalls erhalten sind die aus damaliger Zeit stammenden Rosen- und Staudengärten.

Adresse
Kettwiger Straße
45468 Mülheim an der Ruhr

Kurpark am ehemaligen Solbad Raffelberg (Mülheim an der Ruhr)

Das erste Solbad in der Nähe des Raffelbergs wurde bereits 1884 gegründet, nachdem vier Jahre zuvor bei Grabungen in der Zeche Altstaden eine Heilquelle entdeckt worden war. Schon bald wurde auf dem Gelände des Gutes Raffelberg ein neues, größeres Solbad errichtet, das nach der Schließung der Zeche Alstaden 1973 auf künstliche Sole umgestellt und 1992 schließlich stillgelegt wurde.

Heute werden die Gebäude des ehemaligen Solbades vom Theater an der Ruhr als Spielstätte und Verwaltungszentrum genutzt. Der zum alten Solbad gehörende Kurpark wurde im Jahre 1909 von dem Düsseldorfer Landschaftsarchitekten Walter Freiherr von Engelhardt, einem der namhaftesten Gartenarchitekten der damaligen Zeit, entworfen und verwirklicht.

Es handelt sich dabei um eine großzügig angelegte Parklandschaft, in die die bereits vorhandenen Gebäude harmonisch eingefasst wurden. Über die einzelnen Teilbereiche des Gartens weiß man heute mittels Luftbildaufnahmen, dass ein Rosengarten, Rasenflächen und Blumenbeete, alleeartig gestaltete Wege (sie mussten später anderen Gestaltungsformen weichen), eine Teichanlage mit Springbrunnen sowie ein Weiher existiert haben müssen.

1925/26 wurde der Park in Richtung Norden erweitert: Ein Pavillon und einzelne Pappelreihen rund um die Rasenfläche kamen hinzu. In der Nachkriegszeit nahm man an der Ausstattung des Parks einige Veränderungen vor: Die Pyramidenpappeln mussten einer Rotbuchenallee weichen, zwei Pavillons und die Freitreppe vor dem Kurhaus wurden ganz entfernt.

Der Kurpark ist heute ca. zehn Hektar groß, wurde 1998

Kurpark am ehemaligen Solbad Raffelberg, Mülheim an der Ruhr

aufwändig restauriert und vermittelt den Besuchern trotz der genannten Umbaumaßnahmen immer noch ein gutes Bild der landschaftsarchitektonischen Grundprinzipien zu Beginn des 20. Jahrhunderts.

■ **Adresse**
Akazienallee
45478 Mülheim an der Ruhr

Schlosspark Broich (Mülheim an der Ruhr)

Rund um die mittelalterliche Wehranlage Schloss Broich entstand 1992 das Zentrum der Landesgartenschau der Stadt Mülheim, Mülheims Garten an der Ruhr, kurz MüGa genannt. Schloss Broich, dessen Ursprünge bis ins 9. Jahrhundert zurückreichen, bietet eine wunderbare Kulisse für die herausragenden gartenarchitektonischen Gestaltungselemente, die hier umgesetzt wurden.

Botanische Gärten, großzügige Grünflächen und Spielwiesen wechseln sich ab mit Teichanlagen, Tümpeln, Brunnen und Pavillons. Kinder können sich auf den Wasser-, Matsch- und Abenteuerspielplätzen austoben oder anhand von Versuchsgeräten (z. B. Prismen) physikalische Besonderheiten erproben.

Im nordwestlichen Teil des Geländes, unterhalb des Wasserturms, in dem sich heute die Camera Obscura mit Museum zur Vorgeschichte des Films (s. Kunst & Kultur / Museen) befindet, sind zahlreiche Lehrgärten angelegt, einige davon wurden von Mülheims Partnerstädten Darlington, Tours, Oppeln und Kfar Saba gestaltet.

Wer noch mehr über die heimische Natur erfahren möchte, kann den sogenannten „Fossilienweg", ehemals Teilstück der Ruhrtalbahn, beschreiten, der vom Schlosspark hinunter zur Ruhr führt. Der geologische Lehrpfad gibt eine Übersicht über Fossilien aus der Kreidezeit, die hier und andernorts gefunden wurden. Kultur- und Kunstinteressierten bieten das Schloss Broich sowie das angrenzende Kulturzentrum „Ringlokschuppen" Museum, Theater- und Konzertaufführungen mit großem gastronomischem Bereich.

■ **Informationen**
Am Schloß Broich 28
45479 Mülheim an der Ruhr
Tel. 0208/940960 (Info)
touristik@mst-mh.de
www.muelheim-tourismus.de

Schlosspark Styrum (Mülheim an der Ruhr)

Schloss Styrum, dessen Anfänge bis ins 11. Jahrhundert zurückreichen, bildet das nördliche Ende des MüGa-Parkgeländes. Heute beherbergt der ehemalige Herrensitz eine Altentagesstätte, Künstlerateliers sowie ein Restaurant für Festivitäten, gleich nebenan liegt das überregional bekannte Wassermuseum „Aquarius" (s. Industriekultur / Route der Industriekultur).

In dem weitläufigen Gelände hinter dem Schloss erstreckt sich der historische Barockgarten mit sehr altem Baumbestand, zahlreichen Rhododendronbüschen, Hecken- und Kleingärten. Da, wo sich früher die Schlossgärtnerei befand, sind heute Themen- und Lehrgärten angelegt, wobei Rosen und Dahlien einen gesonderten Raum einnehmen. Außerdem sind zu sehen Blättergarten, Frosch- und Libellengarten, Gemüsegarten, Wiesen- und Strauchgarten. Ein drei Kilometer langer Weg durch das Styrumer Wassergewinnungsgelände, bestückt mit insgesamt 14 Schautafeln zur ruhrnahen Tier- und Pflanzenwelt, führt in direktem Wege zum Kernpunkt der MüGa am Schloss Broich.

■ **Adresse**
Moritzstraße
45476 Mülheim an der Ruhr

Thyssen-Park (Mülheim an der Ruhr)

Der im Stil eines englischen Landschaftsparks angelegte Garten verfügt zum Teil über einen sehr alten Baumbestand, der u. a. aus Ahornen, Linden, Eschen, Platanen und Rotbuchen besteht. Angelegt wurde er Anfang des 20. Jahrhunderts, nachdem sich der Industrielle Joseph Thyssen in den Jahren 1898 bis 1900 nach den Plänen der Berliner Architek-

Thyssen-Park, Mülheim an der Ruhr

ten Kayser und Grossheim eine imposante Villa im neobarocken Stil hatte bauen lassen. Zentrales Element der Gartengestaltung ist ein Teich, der allerdings älteren Datums ist. Er stammt aus der Zeit des Industriepioniers Johann Caspar Troost, der hier 1791 eine mechanische Baumwollspinnerei gegründet hatte, deren Maschinen von Wasserkraft angetrieben wurden.

Adresse
Zugang über den Leinpfad (Trooststraße)
45468 Mülheim an der Ruhr

Kaisergarten (Oberhausen)

Mitten in Oberhausen, südwestlich von Schloss und Ludwig Galerie, liegt in malerischer Umgebung der Kaisergarten. Der rund 28 Hektar große Park bietet für die ganze Familie viele Möglichkeiten zur Freizeitgestaltung. Auch Ruhe- und Erholungsuchende sind hier bestens bedient. Wald- und Wiesenflächen, durch die lange Spazierwege und ein Trimm-Dich-Pfad führen, fügen sich mit Teichlandschaft und Tiergehege harmonisch zusammen.

Im Zoogelände können mehr als 120 Tierarten, größtenteils heimische Haustierrassen und europäische Wildtiere, darunter Adler, Eulen, Hirsche, Wildschweine, Wölfe, Waschbären, Biber, aber auch exotische Vögel, beobachtet werden. Besonders beliebt bei den Kindern ist der Streichelzoo mit Ziegen, Ponys und Kaninchen und die angeschlossene Naturerlebnisschule. Außerdem stehen für die Kleinen Kinderspielplätze zur Verfügung. Das alles ist zum Nulltarif zu haben, denn der Eintritt ist frei. Kostenpflichtig sind lediglich Minigolfplatz und Bogenschießanlage. Eine weitere sportliche Attraktion ist der Trendsportpark „Open-Airea" (s. Sport / Skaten).

Kulinarische Angebote erfüllt die „Schlossgastronomie Kaisergarten".

PHÄNOLOGISCHER GARTEN (RECKLINGHAUSEN)

Kein Spiel und auch keine Erholung, sondern Forschung steht bei einem phänologischen Garten auf dem Programm. Eingerichtet vom Landesamt für Natur, Umwelt und Verbraucherschutz NRW (LANUV), soll der Garten wissenschaftliche Erkenntnisse in Bezug auf den prognostizierten Klimawandel geben. Dazu wurden standardisierte Pflanzen (elf Bäume, acht Sträucher, sechs Zwergsträucher und 50 Schneeglöckchen) aus genetisch einheitlichem Pflanzmaterial gesetzt, deren Wachstums- und Entwicklungsphasen wie z. B. Blühbeginn, Fruchtreife und herbstliche Blattverfärbung im Jahresverlauf beobachtet und ausgewertet werden. Dazu wurde im Garten 2012 eine Klimastation errichtet, die Temperatur, Niederschlag, Globalstrahlung, Windrichtung und -stärke sowie die Bodentemperatur in unterschiedlicher Tiefe misst. Der phänologische Garten in Recklinghausen ist Teil des weltweiten Beobachtungsprogramms „Global Phenological Monitoring" (GPM) und als erster von insgesamt acht phänologischen Gärten in Nordrhein-Westfalen eingerichtet worden.

Um den Klimawandel auch interessierten Besuchern näher zu bringen, ist die Fläche von 1.400 Quadratmetern durch ein Wegenetz erschlossen.

Adresse

Leibnizstraße 10, 45659 Recklinghausen

Informationen

Landesamt für Natur, Umwelt und Verbraucherschutz NRW
Tel. 02361/305-0
poststelle@lanuv.nrw.de
www.lanuv.nrw.de

Informationen

Schlossgastronomie Kaisergarten
Konrad-Adenauer-Allee 48
46049 Oberhausen
Tel. 0208/290220
info@kaisergarten.de
www.kaisergarten.de
Tiergehege
Tel. 0208/3770618 (Naturerlebnisschule)
www.tiergehege-kaisergarten.de
Öffnungszeiten: täglich zur Sommerzeit 9-19 Uhr, Winter 9-17 Uhr

OLGA-Park Zeche Osterfeld (Oberhausen)

>> Industriekultur / Industrieanlagen

Revierpark Vonderort (Oberhausen)

>> Freizeit & Entertainment / Freizeitparks

Stadtgarten (Recklinghausen)

Im Jahre 1900 beschloss die Verwaltung der Stadt Recklinghausen, zum Wohle der städtischen Bevölkerung Grundstücke für die Errichtung einer Gartenanlage zu erwerben. Bei einer Ausschreibung zur Gestaltung des Stadtgartens wurde entschieden, dass der Gartenarchitekt Friedrich Wilhelm Schödder den Auftrag bekommen sollte, Form und Ausstattung des Geländes nach seinen preisgekrönten Entwürfen zu verwirklichen. Neben den für die damalige Zeit typischen Gestaltungselementen wurden dem Stadtgarten bis zum Jahre 1908 ein Teich und ein Saalbau beigefügt. Kurze Zeit später folgten Tennisplätze, ein Lehrgarten, ein Rosengarten sowie ein Tierpark. In den ersten Jahren nach dem Zweiten Weltkrieg wurde auch der Stadtgarten Recklinghausens, wie so viele andere städtische Gärten, zum Nutzgarten für den Anbau von Gemüse und Kartoffeln umfunktioniert. Heute präsentiert sich das Gelände zwischen Dorstener Straße und Cäcilienhöhe als ansprechende Grünanlage mit schönem altem Baumbestand, an deren südöstlichem Ende sich das Recklinghauser Festspielhaus niedergelassen hat. Gleich daneben liegt der beliebte Tierpark mit seinem bekannten Vogelhaus.

Adresse

Cäcilienhöhe
45657 Recklinghausen

Schlosspark Cappenberg (Selm)

Zu Füßen von Schloss Cappenberg in Selm liegt der Schlosspark, früher Grünanlage des Prämonstratenserklosters, später Privatbesitz des preußischen Staatsministers Reichsfreiherr Karl vom und zum Stein. In der Zeit zwischen 1816 und 1831 ließ Letzterer nicht nur die aus dem 12. Jahrhundert stammende Klosteranlage restaurieren, sondern auch den angrenzenden Park nach seinen eigenen Vorstellungen umgestalten. Es entstand ein Landschaftsgarten englischen Vorbildes mit einem 30 Hektar großen Tierpark, mehreren Teichanlagen und umfangreichem Baumbestand. Bemerkenswert dabei die Anpflanzung einer besonderen Buchenart, deren Bestand heute zu den ältesten in ganz Deutschland zählt, sowie die alte Plantane im Schlosshof.

Im Tiergehege kann man Damwild, Rotwild und Schafe beobachten, Kindern steht ein Spielplatz zur freien Verfügung. Nach Besichtigung der Schlossanlage laden Café und Weinstube am Schloss zur Erholung ein.

Informationen

Schlossberg
59379 Selm
Tel. 02303/71170 (Kulturamt Kreis Unna)
www.kreis-unna.de

NABU-NATURARENA (WESEL)

Auf einem 8.000 qm großen Gelände findet man den Niederrhein im Kleinen vor. Lebensräume wie Streuobstwiesen, Natur-Teiche, Kräutergärten, Schmetterlings- und Feuchtwiesen, Wall- und Benjeshecken können von Kindern, aber auch von Erwachsenen bestaunt und erforscht werden. Jeden ersten Sonntag im Monat (Mai bis Oktober) ist die Naturarena von 11 bis 17 Uhr mit verschiedenen Themen und Führungen geöffnet. Kindergärten, Schulklassen und andere Gruppen können das Gelände nach Absprache besuchen.

Adresse

Auf dem Mars (Ecke Bislicher Straße)
46487 Wesel

Informationen

Tel. 0281/1647787 oder
Tel. 02859/492
Info@NABU-Wesel.org
www.nabu-wesel.de

Schwesterngarten (Witten)

Der Name „Schwesterngarten" ist in Anlehnung an das Wittener Diakonissenhaus entstanden, deren Schwestern man einen kleinen Park zur stillen Erholung bauen wollte. Spenden bildeten die Grundlage für den zunächst nur zwei Hektar großen Garten, mit dessen Bau man zu Beginn des 20. Jahrhunderts begann. Kennzeichnend für den Schwesterngarten wurde ein Ensemble von insgesamt 14 verschiedenartig bepflanzten Kleingärten, die zusammen jedoch eine Einheit bilden sollten. Bei einem Spaziergang durch den somit außerordentlich originell und abwechslungsreich gestalteten Park konnte man auf Schritt und Tritt neue, individuelle Eindrücke gewinnen. Schmale Wege schlängelten sich durch einzelne Kleinlandschaften, Bänke und Rastplätze luden zum Betrachten und Verweilen ein. Während des Zweiten Weltkrieges wurde die Gartenanlage leider stark beschädigt. Seit Restaurierungsarbeiten in den 1950er und 1980er Jahren ist der Schwesterngarten für die Öffentlichkeit wieder zugänglich. Man kann heute durch das „Azaleen- oder Heidetal" wandern, am Teich den Blick über die bunt blühenden Wiesen schweifen lassen, den „Fliederweg" erkunden oder in der „Frühlingsmulde" die Farbenpracht der Veilchen und Primeln bewundern.

Schwesterngarten, Witten

■ **Adresse**
Zugang am Ev. Krankenhaus
Pferdebachstr. 27, 58455 Witten

Stadtpark Witten

Der Wittener Stadtpark besteht heute aus zwei ursprünglich getrennten Gartenbereichen: zum einen aus der Gartenanlage der Villa Lohmann, die im Jahre 1865 errichtet wurde, sich aber auf eine wesentlich ältere, barocke Grünanlage (um 1701) rund um Haus Berge gründet. Zum anderen aus einem Landschaftsgarten, den Lohmann östlich seines Herrensitzes, vermutlich nach Entwürfen des namhaften Düsseldorfer Gartenbaudirektors Friedrich Weye, anlegen ließ. Im barocken Terrassengarten befanden sich neben den üblichen Gestaltungsprinzipien damaliger Zeit (so z. B. strenge Regelmäßigkeit in Form von gleichartig modellierten Rasenflächen) ein Pavillon sowie eine Orangerie. Letztere musste 1865 der Lohmannschen Villa weichen.
Im Zuge der Errichtung des Wohnhauses wurde auch die alte Gartenanlage umgestaltet. Heute ist sie zusammen mit dem Landschaftsgarten, dessen Grundstruktur trotz des Fehlens einstiger Anlagen wie Lauben und Grotten ebenfalls noch zu erkennen ist, der Öffentlichkeit zugänglich gemacht.

■ **Adresse**
Wilhelm-Nettmann-Weg
58452 Witten

„UNTER TAGE" – DIE KLUTERTHÖHLE

Wer von „unter Tage" hört, denkt wohl als Erstes an Kohlestollen, Schächte, dicke Luft und jede Menge Lärm. Doch es gibt auch noch ein ganz anderes „unter Tage", eines, in dem viel Ruhe herrscht und die Luft angenehm rein ist. So rein sogar, dass sie auf den menschlichen Organismus eine heilende Wirkung ausübt. Gemeint ist die Kluterthöhle in Ennepetal, eine der größten Natur- und Schauhöhlen Deutschlands mit 380 Gängen und, nach bisherigem Stand der Vermessungen, von fast 5.800 Metern Länge, mit einer Höhendifferenz von ca. 35 Metern.

In der Höhle, die vor mehreren Millionen Jahren entstanden ist, befinden sich unterirdische Seen, Bäche, Fossilien und mehr als 100 verschiedene Tierarten. Seit 1954 ist die Kluterthöhle ein anerkanntes klimatisches Heilzentrum, nachdem festgestellt worden war, dass besonders Asthmatiker nach längerem Aufenthalt in der Höhle eine spürbare Linderung ihrer Atemnot erfuhren. Die Kurverwaltung Kluterthöhle bietet sogar ein spezielles und individuelles Programm zur Raucherentwöhnung an. Auch bei Heuschnupfen, Keuchhusten und Hautallergien konnte eine ähnlich heilende Wirkung beobachtet werden. Aus-

Spannende Schatzsuche in der Kluterthöhle

löser sind die sehr hohe relative Luftfeuchtigkeit in der Höhle, die niedrige Temperatur sowie die allergen- und staubarme Luft. In der Höhle herrscht eine konstante Temperatur von 10 Grad Celsius.

Seit 1996 befindet sich in Reichweite der Höhle ein Therapiezentrum. Die Kluterthöhle ist öffentlich zugänglich, insbesondere am Wochenende gibt es viele Führungszeiten. Die Höhle dient auch als Veranstaltungsstätte, z. B. für die Konzertreihe „Höhlenklänge“ (www.hoehlenklang.de).

2019 wurde die Kluterthöhle als Nationales Naturmonument unter Schutz gestellt. Bundesweit gibt es mit den Bruchhauser Steinen in Olsberg, den Ivenacker Eichen in Mecklenburg-Vorpommern und dem „Grünen Band“ in Thüringen bislang nur drei weitere Gebiete dieser Kategorie.

Informationen

Kluterthöhle & Freizeit Verwaltungs- und Betriebs-GmbH
Gasstr. 10
58256 Ennepetal
Tel. 02333/9880-11 (Anfragen/Buchungen)
info@kluterthoehle.de
www.kluterthoehle.de
Besuch der Höhle nur zu Führungszeiten (s. website)
Neben Normalführungen werden „Erlebnisführungen“ durch unbeleuchtete Höhlenbereiche, „Schatzsuchen“ bis hin zu „XX-treme-Touren“ durchgeführt.

GRÜNGÜRTEL – WÄLDER – TÄLER

Naturschutzgebiet Lippeaue (Bergkamen)

Das Naturschutzgebiet „Lippeaue“ sucht kreisweit (Unna) seinesgleichen. Die Lippe schlängelt sich hier durch eine intakte Auenlandschaft und bietet zahlreichen Pflanzen und Tieren einen Lebensraum. Besucher können bei einer Kanufahrt auf der Lippe oder vom Aussichtsturm der Ökologiestation des Kreises Unna aus einzigartige Augenblicke inmitten der Natur genießen und sich anschließend in der Ökologiestation umfassend informieren.

Adresse
Westenhellweg 110
(Parkplätze an der Ökologiestation)
59192 Bergkamen

Informationen
Ökologiestation des Kreises Unna
Westenhellweg 110, 59192 Bergkamen
Tel. 02389/98090
umweltzentrum_westfalen@t-online.de
www.oekologiestation.info

Ölbachtal (Bochum)

Das Ölbachtal ist benannt nach dem gleichnamigen Ölbach, der mit seinen Nebenflüssen durch das Gelände fließt. Das Grüngelände reicht vom Norden Bochums, mit seinen freien Flächen zwischen Herne und Castrop-Rauxel, bis in den südlichen

Teil des Stadtgebietes, wo das Ruhrtal beginnt.

Insgesamt knapp 40 Kilometer Wanderwege stehen zur Verfügung, mehrere ehemalige Klärteiche der Zechen Mansfeld und Robert Müser wurden zu Freizeitseen umgestaltet. So bietet z. B. das Gelände rund um den Ümminger See große Wald- und Wiesenflächen, Sport- und Spielplätze sowie einen Biergarten.

Weitmarer Holz (Bochum)

Das Weitmarer Holz im Bochumer Süden zählt mit Sicherheit zu den schönsten Naherholungsgebieten der Revierstadt Bochum. Hier treffen sich das ganze Jahr über Spaziergänger und Erholungsuchende, aber auch für die Sportlichen stehen Trimm-Dich-Wege sowie für Pferdeliebhaber Reitwege zur Verfügung. Besonderes Kennzeichen des 80 Hektar großen Grüngeländes ist der sehr alte Baumbestand, unter dessen Kronendach man in der Mittagssonne ausreichend Schatten findet. Leider wurde besonders der nördliche Teil des Weitmarer Holzes 2007 durch den Orkan Kyrill stark beschädigt. Für Tierfreunde dürfte das Wildgatter von Interesse sein, in dem sich Wildschweine, Damwild und Mufflons aufhalten.

KOMPETENT IN SACHEN NATUR: DER HEIDHOF

Umweltpädagogische Station Heidhof mit Wald-Kompetenz-Zentrum (Bottrop)
Einst diente der in der Kirchheller Heide gelegene Heidhof als landwirtschaftlicher Betrieb des Industriellen Grillo. Die Hofgebäude wurden 1908 errichtet, ebenso wie ein bis 1982 bestehendes Jagdschloss.

Idylle im Ballungsraum: der Heidhof

Zwischen 1974 und 1981 erwarb der Regionalverband Ruhr (RVR) den Hof und ca. 2.000 Hektar Waldfläche und baute das Anwesen anschließend sowohl zu einem Erholungs- und Umweltbildungszentrum als auch zu einem Forst- und Pflegestützpunkt aus.

Die heutige Umweltpädagogische Station Heidhof führt vor allem außerschulische Umweltbildungsprogramme für Schülerinnen und Schüler, aber auch Lehrerfortbildungen durch. Exemplarische Ökosysteme wie naturnaher Wald, Fließgewässer, Seen, Teiche, Heideflächen, Moor, Auskiesungs- und Rekultivierungsflächen können entdeckt, beobachtet und erforscht werden, wofür Laborgeräte und ein Schulungsraum mit Medienausstattung zur Verfügung stehen.

Ein Waldspielplatz, ein Jugendzeltplatz, diverse Grillmöglichkeiten und ein Kiosk dienen darüber hinaus den Freizeitinteressen.

Das Jahresprogramm „Natur Erleben" wendet sich mit Exkursionen und Führungen zu unterschiedlichen Themen wie Wald, Forstwirtschaft und Naturschutz an Erwachsene und Familien.

Ein Angebot insbesondere im Herbst und Winter ist der Verkauf von Kaminholz, Wildbret (Reh, Wildschein und Hirsch) sowie von verschiedenen Wildbretprodukten (u. a. Keulen, Schinken, Salami, Pfefferbeißer).

Die 2007 vom RVR komplett überarbeitete Dauerausstellung „Wald-Baum-Holz" im Wald-Kompetenz-Zentrum gliedert sich in die Themenbereiche „Aspekte des Waldes über und unter der Erde", „Faszination Baum" und „Das Waldkino inklusive Waldquiz" und bringt den Besuchern mit Hilfe von modernen Informationstechniken, Audio-Erzählstationen, Trickboxen sowie einem lebendigen Ameisenvolk die Besonderheiten des Lebensraums Wald näher.

Adresse
Zum Heidhof 25
46244 Bottrop-Kirchhellen

Informationen
Regionalverband Ruhr, Ruhr Grün
Tel. 02045/4056-0
der_heidhof@rvr-online.de
RVR, Umweltpädagogische Station Heidhof
Tel. 02045/4056-14
umweltbildungheidhof@rvr-online.de
www.metropoleruhr.de
Öffnungszeiten Ausstellung: Beginn Osterferien bis Ende Herbstferien: Sa/So/Fei 11-17 Uhr, Mo-Fr nach Vereinbarung

Kirchheller Heide, Bottrop

Kirchheller Heide (Bottrop)

Im nordwestlichen Teil des Ruhrgebietes, zwischen den Städten Bottrop, Oberhausen und Dinslaken, liegt als südlichster Teil des Naturparks Hohe Mark die Kirchheller Heide. Früher wurden hier Kiese und Sande abgebaut.

Heute prägen den Naturraum ausgedehnte Wald- und Heidelandschaften ebenso wie Sumpf- und Moorgebiete, entstanden durch Stauung des oberflächennahen Grundwassers. Drei Bäche durchziehen das Gelände und sorgen für natürliche Auevegetationen. Erlen- und Birkenbrüche fügen sich malerisch in die Landschaft ein.

Am Heideweiher haben sich selten gewordene Tier- und Pflanzenarten wie die Weiße Seerose und der Flussregenpfeifer niedergelassen. Die trockeneren Standorte wurden zunächst durch Nadelhölzer, später durch Laubwälder aufgeforstet.

Seit 1974 betreut der Regionalverband Ruhrgebiet das Gelände. Die weitläufige Landschaft bietet besonders im Sommer vielen Ruhrgebietsbewohnern einen naturnahen Erholungsraum. Besondere Attraktivität erhält die Heide durch ca. 100 Kilometer markierte Rad- und Wanderwege sowie 23 Kilometer Reitwege vorbei an Seen (Heide- und Heidhofsee), Spiel- und Ruheplätzen, Grill- und Schutzhütten. Viele Wege kreuzen sich am „Heidhof", dem zentral in der Kirchheller Heide gelegenen beliebten Ausflugsziel und Waldkompetenzzentrum. Der Heidhof (Tel. 02045/4056-0) beherbergt u.a. Grillplätze, einen Kiosk und einen Waldspielplatz.

Grutholz (Castrop-Rauxel)

Den Bierkennern ein Begriff, dem Laien eher unbekannt: die „Grut", ein altes Biergewürz, das aus Rosmarin gewonnen wird und im Falle des hier vorgestellten Waldgebietes Namensgeber einer 110 Hektar großen Fläche in Castrop-Rauxel ist. Wie in vielen anderen Waldgebieten des nördlichen Ruhrgebietes ist auch das Grutholz gekennzeichnet durch feuchte Niederungen, in denen Hainbuchen, Eichen, Erlen und

Eschen beheimatet sind, und trockenere Höhen, auf denen sich Buchenwälder angesiedelt haben. Den Eltern Wanderwege, den Kiddies das Gehege – im Südwesten des Waldes wartet nahe einem Spielplatz das Wildgehege Grutholz. Das Gehege, in dem Dam- und Sikawild leben, wollte die Stadt Castrop-Rauxel 2004 aus Kostengründen schließen. Damit wollten sich die Bürgerinnen und Bürger allerdings nicht abfinden, gründeten einen Förderverein, führten erfolgreich ein Bürgerbegehren durch und kümmern sich seitdem um das Wildgehege.

■ **Adresse**

Zugang zum Wildgehege
über Ende Wittenberger Straße
und Spielplatz

Landschaftspark Bladenhorst (Castrop-Rauxel)

Der Landschaftspark Bladenhorst, südlich des Rhein-Herne-Kanals zwischen den Städten Herne und Castrop-Rauxel gelegen, ist im Hinblick auf die Renaturierung dichtbesiedelter Flächen im Ruhrgebiet ein Paradebeispiel: Ein Mitte der 1980er Jahre errichteter Freizeitpark mit Ponyreitstation, Karussells und allerlei anderen Attraktionen musste nach nur einem halben Jahr wieder schließen, Beispiel einer verfehlten städtischen Politik. Anfang der 1990er Jahre kaufte der Kommunalverband Ruhrgebiet dann das Gelände und baute es zu einem Landschaftspark mit hohem Freizeitwert um: Die halbverfallenen Spielgeräte des ehemaligen Freizeitparks wurden abgerissen, asphaltierte Flächen wieder freigelegt, künstlich angelegte Bepflanzungen entfernt und stattdessen 16.000 neue, „echte" Bäume gepflanzt. 17 Hektar neuer Naturraum entstanden so.

Zu Fuß oder per Rad lässt sich der Landschaftspark am besten erkunden – sowohl der Emscher Park Radweg als auch der Emscher Park Wanderweg sind an dieses Gebiet angeschlossen. Auf einer Tour durch das Gelände lässt sich viel entdecken und erkunden: Über 100 Jahre alte Baumbestände, Feuchtbiotope, Obstwiesen und Grünflächen lassen sich über ein neu angelegtes Wegesystem ebenso erschließen wie das alte Schloss Bladenhorst im Norden des Parkgebietes, alter Rittersitz und Namenspatron des Landschaftsparks, sowie die stillgelegte und restaurierte Zeche Teutoburgia, in deren unmittelbarer Nähe sich der Kunstwald Teutoburgia, ein Skulpturenpark mit acht verschiedenen Kunstwerken, befindet.

Grävingholz und Süggel (Dortmund)

Im Dortmunder Norden, beiderseits der Bundesstraße 54, liegen zwei Waldgebiete, die sich bestens zum Wandern und Spazierengehen eignen. Im Grävingholz, einem Gelände, das aufgrund seines begradigten Wegesystems und seiner gepflegten Grünflächen beinahe schon den Charakter eines Stadtwaldes besitzt, kann man auf markierten Pfaden, entlang kleiner Flüsschen und Bäche, die Flora und Fauna des Areals in aller Ruhe betrachten. Mehrere Rundwege, davon einige, die extra auch für Rollstuhlfahrer ausgelegt wurden, sowie der Emscherpark-Wanderweg führen über das Gelände.

Den Forst Süggel prägt eine andere Landschaftsform: Das Waldgebiet ist recht hügelig, von den Furchen zweier Bäche, des Gullohbachs sowie des Süggelbachs, durchzogen. Hier besitzt der Wald noch einen wesentlich ursprünglicheren, wilderen Charakter, die Wege sind nicht in dem Maße ausgebaut wie im benachbarten Grävingholz. Der Süggelwald beherbergt auch ein Damwildgehege, beliebtes Ziel familiärer Ausflüge.

Im oberen Süggelbachtal befindet sich ein Sumpfgebiet; die hier befindlichen Teiche sind durch Bergsenkungen entstanden und bieten zahlreichen Wasservögeln einen geeigneten Lebensraum.

Naturschutzgebiet Hallerey (Dortmund)

>> Industriekultur /
Route der Industrienatur

Rheinaue Walsum (Duisburg)

Am unteren Niederrhein ist die Walsumer Rheinaue die letzte zusammenhängende Stromaue, die noch in intaktem Zustand ist. Im Jahre 1991 wurde das Areal deshalb zum Naturschutzgebiet erklärt. Mehr als 160 verschiedene Vogelarten haben hier eine neue Heimat gefunden. Auf insgesamt zwölf Kilometer langen Spazierwegen kann man die Rheinaue und die darin befindliche wertvolle Tier- und Pflanzenwelt erkunden. Auch Radwanderwege für die Freunde des Pedalsports stehen zur Verfügung. Mit einer Fähre über den Rhein gelangt man nach Orsoy, einem Ortsteil der niederrheinischen Stadt Rheinberg, die mit einem weiteren Naturschutzgebiet, dem Orsoyer Rheinbogen, aufwartet.

■ **Informationen**

Biologische Station Westliches Ruhrgebiet e.V.
Ripshorster Str. 306
46117 Oberhausen
Tel. 0208/4686090
www.bswr.de

Heisinger Ruhraue (Essen)

Die Ruhraue im Essener Stadtteil Heisingen wurde zunächst von der Landwirtschaft genutzt, da der Boden rund um den mäanderartigen Flussverlauf als besonders nährstoffreich galt. Später bewirkte der Bergbau tiefgreifende Veränderungen im Landschaftsbild: Das Ruhrtal wurde durch den unterirdischen Abbau der Kohle zum Bergsenkungsgebiet, es entstanden Weiher, Sumpfzonen und Nasswiesen.

1933 schließlich erfuhr das Gelände einen weiteren großen Einschnitt, als der künstlich angelegte Baldeneysee als Flussklärbecken der Ruhr fertiggestellt wurde. In dessen Überflutungsgebiet fiel der größte Teil der Heisinger Ruhraue. Um ein gänzliches Verschwinden der Auenlandschaft zu verhindern, wurde der noch verbliebene Naturraum 1955 zum Landschaftsschutzgebiet erklärt. Viele Vogelarten sowie Amphibien und Insekten finden hier inzwischen wieder einen geeigneten Lebensraum. 1989 wurde das Gebiet unter Naturschutz gestellt und inzwischen ist es auch ein Landschaftsgebiet von europäischer Bedeutung (FFH-Gebiet: Flora-Fauna-Habitat-Gebiet).

Dem Menschen bietet sich rund um den Baldeneysee ein ausgedehntes, stadtnahes Freizeit- und Erholungsgebiet mit Wassersportmöglichkeiten, Campingplätzen sowie Rad- und Wanderwegen an.

Schönebecker Siepentäler (Essen)

Eines der vier Naturschutzgebiete der Stadt Essen sind die Schönebecker Siepentäler. Das Gelände, bestehend aus drei getrennten Tälern (Hexbachtal, Barchembachtal, Pausmühlenbachtal), ist vor allem durch Wasserstellen und Feuchtgebiete geprägt. Die hier lebenden Tiere und Pflanzen haben sich den besonderen Bedingungen dieses Geländes gut angepasst. Bei einer Wanderung entlang der Tümpel und Weiher kann man zahlreiche Amphibien, Schmetterlinge und kleine Insekten beobachten. Auch Weide, Sumpfdotterblume und Waldbinse haben an den nassen Standorten ein geeignetes Zuhause gefunden. Viele verschiedene Vogelarten streifen durch die Täler und erfreuen nicht nur den Tierfreund mit ihrem hellen Gezwitscher. Mit etwas Glück kann man auch die sehr seltene Wasserspitzmaus entdecken, die ebenfalls hier beheimatet ist.

Da die Schönebecker Siepentäler unter Naturschutz stehen, gebührt ihnen der besondere Respekt der Besucher, damit auch die Nachwelt diesen durch seltene Tier- und Pflanzenarten ausgewiesenen Naturraum noch lange genießen kann.

NSG Kiebitzwiese (Fröndenberg)

Der ca. 43 Hektar große Auenbereich der Ruhr bei Fröndenberg, einige Jahre zuvor noch Ackerland, wurde 2011 mit Hilfe alter „Flößgräben“ wiedervernässt. Heckrinder sind auf den Feuchtwiesen unterwegs, die die Grünflächen ge-

Heisinger Ruhraue, Essen

hölzfrei halten. Viele Pflanzen- und Tierarten haben sich im Naturschutzgebiet angesiedelt, Wasser-, Wat- und Singvögel legen hier während der Vogelflugzeit gerne eine Rast ein, 2012 ist der Kiebitz auf „seine Wiese" zurückgekehrt und zwei Jahre später nisteten hier erstmals Störche. Ein Aussichtshügel mit Plattform erhebt sich am Ruhrtalradweg und ermöglicht schöne Naturbeobachtungen.

Adresse
Werner-von Siemens-Straße
58730 Fröndenberg/Ruhr

Löchterheide / Westerholter Wald (Gelsenkirchen)

Die Löchterheide östlich des Gelsenkirchener Stadtteils Buer hat sich mittlerweile von der Heide zu einem ausgedehnten Waldgebiet entwickelt, in dem man wild gewachsene Pflanzen und einen schönen, reichhaltigen Baumbestand vorfindet. Herzstück des Areals ist die sogenannte Siebenschmerzenkapelle, die an die Zeit der Hexenverfolgung erinnern soll: Hier wurde im Jahre 1706 Anneken Siekermann, eine Einwohnerin der damaligen Bauernschaft Sutum, der Hexerei angeklagt und hingerichtet. Ihr zu Ehren errichtete man zwanzig Jahre später die Kapelle.

Stadtwald (Gladbeck)

Der 91 Hektar große Stadtwald in Gladbeck ist Teil der Freizeitstätte Wittringen und wird deshalb auch gerne „Wittringer Wald" genannt. Das Wasserschloss Wittringen inmitten seiner großzügigen Gräfte, ausgedehnte Grünflächen sowie ein abwechslungsreicher

Westruper Heide, Haltern am See

Baumbestand sind die Kennzeichen des parkähnlichen Geländes. Ein Baumlehrpfad führt den Besucher entlang an Eschen, Kiefern, Akazien und Pappeln verschiedener Art und erläutert ihre Besonderheiten. Ein 240 Jahre alter Rotbuchenbestand weist 40 Meter hohe Bäume auf.

Zahlreiche Wanderwege geleiten den Spaziergänger durch den Stadtwald, zum großen Schlossteich, zu den Brillenteichen und zum Ehrenmalteich. An dessen Ufer stehen ein Ehrenmal für die Verstorbenen des Ersten und Zweiten Weltkrieges (mit eigener Geschichte: in den 1920er Jahren als Denkmal für Kriegsgefallene geplant, 1934 eingeweiht und NS-ideologisch vereinnahmt, nach dem Zweiten Weltkrieg dann seiner heutigen Funktion zugeführt), eine moderne Stahlplastik von 1987, die an die Verfolgung während der NS-Zeit erinnern soll, und seit 1990 ein Gedenkzeichen für Deserteure.

Möglichkeiten zur Rast bieten das Schlossrestaurant, das Restaurant des Hotels Gladbeck und das urige Lokal „Bauer Wilms" am Westrand des Stadtwaldes. Gleich daneben befindet sich eine Minigolfbahn, auf der gegenüberliegenden Seite des Parks Freibad und Stadion. Rund um den Stadtwald verläuft die – seit Frühjahr 2009 beleuchtete – Marathon-Bahn.

■ **Adresse**

Burgstraße
45964 Gladbeck

Naturschutzgebiet „Deipes Gatt" (Gelsenkirchen)

>> Parks und Gärten / Stadtwald GE-Buer

Westruper Heide [Haltern am See]

Heidelandschaften haben in heutiger Zeit Seltenheitswert. Im Ruhrgebiet ist darum die Westruper Heide die letzte der wirklich großen Heidelandschaften des Reviers. Sie ist, wie die meisten anderen waldfreien Gebiete der Bundesrepublik, durch Eingriffe des Menschen in die Natur entstanden. Ursprünglich waren hier, auf den fortdauernd kargen Böden der Heide, dichte Waldbestände, darunter in erster Linie Birken und Eichen, zu finden. Doch der Bergbau forderte seinen Tribut: Kahlschlag, so weit das Auge reicht, vor allem zur Gewinnung von Grubenholz. Das Vieh, das auf solche kahlgeschlagenen Flächen getrieben wurde, tat sein Übriges, um ein Nachwachsen neuer Baumbestände in größeren Mengen zu verhindern. So entstand die Heide, deren charakteristisches Heidekraut auf den nährstoffarmen Böden besonders gut gedieh und alsbald weite Flächen bedeckte. Doch als sich die Viehzucht auf den freien Weidelandschaften für die sich stetig modernisierende Landwirtschaft nicht mehr lohnte, konnte sich der Wald allmählich sein altes Gebiet Stück für Stück zurückerobern. Grund dafür, warum die ausgedehnten Heiden so selten geworden sind. Dieser Seltenheitswert zieht heute viele Erholung- und Freizeitsuchende in die Westruper Heide, die den Naturraum zum Wandern und Radfahren nutzen. Um den Schutz der Heidelandschaft trotz der hohen Besucherfrequenzen zu gewährleisten, wurde eine Reduzierung des sehr dichten Wegenetzes angedacht, damit auch weiterhin jeder diesen einmaligen Naturraum genießen kann, der besonders zur Zeit der Heideblüte von August bis September ein besonderes Erlebnis ist.

Waldgebiet Die Haard [Haltern am See, Marl, Oer-Erkenschwick]

Innerhalb des Naturparks Hohe Mark ist die Haard das größte geschlossene Waldgebiet. Rund 160 Meter erhebt sich die Haard aus den umliegenden Tiefgebieten. Im Norden grenzt das Waldgebiet an den Wesel-Datteln-Kanal, im Westen an die A43, im Süden an den Stadtteil Marl-Sinsen und die Stadt Oer-Erkenschwick, im Osten geht das Areal in eine landwirtschaftlich genutzte Fläche über. Ursprünglich war die Haard mit Eichen und Buchen bewaldet. Als man jedoch mit der Abholzung des Geländes für die Schafwirtschaft begann, bildete sich eine Heidelandschaft. Doch auch diese sollte nicht lange Zeit bestehen, denn man benötigte die Heide zur Felderdüngung. Durch die Abtragung ganzer Flächen wurde das Areal bald zu einem brachliegenden Gelände. Erst zu Beginn des 19. Jahrhunderts wurde die Haard wieder systematisch aufgeforstet. Heute umfasst das Waldgebiet eine Fläche von rund 7.500 Hektar mit je zur Hälfte Laubgehölzen und Nadelbäumen. Hügelgräber an mehreren Stellen weisen auf eine frühe Besiedelung hin. Ein Kastell aus der Römerzeit kann am nördlichen Rand der Haard bei Haltern bewundert werden. Das Waldgelände ist heute ein vielbesuchtes Naher-

holungsgebiet mit ausgedehnten Wander-, Rad- und Reitwegen und verfügt seit September 2005 auch über einen interkommunalen Nordic-Walking-Park. Ein Forst- und Agrarlehrpfad, Camping- und Wohnwagenplätze, Trimmpfade, zwei Schwimmbäder und mehrere Gaststätten sind ebenfalls vorhanden. Vom Rennbergturm, einem der vielen Feuerwachtürme, die zum Schutz vor Waldbränden im Sommer ständig besetzt sein müssen, hat man einen schönen Ausblick auf das Waldgebiet und die umliegende Gegend.

Informationen

www.hohemark-westmuensterland.de
(Infos auch zum Haard Walking Park und Waldlehrpfad)

Geithewald (Hamm)

Im Ortsteil Uentrop in Hamm liegt ein 100 Hektar großes Waldgebiet, der Geithewald. Charakteristisch für die Fläche sind viele verschiedene Laubbaumarten, darunter vor allem Birken, Eichen und Edellaubgehölze. Auch kleinere Parzellen mit Buchen, Pappeln, Eschen und Nadelhölzern wie Fichten sind vertreten. Vor allem aber trifft man im Geithewald auf feuchte Gebiete und durchnässten Boden, vereinzelt findet man Tümpel, die sich nicht selten auf ehemalige Bombentrichter gründen. Da diese kleinen Pfützen aber immer nur vorübergehend mit Wasser gefüllt sind, konnte sich auf Dauer an ihren Rändern keine eigenständige Vegetation entwickeln.

Die Erkundung des Geländes lohnt trotzdem: Der Ausbau eines weit verzweigten Wegenetzes, an das auch ein Trimm-Dich-Pfad angeschlossen ist, erlaubt einen Streifzug durch den Geithewald, auf dem man die Tier- und Pflanzenvielfalt in aller Ruhe beobachten kann. Ein Rundweg (Natura Trail) wird auf der Webseite der Naturfreunde Hamm-Werries, die auch geführte Touren anbieten, beschrieben.

Informationen

Naturfreunde Hamm-Werries
Tel. 02381/81353
kwolters@gmx.net
www.wa.de/hamm

Lippeaue Hamm

Mit dem Ziel, die Lippe östlich von Hamm wieder in einen lebendigen Fluss mit natürlicher Aue zu verwandeln, wurden zwei „LIFE-Projekte Lippeaue" zwischen 2005 und 2015 umgesetzt. 11,5 Kilometer Ufer wurden entfesselt, auentypische Biotopelemente angelegt, Acker wurde zu Grünland und Grünland wurde wiedervernässt. 170.000 m^2 Wasserfläche und 250.000 m^2 Auenwald sind neu. Stärker als früher ist die Aue heute Lebensraum für bedrohte Arten: Biber, Weißstorch, Eisvogel und Uferschwalbe sind bereits zurückgekehrt. Und für die Menschen ist die Lippeaue jetzt ein Erholungs- und Naturerlebnisraum. Ein neues Wegenetz mit Infotafeln zur Aue und ihrer Flora und Fauna ist geschaffen worden, es gibt jetzt Aussichtshügel, zwei Aussichtstürme – und die handbetriebene Lippefähre „Lupia".

Büngersche und Dingdener Heide (Hamminkeln, OT Dingden)

Das Naturschutzgebiet „Büngersche und Dingdener Heide", nordöstlich des Ortsteils Dingden und im Gebiet des Naturparks „Hohe Mark" gelegen, ist eines der größten Feuchtwiesenschutzgebiete in Nordrhein-Westfalen. Das 305 Hektar große Gebiet wurde 1987 unter Naturschutz gestellt und entwickelte sich zu einem bedeutenden Lebensraum für zahlreiche vom Aussterben bedrohte Tier- und Pflanzenarten. Stark gefährdete Vogelarten wie Schafstelze, Wiesenpieper und Feldlerche fanden hier eine neue Heimat. Die vorwiegend aus Eichen und Kiefern bestehenden Waldbestände sind Lebensraum für Waldohreule, Waldkauz, Klein- und Schwarzspechte sowie zahlreiche Insekten- und Reptilienarten. Mehr als 20 Prozent der rund 200 nachgewiesenen

Waldgebiet Die Haard, Haltern am See, Marl, Oer-Erkenschwick

Gefäßpflanzenarten stehen als in ihrem Bestand gefährdete Arten auf der Roten Liste des Landes NRW.

Landschaftlich ist das Stadtgebiet im alluvialen Bereich des Rheins und am Lauf der Issel geprägt durch ein eher flaches Relief, offene Landschaften mit Weiden, Äckern und einigen Waldflächen, durchzogen von einigen Bächen und zahlreichen Abzugsgräben.

Die Landschaft ist ideal zum Radwandern, Wandern, Nordic Walking, Reiten und für Kutsch- und Planwagenfahrten.

Elfringhauser Schweiz (Hattingen)

Im Grenzland zwischen Ruhrtal und Bergischem Land liegt die Elfringhauser Schweiz, ein schönes naturnahes Erholungs- und Ausflugsziel. Wenige Kilometer von Hattingen und Langenberg entfernt bietet die hügelige Waldlandschaft zahlreiche Wander- und Radwege, die besonders gerne von ruhesuchenden Spaziergängern angesteuert werden. Denn hier, in diesem idyllischen Wäldchen, das vor mehr als 1.000 Jahren die Grenze zwischen Franken und Sachsen markierte, herrscht Stille pur. Einzig das Zwitschern der Vögel begleitet den Wanderer bei seinem Erkundungsgang durch das dichtbewaldete Gelände. Mehrere gastronomische Betriebe mit durchgängig gutem kulinarischen Angebot laden zu einer kleinen Rast ein.

Emscherbruch (Herten)

Mehr als die Hälfte des Hertener Stadtgebiets besteht aus Grün- und Freiflächen. Teil dieses unbebauten Raumes ist das Waldgebiet Emscherbruch zwischen den Städten Herten und Gelsenkirchen. Das Waldgebiet stellt den größten noch erhaltenen Bruchwaldbestand dar, der in früherer Zeit für den gesamten Emscherraum prägend war. Hier sind heute vor allem Eichen und Buchen heimisch, in den Bergsenkungsbereichen haben sich Erlen angesiedelt. Rund um den südlich des Waldes gelegenen Ewaldsee, ein künstlich geschaffenes, zehn Hektar großes Gewässer mit Flach- und Tiefwasserbereichen, haben sich verschiedene Tier- und Pflanzenarten niedergelassen, denen die feucht-nasse Umgebung ideale Bedingungen bietet. Zum Schutz dieses wichtigen Naturraumes plant der Kommunalverband Ruhrgebiet, weitere Anpflanzungen vorzunehmen. So sind bereits am Rande des Waldgebiets Obstwiesen entstanden, weitere Flächen sollen durch Feldgehölze ökologisch sinnvoll umgestaltet werden.

Ried (Herten)

Idyllische Wege, die sich kilometerweit durch grüne Felder erstrecken – auch das ist „typisch Ruhrgebiet“. Das Erholungsgebiet „Ried“ im Norden Hertens ist geprägt von Feldern, Wiesen und kleinen Wäldern. Ein herrliches Ausflugsziel in der Natur für Spaziergänger, Wanderer und Radfahrer. Und wer Lust auf Frische und ländliches Einkaufserlebnis hat, der besucht hier das Spargeldorf Scherlebeck, dessen Bauernhöfe neben Spargel z. B. auch frisch gebackenes Brot, Himbeeren oder Kürbisse im Angebot haben.

Elfringhauser Schweiz, Hattingen

Hünxer Wald und Bachtal (Hünxe)

Südlich der Lippe bei Hünxe liegt das bis zu 65 Meter hohe hügelige Gebiet Hünxer Wald, das neben dem Gartroper Busch und der Kirchheller Heide den südwestlichsten Teil des Naturparks Hohe Mark bildet. Hier ergeben dichte Waldbestände, tiefe Bachtäler und landwirtschaftlich genutzte Flächen ein buntes Ensemble für erholungsuchende Urlauber. Besonders die Bewohner der angrenzenden Großstädte im Ballungsraum Ruhrgebiet nutzen den Hünxer Wald gerne als Naherholungsraum. Wer sich nach einem Spaziergang durch das bewaldete Areal ein wenig für Kultur und Geschichte interessiert, der sollte das Naturschutzgebiet Hünxer Bachtal aufsuchen. Hier, im Südosten der Gemeinde Hünxe, liegt die größte und besterhaltene Wallburg am Niederrhein, eine alte Erdbefestigungsanlage aus der Karolingerzeit.

Waldgebiet „Die Leucht" (Kamp-Lintfort)

Das Waldgebiet „Die Leucht" bei Kamp-Lintfort bietet ein großes Angebot an Wander-, Rad- und Reitwegen. Im Norden des Waldes finden sich ein Waldlehrpfad und 3.000 Jahre alte Hünengräber. Wanderlustige werden auch auf

Naturdenkmäler treffen, z. B. auf eine 30 Meter hohe Rotbuche, 260 Jahre alt, 528 Zentimeter Stammesumfang. Wer lieber nicht zu Fuß, sondern auf dem Rücken eines Pferdes den Wald erkunden möchte, kann Ponys und Pferde mieten. Der Ausritt führt auf weitläufigen Wegen durch Eichen-Buchenwald, auch durch dichte Kiefernwälder, die wunderbar harzig duften. Danach lädt beispielsweise Rosin's Restaurant & Café am Waldesrand zur Erholung ein.

Auberg (Mülheim an der Ruhr)

Im Südwesten Mülheims, zwischen den Stadtteilen Saarn und Selbeck, liegt der Auberg, bewaldeter Höhenzug und letzter Ausläufer des bergischen Landes links der Ruhr. In früherer Zeit nutzte die Bundeswehr das Gelände als Standortübungsplatz, heute herrscht hier Ruhe und Stille. Ausgeschilderte Reit-, Rad- und Wanderwege, die aus der Zeit der militärischen Nutzung des Geländes stammen, führen vorbei an Wiesen und Wäldern sowie an einigen Teichen und Feuchtbiotopen, wo zahlreiche Tier- und Pflanzenarten heimisch geworden sind. Auf den oberen Terrassen des Aubergs gewinnt man einen schönen Ausblick auf die Ruhrtalbrücke, längste Stahlstraßenbrücke Deutschlands, sowie den idyllisch gelegenen Stadtteil Mintard. Im Frühjahr und Anfang des Sommers weiden auf den Wiesen des Aubergs Schafherden. Eine Orchideenwiese, die wegen ihrer seltenen Arten unter Naturschutz steht, befindet sich ebenfalls auf dem 120 Hektar großen Gelände. Sie ist jedoch ohne fachkundige Hinweise nicht zu finden. Hierzu bietet sich eine Führung mit den Landschaftswächtern an, die regelmäßig durchgeführt wird. Wer nach seinem Spaziergang eine Pause einlegen will, dem bietet das Pfannkuchenhaus mit Biergarten am Eschenbruch Speisen der besonderen Art. Der Regionalverband Ruhr (RVR), seit Ende 2007 Eigentümer des Aubergs, entwickelt das Areal als attraktives Naherholungsgebiet naturverträglich weiter. Durch entsprechende Pflegemaßnahmen schützt der Verband den Lebensraum einer Vielzahl an seltenen Pflanzen- und Tierarten, die sich dort angesiedelt haben.

Naherholungsgebiet Littard (Neukirchen-Vluyn)

Das ländliche Littard bietet dem Naturfreund die ideale Möglichkeit zur Entspannung. Bei einem Spaziergang oder einer Bootsfahrt genießt man die typisch niederrheinische Landschaft.

Das Naturschutzgebiet Staatsforst Rheurdt/Littard beherbergt eine Naturwaldzelle. Da diese nicht bewirtschaftet wird, sieht man hier wirklich unberührte Natur. Schwarzspecht und Eisvogel haben hier eine Heimat gefunden.

Grafenbusch (Oberhausen)

Inmitten einer der größten Städte des Ruhrgebietes liegt ein ca. 50 Hektar großes Waldgebiet, eingeschlossen von Bahngleisen, Industrieanlagen, der städtischen Autobahn sowie der nahegelegenen Emscher: der Grafenbusch, einst „Großer Busch" genannt, heute, durch 100 Jahre Industriegeschichte bedingt, auf ein Minimum reduziert. Isoliert von anderen Grünflächen und Waldgebieten bietet diese kleine „Waldinsel" dennoch für viele Tier- und Pflanzenarten einen wichtigen Lebensraum. Hier lassen sich bei einem Spaziergang über das Gelände Buntspecht und Mäusebussard ebenso beobachten wie Buschwindröschen und Aronstab, für die der Grafenbusch einer der wenigen Rückzugsräume in einem sonst dicht besiedelten Stadtgebiet darstellt.

Hiesfelder und Sterkrader Wald (Oberhausen)

Die Stadt Oberhausen verfügt über 296 Hektar öffentliche Park- und Grünanlagen, 879 Hektar Wälder und 21 Natur- und Landschaftsschutzgebiete. Das Naturschutzgebiet „Hiesfelder Wald", ein Mischwald im Norden, bildet eine dieser Grünflächen und ist zugleich der südwestlichste Teil des

Naturpark Hohe Mark – Westmünsterland, Kreis Recklinghausen

Naturparks Hohe Mark. Wanderungen entlang des Rotbachs, der sich in geschlungenen Pfaden durch den Talgrund zieht, sind von besonderem Reiz. Als Naturschutzgebiet ausgewiesen ist auch der Sterkrader Wald mit wertvollen alten Bäumen, Quellmooren, mehreren wassergefüllten Mergelkuhlen und großen Amphibien-Populationen.

Naturpark Hohe Mark – Westmünsterland (Kreis Recklinghausen)

Das Waldgebiet Hohe Mark ist neben der südlich von Haltern gelegenen Haard größtes zusammenhängendes Waldgebiet am Nordrand des Ruhrgebiets. Zusammen mit den einzelnen Erholungsgebieten wie Lippeaue, Borkenberge, Haltener Tal, Haard, Kirchheller Heide, Hünxer Wald, Gartroper Busch, Dämmerwald, Parklandschaft des Münsterlandes u.a ist das zum Naturpark erklärte Gebiet zugleich viertgrößter Naturpark in Nordrhein-Westfalen. Das gesamte Areal ist 1.040 Quadratkilometer groß und reicht von Wesel im Westen bis nach Datteln im Osten und von Bottrop im Süden bis nach Velen im Norden.

Für Aktive bietet der Naturpark über 1.000 km Radwege, über 500 km Reitwege, ca. 1.900 km Wanderwege und ca. 200 km Wasserwanderwege.

Vor ca. 80 Mio. Jahren ist das Waldgebiet Hohe Mark entstanden. Als Überbleibsel aus der Eiszeit ist eine sehr fruchtbare, meterdicke Lößschicht zurückgeblieben, die heute vor allem der Landwirtschaft zugute kommt. Charakteristisch für die Hohe Mark sind die Kiefern- und Laubwälder, die im Norden schließlich in ein Hochmoorgebiet übergehen. Im Naturschutzraum Holtwicker Wacholderweide lassen sich, wie der Name schon sagt, Wacholder, Heidekraut, Besenginster und Straußgras finden, außerdem Eichen- und Birkenwaldbestände. Die Hohe Mark kann in vielfältiger Weise genutzt werden: Sie ist zum einen idealer Erholungsraum und bietet beste Bedingungen für ausgedehnte Wanderungen. Zum anderen kommen hier auch Freunde der Historie und Kultur auf ihre Kosten: Vor gar nicht allzu langer Zeit entdeckte man auf dem 75 Meter hohen Annaberg südwestlich von Haltern Reste eines römischen Lagers aus der Zeit des Kaisers Augustus. Zwei weitere Lager, die wahrscheinlich im ersten oder zweiten Jahrzehnt n. Chr. errichtet wurden, konnten ebenfalls freigelegt werden.

Informationen

Tourist-Info im Naturparkhaus
Tiergarten Schloss Raesfeld
Tiergarten 1 / Hagenwiese 40
46348 Raesfeld
Tel. 02865/60910
tourist-info@raesfeld.de
www.hohemark-westmuensterland.de

Dämmerwald (Schermbeck)

Im Nordwesten der Gemeinde Schermbeck liegt das Erholungsgebiet Dämmerwald, mit 1.492 Hektar eines der größten Waldgebiete des Naturparks Hohe Mark. Das Waldgebiet wird vom Staatlichen Forstamt in Wesel betreut. Neben großen Nadel- und Laubbeständen und vereinzelten feuchten Heiden mit Glockenheide und Torfmoosen weist der Dämmerwald einen reichen Wildbestand auf, darunter Rothirsche in freier Wildbahn. Auf den Dämmerwiesen wurden Zwischenräume angelegt, die dem Amphibienschutz dienen sollen. Der Staatsforst wird waldwirtschaftlich genutzt, wobei aber immer auf eine umweltverträgliche Bewirtschaftung geachtet wird. Ziel dieser Maßnahmen ist letztlich, den Nadelholzbestand Stück für Stück durch Laubgehölze zu ersetzen. Wer mehr über den Naturraum Dämmerwald erfahren möchte, kann an einer naturkundlichen Führung auf dem Waldlehrpfad teilnehmen, die der Forstbetriebsbezirk anbietet.

Der Dämmerwald wird zum „Urwald“: Bis Ende 2017 wird ein Wildnisentwicklungsgebiet – Projekt „Neue Wildnis Dämmerwald“ – mit einem 2,5 Kilometer langen Rundweg (Ausgangspunkt: Wanderparkplatz Malberger Straße) angelegt. Das Projekt umfasst auch Wildnisfenster zur Beobachtung und Information und eine Wildnisstation.

Naturschutzgebiet Lichtenhagen (Schermbeck)

Nördlich von Schermbeck befindet sich das Naturschutzgebiet Lichtenhagen, ein 100 Hektar großes Gelände, in dem bis 1971 Ton abgebaut wurde. Aus dieser Zeit sind bis heute wasserführende Bodenvertiefungen zurückgeblieben, die zum Teil zu offenen Wasserflächen ausgeweitet sind. Als typische Vegetation dieses von der niederrheinischen Terrassenlandschaft geprägten Naturraumes lassen sich Erlen-, Eichen-, Buchen- und Birkenbestände ausmachen, die noch in weitgehend natürlicher Ausprägung vorhanden sind.

Netteberge (Selm)

Das Naturschutzgebiet Netteberge ist geprägt durch die Zeit, als hier Kreidesande abgebaut wurden. Einzelne Sandsteinblöcke prägen die Landschaft ebenso wie mehrere Teiche, die nach der Sandgewinnung übriggeblieben sind. Diese Mixtur aus Feuchtbiotopen, sandigem Gelände, aber auch waldbewachsenen Flä-

Sonsbecker Schweiz

chen macht die Besonderheit dieses zur Stadt Selm gehörenden Naturschutzgebietes aus, in dem viele, auch seltene Tier- und Pflanzenarten einen neuen Lebensraum gefunden haben.

Sonsbecker Schweiz (Sonsbeck)

Der etwa zur Hälfte aus Laub- und Nadelbäumen bestehende Tüschenwald befindet sich auf einer vor ca. 250.000 Jahren von Gletschern zusammengeschobenen Stauchmoräne, die das Landschaftsbild Sonsbecks prägt. Diese Region nördlich der Gemeinde wird Sonsbecker Schweiz genannt. Ein 1,2 Kilometer langer geologischer Wanderweg, der die Entstehungsgeschichte der Sonsbecker Schweiz anhand von sechs Informationstafeln erklärt, führt vom Römerturm zum Aussichtsturm auf dem 86 Meter hohen Dürsberg. Der Aussichtsturm, dessen obere Plattform auf 100 Meter liegt, bietet bei klarer Sicht einen herrlichen Panoramablick über das flache Rheinland bis ins Ruhrgebiet und nach Limburg. Besondere Wege für Senioren und Rollstuhlfahrer wurden angelegt. Im Osten trennen kleine bewaldete Hügel die Wiesen des Labbecker-Bruchs und des Veen-Sonsbecker-Bruchs voneinander und grenzen an die Xantener Hees. Im Süden beginnen die Bönninghardt und der Winkelsche Busch mit einer Vielzahl von Wander- und Reitwegen. Die Sonsbecker Schweiz ist beliebtes Ausflugsziel für erholungsuchende und naturverbundene Urlauber.

Diersfordter Wald und Schwarzes Wasser (Wesel)

Im Nordwesten der Stadt Wesel dehnt sich der Diersfordter Forst aus. Das große Waldgebiet, das in weiten Teilen von Stieleichenbeständen bestimmt wird, auch mit Buchen und Kiefern bewachsen ist, wird von Dünen durchzogen, verstreut liegen Heide- und Moorflächen. Wanderwege führen ins Innere des Waldes zum Wildgatter, wo sich Rot-, Dam- und Schwarzwild beobachten lassen. Im Nordosten erstreckt sich das „Große Veen“, eine Moor- und Sumpflandschaft mit vielfältiger Flora und Fauna. Der Diersfordter Waldsee am Westrand des Waldes ist ein weiträumiger Baggersee mit vielen künstlich angelegten Biotopen, in denen seltene Tierarten leben. Im Osten des Waldes findet sich das Naturschutzgebiet „Schwarzes Wasser“, eine nach der letzten Eiszeit aus Dünensand ausgeblasene Wanne, in der sich nachfolgend Regenwasser staute. Heute führt ein Wanderweg um den Heideweiher, den man zur Schonung der Tier- und Pflanzenwelt auch nicht verlassen sollte.

Borbachtal, Witten

Borbachtal / Hohenstein (Witten)

Das Naherholungsgebiet Borbachtal/Hohenstein gehört zu den beliebtesten Ausflugszielen in der Umgebung von Witten. Mehrere Rundwanderwege geleiten den Spaziergänger durch das Gelände, entlang des Borbachs, am Hammerteich vorbei durch den Wald rund um den Hohenstein bis zum Bergerdenkmal, das zu Ehren von Louis Constans Berger, einem bedeutenden Politiker des 19. Jahrhunderts, errichtet wurde. Von hier aus gewinnt man eine wundervolle Aussicht in das Ruhrtal. Im Borbachtal und rund um den Hohenstein befinden sich außerdem mehrere Grill- und Spielplätze, ein Bienenlehrstand, ein Streichelzoo sowie ein Wildschwein- und Damwildgehege.

Muttental (Witten)

>> Industriekultur / Route der Industriekultur

Bislicher Insel mit NaturForum Bislicher Insel (Xanten)

Die Bislicher Insel bei Xanten verdankt ihr Entstehen dem Rhein, der bei Hochwasser sein Flussbett häufig verlagerte und dabei die angrenzenden Gebiete überschwemmte. Zog sich das Wasser zurück, blieben häufig Inselgruppen bestehen, die heute als zum Teil zusammenhängende Landstücke aus dem Wasser ragen. Der Wasserverlauf, der die Bislicher Insel umschließt, wird Alter Rhein oder kurz Altrhein genannt, in Erinnerung an den früheren Verlauf des Rheins. Das gesamte Gebiet steht unter Naturschutz, Deiche schützen das ökologisch wertvolle Biotop vor Überschwemmungen.

Die Bislicher Insel ist eine der letzten naturnahen Auenlandschaften am Niederrhein und zählt heute zu einem der bedeutendsten Rast- und Brutplätze der Region. Zahlreiche Vogelarten, darunter auch die vom Aussterben bedrohte Brandgans sowie Eisvogel, Steinkauz und Reiherente finden hier einen einzigartigen Lebensraum. In der Niederrheinregion ist das Feuchtbiotop außerdem eine der wichtigsten Überwinterungsstätten für Gänse: Bis zu 25.000 ihrer

Bislicher Insel, Xanten

Art rasten und überwintern hier alljährlich. Um den Nahrungsbestand für die vielen Tierarten zu sichern, wurde die Nutzung des Geländes durch Fischerei, Jagd und Landwirtschaft auf Betreiben des damaligen Kommunalverbandes Ruhrgebiet (heute Regionalverband Ruhr / RVR) so weit wie möglich eingeschränkt bzw. naturschutzverträglich umgestaltet. Auch die Nutzung des Geländes für Freizeitaktivitäten sollte nach Meinung von Umweltschützern und Biologen eine festgelegte Grenze nicht überschreiten, um den Bestand des so wichtigen Biotops auf Dauer nicht zu gefährden. Besucher des Naturraums sollten sich also unbedingt an die Vorschriften und Beschränkungen halten!

Ende 2008 eröffnete der RVR das Informations- und Kompetenzzentrum für Natur- und Hochwasserschutz. Auf dem ehemaligen Eyländer Hof informiert die Dauerausstellung „Auen-Geschichten" mit über 30 Stationen u. a. über die unterschiedlichen Auenbereiche und die nachhaltige Entwicklung der Kulturlandschaft. Seminare, Vorträge und Führungen sowie eine Aussichtsplattform, das Auencafé und ein 2014 eröffneter Artenschutzturm im ehemaligen RWE-Trafo-Turm komplettieren das Angebot des NaturForums, das 2009 von der UNESCO in die UN-Dekade „Bildung für nachhaltige Entwicklung" und 2013 in die UN-Dekade „Biologische Vielfalt" aufgenommen wurde.

■ **Informationen**

Regionalverband Ruhr (RVR)
NaturForum Bislicher Insel
Bislicher Insel 11
46509 Xanten
Tel. 02801/988-230
naturforumbislicherinsel@rvr-online.de
www.metropoleruhr.de
Öffnungszeiten: 1. November bis 31. März: Di-So 10-17 Uhr; 1. April bis 31. Oktober: Di-So 10-18 Uhr

Geologischer Aufschluss mit oberirdischem Kohleflöz, Witten

REISE IN DIE URZEIT – GEOTOPE

2004 wurde der „GeoPark Ruhrgebiet e.V." auf Initiative des Geologischen Dienstes NRW und des Regionalverbandes Ruhrgebiet (RVR) gegründet. Ziel der Vereinigung ist die Sicherung und Pflege der Geotope sowie deren Entwicklung hin zu einer nationalen und internationalen Zertifizierung zu einem Geopark. Seit 2006 ist das Ruhrgebiet einer von 15 „Nationalen GeoParks" in Deutschland und weltweit der einzige, der in einem städtischen Ballungsraum liegt und die Rohstoffnutzung zum Thema hat.

Vier der zahlreichen Geotope des Ruhrgebiets haben es geschafft, einen überregionalen Bekanntheitsgrad zu erreichen. Der Ziegelei-Steinbruch Hagen-Vorhalle, der Steinbruch im Geschichtspark Muttental in Witten, die Kluterthöhle in Ennepetal und der Geologische Garten in Bochum wurden von der Akademie der Geowissenschaften zu Hannover als „Nationale Geotope" ausgezeichnet. Die Standorte gehören damit zu den deutschlandweit 77 ausgewählten Projekten im Wettbewerb „Die bedeutendsten Geotope Deutschlands" und reihen sich ein in die Liste so bedeutender Geotope wie die Externsteine im Teutoburger Wald oder das Felsenmeer bei Hemer im Sauerland.

Der Ziegelei-Steinbruch in Hagen-Vorhalle ist ein heraus-

Urnetzflügler *Homaloneura ligeia*, Flügelspannweite: ca. 6 cm; Oberkarbon, Ziegeleisteinbruch Hagen-Vorhalle. Foto: Lutz Koch

ragender Fundort von Fossilien, die auf Pflanzen und Tiere aus dem Zeitalter des Karbons – vor allem fossile Insekten und Spinnentiere – zurückverweisen, unvorstellbare 320 Millionen Jahre entfernt. Im Museum für Ur- und Frühgeschichte im nahe gelegenen Schloss Werdringen kann man eine Sammlung der Funde bestaunen.

Im Wittener Muttental sind in bedeutender Weise die steinkohlenführenden Schichten des Oberkarbons übertage aufgeschlossen. Die typischen Abfolgen bestehen aus Tonsteinen, Steinkohlenflözen und Sandsteinen mit Geröllen. Diese Beschaffenheit ist auch der Grund, warum das Muttental die Keimzelle des Ruhr-Bergbaus darstellt.

Erfahrbar ist der GeoPark Ruhrgebiet auf vielfältige Weise – auf der Route Industriekultur und der Tour de Thermie sowie auf der 185 km langen GeoRoute Ruhr oder auf der rund 300 km langen GeoRoute Lippe. Darüber hinaus bieten sich zahlreiche lokale Wanderwege an.

Informationen

GeoPark Ruhrgebiet
Kronprinzenstraße 35
45128 Essen
Tel. 0201/2069401
geopark-ruhrgebiet@rvr-online.de
www.geopark-ruhrgebiet.de
geopark.metropoleruhr.de

SEEN

Beversee (Bergkamen)

>> Route der Industrienatur

Aa-See (Bocholt)

Der Aa-See im Südosten der Stadt Bocholt ist eine Freizeit- und Erholungsanlage mit einer Gesamtfläche von 74 Hektar. Gespeist wird der See von der Bocholter Aa, einem Fluss, der vom südwestlichen Münsterland bis in die benachbarten Niederlande reicht. Viele Kilometer an Wander- und Radwegen führen um den See. Als Freizeiteinrichtungen stehen dem Besucher Bootsverleih, Minigolf, Schach, Boccia, Tennis und Fußball zur Verfügung. Auch Kinderspielplätze sowie ein Grillplatz sind vorhanden. Liegewiese mit Steg, Bade- und Surferbucht sowie ein Platz für Modellbootfahrer runden das Angebot ab. Am Nordufer befindet sich eine Freizeithalle, die für Veranstaltungen verschiedenster Art genutzt wird. Ein Naturerlebnispfad nahe des Sees an der Bocholter Aa lädt zum Entdecken und Erkunden der heimischen Flora und Fauna ein. Vom nicht weit entfernten Bocholter Sportzentrum aus starten Kanutouren flussabwärts bis nach Holland.

■ **Adresse**

Uhlandstraße, 46397 Bocholt

Kemnader See [Bochum/Witten]

Der jüngste der fünf Ruhrstauseen ist der Kemnader Stausee zwischen Bochum, Witten und Hattingen. Obwohl man bereits 1929 mit der Planung für den Bau begann, wurde der See erst zwischen 1976 und 1979 fertiggestellt. Etwa zehn Kilometer lange Uferwege sowie eine 125 Hektar große Wasserfläche kennzeichnen den See, der inzwischen zu einem beliebten Ausflugsziel geworden ist. Hier tummeln sich an warmen Sommertagen Hunderte von Spaziergängern, Skatern und Radfahrern. 2014 eröffnete die neue „Skaterbahn Ruhr Inline" rund um den Stausee, die gut zehn Kilometer lang ist und nach Einbruch der Dunkelheit bis 23 Uhr durchgehend beleuchtet wird.

Gespeist wird der See von der Ruhr und dem Ölbach. Freunde des Wassersports können auf dem See surfen, segeln, rudern, Kanu oder Tretboot fahren. Mit einem der Fahrgastschiffe kann man eine Rundfahrt machen oder sich ruhraufwärts Richtung Witten-Bommern schippern lassen. Für Schwimmbegeisterte steht das Freizeitbad Heveney in Witten zur Verfügung, im See

Kemnader See, Bochum/Witten

selbst ist Baden verboten. Urlaubsfeeling bietet das Strand-Deck mit Cocktails unter Palmen, mit Sand und Sommermusik. Mehrere Liegewiesen, Rast- und Grillplätze sowie ein zweites Freizeitgelände am See in Heveney runden das Angebot ab.

Informationen

Freizeitzentrum Kemnade GmbH
Querenburger Straße 29
58455 Witten
Tel. 02302/20120
verwaltung@kemnadersee.de
www.kemnadersee.de

Ümminger See (Bochum)

Der Ümminger See zwischen den Stadtteilen Langendreer und Laer ist eine weitere Freizeiteinrichtung der Stadt Bochum. Ursprünglich war der See ein Kohleabsatzbecken der Zechen Mansfeld und Robert Müser. Nach Entschlackung des 15 Hektar großen Geländes wurden Sonnenterrassen und Bootsanlegestege errichtet. Um die Anlage zu begrünen, wurden Bäume gepflanzt und 30.000 Quadratmeter Rasenfläche angelegt. Ein großer Biergarten am Suntums Hof, Sport- und Spielplätze sowie eine Rollschuhbahn ergänzen das Freizeitangebot.

Adresse

Ümminger Straße
44892 Bochum

Heide- und Heidhofsee (Bottrop)

Ursprünglich aus dem Abbau von Quarzsanden entstanden, sind Heide- und Heidhofsee heute dank der Initiative des Regionalverbandes Ruhrgebiet zu naturnahen Erholungsgebieten umgestaltet worden. Eingebettet in eine idyllisch anmutende Landschaft laden beide Seen zum Entspannen und Krafttanken ein.

Am Heidhofsee findet der Spaziergänger Rundwanderwege, Spiel- und Liegewiesen sowie den alten Heidhof mit Grillstation und Kiosk vor. Südlich davon, in bewaldeter Umgebung, liegt unterhalb des Scharpenberges der Heidesee. Ein kleiner Damm mit Brücke teilt das Gewässer in zwei Teile. Rund um den See haben sich zahlreiche Wasser- und Sumpfpflanzen angesiedelt, etwas weiter entfernt prägen Kiefernwälder das Gelände.

Nördlich des Sees liegt ein Hochmoor, an dessen Rändern sich eines der letzten noch intakten Heidegebiete des Ruhrgebiets befindet. Laubwälder und Heidegewächse sowie verschiedene Gräser und Moosarten sind hier im Laufe der Zeit heimisch geworden und bilden in ihrer Gesamtheit eine seltene und wertvolle Vegetation. Der Südteil des Heidesees ist ausschließlich der Biotopentwicklung vorbehalten und darf von Spaziergängern nicht betreten werden.

Adresse

Alter Postweg
46244 Bottrop

Sechs-Seen-Platte (Duisburg)

Nicht weit entfernt von der Innenstadt Duisburgs liegt, als Ergänzung zum benachbarten Sportpark Wedau, die Sechs-Seen-Platte. Das Naherholungsgebiet, das seinen Ursprung in den sechs Baggerseen namens Wambach-, Masuren-, Böllert-, Wolfs-, Wildförster- und Blauem See hat, gehört mit einer Gesamtfläche von knapp 300 Hektar (davon ca. 158 Hektar Wasserfläche) zu einer der größten und attraktivsten Freizeiteinrichtungen in weitem Umkreis.

Seit 1962 unterliegt das gesamte Areal, ehemals im Besitz des Grafen von Spee, der Stadt Duisburg. Drei Segelvereine haben am Masurensee ihre schmucken Clubhäuser errichtet. Ein Tret- und Ruderbootverleih ermöglicht aber auch Nicht-Mitgliedern einen kleinen Törn auf dem benachbarten Wambachsee.

Ideale Bedingungen finden an den übrigen Seen Angler, Windsurfer, Paddler, Modellboot-Kapitäne und Trimm-Dich-Sportler. Ein 17,5 Kilometer langes Wegenetz, von dem neun Kilometer an den Seeufern entlang führen, lädt ein zu ausgiebigen Fuß- und Radwanderungen. Am Wolfssee wurde 1972 ein Freibad eröffnet, dessen 400 Meter langer Strand mit Sand aus der See aufgespült wurde.

Neben den traditionellen Angeboten für die Kleinen wie Wald- und Robinsonspielplatz locken den Besucher außerdem ein Golfplatz, eine Ponyreitbahn sowie für die kalten Tage eine Rodelbahn.

Toeppersee (Duisburg)

Die Freizeitanlage Toeppersee im linksrheinischen Stadtteil Rheinhausen bietet mit 62 Hektar Wasser- und 86 Hektar Liegefläche ein wichtiges innerstädtisches Naherholungsgebiet. Das Angebot für Freunde des Wassersports ist vielfältig: Hier kann man segeln, surfen, rudern und angeln. Eine Wasserskianlage (5-Mast-Anlage mit 800 Meter Länge) ist ebenfalls im Programm, die entsprechende Ausrüstung kann gegen eine Gebühr ausgeliehen werden.

Zum Freizeitangebot gehören darüber hinaus Go-Karts, eine Acht-Feld-Trampolinanlage, ein Pit-Pat-Parcours, eine Minigolfanlage, zwei Beachvolleyballplätze sowie eine Cafeteria mit Außenterrasse und Grillhütte.

Informationen

Freizeitanlage Toeppersee GmbH
Lohfelder Weg 91
47239 Duisburg
Tel. 02151/403747
info@toeppersee.de
www.toeppersee.de

Ennepetalsperre

Die in den Jahren 1902 bis 1904 erbaute, im südwestli-

Sechs-Seen-Platte, Duisburg

Baldeneysee, Essen

chen Stadtgebiet von Breckerfeld im Ennepe-Ruhr-Kreis gelegene Ennepetalsperre dient vor allem der Trinkwassergewinnung, aber auch der Stromerzeugung (seit 2006 mit installierter Wasserkraftanlage). Sie hat heute einen Stauinhalt von 10,5 Millionen Kubikmetern. Wassersport kann hier nicht stattfinden, aber wegen ihrer idyllischen Lage ist die Ennepetalsperre bei Wanderern sehr beliebt.

Baldeneysee (Essen)

Mit einer Länge von knapp neun Kilometern und einer Breite von 650 Metern ist der Baldeneysee der größte unter den fünf Ruhrstauseen. Im Jahre 1930 begann man mit den Bauarbeiten, drei Jahre später war das Projekt fertiggestellt. Namenspatron ist das kleine Schloss Baldeney, das am Nordufer des Sees liegt.

Funktion und Zielsetzung des Baldeneysees war und ist die Reinigung des Ruhrwassers für die Trinkwasserversorgung sowie die Bereitstellung von Energie: Ein Wasserkraftwerk nutzt das fließende Gewässer zur Erzeugung von Strom.

Aufgrund seiner Lage inmitten bewaldeter und grüner Hügellandschaft gewann der Stausee in den letzten Jahrzehnten zunehmend an Bedeutung als wichtiges Naherholungsgebiet. Wassersport wird hier groß geschrieben. Neben der Regattabahn, auf der auch internationale Wettkämpfe ausgetragen werden, nutzen die Besucher den Baldeneysee zum Rudern, Surfen, Segeln, Kanu- und Tretbootfahren oder Angeln. Von April bis Oktober verkehren die Personenschiffe der „Weißen Flotte" zwischen Villa Hügel und Essen-Kupferdreh.

Das ehemalige Freibad Baldeney bietet seit 2005 mit dem „Seaside Beach Baldeney" einen der schönsten Beach-Clubs Deutschlands in herrlicher Lage und jede Menge Freizeitmöglichkeiten für Erholungsuchende und Sportler. Seit 2017 ist es hier auch wieder möglich, im See zu baden.

Im Sommer sind die Wege rund um den See gleichermaßen von Spaziergängern, Radfahrern und Inline-Skatern belagert. Wer noch einen Platz in den Ausflugslokalen am Seeufer ergattern will, sollte sich rechtzeitig auf den Weg machen. Im noblen Hotel und Restaurant „Parkhaus Hügel" zu Füßen der gleichnamigen Villa der Industriellenfamilie Krupp lässt sich nicht nur fürstlich speisen, sondern auch ein wunderbarer Ausblick über den See genießen.

■ **Adresse**

Freiherr-vom-Stein-Straße
45133 Essen

■ **Informationen**

Weiße Flotte Baldeney GmbH
Hardenbergufer 379
45239 Essen
Tel. 0201/185799-0
info@baldeneysee.com
www.flotte-essen.de

Hasper Talsperre (Hagen)

Die 1904 eingeweihte Talsperre staut das Wasser des Hasper Baches und dient ausschließlich der Trinkwasserbereitstellung. Auffällig ist die konvex gebogene, leicht geböschte, aus Bruchsteinen bestehende Staumauer mit zwei Türmchen und einer Brüstung mit Jugendstilgitter. 1991 bis 1994 wurde die ca. 30 Meter hohe Staumauer saniert, wobei die ursprünglich weiter in der Mitte stehenden Türme nach außen gesetzt wurden. Ihre ursprüngliche Position ist erkennbar durch zwei angebrachte Lenkräder.

Die etwa 260 Meter lange Staumauer ist begehbar und bietet einen schönen Landschaftsblick. Um den 18 Hektar großen Stausee führt ein etwa 3,5 Kilometer langer Rundweg.

■ **Adresse**

Talsperrenweg
58256 Hagen-Haspe

Hasper Talsperre, Hagen

Halterner Stausee (Haltern am See)

Der Halterner Stausee und seine spätere östliche Erweiterung, die Talsperre Hullern, bilden mit zusammen 31 Mio. m^3 das größte Wasserreservoir für das nördliche Ruhrgebiet. Entstanden ist der 300 Hektar große See 1930 durch die Stauung dreier Lippezuflüsse, die eine ausreichende Versorgung der Bevölkerung mit Grundwasser gewährleisten sollte. Seither wurde die Fläche durch Aussandungen noch erheblich vergrößert. Das Wasserwerk Haltern zwischen Stausee und Lippe zählt zu den größten seiner Art: Ca. 1,3 Millionen Menschen sowie zahlreiche Gewerbe- und Industriebetriebe werden von hier aus mit Trinkwasser versorgt. Die hervorragende Qualität des Wassers rührt von den bis zu 200 Meter mächtigen Halterner Sanden aus der Kreidezeit her, die das Grundwasser in ursprünglicher Qualität in großen Mengen speichern. Gefährdet ist die Trinkwassergewinnung allerdings durch zwei Faktoren: den Bergbau (Kohlevorräte unter dem Stausee) und die intensive landwirtschaftliche Nutzung im Einzugsbereich (Einsatz von Dünge- und Pflanzenschutzmitteln). Die Freizeitnutzung rund um und auf dem Halterner Stausee spielt in diesem Zusammenhang keine gefährdende Rolle. Der Halterner

Stausee gilt als Eldorado für Wassersportbegeisterte. Das große Seebad verfügt über einen ca. 800 m langen Natursandstrand, Beachvolleyball, Tischtennis, Kletternetz, Rollenrutsche, Spielplatz, Strandkörbe und den Imbiss „Seeterrassen“, der mit Seeblick und Biergartenatmosphäre punktet.

Halterner Stausee

■ **Informationen Seebad**
Hullerner Straße 52
45721 Haltern am See
Tel. 02364/2539
seebadhaltern@kreis-re.de
www.seebad-haltern.de
Öffnungszeiten: vom 15. Mai bis 15. September

Hengsteysee (Herdecke)

In zweifacher Hinsicht stellte der 160 Hektar große Hengsteysee zwischen Herdecke und Dortmund zur Zeit seiner Erbauung (1927–1930) eine Besonderheit dar: Zum einen war er erster Stausee der Ruhr, zum anderen wurde an seinen Ufern eines der beiden ersten großen Pumpspeicherkraft-

Hengsteysee, Herdecke

werke in Deutschland erbaut. Das Koepchenwerk, nach seinem Erfinder Professor Arthur Koepchen benannt, ist bis heute in Betrieb und ist wichtiger Bestandteil der nationalen Spitzenlastabsicherung. Seit Dezember 2016 ist es Eigentum der Stiftung Industriedenkmalpflege und Geschichtskultur.

Oberhalb des Sees im Norden liegt auf Dortmunder Stadtgebiet eine weitere Attraktion, die Hohensyburg, einstige Burganlage der Herren von Sieberg, heute trotz Verbleib nur einiger weniger Ruinen beliebtes Ausflugsziel.

In Serpentinen, die bei Motorradfahrern besonders beliebt sind, geht es zurück zum Seeufer, wo man verschiedene Freizeitangebote nutzen kann: Auf dem Wasser verkehrt zwischen Mai und Oktober regelmäßig das Personenschiff „Freiherr vom Stein", außerdem kann man segeln, surfen und Bötchen fahren.

Zum Schwimmen lädt das Freibad an der Ruhr zwischen Hengsteysee und Harkortsee ein, denn in den Seen selbst ist das Baden verboten. Das Freizeitzentrum Bleichstein bietet außerdem Sportrasenflächen, Spielplatz und Grillplätze. Lange Wander- und Spazierwege leiten rund um das Areal um die beiden Seen.

■ **Adresse**
Hengsteyseestraße
58313 Herdecke

Ewaldsee (Herten)

>> Grüngürtel u. Wälder / Emscherbruch

Cappenberger See (Lünen)

>> Freizeitzentren / Freizeitanlage Cappenberger See

Horstmarer See (Lünen)

>> Freizeitzentren / Seepark Lünen

Auesee (Wesel)

Im Stadtteil Wesel-Flüren, oberhalb des Rheins, liegt der 165 Hektar große Auesee, Teil der Freizeitstätte „Rheinaue-Park". Hier können Sportfreunde einer Vielzahl von Freizeitaktivitäten frönen: Surfen, Segeln, Rudern, Tauchen (z. B. zum extra versenkten Schiffswrack) und Angeln (Angelschein erhältlich beim ASV

Wesel, Tel. 0281/1548645) sind erlaubt. Eine Beachvolleyball-Anlage und eine Badebucht mit markierter Nichtschwimmerzone und Sandstrand sind ebenfalls im Angebot. Das benachbarte Auestadion ist ausgerüstet mit acht Rundlaufbahnen, leichtathletischen Anlagen, Werferwiese und Rollschuhbahn. Wem das alles noch nicht genug ist, der kann dem Segel- und Motorflugplatz „Römerwardt“ in der Weseler Rheinaue oder dem Yachthafen einen Besuch abstatten, auf einer Minigolfanlage unweit des Rheins sein Glück versuchen oder mit dem Fahrgastschiff „River Lady“ rheinabwärts schippern.

Adresse

Auedamm
46487 Wesel

Harkortsee (Wetter)

Zwei Jahre nach der Fertigstellung des Hengsteysees wurde flussabwärts im Jahre 1930 ein weiterer Ruhrstausee errichtet: der Harkortsee. Seinen Namen erhielt der See in Erinnerung an den Industriellen Friedrich Harkort, der 1819 auf dem Plateau der Burgruine Wetter die „Mechanischen Werkstätten“ gründete, einen Betrieb, der Dampfmaschinen für den beginnenden Ruhrbergbau herstellte.

Ebenso wie der benachbarte Hengsteysee dient auch der Harkortsee der Energiegewinnung durch Wasserkraft: Das Turbinenhaus der Firma Peter Harkort & Sohn sowie das Pumpspeicherkraftwerk Koeppchen Herdecke sind die zentralen Bestandteile der Anlage, die helfen, das durchfließende Ruhrwasser in Strom umzuwandeln.

Neben dieser wirtschaftlichen Funktion der Energiegewinnung spielt der Harkortsee, wie auch alle übrigen Ruhrstauseen, als naturnahe Freizeitstätte eine wichtige Rolle. Mit einer Länge von ca. drei Kilometern und einer Breite von etwa 600 Metern bietet der Harkortsee Wassersportmöglichkeiten wie Segeln, Surfen und Paddeln. Das Personenschiff „MS Friedrich Harkort“ verkehrt regelmäßig zwischen Wetter, Herdecke und Hagen. Freunde des Schwimmsports lädt das Naturbad in Wetter mit großem Becken und Rutsche ein, ganz in der Nähe liegt außerdem ein Kinderspielplatz. Wer einen Überblick über den gesamten See gewinnen will, sollte den Aufstieg zum 232 Meter hohen Harkortberg in Alt-Wetter nicht scheuen.

Informationen

Personenschifffahrt Meyer
Tel. 02330/802047
pschifffahrt-meyer@t-online.de
www.personenschifffahrt-meyer.de

Xantener Nord- und Südsee

Ski- und Seilbahn passen immer zusammen, nicht nur auf verschneiten Bergen. Seit 1998 bietet die Xantener Südsee die Sommervariante – eine Wasserski-Seilbahn direkt neben der Strandbadelandschaft. Von April bis Oktober ist der Bretterspaß, ob auf Mono- bzw.

Harkortsee, Wetter

Paarski oder auf dem Wakeboard, ein festes Angebot. Bei einer Länge von fast 1.000 Metern können bis zu zehn Personen gleichzeitig Geschwindigkeiten von 30 bis 60 km/h erleben. Eine runde Sache im wörtlichen Sinne: Die „Abschleppaktion“ dreht sich kreisförmig um eine moderne 5-Mast-Anlage. Für diejenigen, die sich noch nicht recht trauen, werden übrigens auch Wasserski- und Wakeboardkurse inkl. kompletter Ausrüstung wie Anfängerski, Neoprenanzug und Schwimmweste angeboten. Ebenfalls im Programm: der trendige Fitness-Funsport Stand Up Paddling sowie Surfen und Katamaransegeln.

Darüber hinaus ist die Xantener Südsee auch ein attraktives Tauchrevier. Neben einem in ca. 12 Meter Tiefe versenkten Tauchwrack lockt hier seit Mitte 2007 der Unterwasser-Skulpturenpark des Kunstschmieds und Objektdesigners Hans-Dieter Kluck zu einem inspirierenden Tiefgang. 2010 wurde an der Südsee ein neuer Hafen mit Steganlage, Promenade, Restaurant, Spielplatz und Bootsanlegeplatz eröffnet.

Nord- und Südsee verfügen insgesamt über eine Wasserfläche von etwa 220 Hektar Größe. Die Xantener Nordsee mit dem maritimen Flair der Bootshäfen Vynen und Wardt und einer Größe von etwa 110 Hektar ist eines der beliebtesten Surfreviere in NRW, bietet sich aber auch an zum Segeln, Rudern, Tretboot- und Kanufahren.

Informationen

Freizeitzentrum Xanten
InfoCenter
Am Meerend 2
46509 Xanten
Tel. 02801/715656
f-z-x.de (mit Kontaktformular)

Xantener Südsee

SOMMER, SONNE, SANDSTRAND – BADESEEN

Naturbelassenes Baden in wunderschöner Landschaft – das ist nicht nur in Bayern oder Mecklenburg-Vorpommern möglich. Auch das Ruhrgebiet bietet herrliche Badeseen, deren Qualität hervorragend und gleichzeitig sogar zertifiziert ist. Denn das Landesumweltministerium NRW vergab den hiesigen Talsperren und Badeseen in der Metropole Ruhr erst im Mai 2017 mit dem Qualitätssiegel „ausgezeichnete Wasserqualität" fast durchgehend Bestnoten. Einzig das ebenfalls zum Baden freigegebene Bettenkamper Meer in Moers hat eine „gute Wasserqualität". Bewertungen zur Wasserqualität eines Sees werden erst vergeben, wenn in vier aufeinanderfolgenden Jahren eine gleichmäßige Wasserqualität nachgewiesen werden konnte.

Freizeitsee Menzelen (Alpen)
Am Sandstrand warten Strohschirme, Beachvolleyballfeld und Badeinsel. Tauch- und Surfvereine am See locken mit Angeboten und auch Angelfreunden bietet sich ein Revier. Und in Rick's Havana Lounge lässt sich bei kühlen Cocktails und leckeren Snacks mediterranes Flair genießen. Highlights jeder Saison sind „Rick's Beach House Partys" an den Wochenenden!

Halterner Stausee

■ **Informationen**
Geesterstraße 35
46519 Alpen
Tel. 02802/2739
Öffnungszeiten: 15. Mai bis 15. September (bei gutem Wetter) täglich 10-21 Uhr
www.freizeitsee-menzelen.de (mit Wetterampel: geöffnet/geschlossen)

Naturfreibad Heil [Bergkamen]

Das Naturfreibad macht ein besonderes Badeerlebnis direkt in der Lippe möglich. Eine große Freifläche unter Bäumen bietet Raum und Ruhe für Erholungsuchende. Am Kiosk gibt es Snacks zu familiengerechten Preisen.

■ **Informationen**
Dorfstraße, 59192 Bergkamen
(Navi-Eingabe: Westenhellweg 146, anschließend Beschilderung folgen)
Tel. 02389/1335
Öffnungszeiten: 10-19 Uhr
(bei schönem Wetter)

Glörtalsperre [Breckerfeld]

Die bei Ausflüglern wegen der landschaftlich herrlichen Umgebung beliebte Talsperre verfügt über einen Naturstrand am Nordufer des Stausees. Zusätzlich gibt es einen schönen Liegebereich, ein Strandcafé mit Terrasse und einen kleinen Spielplatz. Die DLRG-Station bietet sanitäre Anlagen und Umkleiden. Der Eintritt ist frei, es wird aber eine Parkgebühr erhoben.

Wolfssee, Duisburg

■ **Adresse**
Glörstraße, 58339 Breckerfeld

■ **Informationen**
Freizeitschwerpunkt
Glörtalsperre GmbH
c/o Regionalverband Ruhr
Tel. 0201/2069-534
Öffnungszeiten: Mai bis September
Sa/So/Fei 9-20 Uhr (das Baden ist nur bei besetzter DLRG-Station erlaubt)
Gastronomie an der Glörtalsperre:
Restaurant „Haus Glörtal"
Glörtalsperre 1
58339 Breckerfeld
Tel. 02338/8749-17

Großenbaumer See (Duisburg)

Seebad mit Liegewiese und Strand. Familienfreundlich sind die zahlreichen Spielgeräte am und im Wasser. Oberhalb des Sees gibt es Erfrischungen.

■ **Informationen**
Trägerverein Freizeit-Anlage
Großenbaum e.V.
Buscher Str. 65
47269 Duisburg
Tel. 0203/761101
freibad-grossenbaum@t-online.de
freibad-grossenbaum.de
Öffnungszeiten: Anfang Mai bis September
Mo-Fr 12-19 Uhr, Sa-So und Sommerferien 10-19

Kruppsee (Duisburg)

Der attraktive, durch Auskiesung entstandene Naturbadesee mit Sandstrand ist bei schönem Wetter natürlich erste Wahl. Es gibt aber auch ein beheiztes Becken. Komplettiert wird die Anlage durch einen Spielplatz und Angebote zu Basketball und Tischtennis.

■ **Informationen**
Schwimmverein Rheinhausen 1913 e.V. /
Freibad Kruppsee
Bachstr. 2
47229 Duisburg
Tel. 02065/41433
www.sv-rheinhausen.de
Öffnungszeiten: Sommersaison (ab Mitte Mai) Mo-Fr 14-19.30 Uhr, Sa/So/Fei und Sommerferien 9-19.30 Uhr

Wolfssee (Duisburg)

Familienfreundliches, sehr schönes Naturfreibad mit schmalem, 450 Meter langem Sandstrand und großer Liegewiese, ausgezeichnet mit der „Blauen Flagge – Europa 2000", dem Symbol für die besten Badegewässer Europas. Beachsoccer-Anlage, Beachvolleyball- und Basketballfelder, Federball- und ein kleiner Fußballplatz und auch Tischtennisplatten stehen ebenso zur Verfügung wie eine Gastronomie.

■ **Informationen**
Kalkweg 262 a
47279 Duisburg
Tel. 0203/720405
Öffnungszeiten: Mai bis September täglich 10-20 Uhr (bei Badewetter)

Seebad Haltern (Haltern am See)

>> Natur & Erholung / Seen

Silbersee II (Haltern am See)

Die erst 2005 eröffnete Anlage ist der Hit für Strandfreunde. Der 900 Meter lange Sandstrand, rund 80.000 qm Liegefläche und ca. 65.000 qm Wasserfläche halten mühelos auch einem großen Ansturm stand. Während Erholungsbedürftige das Sonnenbad genießen, treffen sich die Sportiven zum Surfen. Angenehm sind die modernen sanitären Anlagen. 1.700 PKW-Parkplätze, 80 Stellplätze für Motorräder und eine Ganzjahresgastronomie komplettieren das Angebot.

■ **Informationen**
Zum Vogelsberg
45721 Haltern am See
Tel. 0201/2069-0
www.silbersee-haltern.info
Öffnungszeiten: Badesaison von Anfang Mai bis Ende September mit DLRG-Aufsicht

Horstmarer See (Lünen)

>> Natur & Erholung /
Parks & Gärten

Badeweiher Marl

Hier treffen sich Natur und Freizeit. Während die halbe Seefläche als Biotop für Tiere und Pflanzen gesperrt ist, vergnügen sich auf Sichtweite die Badefreunde. Neben der großen Liegewiese gibt es einen Kinderbereich mit Minirutsche, Wasserpilz und Spielplatz sowie im Schwimmerareal abgetrennte Schwimmbahnen und einen Sprungturm. Der obligatorische Kiosk und ein Beachvolleyballfeld sind ebenfalls vorhanden. Kurios und absolut Ruhrgebiets-typisch: Der Chemiepark Marl liegt gleich nebenan!

■ **Informationen**
Paul-Baumann-Straße, 45772 Marl
Tel. 02365/496716
www.marl.de
Öffnungszeiten: Mai bis September
Mo-Fr 10-20 Uhr, Sa/So 9-20 Uhr

Bettenkamper Meer (Moers)

Bereits seit 150 Jahren baden die Moerser hier. Als Teil eines

Silbersee II, Haltern am See

alten Rheinarmes hat die traditionsreiche Anlage neben dem natürlichen Gewässer eine attraktive 13-Meter-Wasserrutsche und einen Nichtschwimmerbereich zu bieten. Ein den See überspannender Holzsteg führt zu der 8.000 Quadratmeter großen Liegewiese. Die „Strandbar 1924" bietet Snacks und kühle Getränke.

Informationen

Krefelder Straße
47447 Moers
Tel. 02841/29973 o. 02841/104458
info@enni.de
www.enni.de
www.bettenkamper-meer.de
Öffnungszeiten: Mitte Mai bis Anfang September Mo-Fr 14-20 Uhr, Sa/So 10-20 Uhr

Naturfreibad Suderwich (Recklinghausen)

Der Naturteich wird aus eigenen Quellen gespeist, ist in einem abgetrennten Bereich allerdings nur für Schwimmer zu genießen. Direkt angrenzend gibt es ein – allerdings gechlortes – Nichtschwimmerbecken. Basketball und Tischtennis sind auf der Spielwiese möglich, ein Kiosk ist für Erfrischungen da.

Informationen

Am Freibad 20
45665 Recklinghausen
Tel. 02361/81000
www.recklinghausen.de
Öffnungszeiten Freibadsaison: Mo-So 9-20 Uhr

Ternscher See (Selm)

Der durch den Bau des nahen Dortmund-Ems-Kanals in den 1930er Jahren entstandene See wird schon seit den 1950er Jahren zum Baden genutzt. Kein Wunder: Schließlich befindet sich an der Südseite ein fast 100 Meter langer Sandstrand. Sprungturm, Beachvolleyball- und Fußballfeld begeistern die Sportler, der

Nichtschwimmerbereich, Bootsverleih und ein Spielplatz ziehen Familien an. Für Kurzurlauber gibt es einen Campingplatz, der allerdings durch eine große Zahl an Dauercampern häufig belegt ist.

Informationen
Strandweg 7
59379 Selm
Tel. 02592/917210
campingbuero@ternschersee.de
www.ternschersee.de
Öffnungszeiten Naturfreibad: täglich 10-19 Uhr (bei gutem Wetter, Badeaufsicht)

Tenderingssee (Voerde)

Das Seengebiet bietet sich in vielfacher Weise zu einem Ausflug an: Während die beiden südlichen Seen unter Naturschutz stehen und dort schöne Wanderungen versprechen, darf am größten der vier Tenderingsseen gebadet werden. Und dort gibt es Sommerfeeling in einer 150.000 qm großen Badebucht, in der ein breiter Sandstrand mit Liegewiese Ruhe und Erholung verschafft. Eine Strandbad-Insel auf dem Wasser, zwei Beachvolleyballfelder sowie Möglichkeiten zum Surfen, Tauchen und Angeln (außerhalb des Strandbades) machen die Reise auch für sportliche Charaktere lohnend. Verpflegung bietet ein Kiosk mit großer Terrasse.

Informationen
Tenderingsweg 1
46562 Voerde
Tel. 02855/15244 oder 02064/35360
(TV Bruckhausen e.V. 1921)
Öffnungszeiten: Sommer (bei gutem Wetter): täglich 10-20 Uhr, Biergarten bis 23 Uhr (an den Wochenenden)

Auesee (Wesel)

>> Natur & Erholung / Seen

Xantener Südsee

>> Natur & Erholung / Seen

Freizeitzentrum Xanten

Beeindruckende Tierwelt:
Sea Life Oberhausen

FREIZEIT & ENTERTAINMENT

FREIZEITZENTREN

Frei- und Wellenbad Weddinghofen (Bergkamen)

Neben dem Naturfreibad und dem Hallenbad ist das Wellenbad Weddinghofen die dritte Badeattraktion in Bergkamen. Das Frei- und Wellenbad ist beheizbar und mit einer 24.000 qm großen Liegewiese ausgestattet. Ein Mehrzweckbecken mit integriertem Sprungbecken sowie ein Kleinkinderbecken gehören auch zur Anlage, ein Knüller ist die 50 Meter lange Riesenrutsche.

Informationen

Häupenweg 25
59192 Bergkamen
Tel. 02307/978-370
www.gsw-freizeit.de
Öffnungszeiten Sommer (Saisonlaufzeit ist witterungsabhängig): Mo-So 10-20.30 Uhr

Inselbad Bahia (Bocholt)

Das Inselbad Bahia ist eine großzügig angelegte Badelandschaft mit karibischem Flair. Hier wird Wohlfühlen großgeschrieben: Neben Whirlpools, Weichenrutsche und Eventrutsche mit Lichteffekten, Strömungskanal, Außenschwimmbecken, Massagebereich und mehreren Solarien bietet die Anlage eine weitläufige Saunalandschaft mit zehn verschiedenen Saunen (im Innenbereich in mediterran-maurischem Stil),

Winterleuchten im Westfalenpark, Dortmund

darunter Baumhaus- und Sternenhimmelsauna, Erd-, Blockbohlen- und Biosauna sowie Rhassoul-Dampfbad. Unterschiedliche gastronomische Einrichtungen versorgen die Badegäste mit Speis und Trank, darunter eine Sauna-Außenbar, in der ein leckerer Bahia-Cocktail serviert wird. Auch die Kinder kommen im Inselbad nicht zu kurz: Im Wasserspielgarten können die Kleinen baden, spielen und sich austoben.

■ **Informationen**

Hemdener Weg 169
46399 Bocholt
Tel. 02871/27266-0
info@bahia.de
www.bahia.de
Öffnungszeiten: Mo-Sa 10–22 Uhr, So/Fei 9–21 Uhr, Damensauna* Mi 9–13 Uhr, Fr Sauna bis 23 Uhr*, Frühschwimmen im Tiefbecken Mo, Mi, Fr 6.30-8 Uhr (* außer an Feiertagen)

Escape Rooms (Bochum)

Ein Raum, phantasievolle Szenerie, knifflige Aufgaben, (k)ein Entkommen? – Live-Escape-Games liegen voll im Trend! Gleich drei Escape Rooms finden sich in Bochum. Der Anbieter LOCKED hält vier Herausforderungen bereit, von Teams (bis sechs Personen) in einer Stunde zu bewältigen: vier Morde – eine Chance, Die letzte Nacht, Mission:

Psycho und High Voltage. Die Spieler als Detektive, mit ordentlichem Blackout, als ausbrechende Einbrecher oder entführte Entführer.

„Think^2" legt Wert auf spannende und komplexe Rätsel für die Gruppe (2-6 Spieler), eng verflochten mit der Story: Contagious (als Agenten gegen Terroristen) und Codename E.A.G.L.E. (kurz nach Kriegsende geht's um die Zukunft Deutschlands).

Im „Rätselraum Ruhrpott" (für Teams: 2-24 Spieler) dreht es sich z. B. darum, das Ruhrgebiet zu retten (Mission um den Verschwundenen Journalisten), als Zauberer die Machtübernahme eines Schurkenmagiers zu verhindern (Albus' magisches Vermächtnis) oder in zwei Teams gegeneinander anzutreten (Journalist vs. Jungs). Nichts für Warmduscher und erst ab 21 Jahren ist die Aufgabe: Entkommen Extrem!

■ **Informationen**

LOCKED
Viktoriastraße 18
44787 Bochum
Tel. 0234/90499600
info@locked-bochum.de
www.locked-bochum.de

Think^2
Viktoriastraße 45
44787 Bochum
Tel. 0234/796998763
info@think-square.de
think-square.de

Rätselraum Ruhrpott
Kortumstraße 53
44787 Bochum
Tel. 0176/64037591
sebastian@rätselraum.de
www.raetselraum-ruhrpott.de

Freizeitzentrum Grafenmühle (Bottrop)

Das Freizeitzentrum Grafenmühle bietet Freizeitspaß und Abwechslung für die ganze Familie. Auf dem begrünten Gelände befinden sich zwei große Teiche, von denen einer zum Angeln oder Rudern genutzt werden darf. Außerdem stehen u. a. Minigolfbahnen, eine Bogenschießanlage, eine Mini-Car-Bahn sowie mehrere Imbissstände und Restaurants zur Verfügung.

■ **Informationen**

Zur Grafenmühle
46244 Bottrop

Freizeitpark Schloss Beck (Bottrop)

Das Wasserschloss Beck gehört zu den schönsten erhaltenen Baudenkmälern Westfalens. Rund um das Schloss wurde ein Freizeitpark mit allerlei Attraktionen angelegt, der gleichermaßen Erwachsene wie Kinder anlockt: Drachenbahn, Eisenbahn, Flugzeugkarussell, Geisterkeller, Riesenrad und Achterbahn bieten ebenso Spaß und Abwechslung wie Kinderspielhaus, Spielplatz, Märchenkino und Märchenschloss mit über 1.000 beweglichen Figuren. Auch ein Streichelzoo befindet sich auf dem Gelände und seit 2011 ein erlebnisreicher pädagogischer Baumkronenpfad. Für den kleinen Kick sorgen die Super-Steil-Rutsche, Abenteuersimulator, Teufelsräder und Trampoline. Und 2014 öffnete mit Becki's Entdeckerparadies eine Holzspielanlage für Kinder bis 12 Jahre. Die Spiellandschaft vereinigt Kletterwände, labyrinthartige Aufstiege, eine

Freizeitpark Schloss Beck, Bottrop

Rutsche, aber auch zahlreiche Stationen, die die Sinneswahrnehmung und die Geschicklichkeit trainieren.

Neben diesen und weiteren, hier nicht genannten Attraktionen bietet der Freizeitpark natürlich auch Imbissbuden und ein Restaurant. Eine Galerie lädt Kulturfreunde zu interessanten Ausstellungen ein.

Informationen
Am Dornbusch 39
46244 Bottrop
Tel. 02045/5134
becki@schloss-beck.de
www.schloss-beck.de
Öffnungszeiten: April bis Anfang September: täglich 9-18 Uhr, Fahrgeschäfte ab 10 Uhr; Öffnungstage außerhalb der Saison: siehe Webseite!)

Grusellabyrinth NRW (Bottrop)

Einmal einen Gruselfilm hautnah durchlaufen und mit allen Emotionen erleben? In Bottrop ist das kein Problem, denn genau dies ist das Konzept des 2015 eröffneten Grusellabyrinths. Im Mittelpunkt der Hauptattraktion, einer 100-minütigen Show, steht eine fantastische Gruselgeschichte, die die Besucher live durchleben. Unterschiedliche Showräume bieten überraschende Szenerien mit spektakulären Kulissen, man wird geleitet und bespielt von professionellen Darstellern. Spannung versprechen auch Aufgaben wie die

Bezwingung von drei unterschiedlichen Labyrinthen.

■ **Informationen**

Knappenstraße 36
46238 Bottrop
Tel. 02041/5670666
mail@grusellabyrinth.de
www.grusellabyrinth.de
Öffnungszeiten s. website

Movie Park Germany (Bottrop)

Movie Park Germany, Bottrop

Der größte Film- und Freizeitpark Europas bietet über 40 Attraktionen und Shows rund um das Thema Film. Im Movie Park Germany lässt sich nicht nur SpongeBob knuddeln, sondern es gibt auch viele filmbezogene Abenteuer zu erleben. So können die Gäste Sid, Manni, Diego und Scrat in einem Ice-Age-4D-Abenteuer auf einer aufregenden Reise durch das ewige Eis begleiten oder beispielsweise SpongeBob, Dora, Jimmy Neutron oder die Ninja Turtles im „Nickland“ treffen.

Den ultimativen Kick bieten spektakuläre Attraktionen wie der High Fall, bei dem es aus 60 Metern im freien Fall in die Tiefe geht oder die erste Holzachterbahn Deutschlands. Thrill-Freaks kommen auch auf der 80 km/h schnellen Looping-Achterbahn „MP Xpress“ auf ihre Kosten.

Urzeit, Endzeit, Scifi: Die neuesten Attraktionen des Parks haben es in sich: In „The Lost Temple“ von 2014 tauchen die Besucher mit allen

Sinnen in die Welt der Dinosaurier ein. Action und Grusel live wird dem Horror-Fan seit 2016 im Abenteuer „The Walking Dead Breakout" natürlich blutig serviert, und seit Frühjahr 2017 sorgt eine neue Achterbahn-Sensation für weitere Adrenalinschübe – dank weltweit einmaliger Star-Trek-Lizenz geht es mit Warpgeschwindigkeit über eine spektakuläre Strecke.

Mit dem PAW Patrol-Themenbereich „Adventure Bay" und der „Area 51 – Top Secret" wurden 2019 neue Bereiche eröffnet.

■ **Informationen**

Warner Allee 1
46244 Bottrop
Tel. 02045/899899
info@moviepark.de
movieparkgermany.de
Öffnungszeiten s. website

Parkbad Nord (Castrop-Rauxel)

Insgesamt drei Becken hat das Parkbad Nord nach seiner Sanierung im Jahr 2006 aufzuweisen: ein 50-Meter-Sportbecken, ein Plansch- und ein Nichtschwimmerbecken mit Rutsche. Sehr viel Grün kennzeichnet das Gelände: Etwa 15.000 qm Liegefläche, dazwischen immer wieder schattenspendende Bäume, stehen den badelustigen Besuchern zur Verfügung. An kalten Tagen geleitet eine Wärmehalle die Gäste von den Umkleidekabinen zum Schwimmbecken. Tischtennisplatte und Schachfeld stehen für das Spiel „zu Land" bereit, für das „Kulinarische" sorgt ein Kiosk.

■ **Informationen**

Recklinghauser Str. 208
44581 Castrop-Rauxel
Tel. 02305/445950
Öffnungszeiten: Mo/Di/Fr 7-19.30 Uhr, Mi 7-19 Uhr, Do 7-20.30, Sa/So 7.30-19 Uhr
www.castrop-rauxel.de

DINamare – das stadtwerkebad (Dinslaken)

Das 2011 eröffnete Bad bietet auf 2.350 Quadratmetern Fläche eine schöne Mischung aus modernem Hallenbad und Freibad-Atmosphäre, denn bei gutem Wetter öffnen sich Variodach und Schiebetüren. Draußen laden dann auf 15.000 Quadratmetern Außenfläche Liegewiesen, Beachvolleyballfeld und Strandbar mit Chill-Out-Area zum Entspannen ein.

■ **Informationen**

Am Stadtbad 7-9
46537 Dinslaken
Tel. 02064/605470
dinbad@stadtwerke-dinslaken.de
www.dinamare-dinslaken.de
Öffnungszeiten: Mo 6-13 Uhr, Di-Sa 6-21.30 Uhr, So/Fei 8-21.30 Uhr

Atlantis (Dorsten)

Jedes Jahr laden 1.300 qm Wasserfläche sowie der 5-Sterne-Premium-Saunabereich des Erlebnisbades mehr als 400.000 Besucher ein, in den „Urlaub vor der Haustür" einzutauchen und in der Tropenlandschaft rund um den Ostseekutter „Ole Wismar" zu entspannen. Die Rutschen mit einer Gesamtlänge von 390 m begeistern Adrenalin-Junkies, die Jüngsten unter den Gästen spielen im liebevoll eingerichteten Kleinkinderbereich. Wer nicht nass werden möchte, findet auf 750 qm Fitnessfläche gute Trainingsmöglichkeiten, und für das leibliche Wohl sorgt die hauseigene Gastronomie.

■ **Informationen**

Konrad-Adenauer-Platz 1
46282 Dorsten
Tel. 02362/9517-0
info@atlantis-dorsten.de
www.atlantis-dorsten.de
Öffnungszeiten Spaßbad: Mo 10-21.30 Uhr, Di-Do 8-21.30 Uhr, Fr 8-23 Uhr, Sa 10-23 Uhr, So 9-21 Uhr, Fei 9-22 Uhr

Escape Rooms in Dortmund

Ein Team (2-6 Personen), ein Raum, eine Stunde Zeit zur Flucht. Drei Anbieter in Dortmund: Key & Free mit den Räumen „Der gefürchtete Graf" (paranormale Phänomene im gräflichen Arbeitszimmer) und „Das Geheimnis des Dschungels" (ein verlassenes Expeditions-Camp). Team-Breakout mit den Themen „Casa Moretta" (im Mafia-Geheimversteck) und „Metall & Pikrinsäure" (im Uni-Labor). TeamCrack mit den Aufgaben „Mysterium Dortmunder U" (Kriminalfall) und „Napoleon" (gefangen nach Scherzen über des Kaisers Größe).

Atlantis, Dorsten

■ **Informationen**

Key & Free
Westfalendamm 77
44141 Dortmund
Tel. 0231/58025044
info@keyandfree.de
keyandfree.de

Teambreakout
Bissenkamp 11-13
44135 Dortmund
Tel. 0231/22387090
hallo@teambreakout-dortmund.de
dortmund.teambreakout.de

TeamCrack
Brückstr. 11
44135 Dortmund
Tel. 0231/13084264
info@teamcrack.de
teamcrack.de

Revierpark Wischlingen (Dortmund)

Der Revierpark Wischlingen gehört zu einem der fünf Revierparks im nördlichen Ruhrgebiet, die in den 1970er Jahren entstanden sind. Auf einer Gesamtfläche von 39 Hektar bietet er mehrere überdachte Sport- und Freizeitanlagen sowie ein großes Areal im Freien.

Liegewiesen, Wasserflächen (Bootverleih), Spazierwege, Grillplätze, Minigolfanlage sowie mehrere Spiel- und Sportflächen (Frisbeegolf, Kletterpark, Tennis, Tischtennis, Fitnesscenter, Fußball) laden zu einem Tag der Erholung und aktiven Freizeitgestaltung ein. Ergänzt wird das große Angebot durch eine Eissporthalle mit zwei Eislaufflächen, Pistenbar und Lightshow.

Nahe der Eishalle findet der Besucher des Parks auch ein Fitness-Center und ein Solebad in tropischem Ambiente mit Sauna, Salzgrotte, Solarien, Aktivwelt, Massagepraxis und Bistro. Damit verbunden ist das riesige Wellenfreibad mit Lagune, Spring- und Kinderbecken, in dem man stündlich die Brandung spüren kann.

Und weil man angesichts der vielen Freizeitmöglichkeiten seinen Urlaub gleich im Park verbringen kann, hat der Parkbetreiber am westlichen Rand des Parks einen Stellplatz für Wohnmobile errichtet.

■ **Informationen**

Höfkerstr. 12
44149 Dortmund
Tel. 0231/917071-0 (Info-Zentrale, Solebad, Veranstaltungen)
Tel. 0231/917071-70 (Eislaufhalle)
info@wischlingen.de
www.wischlingen.de
www.dortmund.de
Öffnungszeiten: Solebad: Mo-Do 8-22 Uhr, Fr 8-23 Uhr, Sa 9-23 Uhr, So 9-22 Uhr; Sommerbad Mai bis September: 10-19 Uhr

Revierpark Wischlingen, Dortmund

Westfalenpark (Dortmund)

>> Natur & Erholung / Parks und Gärten

Explorado Kindermuseum (Duisburg)

>> Kinder & Familien

Geschlossene Gesellschaft (Duisburg)

Live Escape Game mit folgenden Themenräumen: Das Vermögen, Secret Service und Duisburg Westende, letztere Story dreht sich um ein Bergwerk und verschwundene Kumpel.

■ **Informationen**

Philosophenweg 23-25
47051 Duisburg
Tel. 0203/87846226
info@gege-duisburg.de
gege-duisburg.de
Termine nur online buchbar

Revierpark Mattlerbusch (Duisburg)

In Duisburg-Hamborn, inmitten des neun Hektar großen Waldes „Mattlerbusch“, liegt der gleichnamige Revierpark mit Niederrhein-Therme, Reiterhof und vielen weiteren Erholungs- und Freizeitangeboten. In der naturnahen Parklandschaft, die auch ein Feuchtbiotop sowie einen Geologielehrpfad aufweist, lassen sich ausgiebige Wanderungen unternehmen, wobei man zahlreiche Tier- und Pflanzenarten beobachten kann.

Im Zentrum des insgesamt 40 Hektar großen Geländes liegt der Mattlerhof, ein historischer Bauernhof aus dem 13. Jahrhundert, in dessen Stallungen Pferde, Kühe, Schafe, Ziegen und Schweine gehalten werden. Seit 2011 fungiert der ehemalige Reiterhof als natur- und tierpädagogisches Zentrum mit integrativen Angeboten. Das Brauhaus bietet nicht nur kulinarische Spezialitäten und zwei herrliche Biergärten, sondern auch einen Jazz-Frühschoppen in der Tenne, Open Air Events im Innenhof und mit dem Hochzeitspavillon einen stimmungsvollen Rahmen für Trauungen.

Der nahegelegene Gebäudekomplex schließlich beherbergt die Niederrhein-Therme, eine Bäderlandschaft mit Sole-Thermalbad (innen und außen), Wasserfall, Karibikwellenbad, 15 verschiedenen Saunen, Whirlpools, Ruhezonen und Fitnesstreff. Weitere Attraktionen sind die 40 Meter lange Salinenanlage, deren angenehm salzige Luft dem Körper wohltuende Erholung verspricht, und die Salzgrotte, deren Wände aus 250-500 Millionen Jahre alten orangefarbenen Himalaya-Salzblöcken bestehen.

■ **Informationen**

Revierpark Mattlerbusch GmbH
Wehoferstr. 42
47169 Duisburg
Tel. 0203/99584-12
info@niederrhein-therme.de
www.niederrhein-therme.de
Öffnungszeiten Sauna- und Solebereich: täglich 8.30-23.00 Uhr
Öffnungszeiten Salzgrotte: täglich 9.45-21.45 Uhr

Hallen- und Freibad Platsch (Ennepetal)

In der Nähe des Hülsenbecker Tals liegt, umgeben von Wald und Wiesen, das Hallen- und Freibad „Platsch". Das Freizeitbad lädt zu sportlichem, gesundem und erholsamem Aufenthalt ein. Innen gibt es ein Kleinkindbecken mit Rutsche, ein 30 °C warmes Variobecken und ein Sportbecken. Attraktion des Bades ist eine 90 Meter lange Rutsche, die Spaß und Tempo verspricht. Das Freibad ist mit zwei 50-Meter-Becken (Schwimmer/Nichtschwimmer) und einem Babybecken ausgestattet. Innen wie außen gibt es eine Sprunganlage. Sauna und Bistro runden den Spaß ab.

■ **Informationen**

Mittelstr. 108
58256 Ennepetal
Tel. 02333/604718
info@platsch-en.de
www.platsch-en.de
Öffnungszeiten Oktober bis Mai: Wasserwelt: Di/Fr/Sa 10-20 Uhr, Mi/Do 14-20 Uhr, So/Fei 10-18 Uhr
Öffnungszeiten Juni bis September: nach Wetterlage Wasserwelt oder Freibad: Di-Sa 10-20 Uhr, So/Fei 10-18 Uhr
Sommer-/Winterferien NRW auch Mo geöffnet

Grugapark und -bad (Essen)

>> Natur & Erholung / Parks und Gärten

Schwimmzentrum Kettwig (Essen)

Zum Pflichtprogramm eines jeden Schwimmbegeisterten gehört ein Besuch des Schwimmzentrums in Essen-Kettwig, kurz das „Kettwiger" genannt. Besonders in den Sommermonaten ist die Anlage, landschaftlich reizvoll von viel Grün umgeben, beliebtes Ausflugsziel. Familien mit Kindern nutzen das Kombibad, ausgestattet ist das Bad mit Sport-, Nichtschwimmer-, Sprung- und Kinderbecken, gerne für einen ganztägigen Aufenthalt.

Ein Restaurant bietet den Badegästen abwechslungsreiche Gerichte an. Neben den großen Liege- und Freiflächen verfügt das Schwimmzentrum auch über eine 90 qm große Ballspielfläche, ein Beachvolleyballfeld sowie einen Kinderspielbereich.

■ **Informationen**

Im Teelbruch 10
45219 Essen
Tel. 02054/7934
www.essen.de
Öffnungszeiten Freibad: Mo-Fr 6-10 Uhr und 14-20 Uhr, Sa/So 8-20 Uhr

RuhrEscape (Essen)

Live Escape Games für Gruppen (2-12 Personen) an zwei Standorten in Essen. 60-Minuten-Missionen in verschlosse-

Gesundheitspark Nienhausen, Gelsenkirchen

nen Räumen. (Auch wer die Rätsel nicht knackt, wird wieder herausgelassen!) Themen am Standort Ruhrallee: Juwelenraub, Tödlicher Virus, Rettet die Stadt; Standort Kurfürstenstraße: Der letzte Akt des Magiers, Vermächtnis des Pharao, Time Machine.

■ **Adressen**

Ruhrallee 12
Kurfürstenstraße 54
45138 Essen

■ **Informationen**

Tel. 01575/3424695
info@ruhrescape.de
www.ruhrescape.de

Gesundheitspark Nienhausen (Gelsenkirchen)

Die 30 Hektar große Gesundheits-, Freizeit- und Erlebnisanlage befindet sich auf dem Gelände eines alten Gutshauses, das der Familie Eickenscheidt-Nienhausen gehörte.

In den 1970er Jahren wurde hier, an der Stadtgrenze zu Essen, eine Parklandschaft mit vielfältigen Sport-, Spiel- und Erholungsmöglichkeiten angelegt. Zwischen 2009 und 2011 erfolgte ein umfassender Um- und Ausbau des Revierparks zum Gesundheitspark mit vielen Angeboten unter einem Dach. Es gibt eine Saunalandschaft mit zehn Saunen, Saunagarten und Sole-Außenbecken. Für Sport und Gesundheit sowie Physiotherapie ist der Essener Stadtsportbund zuständig, zudem locken das Frei- und Wellenbad, die Gastronomie und der Park, auch ein Seminarzentrum ist vorhanden. Der Park umfasst u. a. eine Minigolfanlage, Tennisplätze, Basketball- und Volleyballfelder, einen Wasserspielplatz, eine Kinderburg und ein Lamagehege.

■ **Informationen**

Feldmarkstr. 201
45883 Gelsenkirchen
Tel. 0209/94131-0
info@nienhausen.de
www.nienhausen.de
Öffnungszeiten Freibad: Mai bis September täglich 8-19 Uhr
Öffnungszeiten Sauna und Sole: Mo-Do 9-22 Uhr, Fr/Sa 9-23 Uhr, So/Fei 9-20 Uhr

Schalker Sportpark

Auf über 10.000 qm Indoor-Fläche gibt es jede Menge

Sport, Spaß und Action. 200 Fitnesskurse monatlich, modernste Geräte, Squash Courts und eine Saunalandschaft werden im INJOY Sports- & Wellnessclub angeboten. In der Tanzschule L. A. Dance kann man alles erlernen von Ballett über Hip Hop und Jazz Dance bis zu Street Dance. Fußballfans zieht es zu den Cageball-Feldern, hier sind die Tore höhenverstellbar für das Spiel mit oder ohne Torwart. Die Bodenhaftung verliert der Besucher dagegen gerne im JumpClub, der riesige Trampoline bereithält, auf denen klassisches Springen trainiert oder auch Basketball und Dodgeball gespielt werden kann – Musik und bunte Lichter inklusive. Trampolino ist ein weiterer Freizeit-Hit im Sportpark. Wohl fühlt sich hier jede Altersgruppe, die Jüngeren am Klettervulkan, auf dem Mega-Klettergerüst mit seinen Riesenrutschen oder auf dem wilden Wabbelberg, Jugendliche und Erwachsene stellen sich lieber der Herausforderung des Hochseilgartens.

Informationen

Kurt-Schumacher-Str. 157-161
45881 Gelsenkirchen
Tel. 0209/44011
info@schalkersportpark.de
schalkersportpark.de

Alma Park (Gelsenkirchen)

9.000 qm große Spiel- und Sporthalle. Neben drei Soccerfeldern für's klassische Spiel oder für Bubble Ball und den Poolball-Tischen sorgen drei riesige Paintball-Spielfelder, die Lasertag-Arena und Virtual-Reality-Spiele für Spaß und Spannung. Und „Völkerball" wird hier natürlich in der Variante mit Pfeil und Bogen beim Arrowtag ausgeübt. Eingesperrt! – Geschick, Logik und Einfallsreichtum benötigen die Spieler beim Live Escape Game, um in 60 Minuten aus einem Raum (Der Gral oder The Saw Massacre) zu entfliehen.

Zusätzlich werden Events wie Junggesellenabschiede und Geburtstags- oder Firmenfeiern ausgerichtet.

Informationen

Almastraße 39
45886 Gelsenkirchen
Tel. 0209/95709400
info@alma-park.de
www.alma-park.de

Sport-Paradies Gelsenkirchen

Unter einem Dach findet man im Sport-Paradies eine Vielfalt an Sport- und Erholungsmöglichkeiten. Ob Eislaufen, Schwimmen, Kegeln, Relaxen oder Fitness – auf einer Gesamtfläche von ca. 100.000 Quadratmetern bleiben keine Wünsche offen.

Das Badeparadies mit Wellen-, Aus- und Kinderschwimmbecken sowie das Freibad mit insgesamt fünf Schwimmbecken machen Baden zum Vergnügen. Die zehn Meter hohe Sprungturmanlage lädt zum Eintauchen ins Wasser ein – so wie die innenliegende Wasserrutsche. Für alle, die sich nicht nur durch Schwimmen fit halten wollen, finden verschiedene Aquakurse statt. Eine Kinderspielstadt am Planschbecken im Freibad mit Strandkörben und Sonnensegeln spendet Schatten für die Kleinen und Urlaubsatmosphäre für die Großen.

Der Sportis Wasserzirkus mit angeschlossenem Wildwasserbach ist seit 2008 eine Attraktion im Badeparadies. Auf einer zusätzlichen Fläche von 500 Quadratmetern vereint sich feuchtfröhlicher Badespaß mit der faszinierenden Zirkuswelt. Bereits beim Betreten des Beckens durch einen Wasservorhang werden die kleinen Badegäste auf die Zirkuswelt eingestimmt. Wasserspielgeräte wie Zirkuswagen mit Kletternetzen, Clowns und Hau-den-Lukas laden zum Spielen ein. Alle sicheren Schwimmer nimmt ein 100 m langer Wildwasserbach auf eine Fahrt durch Schluchten und steile Kurven mit. Die 22 Meter lange Hochseilbrücke und die bunte Spielbox eröffneten 2009.

Wen es statt ins kühle Nass eher aufs Eis zieht, kann sich in der Wintersaison schon mal die Kufen unterschnallen. Die 30 x 60 Meter große Eisfläche bietet Platz für Hobbysportler und Eisköniginnen.

Stefansbachtal mit Schwimm In, Gevelsberg

Acht Sport- und sechs Gesellschaftskegelbahnen stehen Vereinen und Hobbykeglern, um „alle Neune“ fliegen zu lassen, zur Verfügung.

Kulinarische Genüsse werden im PARADISO und in zwei weiteren gastronomischen Einrichtungen angeboten.

Das Sport-Paradies – bald Geschichte? Im Gelsenkirchener Rathaus wird über die Schließung des (sanierungsbedürftigen) Sport-Paradieses und den Neubau eines Freizeitbades andernorts nachgedacht. Eine Entscheidung ist noch nicht gefallen.

■ **Informationen**

Adenauerallee 118, 45891 Gelsenkirchen
Tel. 0209/954-40
info@sport-paradies.de
www.sport-paradies.de

Schwimm in Gevelsberg

Das Sport- und Freizeitbad in Gevelsberg mit Saunalandschaft, Erlebnisaufgüssen, Massage, Sprungturm, Wasserfall und Strömungskanal ist über die Grenzen der Region hinaus weit bekannt. Außerdem gehören vier Superrutschen zwischen 40 und 80 Meter Länge zum Angebot. Im Kinderbecken sorgen Spielboot, Wasserclown, Delphine und eine Regenbogenrutsche für Abwechslung und Spaß.

Je nach Wetterlage ist das Hallenbad oder das angegliederte Freibad, das mit Nichtschwimmerbecken, Planschbecken und einer Liegewiese ausgestattet ist, geöffnet. Ein Gastronomiebereich versorgt die hungrigen Bade- und Saunagäste mit Salaten, Snacks und Getränken.

■ **Informationen**

Ochsenkamp 54
58285 Gevelsberg
Tel. 02332/6638-0
info@schwimm-in-gevelsberg.de
www.schwimm-in-gevelsberg.de

Freizeitstätte Wittringen (Gladbeck)

Rund um das traditionsreiche Wasserschloss „Wittringen“ entstand bereits in den 1920er Jahren eine Erholungsanlage zum Wohle des Volkes. Heute trägt sie nach zahlreichen Um- und Ausbaumaßnahmen den Namen „Freizeitstätte Wittringen“.

Neben der 91 Hektar großen Waldfläche, in der das Wasserschloss liegt, beherbergt die

Freizeitstätte Liegewiesen, Grillplätze und ein Waldschwimmbad (Zehn-Meter-Turm, vier Schwimmbecken). Unweit liegt das Gladbecker Stadion, ehemals Vestische Kampfbahn. Darüber hinaus sind ein Abenteuerspielplatz, benachbart das Vogelwarmhaus nebst Streichelzoo, eine Boule- und eine große Tennisanlage mit zehn Sandplätzen, zwei Minigolfanlagen sowie eine – seit Frühjahr 2009 beleuchtete – Marathon-Bahn vorhanden.

Das Wasserschloss selbst beherbergt heute das Stadtmuseum sowie ein Restaurant, ganz in der Nähe befindet sich die Vogelinsel im Schlossteich.

■ **Adresse**

Wittringer Wald
45964 Gladbeck

■ **Informationen**

Stadt Gladbeck, Gladbeck Information
Willy-Brandt- Platz 2
45964 Gladbeck
Tel. 02043/99-2244
info@stadt-gladbeck.de
www.gladbeck.de
www.wasserschloss-wittringen.de

Erlebnisbad Hestert (Hagen)

Im Jahre 1997 eröffnete das Freibad in Hagen-Hestert seine Pforten für die Besucher. Das Freibad besteht in der Hauptsache aus einem riesigen Schwimmbecken, das in mehrere Bereiche unterteilt ist: Neben dem Nicht-Schwimmer- und Kleinkinderbecken mit Wasserpilz, Bodensprudler und Minirutschen befinden sich in der Badelandschaft ein Strömungskanal, Whirlliegen und zwei Rutschbahnen, die in das normale Tiefwasserbecken münden. Eine weitere, große Rutsche mit einer Länge von 88 Metern wurde außerhalb des Schwimmbeckens angelegt: In rasantem Tempo rast man steil die Rutsche hinab und landet schließlich in einem eigens für diesen Zweck geschaffenen Pool.

■ **Informationen**

Westfalenstr. 6
58135 Hagen
Tel. 02331/489220
info@hagenbad.de
www.hagenbad.de

Westfalenbad, Hagen

Westfalenbad (Hagen)

Das 2010 eröffnete Bad hat eine Gesamtfläche von 70.000 qm, davon 2.000 qm Wasserfläche, zum Teil bedeckt von einem Cabriodach, das sich in acht Minuten öffnen oder schließen lässt. Es gibt ein Sport- und ein Freizeitbad sowie einen Sauna- und Wellnessbereich mit vielen entspannenden und gesunden Anwendungen und mit acht Saunen, darunter ein Dampfbad.

Im Sportbad warten ein 50-Meter-Becken und eine sechs Meter hohe Kletterwand neben weiteren Attraktionen. Angeschlossen ist auch ein Fitnessstudio. Der Bereich Freizeitbad & Sole bietet u. a. ein ganzjährig geöffnetes Sole-Außenbecken, 34 °C Wassertemperatur treibt jeden Winter aus! Spiel und Spaß im Innenbereich versprechen ein großes Erlebnisbecken mit Rutsche, Kletterwand und Badeschwimmgrotte, eine 80-Meter-Rutsche und vieles mehr.

■ **Informationen**

Westfalenbad
Stadionstraße 15
58097 Hagen

Freizeitbad „Aquarell", Haltern am See

Tel. 02331/208600
info@westfalenbad.de
www.westfalenbad.de
Öffnungszeiten Sportbad:
Mo-Fr 6.30-22 Uhr, Sa/So 8-20 Uhr
Öffnungszeiten Freizeitbad: 10-22 Uhr,
Sa 9-22 Uhr, So 9-20 Uhr

Freizeitbad „Aquarell" mit Wohnmobilpark (Haltern am See)

Wasserspaß bei jedem Wetter: Das Hallenbad im Halterner „Aquarell" bietet Sport- und Kindererlebnis-Becken, Kletterwand und Sprunganlage. Hauptattraktion ist die 75-Meter-Riesen-Wasserrutsche, die Spaß und Spannung für Groß und Klein verspricht. Im beheizten Freibad ist ebenfalls ein Schwimmbecken mit Sprunganlage vorhanden, dazu eine 60-Meter-Großwasserrutsche, riesige Liegewiesen und Beachvolleyballfelder. Außerdem stehen den Besuchern ein Wellnessbereich mit verschiedenen Saunen, Massageangebot, Ruhezonen sowie eine Cafeteria zur Verfügung.

Direkt neben dem Freizeitbad gibt es einen tollen Wohnmobilpark.

■ **Informationen**

Hullerner Straße 45-49
45721 Haltern am See
Tel. 02364/9240-27
aquarell@stadtwerke-haltern.de
www.freizeitbad-aquarell.de
Öffnungszeiten (witterungsabhängig in der Sommersaison): Freibad: Mai bis September: täglich 9-20 Uhr;
Hallenbad: Mo 17.30-19.30 Uhr (Frauenschwimmen), Di-Do 7-21.30 Uhr, Fr 7-10 Uhr, Sa/So 9-19 Uhr

Freizeitpark Ketteler Hof (Haltern am See)

Der Ketteler Hof in Haltern am See ist genau das Richtige für Familien mit Kindern. Der einzigartige Spiel- und Mitmachpark bietet auf rund 12 Hektar Fläche viele Möglichkeiten, spielerisch und kreativ die eigene Umwelt zu entdecken und von ihr zu lernen. Insgesamt stehen mehrere hundert Einzelspielgeräte in insgesamt 32 Spielbereichen zur Verfügung.

So können die Kinder u. a. über ein Leitungssystem selbst Wasser fördern, um Mühlenräder anzutreiben, im Seilwald oder ins Räubernest klettern. Aktives Mitmachen steht also im Mittelpunkt. Der Park hat jedoch noch einiges mehr im Programm: Sommerrodelbahn, Riesensprungkissen, Spiel- und Kletterhafen, Wichteldorf, Tret-Cart-Bahn, Märchenwald und Wellenrutsche sind nur einige von zahlreichen Attraktionen.

Hervorzuheben ist schließlich das große Tiergehege, in dem sich u. a. Pfaue, Ziegen und Schweine befinden, die von den Kindern gestreichelt und gefüttert werden dürfen. Ein Naturerlebnispfad vermittelt überdies wertvolle Erfahrungen im Umweltbereich.

Allwettergrillstellen und Imbissbuden sorgen für die passende Verpflegung. Ab der Saison 2017 steht für alle Besucher auch ein großer Inhouse-Spielplatz mit verschiedenen Spielwelten zur Verfügung.

Informationen

Rekener Str. 234
45721 Haltern am See
Tel. 02364/3409
info@kettelerhof.de
www.kettelerhof.de
Öffnungszeiten: April bis Oktober: täglich 9-18 Uhr

Maximare (Hamm)

Wasser(spiele) in allen Formen: Im Wellenbecken mit den Wogen spielen, sich im Strömungskanal treiben lassen, in der Reifenrutsche eine 95 Me-

Freizeitpark Ketteler Hof, Haltern am See

ter lange Talfahrt erleben oder im Wildwasserbach durch Kurven, Stromschnellen und Flusspassagen rasen – das Maximare bieten alle Möglichkeiten.

Selbstverständlich gibt es auch ein modernes Sportbecken und einen separaten Kleinkinder-Wasserbereich.

Doch Schwimmen ist im Maximare nicht alles: Das 33 Grad warme Solebecken verspricht Entspannung. Gemeinsam mit einem umfangreichen Saunaangebot (u. a. Fegefeuersauna, Erdsauna, Salzsauna, Sinnesbad – eine Lichtklangsauna – und Aufguss-Szenarien in der ArenaMare, der Theatersauna mit bis zu 100 Sitzplätzen!), mit Solegrotte, Solarien, Aquafitness und einer vielfältigen Wellnesswelt mit verschiedenen Verwöhnprogrammen wie z. B. traditionellen chinesischen Massagen sorgt die Erlebnistherme für allgemeines Wohlbefinden.

Für den großen und kleinen Hunger stehen das „Café Mare", der „Aqua-Snack" in der Aquawelt und die „Sauna-Launch" bereit.

■ Informationen

Jürgen-Graef-Allee 2
59065 Hamm
Tel. 02381/878-0
info@maximare.com
www.maximare.com
Öffnungszeiten Aquawelt: Mo-Fr 8-22 Uhr, Sa/So 9-22 Uhr; Sportbad: Mo 6-15 Uhr, Di-Fr 6-22 Uhr, Sa/So/Fei 9-22 Uhr; Sauna: 9-23 Uhr; Wellnesswelt: Mo-Do und Sa/So/Fei 11-19 Uhr, Fr 11-21 Uhr

Freizeitzentrum Bleichstein [Herdecke]

Eine Wasserlandschaft von über 1.000 Quadratmetern bietet Wasserfreuden pur für Jung und Alt. Im Mittelpunkt steht natürlich das Spaßbecken mit hundert Meter langer Riesenrutsche, Breitrutsche, Geysir, Wildwasserkanal und Wasserfällen. Sportlich ambitionierte Besucher suchen dagegen das Schwimmerbecken mit Wettkampfbahnen und/oder das Sprung- und Tauchbecken auf. Ruhiger geht es im Massage- und Whirlpool zu. Einfach nur das Wetter genießen kann man auf den Sonnenterrassen oder den Liegewiesen, auf denen alter Baumbestand für wohltuenden Schatten sorgt. Darüber hinaus gibt es ein Beachvolleyballfeld, einen Basketballplatz und einen Imbiss.

■ Informationen

Hengsteyseestraße 26
58313 Herdecke
Tel. 02330/607877 (Freibad)
Tel. 02330/916209 (Hallenbad)
freibad@herdecke.de
www.herdecke.de
Öffnungszeiten Freibad:
Mo-Fr 13-19 Uhr, Sa/So 10-19 Uhr
Öffnungszeiten Hallenbad:
Mo-Fr 6.30-8 Uhr, Mi zusätzlich 15-17 Uhr

Revierpark Gysenberg / LAGO [Herne]

Der Revierpark Gysenberg in Herne ist der älteste der fünf Revierparks im Ruhrgebiet. Im Jahre 1970 eröffnet, stellt der Park den Besuchern zahlreiche sportliche und kulturelle Attraktionen zur Verfügung, die im Laufe der Zeit kontinuierlich erweitert und verbessert wurden.

Heute umfasst das 31 Hektar große Areal eine Eissporthalle, Spiel- und Sportplätze, Grillstationen und Ruderteiche. Sportlich stehen Tennis, Beach-Volleyball, Minigolf, Bogenschießen, Fußball, Trampolinspringen, NauticJet, Joggen auf markierten Strecken oder Klettern auf dem Programm. Eine Attraktion ist die erste deutsche Padel-Halle. Die Mischung aus Tennis und Squash wird auf einem 10 x 20 Meter großen Court gespielt. Daneben stehen ein Disc-Golf-Parcour mit neun Bahnen und ein Kegelzentrum zur Verfügung. Für die Kleinen sind außerdem Minigolf, Spieleland, Go-Kart-Rennen, Riesenrutsche und eine Kindereisenbahn im Angebot.

Im Tierpark können die Jüngsten sich im richtigen Umgang mit Tieren üben oder auf dem Naturlehrpfad einiges über die heimische Fauna lernen. Interessant dürfte auch ein Besuch der altgermanischen Steingräber auf dem Gysenberg sein: Die Grabflächen sind über 4.000 Jahre alt (und nicht ganz einfach zu entdecken)!

Wie alle anderen Revierparks besitzt auch der Gysenberg-Park ein Freizeithaus mit Multifunktions-Saal für 250

Personen, Gastronomie und Diskothek sowie einem umfangreichen Veranstaltungsangebot u. a. von Theateraufführungen, Ausstellungen, Tanzveranstaltungen, Seminaren und Kreativ-Kursen.

Im Mittelpunkt der gesamten Anlage steht jedoch das LAGO, das einerseits Spaß-, andererseits Sole-Bad ist. Das Spaßbad verfügt über drei Außenbecken, eine 112 Meter lange Riesenrutsche und ein Wellenbad. Das von Wanne-Eickler Heilwasser gespeiste Solebad wird ergänzt durch großzügige Wellness-, Beauty- und Saunabereiche (s. Wellness im Ruhrgebiet).

Informationen

Am Revierpark 40
44627 Herne
Tel. 02323/969-0
info@gysenberg.de
gysenberg.de
Öffnungszeiten: Mo-Do 8-23 Uhr, Fr 8-24 Uhr, Sa 8-24 Uhr (ab 21.00 Uhr textilfreies Baden), So 8-22 Uhr

Südpool (Herne)

Klein, aber fein – so könnte das Motto für den Herner Südpool lauten. Das familienorientierte Bad kommt ohne große Attraktionen aus, bietet in der Halle ein 25-Meter-Becken mit sechs Bahnen und im Freien ein 25-Meter-Schwimmerbecken mit vier Bahnen sowie ein Nichtschwimmerbecken. Eingerahmt wird das kühle Nass durch eine 20-Hektar-Liegewiese mit dem schönen Namen „Freiheit". Ebenso im Angebot: Imbiss, Tischtennisplatten, Kinderspielplatz mit Holzbauten und Matschbereich.

Informationen

Bergstr. 27
44625 Herne
Tel. 02323/592-690
suedpool@stadtwerke-herne.de
www.suedpool-herne.de
Öffnungszeiten Hallenbad: Di/Do/Fr 6.30-20 Uhr, Mi 6.30-16 Uhr, Sa 6.30-18.30 Uhr, So 6.30-20 Uhr, Mo (nur im Sommer) 6.30-8 Uhr; Öffnungszeiten Freibad: Mo-So 6.30-20 Uhr

Wananas (Herne)

2011 wurde das alte Spaß- und Freizeitbad Wananas in Herne-Crange durch ein Feuer völlig zerstört. Seit Ende Dezember 2016 hat das neue Wananas seine Pforten geöffnet. Das Freizeitbecken im neuen Sport- und Erlebnisbad trumpft mit einer 65-Meter-Röhrenrutsche, einer Breitrutsche, mit grotte und Kletterwand auf. Kollisionsfreies Rundenschwimmen ist auf der Schwimm-Autobahn möglich. Für sportlich ambitionierte Gäste gibt's ein 25-Meter-Sportbecken mit Sprungbrettern.

Zwei Planschbecken mit buntem Spielgerät locken die Minis ins Wasser. Ganzjähriges Vergnügen verspricht auch das Außenbecken mit Sprudelliegen und Schwallwasserdusche. Der Saunabereich umfasst eine Finnische und eine Salzsauna, einen Ruhebereich mit Panoramafenster und die Sauna-Lounge mit Getränke-Service.

Informationen

Am Wananas 1
44653 Herne
Tel. 02325/9260-0
info@wananas.de
www.wananas.de
Öffnungszeiten Erlebnisbad: So-Do 9-21 Uhr, Fr/Sa 9-22.30 Uhr
Öffnungszeiten Sportbad: Sa 9-17.45 Uhr, So 9-21 Uhr, Frühschwimmen: Mo-Sa 6.30-8 Uhr

Copa Ca Backum (Herten)

Mitten im Backumer Tal, einer großzügigen Grünanlage mit Einrichtungen wie Tennis, Tischtennis, Boccia, Rodelbahn und See, liegt die Freizeit- und Wellness-Oase Copa Ca Backum. Wer einen erlebnisreichen Badetag mit der ganzen Familie unternehmen möchte, ist hier genau richtig. Denn das Angebot ist in erster Linie auf die jüngeren Besucher des Bades ausgerichtet: Rutsche, Wildwasserkanal, Wasserfall, Kinderclub und ein abwechslungsreiches Veranstaltungsprogramm lassen so schnell keine Langeweile aufkommen.

Doch auch Erholungsuchende kommen im Copa Ca Backum voll auf ihre Kosten. In der Copa Oase warten eine großzügige Saunalandschaft und ein Wellnessbereich mit Verwöhnprogramm.

Informationen

Über den Knöchel/Teichstraße
45699 Herten

Copa Ca Backum, Herten

Tel. 02366/307-310 (Kasse)
copacabackum@herten.de
www.copacabackum.de
Öffnungszeiten: Freibad: Mai bis September: täglich 7-20 Uhr (die Öffnungszeiten sind wetter- und witterungsabhängig); Freizeitbad: Mo 10-22 Uhr, Di-Fr 8-22 Uhr, Sa, So 8-21 Uhr; Saunalandschaft: Mo 10-22 Uhr (Damensauna), Di 8-22 Uhr, Mi-Fr 8-23 Uhr, Sa/So 8-21 Uhr

Freibad Schöne Flöte (Holzwickede)

Schöner Name, schöne Anlage. 15.000 m² Liegefläche mit vielen Bäumen, ein Schwimmerbecken mit Sprunganlage, ein beheiztes Nichtschwimmerbecken mit Sprudelliege, Massagedüsen und Wasserspeier sowie ein Aktionsbecken, ebenfalls beheizt und ausgestattet mit einer 40-Meter-Spiralrutsche, bilden ein verlockendes Angebot. Für die Kleinen gibt es ein Planschbecken mit Wasserpilz und Elefantenrutsche, für Sportler eine Beachvolleyball-Anlage.

In der „Schönen Flöte" sind zudem eine Sauna und das Fitness-/Gesundheitszentrum „Fit ‚n' Well" untergebracht.

Informationen

Steinbruchstr. 38
59439 Holzwickede
Tel. 02301/91200-0
schoenefloete@holzwickede.de
www.holzwickede.de
Freibadsaison ab Anfang Mai: Mo-Sa 10-19 Uhr, So/Fei 9-19 Uhr
Frühschwimmen (für Mehrfachkarteninhaber) 6.30-9 Uhr

Freizeitpark Pappelsee (Kamp-Lintfort)

Der Freizeitpark Pappelsee beherbergt neben dem Pappelsee mit Vogelschutzinsel, Abenteuerspielplatz, Rodelbahn, Tennis- und Volleyballplätzen, Modelbootteich und Grillplatz das Panoramabad Pappelsee mit Hallen- und Freibad.

Letzteres bietet indoor ein 25-Meter-Becken und für Kurse wie Aquafitness oder Babyschwimmen ein weiteres Becken mit variablem Boden. Im Sommer, wenn die große Glasfront des Hallenbades geöffnet wird, findet der Wasserspaß zumeist im Freien statt, im Sprungbecken, Erlebnisbecken mit Rutsche und im Kleinkindbereich. Eine terrassenartig angelegte Liegefläche am Hallenbad und die großzügige Liegewiese warten auf Sonnenanbeter.

Doch damit nicht genug der Anreize: Im Sommer organisiert das Panoramabad Pool-Partys, im Winter Kinospaß von schwimmenden Badeinseln aus.

Informationen

Bertastr. 74
47475 Kamp-Lintfort
Tel. 02842/81640
kontakt@panoramabad-pappelsee.de

www.panoramabad-pappelsee.de
Öffnungszeiten Freibad: bei gutem Wetter Mo-Fr 14-19 Uhr (Sommerferien 12-19 Uhr), Sa/So 10-19 Uhr

Freizeitanlage Cappenberger See (Lünen)

Der Cappenberger See liegt südlich des Forstes Cappenberg, zwischen Richard-Schirrmann-Weg und Wehrenboldstraße. Neben den vielen Freizeit- und Erholungsstätten der Revierstadt wie Lippe, Seepark Lünen und Datteln-Hamm-Kanal stellt der Cappenberger See eine bedeutsame Freizeitanlage dar. Wer auf der Suche nach aktiver Erholung ist, kann hier eine Ruder- oder Tretboot-Tour unternehmen oder sich im benachbarten Freibad mit vier Schwimmbecken, Kletterhügel, Quellstrudel, Spritzdüsen, Schiffchenkanal, Sprudelpilz und einer 75 Meter langen Kurvenrutsche austoben. Gastronomie und Liegewiesen sind ebenfalls vorhanden. Am Westufer des Sees liegen Tennisplätze und ein Sportplatz, auf der gegenüberliegenden Seite die Jugendherberge.

Informationen
Wehrenboldtstraße
44534 Lünen
Tel. 02306/53269 (Freibad)
www.baeder-luenen.de
Öffnungszeiten Freibad: tgl. 7-20 Uhr (bei sommerlichen Temperaturen)

Seepark (Lünen)

>> Natur & Erholung / Parks und Gärten

Freizeitpark (Moers)

Dem Schlosspark mit seinem alten Baumbestand, den Wasserpartien und Resten der Wallanlage schließt sich der in den 1960er Jahren angelegte Freizeitpark mit vielfältigen Spiel- und Sportmöglichkeiten an. Wasserspielplatz, Klettergerüst, Rodelberg, Minigolfbahn und ein großer Spielplatz sorgen für ausreichend Betätigung bei Groß und Klein. Südlich der Venloer Straße liegen das Naturfreibad Bettenkamper Meer und das Sportzentrum Solimare mit Freibad und Eissporthalle. Zum Freizeitpark gehört zu guter Letzt auch eine im 18. Jahrhundert erbaute Wassermühle mit einem 5,3 Meter großen, heute noch funktionierenden Mühlenrad.

Informationen
Naturfreibad Bettenkamper Meer
Krefelder Str. 190, 47441 Moers
Tel. 02841/29973
Sportzentrum Solimare
Filder Str. 140, 47447 Moers
Tel. 02841/29999
www.moers.de

Solimare (Moers)

Im Sommer 2017 ist es so weit, dann eröffnet der traditionelle Sportstandort Solimare wieder. Entstanden ist ein neues Aktivbad mit Kleinkindbereich (Eröffnung Winter 2016) und ein grundlegend modernisiertes Freibad. Neu hinzugekommen sind ein Beachbereich mit Spielattraktionen und eine Großrutschenanlage.

Adresse
Filder Str. 144
47447 Moers

Informationen
ENNI Sport & Bäder Niederrhein
Uerdinger Straße 31
47441 Moers
Tel. 0800/2221040
info@enni.de
www.enni.de

Naturfreibad Styrum (Mülheim an der Ruhr)

Zurück zur Natur, das ist die Devise des im Juni 2006 eröffneten Bades, das das alte, konventionelle Freibad ersetzt. Die früheren Schwimmbecken wurden komplett saniert – ohne Kacheln und Chlor kann jetzt auf 3.000 Quadratmeter Fläche das Badevergnügen genossen werden. Die Sandbecken sind mit Schilf bewachsen, deren Reinigung ganz naturnah verläuft: Es wird mehrmals täglich durch einen großen Filter aus Kies und Pflanzen gepumpt. Stündlich werden 400 Kubikmeter Wasser gewechselt. Damit das System klappt, ist die Kapazität auf täglich 3.000 Besucher begrenzt.

Neben den naturbelassenen Fluten locken der Zehnmeter-Sprungturm im neuen, rot-weiß gestreiften Look, Beachvolleyball, Basketball und Klettermöglichkeiten sowie der 2016 neu eröffnete Beach-Bereich mit Gastronomie.

Informationen
Friesenstraße 101

45476 Mülheim an der Ruhr
Tel. 0208/9926710
info@naturbad-muelheim.de
naturbad-muelheim.de
Öffnungszeiten Hauptsaison: Mo-Fr 10-19 Uhr, Sa/So 10-20 Uhr; Vor- und Nachsaison: Mo-Fr 12-19 Uhr, Sa/So 10-20 Uhr

Freizeitbad Neukirchen-Vluyn

Das Familienbad in Neukirchen-Vluyn bietet Badespaß für jedermann. Die großzügige Saunalandschaft mit herrlichem Garten besteht aus verschiedenen Saunen und ausgedehnten Ruhezonen. Verschiedene Gesundheits- und Wellness-Programme sowie die Bistro-Lagune runden das vielseitige Angebot ab.

■ **Informationen**

Tersteegenstraße 91
47506 Neukirchen-Vluyn
Tel. 02845/32953
info@freizeitbad-neukirchen-vluyn.de
www.freizeitbad-neukirchen-vluyn.de

AQUApark Oberhausen

Wo auch sonst hätte das weltweit erste Bergbau-Erlebnisbad eröffnen sollen? Unter einer spektakulären Kuppel (Durchmesser ca. 40 Meter), die sich bei schönem Wetter teilweise öffnen lässt, warten u. a. eine Wasser-Eventlandschaft mit Flöznachbau, eine große Schachthalle samt sprudelnden Geysirbecken sowie ein Strömungskanal. Zentrum des Ende 2009 eröffneten, 25.000 Quadratmeter großen Spaßbades mit Zechencharakter ist der 18 Meter hohe Nachbau eines Förderturms mit integrierter Flugrutsche. Aber auch die Black-Hole-Rutsche „Blindschacht" mit stilechten Dunkelpassagen und LED-Kurvenbeleuchtung sowie die X-Tube-Rutsche, deren 120 Meter NRW-Rekord bedeuten, erinnern an Grubengold-Zeiten. Und wer nicht rutschen will, der wagt vielleicht einen Hopser oder Eleganteres vom Sprungturm oder zieht seine Bahnen im 25-Meter-Becken oder betreibt Aquafitness im Fit & Fun-Pool oder besucht den Wasserfall. Der findet sich im Freien, beim großen Außenbecken, nahe dem Außen-Geysir-Whirlpool, an der schönen Liegewiesen- und Terrassen-Landschaft ...

AQUApark Oberhausen

Informationen

Heinz-Schleußer-Str. 1, 46047 Oberhausen
Tel. 0208/625359-0
info@aquapark-oberhausen.com
www.aquapark-oberhausen.com

LEGOLAND Discovery Center (Oberhausen)

>> Kinder & Familien

Revierpark Vonderort (Oberhausen)

An der Stadtgrenze zwischen Oberhausen und Bottrop liegt auf Oberhausener Stadtgebiet der Revierpark Vonderort. Mit einer Gesamtfläche von 32 Hektar ist er seit den 1970er Jahren eine feste Institution im Freizeitangebot der Stadt. Zahlreiche Freizeitattraktionen – von Sport und Spiel über Erholung und Action bis hin zum Kulturerlebnis und Naturgenuss – warten hier. Unterschiedliche Sportplätze befinden sich auf dem Gelände, darunter Rasenplätze, Tennisanlagen, Tischtennisplätze, Ballspielplätze und Bocciabahnen.

Des Weiteren ist der Park durch große Wald- und Wiesenflächen mit Teich (Bootsverleih), Insel, Steg und mehreren Kinderspielplätzen gekennzeichnet. Kletternetz, Trampolinsprunganlage, die Minigolfbahn und daneben die Rodelbahn für Schneewetter-Spaß sowie das traditionell zum Revierpark gehörende Freizeithaus mit umfangreichem kulturellen Programm sind ebenfalls vorhanden. Wer lieber ein Dach über dem Kopf hat, kann Inline-Skaterhockey, und zwar 1. Bundesliga, in der ehemaligen Eissporthalle bejubeln oder im Thermalsolbad mit Innen- und Außenbereich bei 32 Grad Wassertemperatur im Solebecken den Badefreuden frönen. Die Saunalandschaft mit fünf verschiedenen Saunatypen, Valo-Bad und schönem Saunagarten verspricht zusätzliche Erholung. Nicht ums Schwitzen, sondern um Gaumenfreuden dreht sich alles in der Gastronomie des Solebades.

Action wird im Frei- und Wellenbad geboten: Eine 90-Meter-Rutsche befördert die Gäste in rasantem Tempo ins feuchte Nass, wo Massagedüsen, Nackendusche, Wellenbad und Whirlpool warten.

Informationen

Bottroper Str. 322
46117 Oberhausen-Osterfeld
Tel. 0208/99968-0
info@revierpark.com
revierpark.com
Öffnungszeiten: Freibad: Mai bis August, täglich 10-19 Uhr; Solbad/Sauna: Mo-Do 8-22.30 Uhr, Fr/Sa 8-23 Uhr, So 8-21 Uhr

Freizeitstätte Stimbergpark / maritimo (Oer-Erkenschwick)

Seinen Namen erhielt der Park in Anlehnung an den benachbarten Berg im Naturpark Hohe Mark, den Stimberg. Wer nach dem Ersteigen des 156 Meter hohen Hügels nach weiterer sportlicher Betätigung sucht, kann sich im Stimbergpark ausreichend vergnügen.

Die Freizeitstätte hält für ihre Besucher mehrere unterschiedliche Attraktionen bereit, darunter das Frei- und Wellenbad „maritimo" mit Sport-, Freizeit- und Erlebnisbad sowie Saunalandschaft und Wellnessresort (s. Wellness im Ruhrgebiet) und einem großen Freibad sowie einer ambitionierten Gastronomie.

Die Attraktionen des Sport- und Freizeitbades sind die zwei Rutschen mit einer Gesamtlänge von fast 200 Metern, darunter die „Black Hole" mit Licht- und Soundeffekten. Für weiteren Wasserspaß sorgen ein großer Kletterberg, Whirlpool, Strömungskanal und Wasserfälle. Am „maritimo Sunbeach" locken Sonnenliegen unter Palmen bei chilliger Musik.

Informationen

maritimo
Am Stimbergpark 80
45739 Oer-Erkenschwick
Tel. 02368/698-0
kontakt@maritimo.info
www.maritimo.info
Öffnungszeiten Freibad: Mai bis September: 9-19 Uhr; Sport- und Freizeitbad: täglich 9-19 Uhr; Sauna/Wellnessbereich: Mo-Do 9-23 Uhr, Fr/Sa 9-24 Uhr, So 9-21 Uhr

Mystery Agents (Recklinghausen)

Live Escape Game für 2-6 Spieler mit dem Rätsel „Der Fluch des Pharao". Teamgeist und lo-

Freizeitstätte Stimbergpark / maritimo, Oer-Erkenschwick

gisches Denken sind gefragt, um u. a. ein altes Geheimnis zu entschlüsseln und sich aus dem Raum und vor dem Fluch zu retten. Ab Frühjahr 2017 werden Mystery Agents auf die 2. Mission „Das Omega-Protokoll: Alien-Alarm" geschickt.

■ **Informationen**

Christine-Englerth-Straße 20
(Zeche König Ludwig 4/5)
45665 Recklinghausen-Suderwich
Tel. 02361/9086550
kontakt@mysteryagents.de
mysteryagents.de

Elsebad (Schwerte)

Nach dem Willen der Stadt Schwerte würde es das 1939 entstandene Elsebad heute gar nicht mehr geben. Doch engagierte BürgerInnen kämpften nach dem Stilllegungsbeschluss der Kommune 1992 erfolgreich um den Erhalt des Bades am Rande von Schwerte in den Ortsteilen Ergste und Villigst. 1998 öffneten sich die Tore des neuen „Bürgerbads" wieder. Zu der Anlage gehören ein 50-Meter-Becken, ein großes Kinderbecken, weitläufige Liegewiesen und diverse Freizeitangebote wie Beachvolleyball, Fußball oder Boule. Und freitags gibt es nach Anbruch der Dunkelheit sogar Kinovorstellungen. Der Großteil der Arbeit wird übrigens immer noch ehrenamtlich geleistet ...

■ **Informationen**

Am Winkelstück 113
58239 Schwerte
Tel. 02304/78783
www.elsebad.de
Öffnungszeiten: täglich 9.30-19.30 Uhr
(Fr bis 21 Uhr, an Kino-Abenden bis 22 Uhr)

Natur-Solebad (Werne)

Bei Kohlebohrungen im Jahre 1873 entdeckte man in der Stadt Werne eine Solequelle. Kurze Zeit später wurde das erste Thermalbad errichtet. Das spätere Natur-Solebad wurde 1988 eröffnet und umfasste ein Hallenbad sowie ein modernes Freibad.

2019 ist das Natur-Solebad Werne als moderne Familien-

und Solewelt wiedereröffnet worden, zum mit einem attraktiven Solebereich mit ca. 560 qm großer Wasserfläche, drei Solebecken, Dampfbad und Finnischer Textilsauna, zum anderen mit einem Freizeitbad und einem Sportbecken mit Becken innen wie außen, mit Röhrenrutsche.

Das Solebecken ist ganzjährig unter freiem Himmel – in 33 C warmem Wasser – erlebbar.

■ Informationen

Am Hagen 2
59368 Werne
Tel. 02389/9892-0
info@solebad-werne.de
www.solebad-werne.de
Öffnungszeiten: Di/Mi 6-20 Uhr, Do/Fr 6-21 Uhr, Sa 7-21 Uhr, So/Fei 7-20 Uhr

Rheinbad (Wesel)

Das Freibad mit Sprung-, Sport-, Erlebnis- und Kinderbecken, Liegewiese, Bachlauf und Wasserspielplatz verdient schon deshalb eine Erwähnung, weil es einen herrlichen Blick auf den Rhein bietet.

■ Informationen

Rheinpromenade 1
46487 Wesel
Tel. 0281/29043
baeder-wesel.de
Öffnungszeiten in der Saison: Mo-Fr 6-8 Uhr und 10-20 Uhr, Sa/So 8-20 Uhr

Naturbad Wetter

Wasserspaß ohne Chemie, das kann man seit Juni 2006 im umgebauten Freibad Wetter am Harkortsee genießen. Seit dem vom Trägerverein „Unser Freibad am See" mit Eigenmitteln und Unterstützung der Stadt Wetter (Ruhr) und der EU erfolgten Umbau wird das Wasser biologisch-mechanisch über Regenerationsbecken aufbereitet. Bei heißem Wetter ist das Bad auch schon mal nachts geöffnet.

■ Informationen

Trägerverein „Unser Freibad am See" e. V.
Gustav-Vorsteher-Str. 36
58300 Wetter
Tel. 02335/97078-0
Tel. 02335/97078-201 (Kasse)
info@tv-freibad-wetter.de
www.tv-freibad-wetter.de
Öffnungszeiten: Frühschwimmen: Mo-Fr 8-10 Uhr, Badebetrieb: Mo-Fr 13-19 Uhr, Sa/So 10-19 Uhr, Ferien: 10-19 Uhr

Freizeitzentrum Kemnade (Witten)

Zum Freizeitzentrum Kemnade gehören die Bootshallen Gibraltar, der Hafen Heveney, die Fahrgastschiffe MS Kemnade (Fahrten auf dem See) und MS Schwalbe (von Witten-Bommern auf der Ruhr bis zum See), der Freizeitschwerpunkt Herbede, das Freizeitbad Heveney, die Häuser Kemnade und Herbede sowie der Kemnader See selbst.

Für den Freizeit- und Erholungsuchenden dürfte neben dem Wassersportangebot des Sees das Freizeitbad Heveney die meisten Möglichkeiten bieten: In einer Warmbadehalle und einem Außenbereich warten Wassergrotten, Gegenstromanlagen, Wasserkanonen, Hot-Whirl-Pools und zwei Riesenrutschen. Für die Kleinen steht innen ein extra Kinderbecken zur Verfügung, für die Wellness-Freunde gibt's Sauna und Solarium. Das Outdoor-Schwimmbecken, geöffnet April bis November, hat eine Temperatur von 28 °C, das Solebecken im Außenbereich sogar 34 °C. Ein Café-Restaurant umsorgt die Gäste mit leckeren Speisen und Getränken.

Wer genug vom feuchten Nass hat, kann bei einer Besichtigung der Wasserburg Haus Kemnade oder des mittelalterlichen Herrensitzes Haus Herbede eine Reise in die Vergangenheit unternehmen. Eine Fahrt über den See im Segel-, Ruder- oder Tretboot oder auf einem der Personenschiffe schließlich lässt den Tag zu einem besonderen Erlebnis werden.

■ Informationen

Adresse Freizeitzentrum:
Querenburger Str. 29
58455 Witten
Tel. 02302/2012-0
verwaltung@kemnadersee.de
www.kemnadersee.de

Adresse Freizeitbad Heveney:
Querenburger Str. 35
58455 Witten
Tel. 02302/56263
verwaltung@freizeitbad-heveney.de
freizeitbad-heveney.de
Öffnungszeiten Freizeitbad Heveney: Mo-Sa 9-23 Uhr, So/Fei 9-21 Uhr

Freizeitzentrum Xanten

Strandfeeling am Rande des Ruhrgebiets? In Xanten wird's möglich. Die Nord- und Südsee als Teile des Freizeitzentrums Xanten (FZX) bieten Strandidylle pur. Insgesamt stehen etwa 220 Hektar Wasserfläche zur Verfügung. Wassersportschulen bringen den interessierten Besuchern das Tauchen, Segeln oder Wasserskifahren bei. Eine ganz besondere Attraktion ist die Adventuregolf-Anlage im Hafen Xanten, wo 18 naturnah gestaltete Bahnen zum kreativen Spiel- und Freizeitspaß einladen. Der Parcours führt über Wege und Brücken, entlang von Wasser- und Uferflächen. Für den nötigen Freizeitspaß sorgen außerdem die FZX-Flöße und -„Donuts". Wanderwege und Angelplätze sowie Spielstätten für die Kleinen sind ebenfalls vorhanden.

Die Xantener Nordsee mit dem maritimen Flair der Bootshäfen Vynen und Wardt und einer Größe von etwa 110 Hektar lädt ein zum Surfen, Segeln, Rudern, Elektroboot-, Tretboot- und Kanufahren. Ein Kanal zwischen den beiden Seen geleitet den Sommerurlauber zur Xantener Südsee.

Hier liegen der Hafen Xanten mit dem Restaurant „Plaza del Mar" und das familienfreundliche Strandbad mit dem Aqua-Park und einem 1.000 Meter langen Sandstrand, wo man sich zwischen Strandliegen, Sonnenschirmen und in der Fun-Sport-Anlage mit Beach-Volleyball tatsächlich wie an der See fühlt. Dazu passt das umfangreiche Wassersport-Angebot: Die Wasserski- und Wakeboard-Seilbahn bietet einen fast 1.000 Meter langen Rundkurs am Schlepplift, der trendige Fitness-Funsport Stand Up Paddling sowie Surfen und Katamaransegeln gehören ebenfalls dazu.

Zu einem echten Treffpunkt ist der Hafen Xanten übrigens auch in der kalten Jahreszeit geworden: In der WinterWorld locken eine Kunsteisbahn mit Eisstockschießen und eine urige Almhütte.

■ **Informationen**

FZX – InfoCenter
Am Meerend 2
46509 Xanten
Tel. 02801/715656
f-z-x.de (mit Kontaktformular)

Freizeitzentrum Xanten

URLAUB FÜR DIE SINNE – WELLNESS

Inselbad Bahia (Bocholt)
Kennen Sie „Rhassoul"? Nein? Dann lohnt sich der Besuch des Inselbades Bahia. Hier kann man u. a. eine Rhassoul-Zeremonie buchen, jene Jahrtausende alte orientalische Körperpflege, die mittels Dampfsauna, Heilerdeschlamm und Pflegeölen die Elemente Wasser, Feuer, Erde und Luft in perfekter Weise vereint.

Natürlich hat das Bahia noch andere wohltuende Hitzebäder zu bieten, u. a. die Erdsauna, eine holzbefeuerte Sauna, die Frucht-Sauna, ein Biosaunarium oder die Aufguss-Sauna. Außenbecken, Whirlpool, der großzügige Saunagarten und Ruheräume im mediterranen Stil tragen ebenso zur Entspannung bei wie die angebotenen Wohlfühlmassagen.

Informationen
Hemdener Weg 169
46399 Bocholt
Tel. 02871/27266-0
info@bahia.de
www.bahia.de
Öffnungszeiten: Mo-Sa 10-22 Uhr, So/Fei 9-21 Uhr, Damensauna* Mi 9-13 Uhr, Fr Sauna bis 23 Uhr*, Frühschwimmen im Tiefbecken Mo, Mi, Fr 6.30-8 Uhr
(* außer an Feiertagen)

Atlantis Wellness (Dorsten)

Medi Therme (Bochum)

Die 30.000 Quadratmeter große, mediterran gestaltete Wellness-Oase der Medi Therme Bochum lädt mit verschiedenen Thermenbereichen zu einer Entspannungsreise ein. In- und Outdoor-Pools, durch eine Schleuse miteinander verbunden, Whirlpool, die warme Natursole sowie das Kneippbecken mit integrierten Massagesteinen, Schwall- und Regenduschen bestimmen die weitläufige Poollandschaft.

Der Saunabereich bietet 15 unterschiedliche Saunen und Dampfbäder, von der großen Aufguss-Sauna über das orientalische Dampfbad bis hin zum Vitarium mit Panoramablick ins Grüne. Bäder, Saunen und Pools werden textilfrei genutzt.

Die sportlichen Charaktere freuen sich über eine Fitnessfläche von 2.500 Quadratmetern.

Zum Wellnesserlebnis gehören Massagen (u. a. Hamam, Thai Massage, Fuß-Reflex-Zonen-Massage), Ayurveda-Anwendungen und der Besuch des Beautycenters, wo zwölf Behandlungsräume für luxuriöse Kosmetikbehandlungen bereitstehen.

Wer die Ruhe sucht, kann es sich bei gutem Wetter auf den Sonnenliegen in der ca. 10.000 Quadratmeter großen Gartenanlage bequem machen und auch dort die Angebote der Gastronomie genießen.

Informationen
Am Ruhrpark
Kohlleppelsweg 45
44791 Bochum
Tel. 0234/51657-0
info@meditherme.de
www.meditherme.de
Öffnungszeiten: Mo-Sa 11-23 Uhr, So/Fei 11-21 Uhr

Atlantis Wellness (Dorsten)

Der Saunabereich des Erlebnisbades bietet eine reichhaltige Auswahl an verschiedenen Saunen. Sowohl für Einsteiger als auch für Liebhaber des sanften Saunierens sind die Loftsauna und das Sanarium die erste Wahl. Das vielfältige Angebot reicht von den Dampfbädern über die Rosensauna und die Aufgusssauna mit ihren sanften, ruhigen Aufgüssen bis hin zu den heißen Aufgüssen in der Erdsauna.

Ein besonderes Erlebnis bietet die milde Salzsauna, die aus Salzsteinen errichtet wurde und über ein schönes Gradierwerk sowie einen Solevernebler verfügt. Die Luft wird mit reinem Salz angereichert, dies wirkt sich wohltuend auf die Atemwege und die Haut aus.

3.500 m² misst der idyllische Saunagarten mit Blockhäusern, Teichlandschaft, Liegewiese und dem 50 m² großen Entspannungsbecken im Herzen des Saunaareals. Nach Genuss einer der vielfältig angebotenen Massagen kann der Gast dann im Ruhehaus mit seinem echten Kaminfeuer vor allem eines genießen: Entspannung pur.

Zum Atlantis Dorsten gehören auch ein Spaßbad und ein Fitness-Studio, das neben Gerätetraining u. a. auch Aquajogging und Wassergymnastik anbietet.

Informationen
Konrad-Adenauer-Platz 1
46282 Dorsten
Tel. 02362/9517-0
info@atlantis-dorsten.de
www.atlantis-dorsten.de
Öffnungszeiten Wellness: Mo-Do 10-21.30 Uhr, Fr/Sa 10-23 Uhr, So 10-21 Uhr, Fei 10-22 Uhr

Salzgrotte (Dortmund)

Wer hätte gedacht, dass der Dortmunder Westfalendamm eine erstklassige Gesundheitsadresse ist! Gegenüber dem Hotel Wittekindshof lädt die Salzgrotte zum Atmen reiner Luft in einem mineralstoffreichen Seeklima ein. Dazu werden Salze aus dem Toten Meer verwendet. Das Mikroklima soll Körper, Geist und Seele in Gleichgewicht bringen – die Besucher sitzen dabei auf einem bequemen Liegestuhl bei angenehmen 20 Grad Celsius. Eine Sitzung dauert eine dreiviertel Stunde und soll einem Drei-Tage-Aufenthalt an der Nordsee entsprechen.

Informationen
Westfalendamm 275
44141 Dortmund
Tel. 0231/4277147
info@salzgrotte-dortmund.de
www.salzgrotte-dortmund.de
Öffnungszeiten: Di/Do/Fr 11-18 Uhr, Mi/Sa/So 12-15 Uhr. Bitte telefonisch voranmelden!

Solebad Revierpark Wischlingen (Dortmund)

Auf über 4.000 Quadratmetern hat man die Qual der Wahl: Insgesamt elf verschiedene Saunen laden ein zum gesundheitsfördernden Schwitzen, noch dazu mit klangvollen Namen wie Karibik-, Sumatra-, Amazonas-, Lappland-, Toskana-Sauna oder Vesuv-Dampfbad.

Zum Relaxen gehören auch das Solebad (mit reiner Natursole aus der ehemaligen Saline Sülbeck in Niedersachsen) und das große beheizte Außenbecken mit rotierenden Massage-Düsen und Wasserfall sowie der Whirlpool.

Der Saunagarten verwöhnt mit weitläufiger Liegewiese, großem Entspannungsbecken mit Wasserfall sowie Tibetischem und Schwedischem Ruhehaus.

Informationen
Höfkerstr. 12
44149 Dortmund
Tel. 0231/917071-0
info@wischlingen.de
www.wischlingen.de
www.dortmund-tourismus.de
Öffnungszeiten: Solebad: Mo-Do 8-22 Uhr, Fr 8-23 Uhr, Sa 9-23 Uhr, So 9-22 Uhr

Solebad Revierpark Wischlingen, Dortmund

Niederrhein-Therme – Revierpark Mattlerbusch (Duisburg)
Es gibt kein schlechtes Wetter, nur den falschen Aufenthaltsort. Trübe Tage überwindet man am besten in der Niederrhein-Therme, denn hier lädt eine großzügige Sauna- und Solelandschaft zum Wohlfühlen ein.

Entspannung bieten insgesamt 15 Saunen, neben klassischen Saunen auch das Irisch-Römische Dampfbad, die Felssauna und die 2008 eröffnete Kelo-Sauna. In den Saunen lassen sich verschiedenste Aufgüsse genießen, neue Zeremonien und Düfte kennenlernen.

Die beiden Thermalsolebecken im Innen- und Außenbereich sind 32 bis 34 Grad warm, lösen Verspannungen und regen den Kreislauf an. Aktiv etwas für die Gesundheit tun kann man auch an der 40 Meter langen Saline, die ein meeresartiges Klima verspricht. Eine weitere Attraktionen ist die Salzgrotte, deren Wände aus 250-500 Millionen Jahre alten orangefarbenen Himalaya-Salzblöcken bestehen.

Verwöhnangebote macht auch die Bäder- und Massagepraxis u. a. mit klassischen Massagen, Hot-Stone-Therapie oder Naturmooranwendungen.

■ **Informationen**
Revierpark Mattlerbusch GmbH
Wehoferstr. 42
47169 Duisburg
Tel. 0203/99584-12
info@niederrhein-therme.de
www.niederrhein-therme.de
Öffnungszeiten Sauna- und Solebereich:
täglich 8.30-23.00 Uhr
Öffnungszeiten Salzgrotte:
täglich 9.45-21.45 Uhr

VITA am Kaiserberg (Duisburg)
Das Center vereinigt die Bereiche Gesundheit, Fitness, Spa und Reha unter einem Dach. Das Spa-Resort bietet eine große Saunalandschaft mit Pool und vier verschiedenen Themensaunen (Dampf-, Bio-, Multi- und finnische Sauna) sowie Solarium, Ruheräume und einen Außenbereich. Zu den Wellness-Angeboten gehören Massagen, Entspannungsbäder und ganzheitliche Kosmetik.

Niederrhein-Therme – Revierpark Mattlerbusch, Duisburg

■ **Informationen**
Schweizer Str. 80, 47058 Duisburg
Tel. 0203/39379-0
info@vita-gesundheit.de
www.vita-kaiserberg.de
Öffnungszeiten VITASPORT: Mo-Fr 7-23 Uhr, Sa/So/Fei 10-20 Uhr
Öffnungszeiten VITAREHA: Mo-Do 7.20-21 Uhr, Fr 7.20-18 Uhr, Sa 10-14 Uhr

Grugapark-Therme (Essen)

Saunieren im asiatischen Ambiente, Entspannen in 32 Grad warmer Sole, sportlich aktiv werden im Gruga SportClub – das und noch viel mehr bietet die im Grugapark gelegene Therme.

Sauna-Fans freuen sich auf Rosenquarz-Sauna, Salzsauna, Duftsauna, auf Dampfbad und Japanhaus und auf den Saunagarten mit Pavillion.

Der Gruga SportClub bietet neben einem medizinischen Fitness-Check eine individuelle Trainingsplanung und Trainingsmöglichkeiten mit dem TechnoGym-Wellness-System.

Zum Wellness- und Beautybereich im Kurhaus gehören die Physiotherapie – mit Angeboten zur Bewegungstherapie und Anwendungen wie Krankengymnastik, Lymphdrainagen, Fango-Moorpackungen und Fußreflexzonenmassagen – und das Kosmetikinstitut Vita-Nova, das die Gäste u. a. mit Ayurveda-Behandlungen und belebenden Chi-Balance- oder Hot-Chocolate-Massagen verwöhnt.

■ **Informationen**
Lührmannstraße 70
45131 Essen
Tel. 0201/85610-0
info@grugaparktherme.de
grugaparktherme.de
Öffnungszeiten (Therme, Sauna): Mo-Do 9-22 Uhr, Fr/Sa 9-23 Uhr, So 9-19 Uhr, lange Sauna-Nächte 18-1.00 Uhr, Mo nur Damensauna

Sauna und Sole im Gesundheitspark Nienhausen (Gelsenkirchen)

Zehn verschiedene Saunen – u. a. Dampfbad und Erlebnissauna, Rosensauna für die Damen – mit Temperaturen von 55 °C bis 100 °C für das körperliche und seelische Wohlbefinden. Zwischen den Saunagängen findet der Besucher Entspannung im Kaminzimmer, im Salinarium oder im Palmengarten. Der gemütliche Saunagarten lockt mit schön gestalteten Liegeflächen und der Waldsauna für bis zu 40 Personen. Oder doch lieber in die Garten- oder die Biosauna? Den Alltag abstreifen kann man auch im 35 °C warmen Soleaußenbecken mit Unterwassermassagedüsen und in den blubbernden Whirlpools innen. Vielfältige Massagen und natürliche Kosmetikanwendungen erhält man im Wellnessbereich.

■ **Informationen**

Feldmarkstr. 201
45883 Gelsenkirchen
Tel. 0209/94131-0
info@nienhausen.de
www.nienhausen.de
Öffnungszeiten: Mo-Do 9-22 Uhr,
Fr/Sa 9-23 Uhr, So/Fei 9-20 Uhr

Grugapark-Therme, Essen

Sauna & Wellness Westfalenbad (Hagen)

Das Verwöhn-Programm der WellnessOASE umfasst u. a. kosmetische und ayurvedische Behandlungen, Ganzkörper-Packungen wie die Rhassoul-Packung, Wellnessbäder und verschiedene Massagen wie polynesische Thalgo- oder türkische Hamam-Massage.

Saunen kann man innen (3 Saunen) wie außen (5 Saunen). Da gibt's die Finnische und die Kelosauna, die Erd- und die Aufgusssauna, die Panorama- und die Entspannungssauna. Im Dampfbad schwitzt man bei ca. 45 °C unter einem glitzernden LED-Sternenhimmel. Raus aus der Sauna, hinein in den See – der Naturbadeteich ist Zentrum der Saunalandschaft und umgibt die Inselsauna, wo der Besucher sich bei 70 °C regeneriert.

■ **Informationen**

Westfalenbad
Stadionstraße 15
58097 Hagen
02331/208600
info@westfalenbad.de
www.westfalenbad.de
Öffnungszeiten: Mo-Mi 10-22 Uhr
(Di: Damensauna), Do/Sa 10-23 Uhr,
Fr 10-0.00 Uhr, So 10-21 Uhr

Maximare Spa (Hamm)

„Eventschwitzen“ bei 90 Grad Temperatur: Die Theatersauna „ArenaMare“ bietet nicht nur bis zu 100 Sitzplätze, sondern auch wahre Aufguss-Szenarien – Video-Illuminationen, Sound- und Nebeleffekte inklusive. Und abseits dieser Weltneuheit geht's im Maximare Spa nicht weniger sinnenfreudig zu. Eine vielfältige Saunalandschaft mit Fegefeuersauna (mit Höllenaufguss!), Dampfbad, Solegrotte oder Sinnesbad, Solarien, Aquafitness oder dem 3.500 Quadratmeter großen Saunagarten zum Relaxen und FKK-Baden – Entspannung hat hier viele Gesichter.

Im Wellness-Resort stehen individuelle Verwöhnprogramme im Vordergrund, u. a. China-Massagen, z. B. Kaiserliche China-Massage oder Shanghai-Ganzkörper-Ölmas-

LAGO – Revierpark Gysenberg, Herne

sage, Massagen mit handgefertigten Birkenholzstäben, vitalisierende Steinmassagen, Honig- und Kräuterstempel-Massagen, Bäder und Packungen. Auch an Paare wird gedacht: Die „Zeit zu zweit" und andere Arrangements verwöhnen u. a. mit einer Duo-Luxusbadewanne, mit Rosenblüten- oder Zitronengrasbädern oder auch einer „Kraft des Lichts"-Rückenmassage.

Informationen

Jürgen-Graef-Allee 2
59065 Hamm
Tel. 02381/878-0
Tel. 02381/878-3840 (Beratung Wellness)
info@maximare.com
www.maximare.com
Öffnungszeiten Sauna: täglich 9-23 Uhr (Mo Damensauna)
Öffnungszeiten Wellnesswelt: Mo-Do und Sa/So/Fei 11-19 Uhr, Fr 11-21 Uhr

Gut Sternholz (Hamm)

Sauna und Wellness für den anspruchsvollen Gast auf einem alten Gutshof, der einen schönen, 50.000 m² großen naturnahen Saunapark mit altem Baumbestand und weiten Rasenflächen beherbergt. Eine große Auswahl an Saunen – u. a. Himalaja-Salzsauna oder ein neu gestaltetes Dampfbad – und Pools steht zur Verfügung. Direkt am See liegt die große Aufguss-Sauna, bietet vielfältige Aufgusszeremonien, z. B. Honig-, Früchte- oder Kefiraufgüsse.

Für Massagen und Kosmetik betritt der Gast den Wellnessbereich. Es werden klassische Massagen von Hot Stone bis Lomi Lomi Nui sowie verschiedene Ayurveda-Massagen angeboten. In der Day Spa Suite lässt sich das Verwöhn-Programm zu zweit genießen.

Zum Gut gehört auch ein SPA Hotel.

■ **Informationen**
Im Giesendahl
59071 Hamm
Tel. 02388/301099-0
info@sternholz.de
www.gut-sternholz.de
Öffnungszeiten: täglich 9-23 Uhr

LAGO – Revierpark Gysenberg (Herne)

Das gesundheitsfördernde Baden in Natursole hat Tradition im LAGO. Seit 1978 setzt man hier auf dieses Naturprodukt, das einem geschützten, unterirdischen Wasservorkommen entnommen wird. Ein Innen- und zwei Außenbecken machen das LAGO zum Solezentrum des Ruhrgebiets.

Nicht weniger bekannt ist die Saunalandschaft mit Felsofen-, Salz- und Finnischer Trockensauna sowie erdeingelassenen Maa-Saunen, Mentalsauna mit Musiktherapie und Löyly-Sauna. Zur Saunawelt gehören auch ein Fußreflexzonenpfad und der 10.000 qm große Saunagarten.

Zwei weitere „Welten" dienen der Pflege, Entspannung und Gesundung. Die Beauty-Wellness-Welt bietet Kosmetikbehandlungen, Fußpflege und Maniküre neben Spezialbehandlungen und Massagen. In der Physio-Wellness-Welt wird der Standpunkt vertreten, dass Physiotherapie nicht nur Therapie, sondern auch Wellness ist. Die hochqualifizierte Physiotherapie des Lago ist kassenzertifiziert. Zum Wohlbefinden tragen Kälte- und Wärmetherapien, Physio-Massage, Kranken- und Wassergymnastik, Lymphdrainage, Körpertherapien und ayurvedische Behandlungen bei. Orientalische Anti-Stress-Massagen, Aroma-Öl- oder Hot-Stone-Massagen lassen den Alltag vergessen. Und „Hot Chocolate" wird hier nicht in Tassen serviert, sondern entfaltet seine Wirkstoffe unter den Händen erfahrener Masseure.

■ **Informationen**
Am Revierpark 40
44627 Herne
info@gysenberg.de
gysenberg.de
Beauty-Wellness-Welt
Tel. 02323/9886990
www.beauty-wellness-welt.de
Öffnungszeiten: Mo-Fr 10-18.30 Uhr, Sa/So/Fei 12-18.30 Uhr
Physio-Wellness-Welt
Tel. 02323/9887388
physio-wellness-welt.de
Öffnungszeiten: Mo-Fr 9-19 Uhr, Sa/So/Fei 10-19 Uhr
Saunawelt:
Öffnungszeiten: Mo-Do 8-23 Uhr, Fr/Sa 8-24 Uhr, So 8-22 Uhr

Copa Oase / Copa Ca Backum (Herten)

Angeschlossen an die Badelandschaft Copa Ca Backum ist eine vielfältige Sauna- und Wellnesswelt. Galerie-, Erd-, Klang- und Vulkansauna stehen auf dem Außengelände, die Sternenhimmel-, Kräuter-, Geysirsauna als auch das römisch-irische Dampfbad im Innenbereich zur Verfügung. Für ein Rundum-Wohlfühlen sorgen außerdem Solarien und das warme Soleaktivbecken. Die Copa Oase hat sich dem ganzheitlichen Wohlgefühl der Gäste verschrieben: Ob Copa-Schoko-Körpermassage oder Seifenschaummassage, Kosmetik, Ayurvedische Wellnessbehandlungen oder abwechslungsreiche Entspannungsbäder: Der Vielfalt an Wärme und Pflege, Blüten und Düften sind keine Grenzen gesetzt.

■ **Informationen**
Über den Knöchel/Teichstraße
45699 Herten
Tel. 02366/307-310 (Kasse)
copacabackum@herten.de
www.copacabackum.de
Öffnungszeiten Sauna: Mo 10-22 Uhr (Damensauna), Di 8-22 Uhr, Mi-Fr 8-23 Uhr, Sa/So 8-21 Uhr
Öffnungszeiten Wellness: Mo-Fr 9-20 Uhr, Sa 10-20 Uhr

Saunapark Kamperbrück (Kamp-Lintfort)

20.000 qm großes Erholungsgelände. Außenanlage u. a. mit FKK-Wiese (über 200 Sonnenliegen) und Zierteich, Holz-Ruhehaus, Swimmingpool, Billardhaus, gastronomisch bewirtschafteter Sonnenterrasse, finnischer Blockbohlensauna. Unter dem Dach finden sich Dampfbad, Bio-, Eukalyptus- und finnische Sauna, Solarien, Pool und Hot-Whirlpool, ein

Restaurant mit Wintergarten sowie ein im Stil einer römischen Badeanlage erbautes Wellness-Center, das Thermium und Tepidarium neben einer Kräutersauna bereithält. Einen „tropischen Gewitterregen" gibt's als Erlebnisdusche, Kosmetik und Massage sind auch im Angebot.

■ Informationen
Hoerstgener Str. 132
47475 Kamp-Lintfort
Tel. 02842/42412
info@saunapark-kamperbrueck.de
www.saunapark-kamperbrueck.de
Öffnungszeiten: Mo-Fr 11-23 Uhr, Sa-So/Fei 10-20 Uhr

Revierpark Vonderort (Oberhausen)

Einfach im 32 Grad warmen Solebecken liegen und in den Himmel schauen. Die riesige Glaskuppel macht ein solches Erlebnis möglich. Für 36 Grad Wasserwärme verbürgt sich das Warmliegebecken. Daneben sorgen eine Saunalandschaft mit fünf verschiedenen Saunatypen (Finnische Sauna mit 80–85° C, Blockbohlensauna mit 90–95° C und Aufgüssen zu jeder vollen Stunde, Dampfsauna mit 45-55° C, Erdsauna mit ca. 95° C und Teichsauna mit 85° C), das Valo-Bad mit Licht-Farb-Spiel, auch Massagen und Kosmetik für weitere Wohlfühlmomente.

Der Saunagarten, größter im Revier, lädt zum Spaziergang oder zur Entspannung auf Liegen oder im Ruhehaus an zwei Kaminen ein. Ein beheiztes Außenschwimmbecken rundet das Angebot ab.

■ Informationen
Bottroper Str. 322
46117 Oberhausen-Osterfeld
Tel. 0208/99968-0
info@revierpark.com
www.revierpark.com
Öffnungszeiten Solbad/Sauna: Mo-Do 8-22.30 Uhr, Fr/Sa 8-23 Uhr, So 8-21 Uhr

maritimo, Oer-Erkenschwick

maritimo (Oer-Erkenschwick)

Der richtige Ort für den kleinen Urlaub vom Alltag. Das maritim gestaltete Saunaparadies bietet die Wahl zwischen 43 bis 100 Grad in elf verschiedenen Saunen (u. a. Kajüten- und Strandsauna, ein türkischer Hamam und die Stollen-Sauna „Flöz Girondelle"), AquaSound im körperwarmen Solebad, Whirlpools, Ruheräume, Solarien, Massagen. Im 18.000 qm großen Saunagarten gibt's nicht nur zwei Sole-Außenbecken mit Sprudel- und Massageliegen, sondern auch das schwedische Ruhehaus, ein Weinfass als Tauchbecken und das „maritimo Sunbeach" mit Sonnenliegen unter Palmen.

Der Wellness- und Beautybereich verwöhnt die Sinneszellen mit fernöstlichen Behandlungen und Badezeremonien, vom Kleopatrabad über Thalasso-Anwendungen bis zu variationsreichen Massagen.

■ Informationen
Am Stimbergpark 80
45739 Oer-Erkenschwick
Tel. 02368/698-0
kontakt@maritimo.info
www.maritimo.info
Öffnungszeiten Sauna/Wellnessbereich: Mo-Do 9-23 Uhr, Fr/Sa 9-24 Uhr, So 9-21 Uhr

Freizeitbad Heveney – Die Therme im Ruhrtal, Witten

Freizeitbad Heveney – Die Therme im Ruhrtal (Witten)

Das Freizeitbad Heveney bietet nicht nur abwechslungsreichen Badespaß, sondern auch eine großzügige Saunalandschaft. Dazu gehören Aufguss-Saunen, Erd- und Stollensauna, ein finnisches Saunablockhaus sowie eine Dampfgrotte und der „Hevener Kegel", bei dem aufsteigende Luft aus einem Flöz roten Granit und damit auch die Füße der Besucher erwärmt. Solarien und ein 60 Quadratmeter großes temperiertes Außenschwimmbecken ergänzen das Angebot.

Zur Steigerung des allgemeinen Wohlbefindens geht's in die „Orient Oase". Hier stehen diverse Massagen (u. a. Hot Chocolate, Lomi Lomi, Abhyanga und Fußreflexzonen-Massage) und Kosmetikbehandlungen auf dem Programm.

Informationen

Querenburger Str. 35, 58455 Witten
Tel. 02302/56263
verwaltung@freizeitbad-heveney.de
freizeitbad-heveney.de
Öffnungszeiten Freizeitbad Heveney:
Mo-Sa 9-23 Uhr, So/Fei 9-21 Uhr

Orient Oase
Querenburger Str. 35
58455 Witten
Tel. 0172/5763467
info@orient-oase-heveney.de
www.orient-oase-heveney.de

WELLNESS-URLAUB

Jammertal Resort (Datteln)
Die Lage allein ist schon Erholung pur. Mitten im Waldgebiet Die Haard, das zum Naturpark Hohe Mark – Westmünsterland gehört, ist aus einem ehemaligen Heidehof ein 4-Sterne-Wellness-Hotel geworden. Autoverkehr, Hektik, Stress gehören hier zum Fremdwort-Vokabular, dafür werden Körper und Seele auf vielfache Weise verwöhnt.

Neben diversen Sport- und Freizeitangeboten (z. B. 9-Loch-Golfplatz) stehen im Landhotel Jammertal umfangreiche Wellnessangebote auf dem Programm. Eine große Bade- und Saunalandschaft mit neun Saunen und einem Naturschwimmteich zählt dazu ebenso wie klassische Massagen, asiatische und energetische Spezialmassagen wie die Tuina- oder Pantai-Massage, Schönheitsbäder, beispielsweise das „Cleopatrabad“ (Ziegenmilch-Cremebad) oder Salz- und Algenbäder, und eine Vielzahl von Kosmetikbehandlungen oder Gesundheitskuren mit Salznebel-Sauna, Farblichttherapie und individuellen medizinischen Massagen.

Informationen
Redder Straße 421
45711 Datteln-Ahsen
Tel. 02363/3770
info@jammertal.de
www.jammertal.de

Wellness Center Hotel Niederrhein (Voerde)
Sauna, Massagen, Kosmetik und Beauty – hier wird das Wohlfühlprogramm auf den Punkt gebracht. Zur Saunalandschaft gehören eine klassische Sauna, eine Bio-Sauna mit

Golfen im Jammertal Resort, Datteln

Farblicht, ein Dampfbad und ein Whirlpool. Das Massageangebot umfasst u. a. Ayurveda-, Kräuterstempel-, Hot-Stone- und Hawaiianische Behandlungen. Darüber hinaus sind Körperpackungen, Bäder und Körperwickel im Programm.

Informationen

Friedrichsfelder Str. 15
46562 Voerde
Tel. 02855/962512
voerde@niederrhein-hotels.com
www.niederrhein-hotels.com
Öffnungszeiten Sauna: täglich 9-22 Uhr
(So 9-20 Uhr Damensauna)

Waldhotel Tannenhäuschen (Wesel)

Schon die 54.000 Quadratmeter große hoteleigene Park- und Waldanlage mit altem Baumbestand erklärt sowohl den Namen als auch die Tatsache, dass das Tannenhäuschen bereits im Jahre 1902 von Jakob Hetzel zum Luftkurort erklärt wurde.

Natürlich gibt es hier viele Freizeitangebote, z. B. die Diskothek, Veranstaltungen im „Kultur Salon", Open-Air-Feste oder den Skulpturenpark, das Herzstück aber ist der Beauty- & Wellnessbereich auf über 5.300 Quadratmetern Fläche. Er umfasst den großen Aktiv-Pool, das Whirlpool-Solebecken mit Liquid-Sound und den Saunapark mit Maa-Sauna, Ruusu-Sauna, Blockbohlensauna „Majava", Infrarot-Sauna, Licht-Sanarium, Tepidarium, Duft-Dampfbad und Refugium. Dazu kommen Solarium sowie Fitness-, Gymnastik-, Meditations- und Ayurvedaräume. Für eine intakte Verbindung von Körper, Geist und Seele sorgen u. a. Kurse zur mentalen Entspannung und zur Muskelentspannung nach Jacobsen, Faszientraining, Aquagymnastik, Cardio-Training, Yoga, Chi Kung, Indian Balance, Walking und Rückenschule.

Im Kosmetik- und Massagebereich werden u. a. Gesichts-, Wirkstoff- und Wellness-Körperbehandlungen (u. a. Chi-Yang-Druckpunktmassage, ayurvedische Abhyanga-Massage, Thalasso-Peeling) angeboten.

Informationen

Am Tannenhäuschen 7
46487 Wesel
Tel. 0281/9669-0
info@tannenhaeuschen.de
www.tannenhaeuschen.de
Öffnungszeiten Wellnessbereich:
täglich 9-21:30 Uhr
Spa-Empfang: 9.30-18.30 Uhr
Tel. 0281/9669-73
beauty@tannenhaeuschen.de

KINDER & FAMILIEN

Zauberkasten (Bochum)

Das Theater für Zauberei und Kleinkunst richtet Veranstaltungen aller Art aus, die speziell für Kinder gedacht sind. So kann man beispielsweise einen Zauberkurs belegen oder das Puzzle-Museum besuchen. Die Kinder lernen in diesen Kursen mit ganz gewöhnlichen Dingen ungewöhnliche Sachen zu machen. Das Erarbeiten der Kunststücke und die Möglichkeit, von Beginn an auf der Bühne im Rampenlicht zu stehen, geben den kleinen Zauberern vom ersten Tag an einen guten Einstieg in ihre Kunststücke. Am letzten Kurstag wird ein großes Zauberfest veranstaltet, an dem die Zauberkinder ihre Kunststücke vorführen.

Informationen

Lothringer Str. 36 c
44805 Bochum
Tel. 0234/866235
robinson@zauberkasten.de
www.zauberkasten.de

Zeche Knirps (Bochum)

Erzählen kann man viel von der Geschichte des Ruhrgebiets, vom Zechenleben und -sterben, von Bergleuten und deren Alltag – aber die Welt „unter Tage" erleben zu können ist für Kinder wohl das Anschaulichste. Die Abläufe

Kinderspaß im Maximilianpark in Hamm

des Bergwerksalltags spielerisch kennen lernen, einmal selbst zum „Kumpel“ werden, eigene sinnliche Erfahrungen machen: Hier setzt das museumspädagogische Konzept der „Zeche Knirps“ an. Geboten wird alles, was zu einem richtigen „Pütt“ gehört: Malakowturm, Förderanlage, Stollen und eine Lorenhängebahn. Auch wenn nur Kies statt richtiger Kohle gefördert wird, die Kinder erleben eine Menge und sind hinterher schlauer als mancher Erwachsene.

Informationen

LWL-Industriemuseum Zeche Hannover
Günnigfelder Str. 251
44793 Bochum
Tel. 0234/6100-874
www.lwl.org/industriemuseum/standorte/zeche-hannover
www.zeche-hannover.de
Öffnungszeiten freies Spielen: Ende März bis Oktober: Sa 14-18 Uhr, So 11-18 Uhr; ganzjährig Führungen für angemeldete Gruppen
Eintritt frei
Öffnungszeiten Industriemuseum Zeche Hannover: Ende März bis Oktober: Mi-Sa 14-18 Uhr, So/Fei 11-18 Uhr
Führungen nach Vereinbarung

junges museum (Bottrop)

Im Kulturzentrum August Everding, benannt nach dem gleichnamigen Ehrenbürger der Stadt, liegt ein Schwer-

Zeche Knirps, Bochum

GeoCaching (Bergkamen)
Die Schatzsuche in der Zukunftsversion! Denn die Abenteuerjagd – übrigens für Groß und Klein – funktioniert mit modernsten GPS-Geräten. Touren finden u. a. auf der Bergehalde „Großes Holz“ statt. Gruppen können individuell weitere Absprachen mit dem Veranstalter treffen.

■ **Informationen**
Lippetouristik GmbH
Münsterstr. 1c
44534 Lünen
Tel. 02306/781007
info@lippetouristik.de
www.lippetouristik.de

punkt des Programms auf Kreativangeboten für Kinder und Jugendliche. Neben der Musikschule und einer Kulturwerkstatt befindet sich im Kulturzentrum auch das „junge museum“, das eine Plattform bietet für junge Künstler, die am Anfang ihrer Karriere stehen. Von jungen Menschen für junge Menschen werden die Ausstellungen als Unikate speziell auf die Räumlichkeiten des Museums ausgerichtet. Hier im „jungen museum“ schwindet der museal übliche distanzierte Zugang zu Kunst, das hautnahe Erlebnis steht im Vordergrund.

■ **Informationen**
Kulturhof – Kulturzentrum
August Everding
Blumenstr. 12-14, 46236 Bottrop
Tel. 02041/70-4282
www.stadt-bottrop.de

Erlebniswelt Fredenbaum mit Big Tipi (Dortmund)

Ein Hauch von Weltausstellung im Dortmunder Fredenbaumpark. Mit dem fast 35 Meter hohen Big Tipi, dem größten Indianerzelt der Welt, ist eine Attraktion der EXPO 2000 in Hannover ins Ruhrgebiet gekommen. Zum Glück nicht als bloßes Ausstellungsstück, sondern als Kletter- und Eventzentrum für Junge und Junggebliebene.

Natürlich bildet das Zelt mit einem Durchmesser von ca. 25

Erlebniswelt Fredenbaum mit Big Tipi, Dortmund

Metern und einer Grundfläche von über 360 Quadratmetern den Mittelpunkt der Erlebniswelt Fredenbaum, immerhin ist im Inneren ein Kletterseilgarten in 6 und 18 Metern Höhe mit fünf verschiedenen Stationen integriert. Gleichzeitig jedoch ist es ein Symbol für die hier geleistete innovative Kinder- und Jugendarbeit. Schließlich gibt es hier noch jede Menge anderer Angebote: Kletterbäume und Kletterelemente im kleinen Wald, einen Niedrigseilgarten, einen Tierbereich, ein Waldareal, eine Feuerstelle, ein kleines Tipi-Dorf, den Nordstrand sowie verschiedene Spiel- und Sportmöglichkeiten (Streetsoccer und Beachvolleyball).

Die Spielstätten sind als Erlebnisräume gedacht, die Erfahrungen in den Bereichen „Mensch", „Natur" und „Technik" ermöglichen. Im Vordergrund stehen z. B. teambildende Maßnahmen zur Stärkung der Sozialkompetenz oder sensitiv-sinnliche Übungen zum bewussten Naturerleben.

Informationen

Lindenhorster Str. 6, 44147 Dortmund
Tel. 0231/2866898-0
bigtipi@dortmund.de
www.bigtipi.dortmund.de
Öffnungszeiten: Mi-So 10-18 Uhr,
offenes Klettern So 13-18 Uhr,
Klettern im Big Tipi: So13-18 Uhr

Monkey Town (Dortmund)

Kinder-Erlebniswelt mit Hüpfburgen, Trampolinen, Rutschen, riesigem Kletterparcours und Deutschlands erstem Monorail in luftiger Höhe. Auf die Kleinsten unter den Kleinen wartet ein separater Spielebereich. Natürlich gibt's auch viele, viele Monkey-Menüs und Getränke.

Informationen

Schlägelstr. 58
44145 Dortmund
Tel. 0231/8644555
info@monkey-town.com
www.monkey-town.com
Öffnungszeiten: Mo-Fr 14-19 Uhr,
Sa/So 10-19 Uhr,
Ferien: täglich 10-19 Uhr

Kindermuseum Adlerturm, Dortmund

Kindermuseum Adlerturm (Dortmund)

Die mittelalterlichen Wurzeln Dortmunds – darauf steht nicht nur der Adlerturm selbst, darauf fußt auch die hier gezeigte Ausstellung über Dortmunder Stadtgeschichte und Archäologie. Und weil das Museum sich nach 20 Jahren Dauerausstellung seit Ende 2012 zum Kindermuseum verwandelt hat, spielen nicht staubtrockene Dokumente, sondern Ausprobieren, Nachspielen, Bauen, Basteln und Selbermachen die Hauptrolle. Der Adlerturm ist ein Museum „zum Anfassen" geworden – mit Aktionsbereichen (z. B. Kleider- und Rüstkammern), Filmangeboten sowie zahlreichen Hör-, Riech- und Mitmachstationen. Kindgerecht durch die Geschichte führt Artur, der Wächter vom Adlerturm. Das „Adlerstübchen" steht für Bastelangebote und Workshops zur Verfügung.

■ **Informationen**

Günter-Samtlebe-Platz 2
44135 Dortmund
Tel. 0231/50-26031
adlerturm@dortmund.de
www.dortmund.de
Öffnungszeiten: Di/Mi/Fr 10-13 Uhr, Sa 12-17 Uhr, Do/So 10-17 Uhr
Führungen und Schulklassenprogramme werden angeboten

mondo mio! Kindermuseum im Westfalenpark (Dortmund)

Ein Highlight im Freizeitprogramm des Ruhrgebiets! Untergebracht in der Florianhalle im Dortmunder Westfalenpark, basiert das 2007 eröffnete „mondo mio!" auf dem Expo-2000-Themenpark „Basic Needs" des indischen Szenografen Rajeev Sethi, der von der Wiener Künstlerin Lizzy Mayrl umgestaltet wurde. Im Mittelpunkt steht das Kennenlernen fremder Völker und Kulturen. Wie leben Kinder in anderen Ländern? Was ziehen sie an? Was essen sie? Einmal auf Weltreise, zeigt das Museum Kindern an über 30 interaktiven Spiel- und Mitmachstationen, dass ihre Altersgenossen auf anderen Kontinenten ganz anders leben. Kinder erleben, wie es sich anfühlt, wenn das Wasser aus einem Brunnen geholt werden muss oder wie es sich ohne Stromversorgung lebt. Kleidung aus aller Welt steht zum Anprobieren bereit. Im Färbergarten lernen sie, wie man Naturfarben aus Pflanzen herstellt.

Der Stationsweg regt zum Mitdenken und Mitmachen an. So können die Besucher z. B. im „karibischen Haus der Musik" ihr musikalisches Talent an Steeldrums, Trompeten oder Xylophonen ausprobieren, im „Jenseits" Beerdigungsrituale aus Mexiko oder Madagaskar kennen lernen oder im Diorama „Licht in Tibet" verstehen, welche Auswirkungen die Einführung der Elektrizität auf das Leben in einem tibetanischen Bergdorf hatte.

Im Bereich der Dauerausstellungen zeigt „Nijambo – Energie für die Zukunft", wie unser Alltag mit dem Leben von Menschen in anderen Ländern verbunden ist, während „Weltenkinder" sich mit der Frage beschäftigt: „Was brauche ich, um mich zuhause zu fühlen?"

Das Museum mondo mio! ist – nicht nur für die Kinder – eine lohnenswerte interkulturelle Erfahrung, ein wichtiger kultureller Dialog unter der Schirmherrschaft der UNICEF. Folgerichtig wurde mondo mio! 2013 von der UNESCO als offizielles Projekt der UN-Dekade „Bildung für nachhaltige Entwicklung" ausgezeichnet.

Informationen

Florianstr. 2
44139 Dortmund
Tel. 0231/5026127
info@mondomio.de
www.mondomio.de
Öffnungszeiten: Di-Fr 13.30-17 Uhr (Ferien bis 18 Uhr), Sa/So/Fei 11-18 Uhr

mondo mio! Kindermuseum im Westfalenpark, Dortmund

Explorado Kindermuseum (Duisburg)

Das 2013 im Duisburger Innenhafen eröffnete Explorado ist für Vier- bis Zwölfjährige gedacht und setzt auf spielerisches Lernen und ganz viel Bewegung. Mittelpunkt des Hauses ist die Mitmachausstellung auf drei Etagen und insgesamt 3.000 Quadratmetern Fläche, in denen Kinder faszinierende Phänomene des Alltags erforschen können. Gefragt sind hier – u. a. auf der Rennbahn, im Maulwurfshügel oder im Glöckchenparcours – einerseits Geschicklichkeit, Gleichgewicht und Schnelligkeit, andererseits aber auch Konzentration, Neugierde und Kombinationsvermögen, z. B. an der Ausgrabungsstelle, in der Welt Bauarbeiter und Dachdecker oder in der Knobelecke. Außerdem locken Trickfilmstudio, Morse-Alphabet und die mit 1.288,58 Metern Länge seit 2014 im Guinness Buch der Rekorde verewigte längste Kugelbahn der Welt.

Informationen

Philosophenweg 23-25
47051 Duisburg
Tel. 0203/29823340
info@explorado-duisburg.de
www.explorado-duisburg.de

Öffnungszeiten: Di-Do 15-18 Uhr,
Fr-So/Fei/Schulferien 10-19 Uhr

KinderKulturFestival [Duisburg]

Kinderherzen schlagen höher, wenn beim Duisburger KinderKulturFestival der Vorhang hochgeht. Das seit 1998 angebotene, jeweils im Sommer stattfindende Programm bietet Mitmachaktionen aller Art, die unter wechselnden Mottos stehen. Das Festival bietet den Kindern (Zielgruppe sind Kinder von 5 bis 12 Jahren) Zugänge zu Musik, Theater, Tanz und bildender Kunst.

■ **Adresse**

Innenhafen Duisburg
47051 Duisburg

■ **Informationen**

Stadt Duisburg
Kulturbetriebe – Festivalbüro
Opernplatz
47051 Duisburg
Tel. 0203/28362314 (Clemens Richert, Festivalleitung)
c.richert@stadt-duisburg.de
www.kinderkulturfestival.de

Jugendfarm [Essen]

Ein Leben auf dem Bauernhof – für Großstadtkinder im Ballungsraum Ruhrgebiet hat dies eher Seltenheitswert. Die Jugendfarm zwischen Altenessen und Katernberg, die Sportplatz, Bauernhof und Jugendzentrum in einem ist, bietet daher neben Game-Boy, PlayStation und TV eine echte Alternative. In dem ehemaligen Bauernhof Kuhlhoff können Kinder ab sechs Jahren spielerisch den Umgang mit Tieren lernen und erfahren, was es heißt, Verantwortung für die Schützlinge zu übernehmen.

Täglich werden die rund 80 Tiere von den Kids gefüttert, gepflegt und betreut. Es werden Pferde gepflegt, Schafe geschoren oder Gänse gehütet. Auch für Futter muss gesorgt werden: Die Kinder säen, pflanzen und ernten selbst. Seit 2013 gibt es auch einen Bauerngarten. Bei kleineren Reparaturarbeiten an Stallungen und Schuppen stehen die pädagogischen Betreuer des Bauernhofes gerne mit Rat und Tat zur Seite. Außerdem auf der Jugendfarm: Bastelräume zum Töpfern und Malen sowie viele Spiel- und Sportmöglichkeiten. Aktiv sind hier alle, beispielsweise beim Reitunterricht, Voltigieren, Kochen, Werken, Hüttenbau, in einer Zirkusgruppe ...

Für Gruppen und Schulklassen hält die Jugendfarm u. a. natur- und umweltpädagogische Angebote bereit.

Wie erfolgreich Idee und Umsetzung der Jugendfarm sind, beweist ein Jubiläum im Jahr 2016: Da feierte die Einrichtung ihr 35-jähriges Bestehen!

■ **Informationen**

Kuhlhoffstr. 71, 45329 Essen
Tel. 0201/367666
jugendfarm@jh-essen.de
jh-essen.de
Öffnungszeiten: Di-Fr 14-18, Sa 10-16 Uhr

Ziegenmichelhof [Gelsenkirchen]

Mitten in der Stadt Gelsenkirchen und doch idyllisch eingebettet in Wiesen und Felder liegt der Ziegenmichelhof. Der Bauernhof mit aktiver Landwirtschaft bietet ganzjährig unterschiedliche Einzelveranstaltungen, Lehr- und Erlebniskurse sowie Themen-Workshops an, geeignet für Kinder ab dem 3. Lebensjahr. Er versteht sich als Lern- und Erlebniswelt für alle jungen Menschen, unabhängig von Nationalität, sozialem Status, geistiger wie körperlicher Konstitution. Die Angebote, auch für Kindergärten, Schulen etc., werden durch pädagogisches Fachpersonal und orientiert an der Natur-Erlebnis-Pädagogik geplant und durchgeführt.

Die Hoftiere, u. a. Ziegen, Schafe, Kaninchen, natürlich Pferde und Ponys sowie zwei irische Wolfshunde, freuen sich stets über kleine und große Besucher. In den Erlebniswelten des Hofes werden Steinzeit und Mittelalter lebendig, das Langhaus versetzt in die Zeit der Wikinger zurück. Ein weiteres spannendes Ideen- und Handlungsfeld ist der wunderschöne Färbergarten.

■ **Adresse / Informationen**

Eggemannstr. 51, 45883 Gelsenkirchen
Tel. 0209/9443681
ziegenmichel@yahoo.de
www.ziegenmichel.de

Erlebnispark Gevelsberg

Ein riesengroßes Spiel- und Kinderzimmer nennt sich der Erlebnispark Gevelsberg, der Kindern bis ca. 12 Jahren mit vielen Attraktionen einen vergnüglichen Aufenthalt bietet.

Im Innenbereich, der sich in zwei nebeneinander liegenden Hallen befindet, können die Kinder nach Herzenslust toben. Ein Erlebnis-Klettergerüst mit Iglu, Baumhaus, Dschungel, Wüste und Unterwasserwelt lädt zu einem spannenden Abenteuer auf mehreren Ebenen ein. Für den Geschwindigkeitskick sorgt die 50 Meter lange 4-Bahn Rutschbahn Blue Racer und die 35 Meter lange Effekt-Rutschbahn Black Hole. Auf die mutigen Kinder wartet eine 7,5 Meter hohe Kletterwand und wer ein bisschen fahren üben möchte, der findet in der Elektro-Kart-Bahn mit Sicherheit das richtige Gefährt. Und wer sich mal so richtig auspowern möchte, die Super-Trampoline bieten dafür den richtigen Rahmen für Groß und Klein.

Die Eltern entspannen sich derweil im gemütlichen Sitzbereich mit Wlan-Internet und Sofaecke und genießen die vielfältigen Angebote der Gastronomie. Und wenn die Sonne draußen lockt, dann bietet sich ein Besuch der angeschlossenen Außenanlage an. Hier können die Kinder auf kleinen Booten ein Wasserbecken durchqueren, den Mini-Rut-

Kinderspielland im Maximilianpark, Hamm

Kinderspielland im Maximilianpark, Hamm

schenturm nutzen oder einfach ein bisschen in der Sonne spielen. Auch hier wartet eine Gastronomie auf die Besucher und wer möchte, kann in bequemen Stühlen einfach nur ein bisschen den Sonnenschein genießen.

■ **Informationen**

Kölner Straße 110
58285 Gevelsberg
Tel. 02332/553433
info@erlebnispark-gevelsberg.de
www.erlebnispark-gevelsberg.de
Öffnungszeiten: Mo-Fr 14-19 Uhr,
Sa/So/Fei 10-19 Uhr

Kinderspielland im Maximilianpark (Hamm)

Eine Spiel-, Spaß- und Abenteuerinsel für entdeckungslustige Kinder. Auf insgesamt über 6.500 Quadratmetern gibt es drei Spiellandschaften: In der Alten Mine gehen die Kiddies auf Schatzsuche, auf dem Dschungelspielplatz mit seinen Kletternetzen sind Geschicklichkeit und Mut gefragt, z. B. beim Balancieren über den Fluss oder Schwingen an der Liane, und auf dem Wasserfontänen-Feld kämpfen die kleinen Piraten an der Krake und den zahlreichen Wasserfontänen phantasievolle Wasserschlachten. Ein Spielplatz und ein neuer Kletterparcours für Kleinkinder gehören auch zum Angebot – Kinderherz, was willst du mehr!

■ **Informationen**

Maximilianpark Hamm GmbH
Alter Grenzweg 2

59071 Hamm
Tel. 02381/98210-0 (Zentrale)
info@maximilianpark.de
www.maximilianpark.de

CreativWerkstatt-Herten / Jugendkunstschule (Herten)

Hier stehen Kreativität und kulturelle Bildung von Kindern im Mittelpunkt. Die Einrichtung bietet ein abwechslungsreiches Kurs- und Projektprogramm an, das u. a. die Themen Gestaltung, Musik, Naturwissenschaften/Technik, Ökologie, Neue Medien, Theater/Tanz umfasst. Müßig zu betonen, wie wichtig für Kinder angesichts einer zunehmend konsumorientierten Alltagswirklichkeit das Erleben und Erlernen von kulturellen und künstlerischen Fähigkeiten ist.

Informationen

Ernst-Reuter-Platz 10-20
Eingang: Pankower Straße
45699 Herten
Tel. 02366/307-805
creativwerkstatt@herten.de
www.creativwerkstatt-herten.de

Spieliothek (Marl)

Seit über 25 Jahren können Kinder und Erwachsene in der Spieliothek Marl nach Lust und Laune ihrer Lieblingsbeschäftigung nachkommen: dem Spielen. Rund 3.500 Karten-, Brett- und Würfelspiele umfasst die Sammlung, die vor Ort getestet werden kann. Zirka 3.000 Spiele können ausgeliehen werden. Zur Beratung steht ein Team fachkundiger Mitarbeiter zur Verfügung, das Interessierten mit Tipps und Ratschlägen weiterhilft. Ausgeliehen werden können in der Regel bis zu drei Spiele, die Ausleihzeit beträgt zwei Wochen. Über das ganze Jahr verteilt werden Veranstaltungen angeboten, so z. B. Turniere, Meisterschaften, Flohmärkte oder Spieleabende.

Informationen

Marler Stern 10E
Bergstraße 228a, 45768 Marl
Tel. 02365/9942-04
spieliothek.marl@marl.de
www.marl.de/spieliothek
Öffnungszeiten: Di-Do 14.30-18.30 Uhr
Eintritt frei

EuroEddy's FamilyFunCenter (Mülheim an der Ruhr)

Einmal wie Schumi um die Ecke driften, wie ein echter Cowboy auf einem Bullen Rodeo reiten oder wie die Huber-Brüder an der Kletterwand kraxeln: All das macht EuroEddy's Kinderwelt möglich. Auf einer Fläche von über 1.800 Quadratmetern können Kinder nach Herzenslust spielen, klettern und toben bis zum Abwinken.

Das Herz der Anlage ist ein 6,50 Meter hohes Spielgerüst. Über drei Etagen führen Röhren, Leitern, Tunnel und Rutschen, die die Kinder auf eine fantastische Abenteuerreise führen. Nur eine von vielen Attraktionen, die im Center ungeahnte Spielmöglichkeiten bieten. Wetterunabhängig ist täglich ab 10 Uhr geöffnet. Vom Gastronomiebereich aus ist die gesamte Anlage gut überschaubar.

Informationen

Humboldtring 24
45472 Mülheim an der Ruhr
Tel. 0208/3778830
info@euroeddy-muelheim.de
www.euroeddy-muelheim.de
Öffnungszeiten: Mo-Sa 10-20 Uhr, So/Fei 12-18 Uhr

Figurentheater Wodo Puppenspiel (Mülheim an der Ruhr)

Ob das Märchen „Die Bremer Stadtmusikanten", Sven Nordqvists „Armer Pettersson" oder „Tante Nudel, Onkel Ruhe und Herr Schlau" von Helme Heine – das Mülheimer Figurentheater Wodo Puppenspiel hat alles und noch viel mehr im Programm: Klassiker, aktuelle Literatur und gesellschaftliche Themen wie Energie, Suchtprävention und Integration. Seit 1983 arbeitet das Team als Tourneetheater, seit vielen Jahren lässt es darüber hinaus in einer festen Spielstätte in Mülheim an der Ruhr Kinderaugen leuchten. Um die 30 Kindertheaterinszenierungen, fast alle nach literarischen Vorlagen, werden angeboten, umgesetzt mit Marionetten, Tischfiguren, Handpuppen oder Großfiguren.

Informationen

Grabenstr. 1
45479 Mülheim an der Ruhr
Tel. 0208/424043 und 0208/412049 (Programmansage)

LEGOLAND Discovery Center, Oberhausen

Spielstätte: Ringlokschuppen
Am Schloss Broich 38
45479 Mülheim an der Ruhr
info@wodo.de, www.wodo.de

LEGOLAND Discovery Center (Oberhausen)

Spiel und Spaß, Bauen, Begreifen und Entdecken auf 2.800 Quadratmetern. Rund zwei bis drei Stunden dauert die Reise durchs Legoland. Unterwegs sind Phantasie und Kreativität keine Grenzen gesetzt: Kleine und große Entdecker bestaunen beispielweise im Miniland – 1,5 Millionen verbaute Legosteine – die Wahrzeichen des Ruhrgebiets im Kleinformat: den Gasometer, das BVB-Stadion oder die Zeche Zollverein im Maßstab 1:45. Und 2017 eröffnete die „Pirateninsel" mit Duplo Dschungel und „Rutschentempel".

Im Center werden Königliche Abenteuer bestanden, in Workshops Modellbau-Fähigkeiten verbessert, Professor Stein-auf-Stein erklärt so manches, und im Kino gibt's 4D-Vorstellungen. Viele weitere Attraktionen, ein Café und natürlich ein Shop für einen Familienausflug, der es in sich hat.

Informationen

Promenade 10, 46047 Oberhausen
Tel. 01806/66690220
oberhausen@legolanddiscoverycentre.de
www.legolanddiscoverycentre.de
Öffnungszeiten: Mo-Fr 10-17.30 Uhr, Sa/So/Fei/NRW-Ferien 10-18.30 Uhr

Flipp-flopp Kinderspielhalle (Oer-Erkenschwick)

Eine Garantie gehört hier zum Eintritt: Langeweile gibt's hier nie! Dafür sorgen jede Menge Spiel-ideen, Spaß und Action. Kinder bis 12 Jahren können hier nicht nur nach Herzenslust toben und spielen, sondern auch Kindergeburtstage und Parties feiern – mit Attraktionen wie Rollenrutsche, Elektro-Karts, Kletterwand, Wabbelberg, Riesenrutsche, Fußballfeld ...

Informationen

Karlstr. 40, 45739 Oer-Erkenschwick
Tel. 02368/890359
info@flippflopp.de
www.flippflopp.de
Öffnungszeiten: Mo-Fr 14-19 Uhr, Sa/So/Fei 11-19 Uhr

Bauspielfarm (Recklinghausen)

Der pädagogisch betreute Erlebnis- und Abenteuerspielplatz gibt Kindern und deren Familien die besondere Möglichkeit, sich naturnah auszutoben, frei und laut zu spielen, zu klettern, zu forschen, viele tolle Dinge zu entdecken und neue Menschen kennen zu lernen. Die Bauspielfarm ist in verschiedene Bereiche eingeteilt: Neben der Ritterburg gibt es den Wasserspielplatz, die Feuerstelle, den Baubereich, zwei große Trampoline, eine Nestschaukel und den

Hochseilgarten. Auf dem ca. 20.000 qm großen Gelände leben verschiedene Tiere. Das Ferienprogramm umfasst u. a. ein Mädchencamp, Vater-Kind-Camp, Outdoor-Action-Camp, und eine Spielestadt namens „Paulihausen". Dazu kommen Feste und diverse Projekte.

Informationen

Lülfstraße 69, 45665 Recklinghausen
Tel. 02361/83848
info@bauspielfarm-re.de
www.bauspielfarm-re.de
Öffnungszeiten Bauspielfarm:
April bis September: Mo-Fr 15-19 Uhr,
Oktober-März: Mo-Fr 14-18 Uhr

Circus Travados (Unna)

Der Circus Travados in Unna ist nicht irgendein Circus! Hier stehen nicht Erwachsene in der Manege, sondern Kinder im Alter zwischen 9 und 15 Jahren verzaubern das Publikum mit ihren Kunststücken. Seit 1983 können sie beim Circus Travados Manegenluft schnuppern. Regelmäßig werden im Sommer Circus-Camps angeboten, bei denen jeder Interessierte seine artistischen Fähigkeiten ausprobieren kann. In mühevoller Vorarbeit proben die Kleinen unter Anleitung erfahrener Künstler und Pädagogen Wochen im Voraus für das Programm, das sie dann unter begeisterten Zurufen ihren Geschwistern, Eltern, Freunden und Bekannten vorführen. Einen Monat oder länger dauern die Aufführungen unter dem Dach des rot-blauen Zirkuszeltes. Nach dem Bau eines festen Circusbaus (2002 eröffnet) im Kurpark ist der Circusbetrieb ausgebaut worden. 500 Zuschauer finden in dem von Prof. Peter Hübner im Rahmen des IBA-Projekts „Initiative ergreifen" entworfenen Gebäude Platz. Dazu gehört eine auch außerhalb der Vorstellungen zu besichtigende Menagerie, in der u. a. Pferde, Ziegen, Gänse und Esel artgerecht gehalten werden.

Informationen

Kurpark 10, 59425 Unna
Tel. 02303/68586
mail@travados.net
www.travados.net
Termine nach tel. Vereinbarung

Eishockey-Camp „Kids on Ice" (Unna)

Auf die Kufen, fertig, los: In der Eissporthalle in Unna findet seit 1999 mit Unterstützung des nord-rhein-westfälischen Eishockey-Verbandes jedes Jahr ein Eishockey-Camp für Kinder und Jugendliche statt. Erfahrene Trainer des Deutschen Eishockey-Bundes führen mit den Kindern verschiedenste Trainingseinheiten durch. Dabei geht es nicht nur um Taktik und Regeln des Spiels, sondern auch um Ausdauer, Reaktionsschulung, Kraft- und Torwarttraining. Die einzelnen Übungen werden per Video aufgezeichnet und auf einer Großbildleinwand gemeinsam mit den Kindern analysiert. Das Spielen kommt aber keinesfalls zu kurz. Jeweils freitags findet ein Grillabend statt, zu dem auch die Eltern eingeladen werden. Die Dauer eines Kurses beträgt eine Woche. 2006 wurde erstmals auch ein reines Mädchen- und Damencamp angeboten.

Informationen

Ligusterweg 5, 59425 Unna
Tel. 02303/61042
www.eishalle-unna.de
Termine: in der Regel im Juli

Waldschule Hohenstein (Witten)

Die 2002 von der Jägerschaft Witten in Zusammenarbeit mit dem Förderkreis „Lernort Natur e. V." gegründete Waldschule befindet sich in den Gebäuden der ehemaligen Waldarbeiterunterkunft auf dem Hohenstein. Sie wendet sich als außerschulischer Lernort vor allem an Schulklassen und Kurse aller Schultypen, an Kindergartengruppen, aber auch an alle naturkundlich Interessierten. Zur Verfügung steht ein komplett ausgestatteter Unterrichtsraum mit umfangreichen Anschauungsmaterialien. In der Nähe gelegene Einrichtungen wie Lehrbienenstand, Baumkundeweg, Streichelzoo, Schwarzwild- und Damwildgehege bieten sich für Exkursionen an.

Informationen

Bernhard-Dieter Epp
Tel. 02302/277430
kontakt@jaegerschaft-witten.de
www.jaegerschaft-witten.de

BEACHCLUBS

StrandDeck Kemnade (Bochum)
Rund 1.000 Quadratmeter Strandlandschaft, Palmen und karibisches Flair – das StrandDeck Kemnade am Hafen Heveney verschafft dem gestressten Stadtmenschen ein wenig Urlaubsflair im Alltag. Den sportlich Aktiven stehen gegen Gebühr zwei Beachvolleyball-Felder zur Verfügung. Und an den Wochenenden wird der Beach Club abends zur Party-Zone mit Open Air Dancefloor und Live-Acts.

Gruppen ab 30 Personen können auch einen kleinen Privatstrand mieten.

Informationen
Blumenau 7A (Hafen Heveney)
44801 Bochum
0231-22611025
info@stranddeck.de
www.stranddeck.de
Öffnungszeiten: Mai bis September: Mo-Do 11-23 Uhr, Fr-Sa 11-1 Uhr, So 10-23 Uhr

Herr Walter (Dortmund)
Herr Walter liegt im Dortmunder Hafen und ist ein Club- und Eventschiff. Das Schüttgüterschiff, Baujahr 1901 und seit einem Umbau in den 1970er Jahren 60 Meter lang, bietet, innen wie außen ganz maritimes Milieu, ein buntes Programm über und unter Deck – z. B. Live-Bands, Lesungen,

Seaside Beach Baldeney, Essen

Tanz, Theater, Fußballübertragungen –, daneben Sonnendeck, Bar und Kombüsenessen. Dem Herrn Walter steht treu die Waltraud zur Seite, eine Fischbude. Im Sommer ist auch der Außenbereich an Land geöffnet, mit feinstem Sand, Strandkörben, Palmen und für unsere Breitengrade auch vorsorglich mit einem Sonnenzelt, das prima gegen Regen schützt.

Informationen

Speicherstr. 90
44147 Dortmund
Tel. 0231/142410
ahoi@herr-walter.de
www.herr-walter.de
Geöffnet zu Veranstaltungen, Fußballübertragungen und bei schönem Wetter

Moog Garden (Dortmund)

Eine mediterrane Oase inmitten von feinstem Sand, umsäumt von jeder Menge Pflanzen, dazu Cocktails, Longdrinks und Lounge-Musik – was braucht es mehr bei Sommerwetter? Live-DJs am Wochenende? Auch zu haben. Wo liegt die Anlage? Am Dortmunder U. U wie Urlaub.

Adresse

Emil-Moog-Platz, 44137 Dortmund
Öffnungszeiten: Bei gutem Wetter Fr/Sa ab 18 Uhr

Informationen

panUrama GmbH

Tel. 0231/880860-0
www.panurama.de
www.weststrand-dortmund.de

Seaside Beach Baldeney (Essen)
Südseeurlaub unter Palmen, Cocktails im feinstem „Karibik"-Sand? Seit dem Sommer 2005 sind derartige Träume nicht mehr unbedingt mit weiten Reisen verbunden. Ein Kurztrip zum Essener Baldeneysee tut's auch. Dort ist auf insgesamt 65.000 Quadratmetern im ehemaligen Licht- und Luftbad Essen einer der schönsten Beach Clubs Deutschlands entstanden. Die Lage ist ohnehin erstklassig, die Ausstattung jetzt auch: Ein insgesamt 250 Meter langer und 35 Meter breiter Traumstrand mit 5.000 Tonnen feinstem „Karibik"-Sand, mehr als 100 Palmen, drei „Südsee"-Bars und die Cocktailbar „Santa Cruz", die in ein gestrandetes Segelboot integriert ist, verwöhnen die Besucher. Beach-Volleyball, Bogenschießen, Windsurfen, Grillplätze gehören ebenso zu den Freizeitmöglichkeiten wie Soccer, Segway oder Kanutouren. Und da seit 2017 das Schwimmen im Baldeneysee bereichsweise wieder erlaubt ist, locken zwei Badestege ins kühle Nass.

Unmittelbar angrenzend kommen Kletterfans im Seaside Beach Climbing (s. Sport / Klettern) auf ihre Kosten.

Seaside Beach Baldeney, Essen

Informationen
Freiherr-vom-Stein-Str. 384
45133 Essen
Tel. 0201/4906090
info@seaside-beach.de
www.seaside-beach.de
Öffnungszeiten: täglich ab 10 Uhr, bei schlechtem Wetter geschlossen

Lakeside Inn (Haltern am See)
Eine Kulisse wie gemalt bietet der schöne Halterner See für den attraktiven Beachclub. 20.000 Quadratmeter feiner Sand, jede Menge Wassersportmöglichkeiten und ein Restaurant mit umfangreicher Speisekarte lassen keine Wünsche offen. Auch als Bikertreff ist dieser Ort beliebt.

Informationen
Stockwieser Damm 291
45721 Haltern am See
Tel. 02364/506080
info@lakeside-inn.de
www.lakeside-inn.de
Öffnungszeiten: täglich ab 9 Uhr, Fr/Sa open end

Treibsand (Haltern am See)
Strandrestaurant am Silbersee II, der 1,5 Kilometer Sandstrand bietet. Wunderschöne Lage! Große Terrasse, bei schlechtem Wetter überdacht und beheizt, viele Events.

Informationen
Zum Vogelsberg
45721 Haltern am See
Tel. 02364/9498678
treibsand-silbersee.de
(mit Kontaktformular)
Öffnungszeiten: Di-So ab 9 Uhr

Blue-Jay City-Beach (Herdecke)
Teil von Blue-Jay – American Bar & Restaurant, mitten in der Altstadt Herdeckes gelegen, 25.000 kg Sand, Palmen, Strandkörbe und Sonnenliegen, 150 Sitzplätze. American Burger, hausgemacht, Enchiladas, Fajitas und mehr für die Hungrigen.

Informationen
Hauptstr. 37
58313 Herdecke
Tel. 02330/914462
www.blue-jay.de

Beachbereich Naturbad (Mülheim an der Ruhr)
2016 umgestaltetes Beach-Areal. Acht Pavillons und jede Menge Grills im Verleih laden zu gemütlichen Sommerabenden mit Musik, Freunden und Familie ein. In der Reihe b-eat werden die Gäste mit sommer-

Stadthafen Recklinghausen

lichen Chill-out-Sounds und Live-Musik sowie leckeren Fleisch- und Gemüsespießen verwöhnt.

Informationen
Friesenstraße 101
45476 Mülheim an der Ruhr
Tel. 0208/9926710
info@naturbad-muelheim.de
naturbad-muelheim.de

CentrO Beach (Oberhausen)

Raus aus den Socken, rein in den Sand, mit dem Cocktail in der Hand. 2016 wurde CentrO Beach neu eröffnet. Das Lokal König auf der Promenade CentrO hat die Location in dem Rondell aufgebaut, wo früher der Irish Pub stand. 800 Tonnen Sand, Duschen für Heißgelaufene, Cocktails und andere Getränke täglich ab 12 Uhr. Und freitags und samstags treten DJs auf, dann ist „Sternentanz", Partyzeit, Ende offen.

Informationen
Promenade 50
46047 Oberhausen
Tel. 0173/6106015

Stadthafen Recklinghausen

Der Stadthafen Recklinghausen erfüllt Urlaubssehnsüchte gleich vor der Haustür. Strand-Sofas, Sonnenliegen und Strandkörbe verheißen ein buntes Strandleben in angenehmer Atmosphäre. Für erfrischende Getränke, leckere Cocktails und frische Gerichte an der Strandbar ist genauso gesorgt wie für die passende Musik bei der Sommernacht-Beach-Party.

Informationen
Stadthafen Recklinghausen
Gastronomie & Kultur
Am Stadthafen10
45663 Recklinghausen
Tel. 02361/9606211
info@stadthafen.com
www.stadthafen.com

STERNWARTEN & PLANETARIEN

Zeiss Planetarium Bochum
Das Zeiss Planetarium wurde in den 1960er Jahren errichtet und umfasst auch eine (vorläufig geschlossene) astronomische Beobachtungsstation in der Erich-Kästner-Schule (Markstraße). Hier wird per Teleskop der Sternenhimmel beobachtet und ausgewertet.

Das Planetarium, das Platz für 230 Personen bietet, ist mit seinem gewölbten Kuppeldach inzwischen zu einem Wahrzeichen Bochums geworden. Innerhalb des Planetariums werden den Besuchern mittels eines 20 Meter durchmessenden künstlichen Sternenhimmels Einblicke verschafft in die Gesetze von Astronomie und Weltraumforschung. Während das 2010 installierte Videosystem „Velvet", eines der modernsten Ganzkuppelprojektion-Systeme der Welt, u. a. virtuelle Flüge durch das Sonnensystem ermöglicht, erläutern wechselnde Astronomieshows wie „Faszinierendes Weltall" oder „Vom Urknall zum Menschen" eindrucksvoll die Bewegungsabläufe von Sternen, Planeten und Satelliten.

Die Geheimnisse des Sternenhimmels werden auch den Kindern dargeboten. Mit gezeichneten Figuren erleben die Kleinen in unterschiedlichen

Kinder-Shows abenteuerliche und lustige Geschichten.

Informationen

Castroper Str. 67, 44791 Bochum
Tel. 0234/51606-0
Tel. 0221/280214 (Tickethotline)
info@planetarium-bochum.de
www.planetarium-bochum.de

Sternwarte Bochum – Institut für Umwelt- und Zukunftsforschung

Schwerpunkte der Einrichtung sind die Radioastronomie und die Umweltforschung. Mittelpunkt der Anlage ist das denkmalgeschützte Radom, eine 40 Meter hohe Tragluftkuppel, die eine 20-Meter-Parabolantenne schützt.

Im Radom zeigt die Ausstellung „Die Erde im Visier", wie sich die Erforschung der Erde mit Hilfe von Raumfahrttechnik seit 1957 entwickelt hat. In der Sternwarte finden u. a. auch Live-Beobachtungen am Teleskop, Workshops zur Himmels- und Teleskopkunde sowie Kinder-Astronomie-Workshops statt; das Labor für kleine Forscher ist freitags von 15.30 bis 17 Uhr geöffnet (Voranmeldung).

Informationen

Blankensteiner Straße 200a
44797 Bochum
0234/47711
info@iuz-bochum.de

Zeiss Planetarium Bochum

www.die-erde-im-visier.de
Öffnungszeiten Ausstellung: Di-Do 11-16 Uhr, Fr 11-14 Uhr, So 11-17 Uhr (April-Okt.), 11-16 Uhr (Nov.-März)
Astronomische Beobachtungsstation: Nov.-März, Mi ab 18.45 Uhr (Einlass bis 19 Uhr)

Rudolf-Römer-Sternwarte (Duisburg)

Im Jahre 1971 gründete sich der Verein „Rudolf-Römer-Sternwarte Rheinhausen e.V.", der bis heute seine Hauptaufgabe in der Verbreitung astronomischen Wissens sowie der Erklärung und Bereitstellung technischer Geräte sieht. Der Sternwarte ist unter anderem eine Fachbibliothek angeschlossen.

Öffentliche Beobachtungsabende mit einführendem Sternenhimmel-Vortrag finden – bei klarem Himmel – jeden 1. Freitag im Monat (ausgenommen Juni-August) ab 20.30 Uhr auf der Sternwarte des Krupp-Gymnasiums (In den Peschen 79) in Rheinhausen statt. Vorträge, Kurse und Seminare ergänzen das Programm.

■ **Adresse Vereinsbüro / Bibliothek**
Kultur- und Freizeitzentrum Rheinhausen, Raum 210/211
Schwarzenberger Str. 147
47226 Duisburg-Rheinhausen
Tel. 02065/75012
sternwarte-duisburg@gmx.de
astronomie-in-duisburg.kulturserver-nrw.de

Volkssternwarte Ennepetal

Die 1973 von Sternfreunden und Hobbyastronomen gegründete Volkssternwarte Ennepetal besteht aus einer vier Meter großen Beobachtungskuppel, ausgerüstet u. a. mit einem Newton-Cassegrain Teleskop. Führungen und angeleitete Beobachtungen zu Öffnungszeiten.

Informationen
Hinnenberg 80, 58256 Ennepetal
Tel. 02333/62646
info@volkssternwarte-ennepetal.de
www.volkssternwarte-ennepetal.de
Öffnungszeiten: bei klarem Wetter
Fr 19-21 Uhr

Walter-Hohmann-Sternwarte (Essen)

Die Walter-Hohmann-Sternwarte, benannt nach dem renommierten Himmelsforscher Walter Hohmann, ist eine der größten Sternwarten Deutschlands. Im Jahre 1969 erbaut, gehören zu dieser Volkssternwarte vier Beobachtungsstationen, mehrere Teleskope sowie in der ehemaligen Schule von Schuir ein Vortragsraum mit 45 Plätzen und moderner Projektionstechnik, Werkstätten und eine Bibliothek.

Mond und Planeten, Sternhaufen und Gasnebel sind ebenso zu sehen wie ferne Galaxien. Eine Dia-Show klärt die Besucher über die Geheimnisse des Universums auf. Kinderprogramme stellen astronomische Abläufe auch für die Kleinsten verständlich dar.

Informationen
Wallneyer Str. 159
45133 Essen
Tel. 0201/493941
www.walter-hohmann-sternwarte.de
(mit Kontakt-Formularen)
Öffnungszeiten: Mi ab 20 Uhr und
zu Vorträgen
Öffentl. Himmelsbeobachtung bei klarem Himmel: Mi frühestens ab 20 Uhr (nach Einbruch der Dunkelheit) und zu Vorträgen
Öffentl. Sonnenbeobachtung bei klarem Wetter: Mitte Mai bis Ende August, So 14-16 Uhr

Planetenmodell (Hagen)

Das Planetenmodell in Hagen ist das erste begehbare und begreifbare Planetenmodell der Welt. Seine Einzigartigkeit verdankt die seit 1970 existierende und ständig ausgebaute Einrichtung großen Bronzeplatten, die über die Innenstadt Hagens verteilt den Lauf der Planeten nachzeichnen. Die Idee zu einem derartigen Modell hatte Walter K. B. Holz, dessen Bemühungen um die Weitergabe astronomischen Wissens an die Bevölkerung vom „Förderkreis Planentenmodell Hagen" in Zusammenarbeit mit der Volkssternwarte fortgesetzt wurden. Alle Darstellungen sind maßstabgetreue (1:1 Milliarde) Abbildungen unseres Sonnensystems, die zusätzlich mit den wichtigsten Informationen zu den jeweiligen Planeten versehen sind. Auch die Abstände zur Sonne sind im Planetenmodell maßstabgetreu wiedergegeben. Bezugspunkt ist dabei immer die Modellsonne im Ratskeller unter dem Rathausturm. Die Volkssternwarte hat Führungen durch das Planetenmodell im Programm.

Informationen
Volkssternwarte Hagen
Tel. 02331/59079-0
info@sternwarte-hagen.de
www.sternwarte-hagen.de
www.planetenmodell-hagen.de

Volkssternwarte (Hagen)

In der Volkssternwarte Hagen, 1955 von der Arbeitsgemeinschaft Volkssternwarte Hagen e.V. gegründet, werden in erster Linie astronomische Beobachtungen, fotografische und filmische Arbeiten, Exkursio-

Sternwarte Bochum

Sternwarte Bochum

nen und öffentliche Vorführungen durchgeführt. Eine Besonderheit stellt die Meteoriten-Erfassungskamera dar, die der fotografischen Überwachung heller Meteore dient. Unter die astronomischen Beobachtungen fallen Kometen, Planeten, die Sonne sowie veränderliche Sterne. Auch die Beobachtung des täglichen Wetters gehört zum Arbeitsfeld der Sternwarte. Die Teilnahme an allen Veranstaltungen, die von den Mitgliedern des Gründervereins ehrenamtlich vorbereitet und durchgeführt werden, ist kostenfrei. Angeboten werden Sternvorführungen, Demonstrationen, Exkursionen mit transportablen Geräten, Videovorträge und Ausstellungen.

■ **Informationen**

Am Eugen-Richter-Turm, 58001 Hagen
Tel. 02331/59079-0
info@sternwarte-hagen.de
www.sternwarte-hagen.de
Öffnungszeiten: 1. April bis 30. September: mtl. 1. + 3. Mi 19-21 Uhr, 2. + 4. So 14-16 Uhr; 1. Oktober bis 31. März: mtl. 1. + 3. Mi und 2. + 4. Sa 19-21 Uhr
Eintritt frei

Sternwarte (Herne)

Neben Beobachtungskuppel und Vortragsraum ist die Sternwarte Herne ausgestattet mit einem digitalen Planetarium mit Fulldome-Projektion, einer Werkstatt, einer Bibliothek und diversen Teleskopen. Als Besonderheit sind auf dem Hof der Sternwarte eine Bodensonnenuhr und ein Radioteleskop aufgebaut. Zwei stationäre Säulen können zur optimalen Beobachtung der Geschehnisse am Himmel mit weiteren Teleskopen versehen werden. Ähnlich wie in Hagen, nur sehr viel kleiner und schlichter, ist auch in Herne nahe der Sternwarte im Dorneburger Park ein Planetenweg angelegt worden, der dem besseren Verständnis astronomischer Zusammenhänge dient. Betreiber der Sternwarte ist die Astronomische Arbeitsgemeinschaft Wanne-Eickel / Herne e. V.

■ **Adresse / Informationen**

Am Böckenbusch 2a (Dorneburger Park)
44652 Herne
Tel. 0157/32515460
info@sternwarte-herne.de
www.sternwarte-herne.de

Westfälische Volkssternwarte und Planetarium (Recklinghausen)

Zur Westfälischen Volkssternwarte in Recklinghausen zählen zwei astronomische Beobachtungsstationen und ein Planetarium. Die Beobachtungsstationen bestehen aus dem sog. Urania-Tempel, der einen Blick auf die Oberfläche der Sonne gewährt, und einem Teleskop, das zur Beobachtung des Sternenhimmels genutzt wird. Das Planetarium, in dem 74 Personen Platz finden, zeigt in seiner acht Meter durchmessenden Kuppel rund 6.000 Sterne, die das menschliche Auge theoretisch in einer klaren Nacht am Himmel sehen würde. Um auch jüngeren Besuchern astronomisches Wissen verständlich näherzubringen, führt die Volkssternwarte regelmäßig Sonderveranstaltungen für Schulklassen und Familien mit Kindern durch. Zu allen Veranstaltungen gibt die Volkssternwarte ein eigenes Programmheft heraus, das im Sekretariat der Sternwarte angefordert werden kann.

Informationen

Stadtgarten 6
45657 Recklinghausen
Tel. 02361/23134
info@sternwarte-recklinghausen.de
www.sternwarte-recklinghausen.de
Öffentliche Fernrohrbeobachtung (kostenlos): Sternwarte, Fr 20.30 Uhr bei klarem Wetter und ausreichender Dunkelheit
Sonnenbeobachtung: Urania-Tempel, März-Oktober, So 11 Uhr bei klarem Wetter

Volkssternwarte Hagen

ZOOLOGISCHE GÄRTEN

Tierpark und Fossilium Bochum

Der Bochumer Tierpark ist mit einer Fläche von zwei Hektar zwar nicht besonders groß, beherbergt aber dennoch eine stattliche Anzahl an Tieren: Rund 310 verschiedene Arten, insgesamt etwa 3.800 Exemplare der heimischen und nicht-heimischen Tierwelt sind auf dem Areal angesiedelt.

Neben Fischen, Reptilien, Tigern, Braunbären und Wasservögeln blickt der Tierpark mit einigem Stolz auf die Zuchterfolge bei Leoparden, Luchsen, Seehunden und Uhus. Von besonderem Wert sind außerdem die seltenen Echsen und Schlangen des Terrarienhauses, an das auch ein Aquarium mit Korallenriff und Schwarzspitzenriffhaien angeschlossen ist, sowie das Regenwald-Amazonas-Haus, in dem Piranhas, Zwergseidenäffchen und Kaimane beheimatet sind. 2006 bescherte den Besuchern mit den „Nordseewelten“ das nächste Highlight, eine Seehundanlage mit Unterwasserfenstern.

Zur Reise in die urzeitgeschichtliche Vergangenheit lädt das Fossilium ein. In 55 Vitrinen zeigt die Sammlung Helmut Leich bedeutende

Fossilfunde aus den Solnhofener Plattenkalken im Altmühltal, der berühmtesten Fossillagerstätte Deutschlands. Zu der Millionen Jahre alten Tier- und Pflanzenwelt gehören u. a. Quastenflosser, Knochenschmelzschuppenfische, Pfeilschwänze, Nautiliden und Schnabelköpfer. Seit 2013 ist der Tierpark Bochum mit seinem Fossilium zudem Mitglied der Vereinigung Westfälischer Museen e. V. (VWM).

Für die Kleinen bietet sich der Streichelzoo mit Zwergziegen, Schafen, Schweinen und Kälbern an, Ponyreiten und Kutschfahrten sind ebenfalls im Programm.

■ **Informationen**

Klinikstr. 49, 44791 Bochum

Tel. 0234/95029-0

info@tierpark-bochum.de

www.tierpark-bochum.de

Öffnungszeiten: April bis September: 9-19 Uhr; März/Oktober: 9-18 Uhr; November bis Februar: 9-16.30 Uhr

Zoo Dortmund

Große Erfolge bei der Nachzucht seltener Tierarten sowie die sorgsame und fachkundige Pflege der rund 1.500 Tiere: Das sind die Markenzeichen des Dortmunder Tierparks, die ihn auch international bekannt gemacht haben.

Zoo Dortmund

Rund 230 heimische und exotische Arten aus allen fünf Kontinenten der Erde leben auf dem 28 Hektar großen Areal, das 1953 der Öffentlichkeit zugänglich gemacht wurde.

Hauptattraktion des Tierparks ist die Südamerika-Anlage: Im Amazonashaus kann ein tropischer Regenwald durchwandert und die üppige wie artenreiche südamerikanische Flora und Fauna bestaunt und bewundert werden. Auf der Südamerika-Wiese leben neben vielen anderen südamerikanischen Tierarten (wie z. B. den selten gewordenen Riesenottern) der Kleine und der Große Ameisenbär, dessen Nachzucht so erfolgreich verlief, dass er zum Wahrzeichen des Dortmunder Tierparks wurde. So wurden bereits über 60 Ameisenbär-Babys des großen Typus im Zoo geboren – damit ist Dortmund der Weltrekordhalter bei der Aufzucht von Jungtieren des Großen Ameisenbären, darüber hinaus wird hier das Europäische Erhaltungszuchtprogramm koordiniert. Zu bewundern sind auch die aus Australien stammenden Bürstenschwanzrattenkängurus, der in Südostasien beheimatete Schabrackentapir oder Breitmaulnashörner und Angola-Giraffen aus Afrika. Mit dem Sumatra-Orang-Utan gehört auch die größte auf Bäumen lebende Tierart der Welt dazu.

Natürlich befinden sich auf dem Gelände noch viele weitere Tierarten, darunter auch ein Freigehege für Löwen, Tiger und Wölfe, Seelöwenplätze sowie Affenhäuser. Eine weitere Attraktion für Kinder ist der Streichelzoo im Stil eines westfälischen Bauernhofes, zu dem auch ein Spielplatz mit einem bekletterbaren Holz-Ameisenbären und Motorrad-Autoscooter gehört.

Im Rahmen des Zukunftskonzepts „Zoo Dortmund 2023“ werden rund 40 Gehege und Anlagen des Zoos saniert, ausgebaut und naturnah gestaltet. Bestandteile sind u.a. eine neue Robben-Anlage für Kalifornische Seelöwen und Südamerikanische Seebären, der Neubau der begehbaren Australien-Voliere, die bereits eröffnete, barrierefreie Ibis-Voliere, eine Erweiterung der Bärenanlage sowie der neue Artenschutz-Container für Kinder, der Tast- und Fühlerlebnisse an wirbellosen Tieren und Exponaten ermöglicht.

Informationen
Mergelteichstr. 80
44225 Dortmund
Tel. 0231/50-28593
zoo@dortmund.de
www.dortmund.de
Öffnungszeiten: 16. März bis 15. Oktober: 9-18.30 Uhr, 1. November bis 15. Februar: 9-16.30 Uhr, 16. Februar bis 15. März / 16. bis 31. Oktober: 9-17.30 Uhr; Kassenschluss ist jeweils eine halbe Stunde vor Schließung

Zoo Duisburg

Zoo Duisburg (Duisburg)

Mitten im Waldgebiet des Kaiserbergs liegt der bekannteste Zoo des Ruhrgebiets: der Duisburger Waldzoo. Auf einer Fläche von 16 Hektar befinden sich über 6.000 Tiere in über 400 Arten (Stand 31.12.2015). Auf gleich mehreren Gebieten ist der Zoo mit seinen Einrichtungen einzigartig: Das Affenhaus (Äquatorium) gilt als eine der größten Menschenaffenanlagen Europas, in dem Lizäffchen, Mandrills, Ungkas und Bartaffen beheimatet sind. Im Delphinarium, erstes seiner Art in Mitteleuropa, tummeln sich die beliebten Meeressäuger, von denen einige waschechte „Duisburger“ sind. Weitere Hauptattraktionen sind u. a. die Tropenhalle Rio Negro, die einen Ausschnitt der Tierwelt Südamerikas darstellt, die Lemureninsel und das Koala-Haus: Dem Zoo Duisburg gelang – einmalig in Europa – die Nachzucht dieser gefährdeten Tierart. Viele weitere Attraktionen hat der Zoo zu bieten: Das 2015 eröffnete Riffbecken, Riesensalamander-Anlage, Riesenotteranlage, Nebelparder-Haus, Brillenbärenanlage und eben die riesige Mischung aus verschiedensten Tierarten – vom Bennettkänguru über Fischkatzen und Riesenottern bis hin zu Netzgiraffen und Gorillas – sorgen pro Jahr im Schnitt für ca. eine Mio. Besucher. Der original Chinesische Garten, ein Geschenk der Duisburger Partnerstadt Wuhan, verspricht Ruhe und Erholung und präsentiert Mandschuren- und Saruskraniche sowie Katzenpandas. Eine Kinder-Erlebniswelt mit Tieren aus drei Kontinen-

ZOOM Erlebniswelt, Gelsenkirchen

ten, das „Entdeckerhaus“, in dem heimische Tiere in ihren Nestern und Nischen beobachtet werden können, und ein großer Spielplatz mit Piratenschiff und ein Niedrigseilparcours bringen den Kleinsten Abwechslung und Spaß.

■ **Informationen**

Mülheimer Str. 273, 47058 Duisburg
Tel. 0203/30559-0
info@zoo-duisburg.de
www.zoo-duisburg.de
Öffnungszeiten: ganzjährig ab 9 Uhr, Sommer bis 17.30 Uhr, Winter bis 16 Uhr
Vorführzeiten Delfinarium: März bis Oktober: 11.30 / 14.30 / 16 Uhr; November bis Februar: 11.30 / 15 Uhr

ZOOM Erlebniswelt (Gelsenkirchen)

Am Anfang stand ein ehrgeiziger Plan: Erstmals sollte ein Zoo konsequent mit naturnahen Lebenswelten gestaltet werden. Im Jahr 2000 trafen die Investoren die wegweisende Entscheidung für die Realisierung eines der umfangreichsten Zoo-Neugestaltungsprojekte in Europa. Rund 91 Millionen Euro stellte die Gesellschaft für Energie und Wirtschaft mbH mit Beteiligung der Stadt Gelsenkirchen und des Landes Nordrhein-Westfalen zur Verfügung, um mitten im Ruhrgebiet einen „Zoo der Zukunft“ als einen ihrer Unternehmensbereiche zu realisieren. Im Mittelpunkt stehen die Kontinente Afrika, Asien, Alaska, die auf mehr als 30 Hektar Fläche nach dem Vorbild der Natur gebaut wurden und nicht nur die Lebensräume der entsprechenden Tierarten, sondern auch die jeweilige Kultur, Architektur und Besonderheiten dieser Welten präsentieren. Die Begegnungen zwischen Mensch und Tier verlaufen dabei ohne sichtbare Barrieren.

Die „Erlebniswelt Alaska“ ist als erste im Juli 2005 auf sechs Hektar realisiert worden. Seelöwen und Eisbären, Biber, Kamtschatkabären – über ein Dutzend in Alaska heimischer Tierarten, insgesamt über 100 Tiere, faszinieren aus allernächster Nähe.

Im Juli 2006 folgte die „Erlebniswelt Afrika“, mit 14 Hektar die größte der drei Erlebniswelten. Rund 370 afrikanische Tiere, darunter Löwen, Nashörner sowie Giraffen,

Zebras, Hyänen und verschiedene Antilopenarten, bevölkern die naturgetreu nachgebauten Savannenlandschaften und Dschungelareale. Auf die Besucher wartet zudem ein fast echter Afrika-Trip: Der 240 Meter lange Afrikasee bietet auf einer abenteuerlichen Bootsfahrt den Blick auf Grassavannen, eine Flamingo-Insel oder auf die mächtigen Flusspferde, die allesamt hautnah erlebt werden können. Die über 2.000 Quadratmeter große Dschungelhalle, in der Flusspferde und Schimpansen ein beinahe authentisches Zuhause finden, das Giraffenhaus, das Rundum-Panorama der Afrika-Lodge und das original afrikanische Dorf komplettieren das einmalige Angebot.

In eine faszinierende Dschungelwelt entführt die Besucher die „Erlebniswelt Asien“, errichtet 2010. Das fünf Hektar große Areal wird von Orang Utans, Kleinen Pandas und Hulmans bevölkert, seit 2013 durchstreifen auch Sibirische Tiger ihr neu angelegtes Gehege. Die Expedition durch die tropische Tier- und Pflanzenwelt Asiens bietet Kids übrigens die Möglichkeit zu „echten“ Dschungel-Aktionen – auf dem riesigen Indoor-Abenteuerspielplatz können sie sich im „Drachenland“ austoben.

Mit der Fertigstellung der „Erlebniswelt Asien“ wurde das wegweisende Zookonzept erfolgreich umgesetzt, jetzt ist sie

Naturwildpark Granat (Haltern am See)

Der Naturwildpark im Übergang zwischen Ruhrgebiet und Münsterland beherbergt ca. 500 Tiere, die sich nahezu alle frei im Gelände bewegen. Auf einer Fläche von über 600.000 Quadratmetern begegnet man Hirschen, Mufflons und Murmeltieren. Nur das Schwarzwild (Wildschweine), die Kängurus, die Strauße und die Luchse sind zu ihrem und zum Schutz der Besucher des Parks eingezäunt. Zahlreiche Wander- und Radwanderwege führen über das Areal. Für Kinder steht außerdem ein großer Spielplatz zur Verfügung.

Informationen

Granatstr. 626
45721 Haltern-Lavesum
Tel. 05975/935-37
www.naturwildpark.de
Öffnungszeiten: ganzjährig, täglich 10-18 Uhr

möglich: die Weltreise an einem Tag – mitten in NRW.

Nach der „Weltreise“ oder auch zwischendurch ist eine Erholungspause angesagt, z. B. im Biergarten des Grimberger Hofes im Eingangsbereich. Von dort haben die Eltern ihre Kids gut im Blick, die sich auf dem Spielplatz vergnügen. Auch ein Streichelzoo mit typischen Hoftieren wartet auf sie.

Perfekte Begleiter bei einem Besuch des Zoos sind die ZOOM Apps. Mit der ZOOM 360° App kann man sich beispielsweise am Erdmännchengehege mitten unter die Bewohner begeben. 3D-Abenteuer werden möglich durch Augmented- und Virtual-Reality-Animationen. Die iZOOM App navigiert durch die Erlebniswelten und liefert viele Infos zu den Tieren.

■ Informationen

Bleckstr. 64, 45889 Gelsenkirchen
Tel. 0209/9545-0
info@zoom-erlebniswelt.de
www.zoom-erlebniswelt.de
Öffnungszeiten: April bis September: 9-18.30 Uhr; März/Oktober: 9-18 Uhr; November bis Februar: 10-17 Uhr

Tierpark [Hamm]

Der 1950 nach Kriegszerstörungen wiedereröffnete Tierpark Hamm bietet rund 550 Tiere in 80 Arten. Hervorzuheben sind Albino-Kängurus und Alpakas, beide Arten in begehbaren Gehegen, Erdmännchen, die hier mit Fuchsmangusten zusammenleben, und zoologisch seltene Bestände an Borneo-Gibbons, Madagaskar-Fossas und Tyras. Besonders schön: die Kronenkraniche und Kongopapageien, ebenfalls schön (auf ihre Art): die Australischen Gespensterheuschrecken und die Weißknievogelspinne. Eine Besonderheit ist auch das Reptilienhaus mit seltenen Schlangen wie der Gelben Anakonda und Schildkröten. Kinder können im Streichelzoo am Kinderbauernhof den Tieren ganz nahe kommen. Bis 2022 wird der Tierpark umfassend erneuert, künftig auch mit neuen Tierarten, etwa dem Kleinen Panda.

■ Informationen

Grünstraße 150, 59063 Hamm
Tel. 02381/53132
info@tierpark-hamm.de
www.tierpark-hamm.de
Öffnungszeiten: April bis Oktober: 9-18.30; November bis März: 9-17 Uhr

Sea Life Oberhausen

Eintauchen in die Tiefen des Atlantiks – seit August 2004 ist das in Oberhausen möglich. Das Sea Life Oberhausen nimmt die Besucher auf zwei Ebenen mit insgesamt 4.000 Quadratmetern Ausstellungsfläche mit auf eine Reise durch die faszinierende Unterwasserwelt. 5.000 Meereslebewesen (das hat die Fisch-Inventur 2014 ergeben) in 50 Becken können erlebt werden. Hier gibt es seltene, rätselhafte und schützenswerte Tiere. Viele der Aquarium-Bewohner sind auf der roten Liste gefährdeter Tiere. Sie wurden gerettet oder sind als Teil der Sea-Life-Schutzprojekte hier geboren worden.

Die spannende Reise führt von den Gebirgsquellen über den Rhein bis hin zum Amazonas und den Tropen. Höhepunkt beim Rundgang ist sicherlich das sechs Meter tiefe tropische Ozeanbecken mit 1,5 Millionen Liter Wasser, das sich beim Gang durch einen Unterwassertunnel aus Acrylglas erkunden lässt. Hier ist man auf Tuchfühlung u. a. mit Schwarzspitzenhaien, Rochen, Schwärmen von farbenprächtigen Riffbewohnern und etwa 1,20 Meter großen Grünen Meeresschildkröten.

In einem eigens dafür gebauten Außenbereich tummeln sich seit 2009 asiatische Zwergkrallenotter, und seit 2010 lockt die „Grüne Hölle“, eine neue Ausstellung über den Amazonas mit Einblicken in die Unterwasserwelt der Raubwelse, Pfeilgiftfrösche und Piranhas. Deutschlands größte Hai-Aufzucht ist neuer Ausstellungsbereich seit 2015. In dem Becken mit niedrigem Wasserstand lassen sich die Hai-Babys wunderbar beobachten. Die Ausstellung will auch für Schutz und Erhalt der immer noch gefährdeten Tiere sensibilisieren.

Eine Fahrt durch das tropische Ozeanbecken im eigens dafür entwickelten Glasboden-

Sea Life Oberhausen

Boot erlaubt ganz neue Ein- und Aussichten. Die fünfzehnminütigen Touren, auf denen ein Expeditionsleiter Interessantes und Wissenswertes über die Meeresbewohner erläutert, sind für jeweils elf Passagiere täglich ab 11 Uhr möglich. Schon mal die Tentakel einer Seeanemone erfühlt, einen Krebs auf der Hand gehabt? Das interaktive Berührungsbecken, der „Unterwasser-Streichelzoo", macht's möglich. Zudem bietet Sea Life mit unterhaltsamen Vorträgen kombinierte Fütterungen zu festen Zeiten. Auch Sonderausstellungen sind im Programm.

■ **Informationen**

Zum Aquarium 1, 46047 Oberhausen
Tel. 0208/44488444
Tel. 01806/66690101
(Reservierung Schulklassen u. Gruppen)
oberhausen@sealife.de
www.visitsealife.com
Öffnungszeiten: tägl. 10-18.30 Uhr

TerraZoo Rheinberg

Der Terrazoo nimmt die Besucher mit in die geheimnisvolle Welt der Reptilien. Rund 400 Tiere, die etwa 100 verschiedene Arten zuzuordnen sind, Echsen (z. B. Warane und Leguane), ungiftige und giftige Schlangen (z. B. Nattern und Klapperschlangen) sowie einheimische Reptilien, darunter selten gewordene Exemplare wie Zauneidechse und Aspisviper, aber auch Nilkrokodile und Landschildkröten werden nach dem Motto „Erleben – Lehren – Lernen" nicht nur präsentiert, sondern auch pädagogisch-didaktisch dem Publikum nähergebracht. Unterrichtliche Führungen bietet die ansässige Zooschule an.

Bei den ausschließlich aus Nachzucht stammenden Tieren handelt es sich um eine gezielte Auswahl von charakteristischen Reptilien- und Spinnenarten. Die Terrarien, die den modernsten zoologischen Anforderungen entsprechen, geben Einblicke in die natürlichen Lebensräume der verschiedenen Tierarten.

■ **Informationen**

Melkweg 7, 47495 Rheinberg-Winterswick
Tel. 02843/901685
info@terrazoo.de
www.terrazoo.de
Öffnungszeiten: Di-So(in Ferien auch Mo) 10-18 Uhr
Führungen nach Absprache

AUF ALTEN TRASSEN – DIE RUHRTALBAHN

Eine ganz besondere Möglichkeit, das Ruhrtal zu entdecken, bietet die RuhrtalBahn. Per Bahnfahrt in nostalgischen Zügen lassen sich das Flusstal, seine Geschichte und die Schönheit der Landschaft speziell erleben. Gemächlich geht es vorbei an Naturschönheiten wie weiten Auen und Feuchtwiesen und steilen Ufern, an stolzen Burgruinen, sehenswerten Herrensitzen und Höfen, an zahlreichen historischen Ortskernen, an Freizeitoasen wie dem Kemnader See, an Relikten der frühen Industrialisierung wie Schleusen und Stauwehre. Zu letzteren gehört auch das Muttental in Witten, das als Wiege des Ruhrbergbaus gilt.

Die RuhrtalBahn selbst ist ein Strukturmerkmal der Montanindustrie im Ruhrtal. Gegründet wurde sie für die Güterversorgung der Hattinger Henrichshütte von der Bergisch-Märkischen Eisenbahngesellschaft (BME). 1868 ging die erste Verbindung von Steele nach Hattingen in Betrieb. Bereits 1874 wurde die Strecke bis zum Anschluss an die Stammstrecke der BME in Herdecke (heute: Hagen-Vorhalle) verlängert. Die Bahnlinie galt zwar primär dem Güterverkehr der Henrichshütte und der vielen nahegelegenen Kohlezechen, doch schon 1869 wurde auch der Personenverkehr zum heute noch erhaltenen alten Hattinger Bahnhof freigegeben, und der 1876 in Betrieb genommene Haltepunkt Blankenstein Burg, der nur im Sommer bedient wurde, galt bereits speziell dem Ausflugsverkehr.

Heute wird die Bahnlinie besonders als Rückgrat des umweltbewussten und auto-

freien Freizeitverkehrs in der Ruhr-Region geschätzt. Seit 2005 gibt es einen dauernden Linienverkehr, mit „Linie Ruhrtal" geht es an Freitagen und Sonntagen in den Sommermonaten dreimal täglich vom Eisenbahnmuseum Bochum-Dahlhausen nach Hagen Hbf und zurück. Und seit 2007 fährt die RuhrtalBahn einmal monatlich über Hagen Hbf hinaus, auf der „Linie Teckel", der Bahnstrecke zwischen Herdecke und der Kluterthöhle in Ennepetal. Wie beliebt diese Art des Reisens ist, demonstrieren die Fahrgastzahlen: Jährlich fahren rund 40.000 Menschen mit der Ruhrtal-Bahn.

Eingesetzt werden zwei verschiedene Fahrzeugarten: Einerseits ein Dampfzug mit der Lokomotive 38 2267 – der „preußischen P8" – und den nostalgischen Reisezugwagen, die zwischen 1903 und den fünfziger Jahren gebaut wurden. Mitgeführt wird auch ein Barwagen, in dem Getränke und kleine Imbisse angeboten werden. Andererseits bedient ein „Uerdinger Schienenbus" die Strecke, der als kostengünstige Alternative in den 1950er und 1960er Jahren auf die Schienen gestellt wurde. Beheimatet sind Dampfzug und Schienenbus im Eisenbahnmuseum Bochum-Dahlhausen, dessen reichhaltiger „Fuhrpark" alleine eine Reise wert ist.

Empfehlenswert ist auch die Kombi-Tour mit dem Ruhrschiff MS Schwalbe, die zur Wittener Zeche Nachtigall führt.

Informationen
RuhrtalBahn GmbH
Kunden-Tel. 0208/309983010
info@ruhrtalbahn.de
www.ruhrtalbahn.de

Cranger Kirmes,
größtes Volksfest im Ruhrgebiet

CITYLIFE

SHOPPING

Innenstadt Bocholt

Bocholt ist seit eh und je beliebte Einkaufsstadt. 260 Fachgeschäfte bieten eine Vielfalt, die durchaus Großstadtniveau hat. Bunte Wochenmärkte vor dem Historischen Rathaus und auf dem Gasthausplatz ergänzen den Service. Das großzügige Angebot nehmen nicht nur die Bürger der Stadt, sondern auch Besucher aus dem südlicheren Ruhrgebiet, dem westlichen Münsterland, dem unteren Niederrhein sowie aus den Niederlanden gerne in Anspruch.

Zwei im Herbst 2000 bzw. im Frühjahr 2001 errichtete Center – die Shopping Arkaden und der Neutorplatz – im südlichen Teil der Innenstadt präsentieren auf über 20.000 Quadratmetern Einzelhandelsfläche Fachmärkte, großflächige Einzelhandelsbetriebe sowie Facheinzelhandelsgeschäfte.

Adresse
Innenstadt
46397 Bocholt

Boulevard Bochum

Mehr Spaß und Entspannung beim Einkaufen bringt der Ende 2006 eingeweihte Bochumer „Boulevard“. Hier ist alles zu finden: Markenmode, Accessoires und anspruchsvolle

Limbecker Platz Essen

Gastronomie in Fach- und Familiengeschäften. Für die neue Flanier- und Einkaufsmeile verschwanden drei Straßenbahnlinien buchstäblich in der Versenkung, um Platz zu machen für Freiflächen, Bäume, Sitzgelegenheiten, Außengastronomie – denn manchmal ist Shoppen eben doch nicht alles.

Adresse

Massenbergstraße, Bongardstraße
44787 Bochum

Ruhrpark (Bochum)

Als der Ruhrpark 1964 eröffnet wurde, stand er für eine (von amerikanischen Investoren begründete) neue Idee. Heute zählt er mit einer Verkaufsfläche von 252.000 Quadratmetern und seinen 157 Geschäften zu Deutschlands größten Einkaufszentren. Mittlerweile weitgehend überdacht – für Schaufensterbummler bei Regenwetter ein wichtiges Kriterium – bietet es 4.800 kostenlose Parkplätze. Das Geschäftsangebot beinhaltet Läden aus sämtlichen Branchen, die jährlich über 16 Millionen Besucher in den Ruhrpark locken. Um die Attraktivität des Centers zu erhöhen, wurde der Ruhrpark bis zum Herbst 2015 aufwendig modernisiert. Neu entstanden sind die Südmall, der „Fashion Loop“, der als Rundweg den renovierten Teil

Westenhellweg, Dortmund

des Centers mit der neu gebauten Südmall verbindet, und ein kleiner Park.

■ Informationen

Ruhrpark
Am Einkaufszentrum 1
44791 Bochum
Tel. 0234/5792792
info@ruhrpark.de
www.ruhrpark.de

Altstadt Castrop-Rauxel

In Castrop-Rauxels Altstadt blüht der Einzelhandel. Ohne die sonst übliche Dominanz der großen Kaufhäuser herrscht hinter schönen, alten Fassaden die individuelle und persönliche Atmosphäre. Dazu gehört auch der dreimal in der Woche stattfindende Markttag auf dem bis Anfang 2017 umgestalteten Marktplatz. Verlängert wird die Altstadtachse durch die an den Altmarkt grenzende Einkaufspassage „Widumer Platz“ am Eingang des Erin-Parks.

■ Adresse

Altstadt
44575 Castrop-Rauxel

Neutor Galerie (Dinslaken)

2014 eröffnete das Shopping-Center: außen moderne Architektur, innen 22.000 Quadratmeter mit 80 Geschäften, darunter auch exklusive Mode-Erlebnisse, mit zahlreichen kulinarischen Angeboten und immer wieder Aktionen und Ausstellungen. Zusätzlich ein umfassendes Service-Angebot: Baby Lounge, Rollstuhl- und Buggy-Verleih, Parkhaus mit insgesamt 520 Parkplätzen.

■ Informationen

Saarstr. 15
46535 Dinslaken
Tel. 02064/829170
info@neutorgalerie.de
www.neutorgalerie.de

Brückstraßenviertel (Dortmund)

Das traditionelle Geschäfts- und Vergnügungszentrum

befindet sich im Aufwind. Durch das 2002 eröffnete Konzerthaus sowie umfangreiche Renovierungsmaßnahmen wurde die Attraktivität des Innenstadt-Quartiers erheblich gesteigert. Heute spricht man von einem Insidertipp in Sachen Shopping, denn Bars, Cafés und Restaurants, junger Einzelhandel mit ausgefallener Mode, angesagte Second-Hand-Shops und jede Menge Musik haben ein jugendliches Flair geschaffen.

■ **Adresse**

Brückstraße, 44135 Dortmund

Osten- und Westenhellweg / Krügerpassage (Dortmund)

Inmitten der Dortmunder City, unweit des Hauptbahnhofs, liegt die Shoppingmeile der Stadt: der Osten- und Westenhellweg. Dass hier schon immer viel Handel getrieben wurde, deuten bereits die Namen an: Westen- als auch Ostenhellweg bilden den Verlauf des Hellwegs, der berühmten mittelalterlichen Heer- und Handelsstraße innerhalb der historischen Mauern des mittelalterlichen Dortmunds.

Heute präsentieren sich hier zahlreiche Einzelhandelsbetriebe dicht an dicht im belebten Fußgängerbereich. Zwischen dem Osten- und Westenhellweg, an der Hansastraße, liegt außerdem die Krüger-Passage, die älteste erhaltene Passage der Innenstadt und zusätzliche Flaniermeile.

Krügerpassage, Dortmund

Gastronomische Betriebe ergänzen das Angebot. Bei der jährlich durchgeführten Erhebung der Passantenfrequenzen des Immobilienberatungs-Unternehmens Jones Lang LaSalle lag der Westenhellweg 2013 deutschlandweit an der Spitze.

■ **Adresse**

Osten- und Westenhellweg
44137 Dortmund

Thier-Galerie (Dortmund)

Im Citybereich zwischen Westenhellweg und Hohem Wall – auf dem Gelände der ehemaligen Thier-Brauerei – hat 2011 die Thier-Galerie eröffnet. Auf dreieinhalb Ebenen stehen den Kunden über 160 Fachgeschäfte und Dienstleistungsbetriebe auf ca. 33.000 Quadratmetern Verkaufsfläche zur Verfügung. Zusätzliche Flächen gibt es für gastronomische Einrichtungen. Architektonisches Glanzlicht ist ein im Zentrum des glasüberdachten Shopping-Centers errichtetes „Haus im Haus", das über Brücken mit den umgebenden Ladenstraßen verbunden ist. Ein wichtiger Service hinsichtlich der Innenstadtlage sind die 730 angebotenen Pkw-Stellplätze.

■ **Informationen**

Westenhellweg 102-106
44137 Dortmund

Thier-Galerie, Dortmund

Tel. 0231/9632550
www.thiergalerie.de

City Palais (Duisburg)

Diese Mischung ist wirklich einzigartig – wo sonst lassen sich eine Konzerthalle, ein Spielcasino, ein Kongresszentrum und eine Shoppingmall unter einem Dach finden!

Dort, wo früher die traditionsreiche Mercatorhalle stand, bildet das 2007 eingeweihte City Palais ein für hiesige Verhältnisse einmaliges Prunkstück mit einem Mix aus Unterhaltung, Kultur und Einkaufszentrum.

Auf den insgesamt 35.400 Quadratmetern Fläche sorgen Einzelhandelsgeschäfte, gastronomische Betriebe, Büros und ein Delikatessa-Marktplatz für eine attraktive Stadtmitte.

Darüber hinaus werden hier die Konzerthalle der Duisburger Philharmoniker mit 1.750 Sitzplätzen und modernster Klang-Architektur sowie das Kongress- und Tagungszentrum Mercatorhalle ebenso beherbergt wie das Spielcasino der Westspiel GmbH, die sogar mit ihrer Verwaltung eingezogen ist, nachdem Duisburg gegen Düsseldorf das Wettrennen um die neue Casino-Lizenz zu seinen Gunsten entschieden hatte.

Informationen
PropertyFirst Düsseldorf GmbH
Objektmanagement CityPalais Duisburg
Königstraße 55a
47051 Duisburg
Tel. 0203/2894-626
www.citypalais.de

Forum Duisburg

Gleich gegenüber dem City Palais hat 2008 das Shoppingcenter „Forum" eröffnet. Die ca. 60.000 Quadratmeter große Einkaufsmeile bietet auf fünf Etagen etwa 80 Shopping-Einheiten, die die Bereiche Handel, Gastronomie, Freizeit und Event miteinander verbinden. Architektonisch ist das Forum als eine überdachte Erweiterung der Fußgängerzone konzipiert, die mit Terrassen, Arkadengängen und freien Plätzen fast als eine Stadt in der Stadt daherkommt.

Informationen

Königstraße 48
47051 Duisburg
Tel. 0203/3469000
info.forumduisburg@klepierre.com
de.club-onlyou.com/FORUM-Duisburg

Königstraße mit Brunnenmeile [Duisburg]

1992 war das Jahr des Umbruchs für die Duisburger Innenstadt. Die städtische Straßenbahn, die bis dato quer durch die City führte, wird seitdem unterirdisch gelenkt, neue Einkaufsstraßen wurden erschlossen und zu Fußgängerzonen erklärt. Heute sorgen überdachte Bereiche vor den Läden für Einkaufsspaß auch bei schlechter Witterung. Zahlreiche Cafés und Restaurants laden zum Erholen und Verweilen ein. Grünflächen und sechs Brunnen – der bekannteste ist der 7,20 Meter hohe „Lifesaver-Brunnen" von Niki de Saint Phalle und Jean Tinguely – ergänzen die großzügig angelegte Promenade entlang der Königstraße, weshalb ihr auch der Beiname „Brunnenmeile" zuteil wurde.

Adresse

Königstraße
47051 Duisburg

Königsgalerie [Duisburg]

In bester Geschäftslage direkt an der Königstraße zwischen Sonnenwall und Steinscher Gasse liegt die Königsgalerie. Das Zentrum verfügt auf zwei Ebenen über insgesamt 16.500 Quadratmeter Einzelhandelsfläche sowie 3.500 Quadratmeter Fläche für Büros und Dienstleistungen und verfolgt ein Konzept der gehobenen Handels- und Gastronomieklasse. Parkplatzsorgen mindert die Tiefgarage mit 320 Stellplätzen.

Informationen

Kuhstr. 33
47051 Duisburg
Tel. 0203/41930600
info@koenigsgalerie-duisburg.de
www.koenigsgalerie-duisburg.de

Forum Duisburg

Kettwiger und Limbecker Straße/Rathaus Galerie [Essen]

Haupteinkaufsstraße in der zweitgrößten Stadt des Ruhrgebiets ist die Kettwiger Straße. Sie erstreckt sich vom Hauptbahnhof aus am Burgplatz und Dom vorbei bis zum Viehofer Platz. Zahlreiche Einzelhandelsgeschäfte, darunter auch Fachgeschäfte, die zum Teil seit über hundert Jahren ansässig sind, ziehen regelmäßig große Besucherzahlen aus den umliegenden Städten an.

In der Mitte der Kettwiger Straße zweigt die Limbecker Straße ab, eine weitere, gleichermaßen beliebte wie belebte Einkaufsstraße Essens. Hier befinden sich vor allem Modegeschäfte und Cafés für das junge Publikum. Am Ende der Straße wartet dann das XXL-Einkaufszentrum Limbecker Platz.

Schließlich bietet die Essener Innenstadt mit der erst 2009 aufwändig umgebauten Rathaus Galerie am Porscheplatz noch ein weiteres Shopping-Zentrum, das durch seine

Limbecker Platz Essen

3.000 Meter Schaufensterfront: Am Berliner Platz in Essen entstand von 2006 bis 2009 mit dem „Limbecker Platz Essen“ ein gigantisches Einkaufszentrum der gehobenen Klasse, das 2.000 Arbeitsplätze einbindet. 300 Millionen Euro wurden investiert, um eines der größten Shopping-Center in einer deutschen Innenstadt entstehen zu lassen. Bei einer Verkaufsfläche von 70.000 qm erfüllen etwa 200 Geschäfte, Cafés und Restaurants auf drei Ebenen und ein Parkhaus mit ca. 2.400 Stellplätzen den 51.000 Besuchern pro Tag sämtliche Wünsche rund ums Shoppen.

In der modernen „Erlebniswelt“ ist Einkaufen jedoch nicht genug: Eine extravagante Architektur mit „Paillettenkleid“ von außen, ein großzügiger Innenbereich mit vier Lichthöfen und jede Menge Unterhaltungsprogramme – Shows, Kunst, Musik, Modenschauen etc. – sollen Besucher auch außerhalb der Geschäfte an das Zentrum binden.

Informationen

ECE Projektmanagement GmbH. & Co. KG
Center-Management
Limbecker Platz 1a
45127 Essen
Tel. 0201/177896-0
www.limbecker-platz.de
(mit Kontakt-Formular)

Überdachung wetterunabhängiges Einkaufen ermöglicht. Auf über 30.000 Quadratmetern Nutzfläche bieten ca. 60 Geschäfte und Restaurants einen ausgewogenen Branchenmix.

Informationen
Kettwiger/Limbecker Straße
Porscheplatz (Rathaus Galerie)
45127 Essen
www.essen-tourismus.de
www.rathaus-galerie-essen.de

Rüttenscheider Straße [Essen]

Was dem Düsseldorfer seine Kö, ist dem anspruchsvollen Essener die „Rü", das mit im Frühjahr wunderschön blühenden japanischen Kirschen bestandene Prachtboulevardchen namens Rüttenscheider Straße.

Einkaufsparadies für jeden Geldbeutel, Flaniermeile nicht nur am Samstag, wenn die halbe Stadt erst auf dem Rüttenscheider Markt mit seinem überwältigenden Angebot einkaufen ist, um danach mit prall gefüllten Einkaufstaschen das große Schaulaufen zu begehen, und mit seinen zahllosen Restaurants so etwas wie ein zweites Wohnzimmer.

Längs der schönsten Essener Einkaufsstraße finden sich alteingesessene Einzelhändler für Fisch und Fleisch, Obst und Gemüse sowie Essens einzige Kaffeerösterei „Rubens" in der Emmastraße, aber auch Geschäfte für Haushalts- oder Papeterie-Waren stillvergnügt neben chicen Boutiquen für Drunter und Drüber, Kopf und Füße. Und in der benachbarten Annastraße gibt es eine über 100 Jahre alte Eisenwarenhandlung, die dank ihrer fabelhaften Werbesprüche aus den 70ern – „Der Sommer naht, kauft Draht" oder „Wenn im Frühling die Schwalben nisten, kauf bei Meinrich Kartoffelkisten!" – bis heute stadtbekannt ist.

Adresse
Rüttenscheider Straße
45130 Essen

Rathaus Galerie [Hagen]

Zweite Galerie in der Hagener Innenstadt neben der 2016 modernisierten Volme Galerie. Mit der 200 Meter langen Außenfassade und einer Gebäudehöhe von 20 Metern ein echter Hingucker. Innen präsentiert die 2014 eröffnete Rathaus Galerie auf 22.000 qm 70 Shops mit dem Schwerpunkt Mode. Großflächige Magnetmieter sind hier ZARA, KULT, CCC Shoes & Bags, JBC und das Schuhhaus Hammerschmidt. Daneben gibt es u. a. Fashionshops, auch einen Bereich Beauty und Wellness sowie ein gemischtes gastronomisches Angebot.

Informationen
Mittelstraße 22, 58095 Hagen
Tel. 02331/3775580
www.rathausgalerie-hagen-homeofsaturn.de

Allee-Center Hamm

Im Frühjahr 1992 eröffnete in unmittelbarer Nähe zur Fußgängerzone Hamms das Einkaufsforum „Allee-Center". Auf zwei überdachten Shopping-Malls laden rund 90 Fachgeschäfte zum Bummeln und Einkaufen ein. Viel Licht fällt durch das im Galeriestil errichtete Gebäude mit Glaskuppel, die Atmosphäre ist angenehm hell und freundlich. Cafés und Restaurants runden das Angebot ab.

Informationen
Richard-Matthaei-Platz 1
59065 Hamm
Info-Tel. 02381/498110
info@allee-center-hamm.de
www.allee-center-hamm.de

Forum City [Mülheim an der Ruhr]

Das Forum, 1994 als Nachfolgemodell des Mülheimer City-Centers entstanden und 2011 umgebaut und revitalisiert, liegt in unmittelbarer Nähe zum Hauptbahnhof und der Fußgängerzone und lockt neben den 200 Geschäften der Innenstadt mit weiteren 120 Ladeneinheiten. 33.500 Quadratmeter der verfügbaren Fläche nimmt der Einzelhandel ein, dem Besucher werden neben mehreren Bekleidungs- und Textilgeschäften unter anderem eine große Buchhandlung, ein Elektronik-Fachgeschäft, zahlreiche gastronomische Betriebe sowie ein Fitnessstudio und ein Großkino geboten. Auch ein branchenbekanntes Lebensmittelgeschäft sowie mehrere kleine Dienstleistungsbetriebe sind angesiedelt, im 5. Stock gibt's ein Hotel. In der unteren Mall der aus Glas und Stahl überdachten Passage finden regelmäßig Ausstellungen und Märkte statt, auch für Konzerte der besonderen Art wird das Forum gerne genutzt.

■ **Informationen**
Hans-Böckler-Platz
45468 Mülheim an der Ruhr
Tel. 0208/30836-0
info@forum-muelheim.de
www.forum-muelheim.de

Rhein-Ruhr-Zentrum/Zett [Mülheim an der Ruhr]

Das Rhein-Ruhr-Zentrum (Zett) wurde im Frühjahr 1973 nach dem Vorbild des fünf Jahre zuvor errichteten Bochumer Ruhrparks eröffnet. Es liegt auf Mülheimer Gebiet (das Areal der ehemaligen Zeche Humboldt) unmittelbar an der Essener Stadtgrenze und besitzt eine hervorragende Verkehrslage.

Rund 100.000 Quadratmeter Geschäftsfläche mit ca. 200 Geschäften auf zwei Etagen sowie rund 5.000 kostenlose Parkplätze stehen zur freien Verfügung. Größter Kundenmagnet ist das Warenhaus Karstadt, das allein 60% der gesamten Geschäftsfläche umfasst. Darüber hinaus bietet das Einkaufszentrum einen bunten Branchenmix, worunter sich auch exklusive Geschäfte und Gastronomiebetriebe befinden.

1998 wurde in Anlehnung an die „Kneipenmeile" des Oberhausener CentrO auch im Rhein-Ruhr-Zentrum eine Gastronomie- und Vergnügungsmeile, der Festival-Garden, errichtet. Heute umfasst dieser Bereich die Food Lounge mit einer Gastronomie vom kleinen Imbiss bis zum Steakhaus, das Multiplex-Kino CinemaXX, ein Bowlingcenter und ein Casino. Live-Auftritte, Ausstellungen u. Ä. ergänzen das Angebot im Zett.

Die kleinen Besucher erfreut Euro Eddy's Kinderwelt im Obergeschoss.

■ **Informationen**
Humboldtring 13
45472 Mülheim an der Ruhr
Tel. 0208/49502-0
info@rheinruhrzentrum.de
www.rrz.de

CentrO [Oberhausen]

Auf dem Gelände des ehemaligen Hütten- und Walzwerkes der Firma Thyssen wurde auf einer Fläche von fast 100 Hektar im September 1996 die „Neue Mitte Oberhausen" eröffnet – das CentrO. Das größte Shopping- und Freizeitzentrum in Europa umfasst heute bei einer Brutto-Verkaufsfläche von rund 125.000 Quadratmetern auf zwei Ebenen 250 internationale Shops und, nach amerikanischem Vorbild, eine Imbiss-Meile (Coca-Cola-Oase) mit großer Videoleinwand. Mehrere Parkhäuser bieten ausreichend kostenlose Parkmöglichkeiten (14.000!).

An das CentrO angegliedert sind ein mehrmals umgestalteter Park, eine 400 Meter lange Promenade mit über 20 internationalen Gastronomiebetrieben und über 4.000 Außensitzplätzen bei schönem Wetter, ein Multiplex-Kino sowie ein Business Park. Westlich des CentrO liegt die König-Pilsener-ARENA, eine multifunktionale Veranstaltungshalle mit einer Zuschauerkapazität von knapp 13.000 Plätzen, in der Konzerte, Eis-Revuen und Entertainment-Shows gezeigt werden.

■ **Informationen**
Centroallee 1000
46047 Oberhausen
Info-Tel. 0208/828-2055
info@centro.de
www.centro.de

Palais Vest [Recklinghausen]

Das 2014 eröffnete Einkaufszentrum liegt direkt in der Recklinghäuser Innenstadt und bietet auf drei Ebenen und einer Fläche von 41.700 Quadratmetern 120 Geschäfte. Angeboten werden international bekannte Marken, aber auch neue Labels wie das polnische „Reserved". Vom schnellen Snack bis zum üppigen Menü, die große Orangerie umfasst ein vielfältiges gastronomisches Angebot.

■ **Informationen**
Löhrhof 1, 45657 Recklinghausen
Tel. 02361/4055100

CentrO, Oberhausen

Öffnungszeiten: Mo-Sa 10-20 Uhr
info@palais-vest.de
www.palais-vest.de

Innenstadt (Unna)

Das Shoppingzentrum Unnas befindet sich in der Altstadt. Neben den vielen historisch bedeutsamen Gebäuden, durch die Unnas Innenstadt überregional bekannt ist, präsentieren sich dem Besucher zwischen Bahnhof und Marktplatz, vorbei am Rathaus der Stadt, über 150 Geschäfte des Einzelhandels mit einem breiten Warenangebot. Die Einkaufszone erstreckt sich bis zur Massener Straße, in der die Lindenbrauerei, ehemals bedeutendste Stadtbrauerei, heute viel besuchtes Kultur- und Kommunikationszentrum, ihren Standort hat.

Adresse

Bahnhof- / Massener- / Schäfer- /
Morgen- und Wasserstraße
59423 Unna

StadtGalerie Witten

In Witten hat man es richtig gemacht. Integration statt Verdrängung lautet hier die Devise, nachzuvollziehen an der gelungenen Anbindung der StadtGalerie Witten mit einem neuen Stadtplatz als integraler Bestandteil der Innenstadt. Die erst 2009 eröffnete StadtGalerie lässt die Herzen der Besucher höher schlagen und lädt auf drei Ebenen mit etwa 12.500 Quadratmetern Verkaufsfläche zum Bummeln und Shoppen ein. Etwa 50 Fachgeschäfte, Dienstleistungsbetriebe und Restaurants bieten einen ausgewogenen Branchenmix. Darüber hinaus stehen 450 Parkplätze zur Verfügung.

Informationen

StadtGalerie Witten
Hammerstr. 9-11
58452 Witten
Tel. 02302/2059355
kontakt@stadtgalerie-witten.de
www.stadtgalerie-witten.de

KONGRESS- UND TAGUNGSCENTER

RuhrCongress Bochum
Als Nachfolger der 2001 abgerissenen Ruhrlandhalle eröffnete im Januar 2003 der RuhrCongress Bochum. Entsprechend aktuell ist der technische Standard. Auf insgesamt 7.500 Quadratmetern Fläche werden alle Vorzüge eines modernen Kongress- und Veranstaltungszentrums geboten.

Der RuhrCongress Bochum sieht sich vor allem als Treffpunkt mit Ambiente. Ein variables Flächenkonzept reagiert auf individuelle Wünsche für jeden Anlass. Der große Saal bietet auf Stuhlreihen 5.000 Besuchern Platz, der Kongress-Saal ist für 1.000 Gäste ausgelegt, Tagungsräume nehmen bis zu 390 Personen auf. Regelmäßige Veranstaltungen wie Konzerte (Klassik, Rock, Pop) und Kabarett führen die Tradition der Ruhrlandhalle fort.

Für Reisende oder Feiermüde ein besonderes Plus: Das Fünf-Sterne-„Renaissance Bochum Hotel" ist direkt an den RuhrCongress angebunden.

Informationen
Stadionring 20
44791 Bochum
Tel. 0234/6103-0
Tel. 0234/6103232 (Kartenservice)
info@ruhrcongress-bochum.de
www.ruhrcongress-bochum.de

Kongresszentrum Westfalenhallen Dortmund
Die Nummer Eins in Westfalen, wenn es um Seminare, Tagungen und Kongresse geht. 31 Säle und Hallen, von der kleinsten Einheit für zehn Teilnehmer bis zur 10.000 Besucher fassenden Westfalenhalle 1, bieten alle Möglichkeiten zur Durchführung von Schulungs- und Informationsveranstaltungen, Firmen- und Vereinsjubiläen, Bällen und Festivitäten aller Art. Ein flexibles Raumprogramm bietet bei Bedarf zusätzliche Flächen für Ausstellungen oder Pro-

Westfalenhallen Dortmund

duktpräsentationen. 2018 wurden 117.000 Teilnehmer bei 1.105 Veranstaltungen gemeldet.

Hervorragend sind auch der zur Verfügung stehende Parkraum für 8.800 Pkw und Busse und die verkehrstechnische Infrastruktur (direkter Anschluss zum Hbf Dortmund, in der Nähe des Flughafens Dortmund, Anbindung an sechs Autobahnen).

Informationen

Rheinlanddamm 200
44139 Dortmund
Tel. 0231/1204-260 / 1204-420
(KHC Westfalenhallen GmbH)
kongresszentrum@westfalenhallen.de
www.westfalenhallen.de
www.kongresszentrum-dortmund.de

Congress Center Essen

Seminare, Tagungen, Kongresse, Workshops, Aktionärsversammlungen, Parteiveranstaltungen, Symposien, Bälle, Galas: Im Congress Center Essen mit seinen zehn Sälen und dreizehn Konferenzräumen und der Anbindung an Grugahalle und Messehallen können Events aller Art für zwanzig oder auch für mehrere tausend Personen stattfinden. Das Management bietet Full Service von der Kongress-Konzeption über die Durchführung der Veranstaltung bis zum Rahmenprogramm.

Die Ausstattung der Räumlichkeiten genügt modernstem Standard. Die Atmosphäre ist vor allem im 2001 errichteten Westflügel durch lichte und großzügige Foyers geprägt. Für Großevents stehen die Messehallen und damit 110.000 Quadratmeter Fläche zur Verfügung.

Informationen

Messe Essen GmbH
Norbertstraße, 45131 Essen
Tel. 0201/7244-0 (allgemeine Fragen),
-393 (R. Ebner, CCE)
info@messe-essen.de
www.cc-essen.de

FESTE UND EVENTS

Hafenfest (Bergkamen)

Gut 70.000 Besucher genießen am Veranstaltungswochenende Urlaubsfeeling im maritimen Ambiente. Spannende Drachenbootrennen, kampfeslustige Fischerstecher, selbstgebaute Schwimmmobile, musikalische Kanalrundfahrten, kühle Drinks im Piratenlager oder die Suche nach dem „Schatz der Marina" – im Westfälischen Sportbootzentrum – Marina Rünthe wird den Gästen so einiges geboten!

Informationen

Stadt Bergkamen
Zentrale Dienste – Stadtmarketing
Rathausplatz 1
59192 Bergkamen
Tel. 02307/965-234
stadtmarketing@bergkamen.de
www.bergkamen.de

Herbstkirmes (Bocholt)

Oktober. Größtes Volksfest im Münsterland und am unteren Niederrhein. Auf den Straßen der Stadt wird jedes Jahr am dritten Wochenende im Oktober gefeiert, was das Zeug hält. Riesenrad, Geisterbahn und Wilde Maus sorgen für den nötigen Nervenkitzel.

Adresse

Innenstadt
46399 Bocholt

Bochumer Musiksommer

September. Fünf Bühnen, ca. 100 Konzerte mit rund 1.000 Künstlern, und wenn das Wetter noch mitspielt ... – das seit 2007 von der Bochum Marketing GmbH veranstaltete Festi-

Zwiebelkirmes in Witten

val bringt ein vielseitiges Musik- und Kulturprogramm sowie Menschen zum Feiern in die Bochumer Innenstadt.

■ **Informationen**

Bochumer Innenstadt
www.bochumer-musiksommer.de

Historischer Jahrmarkt [Bochum]

Februar/März. „Herrrein spaziert!" Europas größter historischer Indoor-Jahrmarkt findet in der Bochumer Jahrhunderthalle statt. Mit jahrhunderte alten Fahrgeschäften, mit Jahrmarktsmusik von historischen Kirmesorgeln. „Looos geht's!" Auf den Rücken hölzerner Karussellpferde, in den Knutschecken antiker „Raupen" – o heilige Nostalgie …

■ **Informationen**

Jahrhunderthalle Bochum
An der Jahrhunderthalle 1
44793 Bochum
Tel. 0234/3693100
info@jahrhunderthalle-bochum.de
www.jahrhunderthalle-bochum.de
www.bochum-tourismus.de

Kemnader See in Flammen [Bochum]

Großes Volksfest zu Pfingsten rund um die Bootshalle Gibraltar mit Live-Musik, Kinderprogramm, Karussells und Buden, Imbiss, Getränken, Feuerwerk und großem Abschlussfeuerwerk über dem Kemnader See.

■ **Adresse**

Kemnader See
Oveneystraße 69
44797 Bochum
www.kemnade-in-flammen.de

Pferdemarkt [Bottrop]

Im Frühjahr leben bäuerliche Traditionen in der Innenstadt Bottrops wieder auf: Pferde und Kutschen ziehen auf, Hufschmiede und Sattler zeigen ihre alte Handwerkskunst. Weitere Angebote: Kinderreiten, Verkauf von Reitsport-Zubehör.

■ **Adresse**

Innenstadt / Kirchplatz (Cyriakuskirche)
46236 Bottrop

Bottroper Stadtfest

Mai/Juni. Ein dreitägiges Straßenfest für alle. Das Angebot auf mehreren Bühnen reicht vom Straßentheater über Tanz und Sport bis zu Musik verschiedenster Stilrichtungen. Eine Oldtimer-Show, das Fest der Kulturen und ein Soccer-Turnier sind ebenfalls Programmpunkte. Dazu kommt ein reichhaltiges kulinarisches Angebot.

■ **Adresse**

Innenstadt
46236 Bottrop

Michaelismarkt [Bottrop]

Letztes September-Wochenende. Wenn das Hämmern der Schmiede in den Ohren dröhnt, Dudelsackmusik der Spielleute erklingt und die Rufe der Jahrmarktsleute durch die Altstadt schallen, dann ist Michaelismarkt in Bottrop! Gaukler, Feuerspucker und Musikanten, Ritter und Händler mit ausgefallenen Waren und alten Fertigkeiten bringen mittelalterliches Leben in die Altstadt.

■ **Adresse**

Innenstadt
46236 Bottrop

Castrop kocht über – das kulinarische Stadtfest

Mai/Juni (um Fronleichnam). Die Köche der Wirtgemeinschaft um Franz-Josef „Bubi" Leuthold zaubern viele kulinarische Köstlichkeiten auf die Teller, und alle folgen dem verführerischen Duft in die Altstadt. Auf der Bühne gibt es ebenso abwechslungsreiche Kost, und abends heizen Bands den Gästen unter freiem Himmel so richtig ein, bis die Stimmung kocht.

■ **Adresse**

Altstadtmarkt
44575 Castrop-Rauxel

Bühne raus! Theater im Freien [Castrop-Rauxel]

Juni. An einem Wochenende im Sommer bietet das Westfälische Landestheater unterhaltsame Theaterstunden im Freien für Jung und Alt, 2017 zum zweiten Mal im Parkbad Süd. Theater- und Musikfans genießen eine musikalische Produktion (2016: Buddy Holly, 2017: Beat-Club) und das Kindertheater (2016: Urmel, 2017: Das Monster vom blauen Planeten, nach Cornelia Funke) bringt die Kleinsten zum Lachen.

■ **Adresse**

Parkbad Süd
Am Stadtgarten 20
44575 Castrop-Rauxel

■ **Informationen**

westfaelisches-landestheater.de

Dattelner Mai

Mai. Stadt- und Kleinkunstfest, das hochwertiges und sehenswertes Straßentheater präsentiert. Außerdem: Kunsthandwerk- und Krammarkt, Musik.

■ **Adresse**

Innenstadt
45711 Datteln

Kanalfestival [Datteln]

August. Am dritten August-Wochenende findet seit 1969 rund um den Dattelner Hafen das Kanalfestival statt. Musik, Kleinkunst, Comedy, Hobby- und Handwerkermarkt, Kinderparadies, Gourmetmarkt und viele weitere Attraktionen locken jedes Jahr Tausende von Besuchern an. Der Höhepunkt der Veranstaltung ist der am Samstagabend auf den Dattelner Kanälen stattfindende Lampionkorso mit Höhenfeuerwerk.

■ **Adresse**

Hafengelände
45711 Datteln

DIN-Tage [Dinslaken]

August. Spätsommerliches Volksfest jedes Jahr Ende August. Das Festival, das zu den größten am Niederrhein zählt, ist bestückt mit Kultur, Antik- und Trödelmärkten, viel Musik, Jahrmarktatmosphäre, Clownerien und Theater.

■ **Adresse**
Innenstadt
46535 Dinslaken

Fantastival (Dinslaken)

Kulturfestival mit buntem Programm aus den Bereichen Kabarett, Konzert, Theater und Musical.

■ **Adresse**
Burgtheater Dinslaken
Althoffstraße
46535 Dinslaken

Martinikirmes (Dinslaken)

November. Größte niederrheinische Innenstadtkirmes zum Ende des Jahres.

■ **Adresse**
Trabrennbahn
Bärenkampallee
46535 Dinslaken

Dortmunder Herbst

Oktober. Kaufrausch in den Westfalenhallen: Zwischen 600 und 700 nationale und internationale Aussteller aus den Bereichen Tourismus, Freizeit, Dekoration, Wellness, Mode, Bauen/Wohnen/Finanzieren, Gesundheit, Küche und Genuss bieten ihre Produkte an. Der Dortmunder Herbst ist Schlemmerparadies und Flaniermeile zugleich und gilt als eine der größten Verbraucherausstellungen Deutschlands. 52.000 Besucher wurden hier 2016 gezählt.

■ **Informationen**
Westfalenhallen
Strobelallee 45
44139 Dortmund

Lichterfest im Westfalenpark Dortmund

Tel. 0231/1204-0
www.dortmunderherbst.de

GourmeDO – Dortmund genießt

Anfang August. Feinschmeckerfestival, bei dem die Dortmunder Restaurants zeigen, was sie können. Besucher können sich auf über 100 verschiedene Gerichte freuen, die frisch auf dem Friedensplatz zubereitet werden. Dazu gibt es musikalische Bühnenprogramme.

■ **Adresse**
Friedensplatz
44135 Dortmund

Hansemarkt (Dortmund)

Ende Oktober/Anfang November. Ritter, Gaukler, Musiker und Händler veranstalten ein buntes Spektakel, die „Handwerkergasse“ demonstriert alte Handwerksberufe, in der „Hexengasse“ gibt es Kulinarisches aus dem Mittelalter. Die Veranstaltung greift die Jahrhunderte alte Tradition des Stadtmarktes auf und erinnert an die große Vergangenheit Dortmunds als Hansestadt.

Zwar nicht Jahrhunderte alt, aber charmant: Die Nostalgiekirmes auf dem Alten Markt ist ganz bestimmt nicht nur der Kinder liebster Ort zu modernen Hansemarktzeiten.

■ **Adresse**
Kleppingstraße, Reinoldi-Kirchplatz,
Alter Markt
44135 Dortmund

Lichterfest (Dortmund)

August. Größtes Fest des Westfalenparks, das seine Premiere im Jahr der ersten Bundesgartenschau 1959 hatte. Musik, Shows, Artisten und Künstler zwischen mehr als 100.000 Lichtern. Höhepunkt: das große Musikfeuerwerk.

Adresse

Westfalenpark, 44139 Dortmund

Pfefferpotthast-Fest [Dortmund]

Ende September/Anfang Oktober. Im großen Festzelt gibt es nicht nur das traditionelle Dortmunder Gericht Pfefferpotthast (mit Schmalz, Zwiebeln, Lorbeerblättern und Nelken zubereitetes Rindfleisch), sondern weitere rund 40 westfälische Spezialitäten.

Adresse

Alter Markt, 44137 Dortmund

WeinSommer [Dortmund]

Juli/August. Winzer aus Rheinland-Pfalz präsentieren ihre Erzeugnisse und Anbaugebiete.

Adresse

Friedensplatz
44135 Dortmund

Beecker Kirmes [Duisburg]

Anfang Juli. Größte Kirmes am Niederrhein, 1539 erstmals veranstaltet, heute mit rund 180 Geschäften auf dem Marktplatz und in den umliegenden Straßen in Duisburg-Beek. Mit 2017 verlässt sie ihren traditionellen Termin am ersten Sonntag nach dem 24. August (St.-Bartholomäus-Tag) wegen zu großer zeitlicher Nähe zum Ruhrorter Hafenfest. Zukünftig ist sie über den ersten Sonntag im Juli geöffnet; erwartet werden mehr Zuschauer und mehr Fahrgeschäfte.

Adresse

Festplatz Beek
47139 Duisburg
www.beecker-kirmes.de

Informationen

Duisburg Kontor GmbH
Landfermannstr. 6
47051 Duisburg
Tel. 0203/30525-0
info@duisburgkontor.de
www.duisburgkontor.de
www.beecker-kirmes.de

Matjesfest [Duisburg]

Mai/Juni. Hafenstadt und Matjesmetropole – dieser Ruf (angeblich erreicht der Matjesverzehr in Duisburg Rekordwerte) ist für die Stadt Verpflichtung. Deshalb dreht sich in der Innenstadt seit 1995 immer im Mai oder Juni vier Tage lang alles um den Hering (und seinen Verzehr).

Adresse

Königstraße
47051 Duisburg

Informationen

Duisburg Kontor GmbH
Landfermannstr. 6
47051 Duisburg
Tel. 0203/30525-0
info@duisburgkontor.de
www.duisburgkontor.de

Ruhrorter Hafenfest [Duisburg]

Juli/August. Viertägige maritime Partymeile mit mehreren Bühnen. Kirmes und Kultur, Feuerwerk und Freiluftkonzerte, Kinderspaß und kulinarische Erlebnisse ...

Adresse

Ruhrorter Hafen
47119 Duisburg

Informationen

Ruhrorter Hafenfest e.V.
Alte Ruhrorter Str. 42-52
47119 Duisburg
Tel. 0203/8034-287
www.ruhrorter-hafenfest.de

Duisburger Stadtfest

Juli. Buntes Show- und Musikprogramm mit verschiedenen Bands und Künstlern auf verschiedenen Bühnen. Die viertägige Veranstaltungsreihe auf der Königstraße besteht seit 2012.

Adresse

Königstraße
Innenstadt Duisburg

Informationen

Duisburg Kontor GmbH
Landfermannstr. 6
47051 Duisburg
Tel. 0203/30525-0
info@duisburgkontor.de
www.duisburgkontor.de

Weinfest [Duisburg]

Juli/August. Seit 1986 werden hier Köstlichkeiten probiert und verkauft. Um die 50 Winzer, hauptsächlich von der Mosel, dem Rhein, der Nahe und aus der Pfalz, präsentieren hier jedes Jahr ihre Weine.

Adresse

Königstraße
Innenstadt Duisburg

Beecker Kirmes, Duisburg

■ **Informationen**
Duisburg Kontor GmbH
Landfermannstr. 6
47051 Duisburg
Tel. 0203/30525-0
info@duisburgkontor.de
www.duisburgkontor.de

Spargelfest (Duisburg)

Mai. Seit 2014 auf dem Bauernmarkt in der Duisburger City. Viele Attraktionen rund um das königliche Gemüse, Showkochen und leckere Spargelgerichte. Jahr für Jahr zu Besuch: die jeweilige Spargelprinzessin aus dem weltberühmten Spargeldorf Walbeck.

■ **Adresse**
Königstraße
47051 Duisburg

■ **Informationen**
Duisburg Kontor GmbH
Landfermannstr. 6
47051 Duisburg
Tel. 0203/30525-0
info@duisburgkontor.de
www.duisburgkontor.de

Street Food Festival (Duisburg)

Mai. Wochenendfest mit internationalen kulinarischen Köstlichkeiten, Veganes und Vegetarisches inklusive, und Show-Cooking im Landschaftspark Duisburg-Nord.

■ **Informationen**
Besucherzentrum Tour de Ruhr
Emscherstr. 71
47137 Duisburg
Tel. 0203/4291919
www.landschaftspark.de
(mit Kontaktformular)

24-Stunden-Mountainbike-Rennen (Duisburg)

August. Große Biker-Party im ehemaligen Hüttenwerk. Motivierte Fahrer (Einer-, Zweier-, Vierer- und Achter-Teams), begeisterte Zuschauer am 8,5 km langen Rundkurs (70 Höhenmeter) und die faszinierende Industriekulisse des Landschaftsparks Nord. Mit Live-Musik und Gastronomie.

■ **Informationen**
Besucherzentrum Tour de Ruhr
Emscherstr. 71
47137 Duisburg
Tel. 0203/4291919
www.landschaftspark.de

Drachenboot Fun Regatta [Duisburg]

Juni. Die Veranstaltung am Duisburger Innenhafen steht seit 2005 als „Größte Drachenboot-Fun-Regatta der Welt“ im Guiness-Buch der Rekorde. Drei Wettkampftage, 170 Mannschaften, 3.500 Teilnehmer und ein buntes Rahmenprogramm.

Informationen

Duisburg Kontor GmbH
Landfermannstr. 6
47051 Duisburg
Tel. 0203/30525-0
info@duisburgkontor.de
www.duisburgkontor.de

Voerder Kirmes [Ennepetal]

Juni. Festzug, Show-Orchester, Folkloreveranstaltungen und Abschluss-Feuerwerk locken alljährlich Tausende auf die Plätze, Straßen und Gassen des Ennepetaler Ortsteils Voerde. Vier Tage dauert die Kirmes, die ganz in der Tradition alter Jahrmärkte steht.

Adresse

Kirmesplatz / Lindenstraße
58256 Ennepetal

Essener Lichtwochen

Traditionell erstrahlt die Stadt Essen von Ende Oktober bis Anfang Januar in festlichen bis phantasievollen Lichtinstallationen jeglicher Art und Größe. Das Motto der Lichterwochen, die auf eine über 50-jährige Veranstaltungsgeschichte zurückblicken können, wechselt jährlich.

Informationen

Essen Marketing GmbH
Touristikzentrale
Im Handelshof
Am Hauptbahnhof
45127 Essen
Tel. 0201/8872333 (Stadtinformation)
touristikzentrale@essen.de
www.essen-tourismus.de

Essen Original

Hochkarätiges Stadt- und Kulturfestival Anfang September, das drei Tage lang heimische und internationale Künstler aus den Bereichen Comedy, Rock, Pop und Klassik auf mehrere Bühnen bringt.

Informationen

Essen Marketing GmbH
Touristikzentrale
Im Handelshof
Am Hauptbahnhof
45127 Essen
Tel. 0201/8872333 (Stadtinformation)
touristikzentrale@essen.de
www.essen-tourismus.de

Essen verwöhnt

Seit 1998 bestehendes Gourmet-Fest in der Essener Innenstadt mit über 300.000 Besuchern jährlich. Kulinarische Highlights für jedermann an fünf Tagen im Juni oder Juli, zusätzlich Musik auf mehreren Bühnen.

Adresse

Innenstadt Essen
45127 Essen
Informationen
Essen Genießen e.V.
Tel. 0201/86209-0
info@essen-geniessen.de
www.essen-geniessen.de

Gourmet-Meile Metropole Ruhr [Essen]

August. An vier Tagen trifft Esskultur auf Zechenkultur auf dem Gelände des Weltkulturerbes Zeche Zollverein. Aufgetafelt werden edle Gourmet- und auch traditionelle Ruhrpott-Gerichte. Wenn es dunkel wird, genießt man edlen Wein, das Bierchen oder die Coke, die illuminierte Zechenkulisse und ein Feuerwerk.

Adresse

Welterbe Zollverein – Schacht XII
Gelsenkirchener Straße 181
45309 Essen

Informationen

ESSEN GENIESSEN e. V.
Tel. 0201/86209-0
info@essen-geniessen.de
www.essen-geniessen.de

Internationaler Weihnachtsmarkt Essen

Internationales Kunsthandwerk und kulinarische Spezialitäten auch aus der heimischen Region präsentiert der Weihnachtsmarkt in Essen jedes Jahr Mitte November bis Ende Dezember. Mit über 250 Verkaufsständen zählt er zu den attraktivsten Märkten im Ruhrgebiet.

Informationen

Essen Marketing GmbH
Touristikzentrale
Im Handelshof
Am Hauptbahnhof
45127 Essen

Internationaler Weihnachtsmarkt Essen

Tel. 0201/8872333 (Stadtinformation)
touristikzentrale@essen.de
www.essen-tourismus.de

RÜ-Fest (Essen)

Weit über die Stadtgrenzen Essens hinaus bekannt ist die am 2. Samstag im Juni auf einer Strecke von 2,5 Kilometern stattfindende Partymeile in Essen-Rüttenscheid, die seit 1988 mit einer vielfältigen Mischung aus Kunst, Kultur und Musik als bestbesuchter Tages-Event in Nordrhein-Westfalen gilt.

■ **Informationen**

IG Rüttenscheid e. V. (IGR)
Rüttenscheider Straße 108
45130 Essen
Tel. 0201/721078
info@IGRuettenscheid.de
www.ruettenscheid.de

Tour de Rü (Essen-Rüttenscheid)

Der Treffpunkt im Frühjahr (zurzeit Ende April) für alle Oldtimer-Fans im Ruhrgebiet, die hier historische Automobile und ihre Besitzer bei einer prachtvollen Parade auf der Rüttenscheider Straße bestaunen können.

■ **Adresse**

Rüttenscheider Straße
45131 Essen

■ **Informationen**

IG Rüttenscheid e. V. (IGR)
Rüttenscheider Straße 108
45130 Essen
Tel. 0201/721078
info@IGRuettenscheid.de
www.ruettenscheid.de

Sommerfest Schloss Berge (Gelsenkirchen)

Juli. Dreitägiges Familienfest seit über 50 Jahren mit Livebands, Comedy und Kinderprogramm, Höhenfeuerwerk, Riesenrad und Kleinkunstmarkt. Viele Attraktionen für Kinder.

■ **Adresse**

Schloss Berge
Adenauerallee 103
45894 Gelsenkirchen

Kulturwundertag (Gelsenkirchen)

Sommer. Schülerinnen und Schüler zwischen 10 und 14 Jahren zeigen auf dem Neumarkt, was sie alles draufhaben: Sie tanzen und singen, zeigen Akrobatisches, Gezeichnetes und vieles mehr. Der

Kulturwundertag ist ein Projekt im Rahmen des Kulturrucksacks NRW, eines Landesprogramms zur Förderung der kulturellen Bildung von Kindern und Jugendlichen, und findet seit 2013 in Gelsenkirchen statt.

Informationen
Stadt Gelsenkirchen / Referat Kultur
Claudia Keuchel
Tel. 0209/169-9101
claudia.keuchel@gelsenkirchen.de
www.gelsenkirchen.de
www.kulturwundertag.de

Flamencofestival GEspaña [Gelsenkirchen]

Mai/Juni. Die Gelsenkirchener City verwandelt sich seit 2013 regelmäßig in eine spanische Plaza. Paella, Musik und Flamenco-Tanz vom Feinsten.

Adresse
Bahnhofstraße
45879 Gelsenkirchen

Veranstalter
City Initiative Gelsenkirchen e.V.
Tel. 0209/1475237
initiative@gelsenkirchen-city.de

Kultur-Sommer Lüttinghof [Gelsenkirchen]

Spätsommer. Die romantische Wasserburg Lüttinghof, das älteste erhaltene Gebäude Gelsenkirchens, ist beeindruckender Rahmen für das dreitägige Open-Air-Event mit Klassik, Jazz, Kino und Köstlichkeiten.

Adresse
Lüttinghofallee 3-5
45896 Gelsenkirchen

Informationen
Lüttinghof – Die Burg im Wasser
Tel. 0209/604956-10
info@luettinghof.de

Gevelsberger Kirmes

In jedem Jahr am letzten Juni-Sonntag beginnt die Gevelsberger Kirmes freitags mit dem Anblasen und klingt dienstags mit einem Höhenfeuerwerk aus. Den Höhepunkt bietet der Kirmeszug am Sonntag. Die besondere Atmosphäre und das Fluidum sind es, die die Gevelsberger Kirmes von ähnlichen Veranstaltungen abheben.

Das bunte Treiben findet nicht auf einem Platz statt, sondern seit mehr als 200 Jahren auf einer ansteigenden Straße und inmitten von älteren Häusern in einem Ortsteil, den die Gevelsberger nach wie vor „Dorf" nennen. Hier hatte die jetzt 131 Jahre alte Stadt ihre Keimzelle, ihren Ursprung. Auch wenn es noch so eng ist, die Gemütlichkeit leidet darunter nicht.

Informationen
Gevelsberger Kirmesverein e. V.
vorstand@kirmesverein.de
www.kirmesverein.de

Hagen blüht auf

Erstes Mai-Wochenende. Abwechslungsreiches Frühlingsfest nicht nur für Gartenfreunde. Musik-Acts, Tanzshows, Straßenkünstler, Schausteller mit ihren Fahrgeschäften, ein reichhaltiges kulinarisches Angebot und Blumenampeln überall erfreuen Einheimische wie Besucher der Stadt.

Adresse
Innenstadt
58095 Hagen

Springefest [Hagen]

August. Seit 1999 veranstaltetes Fest in der Hagener Innenstadt mit Kunst-, Kultur-, Sport- und Freizeitattraktionen. Zusätzlich gibt's Live-Bands und einen Open-Air-Gottesdienst am Sonntag.

Adresse
Innenstadt
58095 Hagen

„Haltern bittet zu Tisch" [Haltern am See]

August. Kulinarisches und Kulturelles auf dem Marktplatz in der Altstadt.

Adresse
Altstadt
45721 Haltern am See

Informationen
www.haltern-bittet-zu-tisch.de

Halterner Gänsemarkt [Haltern am See]

November. Seit 1999 bieten auf dem gleichnamigen „Gänsemarkt" landwirtschaftliche Direktvermarkter ihre kulinarischen Köstlichkeiten an.

Adresse
Turmstraße, 45721 Haltern am See

Halterner Heimatfest [Haltern am See]

September. Bunte Traditionsveranstaltung in der Innen-

Römertage, Haltern am See

stadt mit Kirmes, einer bunten Palette von Ständen, Kinderflohmarkt, Musik- und Showprogrammen auf mehreren Bühnen und der Künstlermeile am Gantepoth.

■ **Adresse**

Innenstadt
45721 Haltern am See

Stauseefestival (Haltern am See)

Mai/Juni. Familien und Sportler stehen im Mittelpunkt des Festivals (früher „Seetage“): Sportwettbewerbe, Spiel und Spaß am Strand, Segelregatten, Drachenbootrennen und Live-Musik auf der Bühne im Seebad Haltern.

■ **Adresse**

Halterner Stausee
45721 Haltern am See

Römertage (Haltern am See)

September (alle zwei Jahre: 2018 ...). Traditionelles Fest mit Live-Darbietungen aus der Römerzeit; viele Angebote für die ganze Familie im und rund um das LWL-Römermuseum.

■ **Adresse**

Weseler Straße 100
(LWL-Römermuseum)
45721 Haltern am See

Kurparkfest (Hamm)

Juli. Das Familienfest im Kurpark Hamm hat Tradition und bietet auf mehreren Bühnen Unterhaltung und Musik vom Schlager bis zum Rock, auch ein Programm für Kinder sowie jede Menge Gaumenfreuden. Highlight ist jedoch das große Höhen-Feuerwerk mit Lasershow.

■ **Adresse**

Kurpark Hamm

Hamm kulinarisch

August. Einmal im Jahr präsentiert sich die gepflegte Gastronomie mit einer Auswahl ihrer Spezialitäten in einem stimmungsvoll mit Palmen dekorierten Gastronomiedorf an der Pauluskirche. Ob Fleisch, Fisch oder vegetarisch, leicht oder deftig, ob Küche vom

Hattingen feiert

Das Altstadtfest

Ob Folk und Blues, Oldies und Evergreens, Kleinkunst und Theater, Chormusik und Big Band Sounds, Sport und Spiel, kreatives Handwerk und Ausstellungen, längst steht das Hattinger Altstadtfest für Kultur und Unterhaltung auf hohem Niveau. Ständig anwachsende Besucherzahlen belegen: Das Hattinger Altstadtfest ist längst kein Geheimnis mehr, sondern vielmehr ein Besuchermagnet für Gäste aus der gesamten Region.

Der Kulinarische Altstadtmarkt

Highlights aus dem Bereich der gehobenen Küche zu bezahlbaren Preisen. Diese Maxime haben sich die Gastronomen des Kulinarischen Altstadtmarktes auf die Fahnen geschrieben. Jedes Jahr im Juni präsentieren verschiedene Hattinger Gastronomen ihre Leistungsfähigkeit auf dem Kirchplatz. In dieser romantisch anmutenden Atmosphäre im Schatten der St.-Georgs-Kirche, inmitten der gut erhaltenen Fachwerkhäuser aus dem 16. Jahrhundert, genießt es sich einfach gut. Schön gestaltete Sitzgruppen, erlesene Weine und freundlicher Service komplettieren das tolle Angebot der Gastronomen.

Hattinger Herbstmarkt und Panhasfest

Der Hattinger Herbstmarkt präsentiert sich im Herzen derCity. Ergänzt wird das Angebot durch rustikale, regionale Küche auf dem Kirchplatz. Das „Panhasfest" (Panhas = eine westfälische gehaltvolle Brühe mit Buchweizenmehl angedickt, ergänzt durch Schweine- oder Rinderfleischstücke und Speckwürfel, erstarrt und als feste Masse gebraten) ist längst Teil des Herbstspektakels in der Innenstadt.

Nostalgischer Weihnachtsmarkt

In der Adventszeit lockt die historische Altstadt Hattingen alljährlich Tausende Besucher von nah und fern in die Stadt. Der Nostalgische Weihnachtsmarkt in Hattingen hat sich schon mehrere Preise verdient. Die Kombination von mittelalterlichem Stadtkern, weihnachtlicher Dekoration und einem anspruchsvollen Programm bietet den Besuchern ein unverwechselbares und märchenhaftes Ambiente. Direkt neben dem Kirchplatz im Zentrum der Altstadt schüttelt regelmäßig die traditionell gekleidete Frau Holle ihre Betten aus den Fenstern des als Adventskalender „verkleideten" Alten Rathauses aus.

Informationen
Hattingen Marketing
Tourist-Information
Haldenplatz 3
45525 Hattingen
Tel. 02324/951395
info@hattingen-marketing.de
www.hattingen-marketing.de

Stadt Hattingen
– Kulturbüro –
Marktplatz 1-3, 45527 Hattingen
Tel. 02324/204-3520
kulturbuero@hattingen.de
www.hattingen.de

Kontinent oder aus Übersee – die Gastronomen bieten Köstlichkeiten für jeden Geschmack. Pommes und Bratwurst gibt's woanders!

Auf Qualität und Abwechslung wird auch beim Musikprogramm gesetzt, das gekonnt vom Jazzclub Hamm zusammengestellt wird. Von Jazz über Blues und Soul bis zu leichter Popmusik reicht die Bandbreite.

Informationen
Stadtmarketing GmbH
Werler Straße 3
59065 Hamm
Tel. 02381/17-3476
www.hamm.de

Flugplatzfest [Hamm]

August. Ungewöhnliche und historische Fluggeräte am Boden, perfekte Kunstflugmanöver – auch von Modellflugzeugen – oder Fallschirmakrobatik am Himmel über den Lippewiesen. Rundflüge mit dem Motorflieger, Hubschrauber oder Ballon. Speis und Trank, Live-Musik und viele Infos rund ums Fliegen. Ein tolles Familienfest.

Übrigens: Rundflüge mit dem Segel- oder Motorflugzeug und Ballonfahrten sind ein ständiges Angebot des Hammer Luftsportclubs.

Adresse
Flugplatz Hamm-Lippewiesen
Heessener Straße 24
59065 Hamm

Informationen
Luftsportclub Hamm e. V.
Tel. 02381/3071000
flugplatz-hamm.de (mit Kontaktformular)

Cranger Kirmes [Herne]

August. Mit jährlich über vier Millionen Besuchern rangiert die Cranger Kirmes unter den drei größten Volksfesten Deutschlands. Eröffnet wird der Rummel am ersten Freitag im August mit einem spektakulären Feuerwerk über dem Rhein-Herne-Kanal und dann wird zehn Tage lang gefeiert. Rund 500 Schausteller, darunter mehr als 50 Fahr- und Laufgeschäfte, bieten von Nostalgie bis High-Tech alles, was das Kirmesherz höher schlagen lässt. Einzigartig sind die familiären Ausschankbetriebe in den Hinterhöfen, die von Anwohnern betrieben werden. Hier wird Gemütlichkeit großgeschrieben, und Sie erfahren Skurriles sowie Wissenswertes über die Kirmes.

Adresse
Cranger Kirmesplatz
am Rhein-Herne-Kanal
Dorstener Straße/Heerstraße
44653 Herne

Informationen
Stadtmarketing Herne GmbH

Cranger Kirmes, Herne

Kirchhofstraße 5
44623 Herne
Tel. 02323/9190514
info@stadtmarketing-herne.de
www.cranger-kirmes.de

Stadtfeste Herne

Jeweils am letzten August-Wochenende wird beim Nightlight-Dinner und City-Fest die längste Picknicktafel des Ruhrgebiets auf dem Boulevard Bahnhofstraße in der Herner Innenstadt aufgebaut. Ebenfalls etabliert sind die Wanner Mondnächte in der Fußgängerzone von Wanne. Seit 2014 erleuchten zum Feuerabend vor der beeindruckenden Kulisse des Herner Rathauses vier Themenfeuerwerke im Rhythmus der Musik den Nachthimmel.

Kunstmarkt rund um das Schloss Herten

Pfingsten. An gut 120 Ständen hat man die Auswahl zwischen Malerei, Bildhauerei, Schmuck, Keramik, Bekleidung und Arbeiten aus Ton, Leder, Holz, Glas und Metall. Dabei kann man dem ein oder anderen europäischen Künstler oder Kunsthandwerker bei seiner Arbeit zusehen und ihn zu seinen Werken befragen. Dazu gibt es ein abwechslungsreiches Bühnenprogramm

■ **Adresse**

Schlosspark
Resser Weg

Drachenfestival (Kamen)

Auf dem Segelfluggelände in Kamen-Derne findet jedes Jahr im Mai das Intern. Drachenfest „GSW Kamen Kite“ statt. Hier lassen sich Drachen jeglicher Art bestaunen, die in der windigen Mai-Luft ihre atemberaubenden Kunststücke vorführen unter dem Motto „Alles kann fliegen“.

■ **Adresse**

Derner Straße (Segelflugplatz)
59174 Kamen
Anfahrt nur über die Stadtmitte

Altstadtparty (Kamen)

Sommerparty auf dem Kamener Markt.

■ **Adresse**

Markt, 59174 Kamen

Brunnenfest (Kamen)

Die Wiedersehensparty für Jung und Alt zum Ende der Sommerferien.

■ **Adresse**

Markt, 59174 Kamen

GSW Kamen Klassik (Kamen)

Klassische Werke zum Abschluss der Open-Air-Saison in Kamen. Es spielt die Neue Philharmonie Westfalen mit Auftritten renommierter Interpreten.

■ **Adresse**

Rathausplatz
59174 Kamen

Moto-Cross-Rennen am Eyller Berg (Kamp-Lintfort)

Am 1. Mai pilgern Tausende Motorsportfans zum Eyller Berg, um spektakuläre Rennen der Motorräder mit und ohne Beiwagen, der Trikes und Quads auf der eigens für das Event eingerichteten einzigartigen Strecke zu erleben.

■ **Informationen**

ADAC Motorclub 1950 e.V.
Tel. 02842/9030967
info@mckali.de

Stadtfest Kamp-Lintfort

1. Oktoberwochenende: Großes Stadtfest in der gesamten Innenstadt mit Kinderbelustigung, Trödel- und Kunstgewerbemarkt, Karussells, Darbietungen auf mehreren Bühnen und Partystimmung.

■ **Adresse**

Innenstadt Kamp-Lintfort

Lünsche Mess (Lünen)

In jedem Jahr findet am 2. Septemberwochenende für vier Tage die „Lünsche Mess“ statt, ein Volksfest mit buntem Treiben und verschiedensten Darbietungen.

■ **Adresse**

Innenstadt
44532 Lünen

■ **Informationen**

Kulturbüro Lünen
Kurt-Schumacher-Str. 39
44534 Lünen
Tel. 02306/104-2299
kulturbuero@luenen.de
www.luenen.de

Drachenfest (Lünen)

Oktober. Das Sparkassen-Drachenfest in Lünen gehört in die Top Ten der Drachenfeste in Europa. Ein Wochenende lang erobern bunte Flugobjekte den

Himmel über dem Segelflugplatzgelände mitten in der Stadt.

■ Adresse / Informationen

Segelflugplatz Lünen-Lippeweiden
Moltkestraße
44536 Lünen
www.sparkassendrachenfest-luenen.de

Marler VolksParkFest und Marler Seefest

Im Oktober feiert Marl zwei große Feste: zunächst das traditionelle VolksParkFest (Tag der dt. Einheit), eine Woche später das Seefest. Während beim VolksParkFest vor allem Marler Vereine ihre Aktivitäten bei einem Rahmenprogramm aus Musik, Tanz und Unterhaltung präsentieren, lockt das Einkaufszentrum Marler Stern beim Seefest mit einem Kreativ- und Handwerkermarkt, mit Live-Musik, kulinarischen Köstlichkeiten und einem attraktiven Familienprogramm.

■ Adresse

Volkspark Alt-Marl
45768 Marl
CreilerPlatz / Marler Stern
45768 Marl

Marler Seefest

„Voll die Ruhr" (Mülheim an der Ruhr)

Juni. Die 1910 erstmals veranstalteten, in den 1990er Jahren in „Voll die Ruhr" umbenannten Jugendfestspiele sorgen in den Ruhranlagen zwischen Schlossbrücke und Wasserbahnhof mit Spielaktionen, Live-Musik und Fun-Sport-Aktionen für viel Abwechslung. Fester Bestandteil der Veranstaltung sind das Floß- und das Quietscheentenrennen.

■ Adresse

Ruhranlagen
45468 Mülheim an der Ruhr

■ Informationen

Stadt Mülheim an der Ruhr
Am Rathaus 1
45468 Mülheim an der Ruhr
Tel. 0208/455-0 (Service-Telefon)

Drachenbootfestival (Mülheim an der Ruhr)

August/September. Alljährlich im Sommer findet auf der Ruhr in Mülheim das Drachenbootfestival statt, das viele Besucher in die Ruhranlagen lockt. Während sich die Paddler, Trommler und Steuermänner ins Zeug legen, erwarten den Besucher an Land Live-Musik, gastronomische Pavillons, Angebote für Kinder wie Hüpfburgen sowie Feuerwerk.

Übrigens: Im Winter gibt es in der Stadt den Drachenboot-Indoor-Cup im Hallenbad Süd, veranstaltet von der DJK Ruhrwacht e. V.

■ Adresse

Eisenbahnbrücke/Schlossbrücke
45468 Mülheim an der Ruhr

■ Informationen

Mülheimer Stadtmarketing und Tourismus GmbH (MST)
Touristinfo im MedienHaus
Synagogenplatz 3
45468 Mülheim an der Ruhr
Tel. 0208/96096-0
touristik@mst-mh.de
www.muelheim-tourismus.de
www.drachenboot-muelheim.de

Saarner Großkirmes (Mülheim an der Ruhr)

Juli. Halb Mülheim ist auf den Beinen, wenn Anfang Juli die Großkirmes im Stadtteil Saarn (zurzeit für vier Tage an der Stadthalle) ihre Pforten öffnet. Von Auto-Scooter über Geisterbahn bis zum Biergarten ist alles dabei, neben Buden und Fahrgeschäften gibt's ein Showprogramm und Feuerwerk.

Adresse

Parkplatz Stadthalle und angrenzender MüGa-Park, 45479 Mülheim an der Ruhr

Informationen

Mülheimer Stadtmarketing und Tourismus GmbH (MST)
Touristinfo im MedienHaus
Synagogenplatz 3
45468 Mülheim an der Ruhr
Tel. 0208/96096-0
touristik@mst-mh.de
www.muelheim-tourismus.de

Sterkrader Fronleichnamskirmes (Oberhausen)

Mai/Juni. Die aus der angeblich bis ins 13. Jahrhundert zurückreichenden Tradition des Kirchweihfestes hervorgegangene Veranstaltung ist eine der größten Straßenkirmessen Europas. Eine Million Besucher tummeln sich jährlich an sechs Tagen auf den Straßen Sterkrades. Höhepunkt: großes Feuerwerk.

Adresse

Zentrum Sterkrade
46145 Oberhausen
www.fronleichnamskirmes.de

Ritterfest Burg Vondern (Oberhausen)

Juli/August. Alle zwei Jahre erwacht die ehemalige Wasserburg zum mittelalterlichen Leben. Handwerker, Händler und Lagergruppen stellen die Zeit von 1000 bis 1500 n. Chr. dar.

Das Fest 2017 steht unter dem Motto „Andere Länder, andere Sitten".

Informationen

Förderkreis Burg Vondern e. V.
Arminstr. 65, 46117 Oberhausen
Tel. 0208/896297
www.burg-vondern.de
(mit Kontaktformular)

CentrO Weihnachtsmärkte (Oberhausen)

Ab Mitte November kann man auf den Plätzen vor dem Einkaufszentrum über drei Weihnachtsmärkte bummeln. Bergweihnachtsmarkt, Santa's Village und Wichtelmarkt bieten an 150 schön dekorierten Holzhütten Kunsthandwerk und Köstlichkeiten für den Gaumen.

Adresse

CentrO Promenade
Centroallee 1000, 46047 Oberhausen

Hafenfest (Recklinghausen)

Anfang Juni. Stimmungsvolles Wochenendfest am Stadthafen mit Elefantenbootrennen, jeder Menge Live-Musik, maritimer Gastronomie, traditionellem Handwerk und buntem Kinderprogramm.

Informationen

Stadtmarketing / Rathaus
45657 Recklinghausen
Tel. 02361/50-1407

Zu Gast in Recklinghausen

Juli/August. Das große Gourmettreffen mit musikalischer Unterhaltung findet vor dem historischen Rathaus von Recklinghausen statt.

Informationen

Stadtmarketing / Rathaus
45657 Recklinghausen
Tel. 02361/50-1407

Kunst & Klang (Schwelm)

Im Juni findet alljährlich in Schwelm ein Kunst- und

Kirschblütenfest, Schwerte

Handwerkermarkt statt. Veranstaltungsort ist Haus Martfeld, das auch mit einer Kunstausstellung aufwartet. Für Musik und leibliches Wohl ist ebenfalls gesorgt.

■ **Adresse**
Haus Martfeld 1
58332 Schwelm

■ **Informationen**
Kulturbüro der Stadt Schwelm
Tel. 02336/801273

Schwelmer Heimatfest

September. Das an jedem ersten Sonntag im September stattfindende, fünftägige Fest hat eine große Tradition, es soll in der Nachfolge der St.-Märtens-Kirmes stehen, die zwischen 1497 und 1897 in Schwelm stattfand.

Markenzeichen des seit 1950 so genannten „Heimatfestes" ist die weiße Wäsche, mit der die Kölner Straße in der Altstadt dekoriert ist. Außer einer großen Kirmes mitten in der Stadt ist der prächtige Festzug der 13 Nachbarschaften am Sonntagnachmittag der Höhepunkt der Veranstaltung.

■ **Adresse**
Innenstadt
Informationen
schwelmer-nachbarschaften.de
www.schwelmer-kirmes.de

Kirschblütenfest [Schwerte]

Traditionelles Straßen- und Frühlingsfest zur Kirschblütenzeit. Der Schwerter Lichtkünstler Jörg Rost als Initiator und Organisator versteht es, das Publikum mit atmosphärischem Licht und musikalischen Darbietungen in der Graf-Diederich-Straße zu locken.

Stadtfest Selm

■ **Adresse**
Graf-Diederich-Straße
Schwerte-Mitte

Stadtfest Selm

3. Wochenende im Juni. Seit 2012 wird in Selm in jedem Jahr ein großes Stadtfest gefeiert. Beginn ist freitags mit einer Beachparty insbesondere für Kinder und Jugendliche. Samstag folgt die Rock-Pop-Schlagerparty, die bereits mit vielen bekannten Stars wie Michelle oder Jürgen Drews aufwarten konnte. Der Sonntag steht beim Stadtfest ganz im Zeichen der Familie. Rund um die abgesperrte Kreisstraße gibt es Aktionen für Jung und Alt, jedes Jahr mit einem anderen Schwerpunkt.

■ **Adresse**
Selm-Zentrum
59379 Selm

Mittsommernachtsfest [Unna]

Juni. Der historische Kurpark der Saline Königsborn sorgt für die passende Kulisse: Kinder- und Familientrödel, Schnuppertauchen, Öffnung des Bienenhauses und Kräutergartens, Mini- Mittelaltermarkt, Musik und Mitmachprogramm, Schminken, Tanzen, bunte Luftballonfiguren und vieles mehr lassen Kinderaugen strahlen. Hier feiert ein ganzer Ortsteil sich selbst. Das große Lagerfeuer am Abend und Livemusik bis in die späte Nacht locken zu einer Gartenparty der anderen Art.

Adresse
Kurpark Königsborn
Luisenstraße
59425 Unna

Un[n]a Festa Italiana

Mai. Alle zwei (ungeraden) Jahre für 5 + 1 Tag feiert Unna das größte italienische Fest diesseits der Alpen. Eigens aus Apuliens Hauptstadt Bari reisen Lichtspezialisten an und verwandeln Unnas Innenstadt in ein glitzerndes Lichtermeer. Über 100.000 Lämpchen werden verarbeitet. Ein breites Programm mit rund 100 Stunden Unterhaltung verspricht Festivitäten der Superlative. Fahnenschwinger und Armbrustschützen aus Pisa in traditionellen Kostümen, Musikensembles und Folkloregruppen bieten unterhaltsame Stunden.

Adresse
Innenstadt Unna

Stadtfest Unna

September. Menschen von überall her säumen die Gassen, flanieren über den Handwerks- und Kunstgewerbemarkt oder genießen bei Bier und Wein die fröhliche Atmosphäre. Das Gesamtprogramm mit 100 Stunden Livemusik auf acht Bühnen lässt keine Wünsche offen. Zudem gibt es viele Überraschungen in der gesamten City, und auch die Kids kommen auf ihre Kosten, mit speziellem Programm auf eigener Bühne und dem berühmten Kindertrödelmarkt am Sonntag.

Adresse
Innenstadt Unna

Weihnachtsmarkt und Wintertreff [Unna]

Ende November/Adventszeit und Ende Dezember. Festlich geschmückt und liebevoll beleuchtet präsentieren sich die Gassen der Hellwegstadt, weihnachtliche Musik überall. Rund 60 Händler bieten ein Allerlei aus Kunst, Handwerk, Spielwaren und Schmuck, ein abwechslungsreiches Rahmenprogramm überzeugt Jung und Alt. Nicht mehr wegzudenken ist Puppenspieler Jonni Krause mit seinem täglichen Kasperltheater.

Beim Wintertreff „zwischen den Jahren" auf dem Alten Markt kann man im gemütlichen Hüttendorf die Atmosphäre genießen und das Jahr ausklingen lassen.

Adresse
Innenstadt Unna

Drachenbootrennen [Voerde]

Pfingstsonntag. Voerder Traditionsveranstaltung auf dem Wesel-Datteln-Kanal.

Informationen
Kanu-Club Friedrichsfeld
Gehrstraße 25, 46562 Voerde
Telefon 0281/42848

Stadtfest [Voerde]

Mai. Ein vielfältiges Straßenfest für alle mit abwechselnden Highlights.

Adresse
Voerde-Zentrum (2-jährlich), Ortszentren Friedrichsfeld, Spellen, Möllen im Wechsel

Information
Stadtmarketing Voerde e. V.
Tel. 02855/80434
46562 Voerde

Weihnachtsmarkt [Voerde]

Glühweinzeit – und das im romantischen Park und Umfeld des Wasserschlosses „Haus Voerde".

Adresse
Wasserschloss „Haus Voerde"
Allee 65
46562 Voerde

Voerder Schlossabende

Ende Juli/Anfang August. Abwechslungsreiche Veranstaltung mit viel Musik von Schlager bis „Classic léger", aber auch Comedy, Kabarett u. a. in traumhafter Kulisse.

Adresse
Wasserschloss „Haus Voerde"
Allee 65
46562 Voerde

Parkfest [Waltrop]

August. Kulturelles Highlight des Jahres in Waltrop und längst kein Geheimtipp mehr – das Parkfest am letzten Wochenende im August erleben Jahr für Jahr 100.000 Besucher. Im Programm: Handwerkermarkt, Parkbasar, Kunstausstellungen, Kinderspielfest und vier Bühnen mit Auftritten von rund 200 Künstlern, die Theater und Kleinkunst, Artistik, Comedy und natürlich Rock und andere Rhythmen auf die Bretter zaubern.

Informationen
Moselbachpark
45731 Waltrop
Tel. 02309/962660
post@waltroper-parkfest.de
www.waltroper-parkfest.de

Sim-Jü (Werne)

Ende Oktober. Der Simon Juda-Markt ist das größte Volksfest an der Lippe und lockt Jahr für Jahr mehrere hunderttausend Besucher nach Werne. Seinen Ursprung findet der Markt in der Verleihung des Marktrechtes von 1362. Sim-Jü richtet sich stets am Tag „Simon und Juda" (28. Oktober) aus und wird seit seinem Entstehen in der Stadtmitte durchgeführt. Zahlreiche bunt gemischte Fahr-, Belustigungs-, Verkaufs- und Spielgeschäfte der Schausteller laden zu einem ausgiebigen Kirmesbummel ein. Ein Brillantfeuerwerk am Montag und der beliebte Kram- und Viehmarkt am vierten Tag runden die traditionsreiche Kirmes ab.

Adresse
Innenstadt
59368 Werne

Fußgängerzone Wesel

Die neu gestaltete, 700 Meter lange und bis zu 20 Meter breite Fußgängerzone wird auch schon mal „Champs-Élysées des Niederrheins" genannt. Sie bietet ca. 200 Geschäfte, Eisdielen, Cafés und Restaurants sowie Spielmöglichkeiten für Kinder.

Adresse
Hohe Straße
46483 Wesel

PPP-Stadtfest (Wesel)

Kirmes und Live-Musik Anfang August in der Weseler Innenstadt. Höhepunkt des bunten Treibens „Pauken, Plunder, Promenade" sind das Feuerwerk auf mehreren Booten am Rhein, das Musikprogramm auf den Bühnen am Kornmarkt und auf dem Flugplatz sowie ein großer Trödelmarkt.

Adresse
Innenstadt
46487 Wesel

Historisches Hansefest (Wesel)

Jedes Jahr am letzten Wochenende im Oktober sind die Hanse und das Mittelalter zu Gast in Wesel. Rund 30 Hansestädte präsentieren sich, es gibt einen Bauern- und Mittelaltermarkt, ein großes Ritterlager ist am Berliner Tor aufgeschlagen. Ein Höhepunkt ist der historische Umzug.

Adresse
Innenstadt
46483 Wesel

Seefest (Wetter)

Juli/ August. Das bewährte und beliebte Festivalareal zwischen Parkplatz, Seeplatz und Naturbad-Gelände hat all das zu bieten, was ein Stadtfest von Bürgern für Bürger ausmacht: Musik und Kultur auf mehreren Bühnen, Aussteller sowie zahlreiche Gastronomen, die zu einem gemütlichen Bummel über die Seefest-Meile einladen. Das Seefest ist eine Veranstaltung für die ganze Familie.

Adresse
Gustav-Vorsteher-Straße
58300 Wetter

Herbeder Oktoberfest (Witten)

Bayrische Spezialitäten und Bräuche zu Gast im Ruhrgebiet: Witten feiert sein Oktoberfest mit Musik auf mehreren Bühnen, Kultur, Kunsthandwerk, buntem Kirmestreiben, Aktionen für Kinder und jeder Menge guter (Bier-) Laune.

Adresse
Ortskern Herbede
58456 Witten

Zwiebelkirmes (Witten)

September. Die Zwiebelkirmes in Witten hat eine lange Tradition: Seit mehr als 500 Jahren wird im September mehrere Tage lang mit historischem Festumzug, Zwiebelsackträger-Staffellauf und vielen anderen Programmpunkten gefeiert. Verkaufsstände umsorgen die Besucher mit allerlei Gerichten und Getränken, darunter ein riesiger Zwiebelkuchen und Zwiebelbier.

Adresse
Innenstadt
58452 Witten

SPIELCASINOS

Casino Hohensyburg (Dortmund)
Das Casino Hohensyburg zählt zu den modernsten und umsatzstärksten Casinos Europas. Im Bereich des Klassischen Spiels stehen neben zwei Französischen Roulettetischen 12 American-Roulette-, zwei Baccara-, fünf Black-Jack-, zehn Poker- und drei Ultimate-Texas-Hold'em-Tische zur Verfügung. Darüber hinaus gibt es im Automatencasino Slot Machines und Multi Roulette. Die Gastronomielandschaft wird vom Restaurant Palmgarden, der Vegas Bar und der Horus Bar geprägt.

In allen Bereichen der Spielbank herrscht eine Kleiderordnung: im Automatenspielsaal eher leger, im Großen Spielsaal chic – das heißt Krawatte und Jackett, keine Jeans. Das Mindestalter für den Einlass beträgt 18 Jahre.

Informationen
Hohensyburgstr. 200
44265 Dortmund
Tel. 0231/7740-0
www.westspiel.de (mit Kontakt-Formular)

Casino Hohensyburg, Dortmund

Casino Duisburg im CityPalais

2007 wurde das CityPalais eingeweiht, das Shopping Mall, Restaurants neben Bistros, die Mercatorhalle als Heimstätte der Philharmonie, Kongresszentrum und das Casino beherbergt. Die Spielbank der WestSpielgruppe, die mit Duisburg bereits ihren vierten Standort in Nordrhein-Westfalen eröffnet hat, bietet auf über 8.000 Quadratmeter Fläche neben Poker- u. a. noch 18 American-Roulette- und acht Black-Jack-Tische. Im Automatencasino funkeln 354 modernste Automaten.

Hohe Maßstäbe setzt das Glücksspiel-Mekka auch in architektonischer Hinsicht. Der ganz normale Hunger kann im Restaurant Inside, der Durst in zwei trendigen Bars gestillt werden.

Informationen

Landfermannstr. 6, 47051 Duisburg
Tel. 0203/713920
www.westspiel.de (mit Kontaktformular)
Öffnungszeiten: Klassisches Spiel So-Do 15-3 Uhr, Fr/Sa/vor Fei 15-4 Uhr; Automatenspiel So-Do 11-3 Uhr, Fr/Sa/vor Fei 11-4 Uhr

REGISTER NACH STÄDTEN

DINSLAKEN

DORSTEN

DORTMUND

DUISBURG

FRÖNDENBERG

GELSENKIRCHEN

MOERS

MÜLHEIM AN DER RUHR

NEUKIRCHEN-VLUYN

OBERHAUSEN

ALPHABETISCHES REGISTER

C

D

E

F

G

H

I

J

M

R

S

T

U

V

VRR-Schienenschnellverkehrsplan 2020

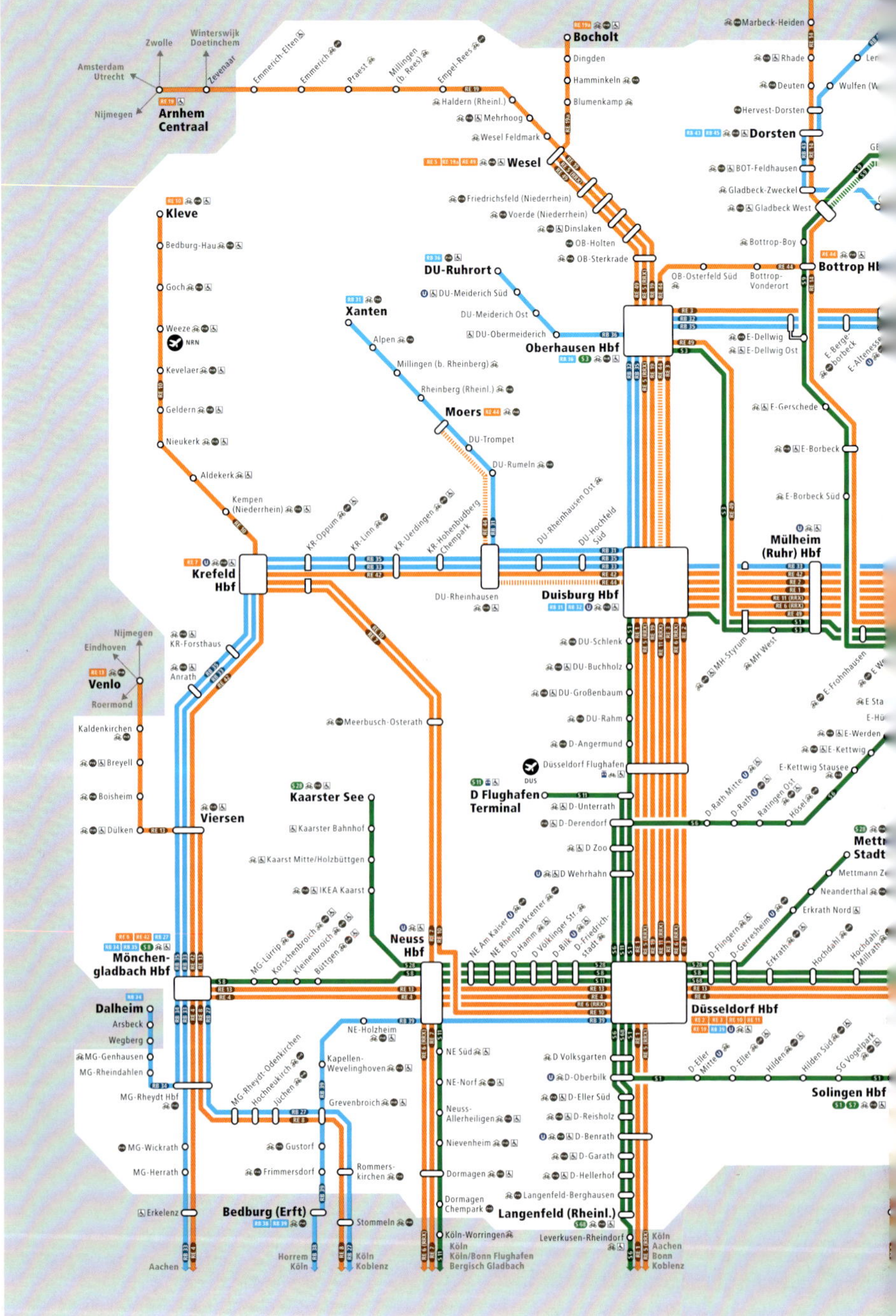

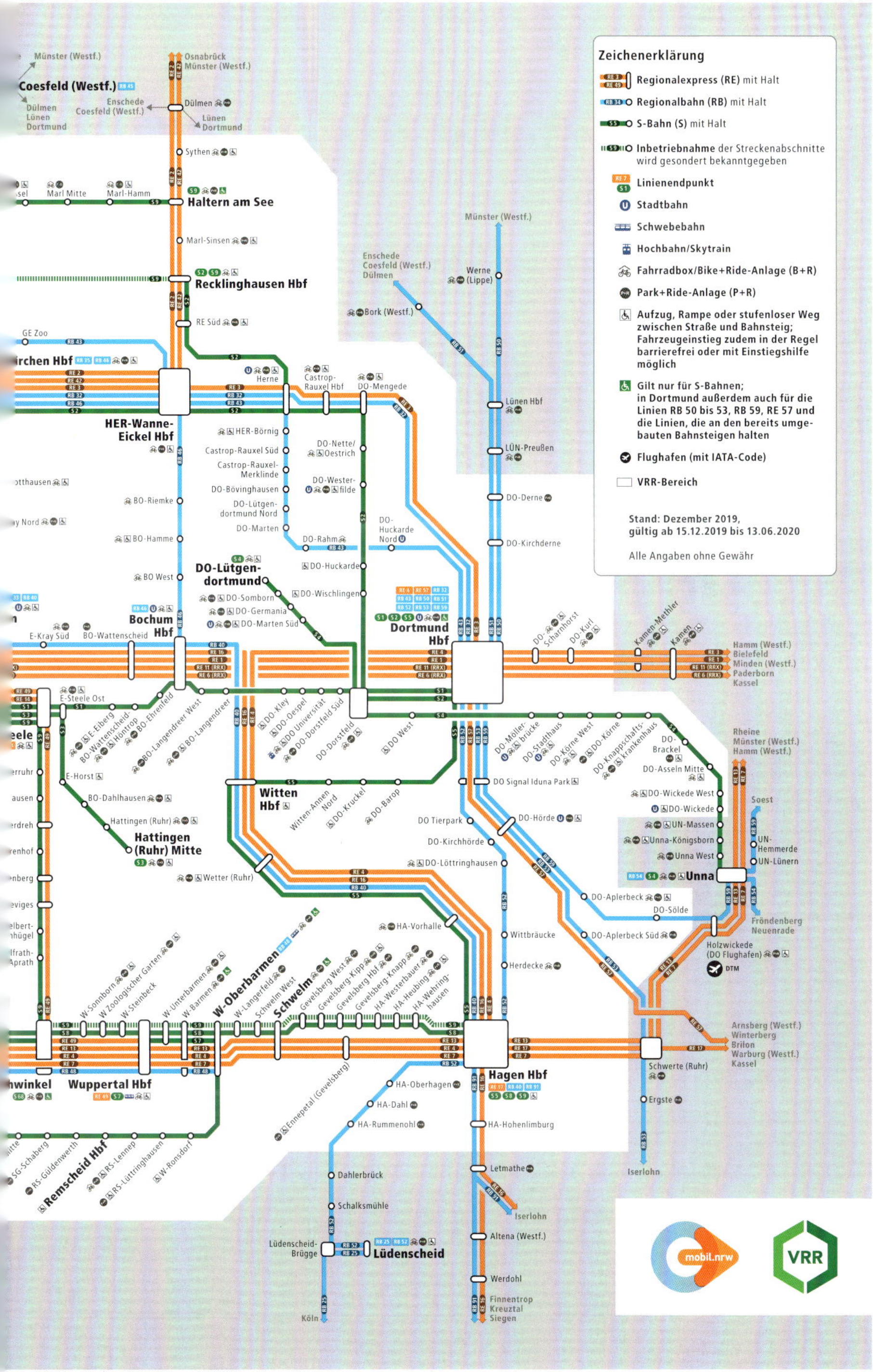
Zeichenerklärung
Regionalexpress (RE) mit Halt
Regionalbahn (RB) mit Halt
S-Bahn (S) mit Halt
Inbetriebnahme der Streckenabschnitte wird gesondert bekanntgegeben
Linienendpunkt
Stadtbahn
Schwebebahn
Hochbahn/Skytrain
Fahrradbox/Bike+Ride-Anlage (B+R)
Park+Ride-Anlage (P+R)
Aufzug, Rampe oder stufenloser Weg zwischen Straße und Bahnsteig; Fahrzeugeinstieg zudem in der Regel barrierefrei oder mit Einstiegshilfe möglich
Gilt nur für S-Bahnen; in Dortmund außerdem auch für die Linien RB 50 bis 53, RB 59, RE 57 und die Linien, die an den bereits umgebauten Bahnsteigen halten
Flughafen (mit IATA-Code)
VRR-Bereich
Stand: Dezember 2019, gültig ab 15.12.2019 bis 13.06.2020
Alle Angaben ohne Gewähr
Coesfeld (Westf.)
Haltern am See
Recklinghausen Hbf
HER-Wanne-Eickel Hbf
DO-Lütgendortmund
Bochum Hbf
Dortmund Hbf
Witten Hbf
Hattingen (Ruhr) Mitte
Unna
Hagen Hbf
Schwelm
W-Oberbarmen
Wuppertal Hbf
Remscheid Hbf
Lüdenscheid
Schwerte (Ruhr)
Holzwickede (DO Flughafen)
DTM
Lünen Hbf
Iserlohn
Köln
Finnentrop
Kreuztal
Siegen
Hamm (Westf.)
Bielefeld
Minden (Westf.)
Paderborn
Kassel
Münster (Westf.)
Osnabrück
mobil.nrw
VRR

BILDNACHWEIS

Stefan Ziese, Witten

Außerdem:

Adventure Park Xanten S. 496
AirHop GmbH S. 503
alpincenter, Bottrop S. 529
Bäderbetriebe Dorsten S. 646/647
ComedyArts/Sabrina Schürings S. 321
Copa Ca Backum, Herten S. 639
Dietrich-Keuning-Haus, Dortmund S. 491
duisport/v. Kaler S. 451 o.r.
Essener Filmkunsttheater GmbH S. 333
firo sportphoto S. 470-485, 488/489, 490, 492, 511, 513, 517, 532, 533
Freizeitpark Ketteler Hof S. 636
Freizeitzentrum Xanten S. 618/619
FUNKE Foto Services/Hans Blossey S. 625
FUNKE Foto Services/Ralph Bodemer S. 652
FUNKE Foto Services/Lars Heidrich S. 616
FUNKE Foto Services/Michael Gohl S. 508
goalfever, Essen S. 487
Golfclub Weselerwald e.V., Schermbeck S. 518
GolfRange in der Galopprennbahn, Dortmund S. 514
Grugapark-Therme, Essen S. 651
Hartware MedienKunstVerein, Dortmund S. 248/249
Hartware MedienKunstVerein, Dortmund/Hannes Woidich S. 250
Heinrich Brinkmöller Becker S. 309
JU / Ruhrtrienale 2016 S. 303
JU / Ruhrtrienale/Julian Roeder S. 302
Kletter-Max, Dortmund S. 500
Kletterzentrum Neoliet, Bochum S. 498
Koch, Lutz S. 603
KUBOSHOW Kunstmesse S. 318
maritimo, Oer-Erkenschwick S. 654
Messe Essen GmbH S. 264/265
mondo mio! Kindermuseum S. 663
Nasser, Omar S. 300/301
Naturwildpark Granat, Haltern am See S. 685
Niederrhein-Therme, Duisburg S. 650
NYP Photography S. 310
Pressestelle Stadt Bottrop S. 626
Rogner, Frank S. 332, 334
Schütt, Christian S. 77
Sea Life Oberhausen S. 687
Sorgeloos, Herman S. 291
Stadt Bergkamen/Manfred Bußmann S. 387
Stadt Bergkamen/Klemens Kordt S. 505
Stadt Datteln/Michael Braun S. 656, 657
Stadt Bochum S. 682
Stadt Dortmund S. 649
Stadt Dortmund/Stark, Friedrich S. 707
Stadt Gevelsberg S. 633
Stadt Gevelsberg/Dieter Schmidt S. 154
Stadt Haltern am See/L. Buscher-Ciupke S. 228, 610, 614/615, 617, 635
Stadt Hamm S. 317, 509
Stadt Hattingen S. 714
Stadt Herne/Ralf Piorr S. 190
Stadt Recklinghausen S. 65, 493
Stadt Recklinghausen/Rainer Raffalski S. 182
Stadt Selm S. 719
Stadt Wetter S. 717
Stadtmarketing Bottrop S. 276, 584, 585
Starlight-Express/Jens Hauer S. 270
Theater Duisburg S. 259
Unna Marketing S. 171, 232, 243
Yachtschule Nautilus S. 507